AF889626

भारत में सामाजिक परिवर्तन

भारत में सामाजिक परिवर्तन

सौरभ उपाध्याय

इशिका पब्लिशिंग हाउस
जयपुर दिल्ली

इशिका पब्लिशिंग हाउस
ए –25, ''गणेश सदन'', गली न. 4, आदर्श बस्ती,
बी.एल. हाउस के पास, टोंक फाटक,
जयपुर–302018 (राजस्थान) भारत
फोन : 0141-2761280, Mob. 9887532741
Email: ishikapublishinghouse@yahoo.in

दिल्ली कार्यालय : 102, प्रथम मंजिल, 'सत्यम हाउस'
4324/3, अंसारी रोड़, दरियागंज, नई दिल्ली – 110 002
फोन : 011–45652440

© लेखक, 2024

ISBN: 9788189471637

Price: ₹ 1725.00

प्रकाशन से पूर्व लिखित अनुमति प्राप्त किये बिना मात्रा उद्धरण के अतिरिक्त अन्य किसी भी उद्देश्य से इस ग्रन्थ के किसी भी अंश का किसी भी रूप में यांत्रिक, इलेक्ट्रोनिक, फोटोस्टेट, ध्वन्यालेखन अथवा अन्य किसी भी विधि से प्रतिलिपीकरण, प्रेषण अथवा अनुवाद सर्वत निषिद्ध है।

टाइपसेटिंग : बी.एस. कम्प्यूटर्स, जयपुर

मुद्रक : थॉमसन प्रेस, नई दिल्ली

प्रस्तावना

वास्तव में सामाजिक परिवर्तन वे परिवर्तन हैं जो समाज की विभिन्न इकाइयों में भिन्नता लाते हैं और इस तरह समाज में मानव संस्थाओं, प्रतिमानों, सम्बन्धों, प्रक्रियाओं, व्यवस्थाओं आदि का स्वरूप पहले जैसा नहीं रह पाता। परिवर्तन क्यों और कैसे होता है? इस प्रश्न पर समाजशास्त्री विभिन्न मत रखते हैं। यह ऐसी प्रक्रिया है जो पीढ़ी दर पीढ़ी चलती आ रही हैं तथा चलती रहेगी जिसे रोकना संभव नहीं है।

सामाजिक परिवर्तन का कोई एक निश्चित तत्व या माध्यम नहीं है, यह कई तत्वों पर निर्भर करता है। कुछ कारक समाज में आन्तरिक परिवर्तन लाते हैं तो कुछ समाज के संरचनात्मक स्वरूप को परिवर्तित करते हैं। परिवर्तन के जिन कारकों की महत्ता प्राचीन तथा मध्य काल में रही है, आज उनका महत्त्व उतना नहीं रह गया है। जैसे-जैसे समय व्यतीत होता है परिवर्तन के कारकों एवं रूप में भी परिवर्तन होता है। कुछ सामाजिक परिवर्तन मानव के नियंत्रण से परे हैं। इनका मुख्य उदाहरण प्राकृतिक आपदाएं हैं। कार्ल मार्क्स के शब्दों में, प्रौद्योगिक अथवा यान्त्रिक कारकों पर मानव का बस नहीं चलता। किन्तु मार्क्स ने यह भी कहा है कि वर्ग अपने हितों हेतु समाज में क्रान्ति भी ला देते हैं।

सामाजिक बदलाव की प्रक्रिया अनेक रूपों में प्रकट होती है, जैसे—उद्विकास, क्रान्ति, प्रगति आदि। चूँकि इन सामाजिक प्रक्रियाओं का सामाजिक बदलाव से सीधा सम्बन्ध है। कभी-कभी इन सम्बन्धों को सामाजिक बदलाव का पर्यायवाची माना जाता है। इसलिए इन शब्दों के अर्थ के सम्बन्ध में बहुत उलझनें हैं। इसका दूसरा कारण यह भी है कि प्रारम्भिक समाजशास्त्रियों जैसे—हरबर्ट स्पेन्सर, मैकाइवर,

सोरोकिन, आदि ने इन अवधारणाओं को एक ही अर्थ में इस्तेमाल किया है। यद्यपि ये अवधारणाएँ एक-दूसरे से बिल्कुल भिन्न हैं।

परिवर्तन शब्द समाज में बहुत प्रचलित शब्द है। किसी भी क्षेत्र में उसकी वर्तमान स्थिति में होने वाले बदलाव को परिवर्तन की संज्ञा दी जाती है। जैसे मौसम का परिवर्तन जब एक ऋतु के बाद दूसरी ऋतु आती है तो मौसम बदलता है। परन्तु समाजशास्त्र इसे सामाजिक परिवर्तन नहीं मानते। उनके अनुसार सामाजिक स्वरूप या संबंधों में हुआ परिवर्तन भी सामाजिक परिवर्तन कहलाता है। इन्टरनेशनल एनसाईक्लोपीडिया ऑफ सोशल साईंसेज का यही मानना है। अतः सामाजिक परिवर्तन सामाजिक जीवन व संबंधों में होने वाले परिवर्तन की एक आवश्यक प्रक्रिया को प्रदर्शित करता है। सामाजिक परिवर्तन को रोका नहीं जा सकता है यह चाहे तीव्रगति से हो या मंदगति से इसका परिणाम भी चाहे अच्छा हो या बुरा।

सौरभ उपाध्याय

अनुक्रमणिका

1

सामाजिक परिवर्तन का अर्थ एवं प्रकृति

परिवर्तन प्रकृति का नियम है, चाहे वह परिवर्तन भौगोलिक हो, सामाजिक, आर्थिक, तथा व्यावहारिक आदि किसी प्रकार का हो। परिवर्तन अन्तः एवं बाह्य परिवर्तन के तहत आता है। दूसरा उसकी भावनाओं उसके व्यवहार या फिर गुणों में परिवर्तन यह उसका अन्तःपरिवर्तन कहलाता है। इसी प्रकार समाज में भी दो प्रकार के बदलाव आ सकते हैं। किसी भी युग में पूर्व की अपेक्षा आदर्श तथा मूल्य में परिवर्तन आता है तो उसे आन्तरिक परिवर्तन की संज्ञा दी जाती है जबकि समाज के रीति-रिवाज, धर्म, वर्ग, जाति आदि का परिवर्तन बाह्य परिवर्तन कहलाता है।

समाज के परिवर्तन कुछ सामाजिक तथा सांस्कृतिक होते हैं। जैसे—परिवार, वर्ग, राजनीति, आर्थिक एवं सांस्कृतिक संस्थाएँ आदि। ये समाज के स्थायी तत्त्व कहलाते हैं। समाज में जो भी परिवर्तन होता है। उसके कारण स्वरूप और आन्तरिक सारवस्तु के द्वारा जोन्स के अनुसार, "सामाजिक बदलाव वह शब्द है जो कि सामाजिक प्रक्रियाओं, सामाजिक प्रतिमानों, सामाजिक अन्तर्क्रियाओं या सामाजिक संगठन के किसी पहलू में होने वाली भिन्नताओं या परिवर्तनों हेतु इस्तेमाल किया जाता है।"

वास्तव में सामाजिक बदलाव वे बदलाव हैं जो समाज की विभिन्न इकाइयों में भिन्नता लाते हैं और इस तरह समाज में मानव संस्थाओं, प्रतिमानों, सम्बन्धों, प्रक्रियाओं, व्यवस्थाओं आदि का स्वरूप पहले जैसा नहीं रह पाता। बदलाव क्यों और कैसे होता है? इस प्रश्न पर समाजशास्त्री विभिन्न मत रखते हैं। यह ऐसी प्रक्रिया है जो पीढ़ी दर पीढ़ी चलती आ रही है तथा चलती रहेगी जिसे रोकना संभव नहीं है।

सामाजिक परिवर्तन के विभिन्न तत्व

सामाजिक बदलाव का कोई एक निश्चित तत्व या माध्यम नहीं है, यह कई तत्वों पर निर्भर करता है। कुछ कारक समाज में आन्तरिक बदलाव लाते हैं तो कुछ समाज के संरचनात्मक स्वरूप को परिवर्तित करते हैं। बदलाव के जिन कारकों की महत्ता प्राचीन तथा मध्य काल में रही है, आज उनका महत्त्व उतना नहीं रह गया है। जैसे-जैसे समय व्यतीत होता है परिवर्तन के कारकों एवं रूप में भी परिवर्तन होता है। कुछ सामाजिक परिवर्तन मानव के नियंत्रण से परे हैं। इनका मुख्य उदाहरण प्राकृतिक आपदाएं हैं। **कार्ल मार्क्स** के शब्दों में, प्रौद्योगिक अथवा यान्त्रिक कारकों पर मानव का बस नहीं चलता। किन्तु मार्क्स ने यह भी कहा है कि वर्ग अपने हितों हेतु समाज में क्रान्ति भी ला देते हैं।

सामाजिक बदलाव लाने वाले कुछ प्रमुख कारक निम्न हैं, जैसे—पर्यावरण, जनसंख्या, प्रौद्योगिकी, मूल्य व विश्वास तथा प्रसार।

परिस्थिति

'पर्यावरण' तथा 'परिस्थिति' दोनों समानार्थक शब्द हैं। मानव परिस्थिति से और परिस्थिति मानव से प्रभावित होती है। इस प्रकार पर्यावरण एवं मानव का गहा संबंध है। पर्यावरण सामाजिक बदलाव लाने में भी एक प्रभावकारी कारक है। भौतिक पर्यावरण सामाजिक बदलाव को एक गति प्रदान करता है और कभी तेजी से बदलाव लाता है। देखने में आया है कि किसी एक विशेष परिस्थिति अथवा पर्यावरणीय दशाओं में किसी देश अथवा समाज में विकास अथवा सामाजिक बदलाव वी स्थिति बहुत ही उत्कर्ष होती है। सिन्धु घाटी सभ्यता में सिंचाई और खेती के साधन उपलब्ध थे। इसलिए वहाँ का समाज खेती और पशुपालन से जीविकोपार्जन करता था। विश्व की महान् सभ्यता और संस्कृतियों का नदी-घाटी में विकसित होना भी पर्यावरणीय विशेषता का परिणाम है।

एक सुडौल पर्यावरणीय अवस्था में बड़े नगरों का उदय और विकास बड़ी तेजी से होता है। नदी अथवा समुद्र के समीप नगरों का विस्तार अधिकांश होता है क्योंकि व्यावसायिक गतिविधियों को गति देने में समुद्री जल-मार्ग ज्यादा सुविधाजनक और सस्ता पड़ता है। दूसरी ओर, विषम पर्यावरणीय अवस्थाओं, जैसे—रेगिस्तान अथवा अतिशीतल (Arctic) क्षेत्रों में आधुनिक टेक्नोलॉजी का फैलाव व विकास मन्द गति से होता है। अतः स्पष्ट है कि उपयुक्त पर्यावरणीय अवस्थाओं में समाज का विकास

बड़ी तेजी से होता है और इसके विपरीत अनुपयुक्त पर्यावरणीय अवस्थाओं में समाज आर्थिक व सामाजिक स्तर पर पिछड़ जाता है। **मॉर्गन, मार्क्स** आदि विचारकों ने यह प्रमाणित करने की कोशिश की है कि सभ्यता और संस्कृति के विकास में भौगोलिक तथा पर्यावरणीय कारकों की अहम् भूमिका होती है।

भौगोलिक आधार पर कटे हुए और दूर-दराज बसे समाजों में रहने वाले सदस्यों की अन्य सभ्य व विकसित समुदाय के सदस्यों के साथ सामाजिक अन्तर्क्रिया नहीं हो पाती अथवा बहुत ही कम होती है। यही कारण है कि इन कटे हुए और दूर-दराज बसे समाजों में सामाजिक बदलाव की गति बहुत मन्द होती है और उनकी संस्कृति अल्पविकसित ही कही जा सकती है। ऐसे समाजों की भौगोलिक परिस्थिति उपयुक्त न होने के कारण (अर्थात् रेगिस्तान, अतिशीतल पर्यावरण, पहाड़ वन आदि का होना) वहाँ सड़कें बनाना बहुत मुश्किल होता है। इसी तरह समुद्री यातायात भी वहाँ सम्भव नहीं होता। परिणामस्वरूप वहाँ रहने वाले लोगों के साथ संचार कायम नहीं हो पाता है। इसीलिए इन समाजों में बदलाव की गति बहुत ही मन्द और पिछड़ी होती है।

इस सन्दर्भ में हम भारत के विभिन्न क्षेत्रों की भौगोलिक तथा पर्यावरणीय स्थिति का उदाहरण प्रस्तुत कर सकते हैं। बड़े महानगर कोलकाता और मुम्बई क्रमशः हुगली नदी तथा अरब सागर के किनारे बसे हुए हैं। अपनी इन भौगोलिक विशेषताओं के कारण ये व्यावसायिक गतिविधियों के केन्द्र हैं, क्योंकि जल मार्ग से यातायात सुगम और सस्ता पड़ता है। व्यापार तथा वाणिज्य के कारण इन दोनों महानगरों में बड़ी तेजी से सामाजिक व आर्थिक बदलाव हुआ है। इसके विपरीत भारत के उत्तर-पूर्वी राज्यों के कई क्षेत्र भौगोलिक आधार पर कटे हुए अथवा पृथक् होने के कारण आज भी पिछड़ी अवस्था में हैं। अगर वहाँ कुछ सामाजिक बदलाव हुआ भी है तो वह सड़क तथा वायु संचार के साधनों के कारण ही हुआ है किन्तु यह सब आर्थिक व सामाजिक दृष्टि से बिल्कुल अपर्याप्त है।

भौगोलिक पर्यावरण अथवा प्रकृति जहाँ मानव के रहन-सहन, खान-पान, बोल-चाल, सामाजिक घटनाओं, संस्थाओं, समितियों, व्यवसाय आदि को निर्धारित करती है और सामाजिक बदलाव का कारण बनती है, वहीं भूकम्प, बाढ़, तूफान, सूखा, अकाल, महामारी के माध्यम से सामाजिक जीवन को अचानक तहस-नहस कर देती है। भारत में बंगाल, बिहार और उड़ीसा के अकाल, आन्ध्र में समुद्री तूफान, गुजरात के कच्छ व भुज में भयंकर भूकम्प, हिमाचल में बादल फटने जैसी प्राकृतिक आपदाओं के कारण अत्यधिक मात्रा में जान तथा माल की हानि होती

है। कितने लोग बेघर, बच्चे अनाथ, औरतें विधवा हो जाती हैं लोगों का रोजगार नष्ट हो जाने से वह स्थान-स्थान भटककर रोटी तलाशते हैं। दूसरे स्थानों पर जाकर वह वहां की स्भ्यता संस्कृति के रंग में रंग जाते हैं। यह बहुत बड़ा सामाजिक परिवर्तन है।

आबादी

जनसंख्या सामाजिक परिवर्तन का ही एक अंग है। **माल्थस** ने 1798 में जैविक नियम एवं मानव-समाज के संबंधों का अध्ययन किया। उनके अनुसार जनसंख्या की वृद्धि जीवनयापन के साधनों की अपेक्षा ज्यादा तेजी से होती है। जनसंख्या बढ़ने पर प्रकृति की ओर से निश्चित विरोध कार्य करते हैं और जनसंख्या को कम कर देते हैं। इसलिए मानव को अपनी चतुराई के उपयोग से जनसंख्या पर नियन्त्रण करना आवश्यक है। जनसंख्या घटने-बढ़ने का सामाजिक बदलाव से सीधा सम्बन्ध है। प्लेग, हैजा, चेचक, अकाल, भुखमरी, बाढ़ इत्यादि प्राकृतिक निरोध हैं जिनसे जनसंख्या बढ़ने से रुकती है। लोग सन्तति निरोध के उपायों को अपनाकर जनसंख्या को बढ़ने से रोक सकते हैं। जनसंख्या बढ़ने से समाज में अशिक्षा, बेकारी, निर्धनता, साम्प्रदायिकता आदि जैसे अपराध बढ़ते हैं। इसके विपरीत, जनसंख्या घटने पर जीवन का स्तर ऊँचा उठ जाता है जैसा कि उन्नत देशों में होता है। इसी तरह सामाजिक परिवर्तन के अन्य मुख्य कारण उच्च जन्मदर तथा निम्न मृत्युदर आदि हैं। अन्यथा देश के सामाजिक तथा आर्थिक विकास में रुकावट आ सकती है।

तकनीकी

तकनीकी आधुनिक युग में सामाजिक बदलाव का महत्त्वपूर्ण कारक है। मशीनों के विकास के साथ मानव भी मशीन बनता जा रहा है। भौतिक उद्देश्यों की पूर्ति हेतु व्यक्ति जिस उन्नत प्रविधि का इस्तेमाल करता है, उसी को प्रौद्योगिकी कहते हैं। विज्ञान के क्षेत्र में प्रगति ने कई ऐसे आविष्कारों को जन्म दिया है जिनसे यन्त्रीकरण को बढ़ावा मिला है और उत्पादन प्रक्रिया का स्वरूप परिवर्तित हुआ है। बल्ब, पहिया, भाप का इन्जन, कम्प्यूटर, इन्टरनेट, टेलीफोन, इलेक्ट्रॉनिक मोबाइल फोन, प्रेस इत्यादि ऐसे कुछ आविष्कार हैं जिनसे उत्पादन प्रणाली में भारी बदलाव आया है और इन परिवर्तनों के परिणामस्वरूप सामाजिक सम्बन्धों, व्यवस्थाओं, भूमिकाओं और परिस्थिति में भी परिवर्तन आया है। प्रौद्योगिक कारकों से पूरे विश्व

में यातायात, संचार और फैक्ट्रियों में उत्पादन प्रणालियों में भारी बदलाव आए हैं। प्रौद्योगिक क्रान्ति से औद्योगीकरण, नगरीकरण, वैश्वीकरण, उदारीकरण और सर्विस सेक्टर को बढ़ावा मिला है। भारत में प्राचीन व्यवस्थाएँ, जैसे--जाति-व्यवस्था, संयुक्त परिवार, ग्रामीण रोजगार, धार्मिक मान्यताएँ और संस्कृति आदि नवीन प्रौद्योगिकी से कमजोर पड़े हैं। लोगों की मानसिकता सामाजिक कुरीतियों, जैसे--सामाजिक भेदभाव व अस्पृश्यता को समाप्त करने हेतु प्रेरित हो रही है। साथ ही युवाओं तथा महिलाओं की अपने अधिकारों के प्रति चेतना बढ़ी है। इन परिवर्तनों के कारण समाज में अर्जित परिस्थिति का महत्त्व बढ़ता जा रहा है।

उद्योगों में नवीनतम प्रौद्योगिकी के इस्तेमाल से उत्पादन व्यवस्था में भारी बदलाव हुआ है। अब उत्पादन प्रक्रिया में एक नए युग की शुरुआत हुई है। श्रम विभाजन अथवा श्रम विशेषीकरण के फलस्वरूप परम्परागत सरल समाज अब जटिल समाजों में परिवर्तित हो गए हैं। व्यवसायों का विशेषीकरण हो गया है। व्यावसायिक विशेषीकरण के विकास ने समाज के सदस्यों को कई वर्गों तथा समूहों में विभक्त कर दिया है।

संरचना मूल्य एवं प्रतिमान

आज भौतिक पर्यावरण में जो बदलाव आए हैं, उस बदलाव के पीछे विज्ञान की तरक्की है। चूँकि विज्ञान के माध्यम से समाज में सबसे ज्यादा बदलाव आया है इसलिए वर्तमान युग को आधुनिक अथवा वैज्ञानिक युग भी कहा जाता है। विज्ञान के विकास ने मनुष्य के स्वभाव को आलोचनात्मक और खोजी बना दिया है जिसके चलते हमारे धार्मिक विश्वासों, व्यक्तिगत विश्वासों, विचारों और जीवन मूल्यों में काफी बदलाव आया है। इतना ही नहीं, इस बदलाव से पूरी सामाजिक संरचना, मूल्यों एवं प्रतिमानों में भी बदलाव आया है। यह बात सही है कि मूल्यों एवं आदर्शों में परिवर्तन नहीं आता। एक लम्बी आबादी के बाद यह बदलते है। समाज के अल्य तत्वों के कारण जो परिवर्तन होता है उनके कारण यह भी न्यून मात्रा में प्रभावित होते हैं। कुछ ही मामले ऐसे होंगे, जिनमें पूरे समाज में मूल्यों एवं विश्वासों में बदलाव होते हैं। **मार्क्स** ने कहा कि धर्म और इसके मूल्यों के कारण बदलाव में रुकावट उत्पन्न हुई है। इसी तरह **मैक्स वेबर** के अनुसार भारत में किस तरह धार्मिक मूल्यों ने हिन्दुओं के आर्थिक व्यवहार को प्रभावित किया है। हिन्दू सम्प्रदाय आर्थिक क्षेत्र में प्रगति नहीं कर सका जिसका कारण धार्मिक आस्था थी जिसके चलते वह धन न अर्जित कर सका। दूसरी ओर, यूरोपीय देशों में पूँजीपतियों का आधिपत्य था। वहाँ

पूँजी आधारित विकास के बल पर सामाजिक बदलाव हुआ। पिछले कुछ दशकों के दौरान भारत में धर्मनिरपेक्षता की भावना का उदय और उसका फैलाव तेजी से हुआ जिससे धार्मिक व्यवहारों में काफी परिवर्तन आया है—विशेषतः अछूतपन तथा जातीय समूह के बीच संबंधों का बनना जिससे धार्मिक मूल्य एवं सामाजिक स्तर परिवर्तित हुआ है।

प्रस्तुतीकरण

परिवर्तन के सांस्कृतिक कारकों के सम्बन्ध में मानवशास्त्रियों का मत है लगभग सभी मानवशास्त्री की मान्यता है कि सांस्कृतिक प्रसारण तथा परसंस्कृति-ग्रहण की प्रक्रिया से भी समाज में बदलाव आता है। इस सन्दर्भ में श्रीनिवास की पश्चिमीकरण की अवधारणा विशेष रूप से उल्लेखनीय है। उनके अनुसार भारतीय समाज में होने वाले परिवर्तनों के पीछे पश्चिमीकरण की बहुत महत्त्वपूर्ण भूमिका रही है। अंग्रेजी शासन ने हमारे खान-पान, वेशभूषा, आर्थिक व्यवस्था के साथ-साथ हमारी सोचने विचारने की क्षमता में भी परिवर्तन किया है। इन प्रक्रियाओं को मानवशास्त्रीय परिप्रेक्ष्य में हम सांस्कृतिक प्रसार तथा संस्कृति-संक्रमण की प्रक्रिया मानते हैं। यातायात, संचार के साधनों और शिक्षा के विकास से विश्व स्तर पर संस्कृति-संक्रमण की प्रक्रिया तेज हुई है। प्रौद्योगिक विकास ने सामाजिक बदलाव के सांस्कृतिक कारकों हेतु एक उत्प्रेरक अभिकर्त्ता (Agent) के रूप में कार्य किया है। लोगों के भौतिक जीवन में सांस्कृतिक प्रसार के लक्षण बहुत ही कम वक्त में उभर आते हैं जबकि गैर-भौतिक लक्षण, जैसे—धर्म, विचारधारा, विश्वासों और मूल्यों में धीरे-धीरे बदलाव होता है।

सामाजिक बदलाव के रूप

सामाजिक बदलाव की प्रक्रिया अनेक रूपों में प्रकट होती है, जैसे—उद्विकास, क्रान्ति, प्रगति आदि। चूँकि इन सामाजिक प्रक्रियाओं का सामाजिक बदलाव से सीधा सम्बन्ध है। कभी-कभी इन सम्बन्धों को सामाजिक बदलाव का पर्यायवाची माना जाता है। इसलिए इन शब्दों के अर्थ के सम्बन्ध में बहुत उलझनें हैं। इसका दूसरा कारण यह भी है कि प्रारम्भिक समाजशास्त्रियों जैसे—हरबर्ट स्पेन्सर, मैकाइवर, सोरोकिन, आदि ने इन अवधारणाओं को एक ही अर्थ में इस्तेमाल किया है। यद्यपि ये अवधारणाएँ एक-दूसरे से बिल्कुल भिन्न हैं, बदलाव जब सरल से जटिल की ओर होता है तो उसे 'उद्विकास' कहते हैं। अच्छाई हेतु बदलाव को 'प्रगति' कहते हैं।

प्रगति तेजी से भी हो सकती है और धीरे-धीरे भी। इसमें उद्विकास का सहयोग लिया भी जा सकता है और नहीं भी। जब कोई बदलाव एकाएक और गम्भीर परिणाम पैदा करने वाला होता है तो उसे 'क्रान्ति' कहते हैं।

साधारण शब्दों में उद्विकास का अर्थ है, एक सादी और सरल वस्तु का एक जटिल अवस्था में बदल जाना और भी स्पष्ट रूप में जब कुछ निश्चित स्तरों में से गुजरती हुई कोई सरल वस्तु एक जटिल वस्तु में परिवर्तित हो जाती है तो उसे उद्विकास कहते हैं। मैकाइवर और पेज के शब्दों में, "उद्विकास बदलाव की एक दिशा है जिसमें बदलते हुए पदार्थ की विविध दशाएँ प्रकट होती हैं और जिससे उस पदार्थ की वास्तविकता का पता चलता है।"

डार्विन के प्राणीशास्त्रीय उद्विकास के सिद्धान्त के आधार पर कई मानवशास्त्रियों ने, जिनके नेता हरबर्ट स्पेन्सर थे, समाज तथा संस्कृति के विकास को भी समझने का प्रयास किया। उनका कहना था कि जिस तरह जैविक शरीर का उद्विकास कुछ निश्चित नियमों के अनुरूप होता है, उसी तरह समाज एवं संस्कृति का विकास हुआ है। सामाजिक उद्विकास को समझने हेतु यह जरूरी है कि पहले डार्विन के उद्विकासीय सिद्धान्त को समझ लिया जाए क्योंकि इसी पर सामाजिक उद्विकास का सिद्धान्त आधारित है।

क्रान्ति

साधारणतया 'क्रान्ति' शब्द का इस्तेमाल राजनैतिक सत्ता में होने वाले किसी आकस्मिक और अप्रत्याशित बदलाव हेतु किया जाता है। यहाँ क्राँति शब्द का तात्पर्य सामाजिक जीवन में एकाएक बदलाव या सामाजिक जीवन के किसी भाग में अचानक परिवर्तन है। पाकिस्तान में जनरल परवेज मुशर्रफ के माध्यम से संसद भंग करके सैनिक शक्ति के माध्यम से राजनैतिक सत्ता धारण कर लेना तथा अमेरिका के बुश प्रशासन के माध्यम से अफगानिस्तान एवं इराक में सत्ता बदलाव करने को हम क्रान्ति कह सकते हैं। परन्तु वास्तव में क्रान्ति के ये सभी अर्थ अत्यन्त संकुचित अथवा एकपक्षीय हैं।

क्रांति समाज को तीव्रता से परिवर्तित करती है। जॉन ई. वॉलिन के शब्दों में, "क्रान्ति समाज की राजनीतिक, आर्थिक तथा संस्तरण व्यवस्था में तीव्रगति से मौलिक बदलाव लाती है।" समाज में क्रान्ति 'संघर्ष' (Conflict) का निष्कर्ष है। क्रान्ति ज्यादातर हिंसात्मक होती है। साधारणतः क्रान्ति राजनीतिक समूहों और सामाजिक वर्गों के बीच होती है। इनके बीच संघर्ष होने के कारण ही सामाजिक

परिवर्तन होता है। इस तरह क्रान्ति के माध्यम से आधारभूत सामाजिक संस्थाओं, सामाजिक वर्गों, शक्ति के वितरण तथा जनता की सभी मनोवृत्तियों और आदतों में तीव्र परिवर्तन होता है। 1760 ई. में यूरोप तथा इंग्लैंड में आरम्भ होने वाली औद्योगिक क्रान्ति जैसे 1775-83 की अमेरिकी क्रान्ति तथा 1789 की फ्रांसीसी क्रान्ति। 20वीं शताब्दी के अन्त में संचार तथा कम्प्यूटर के क्षेत्र में आया परिवर्तन भी क्रांति है। समाजशास्त्रियों के अनुसार लोगों के जीवन में, रहन-सहन में अभूतपूर्व बदलाव भी इस 'सूचना क्रान्ति' के कारण सम्भव हो सकेंगे।

फेयरचाइल्ड के शब्दों में, "यदि किसी समाज में कई महत्त्वपूर्ण बदलाव धीरे-धीरे और बिना विशेष संघर्ष अथवा रक्तपात के प्राप्त होते हैं तो उसे उद्विकास ही कहा जाएगा न कि क्रान्ति। क्रान्ति का मूल सार तो अचानक बदलाव है न कि हिंसा।" इसी तरह सोरोकिन ने भी अपने विचार व्यक्त करते हुए लिखा है कि क्रान्ति के सम्बन्ध में सबसे महत्त्वपूर्ण तत्त्व किसी समाज के लक्ष्यों और मूल्यों में बहुत ज्यादा गड़बड़ी, अस्थिरता और अनिश्चितता है। समाज की आन्तरिक अशान्तियाँ जब बाहर फूट निकलती हैं तब इन्हीं से गड़बड़ी, अस्थिरता तथा अनिश्चितताएँ उत्पन्न होती हैं। यही सामाजिक क्रान्ति है जिसके परिणामस्वरूप सामाजिक व्यवस्था, सांस्कृतिक व्यवस्था अथवा दोनों ही व्यवस्थाएँ अनिवार्य रूप में अस्थिर हो जाती हैं।

सामाजिक अन्याय भी क्रान्ति को जन्म दे सकता है। सामाजिक अन्याय असमानता के सिद्धान्त पर आधारित होता है। समाज में कुछ लोगों को ही विशेषाधिकार व सभी सामाजिक सुविधाएँ प्राप्त होती हैं जबकि अधिकांश लोगों को सामान्य अधिकारों तथा सुविधाओं से भी वंचित रखा जाता है। इसी असन्तोष की कटु अभिव्यक्ति क्रान्ति है। बिहार में नक्सली संगठन जैसे एम.सी.सी. और पीपुल्स वार ग्रुप सवर्ण जाति के संगठन रणवीर सेना के विरुद्ध संघर्ष कर रहा है। अधिकांश विद्वानों का मत है कि आर्थिक असमानता व अन्याय क्रान्ति का एक प्रमुख कारण है। यह स्थिति उसी वक्त पैदा होती है। जब देश का शासक वर्ग भी इस असमानता व अन्याय का पोषण करता है और सरकार की ओर से इसे रोकने हेतु कोई क्रियात्मक कदम नहीं उठाया जाता है। अर्थात् जब सरकार राष्ट्रीय धन के असमान वितरण की समर्थक होती है, जब राष्ट्र का सारा धन और उत्पादन के साधन कुछ इने-गिने लोगों के हाथों में ही केन्द्रित हो जाते हैं और इस केन्द्रीयकरण को तोड़ने हेतु कोई सरकारी प्रयास नहीं होते हैं, जब धनी वर्ग के माध्यम से निर्धन वर्ग का खूब शोषण होता है और सरकार उस शोषण के प्रति उदासीन रहती है तो देश में असहनीय निर्धनता, बेरोजगारी, भुखमरी

आदि की स्थितियाँ पैदा हो जाती हैं। जनता एक सीमा तक इस शोषण, अन्याय व अत्याचार को चुपचाप सहन करती है। पर सहन करने की भी एक सीमा होती है। उस सीमा के उपरांत शोषित वर्ग संगठित होकर राजकीय व अर्थव्यवस्था को जड़ से उखाड़ फेंकने हेतु उठ खड़ा होता है और क्रान्ति का बिगुल बज उठता है। **कार्ल-मार्क्स** ने इस आर्थिक अन्याय व असमानता को ही क्रान्ति का प्रभुख कारण माना है। रूस की क्रान्ति इसका अच्छा उदाहरण है।

उन्नति

'उन्नति' शब्द अंग्रेजी के 'Progress' शब्द का हिन्दी रूपान्तर है। यह लैटिन के 'Progreditior' शब्द से बना है। इसका अर्थ 'आगे बढ़ाना' (To Step Forward) है। जब समाज में समाज के विकास हेतु परिवर्तन होता है तो उसे सामाजिक उन्नति की संज्ञा दी जाती है। अतः लक्ष्य की ओर बढ़ना उन्नति कहलाता है।

ऑगबर्न और निमकॉफ के अनुसार "प्रगति का अर्थ होता है अच्छाई हेतु परिवर्तन, और इसलिए प्रगति में मूल्य निर्धारण होता है।" इसी तरह लेस्टर वार्ड ने सामाजिक प्रगति की परिभाषा करते हुए कहा है, "प्रगति वह है जो मानवीय सुख की वृद्धि करती है।"

प्रत्येक समाज दो रूप में निर्मित होता है। गतिशील तथा स्थिर। गतिशील पहलू उद्‌विकास, विकास तथा प्रगति का संयोग होता है। 19वीं शताब्दी के समाजशास्त्रियों का समाज के इन्हीं तीन पहलुओं पर ध्यान था। उन्होंने इन अवधारणाओं को अदल-बदल कर अपने सिद्धान्तों में अपनाया। कॉम्ट और स्पेन्सर ने अपनी रचनाओं में विकास तथा प्रगति की अवधारणाओं की साथ-साथ चर्चा की है। उनके अनुसार विकास और प्रगति एक ही है। हालाँकि, समकालीन समाजशास्त्रियों ने अपने अध्ययनों में समाज की प्रगति को औद्योगीकरण तथा आधुनिक प्रौद्योगिकी के विकास से सम्बद्ध किया है। विकसित समाज के विकसित होने के आधार औद्योगिकी है। अन्य समाज विकसित न होने के कारण पिछड़े वर्ग में आते हैं। इनकी आर्थिक स्थिति कृषि पर निर्भर करती है। अन्य शब्दों में ऐसे समाज ग्रामीण समाज कहलाते हैं। हॉब हाउस ने सामाजिक विकास की अवधारणा को अपनाया। उन्होंने विकास के चार नियम बताए हैं—मात्रा, दक्षता, पारस्परिकता तथा स्वतन्त्रता। किसी भी समाज अथवा देश का विकास इन चार नियमों से सम्बद्ध होता है।

अगस्त कॉम्ट ने वैज्ञानिक अनुसन्धान हेतु समाजशास्त्र को गतिविज्ञान तथा स्थिति विज्ञान जैसे दो प्रमुख भागों में विभक्त किया है। जहाँ गति-विज्ञान में लगातार गतिशीलता तथा अनुक्रमणीय अवस्थाओं का अध्ययन किया जाता है, वही स्थिति विज्ञान में समाज की वर्तमान अवस्थाओं का अध्ययन किया जाता है। गति-विज्ञान का केन्द्रीय तत्त्व प्रगति हैं गति-विज्ञान सामाजिक प्रगति का सिद्धान्त अथवा आधार है। अर्थात् सामाजिक विकास अथवा समाज का उद्‌विकास ही वास्तव में सामाजिक प्रगति है। प्रगति तथा विकास के बिना किसी समाज का अस्तित्त्व कायम नहीं रह सकता।

कॉम्ट के अनुरूप समाज के सभी पहलुओं में प्रगति होती है। प्रगति भौतिक, नैतिक आध्यात्मिक तथा राजनीतिक भी हो सकती है। इतिहास में आध्यात्मिक युग की प्रधानता रही है। आध्यात्मिकता के कारण चिन्तन प्रवृत्ति का लगातार विकास होता रहा है। **कार्म्ट** का मत है कि बुद्धिमत्ता अथवा प्रतिभा में विकास के साथ-साथ समाज का भौतिक विकास भी होता है। प्रतिभा के विकास का मुख्य कारक जनसंख्या के घनत्व में वृद्धि को माना गया है। जनसंख्या में वृद्धि होने के साथ-साथ श्रम विभाजन में गहन विशेषीकरण की जरूरत होती है। इस तरह हमने देखा कि गतिविज्ञान के माध्यम से समाज में उद्‌विकास, विकास, प्रगति तथा क्रान्ति को बल मिलता है।

सामाजिक संरचना के क्षेत्र

जॉनसन के अनुरूप सामाजिक परिवर्तन, सामाजिक संरचना के निम्नलिखित पाँच कार्य क्षेत्रों में प्रकट होता है, जिन्हें हम संरचनात्मक बदलाव के पाँच तरह कह सकते हैं–

(1) सामाजिक मूल्यों में क्रम परिवर्तन या बदलाव—समाज के स्तर का एक प्रमुख तरह है जिसे हम 'सामाजिक मूल्य' कहते हैं। ये सामाजिक मूल्य हमारी सामाजिक भूमिकाओं एवं सामाजिक अन्तर्क्रिया को प्रत्यक्ष रूप से प्रभावित करते हैं। सामाजिक मूल्यों में किसी भी तरह के बदलाव होने से पूरी सामाजिक संरचना और सामाजिक व्यवस्था के सभी प्रकार्यों में बदलाव परिलक्षित होने लगता है। आधुनिक युग में लोगों की जीवनशैली बदली है और उनके सामाजिक मूल्यों में व्यापक बदलाव हुए हैं। फलस्वरूप, सामाजिक संरचना और व्यवस्था के विभिन्न प्रकार्यों में अन्तर स्पष्ट देखे जा सकते हैं।

(2) सामाजिक संस्थाओं में बदलाव–आधुनिकीकरण, नगरीकरण,

औद्योगीकरण, पश्चिमीकरण, वैश्वीकरण तथा उदारीकरण के प्रभाव से लोगों में गतिशीलता बढ़ी है। वे शिक्षा, प्रशिक्षण और रोजगार की तलाश में एक-दूसरे स्थानों पर जाते हैं। उनकी जीवन-शैली, खान-पान तथा आचार-व्यवहार में बहुत अन्तर आ गया है। संयुक्त परिवार टूटते जा रहे हैं। एकाकी परिवारों की संख्या बढ़ रही है। शिक्षा संस्थाओं में उत्तरोत्तर वृद्धि हो रही हैं। बच्चों के पालन-पोषण और खान-पान का कार्य भी अनेक संस्थाओं ने सम्भाल लिया है। जीवन के प्रतिमान बदल गए हैं। इस तरह सामाजिक बदलाव सामाजिक संस्थाओं में बदलाव का कारक है। सामाजिक संस्थाएँ सामाजिक संरचना के आधार हैं।

(३) स्वामित्व एवं पुरस्कारों के वितरण में बदलाव—स्वामित्व एवं पुरस्कारों के बीच विशिष्ट सम्बन्ध है। प्रत्येक क्षेत्र में सेवाओं के बदले वेतन दिया जाता है। यह श्रम के बदले मिला पारितोषिक होता है। इसके अलावा भी समाज में लोगों को कई पुरस्कार प्राप्त होते हैं, जैसे—प्रतिष्ठा, ख्याति, प्यार, दुलार, लगाव, प्रशंसा, सहानुभूति आदि। इन पुरस्कारों में निश्चित परिवर्तन होते रहते हैं। पुरस्कार उत्साहित करने के साथ आगे बढ़ने की शक्ति तथा निर्णय लेने की क्षमता को भी बढ़ाते हैं। यह सामाजिक व्यवस्था को चलाने के लिये तीव्रगति देते हैं।

(4) व्यक्तिगत स्तर में बदलाव—समाज में रहने वाले लोगों के व्यक्तित्व में परिवर्तन में सहयोग करता है। यद्यपि इन परिवर्तनों का महत्त्व भिन्न-भिन्न होता है। समाज में हर व्यक्ति का अपना एक अनुपम जगह अथवा स्तर होता है, उसी के अनुसार उसे सामाजिक परिस्थिति हासिल होती है। परिस्थिति के स्तर के अनुरूप ही उससे गुणात्मक कार्य की अपेक्षा की जाती है। उसकी भूमिका वैयक्तिकता से प्रभावित रहती है। पद की गरिमा को बनाए रखने हेतु वह अपने व्यक्तित्त्व के विकास पर बल देता है। कोई भी व्यक्ति अपने पद के अनुसार व्यक्तित्व में परिवर्तन लाता है, जो उससे संबंधित सभी सामाजिक तत्वों को परिवर्तित करता है।

(5) व्यक्तिगत योग्यताओं अथवा रुखों में बदलाव—व्यक्तिगत व्यवहार ही हमेशा संरचनात्मक परिवर्तन का कारण नहीं होता। 'घड़ी' के आविष्कार के उपरांत लोगों की वक्त के प्रति जागरूकता बढ़ी। इसी तरह टैलीविजन के आविष्कार के बाद, न केवल परिवार के भीतर बल्कि सामाजिक व्यवस्था के एक बहुत बड़े भाग में भी सांस्कृतिक क्रान्ति आई। मोबाइल फोन ने तो पूरी दुनिया को ही एक मुट्ठी में ला दिया है। ये सभी व्यक्तिगत योग्यताओं के उदाहरण, जिनके कारण सामाजिक संरचना परिवर्तित हुई।

2

सामाजिक परिवर्तन के सिद्धान्त

'परिवर्तन' शब्द समाज में बहुत प्रचलित शब्द है। किसी भी क्षेत्र में उसकी वर्तमान स्थिति में होने वाले बदलाव को परिवर्तन की संज्ञा दी जाती है। जैसे मौसम का परिवर्तन जब एक ऋतु के बाद दूसरी ऋतु आती है तो मौसम बदलता है। परन्तु समाजशास्त्र इसे सामाजिक परिवर्तन नहीं मानते। उनके अनुसार सामाजिक स्वरूप या संबंधों में हुआ परिवर्तन भी सामाजिक परिवर्तन कहलाता है। इन्टरनेशनल एनसाइक्लोपीडिया ऑफ सोशल साईंसेज का यही मानना है।

अतः सामाजिक परिवर्तन सामाजिक जीवन व संबंधों में होने वाले परिवर्तन की एक आवश्यक प्रक्रिया को प्रदर्शित करता है। सामाजिक परिवर्तन को रोका नहीं जा सकता है यह चाहे तीव्रगति से हो या मंदगति से इसका परिणाम भी चाहे अच्छा हो या बुरा।

रेखीय सिद्धान्त

रेखीय सिद्धांत के अन्तर्गत परिवर्तन हमेशा अग्रणी क्रिया में होता है। जो खोज हुई है उससे आगे ही आविष्कार होगा; जैसे रेडियो के बाद टेलीविजन का आविष्कार हुआ। उसे और विकसित करके टेलीफोन से बात करते समय दूसरी दूसरी तरफ से बात करने वाले को देखा जा सकेगा। कहने का तात्पर्य यह है कि परिवर्तन के इस प्रतिमान में परिवर्तन रेखीय होता है और उसे हम एक रेखा से प्रदर्शित कर सकते हैं। इस परिवर्तन की गति तीव्र या मंद हो सकती है।

आदिम समाजों की अपेक्षा आज के समाजों में विकास की गति अत्यधिक तीव्र है लेकिन इन दोनों समाजों में परिवर्तन एक रेखा में ही आगे बढ़ता है।

सामाजिक परिवर्तन के रेखीय सिद्धान्त को स्पष्ट रूप से समझने के लिए अगर इसका अन्तर चक्रीय सिद्धान्त से किया जाए तो इसकी प्रकृति को सरलतापूर्वक समझा सकता है। दोनों में अन्तर निम्न तरह से किया जा सकता है-रेखीय सिद्धान्त इस विचार पर आधारित है कि सामाजिक परिवर्तन की प्रवृत्ति एक निश्चित दिशा की ओर बढ़ने की होती है, इसके विपरीत चक्रीय सिद्धान्त के अनुसार सामाजिक परिवर्तन हमेशा उतार-चढ़ाव से युक्त होते हैं अर्थात् प्रत्येक परिवर्तन सदैव नई दिशा उत्पन्न नहीं करता अपितु इसके कारण समूह द्वारा कभी छोड़ी जा चुकी नई विशेषताओं को पुनः ग्रहण किया जा सकता है।

(1) यह सिद्धान्त ऐतिहासिक साक्ष्यों की तुलना में सैद्धान्तिक को अत्यधिक प्रोत्साहित करता है। जबकि चक्रीय सिद्धान्त के द्वारा उतार-चढ़ाव से युक्त परिवर्तनों को ऐतिहासिक साक्ष्यों के द्वारा स्पष्ट किया गया है। इस प्रकार उनके प्रतिपादकों का दावा है कि उनके सिद्धान्त अनुभवसिद्ध हैं।

(2) रेखीय सिद्धान्त परिवर्तन के एक विशेष कारण पर ही जोर देता है और यही कारण है कि कुछ भौतिक दशाएँ सदैव अपने और समूह के बीच एक आदर्श सन्तुलन अथवा अभियोजनशीलता स्थापित करने का प्रयत्न करती हैं। जबकि चक्रीय सिद्धान्त परिवर्तन का कोई खास कारण स्पष्ट नहीं करते बल्कि इनके अनुसार समाज में अधिकांश परिवर्तन इसलिए उत्पन्न होते हैं कि परिवर्तन के स्वाभाविक नियम हैं।

(3) रेखीय सिद्धान्त इस तथ्य पर बल देते हैं कि परिवर्तन का क्रम सभी समाजों पर समान रूप से लागू होता है। इसका कारण यह है कि एक स्थान के भौतिक अथवा प्रौद्योगिक पर्यावरण में उत्पन्न होने वाले परिवर्तन को शीघ्र ही दूसरे समाज द्वारा ग्रहण कर लिया जाता है। बल्कि चक्रीय सिद्धान्त के अनुसार एक विशेष प्रकृति के परिवर्तन का रूप सर्वव्यापी नहीं होता; अर्थात् विभिन्न समाजों में आए भिन्न-भिन्न परिवर्तन की प्रक्रिया अलग-अलग तरह से मानव समूहों को प्रभावित करती है।

(4) इस सिद्धान्त के अनुसार परिवर्तन सामान्यतः अपूर्णता से पूर्णता की ओर होता है। चक्रीय सिद्धान्त में बदलाव का क्रम निश्चित नहीं होता, जिसमें परिवर्तन पूर्णता से अपूर्णता अथवा अपूर्णता से पूर्णता किसी भी दिशा में हो सकता है।

(5) रेखीय परिवर्तन का आधार मनुष्यों का अथक प्रयास है यह परिवर्तन

भौतिक पर्यावरण से प्रभावित होता है। परन्तु भौतिक पर्यावरण स्वयं मनुष्य के चेतन प्रयत्नों से निर्मित होता है। जबकि चक्रीय सिद्धान्त के अनुसार सामाजिक परिवर्तन एक बड़ी सीमा तक मनुष्य की इच्छा से मुक्त है। अर्थात् प्राकृतिक दशाओं, मानवीय जरूरतों तथा प्रवृत्तियों में होने वाले परिवर्तन के साथ सामाजिक संरचना का स्वयं ही परिवर्तित होने लगता है।

(6) रेखीय सिद्धान्त के अनुसार सामाजिक परिवर्तन तेजी से नहीं होता बल्कि एक निर्धारित केन्द्र बिन्दु तक जाने के पश्चात् बदलाव अत्यधिक स्पष्ट रूप से तथा तेजी से होने लगता है। तकनीकी बदलाव इसका ही उदाहरण है। जबकि इसके विपरीत चक्रीय सिद्धान्त के अनुसार एक खास परिवर्तन को किसी निश्चित अवधि का अनुमान नहीं लगाया जा सकता। बदलाव कभी तीव्र गति से होता है तो कभी सामान्य गति से।

(7) इस सिद्धान्त की अपेक्षा चक्रीय सिद्धान्तों पर समाज विकास अत्यधिक कम प्रभावित करता है इसका अर्थ यह है कि रेखीय सिद्धान्त के अनुसार परिवर्तन की प्रवृत्ति एक ही दिशा में तथा सरलता से जटिलता की ओर बढ़ने की होती है। इसके विपरीत चक्रीय सिद्धान्त, सांस्कृतिक और सामाजिक परिवर्तन में भेद करते हुए यह स्पष्ट करते हैं कि विकासवादी प्रक्रिया ज्यादा से ज्यादा सामाजिक परिवर्तन में ही देखने को मिलती है जबकि सांस्कृतिक जीवन और विशेष मूल्यों तथा लोकाचारों में जो बदलाव आता है उसमें अनिश्चितता होती है।

चक्रीय सिद्धान्त

सामाजिक परिवर्तन गति तथा परिवर्तन का एक चक्र होता है जिसमें परिवर्तन जहां से आरंभ होता है वहीं पहुंचने पर उसका अंत भी होता है। यह प्रक्रिया हर बार दुहरायी जाती है। इसका उत्तम उदाहरण भारत, चीन व ग्रीक की सभ्यताएँ हैं। चक्रीय सिद्धान्त के कतिपय प्रवर्तकों ने अपने सिद्धान्त के सार-तत्त्व को इस रूप में प्रस्तुत किया है कि 'इतिहास अपने को दुहराता है'। यह स्थिति विभिन्न प्रकार की विवेचना से और भी स्पष्ट हो जाएगी।

इस सिद्धान्त के अनुसार परिवर्तन की प्रकृति वृत्तीय होती है अर्थात् उस वृत्त की परिधि पर परिवर्तन जिस बिन्दु से आरंभ होता है उसका अंत भी वहीं होता जैसे, आर्थिक जीवन के क्षेत्र में हम साम्यवादी स्तर पर थे, इसके पश्चात धीरे-धीरे आर्थिक व्यवस्था में उत्पादन के साधन पर व्यक्तिगत अधिकार की धारणा पनपने के साथ-साथ परिवर्तन की गति आरम्भ हुई; जिसका चरम पूँजीवादी अर्थव्यवस्था के रूप

में सामने आया पर परिवर्तन निरंतर चलता रहा। अधिकांश व्यक्तिगत सम्बन्धों में बदलाव का कारण सामाजिक आदर्श है। अतः आज पुनः हम साम्यवादी अर्थव्यवस्था की ओर से बढ़े हैं। रहन-सहन, खान-पान के क्षेत्र में अनेक बदलाव, कला, संगीत, नृत्य तथा आभूषण, जो कि काफी प्राचीन या आदिकालीन समाजों में प्रचलित थे, अनेक परिवर्तनों से गुजरते हुए पुनः आज के समाज में लौट आए हैं। **विलफ्रडो पेरेटो** ने समाजिक परिवर्तन के अपने चक्रीय सिद्धान्त में यह स्पष्ट किया है कि किस तरह राजनीतिक, आर्थिक तथा आध्यात्मिक क्षेत्र में चक्रीय गति से परिवर्तन होता है।

संघर्ष का सिद्धान्त

संघर्ष के सिद्धान्त अनुसरणकर्ता यह स्वीकार नहीं करते हैं कि समाज बिना किसी बाधा, गतिरोध या संघर्ष के उद्‌विकासीय ढंग से सरल से उच्च व जटिल स्तर तक पहुँच जाता या परिवर्तित होता है। वे कहते हैं कि प्रत्येक सामाजिक क्रिया, उप-व्यवस्था और वर्ग का विरोधी तत्त्व अवश्य होता है इसी कारण उनमें विरोधी प्रतिक्रिया या संघर्ष अवश्य होता है। संघर्ष के फलस्वरूप ही सामाजिक, आर्थिक व राजनैतिक परिवर्तन घटित होता है। यह बदलाव सदैव शांति से घटित होते हैं। होने को तो यह क्रांतिकारी ढंग से घटित हो सकता है चूंकि समाज में शक्तियों तथा विस्फोटकता का अभाव नहीं है। हम यहां इसी पर आधारित कुछ सिद्धान्तों की व्याख्या करेंगे।

कार्ल मार्क्स का वर्ग संघर्ष सिद्धान्त

मार्क्स से पूर्व हीगल ने भी इस सिद्धान्त की स्वीकृति दी। **हीगल** के अनुसार एक विचार और उसके विरोधी विचार के फलस्वरूप एक नयी विचारधारा का जन्म होता है जो सामाजिक परिवर्तन का आधार होती है। कार्ल मार्क्स ने हीगल के इस सिद्धान्त को तो अपनाया पर वह इस बात के विपक्ष में थे कि यह द्वन्द्व दो विरोधी विचारों के बीच चलता रहता है और इस वर्ग संघर्ष के कारण एक नए युग का सूत्रपात या सामाजिक जीवन में होने वाले परिवर्तनों की विवेचना की है।

मार्क्स के अनुसार सदैव से ही प्रत्येक समाज के अन्तर्गत दो विरोधी वर्ग पाए जाते हैं--पहला शोषक और दूसरा शोषित। जब शोषक वर्ग की शोषण नीति असहनीय हो जाती है, तब एक स्तर पर इन दोनों वर्गों में संघर्ष स्पष्ट हो जाता है। कम्युनिस्ट घोषणा-पत्र में **मार्क्स** और **एंगेल्स** के अनुसार "अभी तक के सभी समाजों

का इतिहास वर्ग-संघर्ष का ही इतिहास है। स्वतंत्र व्यक्ति तथा दास, कुलीन-वर्ग तथा साधारण जनता, सामन्त तथा अर्द्धदास, किसान, गिल्ड का स्वामी तथा उसमें कार्य करने वाले कारीगर, संक्षेप में शोषक तथा शोषित, सदा एक-दूसरे के विरोधी होकर कभी प्रत्यक्ष तो कभी अप्रत्यक्ष लेकिन अनवरत युद्ध करते रहते हैं।" इस संघर्ष का निष्कर्ष या तो संघर्ष में लगे वर्गों या विनाश या समाज का पुनर्निर्माण होता है। आज के दौर का पूंजीपति वर्ग जो कि सामन्तवादी समाज के अवशेषों से जन्मा है, वर्ग-संघर्ष से विमुक्त नहीं है। इसने सिर्फ पुराने स्थान में नवीन वर्गों को उत्पीड़न की नई अवस्थाओं को तथा नए प्रकार के संघर्षों को जन्म दिया है। फिर भी हमारी इस पूँजीवादी युग की एक विशिष्ट विशेषता यह है कि इसने दर्ग-संघर्ष को और अधिक सरल बना दिया है। समग्र रूप में समाज विभाजित महान वर्ग पूँजीपति और सर्वहारा जो 'एक दूसरे से प्रत्यक्ष रूप में संघर्षरत हैं।"

मार्क्स के शब्दों में यह एक ऐतिहासिक सत्य है कि भू-सम्पत्ति के विपरीत पूँजी हमेशा धन के रूप में होती है। पूँजी का प्रथम साकार रूप धन है। उसके बाद पूँजीपतियों द्वारा उस धन से श्रमिकों के धन को उसके वास्तविक मूल्य से कम मूल्यों में खरीदकर और इस प्रकार ज्यादा से ज्यादा मूल्यों को एकत्रित करके धन को पूँजी में परिवर्तित किया जाता है। इस पूँजी से उन वस्तुओं को क्रय करके, जो कि नए उत्पादन में करते हैं, या उत्पादन क्रिया में साधन के रूप में आर्थिक रूप से मददगार होती है, पूँजीपति लोग श्रमिकों के श्रम से पूँजियों का एकत्रीकरण करते रहते हैं या दूसरे शब्दों में, धन से धन को बढ़ाते रहते हैं। यह पूँजी बढ़ते-बढ़ते राजश रूप धारण कर लेती है जो कि कटु फलदायक और स्वयं बढाने वाली होती है और श्रमिकों के खून को धीरे-धीरे चूसती रहती है। इस तरह मार्क्स के अनुसार, पूँजी वह धन है जो कि श्रमिकों का शोषण करने के लिए उपयोग में लाया जाता है। इस शोषण से ही वर्ग संघर्ष के जन्म का कारण यही शोषण है, यही सामाजिक परिवर्तन का आधार बन जाता है।

मार्क्स ने इस संघर्ष की व्याख्या करते समय उन आर्थिक बदलावों का भी विवेचन किया है जो कि आदिम समाज के गृह व्यवसाय या उद्योग की अवस्था से लेकर वर्तमान युग के कारखाना (फैक्ट्री) उद्योग तक हुए हैं। मार्क्स ने इस पूँजीवादी फैक्ट्री-प्रणाली के प्रमुख परिणामों का उल्लेख निम्न प्रकार किया है कि फैक्ट्री प्रणाली में उत्पादन उच्च स्तर पर होता है जिसके कारण बहुधा अति उत्पादन की स्थिति उत्पन्न हो जाती है जिससे कि अधिकाधिक व्यापार चक्र या व्यापारिक संकटकाल का उद्भव स्वाभाविक होता है। इसका परिणाम कम हैसियत वाले पूँजीपति या छोटे

पैमाने के मिल-मलिकों को हानि होती है और धीरे-धीरे उनका सब-कुछ बड़े पूँजीपतियों के हाथ में चला जाता है जिससे पूँजी का उत्तरोत्तर केन्द्रीयकरण कुछ लोगों के हाथ में होता जाता है।

परिणामस्वरूप छोटे पूँजीपति अधिक संख्या में पूँजीपति-वर्ग से बाहर निकलकर श्रमिक वर्ग में सम्मिलित होते हैं और जनता का अधिकांश वर्ग एक अति अल्पसंख्यक पूँजीपति वर्ग का सेवक बन जाता है। प्रत्येक व्यापारी संकटकाल में पूँजीपति वस्तुओं के मूल्यों में कमी कर देता है क्योंकि ऐसा करने से अति उत्पादित वस्तुओं का उच्चस्तर पर विक्रय सम्भव होता है। जब वस्तुओं का मूल्य गिरता है तो मजदूरों का वेतन भी अपने आप कम होता जाता है। मजदूरों को कम वेतन पर अधिक से अधिक काम करना पड़ता है। इससे श्रमिकों की क्रय-शक्ति घटती है। वे अपनी प्राथमिक आवश्यकताओं की भी पूर्ति नहीं कर पाते हैं। धन या पूँजी का वास्तविक उत्पादक श्रमिक होता है, लेकिन उसे उसकी मेहनत का फल नहीं मिल पाता है। धोखे और अन्याय से पूँजीपति श्रमिकों की मेहनत की कमाई छीन लेते हैं। यही मार्क्स के अनुसार, 'मनुष्य का मनुष्य द्वारा शोषण' है। इससे श्रमिक वर्ग में असन्तोष बढ़ता रहता है जोकि प्रत्यक्ष या अप्रत्यक्ष तौर पर वर्ग-संघर्ष के रूप में प्रकट होता है। यह वर्ग संघर्ष सामाजिक परिवर्तन का कारक होता है, इस बात का स्पष्टीकरण निम्न विवेचनों से होगा–

"मार्क्स के अनुसार–यह पूंजीपति पद्धति श्रमिकों की आबादी को विकसित करके उन्हें सुसंगठित समूहों में एकत्रित कर देती है, उनमें वर्ग-चेतना का प्रादुर्भाव करती है और उनमें परस्पर सम्पर्क तथा सहयोग स्थापित करने हेतु विश्वव्यापी पैमाने पर यातायात तथा संचार के साधन प्रदान करती है, जो उनकी क्रय-शक्ति को कम करती है और उनका ज्यादा-से-ज्यादा शोषण करके उन्हें संगठित प्रतिरोध करने या बदला लेने के लिए प्रोत्साहित करती है। अपनी स्वाभाविक जरूरतों की पूर्ति के लिए निरन्तर प्रयत्न करते हुए और मुनाफे के आधार पर स्थिर व्यवस्था की सतत् रक्षा करते हुए पूँजीपति हमेशा ऐसी अवस्थाएं उत्पन्न करते रहते हैं जिनसे मजदूरों को "श्रमिक समाज की जरूरतों के अनुकूल व्यवस्था स्थापित करने के लिए तैयारी करने के अपने स्वाभाविक कोशिश में प्रोत्साहन तथा बल मिलता है।" संक्षेप में, स्वयं पूँजीवादी व्यवस्था में ही तीव्रतम वर्ग-संघर्ष (जिसकी स्वाभाविक अभिव्यक्ति क्रान्ति है) तथा पूँजीवाद के विनाश के बीज छिपे हुए हैं। क्योंकि पूँजीवादी व्यवस्था में दिन-प्रतिदिन श्रमिकवर्ग में निर्धनता, भूखमरी और बेरोजगारी बढ़ती जाएगी और उनकी दशा उत्तरोत्तर दयनीय होती जाएगी। परन्तु

सहन करने की भी एक सीमा के पश्चात् श्रमिक या सर्वहारा-वर्ग अपनी सभी प्रकार की जंजीरों को तोड़कर पूँजीपतियों के विरुद्ध विद्रोह की भावना लेकर उठ खड़ा होगा ही। यही क्रांति का युग होगा।"

मार्क्स मानते है कि "वर्ग-संघर्ष, आन्दोलन एवं क्रांति आदि शब्दों से सामान्य जन समूहों को डरने की कोई जरूरत नहीं है। डरना तो उन्हें चाहिए जो लोग गरीबों एव क्रमिकों के खून-पसीने की कमाई को चूसकर अपनी उन्नति करते हैं। डर तो उन्हें (पूँजीपतियों को) होना चाहिए जिनकी सभी शक्ति और शोषण करने का अधिकार क्रान्ति के परिणामस्वरूप सर्वहारा वर्ग का अधिनायकत्व स्थापित हो जाने पर धूल में मिल जाएगा। कम्युनिस्ट घोषणापत्र सर्वहारा क्रान्ति के लिए इसी 'बुलन्द' और विजयपूर्ण आह्वान' के साथ समाप्त होता है—"कम्युनिस्ट क्रान्ति के भय से शासक वर्गों को काँपने दो। सर्वहारा के पास खोने के लिए अपनी बेड़ियों के सिवाय और है ही क्या? पर जीतने के लिए तो उनके सामने पूरी दुनिया है।"

डेहरनडोर्फ का सत्ता संबंधित सिद्धान्त

यह सिद्धान्त सत्ता पर निर्भर होता है जो सव्यात्मक सम्बन्धों से जुड़ा होता है। डेहरनडोर्फ का कहना है कि सत्ता-संरचना जो कि अनिवार्य रूप में सामाजिक संगठन का एक अविच्छिन्न भाग होती है, जो आवश्यक रूप में स्वार्थ समूहों को संगठित करती है और उन्हें निश्चित स्वरूप प्रदान करती है, और इस रूप में संघर्ष की सम्भावनाओं को जन्म देती है। असल में समाज में सत्ता का बँटवारा समान नहीं होता है, इसीलिए संघर्ष भी खड़ा हो जाता है। अपने लिए अधिकाधिक सत्ता प्राप्त करना स्वयं में ही सम्मानजनक होता है और जिनके पास सत्ता है वे इसे बनाए रखने के लिए जी जान से प्रयत्न करते हैं। इसी से टकराव या संघर्ष की स्थिति उत्पन्न होती है। इस संघर्ष से सामाजिक परिवर्तन स्वाभाविक रूप से घटित होते हैं।

डेहरनडोर्फ के अनुसार सत्ता के निर्माण में सत्ता को हमेशा एक समान विभाजित किया जाता है। सत्ता-संरचना में सत्ता का सदैव समान बँटवारा होता है—जिनके पास ज्यादा सत्ता होती है वे प्रभुत्व सम्पन्न शासक बन बैठते हैं जबकि सत्ताहीन या कम सत्ता वाले लोग मातहती की स्थिति में होते हैं। प्रभुत्वसंपन्न कुछ लोगों को वैधानिक अधिकार प्राप्त होता है कि वे अपने अधीनस्थ लोगों पर शासन करें और उन पर नियंत्रण रखें । सत्ता के अधीनस्थ इन दो विरोधी समूहों का जन्म,

प्रधानता तथा अधीनता की दो स्थितियों के अनुसार, होता है—**एक** तो वे जो आदेश देते हैं और दूसरे वे जो उन आदेशों का पालन करते हैं। एक छोटे से दफ्तर में भी दो विरोधी वर्ग-अफसर तथा अधीनस्थ होते हैं जिनमें संघर्ष सम्भावना सदा ही बनी रहती है। चूँकि इन दोनों वर्गों के हितों या स्वार्थों में कभी मेल नहीं खाता और वे परस्पर विरोधी होते हैं।

डेहरनडोर्फ का कहना है कि सामाजिक बदलाव में संघर्ष एक ऐसा बीज होता है जो प्रत्येक सामाजिक ढांचे के अन्तर्गत विद्यमान होता है एवं समाज का प्रत्येक भाग निरन्तर या लगातार परिवर्तित हो रहा है। सामाजिक संरचना में परिवर्तन वर्गों के बीच होने वाले संघर्ष के फलस्वरूप होते हैं। **डेहरनडोर्फ** के अनुसार, "संरचना में होने वाले परिवर्तन के विभिन्न ढंग वर्ग-संघर्ष के अलग-अलग ढंगों के साथ-साथ बदलते रहते हैं। वर्ग-संघर्ष जितना तीव्र या प्रचंड होगा, उतना ही आमूल परिवर्तन घटित होगा; वर्ग-संघर्ष जितना ज्यादा हिंसात्मक होगा, संरचना में उसके परिणामस्वरूप परिवर्तन भी उतने ही आकस्मिक होंगे।"

इनके अनुसार सत्ता-संरचना अधिकार तथा कर्त्तव्यों की विवेचना करती है, दंडों को तय करती है तथा अनुरूपता को लागू करती है। **डेहरनडोर्फ** के अनुसार, "जहाँ कहीं भी सत्ता-सम्बन्ध होते हैं, वहीं शासक-वर्ग से सामाजिक तौर पर यह आशा की जाती है कि वह शासित वर्ग के व्यवहारों को आदेशों तथा माँगों, चेतावनी तथा निषेधों द्वारा नियंत्रित करें।" वास्तव में संघर्ष का प्रभाव वहीं से होता है जहाँ इसका गलत उपयोग होता है।

डेहरनडोर्फ का मानना है कि विभाजन प्रत्येक सामाजिक संगठन में सत्ता का बँटवारा समान होने के कारण आपसी विरोधी स्वार्थ समूहों का निर्माण स्वाभाविक भी है और सत्ता की यह संरचना ही संघर्ष का एकमात्र आधार है। इसलिए संघर्ष का सामाजिक जीवन में एकाएक अंत संभव नहीं। डेहरनडोर्फ की मान्यता यह है कि संघर्ष को अस्थायी रूप से या कुछ समय के लिए दबाया, नियमित, निर्देशित एवं नियंत्रित तो किया जा सकता है। परन्तु इसका पूर्ण रूप से सम्पादन नहीं हो सकता। केवल विशिष्ट सन्दर्भों में उनकी अभिव्यक्तियों का निराकरण किया जा सकता है जैसे श्रमिक-हड़ताल या तालाबन्दी की हालत में।

संघर्ष का प्रमुख आधार सत्ता का असमान विभाजन है जिसका निष्कर्ष सत्ता व्यवस्था में परिवर्तन है। संरचना में बदलाव अधिक प्रभावी व्यक्ति या सत्ता के केन्द्र को हराकर किया जा सकता है या फिर आपसी समझौते के आधार पर सत्ता का परस्पर विभाजन करके भी सत्ता संरचना में बदलाव किया जा सकता है जैसा कि

राजनीति में साझा सरकार बनाकर किया जाता है। तो प्रभावी व्यक्ति को न हटाकर भी इस परिवर्तन को अंजाम दिया जा सकता है। यदि उदार अनुकूलनशील शासक-वर्ग विरोधी दल के प्रस्तावों के हितों को ध्यान में रखने को इच्छुक हो जैसा कि लोकतंत्र की संसदीय प्रणाली में होता है।

सिद्धान्त का उल्लंघन

इस प्रकार डेहरनडोर्फ ने सामाजिक संघर्ष का एक अपना साधारण सिद्धान्त उद्‌गम किया ऐसा करते हुए उन्होंने वर्ग संघर्ष का नए रूप में सूत्रीकरण किया है। आपने वर्ग को सत्ता के सन्दर्भ में परिभाषित किया है और इस बात पर बल दिया है कि सत्ता के लिए संघर्ष की वजह से ही वर्ग संघर्ष होता है। प्रोफेसर अब्राहम ने इसकी आलोचना करते हुए लिखा है कि–

"उसी प्रकार सत्ता को ही संघर्ष का सिर्फ मूलभूत स्रोत मान लेना भी गलत होगा। अन्तर्जातीय और अन्तधार्मिक संघर्ष सत्ता-सम्बन्धों के आधार बन सकते हैं और बनते भी हैं।"

साथ ही डेहरनडोर्फ का विचार पूर्णतया उचित नहीं है कि सामाजिक बदलाव आवश्यक रूप में सत्ता संरचना में परिवर्तन के परिणामस्वरूप ही होता है। यह देखा गया है कि सत्ता-संरचना में बदलाव हुए बिना ही गम्भीर परिवर्तन घटित हुए हैं और वह भी सत्ताधारी या शासक वर्ग की अगुआई के फलस्वरूप। अतः डेहरनडोर्फ के इस सिद्धान्त को सामाजिक संघर्ष का एक सामान्य सिद्धान्त नहीं माना जा सकता।

वर्ग निर्माण में सत्ता महत्त्वपूर्ण होते हुए भी केवल निर्णायक नहीं हो सकती–आय, परिस्थिति, प्रतिष्ठा, जीवन शैली तथा भौतिक वस्तुओं का स्वामित्व भी वर्ग निर्माण के आवश्यक तत्त्व हैं।

वेबलन का सिद्धान्त

सामाजिक परिवर्तन के लिए मार्क्स ने प्रौद्योगिकी को अप्रत्यक्ष रूप में उत्तर कारक माना है चूँकि उसके अनुसार उत्पादन का प्रकार (प्रौद्योगिकी) सबसे आर्थिक सम्बन्धों के परिवर्तन संपूर्ण सामाजिक अधिसंरचना में परिवर्तन लाती है और वे आर्थिक सम्बन्धों में बदलाव लाते हैं। इस प्रकार उसके सिद्धान्त में इस विषय में काफी अस्पष्टता है कि प्रौद्योगिकी प्रत्यक्ष रूप में परिवर्तन लाते हैं। वस्तुतः वेबलन ने प्रौद्योगिकी को प्रत्यक्ष रूप में सामाजिक परिवर्तन का कारण माना है, यद्यपि उसके अनेकों स्पष्ट लेखों के कारण अनेक सामाजिक वैज्ञानिकों ने उसको पृथक्-पृथक्

प्रकार से विश्लेषित किया है। उसने अपनी सबसे प्रसिद्ध पुस्तक **'द थ्योरी ऑफ द लेजर क्लास (1899)'** में लिखा है कि मानव जीवन में आदतीकरण और मानसिक अनुशासन को लाने वाले महत्त्वपूर्ण अभिकरण वे हैं जो मानव जीवन के कार्यों से स्वाभाविक रूप में संबद्ध हैं, विशिष्ट रूप से जिस क़ाम में और जिस तरह की तकनीक में मनुष्य लगा रहता है। उसने यह दर्शाने की कोशिश की है कि मानव सामाजिक सम्बन्ध और संस्कृति प्रौद्योगिकी के द्वारा निर्मित है। मनुष्य की सदैव कुछ मूल प्रवृत्तियाँ जिन आदतों को जन्म देती हैं वे उनके भौतिक पर्यावरण द्वारा प्रस्तुत अवसरों के कारण भिन्न-भिन्न होती हैं। एक शब्द में 'मनुष्य वह है, जो वह विक़ास करता है। वेबलन के शब्दानुसार, "सामाजिक संरचना में परिवर्तन, विकास और अनुकूलन स्वतः ही परिवर्तित परिस्थितियों में होता है और वह समुदाय के विभिन्न वर्गों के विचारों की आदतों में परिवर्तन व्यक्ति के विचार की आदतों के द्वारा होता है, जो कि समुदाय के बनाने वाले हैं...... सामाजिक उद्विकास परिस्थितियों के दबाव में व्यक्तियों के मानसिक अनुकूलन की वह स्थायी प्रक्रिया है जो कि भूतकालीन पृथक् परिस्थितियों में निर्मित विचार की आदतों के पालन को सहन नहीं करती है। विचार की आदतों में पुनः सामंजस्य बदली हुई परिस्थिति के दबाव में बड़े क्लान्त और अन्यमनस्क भाव से किया जाता है क्योंकि ये वे परिस्थितियाँ हैं जिन्होंने उनके समाज स्वीकृत पूर्व विचारों को बदली हुई परिस्थितियों ने अमान्य कर दिया है।"

इस बात पर अनुकूलन की स्वतंत्रता निर्भर करती है कि व्यक्ति कुछ सीमा तक पर्यावरण की क्षमताओं के बल से मुक्त है। यदि समाज का कोई वर्ग किसी आवश्यक पक्ष में पर्यावरण की क्रिया से बच जाता है तो समुदाय का वह भाग या वह वर्ग बदली हुई सामान्य स्थिति की जीवन पद्धति को बहुत क्लान्त भाव से स्वीकार करेगा और वह सामाजिक परिवर्तन की प्रक्रिया को बन्द करना चाहेगा।

सामाजिक विकास बाध्य पूंजीपति वर्ग के द्वारा उत्पन्न होती है जो सामाजिक प्रबन्ध का एक अंग है। वेबलन के कथनानुसार प्रत्येक समाज को एक आर्थिक आधार पर तौला जा सकता है। चूँकि उसकी संरचना का निर्माण आर्थिक संस्थाओं के कारण होता है। ये संस्थाएँ भौतिक पर्यावरण में समुदाय की जीवन की प्रक्रिया को चलाने वाली आदतों की प्रति हैं। सांस्कृतिक दशाओं और उसकी प्रौद्योगिकी में विशिष्ट संबंध है। उदाहरण के लिए सामन्तवादी व्यवस्था की प्रौद्योगिकी एक ऐसी व्यवस्था का प्रतिनिधित्व करती है जिसमें प्रशिक्षित जनशक्ति इस प्रकार तैयार की जाती है जिसमें वे मनुष्यों, सामन्तों इत्यादि के अधीनस्थ रहे। वह व्यवस्था कृषि और

उद्योग दोनों में एक समान लागू होते हैं। भूमि की जोत में उसके अनुसार कृषक को सबसे ज्यादा परिश्रमी और जमीन के मालिक का आज्ञाकारी होना चाहिए। इसी प्रकार औद्योगिक क्षेत्र में भी जहाँ व्यक्तिगत रूप में कुशलता, हस्तकौशल और निर्णय महत्त्वपूर्ण होते हैं। यद्यपि वहाँ भी यन्त्र के द्वारा अवैयक्तिक उत्पादकता और उसके द्वारा पैदा होने वाली विशेषताओं का कोई स्थान नहीं है।

सामाजिक प्रबन्ध तद्नुरूप होता है। राज्य वंशानुगत होता है तथा व्यक्तिगत अधिकार और एक वर्ग के प्रति वर्ग की अधीनता पर आधारित होता है। राजनीति और युद्ध में सफलता व्यक्तिगत शक्ति और योग्यता पर निर्भर करती है। धर्म भी व्यक्तिगत अधिकारी, राजतंत्रीय और श्रेणीबद्ध होता है (अर्थात् धर्म में भी व्यक्ति निष्ठा होती है।)। लेकिन शनैः-शनैः इस व्यवस्था के प्रौद्योगिकी आधार में परिवर्तन आता है क्योंकि मानव शक्ति के स्थान पर यान्त्रिक शक्ति महत्त्वपूर्ण हो जाती है। नवीन कुशलताएँ आती हैं और पुरानी कुशलताएँ नष्ट हो जाती हैं। इसकी प्रमुख वजह यह है कि व्यक्ति के शारीरिक क्षमता के जगह पर नवीन प्रकार के मानसिक लक्षणों की मांग करते हैं जैसे इंजीनियर, डिजाइनर, टेक्निकल एवं मशीन चलाने वाला व्यक्ति आदि। यन्त्र न्यास के नियंत्रण के आदतीकरण की वजह से शक्ति का विचार खुद बदल जाता है अब स्वेच्छाचारी व्यक्तिगत आदेश की शक्ति, इच्छा की शक्ति का विचार अब प्रभावशाली नहीं रहता है बल्कि अब मनुष्यों द्वारा निर्मित व्यवस्था यानी अनुलंघनीय कानूनों का पालन जीवन को नियंत्रित करने वाली शक्ति होती है।

नवीन तकनीकी एवं प्रौद्योगिकी नवीन आवश्यकताओं के माध्यम से समाज के प्राचीन ढांचे को समाप्त कर देती है। इस प्रक्रिया का विरोध करने वाली संस्थाएँ वे होती हैं जो औद्योगिक प्रभावों से बहुत दूर होती हैं। इस प्रकार उच्च राजनीति, युद्ध की राजनीति, साम्राज्यवाद के पुराने विचार सबसे अधिक हठी होते हैं। परन्तु ये विचार जिन राजाओं आदि पर निर्भर करते हैं, वे शनैः-शनैः महत्त्वहीन या कमजोर होते जाते हैं। 'देशभक्ति की शत्रुता और राष्ट्रीय ईर्ष्या' के प्राचीन गुण अन्तर्राष्ट्रीय व्यापार और युद्ध कौशल के यंत्रीकरण की वजह से आजकल तालमेल नहीं खाते हैं। उद्विकासीय प्रक्रिया प्रौद्योगिक परिवर्तन के संचय का परिणाम है। संस्कृति का विकास लगातार प्रौद्योगिक कुशलता की वृद्धि के साथ हुआ है। संक्षेप में सामाजिक उद्विकास यह प्रक्रिया है जिसमें सामाजिक व्यवस्थाओं में प्रौद्योगिक विकास प्रतिबिंबित होता है। प्रत्येक युग में सोचने की विशिष्ट आदत जीवन के विशिष्ट अनुशासन का परिणाम है जो कि इनकी तकनीक के द्वारा लाद दी गई है। औद्योगिक

प्रजातंत्रीय शासन में तकनीक का प्रभाव ज्यादा व्यापक होता है और समस्त व्यवहार कार्य दिवस से घनिष्ठता से सम्बन्धित है। औद्योगिक कलाओं के प्रभाव के फलस्वरूप सामाजिक दृष्टिकोण औरं कल्पनाशील विचार होते हैं। सभी यन्त्रविन्यास के ज्यामितीय सम्बन्धों, आदर्श प्रारूप मानदंडकरण और अपरिहार्य कानूनों के शब्दों में ये जैसा सोचते हैं। उसके विचार में संस्कृति का विकास आदतों का श्रेणी समूह है।

वेबलन ने इस संदर्भ में आधुनिक जीवन नियोजन के विशिष्ट पक्षों का मूल्यांकन एवं विश्लेषण किया है। वर्तमान युग में धन के आँकड़ों हेतु उसकी संपत्ति अथवा धन की अभिव्यक्ति को महत्त्व दिया जाता है। जैसे 'लेजर क्लास' की विलासिता को लिया जा सकता है। यह समूह दिखावा करने में धन बर्बादी करता है, जो उनके तटस्थ आर्थिक संरचना और आधुनिक व्यापार के नियंत्रण का कारण है। आर्थिक पुरस्कार के कारण संभव होती है और यह आर्थिक पुरस्कार आर्थिक संरचना और आधुनिक शोषण के कारण उतना नहीं है जितना कि आधुनिक आर्थिक जीवन की प्रतियोगिता में प्रतिद्वन्द्विता और ईर्ष्या की भावना के कारण। औद्योगिक क्रियाओं में आर्थिक रोजगार की प्रभुता ही आधुनिक व्यापार का गुण है।

वेबलन के सिद्धान्त में निर्णायकवादी सभी खतरे उपस्थित हैं। प्रश्न यह है कि क्या यह आर्थिक बर्बादी रोम या बेबीलोन की विलासिता से अलग है? निःसन्देह बेसिक कलाओं और समाज की बदलती हुई परिस्थिति के निर्माण में घनिष्ठ नाता है। इस विश्लेषण के औचित्य पर प्रश्न किया जा सकता है। क्योंकि इसके अनुसार किसी जीवन पद्धति को उच्च कहा जाए तो इसका अर्थ है कि उसका केवल प्रौद्योगिक आधार अधिक कुशल और जटिल है? यही कारण है कि सभ्यता के प्रतिदर्श अधिक विस्तृत, अधिक सूक्ष्म और अधिक विभिन्न हो गए हैं। आदतों में परिवर्तन को वस्तुतः तकनीकों के परिवर्तन के आधार पर पूर्णतः विश्लेषित नहीं किया जा सकता है। एक ही प्रौद्योगिक स्तर के समाजों में बहुत अधिक सांस्कृतिक भिन्नताएँ दिखाई देती हैं, विशेष रूप से आदिम जातियों में। कभी-कभी सांस्कृतिक और संस्थात्मक प्रतिदर्श भौतिक सुविधाओं के अतिरिक्त कारणों से भी प्रभावित होता है।

मार्क्स तथा वेबलन में अन्तर

मार्क्स तथा वेबलन के विचारों एवं भावनाओं व सिद्धान्तों में काफी अन्तर

पाया जाता है। दोनों विचारकों के सिद्धान्त अलग हैं। कार्ल मार्क्स के उद्गम के सिद्धांतों का क्रिया संचालन मानसिक रूप से एक विशिष्ट स्वतन्त्रता तथा एक नई एकता कायम करेगा यह एक तरह का उद्बोधन अथवा भविष्यवाणी है। लेकिन वेबलन ने अपने को निर्णायकवादी सिद्धान्त के प्रति निष्ठावान बनाए रखते हुए इस प्रकार की कोई भविष्यवाणी नहीं की है। इसी प्रकार कार्ल मार्क्स संपूर्ण सामाजिक संरचना में परिवर्तन लाता है अर्थात् प्रौद्योगिकी को सामाजिक संरचना के परिवर्तन के लिए अप्रत्यक्ष रूप से उत्तरदायी मानता है, परन्तु वेबलन ने प्रौद्योगिकी को सामाजिक संरचना के परिवर्तन के लिए प्रत्यक्ष रूप में उत्तरदायी माना है क्योंकि प्रौद्योगिकी परिवर्तन मनुष्यों की आदतों और विभिन्न समूहों के सामाजिक सम्बन्धों में अन्तर कर देता है।

सामाजिक परिवर्तन की संरचना की विवेचन विभिन्न समाजशास्त्रियों ने की है जैसे डेहानफोर्ड, कार्लमार्क्स, एवं वेबलन परन्तु सभी की विचारधारा भिन्न थी उनके बनाये हुए सिद्धांत का आधार एक था। परन्तु निष्कर्ष भिन्न-भिन्न थे।

3

भारतीय समाज का विकास

समाज परिवर्तन के संदर्भ में 'विकास' शब्द का अभिप्राय समाज में सभी दिशाओं में परिवर्तन है। विकास एक ऐसी क्रिया है जो तीव्र एवं मंद दोनों गति से होती रहती है। विकास का भिन्न-भिन्न क्षेत्रों में पृथक्-पृथक् उद्देश्य होता है जिसमें स्थिति स्थानान्तरण से विकास अग्रसर होता है। इस प्रकार से विकसित होने का परिणाम तीव्र या मंद भी हो सकता है।

मानव के सामाजिक जीवन में यही विकास होता है। मानव का यह जीवन स्थिर या अस्थिर नहीं होता। इसमें अपनी एक गति होती है और इसी गति के कारण उसके सामाजिक जीवन में परिवर्तन की स्थिति बनती है। ये स्थितियाँ अच्छी भी हो सकती हैं और बुरी भी—पर सामाजिक जीवन का बहाव इस अच्छे-बुरे के बीच ही आगे बढ़ता जाता है। उसका इस प्रकार आगे बढ़ना ही विकास है। **श्री टी. वी. बाटोमोर** ने अपनी पुस्तक **'समाजशास्त्र'** में लिखा है कि साधारण प्रयोग में विकास (उन्नति) का अर्थ है 'एक क्रमिक उन्मीलन' किसी भी वस्तु की ज्यादा-से-ज्यादा जानकारी। इस प्रकार इस अर्थ में एक शिशु के विकास अथवा एक बीमारी के बारे में कह सकते हैं। लेकिन सामाजिक विकास को हम इस अर्थ में नहीं देखते। सामाजिक जीवन के सन्दर्भ में 'विकास' शब्द का प्रयोग यह दर्शाने के लिये करते हैं कि मनुष्य को अपने अनुभव और कौशल के आधार पर प्राकृतिक पर्यावरण से किस सीमा तक छुटकारा मिलता जा रहा है।

वर्तमान समय में भारत में ग्रामीण-शहरी विकास, आर्थिक विकास, शैक्षिक-सांस्कृतिक विकास, निर्माण योजनाएं कतिपय उदाहरण हैं।

भारतीय समाज की उन्नति का इतिहास

भारत के समाज का विकास अत्यधिक प्राचीन है जो प्रागैतिहासिक दौर से ही शुरू हो जाता है। इस युग का इतिहास एवं जानकारी हमें पुरातात्विक सामग्री से ही प्राप्त होती है। "सम्पूर्ण भारत में फैली हुई सहस्त्रों की संख्या में कन्दरायें, पर्वतीय शिलाएँ, स्तम्भ, प्रस्तर एवं धातु-पटल, मुद्राएँ तथा खण्डहर अपने गर्भ में अतीत के चिरन्तन सन्देश को छिपाये बैठे हैं। इतिहास जिज्ञासुओं के अन्वेषण एवं उत्खनन के पश्चात् इन मूक प्रहरियों के रहस्य के काफी कुछ उद्घाटन से प्राचीन भारत के इतिहास के स्वरूप को सुव्यवस्थित और शृंखलित करने में बड़ा योग मिला है।" इस पुरातात्विक सामग्री तथा अन्य रूपरेखा उद्धृत करने की प्रयास करेंगे। भारतीय समाज का विकास या क्रमिक-विकास जिन युगों में से गुजरकर वर्तमान स्थिति तक पहुँचा है उन्हें हम निम्नवत् वर्णित कर सकते हैं–

ऐतिहासिक काल

भारतीय इतिहास की प्राचीनतम सामग्री के लिये हमें कुछ वर्ष पूर्व तक वैदिक साहित्य का ही सहारा लेना पड़ता था और हम वैदिक आर्य-सभ्यता व समाज व्यवस्था को ही अपनी सबसे पुरातन सभ्यता समझते थे। इसका कारण यह था कि ऐतिहासिक ज्ञान के साधनों की कमी होने के वजह से वैदिक काल के पूर्व का इतिहास तिमिराच्छादित था। परन्तु सिन्धु घाटी में हड़प्पा (पंजाब) और मोहनजोदड़ो नामक स्थानों में होने वाली खुदाइयों से मिलने वाले अवशेषों से यह अन्धकार विलीन हो गया। "आशा एवं स्फूर्ति की नूतन किरणों के आलोक में इतिहास-जिज्ञासुओं ने अतीत की गुप्त धरोहर का उद्घाटन किया।" इससे भारतीय इतिहास में एक नये अध्याय की संयोजना हुई। अब ये सिन्धु घाटी सभ्यता के स्थल पाकिस्तान में हैं।

पूर्व-वैदिक काल

भारतीय समाज के राजनैतिक इतिहास का विवरण हिन्दुओं के चारों पवित्र वेदों में से एक ऋग्वेद से प्राप्त होता है। इस वेद की रचना पूर्व वैदिक काल में हुई थी। जिसकी समाज-व्यवस्था का विकास आर्यों ने किया था। डा. घुरिये के अनुसार आर्य लोग भारत में ईरान से ईसा के 2,500 वर्ष पूर्व आये और यहाँ के मूल निवासियों को उन्होंने दस्यु, कहकर अपमानित किया। ईरानी भाषा में जिसका अर्थ 'शत्रु' है। जब वे भारत में आये थे तो उनमें न्यूनतम तीन स्पष्ट वर्ग थे, जिनमें आपस में विवाह

अक्सर नहीं होता था, यद्यपि ऐसे विवाह एकदम प्रतिबंधित न थे। भारत में आने पर उन्होंने सबसे पहले यहाँ के आदिवासियों से बने शूद्रों को अपने धार्मिक पूजा इत्यादि के क्षेत्र से अलग कर दिया और उनके साथ विवाह करने पर कड़ा प्रतिबंध लगाया, जिसके फलस्वरूप भारतीय समाज-व्यवस्था में वर्ण व्यवस्था का जन्म हुआ। आर्यों के राजनीतिक तथा सामाजिक जीवन की इकाई परिवार था। यह परिवार पितृसत्तात्मक होता था। परिवार का प्रधान पिता होता था जो परिवार के सदस्यों पर पूरा नियन्त्रण रखता था। कई परिवारों को मिलाकर एक गांव का निर्माण होता था। ग्राम का प्रधान 'ग्रामणी' कहलाता था। कई गांव मिलकर 'विश' का निर्माण करते थे। 'विश' का प्रधान 'विशपति' कहलाता था। संपूर्ण समाज वर्गों में बँटा हुआ था। 'ग्रामीण' 'ग्रामणी' जो प्रायः वैश्य हुआ करता था, 'विशपति' के नियन्त्रण में काम करता था। कई विशों को मिलाकर एक 'जन' की रचना होती थी। 'जन' का रक्षक 'गोप' कहलाता था जो ज्यादातर राजा स्वयं हुआ करता था। ऋग्वैदिक काल का राजा स्वयं निर्णायक वहीं होता था; उस पर वयोवृद्ध तथा मान-मर्यादा वाले लोगों की सभा व समिति का नियन्त्रण रहता था। पुजारियों एवं पुरोहितों को भी शासक अथवा राजा पर पूर्व अधिकार होता था। इस युग के अन्तर्गत बहु विवाह का प्रचलन विद्यमान नहीं था। इस समय दास वर्ग एक ही विवाह करता था लेकिन राजा कई विवाह कर सकता था। विवाह में पिता का अधिक नियन्त्रण रहता था फिर भी वर-कन्या को भी अपना जीवन-साथी चुनने के मामले में पर्याप्त स्वतन्त्रता रहती थी। ऋग्वैदिक काल में स्त्री-धन तथा कन्या-मूल्य दोनों की प्रथा थी। विवाह एक पवित्र बन्धन माना जाता था इस संबंध को मनुष्य के द्वारा तोड़ा नहीं जा सकता था। विधवाओं के पुनर्विवाह का संकेत हमें इस युग में नहीं मिलता, परन्तु ऋग्वेद की एक सूक्ति से यह पता चलता है कि पुत्र-विहीन या सन्तान की उत्पत्ति के लिये स्त्री अपने पति के भाई के साथ विवाह कर सकती थी।

इस युग में विभिन्न विद्वानों में यह स्पष्ट नहीं था कि वर्ण व्यवस्था थी या नहीं पर इतना तो निर्विवाद है कि आर्यों तथा अनार्यों में शुरू से ही कुछ न कुछ सामाजिक दूरी थी और गौर-वर्ण वाले व ऊँचे डील-डौल के आर्य लोग कृष्ण-वर्ण वाले तथा छोटे डील-डौल के अनार्यों को घृणाभरी नजरों से देखते थे। आर्यों के भी वर्ण आधारित अलग-अलग वर्ग उत्पन्न होने प्रारंभ हो गये थे। ब्राह्मणों तथा क्षत्रियों का वर्ग अलग था, दूसरे साधारण स्वतन्त्र व्यक्ति 'विश' कहलाते थे। इस प्रकार इस काल में यद्यपि वर्ण-व्यवस्था का संकेत मिलता है फिर भी जाति में अभी जटिलता नहीं आयी थी और इसके बन्धन मजबूत हो पाये थे। उस समय अन्तर्जातीय विवाह पर प्रतिबन्ध नहीं लगे थे और लोग अपने व्यवसाय को स्वतन्त्रतापूर्वक चुन सकते थे और उसको परिवर्तित

भी कर सकते थे। इस युग में अस्पृश्यता का जन्म नहीं हुआ था और ऐसा प्रतीत होता है कि खान-पान के सम्बन्ध में भी कोई महत्त्वपूर्ण प्रतिबन्ध नहीं था। इस युग में आश्रम-व्यवस्था स्थापित हो चुकी थी और क्षत्रिय-ब्राह्मण तथा वैश्य को आश्रम धर्म पालन करना पड़ता था।

जन्मावस्था से लेकर मृत्यु अवस्था तक प्रायः पिता, पति व पुत्र की रक्षा में रहते हुए भी महिला को समाज में एक महत्त्वपूर्ण स्थान मिलता था। आर्यों के धार्मिक जीवन की अमूल्य निधि वेदों में आज भी निहित है। प्रकृति की पृथक्-पृथक् शक्तियों की देवी-देवता के रूप में पूजा की जाती थी। इसलिए वरुण, सूर्य, अग्नि, सोम इत्यादि की आराधना की जाती थी। इसी प्रकार आर्यों के धार्मिक कृत्यों में यज्ञों तथा देव-स्तुति का विशेष स्थान था। लोग पुनर्जन्म में विश्वास करते थे, मृतकों की अंतिम-क्रिया आदरपूर्वक की जाती थी, पितरों की पूजा का भी प्रचलन था।

उत्तर-वैदिक काल

ऋग्वेदिक सभ्यता के अन्तिम दौर तक आर्यों की गतिविधियों का क्षेत्र पंचनद प्रदेश था जो सिन्धु को छोड़कर पूर्व तथा दक्षिण तक भारत में उत्तर-पश्चिमी प्रदेश, जो कभी आर्यों के प्रधान क्रिया-कलापों और निवास के स्थल थे तथा आर्य-संस्कृति की विजय-वैजयन्ती गंगा-यमुना के पावन आंचल में स्थित अन्तर्वेद अथवा मध्य प्रदेश अथवा पालि साहित्य के 'प्रदेश' में फहराने लगी थी। कुरुक्षेत्र इस संस्कृति का प्रधान केन्द्र बन गया था। राजनैतिक पटल पर काशी, विदेह, आन्ध्र, अंग, कम्पिल्य, कौशल, अंग जैसे राज्यों का जय-घोष दृष्टिगोचर होने लगा था। इसका ज्ञान हमें इसी युग में रची गई ऋग्वेद यजुर्वेद, सामवेद और अथर्ववेद की संहिताओं तथा ब्राह्मण, आरण्यक व उपनिषद् ग्रन्थों से होता है। कोशल, काशी और विदेह राज्य उत्तर-वैदिक काल की संस्कृति व सभ्यता के केन्द्र माने जाते थे। इस काल में आर्यों ने शक्तिशाली राज्यों का निर्माण उनका विस्तार एवं विकास किया। इस काल में राजतन्त्रात्मक शासन प्रणाली प्रचलित थी। राजा का पद पैतृक हो गया था। कई जगह पर वैराज्य राज्यों की भी व्यवस्था की गयी है जहां या तो राजा नहीं होता था या उसको निर्वाचित कर दिया जाता था एवं राज्य सिंहासन सबसे ज्यादा योग्य और सबल व्यक्ति को दे दिया जाता था। अथर्ववेद में ऐसे निर्वाचनों के विषय में प्रकाश डाला गया है। इस युग में राज्याभिषेक का धार्मिक, सवैधानिक और राजनैतिक महत्त्व था। राज्याभिषेक राज-पुरोहित करता था और वह जनता व राष्ट्र के प्रति अपने कर्त्तव्यों व उत्तरदायित्व को समझता था। राजा का यजुर्वेद में ऐसे निर्वाचन का उल्लेख मिलता है।

महाकाव्य काल

इस युग को महाकाव्य युग के नाम से पुकारा जाता है भारतीय संस्कृत साहित्य के अन्तर्गत रामायण को प्राचीन ग्रन्थ अथवा आदि काव्य तथा महाभारत को इतिहास पुराण स्वीकार किया गया है। रामायण और महाभारत दो प्रसिद्ध महाकाव्य हैं तथा भारतीय संस्कृति के वे प्रकाश-स्तम्भ हैं जिनके पवित्र आलोक में हम आर्य-संस्कृति के भव्य स्वरूप को देखते हैं। बौद्ध काल से पूर्व रामायण की रचना हुई है जबकि महाभारत की रचना का काल 2000 ई. पू. और 200 ई.पू. के बीच माना जाता है। महाभारत का ही एक अंग भगवद्गीता है। जो कुरुक्षेत्र की रणभूमि पर आधारित है। यह अर्जुन को श्रीकृष्ण द्वारा दिये गये उपदेशों से समृद्ध है।

महाकाव्य के युग में आर्य पूर्व की ओर अग्रसर हुए और उन्होंने नवीन राज्य स्थापित कर लिये थे। कौशाम्बी, कौशल, कुरु, पांचाल, काशी, विदेह इत्यादि इस युग के मुख्य विशाल राज्य थे। मगध और अंग जैसे राज्यों का भी वर्णन इन महाकाव्यों में है। इस युग का राजा अपने पूर्ववर्ती शासकों की तरह निरंकुश या स्वेच्छाचारी नहीं होता था। अपने राजपुरोहितों, मंत्रियों, बन्धु-बाँधवों आदि के विचारों का ध्यान रखना, उसका मुख्य धर्म था। राजा का पद वंश-परम्परागत होता था। युवराज का राज्याभिषेक बड़ी शान-शौकत से विधिपूर्वक पूरा होता था। राजा को प्रजा का अनुरंजन और रक्षण करने वाला माना जाता था। राजसभा में राजपुरोहित का अत्यधिक आदर था। राजनैतिक शक्ति क्षत्रियों के हाथ में थी और वे अपने को ब्राह्मणों से अधिक श्रेष्ठ समझते थे। तीसरा वर्ण व्यापारियों व कृषकों का था। सबसे नीचे दास वर्ण था।

साधारण रूप से व्यक्ति ग्रामों में रहा करते थे। ग्रामीण क्षेत्रों में छोटे-छोटे दुर्ग बने होते थे। संकट काल अथवा आक्रमण के समय में सामान्य जन समूह के यह दुर्ग स्थल शरण स्थल हुआ करते थे। ग्राम अक्सर आत्मनिर्भर होते थे। प्रत्येक ग्राम की भूमि सम्पूर्ण ग्राम की या सामूहिक होती थी। नगर भी देखने को मिलता था जहाँ कि राजा, वणिक तथा दूसरे व्यवसायी रहते थे। इस काल में चतुर्वर्ण-व्यवस्था समाज का मूल आधार बन चुकी थी और सबके कर्त्तव्य-कर्मों को स्पष्ट कर दिया गया था।

जैन एवं बौद्ध काल

भारत में ईसा पूर्व छठी शताब्दी में एक महान आन्दोलन व क्रान्ति के समय में कुल छोटे-बड़े 26 राज्य थे, इन राज्यों में कुछ राज तंत्र और कुछ गणतंत्र राज्य सम्मिलित थे। इन दोनों प्रकार के महाजन पदों या राज्यों में क्रान्ति शुरू हो गई। आर्यों और अनार्यों

के बीच धार्मिक आदर्शों का सम्पर्क व संघर्ष सघन हो गया था। साथ ही वैदिक युग में प्रतिष्ठित और प्रसारित चतुर्वर्ण-व्यवस्था सैकड़ों वर्षों बाद अपनी अपरिवर्तनशीलता के कारण अव्यावहारिक हो गई थी। समाज में ब्राह्मणों की सर्वोपरिता थी और उन्हें सबसे अधिक विशेष अधिकार तथा सुविधाएँ प्राप्त थीं। दूसरी ओर अस्पृश्यता की भावना मजबूत होने के कारण अछूत जातियों को धार्मिक अधिकारों से सर्वथा वंचित किया गया था। साथ ही, धर्म का स्थान कठिन निरर्थक कर्मकाण्ड ने ले लिया था। चूँकि ब्राह्मणों ने इस तथ्य पर अधिक-से-अधिक जोर दिया कि मानव-मुक्ति के लिये धार्मिक क्रिया-विधियों, संस्कारों, यज्ञों, हवनों, अनुष्ठानों इत्यादि को विधिवत् सम्पन्न किया जाय—ये ही धर्म के प्रमुख अंग हैं। उस समय तक बहुदेववाद का पूरा विकास हो गया था और मनुष्य देवताओं की अनुकम्पा का मोहताज बनने लगा और अपना आत्मविश्वास, पुरुषार्थ व व्यक्तित्व खो बैठा। अहिंसा का आदर्श जन-जीवन में विस्तृत हो गया। पंचशील का सिद्धांत बौद्ध के द्वारा दिया गया, जो आज भी अन्तर्राष्ट्रीय सम्बन्धों की आधार-शिला बन सकता है, जाति-प्रथा, ऊँच-नीच और छुआछूत के विरोध इसी धर्म ने किया तथा एक ऐसे वातावरण और जनमत की सृष्टि हुई और मानव-समानता, उदारता, सहनशीलता व स्वतन्त्रता के सिद्धान्तों पर आधारित था। फलतः सामाजिक व्यवस्था व धार्मिक जीवन को लोकतन्त्रात्मक सिद्धान्तों पर आधारित करने की कोशिश की गयी। साथ ही, विद्वानों की मान्यता है कि भारत में मूर्ति-पूजा का व्यापक प्रसार बौद्ध धर्म ने किया। इतना ही नहीं, लोक-साहित्य निर्माण और विकास में बौद्ध धर्म का विशेष योगदान है। महात्मा बुद्ध ने अपना धर्मोपदेश जन-साधारण की बोलचाल की भाषा में दिया। इन सब के परिणामस्वरूप सामाजिक तथा सांस्कृतिक एकता को सुदृढ़ता प्राप्त हुई एवं राजनैतिक एकता व राष्ट्रीय विकास का मार्ग प्रशस्त हो गया। बौद्ध धर्म के सिद्धांत, विचार और नैतिकता का विशेष प्रभाव हिन्दू धर्म पर पड़ा। इसी काल में भवन-निर्माण कला, वास्तुकला, चित्रकला और मूर्तिकला का विस्तार एवं विकास हुआ।

मौर्य काल

भारत के विकास का श्रीगणेश इसी काल में हुआ था इस युग में ही उत्तरी भारत के विशृंखलित राजनैतिक जीवन को एकरूपता प्राप्त हुई थी। भारतीय राजनैतिक क्षितिज पर मंडराने वाले कतिपय छोटे-छोटे राज्यों के स्थान पर, एक विशाल केन्द्रीय शासन का निर्माण इसी काल में हुआ था। चन्द्रगुप्त मौर्य और अशोक जैसे सम्राटों का उद्भव इसी युग में हुआ था। इसी युग में विश्व विख्यात धार्मिक आंदोलन का

शिलान्यास हुआ था। विश्व के विशाल रंग-मंच पर भारत को गौरवमय स्थान प्रदान करने के अभिनव प्रयास का सूत्रपात इसी युग में हुआ था। राजनैतिक, सामाजिक, धार्मिक, आर्थिक आदि सभी दृष्टियों से मौर्य-काल का पूर्णतः विकास हुआ था।

मौर्य युग भारत में सामाजिक एवं सांस्कृतिक विकास का उदभव राजनैतिक एकता हेतु हुआ। सामाजिक जीवन का आधार जाति-प्रथा और आश्रम-व्यवस्था ही थी। क्षत्रिय, ब्राह्मण, वैश्य व शूद्र—समाज इन चार वर्णों में विभाजित था। अस्पृश्य पंचम वर्ण में थे। महागुरु कौटिल्य के 'अर्थशास्त्र' में कर्षक, कारुशिल्पिन, वैदेहक आदि विभिन्न जातियों का विवरण मिलता है। मेगास्थनीज ने सात वर्णों दार्शनिक, किसान, ग्वाले, कारीगर, सैनिक, निरीक्षक और आमात्य—का उल्लेख किया है। प्रायः अनार्य लोग ही होते थे जो बेचे और खरीदे जा सकते थे। इस युग में स्त्रियों की स्थिति उन्नत थी। समाज में उनका आदर एवं सम्मान होता था। उन्हें पूरी स्वतन्त्रता प्राप्त थी। कुछ स्त्रियाँ जैन या बौद्ध धर्म में भिक्षुणियाँ बनकर दार्शनिक और आध्यात्मिक ज्ञान प्राप्त कर भ्रमण करती थीं। पर कौटिल्य के अनुसार स्त्रियों को उच्च शिक्षा देना और मेगास्थनीज के अनुसार उन्हें दार्शनिक ज्ञान देना उपयुक्त नहीं माना जाता था। यह युग धार्मिक सहिष्णुता और उदारता का समय था।

यह निसंदेह भारी सामाजिक परिवर्तन का युग था।

गुप्त काल

भारत के इतिहास में गुप्त काल एक गौरव पूर्ण इतिहास रहा। इस युग में भारत के विभिन्न क्षेत्रों में प्रगति आई। कुशाणों के पतन के बाद संपूर्ण उत्तरी भारत का राजनैतिक जीवन विशृंखलित हो गया था, छोटे-छोटे राज्य स्थापित हो गये थे और उन्हें एक राजनैतिक सूत्र में बाँधने वाला कोई न था। गुप्त काल में देश को राजनैतिक एकता प्रदान कर सुख-शान्ति एवं समृद्धि प्रदान करने का श्रेय गुप्त राजवंश को ही है। इस राजवंश में समुद्रगुप्त, चन्द्रगुप्त प्रथम, चन्द्रगुप्त द्वितीय जैसे महान् पराक्रमी शासक हुये हैं। इस युग में भारतीयों में आत्म-चेतना, आत्म-संस्कार और विकास की भावना पैदा होने लगी। गुप्त राजाओं की दिग्विजय, आदर्श शासन, उदार नीति, विद्या एवं कला के प्रेम ने इस प्रवृत्ति को और भी प्रोत्साहित किया। गुप्त राजाओं के प्रश्रय में लुप्त वैदिक परम्परा पुनः जागृत हो उठी और सामाजिक व्यवस्था में वर्णों के महत्त्व में बढ़ोतरी होने लगी। वैश्य, ब्राह्मण, क्षत्रिय, तथा शूद्र लोग अपने-अपने वर्गों के निर्देश के अनुसार व्यवसाय करते थे। वैदिक धर्म का पुनरुत्थान इस युग में हुआ। वैदिक युग के प्रजापति, विष्णु, शिव, सविता आदि के रूप में व्यक्तिकरण कर उन्हें जनता की भक्ति का प्रधान

सम्बल बनाया गया था। वैष्णव और शैव-धर्म भी अत्यंत लोकप्रिय हो गये। समुद्रगुप्त, चन्द्रगुप्त द्वितीय जैसे साहित्य-संगीत अनुरागी शासकों के समय में संस्कृत साहित्य, काव्य, नाटक, कथा साहित्य, दर्शन, संगीत, ज्योतिष, गणित, वैद्यक, रसायनशास्त्र आदि के क्षेत्र में काफी महत्त्वपूर्ण उन्नति हुई।

राजपूत काल

इनके निकटतम सभी राज्यों में संस्थापक राजपूत थे। सम्राट हर्ष की मृत्यु के बाद से मुसलमानों के आगमन तक का समय राजपूत युग कहलाता है। इस युग में प्राचीन सामाजिक व्यवस्था नष्ट हो गई थी। चार मूल वर्णों को समाप्त कर विभिन्न नवीन जातियों और उपजातियों का बीजारोपण हुआ। प्रादेशिक सीमाओं के अनुसार भी विभिन्न उपजातियाँ जैसे ब्राह्मणों में कन्नौजी, गौड़, कान्यकुब्ज, तेलुगू, कोंकणस्थ ब्राह्मण आदि बन गई थीं। कोरी-तंतुवाय, सुनार, धुनियाँ, ग्वाले, लुहार, तेली, माली, मछुए, खटीक, बंसफोड़ आदि अन्य व्यावसायिक उपजातियाँ बन गई थीं। राजपूतों और सामन्तों को समाज में श्रेष्ठवर्ग में रखा गया, जबकि धार्मिक क्षेत्र में ब्राह्मण का स्थान सर्वोच्च था। पर विभिन्न जातियों व उपजातियों के बाहुल्य के कारण समाज में एक केन्द्रीय सत्ता का अभाव था। सब अपने-अपने धर्म व संस्कार की रक्षा में लगे हुए थे। जिनका परिणाम समाज में रूढ़िवादिता, असहिष्णुता, संकीर्णता आदि बुराइयों का जन्म था। जाति-बन्धन काफी कठोर थे। सजातीय विवाह ही अच्छा माना जाता था। अन्तर्जातीय विवाह धीरे-धीरे समाप्त कर दिया गया था और इसका प्रचलन केवल राजवंश तक ही सीमित रह गया था। अनुलोम विवाह के भी उदाहरण पाये जाते हैं। राजकुलों में स्वयंवर की भी प्रथा थी। बाल विवाह होता था, विधवा-विवाह माननीय नहीं था। समाज में बहु-पत्नी विवाह प्रथा प्रचलित थी। राजपूत स्त्रियाँ नारीत्व के उच्च आदर्शों का पोषण करती थीं तथा आचार-विचार में विशुद्ध होती थीं। 'जौहर' प्रथा इस समय में सती एवं जौहर प्रथा का प्रचलन था। राजपूत युग के धार्मिक जीवन में कोई विशिष्ट मौलिकता नहीं थी। हिन्दू धर्म के अतिरिक्त बौद्ध तथा जैन धर्म का भी प्रचलन था। साथ ही भक्तिवाद, वैष्णव व शैव धर्म का भी पर्याप्त विकास इस युग में हुआ। इसी युग में नगर वधू के रूप में देवदासी प्रथा का जन्म हुआ था।

मध्य काल

भारत के सामाजिक एवं सांस्कृतिक जीवन में एक नए युग का प्रारंभ तब हुआ

जब मुसलमानों का आठवीं सदी के प्रथम दशक से ही राज्य स्थापित हुआ। मुस्लिम साम्राज्य स्थापित हो जाने के बाद भारत में विकास की होड़ लग गई तथा भारत में भौतिक जीवन की विशिष्ट प्रधानता हो गई। चूँकि मुसलमान शासक आराम एवं शान-शौकत का जीवन व्यतीत करने के पक्ष में थे। यही वजह है कि तत्कालीन साहित्य तथा कला तक में भौतिकवादी दृष्टिकोण की झलक है। इस काल में हिन्दुओं की जाति-प्रथा में काफी कठोरता उत्पन्न हो गई थी। हिन्दुओं ने मुसलमानों के प्रभावों से अपनी रक्षा करने के लिए अपनी जाति-प्रथा के प्रतिबन्धों को काफी जटिल बना दिया था। एक जाति दूसरी जाति से स्पष्ट रूप से पृथक् हो गई और अन्तर्विवाद के नियमों को दृढ़तापूर्वक लागू किया गया। मुसलमानों में पर्दे की प्रथा का प्रचलन था। उनकी देखा-देखी हिन्दुओं में भी पर्दा-प्रथा चल पड़ी और प्रतिष्ठा का एक विषय बन गई। हिन्दुओं में बाल-विवाह का साफ तौर पर प्रचलन इसी युग में हुआ। विधवा-विवाह पर कठोर प्रतिबन्ध लगा दिया गया तथा राजपूतों में जौहर की प्रथा शुरू हो गई। सती प्रथा का अत्यधिक प्रचार इसी काल में हुआ। जाति-प्रथा की कठोरता की प्रतिक्रियास्वरूप तथा अन्य कारणों से भारत में इसी काल में भक्ति-आन्दोलन का जन्म हुआ। इस आन्दोलन के प्रवर्तकों ने लोगों को धार्मिक आडम्बर तथा बाहरी दिखावे को त्यागकर सत्य की खोज करने हेतु भक्ति मार्ग को ग्रहण करने का उपदेश दिया।

आधुनिक काल

सन् 1857 में भारत वर्ष में मुस्लिम साम्राज्य का समापन होने के बाद अंग्रेजों का पूर्ण अधिकार स्थापित हुआ तथा परिणामस्वरूप एक नवीन युग का आरंभ हुआ जो आधुनिक काल कहलाया। यह नव-जागरण तथा प्रगति का काल था। नवीन पाश्चात्य विचारों तथा वैज्ञानिक ज्ञान ने सम्पूर्ण भारतीय जीवन का स्वरूप परिवर्तित कर दिया। ईस्ट इंडिया कम्पनी 17वीं सदी से ही भारत में सक्रिय थी।

इस युग में इस देश में ब्रिटिशों के आने से विज्ञान के क्षेत्र में अत्यधिक प्रगति हुई तथा आविष्कृत वस्तुओं से भारतवर्ष लाभान्वित हुआ। इससे धार्मिक तथा सामाजिक बाहरी आडम्बर तथा रूढ़िवादिता कम हो गई तथा भारत कर्मशील बन गया। सामाजिक-धार्मिक सुधार के मार्ग प्रशस्त हुए। अंग्रेजी शासन के प्रारंभ होते ही कन्या हत्या बंद होने लगी और राजा राममोहन राय के प्रयासों के फलस्वरूप सती प्रथा भी समाप्त हो गयी। समाज सुधार के कारण बाल-विवाह पर प्रतिबन्ध लगा दिया गया और विधवा-विवाह की अनुमति देकर असंख्य विधवाओं के निराशापूर्ण जीवन में आशा की किरण प्रज्ज्वलित हुई। स्त्रियों को पर्दे से निकाला गया और उनकी शिक्षा

तथा व्यक्तित्व-विकास की समुचित व्यवस्था की गई। बाद के युग में स्त्रियों एवं पुरुषों के सामाजिक, आर्थिक व राजनैतिक रूप से समान अधिकार प्राप्त हुए। जाति-प्रथा को समाप्त करने हेतु अछूतों के द्वारा सक्रिय आन्दोलन चलाया गया। अब अस्पृश्यता को अवैध घोषत कर दिया गया और हरिजनों को विशेष अधिकार दिये गये हैं। अन्तर्जातीय विवाह को कानूनी मान्यता प्रदान की गई और दहेज लेना या देना दण्डनीय अपराध घोषित किया गया है। नगरीकरण तथा औद्योगीकरण के फलस्वरूप संयुक्त परिवार का तेजी से विघटन हो रहा है। पर ग्रामीण भारत की बहुमुखी उन्नति के लिए पंचायतों का फिर से संगठन किया गया है। इतना ही नहीं, भारत के जंगलों तथा पहाड़ी-पठारी भागों में रहने वाले आदिवासियों या जनजातियों के पिछड़ेपन को भी दूर करने के लिए सरकारी तथा गैर-सरकारी स्तर पर प्रयास किया जा रहा है। धर्म को परिष्कृत तथा परिमार्जित करने हेतु ब्रह्मसमाज, देवसमाज, आर्य-समाज, प्रार्थना-समाज रामकृष्ण मिशन, राधास्वामी सत्संग, थियोसोफिकल सोसाइटी, प्रार्थना समाज चलाये गये थे।

आधुनिक भारत में आज नव समाज निर्मित हो चुका है जो रूढ़िवादिता, सांप्रदायिकता एवं बाह्य आडम्बरों से मुक्त है। यह एक विकासशील देश बनकर विश्व विख्यात हो चुका है। सामाजिक परिवर्तन ही विकास का मुख्य आधार है। यह विकास ही वैज्ञानिक मानसिकता का द्योतक है।

4

औद्योगीकरण : संरचनात्मक एवं सांस्कृतिक परिवर्तन प्रक्रिया

आधुनिक समाज के विकास हेतु औद्योगीकरण प्रमुख कारक है। यह न केवल सामाजिक अर्थ-व्यवस्था अपितु सामाजिक संरचना के परिवर्तन का भी आधार है। यह पूर्णतः एक आर्थिक प्रक्रिया है। यह न केवल सामाजिक जीवन वरन् संस्कृति को भी प्रभावित करता है।

विज्ञान और प्रौद्योगिकी के क्षेत्र में 17वीं से लेकर 18वीं शताब्दी के मध्य तीव्र विकास हुआ है जिसके कारण लगभग 1750 के आसपास औद्योगिक क्रांति हुई। इस क्रांति के माध्यम से असंख्य यंत्रों का आविष्कार हुआ, अल्पावधि में उत्पादन क्षमता कई गुना बढ़ गई और मजदूरों की स्थान मशीन काम करने लगीं। इस काल में उपनिवेशवाद को भी बढ़ावा मिला। यूरोप के फिरंगियों ने दुनिया के भिन्न-भिन्न मुल्कों में जाकर अपना उपनिवेश खड़ा किया और इस प्रक्रिया ने वहाँ औद्योगीकरण के विस्तार हेतु योगदान दिया और इस तरह शनैः-शनैः यूरोप से उद्योग सारी दुनिया में फैलता गया।

समाज में औद्योगीकरण से विभिन्न तरह के बदलाव आये हैं। एवरक्रॉमी ने उसे इस प्रकार रखा है—(1) उत्पादन का व्यापारीकरण (Commercialization of Production) एवं जीवन निर्वाह अर्थव्यवस्था (Subsistence Economy) की समाप्ति, (2) एक संसक्तिशील राज्य (Cohesive Nation-State) की स्थापना जिसकी एक सामान्य भाषा और संस्कृति होती है, (3) खेती पर निर्भर श्रमिकों के

अनुपात में गिरावट, (4) मशीनी उत्पादन की प्रधानता (Dominance of Machine Production), (5) नगरीकरण, (6) जन-शिक्षा का प्रचार, (7) जीवन के विभिन्न क्षेत्रों में विज्ञान के इस्तेमाल में वृद्धि तथा (8) जनता को मताधिकार का अधिकार एवं दल पर आधारित राजनीति की स्थापना।

औद्योगीकरण से पैदा सामाजिक समस्याओं के सम्बन्ध में समाजशास्त्रियों के अलग-अलग विचार रहे हैं। उदाहरणस्वरूप 19वीं सदी के प्रमुख समाजशास्त्रियों, यथा—स्पेन्सर (H. Spencer) एवं डर्कहाइम (E. Durkheim) ने औद्योगीकरण से उत्पन्न श्रम विभाजन को सहयोगी एवं समाकलनात्मक (Co-operative and Integrative) माना है, तो समकालीन प्रकार्यवादियों ने औद्योगिक समाज को बहुत ही विभेदीकृत एवं सुसंगत (Differentiated and Coherent) माना है। दूसरी तरफ, जो समाजशास्त्री संघर्ष सिद्धांत के समर्थक हैं उनका कहना है कि औद्योगीकरण ने समाज को बहुत संघर्षशील बनाया है चूँकि इसके तहत् पूँजीपतियों एवं मजदूरों के बीच आर्थिक शोषण पर आधारित सम्बन्ध होते हैं। पूँजीपतियों एवं मजदूरों के बीच संघर्ष आर्थिक शोषण से ही संभव होता है। यद्यपि पूँजीवादी एवं समाजवादी व्यवस्था दोनों ही औद्योगिक समाज के उदाहरण हैं, परन्तु मार्क्सवादियों ने साम्यवादी व्यवस्था को शोषण पर आधारित समाज नहीं माना है चूँकि समाजवादी व्यवस्था के तहत मजदूरों का शोषण करने वाला कोई पूँजीपति वर्ग नहीं होता है। परन्तु इस अवस्था में मजदूरों का शोषण राज्य के माध्यम से होता है। तभी तो राज्य एवं कर्मचारी के बीच तनाव एवं संघर्ष की स्थिति बनी रहती है। इस तथ्य को मार्क्सवादियों ने नजरअन्दाज करने का प्रयास किया है।

आधुनिक युग की एक महत्वपूर्ण औद्योगीकरण सामाजिक-आर्थिक प्रक्रिया है। कृषि युग में उत्पादन कार्य युग में उत्पादन काम हाथ से परिवार में ही होता था और इसलिए उसे हस्तकला और गृह-उद्योग के नाम से पुकारा जाता था। पर मशीनों के आविष्कार ने सभी उत्पादन की प्रक्रिया को ही परिवर्तित रख दिया। अर्थात् उत्पादन मशीनों पर निर्भर हो गया। मशीनों के माध्यम से उत्पादन तभी लाभदायक है जब कि उत्पादन कार्य बड़े पैमाने पर हो एवं बड़े-बड़े मिल-कारखानों की स्थापना आवश्यक हो गई। इन बड़े कारखानों में काम करने हेतु बड़ी संख्या में श्रमिकों की जरूरत हुई और इस आवश्यकता की पूर्ति के लिये गाँवों से हजारों की संख्या में लोग उस जगह पर आकर बस गये जहाँ मिल व कारखानों की स्थापना की गई। इस तरह उद्योगों का विकास हुआ और इस विकास-प्रक्रिया में मशीनों के माध्यम से उत्पादन की प्रक्रिया निरन्तर विस्तृत होती गई। इसे ही औद्योगीकरण कहा जाता है। अर्थात्,

मशीनों के माध्यम से उच्च स्तर पर उत्पादन-कार्यों का सम्पादन और उद्योग-धन्धों का एक जगह में विकास की प्रक्रिया को औद्योगीकरण की संज्ञा दी गई है। कुछ लेखकों का मानना है कि "औद्योगीकरण का आशय बड़े पैमाने पर नवीन उद्योगों का प्रारम्भ और छोटे उद्योगों का बड़े पैमाने के उद्योगो में बदलने से है।" वास्तव में, औद्योगीकरण उद्योगों के बड़े पैमाने में विकास की एक प्रक्रिया है। जिसके अन्तर्गत कोयला, तेल, प्राकृतिक गैस, अन्य खनिज पदार्थों की अधिकाधिक प्राप्ति तथा उन्हें काम में लगाने पर उत्पन्न दिया जाता है और पटसन, कपास, तिलहन इत्यादि अन्य खेती के माध्यम से उत्पन्न होने वाली वस्तुओं को उत्पादन के कच्चे माल के रूप में व्यवहृत किया जाता है जिससे कि इन सभी से सम्बन्धित उद्योग-धन्धों को विकसित करने की प्रक्रिया को ही औद्योगीकरण कहा जाता है।

औद्योगीकरण का आधार

औद्योगीकरण की प्रक्रिया मशीनों के बिना अधूरी है क्योंकि मशीनों के बिना बड़े पैमाने पर उत्पादन कार्य नहीं किया जा सकता जिसके कारण औद्योगीकरण संभव नहीं है। इस प्रकार औद्योगीकरण के कारण के रूप में मशीन ही सर्वप्रमुख हैं। फिर भी, अन्य सहायक कारणों का भी वर्णन हम यहाँ कर सकते हैं। संक्षेप में, औद्योगीकरण के कारण निम्नलिखित हैं–

(1) यंत्रों का विकास–18वीं शताब्दी के अन्तिम चरण तक इंग्लैण्ड में बड़े पैमाने में उद्योग-धन्धे स्थापित न थे। गृह-उद्योगों का ही बोलबाला था। इस तरह की व्यवस्था को 'गृह नीति' (Domestic Policy) के नाम से पुकारा जाता था। परन्तु इस वक्त के पश्चात् बहुत सी ऐसी मशीनों का आविष्कार हुआ जिससे औद्योगीकरण की प्रथम नींव पड़ी और शिल्प कला और व्यावसायिक क्षेत्र में आश्चर्यजनक प्रगति हुई और स्थान-स्थान पर कारखाने खुल गये। सन् 1933 में श्री जॉन के (John Kay) ने एक ऐसी मशीन का आविष्कार किया जिसके माध्यम से कपड़ा ज्यादा चौड़ा और आसानी से बुना जाने लगा। सन् 1764 में लंकाशायर के एक जुलाहे ने सूत कातने की एक ऐसी मशीन का आविष्कार किया जिसके जरिये एक ही व्यक्ति एक साथ 6 धागे (और कुछ वक्त पश्चात् 120 धागे) कात सकता था। सन् 1966 में एक ऐसी मशीन का आविष्कार किया गया जिसमें कातने का कार्य हाथ के जगह पर जल-शक्ति से होता था; और सन् 1787 में श्री कार्टराइट (Cart Wright) ने कपड़ा बुनने हेतु करघा मशीन (Power Loom) का आविष्कार किया जिससे कताई का काम और भी सरल हो गया। कालांतर में इन सब

आविष्कारों से भारत ने भी फावड़ा उठाया और यहाँ भी वस्त्र उद्योग में तेजी से विकास सम्भव हो गया।

(2) उत्पादन की नवीन तकनीकियों का विकास—औद्योगीकरण की प्रक्रिया में इतनी ज्यादा प्रगति नहीं हो पाती अगर समय-समय पर उत्पादन की नवीन प्रविधियों का भी आविष्कार न होता जाता। इस दिशा में भिन्न-भिन्न महापुरुषों का योगदान रहा है।

(3) कुछ विभिन्न शक्तियों का विकास—औद्योगीकरण में लोहा, भाप तथा कोयले के अतिरिक्त अन्य कुछ शक्तियों ने भी योगदान किया है। इनमें विद्युत, पेट्रोल, डीजल आदि शक्तियों का नाम वर्णनीय है। इनमें भी भिन्न-भिन्न शक्ति-अणुशक्ति-ने औद्योगीकरण में काफी सहायता प्रदान की है।

(4) परिवहन एवं दूरसंचार के साधनों का विकास—औद्योगीकरण की प्रगति में इन दोनों कारकों के योगदान की किसी भी प्रकार अवहेलना नहीं की जा सकती है। कच्चे माल, मशीन तथा मजदूरों को उत्पादन केन्द्र तक पहुंचाने में, बने हुए माल को देश-विदेश के बाजारों तक ले जाने में तथा उद्योग-धन्धों से सम्बन्धित सम्बन्धों को बनाये रखने में यातायात और संचार के साधनों के महत्व को अंगीकार करना ही पड़ता है।

(5) भाप-इंजनों की खोज—श्री स्टीवेन्शन ने भाप-इंजन का आविष्कार करके औद्योगीकरण को एक नई दिशा दिखायी। सन् 1668 में श्री टामस सैवरी के पानी निकालने वाले भाप के इंजन ने इस दिशा को एक गति प्रदान की। सन् 1712 में श्री न्यूकामेन ने भाप से चलने वाला एक ऐसा इंजन बनाया जो कि लोहे की खानों के साथ ही साथ कोयले की खानों से भी पानी निकालने हेतु उपर्युक्त साबित हुआ था। उपरांत में भाप से चलने वाले अन्य भिन्न-भिन्न तरह के इंजनों का आविष्कार किया गया। फलस्वरूप औद्योगीकरण क्षेत्र बहुत विकसित हुआ तथा उत्पादन क्षमता में कई गुना वृद्धि हुई।

(6) लोहे एवं कोयले का औद्योगीकरण—कोयला तथा लोहा औद्योगीकरण के दो प्रमुख कारक हैं। इनके बिना औद्योगीकरण संभव नहीं है। मशीनों को चलाने हेतु कोयला ईंधन का काम करता है तथा उनके निर्माण हेतु लोहा कच्चा माल होता है। इसी कारण औद्योगीकरण के विकास में लोहे एवं कोयले का विशेष योगदान है।

चमड़ा उद्योग में भारत में बड़ी संख्या में लोगों को रोजगार मिला हुआ है। निर्यात बढ़ाने हेतु इस उद्योग का विकास किया जा रहा है। कुल उत्पादन की 75% मांग लघु एवं कुटीर उद्योगों से पूरी की जाती है। चमड़ा उद्योग क्षेत्र लघु उद्यमियों

हेतु आरक्षित है। इसलिए इसमें संगठित क्षेत्र की वे कंपनियां ही प्रविष्ट पा सकती हैं, जो अपने कुल उत्पादन का 75 प्रतिशत निर्यात करती हों। 1665-66 में 16.51 करोड़ रूपये से अधिक मूल्य की चप्पलें और जूते तथा इसी प्रकार की अन्य वस्तुएं निर्यात की गईं। इस उद्योग में निर्यात दर प्रतिवर्ष बढ़ती जा रही चमड़े से बने सभी सामान का अधिकाधिक निर्यात हो रहा है।

औद्योगीकरण का सामाजिक प्रभाव

भारत मूल रूप से एक कृषि-प्रधान और गाँव-प्रधान देश है। इस वजह से यूरोप की भांति भारत में भी औद्योगीकरण और नगरीकरण की प्रक्रियायें जल्दी आरम्भ नहीं हुई थीं। इस देश में औद्योगीकरण, असल में, 16वीं शताब्दी के उतरार्ध में ही प्रारंभ हुआ। सन् 1857 के पश्चात् देश में अंग्रेजी शासन-व्यवस्था स्थापित हुई और आधुनिक उद्योगों, यातायात तथा अर्थ-व्यवस्था का विकास होना प्रारंभ हो गया। इस औद्योगीकरण ने कई गम्भीर समस्याओं को जन्म दिया। संक्षेप में औद्योगीकरण या प्रौद्योगीकरण प्रगति (Technological progress) के सामाजिक-आर्थिक प्रभाव अथवा परिणाम निम्नलिखित हैं–

1. धर्म का राजनीतिकरण–नगरों में अंधविश्वासों का समापन तो अवश्य हुआ है परन्तु धर्म एवं जाति का राजनीतिकरण जोर-शोर से हो रहा है। कुछ लोग धर्म के नाम पर अल्पसंख्यकों का विरोध करते हैं, तो कुछ अल्पसंख्यकों का वोट प्राप्त करने हेतु उसे हिन्दुओं के विरुद्ध भड़काने का भी प्रयत्न करते हैं। प्रत्येक चुनाव में विभिन्न राजनीतिक दल के लोग मुसलमानों एवं अन्य अल्पसंख्यकों का वोट प्राप्त करने हेतु षड्यंत्र रचते हैं। धर्म-निरपेक्षवाद केवल संविधान के पन्नों पर लिखित मात्र है। बहुत से लोग राजनीतिक लाभ हेतु धर्मनिरपेक्षता के नाम पर अल्पसंख्यक कट्टरवाद (Minority Fanaticism) एवं अल्पसंख्यक संप्रदायवाद (Minority Communalism) को प्रत्यक्ष एवं अप्रत्यक्ष रूप से बढ़ावा दे रहे हैं। लोग धर्म के नाम पर अपने स्वार्थों को पूरा कर रहे हैं। धर्म केवल एक आडम्बर बनकर रह गया है।

2. नारियों के अधिकार तथा सामाजिक स्थिति में परिवर्तन–नारियों की स्थिति बहुत परिवर्तित हो गयी है। नारी आज अधिकांश बन्धन से मुक्त है उसके पास उच्च शिक्षा प्राप्त करने तथा जीविकोपार्जन हेतु रोजगार हासिल करने की पूरी स्वतंत्रता है। शहरी-जीवन में आज भी पर्दा-प्रथा काफी देखने को मिलती है। मुसलमानों के बीच जहाँ पर्दा-प्रथा सबसे अधिक है परन्तु साक्षर महिलाएं इस बुर्के

को उतारकर स्कूलों, अस्पतालों, महाविद्यालयों एवं बहुत सभी प्राइवेट दफ्तरों एवं दुकानों में महिलाएँ काम करती पाई जाती हैं। घरों के तहत् स्त्री और पुरुष साथ बैठकर निर्णय लिया करते हैं। शहरों के तहत पितृसत्तात्मक मूल्यों का काफी ह्रास हुआ है। परिवार को प्रत्येक व्यक्ति महत्वपूर्ण निर्णयों में विचार-विमर्श करता है।

3. कर्मकांड से भक्ति की ओर अभिविन्यास—आधुनिक शिक्षा तथा नगरीकरण के परिणामस्वरूप धर्म के स्वरूप में काफी बदलाव आया है। भारतीय धर्मों में कर्मकांडों की प्रधानता रही है। लोग अलग-अलग तरह के पूजा-पाठ में काफी वक्त लगाया करते थे। परन्तु अब धर्म की कर्मकांडी प्रवृत्ति में कमी आई है और उसकी स्थान पर श्रद्धा भक्ति, और उपासना की बढ़ोतरी हुई है जिसके कारण धर्म पर पंडितों एवं अलग-अलग तरह के धर्म-गुरुओं का प्रभाव कम हुआ है। शहरों के तहत ब्राह्मण के स्थान पर धर्म-प्रचारकों एवं प्रवचनकर्ताओं का प्रभाव बढ़ता जा रहा है। विभिन्न तरह के धार्मिक एवं दार्शनिक संप्रदायों को बढ़ावा मिला है। लोग अंधविश्वास के स्थान पर धर्म में भी तर्क से काम लेने लगे हैं। धर्म को मानने में रुचि कम और जानने में रुचि अधिक हो गई है। धर्म का इस्तेमाल दार्शनिक चिंतन, व्यक्तिगत शांति अथवा राजनीतिक लाभ के निमित्त भी किया जा रहा है। जन-संपर्क के साधनों के माध्यम से धर्म के ऊपर विभिन्न तरह की चिंतन-धाराओं की एक टीका-टिप्पणी का प्रचार-प्रसार हो रहा है।

प्रक्रिया है कि इसके प्रभाव को अन्य कारकों के प्रभाव से पृथक् कर देना एक चुनौती भरा काम है। ये सभी कारक नगरीयकरण एवं औद्योगीकरण को प्रभावित करते हैं। और दुबारा वे उन सभी कारकों को भी प्रभावित करते हैं। यानी बदलाव के सभी कारकों के बीच एक कठिन अंतर्निर्भरता का सम्बन्ध होता है।

4. आधुनिकीकरण एवं भौतिकवाद का विस्तार—क्योंकि नगरीयकरण के माध्यम से आधुनिक शिक्षा का प्रचार-प्रसार हो रहा है जिसकी वजह से अनेक तरह के बदलाव शहरी और ग्रामीण समाज में देखने को मिल रहे हैं। जनसंख्या नियंत्रण हेतु सरकारी और गैरसरकारी तंत्र परिवार नियोजन के बारे में प्रचार कर रहे हैं। परन्तु परिवार नियोजन अभियान को शहर और गाँव दोनों स्थानों में अच्छी सफलता मिली है जिसमें शिक्षा उत्प्रेरक अभिकर्ता का काम कर रही है। नगरीयकरण और शिक्षा का प्रभाव विवाह पर भी दिखाई पड़ रहा है। भारत एक ऐसा देश है जहाँ बाल-विवाह की प्रथा एक लम्बे वक्त तक प्रचलित रही है। आज बाल-विवाह में काफी परिवर्तन दिखाई पड़ रहा है। 1991 की जनगणना के अनुरूप लड़कों के विवाह की उम्र औसतन 24 साल और लड़कियों की 19 साल हो गयी। बदलाव केवल विवाह के

उम्र में ही नहीं आया है अपितु जीवन-साथी चयन एवं विवाह सम्पन्न करने की पद्धति में भी आया है। कुछ लोग मंदिरों और न्यायालयों में जाकर विवाह सम्पन्न कर रहे हैं। शहरों के तहत् अन्तर्जातीय विवाह के अधिक उदाहरण मिलते हैं।

5. शहर धार्मिक एवं सांस्कृतिक आंदोलन के केन्द्रबिंदु के रूप में—भारत में ज्यादातर सांस्कृतिक, धार्मिक एवं सामाजिक सुधार-आंदोलन पहले शहरों में प्रारंभ हुए फिर धीरे-धीरे गाँव तक फैले। शहर सामाजिक एवं सांस्कृतिक परिवर्तन का एक मुख्य केन्द्रबिन्दु रहा है। आधुनिक जनसंख्या में रूढ़िवादिता एवं अंधविश्वास समाप्त होता जा रहा है। गांव में भी अब वैज्ञानिक विचारधारा प्रवाहित होती जा रही है।

6. गाँवों में उपभोक्ता संस्कृति का प्रसार—नगरीयकरण की प्रक्रिया के कारण गांव में प्रत्येक तरह की उपभोग की वस्तुएं उपलब्ध हैं। आज भारत के गाँवों में रेडियो, टी0 वी0, कलम, घड़ी, सिलाई मशीन, जूते-चप्पल, फैंसी वस्त्र पर्याप्त मात्रा में देखने को मिलते हैं। यह वस्तुएं शहर से गांव में लायी जाती हैं। इसकी वजह से गाँवों के तहत् भौतिक सुख-सुविधाओं के क्षेत्र में काफी बदलाव आया है। इस कारण ग्रामीण जीवन शैली एवं परम्परागत सामाजिक मूल्यों एवं आदर्शों में विस्तृत बदलाव आया है।

7. आधुनिक शिक्षा का विकास—शहरों के तहत् आधुनिक शिक्षा का बहुत प्रभाव देखने को मिलता है। आधुनिक एवं औद्योगिक कार्यों हेतु विशेष योग्यता की आवश्यकता पड़ती है जिसके कारण नगरीय जीवन में शिक्षा का विशेष महत्व है। आधुनिक शिक्षा की महत्ता आज शहरों तक ही सीमित नहीं है बल्कि गाँवों में भी उसे उतना ही महत्वपूर्ण समझा जा रहा है। ग्रामीण लोग शिक्षा प्राप्त कर शहर आना पसंद करते हैं चूँकि शहरी जीवन भौतिक रूप से अधिक सुखदायी है। ग्रामीण लोगों को अपने परम्परागत पेशों से काफी नफरत है। ग्रामीण पेशों की आमदनी से एक अच्छा जीवन असंभव है। परम्परागत पेशों की प्रतिष्ठा में काफी कमी आयी है।

8. परंपरागत व्यवसायों का आधुनिकीकरण—नये-नये पेशों की उत्पत्ति नगरीकरण के विकास से हुई। लोग अपने जातिगत पेशे को छोड़कर आधुनिक पेशों को अपना रहे हैं। बहुत सारे परम्परागत पेशों का आधुनिकीकरण हुआ है। लोग काम के बदले जजमानी प्रथा की तरह मजदूरी लेना पसंद नहीं करते हैं। हर एक व्यक्ति अपने स्वतंत्र पेशे से जीवन-यापन करना पसंद करता है। विश्व में भारत ही सिर्फ ऐसा देश है जहाँ भिन्न-भिन्न तरह के पेशों का सम्बन्ध जाति से है। लोग सहजता से अपने जातिगत पेशे में बदलाव नहीं ला सकते हैं। नगरीयकरण की प्रक्रिया ने

जातिगत पेशों में काफी बदलाव लाया है। शहरों के तहत् पेशा सम्बन्धी गतिशीलता काफी आयी है।

9. ग्राम में नवीन उद्योगों का विकास एवं कृषि—ग्रामीण क्षेत्रों में नगरीयकरण की प्रक्रिया के कारण आर्थिक बदलाव देखने को मिलता है। नगरों में जिन चीजों की खपत होती है, उसकी आपूर्ति मात्र शहरी उत्पादन से असंभव है। शहरों में आस-पास गाँवों में उन चीजों का उत्पादन होने लगता है जो आसानी से पास के बाजारों में खपत हो जाता है। बड़े-बड़े कल-कारखानों हेतु कुछ ऐसी चीजों की आवश्यकता होती है जिसका उत्पादन गाँव में ही संभव है। जैसे—शहरों के आस-पास गाँवों में मत्स्य-पालन, मुर्गी-पालन, एवं दुग्ध-उत्पादन का काम होता है। बहुत लोग अन्न के स्थान पर हरी-सब्जी एवं विभिन्न तरह के फूलों और फलों को उपजाने का काम करते हैं। छोटे-छोटे मशीनों के कल-पुर्जे बनाने का भी लोग काम करते हैं।

10. प्राथमिक समूहों का विघटन एवं द्वितीयक समूहों के प्रभाव में वृद्धि—नगरों में प्राथमिक समूहों के विघटन के साथ द्वितीयक समूह अधिक प्रभावी है, जिसके माध्यम से हम अपनी इच्छाओं को पूरा करने का प्रयत्न करते हैं। सामुदायिक जरूरतों एवं जीवन, पड़ोस एवं परिवार का महत्व व्यक्तिगत जीवन में काफी घटा है। पहले की अपेक्षा में व्यक्ति अब इतना ज्यादा व्यक्तिवादी और स्वार्थी हो गया है कि शहरी जीवन में 'वयं' भावना ('We' feeling) में काफी कमी आई है और उसमें 'अहम्' की या ('I' feeling) एवं परायेपन की भावना ('They' feeling) ने जन्म ले लिया है। वेश्यावृत्ति एवं मुक्त यौनाचार ने परिवार के महत्व को बहुत कम कर दिया है। यही कारण है कि गाँव की तुलना में शहरों में तलाक की घटनाएँ बढ़ती जा रही हैं।

11. उप-नगरीकरण—ज्यों-ज्यों शहरों का विकास होता है उसकी आबादी धीरे-धीरे शहरों के बाहर फैलने लगती है। परिणामस्वरूप शहर के आस-पास के स्थान गाँवों में प्रविष्ट हो जाते है और शहर का बाह्य भाग अव्यवस्थित गांव में परिवर्तित हो जाता है। इस तरह से शहर गाँव में और गाँव शहर में प्रवेश करता है। जिसके फलस्वरूप शहरों की पृष्ठभूमि में बसे गाँव के जन-जीवन में सामाजिक एवं आर्थिक परिवर्तन होता है। इसी प्रक्रिया को उप-नगरीकरण की संज्ञा दी गयी।

12. अस्पृश्यता का अभाव—अस्पृश्यता (Untouchability) भारतीय समाज का बहुत बड़ा दुर्गुण रहा है। भारत ही एकमात्र देश है जहाँ पर छुआछूत की भावना पाई जाती है। इंसान के शरीर की बात तो दूर रही, उसकी छाया मात्र से ही कभी लोग अपवित्र हो जाते थे। आज भी बहुत ऐसे ब्राह्मण हैं जो दलितों के घर खाना

नहीं खाते हैं। हिन्दू पीपल, गाय और नदी, पत्थर, पहाड़, साँप, आम के पेड़, चूहा, कुत्ता, मोर इत्यादि की भी पूजा करते हैं, पर अपने ही प्रकार के व्यक्ति को अछूत मानकर उसे दूर रखते हैं। एक ही रंग-रूप के व्यक्तियों के बीच इतनी बड़ी दूरी मानव समाज के इतिहास में किसी भी समाज में नहीं पायी जाती है। आज उसी भारत में इतना परिवर्तन आ गया है कि बहुत ब्राह्मण और दलित एक ही होटल में खाना खाते हैं, एक ही गाड़ी में सफर करते हैं, एक ही साथ बैठकर विचार-विमर्श करते हैं और कहीं दलित अधिकारी के नीचे ब्राह्मण कर्मचारी भी काम करते पाये जाते हैं और जरूरत हो तो अस्पतालों में हरिजन का रक्त ब्राह्मणों को भी चढ़ाया जाता है। जब हम इन सारी स्थितियों पर दृष्टि डालते हैं तो ऐसा लगता है कि भारतीय समाज में क्रान्तिकारी और युगान्तकारी बदलाव आया है। इन परिवर्तन के पीछे विज्ञान, आधुनिक शिक्षा, नगरीकरण तथा औद्योगीकरण की अहम् भूमिका रही है।

13. जातिगत व्यवसाय--शहरों में परम्परागत जाति व्यवस्था आज भी मौजूद है। कभी-कभी तो ऐसा लगता है कि गाँव की अपेक्षा जाति व्यवस्था शहरों में कुछ अधिक ही सक्रिय है, इस अर्थ में जातीय आधार पर समितियों और संस्थाओं का सृजन किया जा रहा है, यथा--नये-नये कॉलेज खोले जा रहे हैं, जातीय सभाएँ की जा रही हैं, सरकारी एवं गैर-सरकारी कार्य-कलापों में भी जातीय आधार पर फैसले लिए जा रहे हैं इत्यादि। किसी व्यक्ति की योग्यता और अनुभव से अधिक उसकी जाति को प्रमुखता दी जा रही है। नगरीकरण के फलस्वरूप ऐसा प्रतीत होता था कि जाति व्यवस्था ही समाप्ति हो जाएगी, परन्तु देखने में यह आया है कि शहरों में जाति व्यवस्था कुछ ज्यादा ही जीवंत है। गॉडगिल (Gadgil, 1945;1952), घुर्ये (G. S. Ghurye, 1961), हैरल्ड गूल्ड (H. Gould, 1963) एवं एम0 एन0 श्रीनिवास (M. N. Srinivas, 1977) के अध्ययन इसके प्रमाण हैं।

भिन्न जातियों ने अपने परम्परागत पेशे को नहीं छोड़ा। आज भी ब्राह्मण, मुसहर, मोची, बनिया, धोबी, डोम, नाई जैसी सैकड़ों जातियाँ शहरों में अपने परम्परागत पेशों के माध्यम से जीवन-यापन कर रही हैं। परन्तु साथ-साथ विभिन्न जाति के लोग भी इन व्यवसायों को अपना रहे हैं जैसे भी वैश्य जूते की दुकान, सैलून अथवा लॉण्ड्री खोल रहे हैं। कुछ ऐसे काम जरूर दिखाई पड़ते हैं, विशेषकर दुकानों से जुड़े काम, जिसे विभिन्न जाति के लोगों ने अपना लिया है। व्यापारी अथवा दुकानदारी पर वैश्यों का कोई एकाधिकार अब नहीं रह गया है। सभी जाति के लोग इस पेशे को बेहिचक अपना रहे हैं, परन्तु ब्राह्मणों के पेशे पर आज भी उनका

एकाधिकार बना हुआ है। हो सकता है कि आने वाले समय में अपना भी व्यवसाय परिवर्तन हो।

14. जातिवाद का विस्तार—नगरीकरण के कारण जहाँ अस्पृश्यता तथा भिन्न-भिन्न पेशों के जातिगत स्वरूप में परिवर्तन आया है वहीं जाति-व्यवस्था के दूसरे स्वरूपों में कठोरता आई है। राजनीति में जातिव्यवस्था का जोर-शोर से विकास हुआ है। जाति के नाम पर सभाओं और महासभाओं का सार्वजनिक जगहों पर आयोजन किया जा रहा है। लोग खुलेआम जाति के नाम पर वोट माँगते हैं। जातीय आधार पर भिन्न-भिन्न कार्यों को संपादन करने का आग्रह भी किया जाता है। आजादी के उपरांत भारत में जितना औद्योगीकरण, शिक्षा एवं नगरीकरण का विकास हुआ है, उतना ही जातिवाद भी फैला है। साक्षर लोगों में जातिवाद की भावना अधिक पनपी है। पहले तो तथाकथित उच्च जाति के लोग जातिवादी थे, लेकिन अब तो जिस किसी भी व्यक्ति को मौका मिलता है वह जातिवादी आचरण करने में नहीं हिचकता है। हम वैसे तो आदर्शों का मुखौटा पहन कर जाति, धर्म के नाम का रुपया भुनाने से नहीं चूकते। जनसंचार के माध्यमों एवं प्रौद्योगिकी ने जातिवाद को बढ़ाने में बहुत सहायता की है।

15. संयुक्त एवं व्यापक परिवार का विघटन—भारतीय परिवार में भी जाति व्यवस्था की तरह कोई मौलिक बदलाव देखने को नहीं मिलता है। गाँवों की तरह शहरों में भी संयुक्त परिवार तथा व्यापक परिवार (Joint and Extended Famiiy) थोड़ा-बहुत देखने को मिलती है उतनी शहरों में नहीं है। बी0 आर0 अग्रवाल (1955) ने बताया है कि भारतीय नगरों में मारवाड़ियों के बीच संयुक्त परिवार देखने को मिलते हैं। अलीन डी. रॉस (Aleen D. Ross, 1967:22) ने बताया है कि आजादी के उपरांत जो सिन्धी लोग भारत आए वे शहरों में संयुक्त परिवार में ही रहना पसंद करते हैं। एम0 एस0 गोरे (M. S. Gore, 1968: 127) ने भी अपने अध्ययन में बताया है कि भारतीय परिवार में सीमित परिवर्तन (Limited Change) आया है। समाजशास्त्री खासतौर यही मानते हैं कि नगरीकरण की प्रक्रिया के माध्यम से परम्परागत परिवार की व्यवस्था में बदलाव आएगा। इस सम्बन्ध में सबसे पहले शिकागो विचारधारा (Chicago School) के समाजशास्त्री जैसे ब्रज़िस (Burgess, 1925) ने कहा था कि ज्यों-ज्यों नगरीकरण का विस्तार होगा परम्परागत परिवार की समाप्ति होगी। परन्तु समाजशास्त्रियों की भविष्यवाणी किसी-न-किसी कारण से भारतीय परिप्रेक्ष्य में उतनी सत्य होती नहीं दिखाई पड़ रही है। पर इसमें कोई संदेह नहीं कि भारतीय स्तर पर गाँव की अपेक्षा शहरों के परिवार का आकार छोटा हुआ

है, ऐसा जे. पी. सिंह (1984) ने भी जनगणना पर आधारित अपने एक अध्ययन में प्रमाणित किया है। इसमें अब कोई संदेह की बात नहीं कि नगरों में एकाकी परिवार ज्यादा प्रचलित हैं। संयुक्त परिवार एवं विशद् परिवार काफी कम होते जा रहे हैं। इस परिप्रेक्ष्य में एम. एन. निवास का यह विचार उल्लेखनीय है कि शहरों के तहत पाए जाने वाले परिवार गाँव के संयुक्त परिवार एवं व्यापक परिवार की एक शाखा के रूप में हैं।

भारत के औद्योगीकरण एवं नगरीकरण में समाज के विभिन्न पक्ष बराबर सहयोगी हैं। इन सभी के कारण समाज का स्वरूप संस्कृति पूर्णतः परिवर्तित हो चुकी है। अर्थव्यवस्था परिवर्तन में भी इसका महत्त्वपूर्ण योगदान है। यह न केवल समाज को अपितु व्यक्ति विशेष के जीवन में परिवर्तन हेतु भी जिम्मेदार है।

5

नगरीकरण

'नगरीकरण' से अभिप्राय है कि गांव की जीवन शैली में धीरे-धीरे परिवर्तन होता है। वहां की परिस्थिति में शहरी परिवर्तन आता है तथा गांव शनैःशनैः नगर में परिवर्तित हो जाते हैं। नगर भिन्न जाति, धर्म एवं वर्ग के लोगों का समूह होता है। यहां विभिन्न प्रकार के उद्योग धन्धे, व्यापार एवं वाणिज्य होते हैं। नगर की आबादी बहुत ज्यादा होती है। इस आबादी में एकरूपता न होकर विभिन्नता होती है।

विस्तृत नागरिक समूह होने के कारण प्रत्येक व्यक्ति एक दूसरे के साथ वैयक्तिक संबंध नहीं बना पाता इस कारण नगर में द्वैतीयक समूहों और नियन्त्रणों की प्रधानता होती है। पर इन सभी विशेषताओं का विकास एकाएक नहीं हो जाता है। एक क्रमिक प्रक्रिया के रूप में एक समुदाय के जीवन में इन विशेषताओं का विकास होता है। उसी प्रक्रिया को नगरीकरण (Urbanization) कहते हैं।

नगरीकरण का तात्पर्य

नगरीकरण वह प्रक्रिया है जिसके द्वारा गाँव धीरे-धीरे नगर में परिवर्तित हो जाता है—यह वह प्रक्रिया है जिसके द्वारा गाँव की परिस्थितिगत स्थितिओं में इस तरह परिवर्तन हो जाता है कि वह फिर गाँव नहीं रह जाता और वहाँ के लोगों के जीवन में 'शहरीपन' आ जाता है। **बर्गेल** ने भी ग्रामों को नगरीय क्षेत्र में रूपान्तरित होने की प्रक्रिया को ही नगरीकरण की संज्ञा दी है। इस दृष्टिकोण से नगरीकरण का तात्पर्य है किसी ग्रामीण समुदाय में धीरे-धीरे व्यापार-वाणिज्य, उद्योग-धन्धे, शिक्षा संस्थाओं आदि का स्थापित हो जाना और उसी के परिणामस्वरूप वहाँ विभिन्न जाति,

धर्म, सम्प्रदाय तथा वर्ग के लोगों का आकर बस जाना। फलतः आबादी घनी हो जाना, विभिन्न प्रकार के पेशों का पनपना, यातायात और संचार के साधनों में विकास होना, जनसंख्या के दबाव के कारण समुदाय के क्षेत्र में लगातार विस्तार होना, बड़े पैमाने में उत्पादन कार्य होना, पुलिस-कोर्ट आदि की क्रियाशीलता बढ़ना तथा वैयक्तिक सम्बन्धों का न होना है।

इस तरह कृषि आधारित निवास क्षेत्र गैर-कृषक शहरी निवास क्षेत्र में परिवर्तित हो जाता है। शहरी केन्द्रों का विकास औद्योगिक और व्यावसायिक गतिविधियों में आई तेजी का परिणाम है। क़स्बों और नगरों के आकारों में बढ़ोतरी के कारण नगरीय जनसंख्या में वृद्धि नगरीकरण का सबसे महत्त्वपूर्ण पक्ष है। इन केन्द्रों की सबसे बड़ी विशेषता गैर-कृषक समुदाय का होना है। नगरीय परिवेश एक विशेष तरह के सामाजिक जीवन का निर्माण करता है, जिसे **शिकागो स्कूल** के एक मुख्य समाजशास्त्री **लुईवर्थ** के अनुसार **नगरीयता** कहते हैं। नगरों में सामाजिक जीवन ज्यादा औपचारिक और अवैयक्तिक होता है। आपसी सम्बन्ध कठिन श्रम-विभाजन पर आधारित होते हैं और इसकी प्रकृति अनुसंधानात्मक होती है।

नगरीयकरण में भारत

नगरीय जनसंख्या भारत में तेजी से बढ़ रही है। इस वृद्धि में विशिष्ट बात यह है कि छोटे कस्बों या नगरों में जनसंख्या वृद्धि की गति की अपेक्षा में बड़े दसलक्षी (मेगा सिटीज) नगरों में जनसंख्या बहुत तेजी से बढ़ रही है। भारत का राष्ट्रीय आय में कृषि क्षेत्र का योगदान लगातार कम होने, कृषि क्षेत्र में श्रम बचत तकनीकी का उपयोग बढ़ने, ग्रामीण क्षेत्रों में और कृषि-रोजगार में वृद्धि न होने के कारण आय और रोजगार की तलाश में ग्रामीण गरीब जनता नगरों की ओर पलायन कर रही है जहाँ सभी की योग्यता स्तर का कुछ न कुछ रोजगार अवश्य दिखाई पड़ता है। इतना ही नहीं, देश के धीमे विकास के कारण जीवन के लिए जरूरी सुविधाएँ केवल बड़े नगरों में उपलब्ध हो पाई हैं जिससे गाँव का अमीर वर्ग भी नगरों की ओर स्थानांतरित हो रहा है। परिणामस्वरूप नगरीय जनसंख्या का विस्तार सीमाहीन हो गया है।

नगरों का इतिहास

भारत में ईसा पूर्व 3000 वर्षों से नगरों का इतिहास प्रकाश में आया है। पुरातात्विक खुदाई से प्राचीन नगरीकरण के संकेत मिले हैं। इतिहासकार के अनुसार

जिसके दो भाग नगरीय सभ्यता का विकास सिन्धु घाटी सभ्यता से जुड़ा हुआ है। महत्त्वपूर्ण नगर मोहनजोदड़ो तथा हड़प्पा थे।

इन दो नगरों के अतिरिक्त कई और नगरीय बस्तियों जैसे गुजरात में लोथल, उत्तरी राजस्थान में कालीबंगा, और हरियाणा में बनवाली का उदय मुख्य नगरीय केन्द्रों के रूप में हुआ था। मध्यकाल के तहत नगरीकरण उत्तर में श्रीनगर से लेकर दक्षिण में मदुरई तक फैला था। प्राचीन नगर अधिकाशंतः बड़ी नदियों के तट पर स्थित थे। ये व्यापारिक केन्द्रों के साथ-साथ तीर्थ स्थान के रूप में भी प्रसिद्ध हैं।

आधुनिक उद्योगों और नगरों का विकास भारत में पश्चिम से सम्पर्क के उपरांत बड़ी तेजी से हुआ है। परिणामस्वरूप नगरों में तीव्रता से जनसंख्या का विस्तार हुआ है। वर्तमान काल में जनसंख्या वृद्धि ने विस्फोटक रूप ले लिया है।

दसलक्षी नगरों में जनसंख्या

तेज आगमन से शहर की ओर दसलक्षी शहरों की संख्या तेजी से बढ़ रही है। 1981 में 12 दसलक्षी शहर थे, 1991 में इनकी संख्या 23 हो गई और वर्ष 2001 की जनगणना में ये बढ़कर 35 हो गए। इस तरह 20 साल में दसलक्षी शहरों की संख्या में लगभग तीन गुना वृद्धि हुई है।

शहरों की संख्या बढ़ने के साथ-साथ इनमें रहने वाली जनसंख्या भी तेजी से बढ़ी। वर्ष 1981 में दसलक्षी शहरों में 4.21 करोड़ लोग रहते थे। वह संख्या में 1991 में बढ़कर 7.1 करोड़ हो गई और वर्ष 2001 में 10.8 करोड़ तक पहुँच गई। शहरी जमाव प्रतिशत की दृष्टि से देखा जाए तो वर्ष 1981 में भारत की कुल जनसंख्या का 6.15 प्रतिशत 1991 में बढ़कर 8.39 और 2001 में बढ़कर 10.5 प्रतिशत हो गया।

भारत के वर्तमान 35 दसलक्षी शहरों में कुछ की वृद्धि अत्यन्त तेज है। पिछले 20 साल 1981 की तुलना में 2001 में भारत की कुल जनसंख्या का सूचकांक 100 से बढ़कर 150.3 हुआ जबकि कुल शहरी जनसंख्या सूचकांक कहीं ज्यादा (182.4) हो गया। इसकी तुलना में कुछ दसलक्षी शहरों के जनसंख्या सूचकांक में काफी ज्यादा वृद्धि हुई। सूरत (304), जयपुर (229), लखनऊ (226.7), लुधियाना (229.8), दिल्ली (223.3), पुणे (222.8), विशाखापत्तनम (220.0), मुम्बई (219.0) और हैदराबाद (217.4) में बीस वर्षों में जनसंख्या दुगुनी से भी अधिक हो गई और सूरत में तो तीन गुनी से भी अधिक हो गई। इस तेजी के पीछे इन शहरों में उद्यम के विस्तार का काफी बड़ा हाथ है।

नगरीकरण की प्रवृत्ति आज भारत में निरन्तर बढ़ती जा रही है। इसका सबसे प्रमुख कारण 'ग्रामीण जनसंख्या का नगरों की ओर पलायन' है। आज बड़ी संख्या में लोग रोजगार की तलाश में गाँवों को छोड़कर नगरों की ओर आ रहे हैं। यातायात के साधनों ने अब दूरियाँ कम कर दी हैं। आज यदि हम दिल्ली में ही देखें तो लगभग सभी राज्यों के लोग रोजगार के लिए यहाँ आ रहे हैं। इसके अलावा मौसमी बेरोजगारी भी लोगों को गाँवों से नगरों की ओर पलायन करने हेतु प्रेरित करती है। आज हम हरियाणा, पंजाब, के खेतों में मजदूरों को देखें तो पता चलता है कि यहाँ ज्यादातर मजदूर आन्ध्र प्रदेश, बिहार, उड़ीसा इत्यादि राज्यों के हैं। ये मजदूर मौसमी प्रवसन करते हैं तथा बाद में अपनी पसन्द के स्थानों में स्थायी रूप से बस जाते हैं।

नगरीयवाद

नगरीयवाद या नगरीयता नगरीय जीवन के साथ व्यक्तियों के समायोजन की प्रक्रिया को कहा जाता है। शिकागो सम्प्रदाय के लुईवर्थ के कथनानुसार नगरीयवाद था नगरीयता बनावट का तरीका नहीं है। बल्कि यह जीवन की एक विशिष्ट शैली है। यह शैली ग्रामीण जीवन शैली से भिन्न होती है। नगरीयवाद की प्रमुख विशेषताएँ—अवैयक्तिक सामाजिक अन्तःक्रिया, औपचारिक सम्बन्ध, अत्यधिक गतिशीलता तथा परिवर्तनशीलता, समय और लय का दबाव, गुमनामपन, काम करने के लिए निर्जीव शक्ति का प्रयोग, उन्नत प्रौद्योगिकी पर आधारित सामाजिक जीवन, परिवारवाद का ह्रास, आधुनिकता के नाम पर अश्लीलता का आवरण ओढ़ना, फास्ट फूड जैसे आहारों का अत्यधिक सेवन करना आदि हैं। इस प्रकार, नगरीकरण और नगरीयवाद में अन्तर है। नगरीयवाद एक दशा या परिस्थितियों का एक पुँज है, जबकि नगरीकरण परिवर्तन की एक प्रक्रिया है जिसमें व्यक्ति नगरीय जीवन शैली का विकार करता है।

नगरीकरण एवं सामाजिक परिवर्तन

भारत आज भी एक ग्रामीण देश है। यहां आज भी ग्रामीण संस्कृति एवं समाज का प्रभुत्व स्थापित है। पर आज नगरीकरण की प्रक्रिया भी तेजी से अपने प्रभाव का विस्तार करती जा रही है। इसीलिए भारत में इस प्रक्रिया का विशिष्ट प्रभाव पड़ा है चूँकि नगरीकरण के फलस्वरूप उत्पन्न नवीन परिस्थितियाँ व सामाजिक-आर्थिक शक्तियाँ इस गाँव-प्रधान देशवासियों के लिए अभिनव ही हैं, इसी कारण नगरीकरण ने सामाजिक संरचना को पूर्णतः परिवर्तित कर दिया है और हमारा सामाजिक,

राजनैतिक, सांस्कृतिक, आर्थिक, मानसिक, धार्मिक एवं नैतिक जीवन एक नवीन पथ पर अग्रसर है। नगरीकरण के प्रभाव हित एवं अहित दोनों पक्षों में, उन दोनों प्रकार के प्रभावों की उल्लेख विवेचना अग्रलिखित है–

(1) पारिवारिक विघटन–नगरों की एक अन्य मुख्य समस्या परिवार का विघटन है। नगरों में परिवार के सदस्यों में आपसी सम्बन्ध अधिक घनिष्ठ नहीं होते हैं चूँकि प्रशिक्षण प्राप्त करने, पढ़ने-लिखने, नौकरी करने, मनोरंजन प्राप्त करने आदि के लिए लोग घर से अधिक बाहर समय बिताते हैं इस कारण परिवार के सदस्यों में सम्पर्क कम हो पाता है जो पारिवारिक विघटन में सहायक हैं। नारी शिक्षा भी पारिवारिक विघटन का द्वितीय तत्व है। आज की नारी अपने अधिकारों के प्रति जागरूक है। माता-पिता दोनों के नौकरी करने से बच्चों के लालन-पालन पर अकेलेपन की वजह से बुरा प्रभाव पड़ता है। समझदार माता-पिता घर और बाहर के जीवन में संतुलन बनाये रखते हैं। फिर भी, बच्चों के व्यक्तित्व का विकास गलत राह ले लेता है। इसमें भी पारिवारिक विघटन पैदा होता है। पति एवं पत्नी के शिक्षित होने पर अनेक विचारों में मतभेद भी परिवार का विघटन कर देता है। इतना ही नहीं, नगरों में जो रोमांस का आधिक्य, बेरोजगारी, निर्धनता, दुर्घटना, वेश्यावृत्ति, शराबखोरी आदि की सम्भावनाएँ अधिक होती हैं, वे भी परिवार विघटन के प्रमुख कारक हैं।

(2) नगरीकरण के अन्य सामाजिक-आर्थिक प्रभाव–राष्ट्रीय धन का असमान वितरण, पूँजीवादी अर्थव्यवस्था का विकास, आर्थिक संकट, बेकारी, मानसिक चिन्ता, औद्योगिक झगड़े और रोग, संघर्ष व प्रतिस्पर्द्धा (conflict and competition), सामाजिक गतिशीलता में वृद्धि, श्रम-विभाजन व विशेषीकरण, 'हम' की भावना का प्रभाव, इत्यादि नगरीकरण के अन्य प्रभाव हैं जो कि भारत के नगरों में पूर्णतः पनप रहे हैं।

(3) सामाजिक सहनशीलता–नगरीकरण से सामाजिक सहनशीलता प्रचुर मात्रा में पनप जाती है। इसका कारण यह है कि नगरों में धर्म, सम्प्रदाय, जाति, वर्ग, प्रजाति, प्रान्त तथा देश के लोग आकर बस जाते हैं और हरेक को एक-दूसरे के साथ मिलने-जुलने का तथा एक-दूसरे को अधिक नजदीक से देखने-जानने का अवसर प्राप्त होता है। इस प्रकार के सम्पर्क से एक-दूसरे के प्रति सहनशीलता उत्पन्न होती हैं।

(4) सामुदायिक जीवन में अनिश्चितता–सर्वप्रथम समस्या है नगरों की यह और समस्या इसलिए है कि इस अनिश्चितता के कारण नगरों में सामुदायिक भावना

या 'हम' की भावना पनप नहीं पाती है। नगरों में विभिन्न सम्प्रदाय, जाति, प्रान्त, देश, धर्म और प्रजाति के लोग रहते हैं जिसके कारण नगर के जीवन में एकरूपता पनप नहीं पाती है। यहाँ कोई रात को सोता है तो कई दिन में, कोई आज रोजगार में लगा हुआ है तो कल बेकार है, आज अमीर है तो कल भिखारी भी बन सकता है। यह अनिश्चितता हर पग हर क्षण है। सुबह घर से गया हुआ पुत्र या पति शाम को घर लौटकर आएगा भी या नहीं, इसकी भी कोई निश्चितता नहीं है। यह अनिश्चितता सामुदायिक जीवन को विघटित करने वाले तत्त्वों को जन्म प्रदान करती है।

(5) सामाजिक विघटन—यह नगरों की अन्य समस्या है। नगरों में जाति, धर्म, परम्परा, प्रथा, आचार, रीति-नीति, कानून, आदि की विविधता होती है और सामुदायिक जीवन में पर्याप्त अनिश्चितता हुआ करती है। इसका नतीजा यह होता है कि नगरों में निवास करने वालों की सामाजिक स्थिति तथा कार्यों (status & roles) में भी अनिश्चितता होती है। यह बात व्यक्ति के सम्बन्ध में ही नहीं, नगरों की विभिन्न संस्थाओं के सम्बन्ध में भी सच कही जा सकती है। व्यक्ति तथा संस्थाओं की स्थिति व कार्यों में अनिश्चितता अथवा ज्यादा परिवर्तनशीलता सामाजिक विघटन को उत्पन्न करती है। नगरों में सामाजिक परिवर्तन की गति भी तेज होती है जिसके कारण सामाजिक विघटन उत्पन्न होता है। नगरों में विद्रोह होने, बैंक फेल करने, क्रान्ति अथवा युद्ध छिड़ने की भी सम्भावना अधिक होती है जिनके कारण भी सामाजिक विघटन की स्थिति उत्पन्न होती है जो कि स्वस्थ सामाजिक जीवन के लिए घातक प्रमाणित होती है।

(6) सामाजिक मूल्यों सिर्फ सम्बन्धों में परिवर्तन—नगरीकरण के परिणामस्वरूप सामाजिक मूल्यों तथा सम्बन्धों में भी परिवर्तन हो जाते हैं। नगरीकरण के साथ-साथ व्यक्तिवादी (individualistic) आदर्श पनपता है। नगरों में धन तथा व्यक्तिगत गुणों का ज्यादा महत्त्व होने के कारण हरेक व्यक्ति सिर्फ अपनी ही चिन्ता करता है और अपने स्वार्थों की रक्षा के लिए जी-जान लगा देता है। उसका प्रयास अपने ही व्यक्तित्व का विकास करना तथा अधिकाधिक धन एकत्र करना है क्योंकि इन्हीं पर उसकी सामाजिक प्रतिष्ठा आश्रित करती है। इसीलिए नगरीकरण का एक प्रभाव व्यक्तिगत स्वार्थ की वेदी पर सामुदायिक स्वार्थ की बलि चढ़ा देना होता है। उसी प्रकार नगरीकरण के साथ-साथ व्यक्तिगत सम्बन्ध अवैयक्तिक सामाजिक सम्बन्धों (impersonalized social relations) में परिवर्तित हो जाता है। कोलकाता, मुम्बई जैसे बड़े नगरों में तो आठ-दस मन्जिल वाले एक ही मकान में रहने वाले व्यक्ति एक दूसरे को नहीं जानते हैं। उसी प्रकार नगरीकरण 'सादा जीवन उच्च

विचार' के सिद्धान्त का हनन करके व्यर्थ के खर्चे करवाता है। नगरीकरण पर फैशन का प्रभाव सीमाहीन है। लोग इस दौड़ में अंधे होकर भाग रहे हैं। उसी प्रकार जाति-पाँति के आधार पर छुआछूत की भावना, भेद-भाव, आदि नगरीकरण के साथ-साथ कमजोर पड़ जाते हैं और इनसे सम्बन्धित सामाजिक मूल्य बदल जाते हैं। विभिन्न जातियों के लोगों के मध्य घनिष्ठ व्यावहारिक संबंध होते हैं। सामाजिक दूरी का घटना नगरीकरण का एक उल्लेखनीय प्रभाव कहा जा सकता है। इन दूरियों का कारण धन ही है।

(7) मनोरंजन का व्यापारीकरण—नगरीकरण का एक और महत्वपूर्ण प्रभाव मनोरंजन के साधनों का व्यापारीकरण है यानी नाइट क्लब, संगीत सम्मेलन, सिनेमा, थियेटर, खेल-कूद इत्यादि मनोरंजन के सभी साधनों को धन कमाने हेतु आयोजित किया जाता है। इसलिए अब इनमें सादगी एवं शालीनता दिखायी नहीं देती। इसका उद्देश्य सिर्फ लोगों को आकर्षित करना है इसके लिए इसमें सस्ते स्तर के गाने, काम-भावना, गन्दे मजाक को जागृत करने वाले संवाद व दृश्य, कॉलेज में क्लब, फैशन शो, आदि को आयोजित किया जाता है। यह कॉलेज जीवन का विशेष हिस्सा बन गए हैं।

(8) दुर्घटना, बीमारी व गन्दगी—नगरीकरण के साथ-साथ मिल-कारखानों, यातायात के साधनों इत्यादि में जो प्रगति होती है उसका एक स्वाभाविक नतीजा दुर्घटनाओं में वृद्धि है। नगर में कौन किस समय मोटरकार या बस के नीचे दब जाएगा या रेलगाड़ी से गिर जाएगा या मशीन में फँस जाएगा इस बात का कुछ नहीं पता। अधिक जनसंख्या एवं मिल कारखानों के कारण हुई गंदगी बीमारियों की जड़ है। उसी प्रकार तपेदिक भी एक नागरिक बीमारी ही है। इतना ही नहीं, नगरों में घनी आबादी होने की वजह से गन्दगी भी अधिक होती है। यह स्थिति उन नगरों में अधिक गम्भीर होती है जहाँ कि नालों (drainage) का उचित प्रबन्ध अब भी नहीं है। गन्दगी के कारण भी अनेक प्रकार की बीमारियाँ नगर-निवासियों को आ घेरती हैं। लाख प्रयास करने पर भी नगरीकरण के फलस्वरूप होने वाली दुर्घटना, बीमारी तथा गन्दगी की समस्या को टाला नहीं जा सकता।

(9) पारिवारिक मूल्यों तथा संरचना में बदलाव—नगरीकरण के साथ-साथ पारिवारिक मूल्यों तथा निर्माण में भी तेजी से परिवर्तन हो रहा है। गाँव में परिवार सामाजिक जीवन की एक आधारभूत इकाई होती है, यहाँ तक कि व्यक्ति की सामाजिक प्रतिष्ठा भी बहुत-कुछ उसके परिवार पर ही निर्भर करती है। इसका एक मुख्य कारण यह है कि गाँव में परिवार अपने सदस्यों की प्रायः सभी मूलभूत

आवश्यकताओं की पूर्ति करता है। इसके विपरीत, नगरीकरण में परिवार को अधिक महत्व नहीं दिया गया क्योंकि यहां परिवार के सभी कार्य परिवार के लोगों द्वारा नहीं विशेष समितियों के द्वारा होते हैं। विवाह परिवार के प्रति कर्त्तव्य समझकर नहीं अपितु व्यक्तिगत सुख-सुविधा को ध्यान में रखकर किया जाता है। विवाह जीवन-भर का बन्धन है, यह पारिवारिक मूल्य भी नगरीकरण के साथ-साथ कमजोर होता जाता है। विधवाओं के प्रति मनोभाव भी बदल जाता है और विधवा-पुनर्विवाह के अनुकूल जनमत जागृत हो जाता है। उसी प्रकार नगरों में स्त्री-पुरुषों का एकसाथ काम करना, लड़के-लड़कियों का एकसाथ शिक्षा पाना, सिनेमा का प्रभाव, आपस में मिलने-जुलने की अधिक सुविधाएँ, सामाजिक सहनशीलता आदि ऐसे कारण हैं जिनसे नगरों में रोमान्स, अन्तर्जातीय विवाह और विवाह-विच्छेद का प्रचलन अधिक होता है। इसके अतिरिक्त, नगरीकरण के साथ-साथ मकानों की समस्या काफी गम्भीर हो जाने के परिणामस्वरूप संयुक्त परिवार को बनाए रखना असम्भव होता है। नगरीकरण संयुक्त परिवार के विघटन का एक कारण बन जाता है।

(10) गन्दी बस्तियों का विकास—जब औद्योगीकरण की प्रक्रिया भी नगरीकरण के साथ-साथ चलती रहती है तो नगर की जनसंख्या अति तीव्र गति से बढ़ती चली जाती है। पर जिस अनुपात में जनसंख्या बढ़ती है उसी अनुपात में नए मकानों का सृजन नहीं हो पाता है। इसीलिए नगरीकरण का एक प्रभाव गन्दी बस्तियों का विकास होता है चूँकि मकानों की कमी से लाभ उठाने के लिए मुनाफाखोरी की प्रवृत्ति रखने वाले लोग श्रमिकों के लिए बस्तियाँ बना देते हैं और उनसे खूब किराया वसूल करते हैं। ये सब मकान एक-दूसरे से मिले हुए बनते हैं और आने-जाने के लिए छोटी और संकरी गलियाँ होती हैं। कमरे में हवा-रोशनी आने का एकमात्र रास्ता एक दरवाजा होता है जो कि इतना नीचा होता है कि उसमें से बिना झुके आना-जाना सम्भव नहीं होता है। अनेक स्त्री-पुरुषों को एक ही कमरे में रहना पड़ता है और बच्चे उनके यौन-व्यवहारों को खुले तौर पर देखते और सीखते रहते हैं। इनमें हवा-रोशनी की इतनी कम व्यवस्था होती है कि दिन में भी चिराग जलाना पड़ता है। बच्चों को खेलने-कूदने के लिए सिर्फ रास्ते या गलियों के अतिरिक्त और कुछ भी उपलब्ध नहीं होता है।

(11) सामाजिक-सांस्कृतिक समन्वय का व्यापक क्षेत्र—नगरीकरण का एक महत्त्वपूर्ण प्रभाव यह है कि इसके फलस्वरूप सामाजिक-सांस्कृतिक सम्पर्कों का क्षेत्र स्वतः ही बढ़ जाता है क्योंकि नगरों में उपलब्ध सुविधाओं से लाभान्वित होने के लिए बाह्य लोग यहां आकर बसने लगते हैं जिसके परिणमस्वरूप सिर्फ विभिन्न प्रकार

के लोगों से नहीं अपितु उनकी विविध प्रथा, परम्परा, सामाजिक मूल्य, रीति-रिवाज, आदर्श आदि से भी परिचित होने का मौका हमें मिलता है। हम अपने देश के बारे में ही नहीं बल्कि विदेशों के बारे में भी बहुत कुछ जान जाते हैं क्योंकि शहरों में जनसंचार के माध्यमों से दूसरे प्रान्तों या देशों के साथ सम्पर्क स्थापित करना आसान होता है। ये सभी तत्त्व सामाजिक-सांस्कृतिक सम्पर्क के क्षेत्र के विस्तार हेतु सहयोगी है।

(12) प्रशिक्षण हेतु पर्याप्त सुविधाएं—नगरीकरण के कारण यहां प्रशिक्षण की पर्याप्त मात्रा में सुविधा उपलब्ध है क्योंकि नगरों में व्यापार-वाणिज्य या अन्य उद्योग-धन्धों में लगे लोग तुलनात्मक रूप से अधिक पढ़े-लिखे होते हैं और अपने बाल-बच्चों को उचित शिक्षा देने के प्रति उनका झुकाव भी ज्यादा होता है। इसीलिए नगरीकरण के साथ-साथ शिक्षा व प्रशिक्षण सम्बन्धी सुविधाओं का भी विस्तार होता जाता है। कुछ नगरों में नगरीकरण की प्रक्रिया को प्रोत्साहित करने में शिक्षा व प्रशिक्षण सम्बन्धी सुविधाओं का काफी ज्यादा योगदान होता है। इन्हीं सुविधाओं के कारण नगर का महत्त्व दिन-प्रतिदिन बढ़ता जाता है। शिक्षा का जो विस्तार आज हमें अपने देश में देखने को मिलता है, उसका श्रेय बहुत-कुछ इस देश की बढ़ती हुई नगरीकरण की प्रक्रिया को ही है। कम्प्यूटर तथा अनेक टेक्निकल कोर्स करके शहरों में नौकरी की सम्भावनाएँ बढ़ जाती हैं।

(13) व्यापार और वाणिज्य का विस्तार—व्यापार और वाणिज्य पर भी नगरीकरण का प्रभाव पड़ता ही है। नगरों के विकास, चाहे वह किसी भी कारण से क्यों न हो, के साथ-साथ व्यापार और वाणिज्य की प्रगति भी निश्चित रूप में होती ही है। चूँकि नगरीकरण के साथ साथ आबादी बढ़ती है और आबादी बढ़ने से आवश्यकताएँ बढ़ती हैं और उन जरूरतों की पूर्ति के लिए व्यापार और वाणिज्य का विस्तार आवश्यक हो जाता है। इसीलिए नगरीकरण के साथ-साथ नए बाजार, हाट, मण्डी, शापिंग काम्पलेक्स, शोरूम आदि का भी उद्‌भव होता जाता है।

(14) यातायात व संदेशवाहन की सुविधाओं में बढ़ोत्तरी—नगरीकरण का एक स्वस्थ प्रभाव यह होता है कि नगर के विकास के साथ-साथ यातायात व संदेशवाहन की सुविधाओं का भी प्रसार होता जाता है चूंकि इसके बिना नगरवासियों का जीवन सुविधाजनक नहीं हो सकता। नागरिक परिस्थितियाँ यह माँग करती हैं कि यातायात और संदेशवाहन के साधनों को विस्तृत किया जाए। नगरों में व्यापार, उद्योग-धन्धे आदि बड़े पैमाने पर होते हैं और इनके लिए यातायात और संदेशवाहन की सम्पूर्ण सुविधाओं का होना अत्यन्त आवश्यक है, इसीलिए नगर के विकास के

साथ-साथ टेलीफोन, डाकघर, कोरियर सर्विस, इन्टरनेट कैफे रेलवे स्टेशन आदि का भी विकास होता जाता है और शहर के अन्दर बस तथा टैक्सी सर्विस, ऑटो रिक्शा आदि उपलब्ध होते हैं। ये सभी सुविधाएँ जल्दी ही नागरिक जीवन के अनिवार्य अंग बन जाते हैं।

(15) राजनैतिक शिक्षा–राजनैतिक दलों की क्रियाशीलता नगरीकरण की प्रक्रिया के साथ-साथ भी बढ़ जाती है। असल में नगर राजनैतिक दलों का आखाड़ा होता है और वे अपने-अपने आदर्शों व सिद्धान्तों को फैलाने के लिए न केवल अत्यन्त प्रयत्नशील रहते हैं बल्कि एक राजनैतिक दल दूसरे दल को नीचा दिखाने के लिए भी भरसक प्रयास करता रहता है। परिणामस्वरूप, नगरों में राजनीतिक हथकंडों को सरलता से सीखा जा सकता है। नगरों में जनसंचार के माध्यमों की उपलब्धता के कारण भी राजनैतिक तथ्यों की जानकारी सरलतापूर्वक प्राप्त होती है तथा इसमें भाग लेना भी संभव हो जाता है। जिससे राजनैतिक शिक्षा को व्यवहार में लाया जा सकता है अर्थात् राजनैतिक शिक्षा देने के क्षेत्र में भी नगरीकरण का विशेष योगदान है।

(16) व्यक्तिगत विघटन–परिवार विघटन के साथ नगरीकरण की दूसरी समस्या व्यक्तिगत विघटन भी है। व्यक्तिगत विघटन के अग्रलिखित पाँच स्वरूप नगरों में देखने को मिलते हैं जिनमें प्रत्येक एक गम्भीर समस्या है–

(i) आत्महत्या–नगरों में बेरोजगारी, निर्धनता, असुखी पारिवारिक जीवन, प्रतिस्पर्द्धा में असफल होने पर जीवन के सम्बन्ध में घोर निराशा, रोमांस या प्रेम में असफलता, व्यापार में असफलता इत्यादि की सम्भावनाएँ अधिक होती हैं जिसके कारण मनुष्य के दिल-दिमाग पर गहरा प्रभाव पड़ता है। वह असहनीय पीड़ा का शिकार होता है जिसके कारण वह आत्महत्या का रास्ता चुनता है। यही कारण है कि गाँवों की तुलना में नगरों में कहीं अधिक आत्महत्याएँ होती हैं।

(ii) अपराध तथा बाल-अपराध–नगरों में व्यापारिक, मकानों की समस्या, निर्धनता, बेरोजगारी, नशाखोरी, व्यापारिक मनोरंजन, स्त्री-पुरुष के अनुपात में भेद, व्यापार चक्र, प्रतिस्पर्द्धा, परिवार का शिथिल नियंत्रण, वेश्यावृत्ति, बाल-श्रम आदि ऐसे महत्त्वपूर्ण कारक विद्यमान होते हैं जिनके कारण नगरों में अपराध और बाल-अपराध ज्यादा देखने को मिलते हैं।

(iii) नशाखोरी–मद्य-पान आदि व्यक्तिगत विघटन की ही एक अभिव्यक्ति है। नगरों में यह समस्या विशिष्ट रूप से उग्र है। इस समस्या का चरम रूप तब देखने को मिलता है जबकि नगरों में बड़ी-बड़ी पार्टियों, 'डिनरों' या 'ऐट होम' में,

जहाँ कि समाज के उच्चस्तरीय 'सज्जनों' का जमघट होता है, मद्यपान को सामाजिक प्रतिष्ठा के प्रतीक और सामान्य शिष्टाचार के रूप में ग्रहण किया जाता है। वैसे सामान्यतया नगरों में दिन-भर का थका-माँदा श्रमिक शाम को अपनी थकान को दूर करने के लिए भाँग, शराब, ताड़ी, चरस, गाँजा इत्यादि का सेवन करता है। शहरों में, जो अपने जीवन में असफल हुए हैं, ऐसे व्यक्तियों की भी कमी नहीं होती है।

(iv) वेश्यावृत्ति—नगर का पर्यावरण वेश्यावृत्ति और लड़कियों के अनैतिक व्यापार के लिए अनुकूल होता है। नगरों में श्रमिक वर्ग ज्यादा होते हैं जो कि नगरों में मकानों की समस्या तथा महँगाई के कारण अपने बीबी-बच्चों के साथ न रहकर अकेले ही रहने को मजबूर होते हैं। इनके लिए वेश्यालय मनोरंजन का एक स्थान होता है। नगरों में पाए जाने वाली निर्धनता तथा बेरोजगारी भी अनेक स्त्रियों को वेश्यावृत्ति हेतु मजबूर करती है। नगरों में रोमांस का भी आधिक्य होता है और उस रोमांस के चक्कर में बहुधा लड़कियों को अपने प्रेमियों के धोखे का शिकार बनना पड़ता है, वे अवैध रूप से गर्भवती हो जाती हैं और घर से भाग आती हैं। अन्त में दलालों के चक्कर में आकर वेश्याएँ बन बैठती हैं।

(v) भिक्षावृत्ति—भिक्षावृत्ति नगरीकरण की एक प्रमुख समस्या है। नगरों में, विशेषकर धार्मिक दृष्टिकोण से महत्त्वपूर्ण नगरों में, लोग न सिर्फ नगरों की भुखमरी, गरीबी और बेरोजगारी से तंग आकर भीख माँगते हैं बल्कि भिक्षावृत्ति को एक व्यापारिक रूप भी दे देते हैं। बड़े-बड़े नगरों में भिखारियों के मालिक होते हैं जिनका कि काम भिखारी बनाना, भिखारियों को भीख माँगने के तरीके सिखाना, उनके शरीर को इस भाँति विकृत या जराजीर्ण कर देना होता है जिससे कि लोगों का दया-भाव अपने-आप उभरे और मालिक को अधिकाधिक फायदा हो। ऐसे भिखारियों के लिए मालिक की ओर से सामान्य खाने-पीने, रहने तथा कपड़ों की व्यवस्था कर दी जाती है जिसके बदले में मालिक उनसे उनकी सारे दिन की भिक्षा से हुई आमदनी को प्राप्त कर लेता है।

विभिन्न प्रकार की नगरीय समस्याएँ

भारत में नगरीकरण के विस्तार से अनेकों समस्या जन्म ले रही हैं जो मानव जीवन को बहुत प्रभावित कर रही हैं। नगरीय परिवेश मलिन हो गया है। जीवन निम्न स्तरीय होता जा रहा है। काफी ज्यादा भीड़भाड़ तथा प्रदूषण, आवास झोंपड़ पट्टी, अपराध तथा बाल अपराध, बिजली पानी की समस्या, नशाखोरी, वेश्यावृत्ति, आदि नगरों की मुख्य समस्याएँ हैं।

नगरों के विस्तार से प्रकृति भी प्रभावित हो रही है। एक ही उद्योग पर आधारित नगर का आकार लघु तथा विभिन्न उद्योगों पर आधारित नगरों का आकार वृहद् होता है। अर्थात् नगरों का आकार उद्योगों पर भी निर्भर करता है। राजधानियों में विविधता होने के वजह से विकास तेज गति से होता है। विविधतापूर्ण नगर प्राकृतिक आपदाओं के समय पीड़ित आबादी के ज्यादा आकर्षण का केन्द्र होते हैं, तुलनात्मक रूप से उन नगरों के जिनमें विशेष उद्योग ही स्थित होते हैं।

स्लम

शहरों में कुछ ऐसी बस्तियों का विकास होने लगता है जिनमें जीवन की जरूरी सुविधाओं का अभाव होता है पर रहने की लागत कम होती है। इन्हें गन्दी बस्तियाँ, मलिन, तंग या स्लम कहते हैं। भारत में अनेक जगहों में इन्हें 'कटरा', 'चाल', 'चेरी', 'आहता' और 'झुग्गी-झोंपड़ी' के नाम से भी जाना जाता है। इन बस्तियों में निम्न आय वाले तथा बाहर से आये लोग रहते हैं। इन सभी का तात्पर्य ऐसी बस्तियों से है जहाँ निवास करने के लिए आवश्यक सुविधाओं उदाहरणार्थ—स्कूल, अस्पताल, बिजली, पानी, सफाई, सड़क आदि का अभाव होता है। मकान काफी छोटे और हवा-रोशनी, प्रसाधन इत्यादि सुविधाओं से विपन्न होते हैं। एक कमरे के मकान में एक परिवार या उससे भी अधिक लोग वास करते हैं। तेज शहरीकरण होने पर मलिन बस्तियों की संख्या बढ़ती जाती है और शहर का स्वरूप बिगड़ता जाता है।

मलिन बस्तियों की वर्ष 2001 की जनगणना में विशेष गणना की गई। देश में 607 जनगणना नगरों में मलिन बस्तियाँ सूचित की गई। पाया गया है कि इन जनगणना नगरों की 22 प्रतिशत जनसंख्या मलिन बस्ती में रहती है। अकेले महाराष्ट्र में 1.56 करोड़ लोग मलिन बस्तियों में रहते हैं। सबसे ज्यादा (76) मलिन बस्तियों की सूचना आन्ध्र प्रदेश ने दी है। उत्तर प्रदेश में 65, तमिलनाडु में 63, महाराष्ट्र में 62 और पश्चिम बंगाल में 51 मलिन बस्ती वाले नगर हैं।

नगरों की एक दूसरी बड़ी समस्या प्रदूषण है। प्रदूषण बढ़ने के कई कारण हैं। नगरों का प्रदूषित जल तथा औद्योगिक कचरे का लगभग 50 प्रतिशत भाग नदियों में बहा दिया जाता है। इसी प्रकार नगरीय उद्योगों का धुआँ और गैस वातावरण को प्रदूषित करते हैं। दिल्ली में वाहनों से निकलने वाला 64 प्रतिशत धुआँ और गैस वातावरण को प्रदूषित कर रहे हैं। दिल्ली को विश्व का सबसे अधिक प्रदूषित नगर कहा गया है।

भारत के सर्वोच्च न्यायालय ने इस गम्भीर प्रदूषण की समस्या को देखते हुए

इस मामले में हस्तक्षेप किया तथा दिल्ली की समस्त प्रदूषण फैलाने वाली इकाइयों को बन्द करने का आदेश दिया। इसी क्रम में प्रदूषण कम करने की दिशा में सर्वोच्च न्यायालय ने बसों और ऑटोरिक्शों में अप्रदूषणकारी संपीड़ित प्राकृतिक ईंधन (C.N.G.) का प्रयोग आवश्यक कर दिया है जिससे काफी-सीमा तक प्रदूषण कम हुआ है और दिल्ली वासियों को कुछ राहत मिली है। दिल्ली में मैट्रो रेल की शुरुआत भी प्रदूषण को कम करने की दिशा में एक प्रभावशाली कदम होगा।

नगरीय समस्याओं के समाधान

नगरीकरण विकास का नतीजा है। इससे बचा नहीं जा सकता। पर शहरों को मलिन बस्तियाँ बनने से बचाना जरूरी है। इस परिप्रेक्ष्य में ध्यान देने योग्य बातें निम्नलिखित हैं:–

(1) शहर में सुविधाओं का उचित विकास हेतु उच्च स्तर पर विनियोग की जरूरत पड़ती है। श्रम जाँच समिति (1946) तथा अंतर्राष्ट्रीय श्रम संगठन दोनों का मानना है कि मजदूरों के लिए अच्छी आवास व्यवस्था की जिम्मेदारी अकेले नियोक्ताओं की नहीं हो सकती। भारत की वर्तमान वित्तीय स्थिति से केन्द्र या राज्य सरकार शहरों के विकास के लिए जरूरी धन उपलब्ध नहीं करा सकती। स्थानीय शासन की वित्तीय स्थिति भी काफी कमजोर है। ऐसे में नगरों के विकास की बड़ी योजनाओं के लिए अन्तर्राष्ट्रीय सहयोग प्राप्त किया जाना चाहिए, धन प्राप्त करने के लिए बाण्ड जारी किए जाने चाहिएं। बड़े कॉलोनाइजर्स के सहयोग से शहर के बाहरी क्षेत्र का विकास करके उसमें आवासीय योजना का विकास करना आवश्यक है। वहां रहने वालों से किश्तों के जरिए योजना लागत वसूल लेनी चाहिए।

(2) अनुकूलतम जनसंख्या सिद्धांत यह बतलाता है कि किसी क्षेत्र के लिए अनुकूलतभ जनसंख्या वह है जिस पर प्रति व्यक्ति उत्पादकता अधिकतम हो। नगर की अनुकूलतम जनसंख्या निर्धारण की शर्त भी यही हो सकती है पर तकनीकी के बदलते रहने से उत्पादकता की माप को निरपेक्ष रूप में स्वीकार करना मुश्किल हो जाता है। ऐसी स्थिति में **जीवन की गुणवत्ता** (Quality of Life) का सूचकांक विकसित किया जाना चाहिए और उसके आधार पर ही शहरीकरण में पैदा हो रही विसंगतियों पर नियंत्रण की योजना बनाई जानी चाहिए।

(3) शहर के बाहरी भागों में नियोजित कॉलोनियों में भवन-निर्माण के लिए ऋण देने के लिए वित्तीय संस्थाओं को उत्साहित किया जाना चाहिए। नियोजित

कॉलोनियों में आवास निर्माण में सुविधा तो अधिकतम देनी ही चाहिए पर नियमों को तोड़ने पर या उल्लंघन करने पर कठोर दण्ड का निर्धारण आवश्यक है।

(4) शहर के बाहरी क्षेत्रों में परिवहन सुविधा का विकास करने से मलिन-बस्तियाँ शहर के बीचों-बीच नहीं बल्कि बाहरी क्षेत्र में फैलेंगी।

(5) स्थानीय प्रशासन की आय बढ़ाने के लिए शहरों की भिन्न-भिन्न सुविधाओं का सम्बन्ध शुल्कों से कर देना चाहिए। इससे शहर में रहने की लागत बढ़ने के कारण लोग शहर से बाहर जाकर बस्तियां बसायेंगे।

6

आधुनिकीकरण

औद्योगीकरण के कारण यूरोप का सामन्तवाद तो समाप्त हो गया परन्तु पूंजीवाद का जन्म हुआ। नगरीकरण का आधार उद्योग धंधे थे जिनसे समाज एवं क्षेत्रों में परिवर्तन हुआ। गांव कस्बों में, कस्बे नगरों में, नगर महानगरों में परिवर्तित हो गए। वर्तमान काल में आधुनिकता अपने पैर पसार चुकी थी।

आधुनिकता से आशय

आधुनिकता का संबंध एक विशिष्ट अनुभव एवं संस्कृति से है। इसमें आर्थिक, सामाजिक और राजनैतिक गठबन्धन होता है जो इसे एक पृथक् पहिचान देता है। आधुनिकता से सांस्कृतिक एकाधिकता (Cultural Pluralism) होती है। कई जातीय भाषाई और संस्कृति क्षेत्र होते हैं। आधुनिकता में लचीलापन होता है। और यह हमेशा नई खोज में लगी रहती हैं। इस काल का सौन्दर्य बोध (Aesthetic) बड़ा परिष्कृत होता है। इसका पॉप कल्चर जादुई होता है—इसे रहन-सहन, खान-पान सभी में देखा जा सकता है। आधुनिकता जब बहुत अधिक विकसित हो जाती है तब इसे उत्तर आधुनिकता कहते हैं। अब तो इसका वर्णन क्रेडिट कार्ड, मोबाइल फोन, फास्ट-फूड, रेस्टोरेन्ट, तथा इन्टरनेट चेटिंग के संदर्भ में किया जाने लगा है।

आधुनिकता की परिभाषा समाजशास्त्रियों ने विभिन्न सन्दर्भों में की है। **रिटजर** कहते हैं कि "आधुनिकता एक ऐसा बेलगाम घोड़ा है जिसे किसी भी प्रकार नियंत्रण में रखना कठिन है यह चाहे तो सरपट दौड़ कर हवा से बातें कर सकता है और चाहे तो किसी अन्धेरे कुएँ में धकेल सकता है।" कुछ समाजशास्त्री

आधुनिकीकरण को उसके संरचनात्मक पक्ष तक सीमित रखते हैं तो कुछ उसके सांस्कृतिक पहलू पर बल देते हैं। प्रो. एम. एस. मोरे के कथनानुसार, "आधुनिकता एक जटिल अवधारणा है क्योंकि जिन समाज को हम आधुनिक कहते हैं उनमें भी पर्याप्त अन्तर देखने को मिलता है।" परन्तु प्रो. बी. वी. शाह उपरोक्त मत से सहमत नहीं हैं। आपके अनुसार "आधुनिकता केवल एक आर्थिक प्रक्रिया मात्र ही नहीं है, बल्कि राजनैतिक, सामाजिक तथा सांस्कृतिक प्रक्रिया भी है।" इस तरह यह एक बहुपक्षीय और कठिन प्रक्रिया है, जो कि एक समाज विशेष के सदस्यों के सभी जीवन को स्पर्श करती है।

प्रो० शाह ने कहा है कि आर्थिक क्षेत्र में आधुनिकता का परिणाम औद्योगीकरण होता है जिसके परिणामस्वरूप बड़े पैमाने में उत्पादन, मनुष्य, धन तथा सामग्री का बड़े पैमाने में संगठन, मशीनीकरण तथा नगरीकरण सम्भव होता है। राजनैतिक क्षेत्र में आधुनिकता की अभिव्यक्ति एक धर्म निरपेक्ष, प्रजातंत्रात्मक कल्याण राज्य के रूप में होती है जो कि शिक्षा, स्वास्थ्य, मकान, रोजगार इत्यादि के सम्बन्ध में अपने व्यापक उत्तरदायित्व को स्वीकार करता है और कानून के समक्ष सबको समान मानते हुए सबके लिए न्याय उपलब्ध करवाता है। सामाजिक क्षेत्र में आधुनिकता प्रदत्त प्रस्थिति (ascribed status) की तुलना में अर्जित प्रस्थिति (achieved status) पर ज्यादा बल देती है और सभी हेतु परिवार, विवाह, पेशा तथा धर्म के मामले में समान अवसरों को उपलब्ध करवाती और अधिकाधिक स्वतन्त्रता देती है। वैयक्तिक स्तर पर आधुनिकता भाग्य पर भरोसा करने के विचार को त्यागने तथा अपने परिश्रम व प्रयासों पर विश्वास रखने पर जोर देती है ताकि समाज का हर सदस्य सामाजिक बदलाव व प्रगति की दिशा में अपना सक्रिय योगदान कर सके। इस तरह स्पष्ट है कि आधुनिकता ।एक बहु-आयाम वाली आर्थिक, राजनैतिक, सामाजिक तथा सास्कृतिक प्रक्रिया है जो कि समाज के सदस्यों के सम्पूर्ण जीवन को एक नया रूप व अर्थ प्रदान करती है। डॉ. श्यामा चरण दुबे के अनुसार है, "आधुनिकता एक प्रक्रिया है जो परम्परागत समाज में प्रौद्योगिकीकरण आधारित समाज की ओर अग्रसर होती है।"

प्रो. योगेन्द्र सिंह ने आधुनिकीकरण की व्याख्या करते हुए कहा है कि आधुनिकीकरण सार्वजनिक दृष्टिकोण से मुद्दों और उनके मूल्याँकन की तार्किक प्रवृत्ति है। इस तरह तकनीकी और आर्थिक विकास किसी समाज में आधुनिकीकरण के स्तर को मापने का एक आम मापदण्ड नहीं है। वैज्ञानिक विश्वदृष्टि और मानवतावादी विचार के प्रति प्रतिबद्धता भी उतनी ही आवश्यक है। इससे स्पष्ट है

कि आधुनिकीकरण परिचय और उसके इस्तेमाल के ज्ञान पर आधारित है। अनेक सामाजिक और राजनैतिक परिस्थितियाँ आधुनिकीकरण को सम्भव बनाने हेतु कई महत्वपूर्ण हैं जैसे–

(1) संचार माध्यमों का विकास,

(2) स्कूली शिक्षा के स्तर में बढ़ोत्तरी,

(3) संचार तथा यातायात की उपलब्धता,

(4) लोकतांत्रिक राजनीतिक संस्थाएँ,

(5) ज्यादा नगरीय तथा गतिशील जनसंख्या,

(6) संयुक्त परिवार के जगह पर एकाकी परिवार,

(7) जटिल श्रम विभाजन,

(8) पदार्थों तथा सेवाओं के विनिमय हेतु पारम्परिक तरीकों के जगह पर विकसित बाजार, तथा

(9) धर्म का घटता प्रभाव।

अतः आधुनिकीकरण सामाजिक व्यवस्था में उपरोक्त परिस्थितियों की उपस्थिति का परिणाम है। इसलिए आधुनिकीकरण के क्षेत्र तथा विस्तार के सम्बन्ध में हमें विभिन्न अवधारणाएँ देखने को मिलती हैं।

आधुनिकता की पहचान

युगपरिवर्तन एवं आधुनिकता का गहरा संबंध है। यूरोप में यह युगान्तर 16वीं शताब्दी के आसपास प्रारंभ हुआ। वहाँ का समाज परम्परागत था। समस्त यूरोप में सामन्तवादी व्यवस्था थी। इस व्यवस्था का विरोध हुआ और औद्योगिक क्रान्ति हुई। इसके साथ ही विज्ञान में भी क्रान्ति आई। इन सबके परिणामस्वरूप यूरोप और अमेरिका में आधुनिकता का प्रवेश हुआ। सामन्तवाद के अन्त ने पूँजीवाद और राजाशाही के अन्त ने प्रजातन्त्र को विकसित किया। आज यूरोप और अमेरिका आधुनिकता की सीमा को पार करके उत्तर-आधुनिकता के द्वार पर खड़े हैं। ऐसा नहीं है कि यह आधुनिकता केवल यूरोप-अमेरिका तक ही सिमट गई हो। प्रजातांत्रिक व्यवस्था के प्रति विश्वास बढ़ा है। इस प्रकार 17वीं शताब्दी से विकासशील देशों में भी आधुनिकता का प्रवेश हो गया।

यहाँ हम आधुनिकता के कुछ सामान्य लक्षणों को संक्षेप में उल्लेख करेंगे–

(1) आधुनिकता की विस्तृतता–आधुनिकता एक प्रक्रिया है और इसलिए इसमें गतिशीलता है। इसका अस्तित्व सिर्फ समाजशास्त्र अथवा राजनीतिशास्त्र में

ही हो, ऐसा नहीं है। यह मानव जीवन के विभिन्न क्षेत्रों में देखने को मिलती है। असल में, आधुनिकता का प्रभाव सबसे पहले साहित्य और कला में आया। इसी कारण इस प्रक्रिया को विशद् कहा जाता है। यह व्यापकता इसका बहुत बड़ा लक्षण है।

(2) आधुनिक समाज का उदय—हालांकि यह निश्चित रूप से नहीं कहा जा सकता कि आधुनिक समाज का उदय कब हुआ फिर भी लगभग सभी यह स्वीकार करते हैं कि इस समाज का प्रारंभ 15वीं-16वीं शताब्दी से है। आज जिसे हम आधुनिक समाज कहते हैं, जिस अर्थ में इसे समझते हैं, असल में इसका उदय **ज्ञानोदय** (Enlightenment) से है। इसके उपरांत औद्योगिक क्रान्ति, फ्रॉस की राज्य क्रान्ति, आए। क्रान्ति के कतिपय लक्षण आधुनिक समाज में अन्तर्निहित हैं। आधुनिक समाज अनेक क्रान्तियों की उपज है।

(3) आधुनिक उद्विकास के परिणाम—क्रान्तियों ने आधुनिकता को जन्म दिया और फिर आधुनिकता का उद्विकास प्रारंभ हो गया। कुछ ऐसी ऐतिहासिक कठिन प्रक्रियाएँ आईं जिन्होंने आधुनिकता के विकास को एक वैश्वीय स्वरूप प्रदान किया। **धर्मनिरेपक्ष राज्य** (Secular State), वैश्वीय पूँजीवादी **अर्थव्यवस्था, सामाजिक विरचन** (Social Formation) यथा वर्ग और विकसित श्रम-विभाजन ऐसी प्रक्रियाएँ रही हैं जिन्होंने आधुनिकता के उद्विकास को नई धार दी है।

(4) राष्ट्रीय एवं अन्तर्राष्ट्रीय प्रक्रियाओं का आधुनिकता की उन्नति में योगदान—आधुनिकता का विकास पश्चिमी देशों तथा अमेरिका में राष्ट्रीय तथा अन्तर्राष्ट्रीय अन्तःक्रियाओं के वजह से हुआ है। इन देशों का दूसरे देशों के साथ आर्थिक तथा सांस्कृतिक सम्बन्ध हुआ और इस प्रकार आधुनिक समाज की उपस्थिति सम्पूर्ण दुनिया में हो गई।

(5) आधुनिकता की पहचान-पूँजीवाद, औद्योगीकरण और धर्मनिरपेक्षता—आधुनिकतावादी लेखक के विचारों में मतभेद है। जैसे **गिडिन्स** पूँजीवाद, उद्योग, प्रशासनिक शक्ति, सैनिक शक्ति आदि पर बल तो देते हैं, पर वे यह बराबर कहते हैं कि आधुनिकता इन सब प्रक्रियाओं का गठबन्धन है। कोई भी प्रक्रिया पूर्ण रूप से स्वतंत्र नहीं है। यह तो इन सब संस्थाओं का अपनी आदान-प्रदान है जो आधुनिकता साकार करता है। आधुनिकतावादियों की इस पारस्परिक असहमति के होते हुए भी, निश्चित रूप से प्रजातांत्रिक व्यवस्था, पूँजीवाद, औद्योगीकरण और धर्म-निरपेक्षता आधुनिकता के अहम् तत्व हैं।

(6) आधुनिकता-उपभोक्ता वस्तुओं की प्रचुरता और विभिन्न जीवन

शैलियाँ—वर्तमान समय में मानव के उपयोग हेतु प्रचुर मात्रा में वस्तुएं उपलब्ध हैं। इन वस्तुओं में जहाँ समानता है, वहीं विभिन्नता भी। इसी भाँति जीवनशैली भी विशद् हो गई है। आदमी बराबर इस प्रयत्न में रहता है कि उसकी पहचान बनी रहे। अब व्यक्तिगत जीवन पर कम दबाब दिया जाने लगा है तथा निजी और सार्वजनिक जीवन में जो भेद रहता है, वह कमजोर हो गया है। एक तरफ तो आधुनिक समाज में सांस्कृतिक एकाधिकता है, व्यक्तिवाद है, और दूसरी तरफ शिक्षण संस्थाएँ तथा सार्वजनिक उपक्रम इस जीवन में समानता लाने का प्रयास कर रहे हैं। फलस्वरूप आधुनिक समाज की संरचना पूर्णतः जटिल हो गयी है।

(7) शक्ति सभी सामाजिक सम्बन्धों और संघर्षों की संघटक—वर्तमान समाज में राज्य एक ऐसी शक्तिशाली संस्था है जो नागरिक के सम्पूर्ण जीवन पर अपना नियंत्रण रखती है। राज्य की नीतियाँ विशद् हैं और इसका दखल समाज की गतिविधियों पर होता है। कहना चाहिए कि राज्य **शक्ति** (Power) का साक्षात् स्वरूप है। सभी औद्योगिक समाजों यानी आधुनिक समाजों में प्रजातांत्रिक व्यवस्था एक व्यापक व्यवस्था है। इस व्यवस्था का एक विकल्प समाजवादी सरकार का था। लेकिन-सोवियत रूस के पतन के पश्चात् यह विकल्प अभी खो गया है। अगर प्रजातांत्रिक और पूँजीवादी प्रबन्ध में कोई संघर्ष है तो यह **सत्ता का संघर्ष** (Power Politics) है। यह सत्ता ही सामाजिक न्याय के नाम पर बाजार और सामाजिक संगठनों पर काबिज है।

(8) राजनैतिक, वैश्वीकरण, आर्थिक और सांस्कृतिक पहलू आधुनिकता के आयाम—आधुनिकता का सम्बन्ध वैश्वीकरण से है। देखा जाए तो शुरुआती स्थिति में वैश्वीकरण ने ही आधुनिकता को पाला-पोसा था। आज वैश्वीकरण का फैलाव और इसका प्रसार बहुत अधिक हो गया है। अब अनेक नई राष्ट्रीय और अन्तर्राष्ट्रीय संस्थाओं का आविर्भाव हुआ है जिसने सभी समाज को अपने आगोश में ले लिया है। अब इस नए संदर्भ में आधुनिकता बहुआयामी हो गई है। इसने अनेक प्रकार के अऐतिहासिक संघर्ष उत्पन्न कर दिए हैं। सबसे बड़ा संघर्ष तो परम्परा और आधुनिकता का है। आज दुनिया के सामने यक्ष प्रश्न है : बढ़ती हुई आधुनिकता के सामने क्या स्थानीय अर्थ-व्यवस्था और संस्कृति जीवित रह पाएगी? दूसरा प्रश्न है : क्या सम्पूर्ण संसार की आधुनिकता एक समान हो जाएगी? दुनिया के विभिन्न समाज क्या **सजातीय** (Homogeneous) हो जाएँगे? कुल मिलाकर हमें आधुनिकता को वैश्वीकरण की प्रक्रिया के साथ में देखना होगा। यह इसलिए कि

आधुनिकता और वैश्वीकरण का चोली-दामन का साथ है। दूसरा, आधुनिकता का बहुत बड़ा लक्षण वैश्वीकरण भी है।

(9) तकनीकी तंत्र—आधुनिक समाज को कुछ समाजशास्त्री तकनीकी तंत्र का समाज कहते हैं। इनके अनुसार आधुनिकता का बहुत बड़ा लक्षण तकनीकी तंत्र (Technology) है। जेक्यूज़ ईल्लल ने कुछ वक्त पहिले अपनी पुस्तक 'दि टेक्नोलोजिकल सोसायटी' में तकनीकी तंत्र का वर्णन किया है। वे तो आधुनिक समाज और तकनीकी तंत्र समाज को पर्यायवाची मानते हैं। असल में तकनीकी तंत्र का समाजशास्त्र में बड़ा ढीला-ढाला उपयोग करते हैं। सामान्यतया इसका मतलब यन्त्रीकरण (Mechanisation) और विशेष करके उत्पादन में काम में ली जाने वाली मशीनों से लिया जाता है। वैसे देखा जाए तो यह आधुनिक समाज वस्तुतः पूँजीपतियों और अभिजात वर्ग के हितों की सबसे पहले सुरक्षा करता है। इस तकनीकी तंत्र ने एक नए तरह के आन्दोलन को भी जन्म दिया है। जहाँ आधुनिक समाज है, वहीं औद्योगिक और तकनीकी-तंत्र समाज भी है। और वहीं ऐसे आन्दोलन भी हैं जो प्रदूषण और पर्यावरण अपकर्ष (Environmental Degradation) के आन्दोलन भी हैं।

(10) नवीनतम आधुनिकता का नाम (Modernity latest)—समाजशास्त्रियों ने आधुनिकता का संबंध समय के साथ जोड़ा है। इसके अनुसार जिसके पास नवीनतम वस्तुएँ हैं, वह आधुनिक है। जिसके पास जितनी अधिक नवीनतम वस्तुएँ होती हैं, वह उतना ही ज्यादा नवीनतम होता है। जैसे, मोटरकार तो अनेक परिवारों में होती है लेकिन जिसके पास नवीनतम मोटरकार होती है, वह उतना ही ज्यादा आधुनिक होता है। एकदम आज तक की नवीनतम मोटरकार वाला व्यक्ति आधुनिक ही नहीं आधुनिकतम है। इस विचारधारा के अनुरूप वक्त अथवा काल ही आधुनिकता का मापक है।

(11) आधुनिकता एकाकीपन, प्रतियोगिता और उत्तेजित असन्तोष का पर्याय—आधुनिकता एक विशेष तरह की जीवनशैली है। जिसमें समाज का चरित्र छिन्न-भिन्न प्रतीत होता है। भीड़ में भी प्रत्येक व्यक्ति अकेला है। वह जीवन के प्रत्येक क्षेत्र में प्रतियोगी की तरह भाग रहा है, कितना प्राप्त कर ले परन्तु सन्तोष उसमें नजर नहीं आता। आधुनिकता के ये लक्षण—एकाकीपन, प्रतियोगिता और असन्तोष—मनुष्य की मनःस्थिति को प्रदर्शित करता है।

(12) आधुनिकता का वैश्वीकरण, उदारीकरण और निजीकरण से सम्बन्ध—आधुनिकता की व्यापकता उसमें निहित उदारीकरण, वैश्वीकरण और

निजीकरण में है, ऐसा समाजशास्त्रियों का मानना है। पहले आधुनिकता थी। इसमें औद्योगीकरण था। पर आज इसमें अनेक नए मूल्यों का समावेश हो गया है। वैश्वीकरण अपने आप में काफी बड़ा मूल्य है। यह वैश्वीकरण ही उदारीकरण और निजीकरण को उत्साहित करता है। इसीलिए यह सब मूल्य आधुनिकता के संबंधी हैं।

अपने परिवेश में आधुनिकता काफी विशद् है। संसार में कोई एक आधुनिकता नहीं है। यहाँ बहु-आधुनिकता (Multi-modernities) है। कुछ और लोगों का कहना है कि आधुनिकता तो एक ही है, पर इसके पहलू कई हैं। यह विवादास्पद है। इसका हम अन्यत्र विवेचन करेंगे। यहाँ यही कहना चाहते हैं कि आधुनिकता का कोई भी स्वरूप हम देखें, इसमें हमें पूँजीवाद, औद्योगीकरण, प्रजातंत्र और विवेक अथवा बुद्धिसंगतता केन्द्रीय लक्षणों के रूप में दिखाई देते हैं। डेहरनडोर्फ का तो यहाँ तक कहना है कि आधुनिकता के बहुत लक्षणों के होते हुए भी विवेक इसकी प्राणवायु है। इसके बिना आधुनिकता खाली-खाली है।

भारत में आधुनिकीकरण

भारत में विकसित हुई आधुनिकता का विश्लेषण भारतीय समाजशास्त्रियों ने किया है। **एम. एन. श्रीनिवास** ने पश्चिमीकरण और आधुनिकीकरण की उल्लेख सैद्धान्तिक स्तर पर की है। वे कहते हैं कि भारत में आधुनिकता की उपस्थिति ब्रिटिश काल से समझी जा सकती है। यह सही है कि अंग्रेज इस देश में व्यापारी के रूप में आए, पर उपरांत में जब उन्होंने यहाँ की सत्ता को अपनाया तब उन्होंने यहाँ अपनी जड़ें सदृढ़ करने के लिए, प्रभावी प्रशासन चलाने के लिए, एक विशेष तरह की आधुनिकता को जन्म दिया। मुद्रण हेतु वे प्रिंटिंग प्रेस लाए, आवागमन हेतु रेलगाड़ियाँ चलाईं, संचार साधन जुटाए और इस तरह ब्रिटेन की आधुनिकता को यहाँ आरोपित किया। **मेकाले** के माध्यम से प्रस्तावित अंग्रेजी भाषा को शिक्षा का माध्यम बनाया। अंग्रेजी शिक्षा ने उदार विचारधारा को इस देश में जन्म दिया। कुछ इसी प्रकार **श्रीनिवास** भारत में आधुनिकता के प्रवेश का वर्णन करते हैं। उपनिवेशवादी शासन के होते हुए भी इस वक्त में हमारे यहाँ उदारवाद का जन्म हुआ। ये सब ऐतिहासिक घटनाएँ 17वीं तथा 18वीं शताब्दी की हैं। इसके बाद आधुनिकता की प्रक्रियाओं ने तीव्रता धारण कर ली।

आजादी की लड़ाई का योगदान आधुनिकता की धार को प्रखर करने में बहुत बड़ा है। इस लड़ाई ने हमें समझ दी कि जाति प्रबन्ध हमारे लिए घातक है। हमें

इससे मुक्ति पानी होगी। इसी लड़ाई में हमें राष्ट्रीयता की चेतना दी, इसी लड़ाई ने विभिन्न **रियासतों** (States) में बँटे, विभिन्न धर्मों में बिखरे-लोगों को एक सूत्र में बाँधने का कोशिश किया। प्रजातंत्र और समानता के मूल्यों से लोग अवगत हुए। पहली बार स्वतंत्रता एक बहुत बड़े मूल्य की प्रकार हमारे सभी आई। ये सब लक्षण आधुनिकता के थे और इन्हें लाने में आजादी की लड़ाई के माध्यम से विरचित प्रक्रियाएँ बहुत ताकतवर थीं। ये प्रक्रियाएँ अऐतिहासिक भी थीं। इस देश में पहले कभी ऐसा हुआ नहीं था। यह पहली बार था कि आधुनिक शक्तियों ने परम्परागत शक्तियों को ललकारा था। पहली बार था कि संयुक्त परिवार चुनौतियों से पूर्ण था। यह पहली बार ही था कि अस्पृश्यता को किसी ने चुनौती दी थी। उपनिवेशवादी ताकतों ने औद्योगीकरण और नगरीकरण को जन्म दिया, विकसित किया।

भारत के संविधान बनने बाद हमने घोषित किया कि हम एक आधुनिक राष्ट्र बनेंगे। **गून्नार मिरडल** अपने **'एशियन ड्रामा'** की जिल्दों में स्थापित किया कि एशिया के सम्पूर्ण राष्ट्र अपने आपको आधुनिक राष्ट्र बनाना चाहते हैं। इसका अर्थ हुआ—औद्योगिक, प्रजातान्त्रिक और पूँजीवादी राष्ट्र बनना।

पाश्चात्यकरण **श्रीनिवास** की कृतियों में एक प्रभावी प्रक्रिया रही है। इसके माध्यम से अंग्रेजों ने अपने लगभग डेढ़ सौ वर्षों के राज में विभिन्न स्तरों पर आधुनिकता लाने का प्रयास किया। यह आधुनिकता तकनीकी तंत्र, विचारधारा और मूल्यों के क्षेत्र में थी। **श्रीनिवास** इस तथ्य पर काफी बल देते हैं कि ब्रिटिश काल में हमारे देश में जो आधुनिकता आई उसमें बुद्धिसंगतता तथा **मानवतावाद** (Humanitarianism) प्रचुर मात्रा में थे। यह पाश्चात्यकरण के परिणामस्वरूप ही है कि यहाँ विज्ञान, तकनीकी तंत्र और शिक्षण संस्थाओं का विकास हुआ। उपरांत में चलकर **श्रीनिवास** ने सामाजिक प्रक्रिया का विश्लेषण आधुनिकीकरण के परिलक्षित में किया।

भारत में आधुनिकीकरण अंग्रेजी शासनकाल से शुरू हुआ तथा स्वतंत्रता प्राप्ति के उपरांत इस विकास ने तीव्र गति पाई। भारतीय समाजशास्त्रियों ने हमारे यहाँ के राष्ट्रीय तथा स्थानीय संदर्भों में आधुनिकता के आशय को स्पष्ट किया है। जो अग्रलिखित हैं—

प्रो. योगेन्द्रसिंह की पुस्तक *'मोर्डनाइजेशन आफ इण्डियन ट्रेडिशन'* (1972) आधुनिकता के क्षेत्र में एक क्लासिकल ग्रन्थ है। इसमें उन्होंने आधुनिकता का भारतीय परम्पराओं पर क्या प्रभाव पड़ता है, इसका सैद्धान्तिक विश्लेषण किया है। उनका यह दावा है कि आधुनिकीकरण एक **सार्वभौमिक सांस्कृतिक प्रघटना**

(Universal Cultural Phenomena) है। यह प्रघटना सिर्फ भारत की हो, ऐसा नहीं। आज की सम्पूर्ण दुनिया एक आधुनिक समाज है। आधुनिकता का यह प्रतिमान एक सम्पूर्ण संसार का आदर्श प्रतिमान है। जब इसके लक्षण दुनिया के भिन्न-भिन्न भागों में फैलते हैं तब ये विभिन्न भाग अपने इतिहास और सामाजिक सन्दर्भ के आधार पर इसका प्रत्युत्तर देते हैं। और स्थानीय स्तर पर पहुँचकर यह आधुनिकता परम्पराओं के साथ घुल-मिल जाती है। महत्त्वपूर्ण बात यह है कि आधुनिकता का जो सार्वभौमिक आदर्श प्रारूप है, इसका राष्ट्रीय और स्थानीय उत्तर क्या है। **योगेन्द्र सिंह** का कहना है कि आधुनिकता के जो भी लक्षण हैं, वे बुनियादी रूप से **सार्वभौमिक** और **उद्‌विकासीय** हैं। इनकी प्रकृति सभी मानवता को अपने अन्दर समेट लेती है। अपने मूल में आधुनिकता कोई वैचारिकी नहीं है। इस दृष्टि से आधुनिकता एक सांस्कृतिक-सार्वभौमिकता (Cultural-Universal) है।

आज भारतीय ग्रामीण समुदायों में आधुनिकता की प्रक्रिया भी क्रियाशील है। गाँव का किसान आज आधुनिक तरीके से खेती करना सीख रहा है और इस काम में ट्रैक्टर तथा अन्य मशीनों का उपयोग हो रहा है। सिंचाई के नवीन साधनों का इस्तेमाल किया जाने लगा है, अच्छे बीजों की किस्मों को वैज्ञानिक तरीके से, वैज्ञानिक खाद आदि का उपयोग करके उत्पादन किया जा रहा है तथा किसानों को साल में अनेक बार फसल उत्पन्न करने हेतु प्रशिक्षित किया जा रहा है। भारतीय गाँवों में भी स्कूल इत्यादि ज्यादा खोलकर शिक्षा का विस्तार किया जा रहा है। शिक्षा के क्षेत्र में ही प्रौढ़ शिक्षा और स्त्री-शिक्षा पर विशेष बल दिया जा रहा है। पुरानी परम्पराओं व कुरीतियाँ त्यागने हेतु आवश्यक वातावरण को भी पैदा करने का कोशिश की जा रही है।

ग्रामीण उद्योगों का भी मशीनीकरण हो रहा है। टी.वी., रेडियो और वीडियो वैन के माध्यम से ग्रामवासियों को नवीन व आधुनिक तकनीकी तथा विचारों से परिचित कराया जा रहा है और आवागमन के साधनों को बढ़ाकर उन्हें अन्य लोगों के सम्पर्क में लाने व उससे लाभ उठाने के अवसर प्रदान किए जा रहे हैं। भारतीय गाँवों में सामाजिक गतिशीलता की गति भी अब पहले से बढ़ गई है। उनके रहन-सहन का स्तर पहले से ऊँचा उठा है और वे जाति-व्यवस्था व धर्म-सम्बन्धी कई अन्ध-विश्वासों के प्रति सचेत होते जा रहे हैं। सिर्फ आधुनिक विचारों को ही नहीं बल्कि आधुनिक व्यवहार प्रतिमानों, खाने-पीने के तरीके, फैशन आदि का भी विस्तार ग्रामीण समुदायों में हो रहा है। इस तरह स्पष्ट है कि आधुनिकता की प्रक्रिया केवल भारत के नगरीय समुदायों में ही नहीं, अपितु ग्रामीण समुदायों को भी अपनी

लपेट में ले रही है। गाँवों में राजनीतिकरण की प्रक्रिया पंचायती राज की संस्थाओं से और भी गतिशील हो गई है।

विवाह और सम्पत्ति के हस्तान्तरण के मामलों में न्यायिक सुधार से परिवार का पारम्परिक ढाँचे का आधार प्रभावित हुआ है। उसने परिवार में समानता के सिद्धान्त को लागू किया है। जिससे महिलाओं की स्थिति सुधरी है। इसी तरह जातिवाद का भी कुछ हद तक समापन हुआ है। दलितों में नई चेतना जागी है। राजनीति में जातियों की भागीदारी आधुनिकीकरण का परिणाम है। आधुनिक समाज में सबको समानता का अधिकार प्राप्त है। साथ ही, भूमि-सुधारों के परिणामस्वरूप कृषि सम्बन्धी सामाजिक संरचना में भी सृजन सुधार हुआ है।

आधुनिकीकरण के कारण पारम्परिक गतिविधियों का पुनर्जागरण हुआ है। धार्मिक टी.वी. चैनलों के द्वारा जैसे—**साधना, आस्था, संस्कार**, आदि पूरी प्रकार धार्मिक प्रचार हेतु समर्पित हैं। आधुनिकता की चकाचौंध में धर्म गुरुओं का अस्तित्व कायम ही नहीं, अपितु बढ़ रहा है। सुधांशु जी महाराज, बापूजी आशाराम, मोरारी बापू, रमेश ओझा, सुदर्शन जी महाराज, व्यास जी महाराज आदि अपने धर्म प्रवचनों से अपने भक्तों को आध्यात्मिक ज्ञान बाँट रहे हैं। जातिगत संगठन अपनी स्थिति को सदृढ़ करने हेतु संचार के नए साधनों का उपयोग कर रहे हैं। **दूसरा,** आधुनिकीकरण के ढाँचे में विसंगतियां भी दृष्टिगत हो रही हैं। उदाहरणार्थ—वृद्धों के प्रति अनादर की भावना का बढ़ना व संयुक्त परिवारों का टूटना—नैतिकता का पतन ज्यादातर देखने में आ रहा है। समाज में भौतिकवाद तथा विलासता बढ़ रही है। व्यक्तिवाद पनप रहा है। रेस्टोरेन्ट, फास्टफूड, मोबाइल फोन, इन्टरनेट चैटिंग, क्रेडिट कार्ड, टी. वी. चैनलों पर अश्लीलता परोसने जैसी नई संस्कृति विकसित हो रही है, जो हमारी विश्व प्रसिद्ध प्राचीन तथा आध्यात्मिक संस्कृति को विकृत कर रही है।

7

संस्कृतिकरण

सामाजिक एवं सांस्कृतिक परिवर्तन को समाजशास्त्रियों ने संस्तुतिकरण की संज्ञा दी है। डॉ. एम.एन. श्रीनिवास इस अवधारणा को समाजशास्त्र में लाये। श्रीनिवास ने सबसे पहले मैसूर की पूर्व रियासत में कूर्गों के अपने अध्ययन के दौरान इस शब्द का उपयोग किया था। इस अवधारणा के माध्यम से उन्होंने भारतीय जाति-प्रथा की संरचना व संस्तरण में होने वाले परिवर्तनों को समझाने का प्रयत्न किया है। उन्होंने यह दर्शाने का प्रयास किया है कि आधुनिक भारत में अग्र जाति के सदस्य ज्यादातर ऊंची जातियों के संस्कारों व जीवन के तरीके (way of life) का अनुकरण कर रहे हैं। साथ ही, जातीय संस्तरण (stratification) में उच्च जगह अथवा स्थिति को प्राप्त करने का प्रयत्न कर रहे हैं। इस प्रयत्न में वे सफल भी हो रहे हैं।

सांस्कृतिक गतिशीलता की प्रक्रिया को भारत की पारम्परिक सामाजिक बनावट के सन्दर्भ में वर्णन करने के लिए इस अवधारणा में परिवर्तन किया गया।

संस्कृतिकरण से अभिप्राय

डॉ. एम. एन. श्रीनिवास ने संस्कृतिकरण का उल्लेख अपनी पुस्तक '*Social Change in Modern India*' में किया है उनके अनुसार—"संस्कृतिकरण वह प्रक्रिया है जिसके के माध्यम से कोई निम्न हिन्दू जाति अथवा कोई जनजाति या अन्य समूह किसी उच्च और ज्यादातर द्विज जाति की दिशा में अपने रीति-रिवाज, कर्मकाण्ड, विचारधारा और जीवन-पद्धति को बदलता है।"

डॉ. श्रीनिवास ने यह भी लिखा है—"संस्कृतिकरण का अर्थ केवल नवीन प्रथाओं व आदतों को धारण करना ही नहीं, बल्कि पवित्र एवं लौकिक जीवन से सम्बन्धित नए विचारों एवं मूल्यों को भी प्रकट करना है जिनका विवरण संस्कृति के विशाल साहित्य में बहुधा देखने को मिलता है जिनका विवरण संस्कृति के विशाल साहित्य में बहुधा देखने को मिलता है। कर्म, धर्म, पाप, माया, संसार, मोक्ष आदि संस्कृति के कुछ अत्यन्त लोकप्रिय आध्यात्मिक विचार हैं और जब लोगों का संस्कृतिकरण हो जाता है तब वे अपनी बातचीत में उन शब्दों का बहुधा इस्तेमाल करने लगते हैं।"

संस्कृतिकरण की प्रक्रिया

श्रीनिवास ने देखा कि निम्न जातियां, जाति अनुक्रम में अपनी स्थिति को ऊपर उठाने हेतु ब्राह्मणों के तौर-तरीकों को अपनाती हैं और अपवित्र समझे जाने वाले मांस-मदिरा के सेवन को परित्याग देती हैं। इन सभी अनुकरणों के कारण ये निम्न जातियां स्थानीय अनुक्रम में ऊंचे जगह की अधिकारी हो गई हैं। इस तरह संस्कृतिकरण नवीन एवं ज्यादा उत्तम विचार, आदत, आदर्श, मूल्य तथा कर्मकाण्डों को अपना अपनी जीवन-स्थिति को ज्यादा उन्नत व परिमार्जित बनाने की प्रक्रिया है चूँकि संस्कृतिकरण असल में 'संस्कृत' अथवा 'संस्कृति' शब्द से सम्बन्धित है।

किसी जाति की उच्च स्थिति हेतु संस्कृतिकरण एक आन्तरिक साधन है। इस प्रक्रिया से पैदा गतिशीलता से व्यवस्था में सिर्फ स्थिति का परिवर्तन होता है। इससे संरचनात्मक बदलाव नहीं होता। जाति अनुक्रम के अन्दर ही परिवर्तन आता है, लेकिन जाति-व्यवस्था अपने आप में नहीं बदलती है। संस्कृतिकरण की प्रक्रिया केवल जाति में ही नहीं अपितु जनजाति या अन्य समूहों में भी पाई जाती है। इससे यह बात स्पष्ट है कि संस्कृतिकरण केवल जातीय संरचना व संस्तरण में ही नहीं अपितु सामाजिक संरचना व संस्तरण (Social structure and stratification) में भी उल्लेखनीय बदलाव ला सकता है। यह बदलाव जीवन का तरीका (way of life) से लेकर सामाजिक स्थिति तक हो सकता है।

संस्कृतिकरण की प्रक्रिया में भारतीय ग्रामीण समुदायों में प्रभु जाति की भूमिका भी महत्त्वपूर्ण है। प्रभु जाति होने हेतु किसी भी जाति में तीन विशेषताएं आवश्यक हैं—

(1) स्थानीय समुदाय में उपलब्ध कृषि योग्य भूमि में से एक बड़े भाग पर उस जाति का स्वामित्व हो,

(2) उस जाति की सदस्य संख्या काफी हो, और
(3) स्थानीय सोपान में उस जाति को उच्च जगह प्राप्त हो।

डॉ. श्रीनिवास ने अंगीकार किया है कि ब्राह्मण के अलावा क्षत्रिय, वैश्य एवं शूद्र आदि भी संस्कृतिकरण के आदर्श हो सकते हैं।

प्रभु जातियों का अस्तित्व स्थानीय होता है और वे संस्कृतिकरण करने वाली जातियों हेतु सन्दर्भ भूमिका का काम करती हैं। स्थानीय प्रभु जातियों के माध्यम से सांस्कृतिक विस्तार की प्रक्रिया विभिन्न क्षेत्रों में विभिन्न रूप ग्रहण करती है। अगर क्षेत्र में प्रभु जाति ब्राह्मण है तो वह संस्कृतिकरण में ब्राह्मणवादी विशेषताओं का विस्तार किया। अगर स्थानीय जाति जाट है तो वह जाटवादी विशेषताओं को प्रसारित करेगा। इस अर्थ में संस्कृतिकरण सांस्कृतिक बदलाव की समिति क्षेत्रीय प्रक्रिया है।

संस्कृतिकरण की प्रक्रिया गतिशील परन्तु बाधायुक्त होती है। क्योंकि जब निम्न जाति के लोग उच्च जाति की जीवनशैली धारण करने लगते हैं तब विवाद अथवा विरोध उत्पन्न होता है। छोटे-छोटे परिवर्तनों को तो नकारा जा सकता है जैसे, वेशभूषा या रहन-सहन परन्तु जब बात विशेष चरित्रों या रीतियों की हो तो उनका विरोध किया जाता है। यहां तक कि वे दण्ड के पात्र बन जाते हैं। उन्हें इसके लिए प्रभु जाति के माध्यम से दण्ड भी दिया जाता है। देश के विभिन्न भागों में ऐसे अनेक विवादों और दण्ड देने के उदाहरण मिले हैं। जब पूर्वी उत्तर प्रदेश की नमक बनाने वाली नोनिया जाति ने सामूहिक रूप से जनेऊ ग्रहण कर लिया तब ऊँची जाति के जमींदारों (प्रभुजाति) ने उन्हें शारीरिक दण्ड दिया और उनके जनेऊ तोड़ दिए गए इतना ही नहीं पूरी नोनिया जाति पर सामूहिक अर्थदण्ड भी लगाया गया।

डॉ. श्रीनिवास ने लिखा है कि भारतीय समाज में संस्कृतिकरण की प्रक्रिया बहुत पहले से चली आ रही है। हां, इतना अवश्य है कि पहले जमाने में संस्कृतिकरण का ब्राह्मणों के माध्यम से वैधीकरण आवश्यक था। मध्ययुगीन भारत के अध्ययेता **बर्टन स्टीन** ने लिखा है कि दक्षिणी भारत में विजय नगर राज्य शक्तिशाली शासकों को भी ब्राह्मणों की वैधतादायी क्षमता और मानना और उसका मूल्य चुकाना पड़ता था। अगर किसी भी जाति का कोई व्यक्ति राजा बनने के पश्चात् अपने को उच्च जाति का घोषित करना चाहता था तो वह तभी सम्भव होता था जबकि ब्राह्मण किसी संस्कार के माध्यम से उसके दावे को स्वीकार करके वैधता प्रदान करे। भारतीय इतिहास में इस तरह के बहुत से उदाहरण मिलते हैं जबकि निम्न जाति के किसी व्यक्ति ने अपनी सैनिक शक्ति के आधार पर सत्ता की

स्थापना की और ब्राह्मणों ने उसका राज्याभिषेक संस्कार करके उसे क्षत्रिय जाति का घोषित किया।

ज्यादातर संस्कृतिकरण का प्रभाव स्थानीय होता है किन्तु वह भारत के विभिन्न भागों में भी देखा जा सकता है। इस अर्थ में यह भारतीय इतिहास में सांस्कृतिक बदलाव की एक मुख्य प्रक्रिया रही है। ऐतिहासिक साक्ष्यों से ज्ञात होता है कि विभिन्न आदिवासी समूहों को उनकी सामाजिक स्थिति के अनुरूप जाति संस्तरण दिया गया। इन प्रक्रियाओं में नई जातियों व उपजातियों को भी जन्म दिया जो जाति व्यवस्था के तहत् सामाजिक गतिशीलता को दर्शाता है। मध्यकाल का भक्ति आन्दोलन सम्पूर्ण भारत में फैला था जिसमें निचली जातियों और गरीबों ने सक्रिय रूप से भाग लिया। सन्तों ने उपदेश दिया कि मनुष्य की प्रतिष्ठा उसके कार्यों पर आश्रित करती है न कि उसके जन्म पर। इस आन्दोलन के परिणामस्वरूप अनेक निम्न तथा अस्पृश्य जातियों के लोग धार्मिक नेता बन गए उदाहरण–दर्जी जाति का नामदेव, मोची जाति का रैदास, वैश्य जाति का तुकाराम और जुलाहा जाति का कबीर। इन आन्दोलनों ने धार्मिक आडम्बरों और जातिगत अत्याचारों को विराम लगाया जिससे सामाजिक न्याय और समानता के मूल्यों का प्रचार प्रसार हुआ। अर्थात् संस्कृतीकरण एक गतिशील क्रिया है जो केवल क्षेत्र पर ही नहीं अपितु जाति, वर्ग एवं समाज पर भी निर्भर करती है। यह इतिहासकाल में जन्मी प्राचीन प्रक्रिया है जिसमें पीढ़ी-दर-पीढ़ी परिवर्तन होता जा रहा है। यह सामाजिक परिवर्तन का प्रमुख आधार है।

8

धर्मनिरपेक्षीकरण

भारत एक धर्म निरपेक्ष देश है। यहां सभी धर्मों को समान दर्जा मिला है। संविधान के अनुसार भी यहां सभी धर्म के बराबर हैं किसी भी धर्म के प्रति या धर्म को मानने वालों के प्रति कोई पक्षपात नहीं किया गया है, परन्तु जैसे-जैसे समाज का आधुनिकीकरण हो रहा है वैसे-वैसे धर्म का हनन होता जा रहा है। व्यवहार व कार्य में तार्किकता का जन्म तो हो चुका है धार्मिकता का यही ह्रास आज के युग में धर्मनिरपेक्षीकरण कहलाता है। नगरों का विकास, व्यक्तिवादिता, औद्योगीकरण, उन्नत संचार साधन, पाश्चात्य संस्कृति, सामाजिक गतिशीलता, दो विश्वयुद्ध, सुधार आन्दोलनों इत्यादि कई कारकों ने भारतीय जन-जीवन में लौकिकता अथवा धर्मनिरपेक्षकता की प्रक्रिया को काफी अधिक प्रोत्साहित किया है। इस तरह जब धर्मनिरपेक्षीकरण विकसित होता है तब प्राकृतिक और सामाजिक जीवन को समझने के नजरिये के रूप में धर्म का जगह विज्ञान ले लेता है।

धर्मनिरपेक्षीकरण से तात्पर्य

धर्मनिरपेक्षीकरण वह सामाजिक विचार अथवा प्रवृत्ति है जिसके अन्तर्गत धार्मिक प्रधानता अथवा परम्परागत व्यवहारों में धीरे-धीरे तार्किकता व व्यावहारिकता लाने का प्रयास किया जाता है।

डॉ. एम. एन. श्रीनिवास ने धर्मनिरपेक्षीकरण की इस प्रक्रिया को लौकिकीकरण अथवा निरपेक्षीकरण की संज्ञा दी है। श्रीनिवास के अनुसार "लौकिकीकरण शब्द का यह आशय है कि जो कुछ पहले धार्मिक माना जाता था, वह अब वैसा नहीं माना

जा रहा है। इसका आशय विभेदीकरण की एक प्रक्रिया से भी है जो कि समाज के विभिन्न पहलुओं—आर्थिक, राजनीतिक, कानूनी और नैतिक—के एक-दूसरे से ज्यादा से ज्यादा पृथक् होने में दृष्टिगोचर होती हैं।''

भारतीय समाज के सन्दर्भ में अथवा लौकिकता की सरकारी अथवा संवैधानिक वर्णन धर्मनिरपेक्षता है यानी संवैधानिक तौर पर सब धर्म बराबर दर्जे के हैं और इसीलिए सरकार किसी भी धर्म के प्रति पक्षपात की नीति को न तो खुद अपनाएगी और न ही किसी व्यक्ति, संस्था अथवा समुदाय को अपनाने देगी। यह विचार गांधी जी के भी थे। उनके अनुसार 'सेक्यूलर' (Secular) का अर्थ धर्महीनता नहीं बल्कि 'सर्वधर्म-समभाव' है। वे चाहते थे कि स्वतन्त्र भारत में हर नागरिक अपना धर्म पहचाने और दूसरे धर्मों के प्रति सद्भाव और आदर रखे। उनकी यह पक्की धारणा थी कि इस तरह के 'सर्वधर्म-समभाव' के माध्यम से ही भारत की एकता सुदृढ़ हो सकती है।

धर्मनिरपेक्षीकरण अथवा लौकिकीकरण के इस अध्याय में हम एक राजनैतिक अवधारणा के रूप में नहीं अपितु सामाजिक अवधारणा के रूप में उल्लेख करेंगे। लोकपरकता पनपने के साथ-साथ धार्मिक तथा परम्परागत व्यवहारों में जब तार्किकता व व्यावहारिकता पनपती जाती है तो उनका स्वाभाविक नतीजा एक यह भी होता है कि जन-व्यवहार से धार्मिक कट्टरपन व संकीर्णता दूर होती जाती है और दूसरे धर्म के प्रति सहनशीलता व उदारता की भावना पनपने लगती है। किन्तु यह लौकिकीकरण धर्मनिरपेक्षीकरण का केवल एक परिणाम है। हम अन्य परिणामों का भी उल्लेख इस अध्याय में करेंगे। पर उससे पूर्व समाजशास्त्रीय दृष्टिकोण से लौकिकीकरण के प्रमुख तत्त्वों की विवेचना आवश्यक है।

धर्मनिरपेक्षीकरण के आवश्यक अंग

(1) धार्मिक संकीर्णता का ह्रास—धर्मनिरपेक्षीकरण अथवा लौकिकीकरण का एक मुख्य तत्त्व अथवा लक्षण यह है कि इसकी वृद्धि के साथ-साथ धार्मिक कट्टरपन व संकीर्णता का ह्रास होता है। लौकिकता वास्तव में धर्महीनता नहीं है, यह तो तार्किक व व्यावहारिक स्तर पर धर्म के अनुचित प्रभावों से व्यक्ति की सामाजिक मुक्ति है। इसी कारण धार्मिक व्यवहारों व क्रियाओं को पारलौकिक अथवा आध्यात्मिक उद्देश्यों से नहीं अपितु सामाजिक उद्देश्य व व्यावहारिक फायदा हेतु किया जाता है।

(2) विभेदीकरण की प्रक्रिया—अन्त में लौकिकीकरण अथवा धर्मनिरपेक्षीकरण के एक अति महत्त्वपूर्ण तत्त्व अथवा लक्षण के रूप में विभेदीकरण की प्रक्रिया का भी

वर्णन किया जा सकता है। लौकिकता में विभेदीकरण की प्रक्रिया का अर्थ यह है कि इससे समाज में विभेदीकरण बढ़ता है। समाज के विभिन्न पहलू—सामाजिक, धार्मिक, नैतिक, कानूनी, आर्थिक, राजनैतिक आदि-एक दूसरे से पृथक् होते जाते हैं। इन सभी क्षेत्रों में धर्म का महत्त्व अथवा प्रभाव कम होता जाता है। उदाहरण हेतु राज्य को ही ले लीजिए। पहले राजा पुरोहित के नीचे होता था, किन्तु आज धर्म और राज्य पृथक्-पृथक् हो गए हैं। स्पष्ट ही है कि इस प्रक्रिया के तहत् जीवन के विभिन्न क्षेत्रों में धर्म का बन्धन खत्म होता जाता है।

(3) तर्क प्रधानता—धर्मनिरपेक्षीकरण अथवा लौकिकीकरण का दूसरा तत्त्व यह है कि इसके तहत् सभी धार्मिक व परम्परागत अन्ध-विश्वासों व कुसंस्कारों को तर्क की कसौटी पर कसा जाता है। इसीलिए इसके तहत् सभी प्रचलित विश्वासों, विचारों या चीजों में तार्किकता का तत्त्व जरूर ही होता है। दूसरे शब्दों में, परम्परागत विश्वासों व विचारों को आधुनिक ज्ञान व तर्क के सन्दर्भ में परिवर्तित और परिमार्जित किया जाता है।

धर्मनिरपेक्षीकरण का भारतीय समाज पर असर

अंग्रेजी शासन-काल में धर्मनिरपेक्षीकरण अथवा लौकिकीकरण की प्रक्रिया कुछ विशेष स्थितियों में विकसित हुई और उसके उपरांत कई तरह के आन्दोलनों, नगरीकरण, औद्योगीकरण आदि के बढ़ने के साथ यह प्रक्रिया काफी अधिक तीव्र हो गई, यहाँ तक कि आज यह जन-जीवन के अनेकों महत्त्वपूर्ण पहलुओं को प्रभावित कर रहा है।

डॉ. एम. एन. श्रीनिवास ने लौकिकीकरण अथवा धर्मनिरपेक्षीकरण के सन्दर्भ में हुए कई महत्त्वपूर्ण परिवर्तनों व प्रभावों को अपनी प्रसिद्ध पुस्तक *'Social Change in Modern India'* में अति सुन्दर रूप में उद्धृत किया है। उसी प्रस्तुतीकरण के आधार पर भारतीय समाज में धर्मनिरपेक्षीकरण अथवा लौकिकीकरण लौकिकता के सामाजिक प्रभावों को इस तरह उल्लेख किया जा सकता है—

(1) जाति संरचना पर प्रभाव—लौकिकीकरण अथवा धर्मनिरपेक्षीकरण के प्रभाव में आकर जाति-प्रथा में एक अन्य महत्त्वपूर्ण परिवर्तन सबसे नीची जाति की स्थिति में सुधार होना है। आज हरिजनों की परिस्थिति पहले जैसी नहीं है। व्यक्ति जन्म पर आधारित समाज के विभाजन को अवैज्ञानिक मानने लगे हैं। इसका असल में संपूर्ण श्रेय पूज्य बापू को ही देना चाहिए। आपके हरिजन आन्दोलन ने न सिर्फ स्वस्थ जनमत का सृजन किया; अपितु सरकार को भी हरिजनों के उत्थान के सम्बन्ध में प्रयत्नशील बनाया। आज राजनैतिक, धार्मिक, सामाजिक और आर्थिक सभी क्षेत्रों

में उन्हें राज्य की ओर से सिर्फ समान अधिकार ही प्राप्त नहीं हैं बल्कि हर तरह की नौकरियों, विधान-मण्डलों, मन्त्रिमण्डलों इत्यादि में उनके लिए जगह भी सुरक्षित कर दिए गए हैं।

(2) परिवार पर लौकिकता का प्रभाव—परिवार सामाजिक जीवन में एक महत्त्वपूर्ण सामाजिक संस्था की जगह रखता है। भारतीय समाज में तो इसका और भी महत्त्व है। यहाँ की मुख्य विशेषता 'संयुक्त परिवार व्यवस्था' रही है। असल में संयुक्त परिवार एक अति प्राचीन संस्था है और इस देश की परिस्थितियों को देखते हुए यह उचित भी था। भारत एक कृषि-प्रधान देश है, खेती ही यहाँ के ज्यादातर लोगों का मुख्य व्यवसाय रहा है। खेती का काम परिवार के आधार पर होता है और साथ ही इसके लिए कुछ लोगों की भी जरूरत होती है। परिवार में परम्परागत त्यौहार अब भी मनाए जाते हैं किन्तु केवल नाममात्र के लिए। इसके अलावा उनको धार्मिक त्यौहार न समझकर, एक सामाजिक अवसर ज्यादा माना जाता है। इस तरह परिवार के धार्मिक कार्यों में भी बहुत कमी हुई है। पूजा-पाठ, कथा, साधु-सन्तों में विश्वास इत्यादि सभी बातों में लौकिक बातों का समावेश हो रहा है। स्पष्ट ही है कि परिवार पर लौकिकीकरण अथवा लौकिकता का बहुत अधिक प्रभाव पड़ा है।

(3) ग्रामीण समुदाय में लौकिकता अथवा धर्मनिरपेक्षीकरण—नगरों में जहाँ एक ओर पर्याप्त लौकिकीकरण हुआ है, वहाँ दूसरी ओर ग्रामीण समुदाय भी इस प्रक्रिया से अप्रभावित नहीं हैं। आज ग्रामीण समुदायों में निरंतर जाति-पंचायतों की शक्ति घटती जा रही है और उनका जगह जनता के माध्यम से चुने हुए प्रतिनिधियों से गठित पंचायतों ने ले लिया है। एक अर्थ में, जैसा कि **डॉ. श्रीनिवास** ने भी कहा है, ग्रामीण समुदायों में राजनीतिकरण की प्रक्रिया चल रही है। आज ग्रामों में हरेक व्यक्ति राजनीति में सक्रिय भाग लेने का इच्छुक है। देश-विदेश की राजनैतिक बातों का ज्ञान करने की सभी की उत्कट इच्छा रहती है। शाम को चौपाल पर अब धार्मिक अथवा सामाजिक विषयों पर विचार करने की बजाय राजनैतिक बातों पर बहस होती है। ग्रामीण जीवन में अब एकतन्त्र की बजाय प्रजातन्त्र का राज्य है चूँकि अब जमींदार और साहूकार के राजनैतिक अधिकार खत्म हो गए हैं।

(4) अपवित्रता एवं पवित्रता की धारणा में बदलाव—भारतीय जीवन और धर्म में पवित्रता और अपवित्रता की धारणा का महत्त्वपूर्ण जगह रहा है। अकसर भारतीय जीवन के हरेक क्षेत्र में पवित्रता और अपवित्रता की धारणा जरूर विद्यमान है। अपवित्रता को गन्दगी, मलिनता व अस्वच्छता और यहाँ तक कि पाप के अर्थ

में भी प्रयुक्त किया जाता है और पवित्रता को धार्मिकता, स्वच्छता, अथवा शुद्धता आदि के अर्थों में उपयोग किया जाता है।

आज व्यवसाय जाति या पवित्रता और अपवित्रता के आधार पर नहीं अपनाए जा सकते हैं। आजकल सभी व्यापार व नौकरी करते हैं। इसके अलावा आधुनिक वक्त में व्यवसायों की ऊँचाई-निचाई नापने हेतु शुद्धता और अशुद्धता के आधारों की अपेक्षा धन, सत्ता इत्यादि को स्वीकार किया जा रहा है। आज पुरोहिती का व्यवसाय एक अफसरगिरी के व्यवसाय के नीचे दर्जे का है। इसी तरह खान-पान, भोजन, व विवाह-सम्बन्धी नियमों में भी लौकिकता की प्रवृत्ति आती जा रही है।

(5) जीवन चक्र व संस्कारों पर लौकिकीकरण—भारतीय जीवन में विशेषकर हिन्दू धर्म में संस्कारों को मुख्य महत्त्व दिया जाता है। पूरे जीवन-चक्र में कई संस्कार करने होते हैं, यथा—उपनयन, समावर्तन, विवाह, गर्भाधान, नामकरण, अंत्येष्टि आदि। ये सभी संस्कार हिन्दू-धर्म में अत्यधिक महत्त्वपूर्ण जगह रखते हैं। उदाहरण हेतु उपनयन संस्कार किए बिना कोई भी द्विज नहीं हो सकता। इसी तरह अन्य संस्कारों का भी महत्त्व है। लौकिकीकरण की प्रक्रिया इन सभी संस्कारों के महत्त्व को कम करती जा रही है। यहाँ तक कि कुछ संस्कार तो एकदम ही ख़त्म से हो गए हैं।

(6) धार्मिक जीवन में लौकिकीकरण अथवा धर्मनिरपेक्षीकरण—धर्म निरपेक्षीकरण धार्मिक जीवन में भी बढ़ रहा है। पूजा-पाठ के आसनों पर बैठकर घंटों पूजा करने के बजाय स्नान करते हुए ही पूजा-पाठ कर दी जाती है। इसी तरह आज भजनों, हरि कथाओं आदि को आकाशवाणी अथवा टी.वी. चैनलों पर घर बैठे ही सुन लिया जाता है। आज लोग पण्डितों को दान देने के बजाय समाजसेवी संगठनों, शिक्षा संस्थानों, विधवा आश्रमों, चिकित्सालयों इत्यादि को दान देना ज्यादा पसन्द करते हैं। विश्व हिन्दू परिषद की रचना भी धर्मनिरपेक्षीकरण का अनुपम उदाहरण है।

9

इस्लामीकरण

हिन्दू और संस्कृति विश्व की प्राचीनतम एवं प्रसिद्ध संस्कृतियों में से है। भारत में समय-समद पर आक्रमणकारियों के रूप में कई विदेशी आए। उनमें मंगोल, शक, हूण, पठान तथा अंग्रेज इत्यादि प्रमुख थे। इन विदेशी समुदायों ने भारतीयों की भाषा, खान-पान, रीति-रिवाज, वेश-भूषा, त्योहार आदि को काफी सीमा तक अपनाया। अनेक विदेशी समूहों की संस्कृतियाँ भारतीय संस्कृति में इतनी घुल-मिल गईं कि उनका सम्पूर्ण सात्मीकरण हो गया। दूसरी ओर शासक वर्ग की संस्कृतियों ने हिन्दू संस्कृति को भी प्रभावित और परिवर्तित किया।

भारत में सांस्कृतिक परिवर्तन की प्रक्रिया दो प्रकार के संस्कृतिकरण के माध्यम से चली--**एक** तो वह संस्कृतिकरण है जिसमें निम्न हिन्दू जाति अथवा किसी आ़दिवासी अथवा अन्य समूह के माध्यम से उच्च अथवा द्विज जाति के रीति-रिवाजों, सिद्धांतों और उनकी जीवन-शैली को अपनाया गया तथा **दूसरी** प्रकार का संस्कृतिकरण वह है जिसमें मुस्लिम शासकों और उनके मुसलमान अनुयायियों के रीति-रिवाज और उनकी जीवन-शैली को भारतीयों ने अपनाया। समाजशास्त्रियों ने दूसरी प्रकार के संस्कृतिकरण को **इस्लामीकरण** का नाम दिया है। भारत में इस्लाम की शुरुआत मुख्य रूप से तेरहवीं शताब्दी से माना जाता है, जब यहाँ पहला मुस्लिम राज्य स्थापित हुआ था। आक्रान्ता के रूप में भारत में प्रविष्ट पाने वाला यह पहला विदेशी धर्म था जिसने भारतीय समाज के हर पक्ष को प्रभावित किया। आज इस्लाम के अनुयायियों की संख्या हिन्दुओं के उपरांत सबसे अधिक है जो 2001 की जनगणना के अनुरूप कुल जनसंख्या का लगभग 14 प्रतिशत है। अनुमान है कि सम्पूर्ण विश्व की जनसंख्या

का लगभग सातवाँ भाग इस्लाम धर्म के अनुयायियों का है। भारत की धार्मिक परम्परा में इस्लाम की मुख्य जगह है।

इस्लाम का भारतीय समाज पर प्रभाव

मुस्लिम संस्कृति का हिन्दू संस्कृति से परिचय उस वक्त से है जब भारतवासी अरबवासियों से व्यापार किया करते थे। इसके उपरांत महमूद गजनवी, तुर्कों, एवं मुहम्मद गोरी ने भारत पर समय-समय पर आक्रमण किए। गोरी ही भारत में मुस्लिम साम्राज्य का असली संस्थापक था। यहीं से भारतीय एवं मुस्लिम संस्कृति का सम्पर्क हुआ। हालांकि दोनों संस्कृतियों में बहुत भिन्नता थी फिर भी इन दोनों संस्कृतियों का समन्वय हुआ। मुस्लिम संस्कृति का प्रभाव क्षेत्र प्रमुखतः नगर ही रहे हैं। बाहर से आने वाले मुसलमानों की संख्या तो कम थी, परन्तु उन्होंने यहां अनेक हिन्दुओं को मुसलमान बनाया, इसीलिए यहां के मुसलमानों में अनेक तत्त्व दोनों ही संस्कृतियों के साथ-साथ पाए जाते हैं। क्योंकि मुसलमान शासक वर्ग के थे, इसलिए जनता ने दबाव एवं स्वेच्छा से मुस्लिम संस्कृति को अपनाया। दोनों के सम्पर्क से उर्दू भाषा का विकास हुआ जो हिन्दी व फारसी का मिश्रण है। मुस्लिम संस्कृति के भारतीय सामाजिक संस्थाओं पर पड़ने वाले प्रभावों को हम विभिन्न शीर्षकों के तहत् इस तरह प्रकट कर सकते हैं–

(1) जाति-प्रथा पर प्रभाव–जाति व्यवस्था में मुसलमानों के सम्पर्क के कारण रूढ़िवादिता और संकीर्णता पनपी और जाति सम्बन्धी नियमों में कठोरता आई। हिन्दू सुधारकों ने जाति के खिलाफ आवाज उठाई। इस्लाम भाई-चारे की भावना पर आधारित है तो जाति अप्रजातान्त्रिक सिद्धान्तों पर। ब्राह्मणों की सामाजिक स्थिति को मुस्लिम काल में धक्का लगा, परन्तु कायस्थों एवं क्षत्रियों की स्थिति मजबूत हुई एवं ऊंची उठी। दूसरी ओर लम्बे सम्पर्क के कारण मुसलमानों में भी जाति संस्तरण पनपा। अनेक हिन्दू लोग जब धर्म बदलाव कर मुसलमान बन गए तो धर्म बदलाव के उपरांत भी उन्होंने अपनी जातिगत विशेषताओं को बनाए रखा। मुस्लिम प्रभाव के कारण न सिर्फ जातीय सोपान में वरन् जातिगत व्यवसायों में भी बदलाव हुआ और एक जाति के व्यक्ति अपने वंशानुगत व्यवसाय के अलावा अन्य व्यवसाय भी करने लगे। अकबर के वक्त में ऐसी शिक्षण संस्थाएं भी खोली गईं जिनमें हिन्दुओं व मुसलमानों दोनों को समान रूप से शिक्षा दी जाती थी, इससे जातीय कठोरता में कमी आई और सहिष्णुता पनपी। अलग-अलग सन्तों के माध्यम से चलाए गए धार्मिक एवं सुधारवादी आन्दोलन के कारण भी जाति की बुराइयों पर

कठोर प्रहार हुआ और अस्पृश्यता तथा ऊंच-नीच के भेदभाव खत्म होने लगे। इस्लाम के प्रभाव के कारण ब्राह्मणों की तानाशाही पर रोक लगी और नामदेव, तुकाराम तथा अन्य शूद्र सन्तों के प्रयत्नों एवं प्रभाव के कारण शूद्रों की स्थिति में सुधार हुआ। ब्राह्मणों ने अपनी स्थिति को मजबूत बनाए रखने हेतु विवाह एवं जातीय नियमों को कठोर बनाया।

(2) धर्म पर प्रभाव—मुसलमानों के आगमन से पूर्व भारत में बहुदेववाद प्रचलित था। अद्वैतवाद अथवा एकेश्वरवाद की धारणा मुस्लिम संस्कृति की ही देन है। हिन्दू मूर्ति-पूजक एवं सगुण ब्रह्म के उपासक थे, जबकि मुसलमान मूर्ति-पूजा के विरोधी। परिणामस्वरूप हिन्दुओं में भी निर्गुण ब्रह्म की उपासना प्रारंभ हुई। मुसलमानों के प्रभाव से ही हिन्दुओं में कई नए धार्मिक सम्प्रदायों का उदय हुआ जिनमें दादू पंथ, शंकराचार्य का अद्वैतवाद, कबीर पंथ, गुरुनानक का सिख धर्म तथा वल्लभाचार्य, चैतन्य, रामानुज, एवं रैदास के धार्मिक सम्प्रदाय प्रमुख हैं। कबीर मुसलमानों के सूफीवाद से प्रभावित थे। वे छुआछूत, जाति-प्रथा तथा आडम्बर के विरोधी थे। दक्षिण भारत का लिंगायत सम्प्रदाय तो पूरी तरह से मुस्लिम संस्कृति से प्रभावित है। इस्लाम के प्रभाव के कारण ही हिन्दुओं में भक्ति आन्दोलन प्रारंभ हुआ। भक्ति आन्दोलन ने हिन्दू समाज में सुधारात्मक एवं रक्षात्मक दोनों तरह की भूमिका निभाई। मुस्लिम प्रभाव को रोकने हेतु हिन्दुओं ने कठोर धार्मिक नियम बनाए जिससे कि हिन्दू धर्म की रक्षा हो सके। साथ ही भक्ति आन्दोलन के जरिये हिन्दुओं की सामाजिक-धार्मिक बुराइयों को भी दूर करने के प्रयत्न किए गए। भारतीयों में सहिष्णुता एवं उदारवादी दृष्टिकोण पनपा और वे सभी धर्मों के महत्त्व को स्वीकार करने लगे। दैनिक जीवन में धार्मिक नियमों को महत्त्व दिया गया और अनेक टीकाकारों जैसे विश्वेश्वर, माधव आदि ने टीकाएं लिख कर इस्लाम के समानता के सिद्धान्त को अपनाया। इस तरह मुसलमानों के प्रभाव में हिन्दुओं में अद्वैतवाद, मूर्तिपूजा का विरोध, एकेश्वरवाद, छुआछूत, आडम्बर, जाति-प्रथा तथा ऊंच-नीच की धारणा में बदलाव हुआ और सुधारवादी व भक्ति आन्दोलन तथा समानतावादी आदर्शों का जन्म हुआ।

इस्लाम में शिया और सुन्नी इन दो सम्प्रदायों के अलावा एक नये सम्प्रदाय 'सूफी मत' का भी उदय हुआ जो इस्लाम के सिद्धान्तों को भी अंगीकार करता है और साथ ही इसमें मानवतावाद और अहिंसा को भी सम्मिलित करता है। नवीं सदी में बगदाद सूफी मत का केन्द्र बन गया और वहां से शनैः-शनै सारे इराक में फैल

गया। 10वीं सदी में सूफी सन्त मन्सूर भारत में भी आए और उन पर अद्वैतवादियों का प्रभाव पड़ा जो उपरांत में सूफी मत का एक अंग बन गया।

(3) विवाह संस्था पर प्रभाव—यहां की हिन्दू लड़कियों से मुसलमानों ने विवाह करना प्रारंभ किया। इस तरह के विवाहों को रोकने हेतु हिन्दुओं ने कम उम्र में ही विवाह प्रारंभ कर दिए जिसके परिणामस्वरूप बाल-विवाह का प्रचलन हुआ। हिन्दू लड़कियों एवं स्त्रियों की गतिशीलता रोकने हेतु विधवा पुनर्विवाह पर भी कठोर नियन्त्रण लागू किए गए तथा सती-प्रथा को अधिक महत्त्व दिया गया। विधवा-पुनर्विवाह एवं सती-प्रथा को प्रभावी बनाने हेतु उनके पीछे अनेक धार्मिक एवं नैतिक विचारों का प्रतिपादन किया गया जिसके फलस्वरूप निम्न जातियों के अलावा सभी जातियों में और विशेष रूप से द्विज जातियों में विधवाओं के पुनर्विवाह तो खत्म ही हो गए और सतीत्व के आदर्श को बढ़ावा मिला। मृत पति की चिता में बैठकर स्वयं को भस्म कर देना स्वर्ग प्राप्ति एवं पुण्य लाभ हेतु जरूरी माना जाने लगा। अनेक बार तो विधवाओं को जबरन भी पति की चिता में धकेल कर सती होने हेतु विवश किया जाने लगा। इस तरह बाल-विवाह का प्रचलन, विधवा-विवाह पर रोक तथा सती-प्रथा मुस्लिम प्रभाव की ही देन है।

(4) परदा-प्रथा का प्रचलन—परदा-प्रथा का मुसलमानों में प्रचलन था जिसे हिन्दुओं ने भी अपनाया। इसके अलावा मुसलमानों के माध्यम से हिन्दू लड़कियों से विवाह करने पर रोक लगाने हेतु भी परदा-प्रथा का प्रचलन हुआ। आज परदा-प्रथा उच्च से लेकर निम्न जातियों में थोड़ी-बहुत मात्रा में सभी में पाई जाती है।

(5) सामाजिक जीवन के विभिन्न भागों पर प्रभाव—मुसलमानों के सम्पर्क के कारण हिन्दुओं के परिवार, भोजन एवं शिक्षा, वेश-भूषा आदि पर भी प्रभाव पड़ा। उदाहरणार्थ—

(i) वेश-भूषा—मुसलमानों के सम्पर्क के कारण हिन्दुओं ने भी उन्हीं की प्रकार चूड़ीदार पाजामा, अचकन और शेरवानी पहनना प्रारम्भ कर दिया। मुख्य रूप से कायस्थों एवं राजपूतों में इनका प्रचलन बढ़ा। मुसलमानों ने भी हिन्दुओं से पगड़ी बांधना सीखा।

(ii) परिवार पर प्रभाव—ज्यादातरः हिन्दुओं में संयुक्त परिवार प्रणाली पाई जाती है। मुसलमानों के वक्त में भी गांवों एवं शहरों में संयुक्त परिवार की प्रधानता बनी रही है परन्तु मुसलमानों का समानता का सिद्धान्त हिन्दुओं में भी प्रविष्ट कर गया। मुसलमानों ने अनेक हिन्दुओं को मुसलमान बनाया। मुसलमान बनने पर भी हिन्दुओं ने अपनी परम्परात्मक संयुक्त परिवार प्रणाली का परित्याग नहीं किया।

इसके फलस्वरूप मुसलमानों में भी संयुक्त परिवार प्रणाली का प्रचलन हुआ। मुसलमानों के प्रभाव के कारण हिन्दू संयुक्त परिवार के मुखिया के शासन में कठोरता आई, वह अधिनायक बन बैठा तथा स्त्रियों का कार्यक्षेत्र घर तक सीमित हो गया।

(iii) शिक्षा—प्राचीन भारत में स्त्री व पुरुष दोनों को शिक्षा प्राप्त करने का अधिकार था। मुसलमानों के सम्पर्क के कारण हिन्दुओं में परदा-प्रथा और बाल-विवाह का प्रचलन हुआ, इसके परिणामस्वरूप शिक्षा पर प्रतिकूल प्रभाव पड़ा और स्त्री-शिक्षा तो लगभग समाप्त ही हो गई, किन्तु पुरुषों में शिक्षा का प्रसार हुआ और वे हिन्दी के अतिरिक्त, अरबी, उर्दू, फारसी, आदि की शिक्षा भी धारण करने लगे।

(iv) भोजन—हिन्दुओं में मुसलमानों के सम्पर्क के कारण मांसाहारी प्रवृत्ति बढ़ी और मछली, अण्डे, मांस का ज्यादा इस्तेमाल होने लगा। मुसलमानों ने ही हिन्दुओं को कई तरह की मिठाइयों जैसे गुलाब जामुन, बालूशाही, कलाकन्द, बर्फी, हलुआ, इमरती एवं जलेबी, आदि से परिचित कराया।

(6) भाषा तथा साहित्य पर प्रभाव—भारत में मुसलमानों से पूर्व उर्दू, फारसी, अरबी आदि भाषाओं का प्रचलन नहीं था। मुस्लिम सम्पर्क के कारण ही संस्कृत एवं उर्दू से खड़ी बोली का प्रचलन हुआ। अमीर खुसरों ने खड़ी बोली में साहित्य का सृजन किया और कविताओं को जन्म दिया। हिन्दी भाषा भी समृद्ध हुई और उनमें उर्दू, फारसी व अरबी भाषा के अनेक शब्द अपना लिए गए। खुद उर्दू, भाषा भी फारसी, संस्कृत, अरबी एवं तुर्की भाषा के सम्मिलन से बनी है। मुसलमान शासकों ने उर्दू को राजकाज की भाषा घोषित किया जिसके फलस्वरूप उर्दू का प्रचलन बढ़ा। हिन्दी की कविता को उर्दू में गजल का रूप दिया गया। कई मुसलमान बादशाहों ने मराठी, संस्कृत और बंगला भाषाओं को उत्साहित किया और उनके ग्रन्थों का विभिन्न भाषाओं में अनुवाद करवाया। हिन्दी में अलंकारों का उपयोग भी मुस्लिम साहित्य का ही प्रभाव है। तुर्कों के वक्त में ही रामानुज ने ब्रह्मसूत्र पर टीकाएं लिखने का कार्य किया। इस तरह मुस्लिम प्रभाव से हिन्दी भाषा एवं साहित्य में समृद्धि ही नहीं हुई वरन् साहित्य को अनेक नई विधाओं एवं परम्पराओं का भी जन्म हुआ।

(7) चित्रकला पर प्रभाव—मुस्लिम काल में चित्र-कला में भी तुर्की, ईरानी और भारतीय शैलियों का समन्वय हुआ। मनुष्यों, पशुओं, लताओं, पुष्पों एवं पक्षियों के सजीव चित्र बनाना और उनमें सुनहरे, लाल, पीले, नीले, हरे एवं रूपहले रंग भरना हिन्दुओं को मुस्लिम संस्कृति की ही देन हैं। विभिन्न रंगों का मिश्रण एवं समन्वय भी हिन्दुओं ने मुसलमानों से ही सीखा। तुर्की और ईरान से आने वाली प्यूराइड

चित्रकारी का हिन्दू चित्रकला पर गहरा प्रभाव पड़ा। प्यूराइड चित्रकारी के कई चित्र बाबर खुद अपने साथ भारत लाया था। बाबर स्वयं भी एक बहुत अच्छा चित्रकार था। राम एवं कृष्ण लीलाओं का चित्रमय प्रदर्शन कई स्थानों पर प्यूराइड चित्रकारी के माध्यम से ही किया गया है। मथुरा के द्वारकाधीश के मन्दिर में कृष्ण लीला का चित्रण इसी शैली में किया गया है। हुमायूं ने ईरान से मीर सैयद अली तबरिजी और ख्वाजा अब्दुस्समद शीराजी जैसे प्रसिद्ध चित्रकारों को भारत में बुलाया। अकबर को भी चित्रकारी का काफी शौक था और उसने चित्रकारी के प्रशिक्षण हेतु अनेक संस्थाओं का संचालन किया। अकबर ने अपने दरबार में अनेक विदेशी प्रसिद्ध चित्रकारों को आमन्त्रित किया। अनेक देशी एवं विदेशी चित्रकारों के माध्यम से अकबर ने 'रामायण', 'चंगेजनामा', 'जफरनामा' और महाभारत' जैसे ग्रन्थों के चित्र बनवाए। उसने अनेक बड़े-बड़े अमीरों के भी चित्र बनवाए। उसके वक्त में चीनी-ईरानी और भारतीय चित्रकला की विभिन्न शैलियों का अद्‌भुत समन्वय देखने को मिलता है।

(8) स्थापत्य कला पर प्रभाव--भारत में जब तुर्क आए तो वे अपने साथ मध्य एशिया की स्थापत्य कला भी लाए। मुगल बादशाहों को स्थापत्य कला से बहुत प्रेम था। प्रारंभ में मुसलमानों ने यहाँ के हिन्दू और जैन मन्दिरों को तोड़कर ही उनसे प्राप्त कलापूर्ण पत्थरों से अपने महल, मकबरे, मस्जिदें और कब्रें बनवाईं। इससे हिन्दू-मुस्लिम स्थापत्य कला का समन्वय हुआ। अनेक मुस्लिम शासकों ने मन्दिरों को तोड़कर अथवा उनमें कुछ हेरा-फेरी करके उन्हें मस्जिदों के रूप में परिवर्तित कर दिया। मुसलमानों से हिन्दुओं ने ऊंची मीनारें, गुम्बद, मेहराब तथा तहखाने बनाना सीखा। अकबर एवं हुमायूं के मकबरे तथा शाहजहाँ के माध्यम से निर्मित आगरा का ताजमहल मुस्लिम काल की स्थापत्य कला के श्रेष्ठ उदाहरण हैं। आगरा का ताजमहल तो वास्तुकला का विश्व का एक सर्वश्रेष्ठ नमूना है।

(9) आर्थिक संस्थाओं पर प्रभाव--मुसलमानों के आगमन से पूर्व भारत एक सम्पन्न एवं समृद्ध राष्ट्र था। यहाँ की उपजाऊ भूमि एवं धन-सम्पत्ति से आकर्षित होकर ही प्रारंभ में मुसलमान लुटेरों के रूप में यहाँ आए। मोहम्मद गजनवी और गोरी ने लूटपाट के इरादे से ही कई आक्रमण किए। सोमनाथ के मन्दिर से कई कीमती हीरे-जवाहरात गजनवी के माध्यम से लूट लिए गए, परन्तु जब मुसलमानों का भारत में साम्राज्य स्थापित हुआ तो कृषि एवं उद्योग के क्षेत्र में भारत में अनेक परिवर्तन हुए। मुसलमानों के आगमन से पूर्व हरेक गाँव एक पूर्ण स्वतन्त्र एवं गणतन्त्रात्मक इकाई था और हर गाँव की अपनी भूमि होती थी। मुसलमानों के

शासन काल में अस्थायी भूमि व्यवस्था पनपी। ग्राम पंचायतों का महत्त्व भी घटने लगा। मालगुजारी प्रथा का जन्म हुआ जिसके तहत मुसलमान शासकों को भूमि का लगान वसूल करने का अधिकार दिया गया। इस व्यवस्था में ग्रामों का बहुत शोषण हुआ। मुसलमानों ने भारत में दास-प्रथा प्रारम्भ की जो वे अपने साथ अरब से लाए थे। उन्होंने बेगार लेना प्रारंभ किया और कई भवनों, इमारतें व महलों का संरचना बेगार के माध्यम से किया गया, किन्तु मुसलमानों के सम्पर्क से भारतीय कुटीर व्यवसाय को पुनर्जीवन मिला तथा सूती और ऊनी वस्त्रों के निर्माण, रंगाई, छपाई, कागज, बर्तन एवं दस्तकारी उद्योगों के क्षेत्र में काफी प्रगति हुई। धातु, शक्कर, ईंट, पच्चीकारी और कलई करने, आदि व्यवसायों का भी मुसलमानों के वक्त में विकास हुआ। अनेक मुस्लिम प्रशासकों के तो खुद के उद्योग-धन्धे थे जिनमें अनेक कारीगर काम करते थे। मुस्लिम शासकों के संरक्षण में देशी एवं विदेशी व्यापार को संरक्षण प्राप्त होने के कारण उनका विकास हुआ और अनेक बादशाह तो स्वयं भी विदेशी व्यापार करते थे। खेती से उत्पन्न होने वाली वस्तुएँ, अफीम, नील, सूती व रेशमी वस्त्र तथा जस्ता आदि विदेशों को भेजा जाता था और उनके बदले घोड़े, खच्चर और शाही परिवार के लोगों हेतु विलासिता की वस्तुओं का आयात किया जाता था। मुस्लिम काल में भारत का अरब राष्ट्रों से ही नहीं वरन् यूरोपीय देशों से भी व्यापारिक सम्पर्क बढ़ा।

हिन्दू समाज एवं संस्कृति में हिन्दुओं और मुसलमानों के सम्पर्क के कारण कई बदलाव हुए। मुसलमानों ने हिन्दुओं के परिवार, जाति, शिक्षा, धर्म, खान-पान, वस्त्र शैली, भाषा, साहित्य, स्थापत्य कला, चित्रकला, संगीत तथा राजनीतिक व आर्थिक जीवन को प्रभावित किया। इस सम्पर्क के कारण दोनों में सांस्कृतिक सम्पर्क के कारण सिर्फ हिन्दू समाज व संस्कृति पर ही मुललमानों का प्रभाव नहीं पड़ा वरन् मुस्लिम समाज एवं संस्कृत में भी हिन्दुओं के प्रभाव से कई परिवर्तन हुए। हिन्दुओं के सम्पर्क के कारण मुसलमानों की बर्बरता व क्रूरता कम हुई, उनमें सहृदयता व दयालुता, भक्ति, श्रद्धा की मनोवृत्ति उत्पन्न हुई। उनमें भी फकीरों, पीरों एवं मकबरों की पूजा होने लगी जबकि वे मूर्ति पूजक नहीं थे। हिन्दुओं के अन्धविश्वास, नजर लग जाना, उतारा और निसार के रूप में मुसलमानों ने भी धारण किए, वे भी **'मानताओं'** और **'मिन्नतों'** में विश्वास करने लगे। मुसलमानों ने भी हिन्दुओं के पहनावा, दैनिक स्नान, खान-पान, हिन्दुओं के उत्सव तथा जाति प्रथा के कुछ तत्त्वों को धारण किया। आज मुसलमानों में भी हिन्दुओं की प्रकार कई जातियाँ पाई जाती हैं। स्पष्ट है कि पर-संस्कृतिग्रहण की प्रक्रिया के कारण हिन्दू व मुस्लिम दोनों ही

संस्कृतियों में बहुत आदान-प्रदान हुआ और एक नवीन संस्कृति 'हिन्दू-मुस्लिम संस्कृति' का जन्म हुआ जिसमें दोनों का ही समन्वय पाया जाता है।

(10) संगीत पर प्रभाव—संगीत को इस्लाम में बहुत अच्छा नहीं माना जाता था, परन्तु ज़ब मुसलमान सूफियों के सम्पर्क में आए और भारत में हिन्दुओं के साथ रहने लगे तो उनके विचारों में भी परिवर्तन हुआ और वे भी संगीत को आध्यात्मिक उन्नति हेतु जरूरी मानने लगे। मुसलमानों के वक्त में भारतीय एवं ईरानी संगीत कला का समन्वय हुआ। मुस्लिम काल में ही भक्ति आन्दोलन प्रारम्भ हुए और ईश्वर भक्ति हेतु संगीत का इस्तेमाल किया जाने लगा। इसी वक्त भजन और कीर्तन का प्रभाव बढ़ा, विभिन्न तरह की राग-रागिनियों, तालों एवं लयों का जन्म हुआ। तराना व ग़ज़ल कहना, कव्वाली, सितार व तबला, आदि वाद्य-यन्त्रों सरपदा, जिल्फ खानगिरि, ठुमरी व लोचन कवि की 'राग-तरंगिनी', आदि रागों, सूलकाफ, सांझुमरा, आड़ा, चारताल आदि तालें, मुसलमानों की ही देन हैं। अकबर के शासनकाल में संगीत कला का बहुत विकास हुआ और भारतीय संगीत पर विदेशी प्रभाव पड़ा। अकबर के दरबार में अनेक संगीतज्ञों को संरक्षण प्राप्त था। अकबर के दरबारी तानसेन ने दरबारी मियां-मल्हार, कान्हड़ा, मियाँ की सारंग, आदि नए रागों को जन्म दिया। ध्रुपद शैली, विलम्बित ख्याल तथा द्रुतलय, आदि भी मुगल काल की ही देन हैं। इसी काल में हिन्दू और पारसी संगीत शैलियों का समन्वय हुआ। जिसके परिणामस्वरूप संगीत एवं गायन के क्षेत्र में अनेकानेक रीतियों का प्रादुर्भाव हुआ।

इस संदर्भ में इस्लामीकरण का आशय धर्मांतरित मुसलमानों में उच्च सामाजिक और सांस्कृतिक स्थिति प्राप्त करने की गतिशीलता थी। सामाजिक प्रतिष्ठा, शक्ति और फायदा में वृद्धि की प्रवृत्ति ने निम्न जातियों को इस्लाम की ओर उत्प्रेरित किया। यद्यपि, धर्मांतरण के माध्यम से इस्लामीकरण की प्रवृत्ति सदैव लाभदायक नहीं रही। हाँ, इससे लोगों को मनोवैज्ञानिक रूप से संतोष जरूर पहुँचा था। इसके अलावा भी व्यापक स्तर पर धर्म परिवर्तन से उपलब्ध उच्च सामाजिक दशा को हिन्दू एवं मुसलमानों ने स्वतंत्र मान्यता कभी नहीं प्रदान की। इसका अर्थ यह हुआ कि इस्लामीकरण एक सांस्कृतिक परिवर्तन की प्रक्रिया के रूप में संस्कृतीकरण की प्रक्रिया से कार्य मिलता-जुलता है।

10

सामाजिक परिवर्तन में राज्य की भूमिका

भारत एक जनतांत्रिक एवं धर्मप्रधान देश है जिसमें विभिन्न धर्म के लोग निवास करते हैं। सामाजिक दृष्टि से सभी धर्मों को अत्यधिक महत्व दिया जाता है। इन सभी धर्मों के समर्थकों को सामाजिक एवं आर्थिक परिवर्तनों में राज्य की भूमिका सराहनीय है। इस देश में वह सभी व्यवस्थाएं की गयी हैं जिसे सरकार अपने राज्य के नागरिकों के कल्याण का दायित्व प्राथमिक रूप से करती है। देश व राज्य इस बात का भी निर्धारण करता है कि सभी लोगों के अधीन स्वास्थ्य सुविधाएँ, भोजन, मकान, शिक्षा, रोजगार जैसी आधारभूत सुविधाएँ पर्याप्त मात्रा में हों। इसलिए राज्य की कल्याणकारी भूमिका का अत्यधिक महत्त्व होता है। राज्य अपने सभी नागरिकों के फायदे के लिए तथा समाज के कमजोर और सामाजिक-आर्थिक रूप से वंचित समुदायों को अधिकार दिलाने के लिए तरह-तरह की योजनाओं एवं कार्यक्रमों को लागू करता है।

भारत का लोकतंत्र विश्व के अन्य राष्ट्रों की तुलना में सबसे अधिक व्यापक है। यहाँ के लोकतंत्र में प्रभुसत्ता जनसाधारण के हाथों में होती है। यानी लोकतंत्र में सर्वोच्च शक्ति का उपयोग जनता अथवा नागरिक करते हैं। हमने आजादी के बाद गणतंत्रीय संविधान एवं संसदीय शासन प्रणाली स्वीकार की, जिसमें सभी नागरिकों के लिए समानता, न्याय, स्वतंत्रता, तथा भाईचारे को कायम रखने का वचन दिया गया है।

इस अध्याय में हम स्वतंत्रता के उपरान्त भारत में राज्य के योगदानों का निर्धारण एवं राज्य द्वारा किए गए कार्यों से देश में आए सामाजिक परिवर्तनों के विषय में अध्ययन करेंगे।

भारत का संविधान

हालांकि 26 नवम्बर सन् 1949 को भारत का संविधान पास हुआ किन्तु इसे 26 जनवरी 1950 को लागू किया गया। इस संविधान की अनेक विशेषताएँ हैं। भारत एक प्रभुसत्ता सम्पन्न समाजवादी, धर्मनिरपेक्ष, लोकतांत्रिक, संसदीय शासन तत्त्व युक्त गणराज्य है। भारत का संविधान प्रमुख रूप से एक कानूनी आलेख है जिसके आधार पर देश की शासन व्यवस्था संचालित होती है। ये वे मूलभूत कानून हैं जो सरकार के मुख्य अंगों उनके कार्य क्षेत्र एवं नागरिकों के अधिकारों को निश्चित करते हैं तथा उनकी सीमाएँ निर्धारित करते हैं। इस प्रकार संविधान देश के सभी कानूनों से श्रेष्ठ होता है।

भारत में संविधान द्वारा लोकतांत्रिक समाज की व्यवस्था की गई। इस व्यवस्था में सभी नागरिकों को समान राजनीतिक अधिकार मिले हैं और शासन जनता के निर्वाचित प्रतिनिधियों द्वारा चलाया जाता है। संविधान के तहत ऐसे प्रावधान हैं जो लोगों के सर्वांगीण विकास के लिए अवसर देती हैं। भारतीय संविधान की प्रस्तावना उसमें वर्णित राज्य के नीति निर्देशक सिद्धान्त, मौलिक अधिकार और 38, 39 तथा 46 जैसे विशेष अनुच्छेद जनकल्याण के प्रति राज्य की वचनबद्धता के प्रमाण हैं। इस सन्दर्भ में भारतीय संविधान सामाजिक सुधार का एक सर्वोपरि साधन है यहां पर कुछ भारतीय संविधान के प्रमुख अधिनियमों पर संक्षप्त प्रकाश डाला जा रहा है जो निम्नलिखित है–

1. मौलिक अधिकार

भारत का संविधान इन अधिकारों के माध्यम से देश के हरेक नागरिक को सामाजिक-आर्थिक न्याय दिलाता है। संविधान के खण्ड तीन के अनुच्छेद 12 से 35 में छह मौलिक अधिकारों का उल्लेख इस प्रकार किया गया है–

अस्पृश्यता पर प्रतिबन्ध–देश के कानून सभी पर समान रूप से लागू होते हैं। जन्म स्थान, लिंग, धर्म, जाति आदि के आधार पर सरकार किसी के खिलाफ भेदभाव नहीं कर सकती। लेकिन कुछ विशेष वर्गों, यथा अल्पसंख्यकों, अनुसूचित जनजातियों, अनुसूचित जातियों अन्य पिछड़े वर्गों तथा महिलाओं की भलाई के लिए विशेष प्रावधान किए जा सकते हैं। समानता की दिशा में एक महत्त्वपूर्ण कदम संविधान के अनुच्छेद 17 के द्वारा अस्पृश्यता तथा जाति पर आधारित भेदभाव पर प्रतिबन्ध लगाया गया है।

स्वतंत्रता का अधिकार–प्रत्येक नागरिक को संविधान ने कुछ महत्त्वपूर्ण स्वतंत्रताएँ दी हैं जो निम्नलिखित हैं–

(i) बिना हथियार सभा करने का अधिकार,

(ii) अभिव्यक्ति की स्वतंत्रता,

(iii) देश के किसी भी भाग में मुक्त रूप से आने-जाने का अधिकार,

(iv) संगठन अथवा संघ बनाने का अधिकार,

(v) देश के किसी भी भाग में घर बनाने और बसने का अधिकार,

(vi) कोई भी पेशा अपनाने या व्यापार करने का अधिकार।

संवैधानिक उपचारों का अधिकार–इसके अन्तर्गत देश के सभी नागरिकों को अपने मूल अधिकारों के क्रियान्वयन के लिए न्याय पाने का अधिकार है। मूल अधिकारों का हनन होने पर चाहे तो वह सीधे उच्चतम न्यायालय में गुहार लगा सकता है।

संस्कृति एवं शिक्षा सम्बन्धी कानून–अल्पसंख्यकों को अपनी संस्कृति, भाषा और लिपि के संरक्षण के लिए विशेष अधिकार दिए गए हैं।

आध्यात्मिकता का अधिकार–कोई भी व्यक्ति किसी भी धर्म का पालन या प्रचार कर सकता है, लेकिन सार्वजनिक व्यवस्था नैतिकता और स्वास्थ्य को देखते हुए इस अधिकार पर पाबन्दी लगाई जा सकती है। ताकत, प्रलोभन अथवा धोखा-धड़ी से धर्म परिवर्तन के लिए धर्म प्रचार के अधिकार का प्रचार नहीं किया जा सकता।

शोषण के विरुद्ध अधिकार–संविधान किसी से जबरन काम कराने तथा किसी को बंधुवा बनाने की मनाही करता है। 14 वर्ष से कम उम्र के बच्चों से फैक्ट्रियों, खानों में काम करवाना और जोखिम भरे काम करवाना मना है।

2. राज्य के नीति-निदेशक सिद्धान्त

संविधान के खण्ड चार के अनुच्छेद 36 से लेकर 51 तक राज्य के नीति-निदेशक सिद्धान्तों का वर्णन किया गया है। नीति-निदेशक तत्त्वों का महत्त्वपूर्ण पक्ष इसमें निहित है कि, "राज्य लोगों के कल्याण को बढ़ावा देने के लिए एक ऐसे सामाजिक ढाँचे को प्रभावी ढंग से सुदृढ़ करेगा जिसमें सामाजिक, आर्थिक और राजनीतिक न्याय राष्ट्रीय जीवन की सभी संस्थाओं को संपोषित करेगा।" इस उद्देश्य को ध्यान में रखते हुए, राज्यों को निम्नलिखित अधिकार प्राप्त हैं–

(i) सभी नागरिकों के लिए आजीविका के उपयुक्त स्त्रोत निश्चित करेगा।

(ii) लोगों के हित के लिए संपत्ति का उचित नियन्त्रण एवं वितरण करेगा।

(iii) समान कार्य के लिए समान वेतन सुनिश्चित करेगा।

(iv) आर्थिक उन्नति द्वारा सभी के लिए स्वास्थ्य सुविधाओं की व्यवस्था करेगा।

(v) बाल-मजदूरी की रोकथाम करेगा।

ये सिद्धान्त वस्तुतः संविधान द्वारा केन्द्र और राज्य की सरकारों को दिए गए निर्देश हैं जिनके आधार पर ये सरकारें नीतियाँ बनाएँगी। इन नीतियों द्वारा देश में न्यायोचित समाज की स्थापना में मदद मिलेगी। इस सिद्धान्त का उद्देश्य ऐसी आर्थिक और सामाजिक दशाओं का सृजन करना है, जिसके अन्तर्गत देश के नागरिक उत्तम जीवन बिता सकें। राज्य से सामाजिक, आर्थिक एवं राजनीतिक कार्यक्रम सुनिश्चित करने के लिए समुचित कदम उठाने की अपेक्षा की जाती है। इन कार्यक्रमों के अन्तर्गत–ग्राम पंचायत की व्यवस्था, काम करने एवं शिक्षा का अधिकार, नागरिकों के लिए समान आधार संहिता, मुफ्त एवं अनिवार्य शिक्षा व्यवस्था, अनुसूचित जाति, अनुसूचित जनजाति, अन्य पिछड़े वर्ग, अल्पसंख्यक, बाल, महिलाएँ, वृद्धजन तथा अन्य कमजोर वर्गों के शैक्षणिक तथा आर्थिक हितों की रक्षा, और न्यायपालिका तथा कार्यपालिका को अलग रखना आदि कार्य आते हैं।

किन्तु मौलिक अधिकारों की तरह नीति निदेशक सिद्धान्तों को न्यायालय में चुनौती नहीं दी जा सकती और न ही न्यायालय इन्हें बदल सकती है। संविधान में इनके उल्लेख का आशय यह है कि सरकारें नीति का निर्माण करते समय इन दूरगामी उद्देश्य को भूलें नहीं और उन्हें यथार्थ रूप में ही लागू कराने का प्रयास करें। यदि सरकार इन सिद्धान्तों को बदलने के लिए कानून बनाती है तो उसे न्यायालय में इस आधार पर चुनौती नहीं दी जा सकेगी कि कानून मौलिक अधिकारों के विरुद्ध हैं। न्यायपालिका संविधान में वर्णित नागरिकों के अधिकारों को दिलाने में संरक्षक की भूमिका निभाती है।

अब हम संविधान के कुछ ऐसे नियमों व प्रावधानों पर प्रकाश डालेंगे जो समाज के पिछड़े समुदाय के व्यक्तियों से सम्बन्धित है, इन समुदायों एवं समाजों को पृथक्-पृथक् रूप से अग्रलिखित शीर्षकों के तहत स्पष्ट किया जा सकता है।

3. दलित एवं अनुसूचित जनजाति

निर्बल एवं कमजोर समुदाय को अधिकार प्रदान करने के लिए अत्यधिक कल्याणकारी कार्यक्रमों का आयोजन किया गया। 25 सितम्बर, 1985 में गठित कल्याण मंत्रालय को 25 मई, 1998 में नया नाम दिया गया–सामाजिक न्याय एवं

अधिकारिता मंत्रालय। अनुसूचित जनजातियों के विकास का कार्य अब 13 अक्तूबर, 1999 को गठित जनजातीय कार्य मंत्रालय संभाल रहा है।

संविधान के अनुच्छेद 341 के अनुसार **अनुसूचित जातियों** का निर्धारण किया गया है। वर्ष 1991 की जनगणना के अनुसार देश में अनुसूचित जातियों के लोगों की संख्या 13.82 करोड़ थी जो देश की कुल तत्कालीन 84.63 करोड़ जनसंख्या का 16.48 प्रतिशत है। संविधान में इन वर्गों के हितों की रक्षा के लिए अनेक उपाए सुझाए हैं। साथ ही, हर पंचवर्षीय योजना में इन वर्गों के विकास को राष्ट्रीय नीति का मुख्य लक्ष्य माना गया है।

संविधान के अन्तर्गत, सरकारी और सार्वजनिक क्षेत्र के प्रतिष्ठानों तथा सरकारी अनुदान पाने वाली स्वायत्तशासी संस्थाओं और संस्थानों की असैनिक नौकरियों में अनुसूचित जातियों के लिए 15 प्रतिशत और आरक्षण का प्रावधान है। इन्हें कई अन्य रियायतें भी मिलती हैं, जिनमें भर्ती की अधिकतम आयु सीमा में 5 वर्ष की छूट, आवेश शुल्क में कमी या छूट चयन में उदारता और पदोन्नति में विशेष व्यवस्थाएँ सम्मिलित हैं। केन्द्र सरकार ने हर मंत्रालय और विभाग में अनुसूचित जातियों के कर्मचारियों के हितों की देखरेख के लिए एक सम्पर्क अधिकारी नियुक्त किया है। 'ग' और 'घ' वर्ग के पदों के लिए गठित चयन समितियों और बोर्डों में अनुसूचित जातियों का उचित प्रतिनिधित्व होना अनिवार्य है। इसी प्रकार, अनुसूचित जातियों के लिए लोकसभा, विधानसभा तथा पंचायती राज के निकायों में स्थान आरक्षित हैं।

अक्टूबर सन् 1999 में जनजातीय कार्य के लिए पृथक् रूप से एक मंत्रालय की स्थापना की गई। इस मंत्रालय का प्रमुख लक्ष्य दलित जनजातियों का उत्थान करना। यह मंत्रालय अनुसूचित जनजातियों के बारे में नीति निर्धारण करने, योजनाएँ बनाने और उनके विकास के लिए कार्यक्रमों और योजनाओं में समन्वय स्थापित करने वाला शीर्ष मंत्रालय है। वर्ष 1991 जनगणना के अनुसार, अनुसूचित जनजातियों की अखिल भारतीय साक्षरता दर 29.60 प्रतिशत है। जबकि साक्षरता का राष्ट्रीय औसत 52.21 प्रतिशत है। जनजातीय महिलाओं तथा सामान्य महिलाओं में साक्षरता के प्रतिशत में और भी अधिक अन्तर है। जनजातीय महिलाओं की साक्षरता का औसत सिर्फ 16.18 प्रतिशत है जबकि देश की सामान्य महिलाओं का साक्षरता प्रतिशत 39.29 प्रतिशत है। देश में अब 194 समन्वित जनजातीय विकास परियोजनाएँ चल रही हैं। जहाँ पर प्रखण्डों अथवा प्रखण्ड समूहों की कुछ जनसंख्या में जनजातीय आबादी 50 प्रतिशत से अधिक है। छठी योजना में समन्वित विकास

कार्यक्रम से बाहर के क्षेत्रों की पहचान कर ली गई है। जिनमें 10 हजार की कुल जनसंख्या में से कम से कम 5 हजार जनजातीय लोग हैं और उन्हें एम.ए.डी.ए. के अन्तर्गत जनजातीय उपयोजना में शामिल कर लिया गया है। अब तक देश में 252 एम.ए.डी.ए. क्षेत्रों की पहचान हो चुकी है। इसके अलावा 79 क्षेत्रों का भी पहचान की जा चुकी है। जिनकी 5000 की आबादी में अनुसूचित जातियों की संख्या 50 प्रतिशत है।

दलित समुदायों की भांति अनुसूचित जनजातियों को भी सरकारी नौकरियों में 7.5% का आरक्षण प्रदान किया गया है। अनुसूचित जनजातियों की भर्ती की अधिकतम आयु में 5 वर्ष की छूट, आवेदन शुल्क में कमी या छूट चयन में उदारता और पदोन्नति में भी विशेष छूट दी जाती है। 'ग' और 'घ' वर्ग के पदों के लिए गठित चयन समितियों और बोर्डों में अनुसूचित जनजातियों को उचित प्रतिनिधित्व प्रदान करना अतिआवश्यक है। केन्द्र सरकार के हर मंत्रालय और विभाग में अनुसूचित जनजातियों के हितों की देखरेख के लिए एक सम्पर्क अधिकारी नियुक्त किया गया है। अनुसूचित जातियों/जनजातियों के बेरोजगार युवकों के माता-पिता को बच्चों के रोजगार सम्बन्धी सुझाव भी दिये जाते हैं।

अन्य पिछड़े वर्ग हेतु भारतीय संविधान की धारा 16 (4) के अनुसार प्रशासनिक सेवाओं में ऐसे किसी भी पिछड़े वर्ग को जिसे इनमें पर्याप्त आक्षरण नहीं मिला, आरक्षण की व्यवस्था कर सकता है। अनुच्छेद 16 या 38, 46 और अनुच्छेद 38 के भाग 16 के खण्ड (8) के अन्तर्गत संविधान में दिए गए अन्य प्रावधानों के अन्तर्गत राज्यों के लिए अनिवार्य कर दिया गया है, वे 'जहाँ तक सम्भव हो सके सामाजिक व्यवस्था लाएँ और प्रभावी ढंग से प्रेषित कर जनकल्याण को बढ़ावा दें, जिनमें न्याय, सामाजिक, आर्थिक और राजनीतिक राष्ट्रीय जीवन की सभी संस्थाओं को सूचित करें।' निर्बल एवं पिछड़े समूहों को शिक्षा एवं आर्थिक लाभ को प्रोत्साहन प्रदान करने तथा सामाजिक अन्याय तथा सभी प्रकार के शोषण से उन्हें बचाने के लिए अनुच्छेद 46 में एक अत्यन्त महत्त्वपूर्ण निर्देश है। संविधान के भाग 16 में 'कुछ वर्गों से सम्बन्धित विशेष प्रावधान' हैं। इसी भाग के अनुच्छेद 340 में पिछड़े वर्गों की स्थिति का पता लगाने के लिए आयोग गठित करने की व्यवस्था की गई है।

वर्ष 2001-02 में सरकार ने अन्य पिछड़े वर्गों की केन्द्रीय सूची में सम्मिलित संशोधित करने सम्बन्धी एक अधिसूचना जारी की है। विभिन्न राज्यों केन्द्र शासित प्रदेशों से सम्बन्धित अन्य पिछड़े वर्गों की केन्द्रीय सूची में अब तक 2,268 पिछड़ी जातियों/समुदायों को शामिल किया गया है। अन्य पिछड़े वर्गों को भारत सरकार

सार्वजनिक उपक्रम और सरकार से अनुदान करने वाली स्वायत्त संस्थाओं या संस्थानों के असैनिक (सिविल) पदों और सेवाओं को 27 प्रतिशत आरक्षण दिया जाता है। लेकिन इस आरक्षण में इन वर्गों के समृद्ध लोगों यानी 'मलाईदार परत' (क्रीमीलेयर) में आने वाले लोगों को शामिल नहीं करने का प्रावधान है।

संवैधानिक पदों पर आसीन व्यक्ति, जैसे—राष्ट्रपति, उपराष्ट्रपति, उच्चतम न्यायालय तथा उच्च न्यायालयों के न्यायाधीश संघ लोक सेवा आयोग और राज्यों के लोक सेवा आयोगों के अध्यक्ष तथा सदस्य, मुख्य निर्वाचन आयुक्त तथा भारत के महानियंत्रक तथा महालेखा परीक्षक के पद 'मलाईदार परत' में सम्मिलित हैं। इसलिए इनके बालक व बालिकाओं को 27% आरक्षण से वंचित किया जायेगा।

इसी भांति यदि माता-पिता में से कोई एक 'ए' वर्ग का राजपत्रित अधिकारी हो। अगर माता-पिता में दोनों 'बी' वर्ग के राजपत्रित अधिकारी हों। अगर माता-पिता में कोई एक सेवा में कर्नल अथवा वायुसेना या नौसेना या अर्द्धसैनिक बलों में उसके समकक्ष पद पर हो। ऐसे परिवार, जिनके पास संबद्ध राज्य के भूमि हदबन्दी-कानूनों में निर्धारित अधिकतम भूमि के बराबर या उसमें 85 प्रतिशत से अधिक भूमि है। लगातार तीन वर्षों तक एक लाख रुपए वार्षिक से अधिक आमदनी वाले अथवा सम्पत्ति कर अधिनियम के तहत निर्धारित छूट सीमा से ज्यादा सम्पत्ति वाले लोगों/व्यक्तियों को भी 27% आरक्षण का हक नहीं है।

भर्ती की अधिकतम आयु-सीमा में पिछड़े वर्ग के लोगों को 3 वर्ष की छूट तथा चयन में उदारता की सुविधाएँ भी मिलती हैं। सरकार ने स्थायी आधार पर एक राष्ट्रीय पिछड़ा वर्ग आयोग भी गठित किया है जो समय-समय पर किसी जाति या समुदाय को अन्य पिछड़े वर्गों की सूची में सम्मिलित करने या सूची से हटाने की सिफारिश करता है इसके अलावा विभिन्न राज्यों ने भी अपने यहाँ के पिछड़े वर्गों की पृथक्-पृथक् सूचियाँ अधिसूचित की हैं। इन वर्गों को संबद्ध राज्यों में पिछड़े वर्गों को देय आरक्षण तथा अन्य सुविधाएँ मिलती हैं।

4. अल्पसंख्यकों के लिए संवैधानिक नियंत्रण की विधि

भारतीय प्रशासन ने राष्ट्र स्तर पर प्रमुख पांच समुदायों को अल्पसंख्यकों की सूची में सम्मिलित किया है। इन समुदायों में जैसे, सिख, मुस्लिम, बौद्ध पारसी एवं ईसाई हैं। भारत में संविधान में अल्पसंख्यकों के हितों की रक्षा का प्रावधान है और अपनी लिपि, भाषा और संस्कृति को संरक्षित रखने एवं अपनी इच्छानुसार शैक्षिक संस्थाएँ स्थापित करने एवं चलाने सम्बन्धी उनके अधिकारों को मान्यता दी है।

धार्मिक अल्पसंख्यकों के संरक्षण के लिए संविधान में बताए गए भिन्न-भिन्न उपायों तथा कानूनों पर कारगर तरीके से अमल निश्चित करने के लिए जनवरी, 1978 में अल्पसंख्यक आयोग गठित किया गया। आयोग अल्पसंख्यकों के बारे में केन्द्र और राज्य सरकारों के कार्यान्वयन की नीतियों की समीक्षा करता है। आयोग प्रत्येक साल अपनी रिपोर्ट देता है। राष्ट्रीय अल्पसंख्यक आयोग अधिनियम, 1992 संसद द्वारा पारित किया गया है। इस अधिनियम के अंतर्गत पुराने आयोग के स्थान पर 17 मई, 1993 को वैधानिक अधिकार सम्पन्न **राष्ट्रीय अल्पसंख्यक आयोग** का गठन किया गया। आयोग में एक अध्यक्ष, एक उपाध्यक्ष और केन्द्र सरकार द्वारा नामित पाँच सदस्य होते हैं। 21 जनवरी, 2000 को राष्ट्रीय आयोग का पुनर्गठन किया गया।

भारतीय संविधान की धारा 350 में भाषा के आधार पर अल्पसंख्यकों को दी गयी सुरक्षा से जुड़े सम्पूर्ण मामले की जाँच के लिए भाषायी अल्पसंख्यक आयुक्त की नियुक्ति की गई है। आयुक्त का मुख्यालय इलाहाबाद में है और उसके क्षेत्रीय कार्यालय बेलगाम, कोलकाता और चेन्नई में हैं। अब तक 36 रिपोर्ट संसद में उद्धृत की जा चुकी हैं।

15 सूत्रीय कार्यक्रम का आधार अल्पसंख्यकों के कल्याण के लिए तीन तरफा है। जैसे–(1) साम्प्रदायिक दंगों के दौरान पैदा हुई परिस्थितियों से निपटना तथा साम्प्रदायिक दंगों की रोकथाम करना, (2) केन्द्र और राज्य सरकारों तथा सार्वजनिक क्षेत्र के संस्थानों के अन्तर्गत आने वाले रोजगारों में अल्पसंख्यक समुदायों को उचित प्रतिनिधित्व दिलाना, (3) अल्पसंख्यकों के सामाजिक-आर्थिक विकास के लिए अन्य कदम उठाना। यह कार्यक्रम राज्य सरकारों, केन्द्र शासित प्रदेशों और सम्बन्धित मंत्रालय/विभागों द्वारा अमल में लाया जा रहा है। सार्वजनिक रोजगारों में अल्पसंख्यकों को रोजगार के अवसरों में सुधार लाने तथा व्यावसायिक पाठ्यक्रमों में इनकी संख्या और बढ़ाने के उद्देश्य से सामाजिक न्याय एवं अधिकारिता मंत्रालय द्वारा 1992-93 से ही परीक्षा के पहले कोचिंग योजना चलाई जा रही है। 9वीं पंचवर्षीय योजना के दौरान अल्पसंख्यक समुदाय के कमजोर वर्गों के उम्मीदवारों को प्रशिक्षण देने के लिए 11.25 करोड़ रुपए जारी किए गए थे। राष्ट्रीय अल्पसंख्यक आयोग अल्पसंख्यकों के हितों के संरक्षण और उन्हें वाजिब अधिकार न मिलने के मामलों की शिकायतों की जाँच करता है और उपयुक्त अधिकारियों के साथ ये मामले उठाता है। आयोग को ऐसे मामलों में सिविल अदालत जैसे अधिकार प्राप्त हैं।

स्त्रियों के अधिकार

भारतीय संविधान के 14वें अनुच्छेद में जहां देश की समस्त स्त्रियों एवं पुरुषों को आर्थिक, राजनैतिक तथा सामाजिक क्षेत्र में समान अधिकार के अवसर प्राप्त हैं, वहीं 15 वें अनुच्छेद में लिंग के आधार पर व्यक्ति के साथ भेदभाव में प्रतिबन्ध है। अनुच्छेद 15 (3) राज्य को महिलाओं के हित के लिए अलग से कानून निर्माण का अधिकार देता है। इसी प्रकार 39 वें अनुच्छेद में महिलाओं को आजीविका का समान अवसर तथा समान काम के लिए समान वेतन देने के लिए राज्यों को निर्देश दिया गया है। अनुच्छेद पर राज्यों को काम करने के लिए उपयुक्त और मानवीय स्थितियों को सुनिश्चित करने तथा प्रसूति सुविधाएँ देने का निर्देश देता है। अनुच्छेद 51 'क' में प्रत्येक नागरिक का यह कर्त्तव्य निश्चित किया गया है कि वे ऐसा कोई भी काम न करें जो महिलाओं के सम्मान को ठेस पहुँचाए।

भारतीय महिलाओं को देश के उत्थान की मुख्यधारा में जो महत्वपूर्ण स्थान है उसके सन्दर्भ में विस्तृत स्तर पर लोगों में जागरूकता पैदा करने के उद्देश्य से साल 2001 को **'महिला अधिकारिता वर्ष'** के रूप में मनाया गया। इस दौरान एक ऐतिहासिक दस्तावेज 'महिला अधिकारिता के लिए राष्ट्रीय नीति' पारित किया गया। योजना आयोग के उपाध्यक्ष की अध्यक्षता में गठित कार्यदल ने महिलाओं के जीवन से सम्बन्धित करीब 22 कानूनों की व्यापक समीक्षा का काम अपने हाथ में लिया। राष्ट्रीय महिला आयोग भी महिलाओं में कल्याण की दिशा में महत्त्वपूर्ण कार्य कर रहा है। आयोग का गठन 31 जनवरी, 1992 को हुआ और वह एक स्वायत्तशासी संस्था के रूप में काम कर रहा है। आयोग को महिलाओं के अधिकारों और उनकी उन्नति को सुरक्षा देने सम्बन्धी कार्य सौंपे गए हैं।

अल्प उम्र के बालक

भारतीय संविधान के अनुच्छेद 24 के अन्तर्गत यह कानून बनाया गया है कि 18 वर्ष से कम अवस्था वाले बालकों को किसी कम्पनी या खतरनाक संस्थाओं में कार्य करना सम्पूर्ण रूप से निषेध किया गया है।

इसी प्रकार अनुच्छेद 45 में 14 वर्ष की अवस्था तक के सभी बालकों एवं बालिकाओं को निःशुल्क शिक्षा मुहैया करवाने का उल्लेख किया गया है। भारत के अधिकांश बेसहारा बच्चों को अभावग्रस्तता, उपेक्षा, उत्पीड़न और शोषण का शिकार होना पड़ता है। इसलिए बेसहारा बच्चों के लिए 1992-93 में एक परियोजना आरम्भ की गई थी। इसके तहत बेसहारा बच्चों को समुदाय आधारित एकीकृत गैर-संस्थागत

मूलभूत सेवाएँ प्रदान की जाती हैं। इस योजना को 1998-99 में संशोधित किया गया और इसका नाम **'बेसहारा बच्चों के लिए समन्वित कार्यक्रम'** रखा गया। इस कार्यक्रम में बेसहारा बच्चों को स्वास्थ्य, रक्षा, साफ-सफाई, आवास, पोषण, सुरक्षित पेयजल, मनोरंजन के साधन, शिक्षा और उन्हें शोषण और दुर्व्यवहार से बचाने जैसे कार्यक्रम शामिल हैं। कानूनी शिकंजे में फँसे किशोरों और बेसहारा बच्चों को मदद देने के लिए किशोर, न्यायिक (बच्चों की सुरक्षा और देखभाल) अधिनियम, 2000 (किशोर न्यायिक अधिनियम, 1986 का संशोधित रूप है।) इसी प्रकार महिला एवं बाल विकास को जरूरी गति देने के लिए मानव संसाधन मंत्रालय के एक अंग के रूप में 1985 में महिला एवं बाल विकास विभाग स्थापित किया गया। यह विभाग देशभर से महिलाओं एवं बच्चों की स्थिति सुधारने के लिए प्रयासरत सरकारी तथा गैर सरकारी संगठनों के प्रयासों में समन्वय स्थापित करता है।

सन् 2001 की जनगणना के अनुसार भारत में 6 वर्ष से कम आयु के लगभग 15 करोड़ 78 लाख 60 हजार बच्चे हैं। जो देश की कुल जनसंख्या का 15.37 प्रतिशत हैं। राष्ट्रीय बालनीति स्वीकार करने के बाद 1975 में 33 परियोजनाओं में एक अग्रगामी योजना के रूप में समन्वित बाल विकास योजनाओं को आरम्भ किया गया। समन्वित बाल विकास सेवाएँ सामाजिक, आर्थिक, और स्त्री पुरुष को कम करना चाहती हैं। विभाग ने इस योजना के समस्त तंत्र का इस्तेमाल करते हुए किशोरियों के लिए विशेष कार्यक्रम तैयार किया है। जिनमें मुख्य जोर उन लड़कियों की आवश्यकताओं को पूरा करने पर है जिनकी स्कूल की पढ़ाई छूट गई है और जो 11 से 18 साल उम्र की हैं। किशोरियों की योजना को **'किशोरी शक्ति योजना'** भी कहा जाता है।

योजना तथा सामाजिक सुधार

आर्थिक और सामाजिक परिवर्तन या विकास लाने के लिए देश में योजनाएँ एक महत्त्वपूर्ण कारक हैं। भारत के संविधान में वर्णित राज्य के नीति-निदेशक सिद्धान्तों में आयोजना या योजना को सामाजिक उद्देश्यों और लक्ष्यों का आधार बनाया गया है। हमारी अर्थव्यवस्था में सार्वजनिक और निजी क्षेत्रों को एक दूसरे का पूरक समझा जाता है। निजी क्षेत्र में संगठित उद्योगों के अलावा, कृषि, व्यापार, लघु उद्योग, आवास तथा निर्माण और अन्य क्षेत्रों की गतिविधियाँ आती हैं। राष्ट्रीय विकास के लिए व्यक्तिगत प्रयास और निजी पहल के साथ-साथ स्वैच्छिक सहयोग भी जरूरी है। पहले आर्थिक आधारभूत तथा भारी उद्योगों में व्यापक पूँजी निवेश के

जरिए सार्वजनिक क्षेत्र के विकास की व्यवस्था की गई। परन्तु अब सार्वजनिक क्षेत्र में निवेश पर कमजोर दिया जा रहा है और यह सोचा जा रहा है कि आयोजन ज्यादा-से-ज्यादा संकेतात्मक हो।

भारत में योजना

भारत की स्वतन्त्रता के पश्चात् सन् 1951 में यहां पंचवर्षीय योजनाएं लागू की गयीं। सामुदायिक विकास योजनाओं को 2 अक्टूबर सन् 1952 में ही प्रारंभ कर दिया था। भारत का जो खोखला ढाँचा अंग्रेज हमें सौंप गए थे, उसको फिर से समृद्ध और विकासशील बनाने के लिए देश के सामने पंचवर्षीय योजनाओं को अपनाने के अतिरिक्त कोई और उपाय न था। आयोजना या योजना से तात्पर्य देश की सामाजिक या आर्थिक पुनर्निमाण और प्रगति करने के उद्देश्य से उपलब्ध साधनों को एकत्रित तथा व्यवस्थित करके सुनिश्चित रूप में उपयोग में लाने को आयोजना कहते हैं। **भारत सरकार के योजना आयोग** के अनुसार, ''आयोजना वास्तव में सुनिश्चित सामाजिक लक्ष्यों की दृष्टि से अधिकतम काम उठाने के लिए साधनों को संगठित करने तथा उपयोग में लाने की पद्धति है।''

भारत में योजना का महत्त्व एवं विशेषताएं

भारतीय समाज में सामाजिक एवं आर्थिक विकास में योजना के महत्त्व एवं विशेषताओं को निम्नलिखित पंक्तियों के द्वारा समझा जा सकता है—

(1) आज भारत में इसकी विशेषता एवं महत्त्व दिन-प्रतिदिन बढ़ता जा रहा है क्योंकि आज यहाँ के आर्थिक तथा सामाजिक दोनों ही जीवन अत्यन्त विस्तृत और जटिल होते जा रहे हैं और इस जटिल आर्थिक और सामाजिक ढाँचे की प्रकृति तथा समस्याओं को बिना समझे-बूझे मनमाने तौर पर सुलझाना असम्भव है। इस कारण आज यह उत्तरोत्तर अनुभव किया जा रहा है। वैज्ञानिक आधारों पर उचित आयोजना के अनुसार सामाजिक तथा आर्थिक लक्ष्यों की ओर बढ़ने से ही अधिकतम लाभ उठाया जा सकता है, यही हो भी रहा है। वास्तव में बिना उचित योजना के आर्थिक, और सामाजिक लक्ष्यों की प्राप्ति सम्भव भी नहीं है।

(2) वर्तमान समय में भारतीय समाज के अन्तर्गत अनेक प्रकार की समृद्धशाली स्वार्थ-समूह कार्य करते हैं जिनका लक्ष्य होता है देश में उपलब्ध हो सकने वाले अधिक-से-अधिक साधनों पर इस प्रकार अधिकार कर लेना कि उनके द्वारा उनके वैयक्तिक या समूहगत स्वार्थों की अधिकतम पूर्ति हो सके। इससे आम जनता के

सामान्य हितों की पूर्ति नहीं हो पाती है। सरकार द्वारा संगठित आयोजनों में इस प्रकार की सम्भावनाएँ बहुत कम हो जाती हैं। इस दृष्टि से भी भारत में आयोजना का महत्त्व अत्यधिक है।

(3) भारतीय समाज आज की तमाम जटिल समस्याओं से बंधा हुआ है। यह कृषि प्रधान देश होते हुए भी कृषि में अत्यधिक पिछड़ा हुआ है। इसका प्रमुख कारण कृषि सम्बन्धी सुविधाओं का न होना और वैज्ञानिक साधनों का उपयोग न करना है। दूसरी ओर औद्योगिक क्षेत्र में भी भारत अत्यधिक पिछड़ा हुआ है। कुटीर उद्योगों व छोटे उद्योगों की अवस्था काफी शोचनीय है। इसके अतिरिक्त बेकारी, निर्धनता, निवास-स्थान तथा जनसंख्या की भयंकर समस्याएँ देश की प्रगति को चुनौती देती हैं। इस चुनौती का उत्तर किस प्रकार और किस ढंग से दिया जाए? इसका एक ही उत्तर है और वह यह है कि वैज्ञानिक आधारों पर आधारित आयोजना के द्वारा ही आर्थिक समस्याओं का हल सम्भव है।

(4) वर्तमान समय में भारत में विभिन्न प्रकार के कल्याणकारी योजनाओं की आवश्यकता है जैसे मातृत्व तथा शिशु कल्याण कार्यक्रम, परिवार नियोजन, स्वास्थ्य, शिक्षा, गन्दी बस्तियों का हटाना, जनजाति तथा हरिजनों का कल्याण, विस्थापितों का पुनर्वास, शारीरिक तथा मानसिक दृष्टि से असमर्थ लोगों का कल्याण, मजदूरों का कल्याण आदि। परन्तु ये भी कल्याण कार्य छुट-पुट तौर पर या अव्यवस्थित ढंग से ही नहीं किए जा सकते। इसके लिए तो सुनिश्चित आयोजना की आवश्यकता होती है। आयोजना के आधार पर ही भारत सरकार समाज-कल्याण कार्यक्रमों को स्वयं क्रियान्वित कर सकती है और साथ ही स्वयं-सेवी या ऐच्छिक संस्थाओं को आर्थिक सहायता देकर उनके माध्यम से भी अनेक कार्यों को क्रियान्वित कर सकती है। भारत सरकार, अपनी पंचवर्षीय योजनाओं के द्वारा अनेक महत्त्वपूर्ण समाज-कल्याण कार्यक्रमों को देश में लागू कर रही है।

भारत में पंचवर्षीय योजनाएँ

भारत में सामाजिक एवं आर्थिक विकास को मद्देनजर रखते हुए विभिन्न पंचवर्षीय योजनाएं संचालित की गयीं जिनका संक्षिप्त वर्णन निम्न लिखित बिन्दुओं के अन्तर्गत किया गया है—

प्रथम पंचवर्षीय योजना (1 अप्रैल, 1951 से 31 मार्च, 1956)

इस योजना कार्यक्रम की अवधि एक अप्रैल सन् 1951 से 31 मार्च 1956 तक थी जिसके प्रमुख लक्ष्य इस प्रकार थे—

1. द्वितीय विश्वयुद्ध तथा देश के विभाजन के फलस्वरूप हुई क्षतिग्रस्त अर्थव्यवस्था का पुनरुत्थान करना।
2. स्फीतिकारक प्रवृत्तियों को रोकना।
3. देश की अर्थव्यवस्था को इस प्रकार से सबल बनाना कि भविष्य में द्रुत गति से आर्थिक विकास सम्भव हो सके। अर्थात् सड़कों का निर्माण करना, परिवहन एवं संचार की सुविधाएँ उपलब्ध कराना, सिंचाई एवं जलविद्युत परियोजनाओं का निर्माण करना आदि।
4. उत्पादन क्षमता से वृद्धि तथा आर्थिक विषमता को यथासम्भव कम करना।
5. खाद्यान्न संकट का समाधान करना तथा कच्चे मालों विशेषकर पटसन एवं रुई की स्थिति को सुधारना।
6. ऐसी प्रशासनिक एवं अन्य संस्थाओं का निर्माण करना जो कि देश के विकास कार्यक्रमों को लागू करने के लिए आवश्यक हों।

प्रथम पंचवर्षीय योजना के अन्तर्गत पाँच वर्षों की अवधि में कुल 2,378 करोड़ रुपए व्यय करने की व्यवस्था की गई थी। किन्तु योजनावधि में केवल 1,960 करोड़ रुपए ही व्यय किए गए कुल व्यय का 44.6% व्यय सार्वजनिक क्षेत्र के लिए निर्धारित किया गया था। इस योजना में कृषि को उच्चतम प्राथमिकता दी गई।

इस योजना में प्राप्ति लक्ष्यों से ज्यादा थी। योजना अवधि में राष्ट्रीय आय में वार्षिक वृद्धि की चक्रवृद्धि दर 1993-94 की कीमतों पर 3.6% (लक्ष्य 2.1%) थी। जबकि प्रति व्यक्ति आय में 1.8 प्रतिशत की बढोत्तरी हुई तथा वृद्धिमान पूँजी उत्पाद अनुपात 2.95 : 1 रहा पूँजी निवेश की दर राष्ट्रीय आय के 5% से बढ़ाकर 7% करने का लक्ष्य निश्चित किया गया।

द्वितीय पंचवर्षीय योजना (1 अप्रैल, 1956 से 31 मार्च, 1961)

भारत में द्वितीय पंचवर्षीय योजना। अप्रैल, 1956 से लागू की गई तथा 31 मार्च, 1961 को खत्म हुई। इस योजना का प्रमुख लक्ष्य देश में औद्योगीकरण की प्रक्रिया प्रारम्भ करना था। जिससे भारतीय अर्थव्यवस्था का मजबूत आधार पर सर्वांगीण विकास किया जा सके। इसके अतिरिक्त 1956 में घोषित की गई औद्योगिक नीति में समाजवादी ढंग के समाज की स्थापना को स्वीकार किया गया। इस योजना में सम्पूर्ण व्यय लगभग 4,672 करोड़ रुपये हुआ था। इस योजना में 1993-94 की मूल्यों पर राष्ट्रीय आय में 4.1% की वार्षिक वृद्धि हुई। परन्तु प्रति व्यक्ति आय में 2.0% की वार्षिक वृद्धि हुई। इस योजनावधि में राष्ट्रीय आय में

25% वृद्धि के लक्ष्य की प्राप्ति न होने का आंशिक कारण योजना में परिकल्पित आशावादी पूँजी उत्पाद अनुपात था।

महालनोबिस प्रारूप के अन्तर्गत में यह 2 : 1 कल्पित किया गया था, लेकिन असल में यह 1980-81 की कीमतों पर 3.40 : 1 का अनुमानित किया गया। द्वितीय योजना के कुल परिव्यय की राशि 4,672 करोड़ रुपए में से 1,049 करोड़ रुपए की विदेशी सहायता प्राप्त हुई जो कुल परिव्यय का 24 प्रतिशत थी। द्वितीय योजनाकाल में देश के मूल्य स्तर में 30 प्रतिशत की बढ़ोत्तरी हुई, जबकि पहली योजना में इसमें 13% की गिरावट आयी। इस पंचवर्षीय योजना के प्रमुख लक्ष्यों को निम्नलिखित पंक्तियों में स्पष्ट किया गया है–

1. रोजगार के अवसरों में वृद्धि करना।
2. आय व सम्पत्ति की असमानता को कम करना तथा आर्थिक शक्ति का अधिक समान वितरण करना।
3. द्रुत गति से औद्योगीकरण करना जिसमें आधारभूत उद्योगों तथा भारी उद्योगों के विकास पर पर्याप्त बल दिया गया हो।
4. देश के जीवन स्तर को ऊँचा उठाने के लिए 5 वर्षों में राष्ट्रीय आय में 25% की वृद्धि करना।
5. पूँजी निवेश की दर को 7% से बढ़ाकर 1960-61 तक 11% करना।

तृतीय पंचवर्षीय योजना (1 अप्रैल, 1961 से 31 मार्च, 1966)

भारत में तृतीय पंचवर्षीय योजना एक अप्रैल, 1961 से संचालित की गयी जो 31 मार्च, 1966 को समाप्त हुई। इस योजना में अर्थव्यवस्था को आर्थिक गतिशीलता की स्थिति तक पहुँचाने का लक्ष्य रखा गया था तृतीय पंचवर्षीय योजना के निम्नलिखित लक्ष्य थे–

1. अवसर की समानता को अधिकाधिक बढ़ाना तथा आय व धन के वितरण की असमानता को कम करना एवं आर्थिक शक्ति का समान वितरण करना।
2. खाद्यान्नों में आत्मनिर्भरता प्राप्त करना तथा उद्योग एवं निर्यात की आवश्यकताओं को पूरा करने के लिए कृषि उत्पादन को बढ़ाना।
3. आधारभूत उद्योगों, जैसे-इस्पात, रासायनिक उद्योग, ईंधन व शक्ति का विस्तार करना तथा मशीन निर्माण क्षमता स्थापित करना, जिससे आगामी लगभग 10

वर्षों में देश के स्वयं के साधनों से औद्योगीकरण की आवश्यकताएँ पूरी की जा सकें।

4. देश की श्रम शक्ति का अधिकतम उपयोग करना तथा रोजगार के अवसरों में वृद्धि करना।
5. राष्ट्रीय आय में 5% से अधिक वार्षिक वृद्धि प्राप्त करना तथा पाँच वर्षों में 30% वृद्धि करना। इसी प्रकार प्रति व्यक्ति आय में इसी अवधि में 17% वृद्धि करना।

पुनः इस योजना के अन्तर्गत खाद्य संबंधी पैदावार में 6% औसत वार्षिक वृद्धि तथा औद्योगिक उत्पादन में 14% वार्षिक वृद्धि का लक्ष्य निर्धारित किया था। परन्तु योजना अवधि में खाद्यान्न उत्पादन में केवल 2 प्रतिशत वार्षिक वृद्धि ही हो सकी, योजना के 5 वर्षों में राष्ट्रीय आय की वृद्धि 5.0% प्रतिवर्ष के लक्ष्य की तुलना में 1993-94 की कीमतों पर 2.5% की वार्षिक वृद्धि दर प्राप्त की गई तथा प्रति व्यक्ति राष्ट्रीय आय में वार्षिक वृद्धि दर 0.2% की ही रही। इस योजना की असफलता का प्रमुख कारण 1962 में चीन के साथ तथा 1965 में पाकिस्तान के साथ युद्ध छिड़ना था। 1965-66 में देश में सूखा पड़ा। अतः 1965-66 में तो राष्ट्रीय आय में वृद्धि की तुलना में वस्तुतः 4.7% की कमी हुई। तृतीय योजना के दौरान सार्वजनिक क्षेत्र में परिव्यय की प्रस्तावित राशि 7,500 करोड़ रुपए थी, जबकि असली व्यय 8,577 करोड़ रुपए था। तृतीय पंचवषीय योजना के बाद लगातार तीन वर्ष तक वार्षिक योजनाओं का प्रारंभ किया गया।

वार्षिक योजनाएँ (1966-67 से 1968-69)

तृतीय पंचवर्षीय योजना की अवधि 31 मार्च 1966 को समाप्त हो गयी। तदनुसार चतुर्थ योजना को 1 अप्रैल, 1966 से शुरू होना चाहिए था। किन्तु तृतीय योजना की दुर्भाग्यपूर्ण असफलता के परिणामस्वरूप अर्थव्यवस्था के विभिन्न क्षेत्रों में उत्पादन लगभग स्थिर-सा हो गया था। जून, 1966 में भारत सरकार द्वारा देश के निर्यातों में वृद्धि करने के उद्देश्य से भारतीय मुद्रा के अवमूल्यन की घोषणा की गयी। लेकिन इसके अनुकूल परिणाम प्राप्त नहीं हो सके। इस प्रकार चौथी योजना को कुछ समय के लिए स्थगित कर दिया गया तथा उसके स्थान पर तीन वार्षिक योजनाएँ लागू की गईं। कुछ अर्थशास्त्रियों ने तो 1966 से 1969 तक की अवधि को योजना अवकाश की संज्ञा तक दे दी। क्योंकि इस अवधि में कोई नियमित नियोजन नहीं किया गया।

चौथी पंचवर्षीय योजना (1 अप्रैल, 1969 से 31 मार्च, 1974)

चौथी पंचवर्षीय योजना एक अप्रैल सन् 1969 को प्रारंभ करके 31 मार्च, 1974 तक कार्यान्वित की गयी, स्थिरता के साथ आर्थिक विकास तथा आत्मनिर्भरता की अधिकाधिक प्राप्ति करना इस योजना के केन्द्र बिन्दु थे। इस योजना के निम्नलिखित लक्ष्य निर्धारित किए गए–

1. मूल्य स्तर में स्थायित्व लाने के उद्देश्य से मुद्रा प्रसार सम्बन्धी तत्त्वों को नियन्त्रित करना।
2. सामान्य उपभोग की वस्तुओं, जिन पर उपभोक्ता अपनी आय का अधिकांश भाग व्यय करता है, के उत्पादन को प्रोत्साहित करना।
3. अर्थव्यवस्था में 5.7% की वार्षिक दर से आर्थिक विकास।
4. कृषि तथा औद्योगिक उत्पादन क्षेत्र में आत्मनिर्भरता प्राप्त करना। कृषि उत्पादन में 5% की वार्षिक दर से तथा औद्योगिक उत्पादन में 8% से 10% वार्षिक दर से वृद्धि।
5. सार्वजनिक क्षेत्र का विकास करना।
6. बैंकों पर सामाजिक नियन्त्रण लगाना।
7. समाज में आर्थिक समानता एवं न्याय की स्थापना करना।
8. रोजगार के अधिकाधिक अवसरों का सृजन करना।
9. पिछड़े क्षेत्रों का अधिकाधिक विकास करना तथा क्षेत्रीय विषमता को दूर करना।
10. कृषि उत्पादन में वृद्धि के साथ देश में बफर स्टॉक (Buffer Stock) का निर्माण करना, ताकि कृषि पदार्थों की निरन्तर पूर्ति सुनिश्चित की जा सके तथा मूल्यों को भी स्थिर रखा जा सके।
11. निर्यात में 7% वृद्धि करना।
12. जनसंख्या वृद्धि पर नियन्त्रण लगाने तथा जीवन स्तर में सुधार लाने के लिए परिवार नियोजन के कार्यक्रमों को लागू करना।

इस योजना के अन्तर्गत 1993-94 की कीमतों पर राष्ट्रीय आय में औसत वार्षिक वृद्धि दर 3.8% प्रति व्यक्ति आय की वार्षिक वृद्धि दर 1.5% रही, जो कि लक्ष्य से नीची थी। खाद्यान्नों का औसत वार्षिक उत्पादन केवल 2.7 प्रतिशत की दर से बढ़ा औद्योगिक उत्पादन में औसत वार्षिक वृद्धि दर 4% रही। जो लक्ष्य से बहुत कम थी। थोक मूल्य सूचकांक 1969-70 में (1961-62 = 100) 175.7 था। जो

1973-74 में बढ़कर 283.6 हो गया। अर्थात् चतुर्थ योजनाकाल में कीमतों में वृद्धि लगभग 61% की हुई थी। चौथी योजना के दौरान सार्वजनिक क्षेत्र में परिव्यय की प्रस्तावित राशि 15,902 करोड़ रुपए थी। जबकि वास्तविक व्यय 15,779 करोड़ रुपए था।

पाँचवीं पंचवर्षीय योजना (1 अप्रैल, 1974 से 31 मार्च, 1979)

एक अप्रैल सन् 1974 को यह योजना शुरू होकर 31 मार्च सन् 1979 को खत्म हुई। यह योजना जनता सरकार द्वारा एक वर्ष पूर्व ही समाप्त घोषित कर दी गई थी। इस योजना का मुख्य उद्देश्य **'गरीबी का उन्मूलन और आत्मनिर्भरता'** था। इन उद्देश्यों के लिए अग्रलिखित लक्ष्य निर्धारित किये गये–

1. एक न्यायपूर्ण कीमत-मजदूरी नीति।
2. अनावश्यक उपयोग पर कड़ा प्रतिबन्ध।
3. निर्यात प्रोत्साहन एवं आयात प्रतिस्थापन पर बल।
4. सामाजिक कल्याण का विस्तृत कार्यक्रम।
5. सामाजिक, आर्थिक एवं क्षेत्रीय असमानताओं को कम करने के संस्थानात्मक, राजकोषीय एवं अन्य उपाय।
6. निर्धन वर्गों को उचित एवं स्थिर मूल्यों पर अनिवार्य उपभोग की वस्तुएँ उपलब्ध कराने के लिए पर्याप्त वसूली एवं वितरण प्रणाली।
7. कृषि एवं जनोपयोगी वस्तुओं को उत्पन्न करने वाले उद्योगों पर बल।
8. न्यूनतम आवश्यकताओं का राष्ट्रीय कार्यक्रम जिसमें प्राथमिक शिक्षा, पीने का पानी, ग्राम क्षेत्रों में चिकित्सा, पौष्टिक भोजन, भूमिहीन श्रमिकों के मकानों के लिए जमीन, ग्रामीण सड़कें ग्रामों का विद्युतीकरण एवं गन्दी बस्तियों की उन्नति एवं सफाई सम्मिलित है।
9. उत्पादक रोजगार के अवसरों का विस्तार करना।
10. राष्ट्रीय आय में 5.0% (लक्ष्य 5.5%) की सामान्य वार्षिक वृद्धि।

छठी पंचवर्षीय योजना (1 अप्रैल, 1980 से 31 मार्च, 1985)

जनता सरकार ने पाँचवीं पंचवर्षीय योजना को उसकी अवधि के एक वर्ष पूर्व ही अर्थात् चार बर्षों (1974-78) में ही समाप्त करके 1 अप्रैल, 1978 से एक नवीन योजना शुरू की जिसे **अनवरत योजना** के नाम से पुकारा गया। इस अनवरत योजना के प्रथम चरण के रूप में 1 अप्रैल, 1978 से पाँच वर्षों (1978-83) के लिए छठी

योजना प्रारम्भ की गई, किन्तु 1980 में जनता सरकार द्वारा बनायी गयी अनवरत योजना को समाप्त कर दिया तथा एक नई छठी योजना प्रारम्भ की जिसकी अवधि 1980-85 रखी गई। छठी पंचवर्षीय योजना के विभिन्न लक्ष्य निर्धारित किये गये जिनमें से कुछ लक्ष्य इस प्रकार हैं–

1. जनसंख्या में वृद्धि पर नियन्त्रण के लिए विविध नीतियों को प्रोत्साहन देना।
2. विकास के अल्प और दीर्घकालीन लक्ष्यों में समन्वय स्थापित करना और इसके लिए वातावरण सम्बन्धी परिसम्पत्तियों को संरक्षण देना तथा उनमें सुधार करना।
3. सार्वजनिक नीतियों और सेवाओं को ऐसा रूप देना जिससे आय और सम्पत्ति की असमानताएँ कम हों।
4. विकास की गति और तकनीकी लाभों के प्रसार में क्षेत्रीय असमानताओं में कमी करना।
5. उपयुक्त शिक्षा, संचार और संस्थागत युक्तियों के द्वारा लाभों के सभी वर्गों के विकास की प्रक्रिया में भागीदारी को बढ़ाना।
6. न्यूनतम आवश्यकता कार्यक्रम के माध्यम से लोगों के जीवन में गुणात्मक सुधार।
7. गरीबी तथा बेरोजगारी की व्यापकता में निरन्तर कमी।
8. ऊर्जा के घरेलू स्त्रोतों का तेजी के साथ विकास तथा ऊर्जा के रक्षण एवं कार्यकुशल उपयोग पर बल देना।
9. आर्थिक विकास की दर में पर्याप्त वृद्धि, संसाधनों के प्रयोग से सम्बन्धित कार्यकुशलता में सुधार तथा उत्पादकता को बढ़ाना।
10. आर्थिक और प्रौद्योगिक आत्म-निर्भरता को प्राप्त करने के लिए आधुनिकीकरण को बढ़ावा देना।

इस योजना का प्रमुख लक्ष्य वार्षिक उत्पादन में 5.2% की वृद्धि करना था लेकिन 1993-94 की कीमतों पर असली वार्षिक वृद्धि दर 5.4% रही। निर्धनता एवं बेरोजगारी के निवारण के लिए अनेक महत्त्वपूर्ण कार्यक्रम अपनाए गए। खाद्यान्न उत्पादन का लगभग 154 मि. टन का लक्ष्य प्राप्त कर लिया गया। इस योजना में औद्योगिक उत्पादन वृद्धि का लक्ष्य 7 प्रतिशत था। लेकिन वास्तविक वृद्धि 5.4 प्रतिशत की हुई। इस योजना में प्रति व्यक्ति आय में वार्षिक वृद्धि लगभग 3.2% हुई। छठी योजना के दौरान सार्वजनिक क्षेत्र में परिव्यय की प्रस्तावित राशि 97,500 करोड़ रुपए थी। परन्तु वास्तविक व्यय 1,09,292 करोड़ रुपए था।

सातवीं पंचवर्षीय योजना (1 अप्रैल, 1985 से 31 मार्च, 1990)

भारत में सातवीं पंचवर्षीय योजना की शुरुआत एक अप्रैल, 1985 से लेकर 31 मार्च, 1990 तक कार्यान्वित रही। इस योजना के कुछ प्रमुख लक्ष्य इस प्रकार थे—

1. ऊर्जा संरक्षण और गैर परम्परागत ऊर्जा स्रोतों का विकास।
2. पारिस्थितिकीय एवं पर्यावरणीय संरक्षण।
3. निर्यात संवृद्धि तथा आयात प्रतिस्थापन द्वारा आत्मनिर्भरता को प्रोत्साहन देना।
4. कृषि उत्पादन, विशेषतः खाद्यान्नों के उत्पादन में पर्याप्त वृद्धि।
6. उत्पादक रोजगार का सृजन करना।
7. 5 प्रतिशत वार्षिक विकास की दर प्राप्त करना।
8. देशी तकनीकी विकास के लिए मजबूत आधार तैयार करना।
9. सामाजिक एवं आर्थिक असमानताओं को प्रभावी रूप से कम करना।
10. साम्य एवं न्याय पर आधारित सामाजिक प्रणाली की स्थापना।
11. एक स्वतंत्र आत्मनिर्भर अर्थव्यस्था की स्थापना।

5% वार्षिक विकास की दर का लक्ष्य सातवीं योजना में रखा गया था, जबकि योजनाकाल में राष्ट्रीय आय की वास्तविक वार्षिक वृद्धि दर (1993-94 की कीमतों पर) 5.8% की अनुमानित की गई। प्रति व्यक्ति आय में वृद्धि पर 3.6% की रही कुछ क्षेत्रों में वृद्धि दर लक्ष्य से कुछ कम रही, परन्तु प्रधान क्षेत्रों में वृद्धि दर काफी सराहनीय थी।

आठवीं पंचवर्षीय योजना (1 अप्रैल, 1992 से 31 मार्च, 1997)

भारत में आठवीं पंचवर्षीय योजना अप्रैल, 1990 को प्रारंभ हो जानी चाहिए किन्तु केन्द्र में दो वर्षों में राजनीतिक परिवर्तनों के कारण यह योजना अपने समय से दो वर्ष बाद प्रारंभ हुई। राष्ट्रीय विकास परिषद ने योजना के प्रारूप को 23 मई, 1992 को हुई अपनी बैठक में स्वीकृति दे दी थी। यह योजना 1 अप्रैल, 1992 को शुरू हो गई थी तथा 31 मार्च, 1997 को खत्म हो गई।

(1992-97) में आठवीं पंचवर्षीय योजना वार्षिक विकास दर का लक्ष्य 5.6 प्रतिशत निर्धारित किया गया था। इस योजना में 7,98,000 करोड़ रुपए के कुल परिव्यय का प्रावधान था, जिसमें से 4,34,1000 करोड़ रुपए का परिव्यय सार्वजनिक क्षेत्र के लिए था। सार्वजनिक क्षेत्र की इस राशि में से 3,61,000 करोड़ रुपए की

राशि नए निवेश तथा 73,100 करोड़ रुपए चालू व्यय के लिए रखे गए थे। सार्वजनिक क्षेत्र का असली परिव्यय 4,95,669 करोड़ रुपए रहा था।

नौवीं पंचवर्षीय योजना (1 अप्रैल, 1997 से 31 मार्च, 2002)

31 मार्च 1997 को आठवीं योजना समाप्त हो गयी तथा नौवीं पंचवर्षीय योजना (1997-2002) के संशोधित मसौदे को केन्द्रीय मन्त्रिमण्डल ने 9 जनवरी, 1999 को अपनी मंजूरी दी थी।

इस योजना में सम्पूर्ण गृह उत्पादनों में 7% वार्षिक विकास एवं वृद्धि का लक्ष्य निर्धारित हुआ था। 1997-98 (नौवीं योजना का पहला वर्ष) में यह वृद्धि 5.1 प्रतिशत रहने तथा वित्तीय वर्ष 1998-99 में भी इसके 6 प्रतिशत रहने के अनुमान के आधार पर नौवीं पंचवर्षीय योजना में औसत वार्षिक वृद्धि दर का लक्ष्य 7.0 प्रतिशत से घटाकर 6.5 प्रतिशत कर दिया गया था। परन्तु वास्तविक वार्षिक वृद्धि दर योजना में सार्वजनिक क्षेत्र का परिव्यय भी 8,75,000 करोड़ रुपए से घटाकर 1996-97 की मूल्यों पर 8,59,200 करोड़ रुपए कर दिया गया था, जिसमें समग्र बजटीय संसाधन एवं घरेलू तथा अतिरिक्त संसाधन क्रमशः 5,18,791 करोड़ रुपए (कुल का 60.4%) तथा 3,40,409 करोड़ रुपए (कुल का 39.6%) अनुमानित किए गए थे। सार्वजनिक क्षेत्र के योजना परिव्यय में केन्द्र का योजना परिव्यय 4,89,361 करोड़ रुपए था। केन्द्र के योजना खर्च (4,89,361 करोड़ रुपए) में केन्द्रीय सार्वजनिक क्षेत्र उपक्रमों द्वारा विनियोग 66% के स्तर पर नौवीं योजना में प्रक्षेपित किया गया था। योजना के तहत बचत, निवेश, निर्यात एवं आयातों के लक्ष्यों को पूर्व में निर्धारित लक्ष्यों से कुछ कम कर दिया गया। निर्यातों में वास्तविक वृद्धि (मात्रानुसार) का वार्षिक लक्ष्य अब 11.8 प्रतिशत था, जबकि आयातों में यह 10.8 प्रतिशत तक सीमित रखने का लक्ष्य था। आठवीं योजना में निर्यातों व आयातों की वृद्धि दर क्रमशः 11.9 प्रतिशत व 11.7 प्रतिशत रही थी। योजना में औसत राजकोषीय घाटा सकल घरेलू उत्पाद के 5 प्रतिशत पर रखने तथा योजना के अन्तिम वर्ष में इसे 4.1 प्रतिशत के स्तर पर लाने का लक्ष्य था। आठवीं पंचवर्षीय योजना में वृद्धिमान पूँजी उत्पाद अनुपात 3.7 रहा था। जबकि नौवीं योजना में यह 4.53 रहने का लक्ष्य था। सकल घरेलू बचत की दर सकल घरेलू उत्पाद की 23.31% व निवेश की दर सकल घरेलू उत्पाद की 24.23 प्रतिशत संशोधित की गई। इस प्रकार विदेशी सहायता पर निर्भरता (चालू खाते का घाटा) सकल घरेलू उत्पाद की 0.91 प्रतिशत अनुमानित की गई।

इस तरह इस योजना में सम्पूर्ण गृह या घरेलू उत्पादनों में 6.5% का सालाना विकास उपलब्ध करने हेतु कृषि जगत में 3.9%, खनन में 5.1%, विनिर्माणी क्षेत्र में 7.1%, विद्युत क्षेत्र में 8.4%, निर्माण में 6.8% तथा संचार के क्षेत्र में 11.9% वार्षिक वृद्धि प्राप्त करने का संशोधित लक्ष्य निर्धारित किया गया था।

नौवीं योजना के अन्तिम वर्ष तक केन्द्र सरकार के कर राजस्व व जी.डी.पी. का अनुपात 11.5 प्रतिशत निर्धारित किया गया था। इसी के साथ-साथ ब्याज दायित्व व जीडीपी के अनुपात को भी वर्तमान के 5% से घटाकर 3% तक लाने का लक्ष्य निर्धारित किया गया। कर-जीडीपी अनुपात 1997-98 में 10.5% था जो घटकर वित्तीय वर्ष 1998-99 में 9.5% रहा था।

योजना आयोग के अनुसार संशोधित नौवीं योजना में सार्वजनिक क्षेत्र के कुल 8,59,200 करोड़ रुपए के परिव्यय में केन्द्रीय योजना 4,89,000 करोड़ रुपए की तथा राज्यों एवं केन्द्रशासित क्षेत्रों की योजना 3,70,000 करोड़ रुपए की निर्धारित की थी। योजना के लिए 3,74,000 करोड़ रुपए की बजटीय सहायता के अतिरिक्त सार्वजनिक उपक्रमों द्वारा आंतरिक स्रोतों से 2,90,000 करोड़ रुपए के संसाधन जुटाए जाने का लक्ष्य था। शेष 1,95,000 करोड़ रुपए राज्यों व केन्द्रशासित क्षेत्रों के जरिए जुटाए जाने का लक्ष्य रखा।

योजना के संशोधित प्रारूप में प्रधानमन्त्री की विशेष कार्ययोजना के लिए 21,946 करोड़ रुपए का प्रावधान किया गया। इसके तहत् पाँच क्षेत्रों—खाद्य एवं कृषि, सूचना प्रौद्योगिकी, भौतिक आधारिक संरचना, जल संसाधन नीति तथा स्वास्थ्य, प्राथमिक शिक्षा, आवास एवं पेयजल पर विशेष ध्यान दिया जाना था। वर्तमान में ग्यारहवीं योजना जारी है।

11

भारत में सामाजिक परिवर्तन की रूपरेखा

परिवर्तन प्रकृति का नियम है, परिवर्तन ही सब वस्तुओं के प्रारूप को बदल देता है, परिवर्तन से परे कुछ भी नहीं है, यह एक ऐसा अकाट्य सत्य है कि समय के साथ कुछ नवीन (परिवर्तन) धारणाऐं उत्पन्न होती रहती हैं। यहां हम भारत के सामाजिक परिवर्तन की चर्चा करेंगे।

1. सामाजिक संस्थाओं में बदलाव

भारत की सामाजिक व्यवस्था में बहुत से रूढ़िवादी विचारों का समागम है। आज परिवार, विवाह, जाति की संस्था, सामाजिक, आर्थिक और राजनीतिक व्यस्था सभी में महत्त्वपूर्ण परिवर्तन हुए हैं। संयुक्त परिवार क्रमशः छोटे होते गये हैं और अब एकल परिवार उनका स्थान लेते जा रहे हैं। स्त्रियों से सम्बन्धित सामाजिक विधान बनाने के बाद से विवाह की संस्था में तेजी से परिवर्तन हुआ है। बाल-विवाह की प्रथा तकरीबन समाप्त हो गई है, विधवा-पुनर्विवाह होने लगे हैं, सम्पत्ति में स्त्रियों को अधिकार मिल चुका है। अब उन्हें दत्तक पुत्र ग्रहण करने की भी सुविधा है। महिलाएं शिक्षा के बल पर पुरुषों से बराबर प्रतिस्पर्धा कर रही हैं। नगरीय क्षेत्रों में उनकी गतिशीलता में काफी बदलाव आया है। घर से बाहर स्त्रियों के धनोपार्जन हेतु काम करने से स्त्री-पुरुष सम्बन्ध विषयक मूल्यों में परिवर्तन दिखलाई पड़ता है। इससे परिवार की संरचना में भी अन्तर हुआ है और स्त्री-पुरुष की स्थितियों और कार्यों पर प्रभाव पड़ा है।

2. जाति व्यवस्था में परिवर्तन

वर्तमान भारतीय समाज में जाति (वर्ण-व्यवस्था) बहुत ही प्राचीन है। लेकिन इसमें समय के साथ कुछ परिवर्तनों से संघर्ष के बीच नयी जातियों का उदय हो गया। इस संघर्ष से कई जातियों ने पहले से ज्यादा ऊँचा स्थान प्राप्त किया है। इस तरह जाति व्यवस्था के तहत सामाजिक संस्तरण में विशिष्ट जाति का स्थान बदलता रहा है। लेकिन अभी इनमें कुछ महत्वपूर्ण परिवर्तन नहीं हुआ है। जातियों की पंचायतों का सामाजिक नियन्त्रण में महत्व पहले से काफी कम हो गया है। क्रमशः इस प्रकार की पंचायतों की संख्या बहुत कम हो गई है। राजनीतिक कारणों से एक ओर जातिवाद को फिर से बढ़ाने की प्रवृत्ति दिखलाई पड़ती है किन्तु दूसरी तरफ शिक्षा के प्रसार, औद्योगीकरण, नगरीकरण, लौकिकीकरण इत्यादि प्रक्रियाओं से जातिवाद को कम प्राथमिकता मिल रही है। भविष्य में जाति व्यवस्था का स्वरूप क्या होगा, यह अनिश्चित है किन्तु स्पष्ट है कि जाति व्यवस्था कभी भी एक-सी नहीं रही, उसमें बदलाव होता रहा है।

3. जजमानी संबंध

प्राचीनकाल से हमारे प्रदेश में आर्थिक व्यवस्था तथा सामाजिक व्यवस्था दोनों में घनिष्ठता रही है। उदाहरणार्थ गाँवों में विभिन्न जातियों के सदस्यों के परस्पर सम्बन्ध जजमानी व्यवस्था से नियन्त्रित होते रहे हैं। जजमानी व्यवस्था से लोगों के आर्थिक और सामाजिक दोनों ही तरह के सम्बन्ध निर्धारित होते हैं। इनमें कुछ जातियाँ अन्य जातियों की जजमान होती हैं। वर्तमान परिप्रेक्ष्य में जातिगत स्वरूप में परिवर्तन के कारण जजमानी प्रथा लगभग समाप्त होती जा रही है। अब विविध व्यक्तियों के परस्पर सम्बन्ध जजमानी प्रथा से नहीं किन्तु उनकी आर्थिक-राजनीतिक स्थिति से तय होते हैं। आजादी से पहले ब्रिटिश भारत में यह प्रथा गांवों में चालू थी। अब यह खत्म हो चुकी है या इसने नया रूप धारण कर लिया है।

4. औद्योगिक बदलाव

औद्योगिक एवं प्रौद्योगिकी के विकास से भारतीय सामाजिक व्यवस्था में परिवर्तन हुआ है। दूसरे देशों की तुलना में यहाँ पर सामाजिक परिवर्तन प्रौद्योगिक परिवर्तनों से पीछे छूट गए दिखलाई पड़ते हैं। पश्चिमी देशों के सम्पर्क में आने से भारत में नई-नई प्रविधियाँ, नई-नई मशीनें, यातायात और सन्देशवाहन के साधन इत्यादि प्रौद्योगिकी की विविध वस्तुएँ तेजी से अपनायी जा रही हैं। बड़े-बड़े भारतीय

नगर प्रौद्योगिक दृष्टि से पश्चिमी नगरों से किसी भी तरह से कम नहीं हैं। किन्तु दूसरी ओर सामाजिक सम्बन्ध अभी पश्चिम के सामाजिक सम्बन्धों से बहुत अलग हैं। यह ठीक है कि हर-कहीं सामाजिक सम्बन्धों में परिवर्तन हुआ है किन्तु अभी भी यह बदलाव पश्चिमी देशों की तुलना में काफी कम है। एशिया में जापान का जैसा आधुनिकीकरण और पश्चिमीकरण हुआ है, वैसा भारत का नहीं हुआ। सामाजिक परिवर्तन हुआ है किन्तु अभी भी परिवर्तन से पिछड़ जाने का एक प्रमुख कारण राजनीतिक ही है। आधुनिक काल में 'अंग्रेजों' के खिलाफ स्वतन्त्रता का युद्ध छेड़ने वाले नेताओं ने स्वदेशी का आन्दोलन उठाया। अंग्रेज भारत में पश्चिमीकरण और सामाजिक संस्थाओं, संरचना, वेशभूषा, तौर-तरीके, रीति-रिवाज आदि सभी में फिर से पुरातन भारतीय मूल्यों को स्थापित करने की चेष्टा की गई। श्री अरविन्द जैसे विचारकों ने प्राचीन भारतीय संस्कृति के महत्व को पुनः स्पष्ट किया और पश्चिमी आलोचकों को मुंहतोड़ जवाब दिया। राजनीतिक दृष्टि से स्वदेशी आन्दोलन से राष्ट्रीय चेतना जागृत हुई किन्तु सामाजिक दृष्टि से सामाजिक परिवर्तन की प्रक्रिया पीछे रह गई। समकालीन भारतीय सामाजिक परिवर्तन में जनतन्त्रीय मूल्यों की तरफ सामान्य प्रवृत्ति देखी जा सकती है। आर्थिक, राजनीतिक, सामाजिक, सभी क्षेत्रों में स्वतन्त्रता और समानता के मूल्य बढ़ते जा रहे हैं। सामाजिक नियन्त्रण शिथिल पड़ रहा है, लोग अपनी मर्जी से स्वयं सोच-विचार कर काम करना चाहते हैं। परिवार का अनुशासन काफी कम हो गया है, नई पीढ़ी की युवक-युवतियाँ अपनी पसन्द से विवाह सम्बन्ध करना और व्यवस्था ग्रहण करना उचित समझती हैं तथा इसे बुजुर्गों के द्वारा निर्धारित करना पसंद नहीं करते।

5. बुद्धिजीवी वर्ग का महत्त्व

भारत में सामाजिक परिवर्तन की रूपरेखा को समझने में बुद्धिजीवी वर्ग के महत्व को ध्यान में रखना चाहिए। यह बुद्धिजीवी वर्ग शहरी औद्योगिक संस्कृति से प्रभावित है। इस पर पश्चिम की वैज्ञानिक विचारधारा का स्पष्ट प्रभाव है। ज्ञान-विज्ञान के सभी क्षेत्र में हम पश्चिम के विचारों से परिचित हैं। इस बुद्धिजीवी वर्ग में आधुनिकीकरण की प्रक्रिया काम कर रही है किन्तु अभी इस प्रक्रिया का कार्य बहुत अधूरा है और कुछ पहलू में बुद्धिजीवी वर्ग परम्परा के ही अनुसार चलता है। जीवन के कई क्षेत्रों में पुराने अन्धविश्वास, रूढ़ियाँ और परम्पराएँ आज भी देखे जा सकती हैं। कई वैज्ञानिक संस्थाओं के उद्घाटन पर यज्ञ आदि प्राचीन संस्कार किए जाते हैं। इससे समझा जा सकता है कि बुद्धिजीवी वर्ग आधुनिकता और प्राचीन

संस्कार दोनों में विश्वास करता है। इसका एक बड़ा कारण हिन्दू धर्म की इस विशेषता में है कि उसमें परस्पर विरोधी प्रवृत्तियां एक साथ पलती हैं। पुरातन काल से ही हिन्दू धर्म में प्रवृत्ति एवं निवृत्ति के मूल्य एकसाथ पलते रहे हैं। इस स्थिति का जहाँ अपना लाभ है। जिससे लाभ होगा उससे कुछ न कुछ हानि जरूर होगी जो वर्तमान समय में सामाजिक परिवर्तन में बाधा उत्पन्न करेगी।

भारत में सामाजिक परिवर्तन के कारक

भारतवर्ष में सामाजिक परिवर्तन का सर्वेक्षण करने से इन सभी कारकों का प्रभाव स्पष्ट होगा। सामाजिक बदलाव में अनेक कारक काम करते हैं जिनमें सांस्कृतिक, प्रौद्योगिक, जैविकीय, आर्थिक, भौगोलिक परिवेश सम्बन्धी, मनोवैज्ञानिक तथा विचारधारात्मक कारक प्रमुख कारक हैं। ये प्रत्येक कारक परस्पर निर्भर होते हैं। ये सभी कारक मिलकर सामाजिक परिवर्तन के उत्तरदायी होते हैं और विशिष्ट बदलाव में किस कारक का कितना योगदान है, इसका केवल अनुमान ही लगाया जा सकता है। संक्षेप में, भारत में सामाजिक बदलाव में निम्नलिखित मुख्य कारक देखे जा सकते हैं–

1. सांस्कृतिक कारक

सांस्कृतिक कारक मूल्यों, शैलियों, भावनात्मक लगावों और बौद्धिक अभियानों का क्षेत्र है। इन्हीं पर सामाजिक परिवर्तन निहित होता है। उदाहरणार्थ हिन्दू विवाह की संस्था का लक्ष्य धर्म-पालन, प्रजोत्पत्ति और रति है। वर्तमान काल में धर्म का महत्व घट जाने से और परिवार नियोजन पर जोर दिए जाने के कारण विवाह में प्रेम की प्रधानता हो गयी है। मूल्यों में इस बदलाव से विवाह की संस्था अस्थिर हुई है। जो परिवार में संघर्ष का कारण बन जाती है। प्राचीन परिवारों में पिता का बड़ा सम्मान था। परिवार के हर सदस्य उसकी आज्ञा मानना अपना परम कर्तव्य समझते थे। आधुनिक काल में पिछली और नई पीढ़ियों के मूल्यों में ज्यादा अन्तर होने के कारण उनके सम्बन्ध टूटते जा रहे हैं। हम पूर्व अध्यायों में इस पर प्रकाश डाल चुके हैं।

भारतीय समाज में परिवर्तनकारी तथ्यों में निम्नांकित महत्त्वपूर्ण हैं—

(क) संस्कृतिकरण—भारतीय सामाजिक संरचना जाति व्यवस्था पर आधारित है। इन जातियों में उतार-चढ़ाव का एक क्रम माना जाता है जिसमें कुछ जातियाँ दूसरी जातियों से ऊँची समझी जाती हैं। वर्ण-व्यवस्था के अनुसार ब्राह्मण सामाजिक संरचना की दृष्टि से सबसे ऊँचे थे क्योंकि वे ही समाज की संस्कृति को जीवित रखते थे। उनके बाद क्षत्रिय फिर वैश्य और तब शूद्रों का स्थान आता था। अन्य

जातियाँ वर्ण क्रम से बाहर गिनी जाती थीं। यह वर्ण-व्यवस्था धार्मिक सांस्कृतिक मूल्यों पर आधारित थी। जो वर्ण जितना ऊँचा था वह सामाजिक-सांस्कृतिक दृष्टि से भी उतना ही ऊँचा था। जाति व्यवस्था में वर्ण-व्यवस्था के अनुरूप यह सामाजिक क्रम नहीं बना रह सका। कहीं पर ब्राह्मण ऊँचे माने गए तो कहीं आर्थिक और राजनैतिक दृष्टि से शक्तिशाली होने के कारण कोई क्षत्रिय जाति ही मुख्य जाति मानी गई। मुख्य जाति जहाँ अन्य जातियों पर सामाजिक नियन्त्रण करती है और उनके आपसी सम्बन्धों को व्यवस्थित करती है, वहाँ अन्य जातियाँ उसका अनुकरण करने का प्रयत्न करती हैं। दक्षिण में पिछड़े वर्ग शक्तिशाली हो गए। डॉ. एम. एन श्रीनिवास के अनुसार संस्कृतिकरण का अर्थ केवल नए रिवाजों और आदतों को स्वीकार करना नहीं है बल्कि नए विचारों और मूल्यों को भी अभिव्यक्त करना है। संस्कृतिकरण से विशिष्ट जाति का अनुकरण करने में नीची जाति सावधानी से काम लेती है क्योंकि ज्यादा स्पष्ट रूप से अनुकरण करने के यदा-यदा बुरे परिणाम भी होते हैं। जैसा कि डॉ. मजूमदार ने दिखलाया है, भारतीय जातियों में जहाँ एक तरफ संस्कृतिकरण की प्रक्रिया दिखलाई पड़ रही है वहाँ दूसरी ओर असंस्कृतिकरण की प्रक्रिया भी देखी जा सकती है।

(ख) पश्चिमीकरण—वर्तमान काल में भारत में पाश्चात्य संस्कृति के प्रभाव से व्यापक सामाजिक बदलाव हुए हैं। इस तरह पश्चिमीकरण सामाजिक बदलाव का एक महत्वपूर्ण कारक है। इसका विस्तृत विवरण इस पुस्तक में आगे सोलहवें अध्याय में दिया गया है। पश्चिमीकरण के द्वारा भारतीय समाज में परिवार की संस्था, विवाह की संस्था, समाज के विविध सदस्यों के परस्पर सम्बन्ध, यौन सम्बन्धी मूल्य, स्त्रियों की शिक्षा और गतिशीलता, वेशभूषा, मूल्य और विचार, सामाजिक नियन्त्रण के साधन इत्यादि विविध तत्वों में प्रमुख परिवर्तन दिखलाई पड़ता है। पश्चिमीकरण के साथ-साथ पश्चिम का भौतिकवाद, विज्ञानवाद, उपयोगितावाद, व्यवहारवाद, व्यक्तिवाद इत्यादि विविध प्रवृत्तियां पाश्चात्य संस्कृति का सीधा प्रभाव समाज पर देखने को मिल रहा है। फिर भी पाश्चात्य सभ्यता से जितना ज्यादा ग्रहण किया गया है उसकी तुलना में सांस्कृतिक प्रभाव अभी बहुत कम है। इस क्षेत्र में सांस्कृतिक विडम्बना दिखलाई पड़ती है।

(ग) लौकिकीकरण—लौकिकीकीरण ने समाज पर अपना प्रभाव धीरे-धीरे स्थापित कर लिया है, प्राचीन संस्कृति भारत की धर्मप्राण कही जाने वाली सभ्यता का प्रभाव धीरे-धीरे समाप्त होता जा रहा है। लौकिकीकरण से सामाजिक संस्थाओं,

रीति-रिवाजों और व्यवहारों के तरीकों में धर्म का प्रभाव कम होता जा रहा है और उसके स्थान पर उपयोगिता या व्यक्तिगत रुचि के आधर पर काम होता है। स्वतन्त्रता के बाद से भारत सरकार ने धर्मनिरपेक्षता का आदर्श अपनाया है। इससे भी भारत में लौकिकीकरण की प्रक्रिया तेज हुई है।

(घ) जनतन्त्रीकरण—वर्तमान समय में पश्चिमी देशों की सभ्यता का विकास हमारे देश का मूल उद्देश्य हो गया है। इसका मुख्य कारण यह है कि जनतन्त्र के मूल तत्व 'स्वतन्त्रता, समानता और भ्रातृत्व' आधुनिक मानव-चेतना के अनुकूल हैं। देश को स्वतन्त्रता मिलने के पश्चात् से भारतवर्ष में भी जनतन्त्रीय सरकार की स्थापना हुई है। यद्यपि अभी सामाजिक क्षेत्र में जनतन्त्रीकरण बहुत दूर की बात है किन्तु अनेक क्षेत्रों में इस दिशा में प्रगति हो रही है। राजनीतिक सत्ता के अधिकाधिक विकेन्द्रीकरण एवं जनतन्त्रीय मूल्यों को मान्यता दिए जाने से जात-पांत, धर्म, क्षेत्र, लिंग, आयु आदि के आधार पर व्यक्तियों में भेदभाव की भावना धीरे-धीरे समाप्त होती जा रही है। जनतन्त्रीय आदर्श के अनुरूप भारत सरकार ने छुआछूत को अपराध घोषित कर दिया है तथा समाज के दूसरे अंगों के समकक्ष लाने में मदद देने के लिए समाज के पिछड़े वर्गों को विशेष अधिकार दिए गए हैं। देश के हर नागरिक को कानून की दृष्टि से समान समझा जाता है। सभी को व्यवसाय, विवाह, शिक्षा, विचारों की अभिव्यक्ति, शासन में भाग लेने, समिति बनाने आदि की पूरी स्वतन्त्रता है। इससे समाज के पिछड़े वर्गों और स्त्रियों की स्थितियों एवं कार्यों में महत्वपूर्ण परिवर्तन हुए हैं। महिलाओं में शिक्षा के विकास से उनका समाज में महत्वपूर्ण स्थान हो गया है।

(ङ) राजनीतिकरण—15 अगस्त, 1947 को स्वाधीनता मिलने के उपरांत एवं 18 वर्ष की उम्र मे नागरिकों को मताधिकार दिये जाने के बाद, शहर के व्यस्त चौक चौराहों से लेकर गाँव के खेतों और खलिहानों तक हर जगह राजनीतिक चर्चा सुनी जा सकती है। गाँव-गाँव में रेडियो पहुँच जाने से बहुत से लोग राजनीतिक गतिविधियों में रुचि लेने लगे हैं। चुनाव जीतने के लिए विविध राजनीतिक दल और उनके द्वारा खड़े किये गये उम्मीदवार समाज में हर प्रकार से अपनी सत्ता बनाये रखने का प्रयत्न करते हैं। बड़े-बड़े जमींदारों और रियासतों के राजाओं के समाप्त हो जाने के पश्चात् अब अधिकतर शक्ति राजनीतिक नेताओं के हाथ में आ गई है, इसलिए अब राजनीति ही कई सामाजिक परिवर्तनों का निर्णय करती है। राजनीतिक कारणों से ही कतिपय लोग अस्पृश्यता उन्मूलन के पक्ष में और कुछ विपक्ष में बोलते देखे

जाते हैं। राजनीतिक कराणों से ही जातिवाद, सम्प्रदायवाद, क्षेत्रवाद, भाषावाद आदि विविध विघटनकारी शक्तियाँ बढ़ी हैं। दूसरी ओर राजनीतिक कारणों से कई सामाजिक समूहों में सुदृढ़ता और संगठन भी बढ़ा है। आज देश का इतना राजनीतिकरण हो गया है क्रि छोटे-से-छोटे गाँव से लेकर बड़े-से-बड़े नगर में ज्यादातर गतिविधियाँ राजनीतिक कारणों से निर्धारित होती हैं।

2. आर्थिक कारक

वर्तमान समाज में सामाजिक परिवर्तन में विविध कारकों में सबसे ज्यादा महत्वपूर्ण कारक आर्थिक हैं। सिर्फ भारत में ही नहीं बल्कि संसार के सभी समाजों में आधुनिक काल में आर्थिक कारकों से ही सबसे ज्यादा सामाजिक बदलाव हुआ है। संक्षेप में ये आर्थिक कारक निम्नांकित हैं–

(क) नगरीकरण–यद्यपि शहरों का विकास आर्थिक के अलावा अन्य कारणों से भी हुआ है परन्तु आर्थिक कारण और उनमें भी औद्योगीकरण नगरीकरण का मुख्य कारण है। संसार में हर कहीं नगरों की संख्या और बड़े-बड़ नगरों का विस्तार बढ़ता जा रहा है। भारतवर्ष भी इसका अपवाद नहीं है। नगरों की संख्या और विस्तार बढ़ने से देश में नगरीय समाज की विशेषताएँ जैसे भौतिकवाद, व्यक्तिवाद, जीवन की तीव्र गति, निर्वैयक्तिक सामाजिक सम्बन्ध, सामाजिक गतिशीलता में बढ़ोतरी, स्त्री-पुरुष का अधिक सामाजिक सम्पर्क, बड़े परिवारों का अलगाव और संयुक्त परिवार के स्थान पर केन्द्रक परिवार की स्थापना, विवाह -पूर्व और विवाह से बाहर यौन सम्बन्धों में बढ़ोतरी इत्यादि अनेक सामाजिक लक्षण दिखलाई पड़ते हैं।

(ख) औद्योगीकरण–औद्योगीकरण संसार में सामाजिक और परिवर्तन का सबसे अधिक मुख्य कारण है। औद्योगीकरण ही आधुनिकता का आधार है और संसार का कोई भी देश इसका अनादर नहीं कर सकता क्योंकि इसी से मनुष्य और प्रकृति का सम्बन्ध निर्धारित होता है। औद्योगिकों के विकास से ही प्रत्येक राष्ट्र अपनी बढ़ती हुई जनसंख्या की आवश्यकताओं की पूर्ति को सुनिश्चित कर सकता है। सच तो यह कि जिस देश में औद्योगीकरण जितना ज्यादा हुआ है वह देश दूसरे देशों की तुलना में प्रत्येक क्षेत्र में प्रगति पर दिखायी दिया है। भारतवर्ष में औद्योगीकरण से नगरीकरण बढ़ा, व्यापार बढ़ा, लोगों के मिलने-जुलने के अवसर बढ़े, आर्थिक क्षेत्र में व्यापक परिवर्तन हुए और सामाजिक तथा सांस्कृतिक क्षेत्र में संस्थाओं और मूल्यों की रूपरेखा बदल गयी।

प्रौद्योगिकी परिवर्तन—आधुनिक समाज में परिवर्तन लाने में प्रौद्योगिकी का महत्वपूर्ण स्थान है। भारतवर्ष में बिजली, भाप तथा पेट्रोल से चलने वाले उत्पादन के यन्त्रों, यातायात एवं सन्देशवाहन के साधन तथा दैनिक जीवन के सैकड़ों कामों हेतु नई-नई मशीनों के आविष्कार से समाज का रूप बदलता जा रहा है एवं परिवार तथा विवाह जैसी संस्थाओं पर महत्वपूर्ण प्रभाव पड़ा है। औद्योगिक विकास के प्रत्यक्ष प्रभाव, श्रम संगठन, श्रम विभाजन, विशेषीकरण, जीवन की तीव्र गति तथा उत्पादन में बढ़ोतरी आदि हैं। दूसरी तरफ अप्रत्यक्ष रूप से शहरीकरण और उससे बढ़ने वाली बेकारी, अपराध, किशोरापराध, तथा वर्ग संघर्ष इसके ही परिणाम हैं। उद्योगों में मशीनों के उपयोग से देश में नगरीकरण बढ़ा और कारखाना-पद्धति विकास हुआ। इससे नये-नये विचारों के माध्यम से समाज में भी परिवर्तन हुये। भौतिकवाद, व्यक्तिवाद, विशेषीकरण, आदि आधुनिक प्रौद्योगिकी का ही परिणाम है। नगरीय जीवन में प्रौद्योगिकी का प्रभाव साम्प्रदायिक भावना में कमी, समय का मूल्य बढ़ जाना, सामाजिक नियन्त्रण की अल्पता, नैतिकता का निम्न स्तर, अपराधों की संख्या में बढ़ोतरी तथा सामाजिक और व्यक्तिगत विघटन के रूप में देखा जा सकता है। प्रौद्योगिकी के माध्यम से हुए सामाजिक परिवर्तन को एक छोटे से उदाहरण से समझाया जा सकता है। पहले जब कार को स्टार्ट करने के लिये हैण्डिल घुमाने की आवश्यकता पड़ती थी तक स्त्रियाँ बड़ी संख्या में कार स्वयं चलाने लगीं। इससे उनकी वेशभूषा, गतिशीलता, रहन-सहन, विचार, मूल्य तथा सामाजिक सम्बन्धों में भी महत्वपूर्ण परिवर्तन हो गये हैं।

जैविकीय कारक

सामाजिक परिवर्तन के जैविकीय कारकों में जनसंख्या का गुणात्मक पहलू आता है। जनसंख्या के गुण-दोष, आकार, वितरण रचना आदि में परिवर्तन से व्यापक सामाजिक बदलाव होते हैं। उदाहरणार्थ भारत में बड़े-बड़े औद्योगिक नगरों में लाखों की संख्या में मजदूर पुरुषों के बाहर से नगर में आने से नगर में स्त्री-पुरुषों की संख्या का अनुपात असंतुलित हो जाता है जिसका परिणाम वेश्यावृत्ति और वेश्यागमन, अपराध, मानसिक रोग, किशोरापराध आदि में बढ़ोतरी के रूप में दिखलाई पड़ता है। देश में आबादी अधिक बढ़ जाने पर समाज का स्वास्थ्य नीचे गिरता और गरीबी बढ़ती है। यह भारत में हर कहीं दिखलाई पड़ता है। जनसंख्या अत्यधिक बढ़ने से सामाजिक मूल्यों में भी बदलाव हुआ है। भारत में बड़े-बड़े नगरों में अत्यधिक भीड़-भाड़ और गन्दी

बस्तियों की समस्या है जिनसे लोगों के चरित्र और स्वास्थ्य पर प्रतिकूल प्रभाव पड़ता है। इसीलिये सरकार परिवार नियोजन हेतु जोर -शोर से प्रयत्नशील है। गर्भ-निरोधक उपायों का विज्ञापन किया जा रहा है। इससे यौन सम्बन्धी मूल्यों में बदलाव हुआ है क्योंकि अवैध यौन- सम्बन्ध पहले से अधिक सम्भव हो गये हैं। बढ़ती हुई आबादी की भोजन और अन्य जरूरतों की पूर्ति हेतु देश में नित्य नये आविष्कार हो रहे हैं और नई-नई चीजों के कारखाने खुल रहे हैं। खेती को अलग प्रोत्साहन दिया जा रहा है। इन सबसे भी सामाजिक बदलाव हो रहे हैं। भारतीय जनसंख्या में कई गुणात्मक दोष हैं, जैसे – नगरीय जनसंख्या की तुलना में ग्रामीण जनसंख्या का अधिक होना, अधिक जन्मदर, अधिक मृत्युदर इत्यादि। इन सब दोषों से विविध सामाजिक संस्थाओं पर महत्वपूर्ण प्रभाव पड़ता है।

परम्परा एवं आधुनिकता

भारतीय समाज में सामाजिक बदलाव में परम्परा और आधुनिकता दोनों की प्रवृत्ति दिखाई पड़ती है। इसका विस्तृत विवेचन आगे चौदहवें अध्याय में दिया गया है। परम्परावादी प्रवृत्ति पश्चिमीकरण, लौकिकीकरण, जनतन्त्रीकरण, शहरीकरण, और औद्योगीकरण के कारकों के कार्य में व्यवधान पहुँचाती है जबकि आधुनिकतावादी प्रवृत्ति इनमें मददगार है। आधुनिकतावाद विज्ञान, प्रौद्योगिकी और पाश्चात्य संस्कृति का प्रभाव है। परम्परावाद के पीछे स्वदेशी की प्रवृत्ति है। इन दोनों ही प्रवृत्तियों को लेकर राष्ट्र में विविध प्रकार के राजनीतिक दल दिखलाई पड़ते हैं जो अपने-अपने समाज-दर्शन के अनुसार समाज के विविध क्षेत्रों में कार्य कर रहे हैं। ज्यादातर आधुनिक विचारक देश में वांछित बदलाव लाने हेतु परम्परा और आधुनिकता के समन्वय के पक्षपाती हैं।

हमारे देश में सामाजिक विकास पश्चिमी समाज के आधार पर हो रहा है। यह ठीक है कि इस सामाजिक परिवर्तन को स्थानीय परिस्थितियों के अनुसार अधिकाधिक मोड़ना वांछनीय है परन्तु बदलाव के मार्ग की बाधाओं, विशेष रूप से परम्परागत अन्धविश्वासों, रूढ़ियों और अवैज्ञानिक दृष्टिकोण को बदले बिना विकास होना संभव नहीं है। समकालीन भारतीय समाज और संस्कृति संक्रमणकालीन स्थिति से गुजरे रहे हैं। इस सम्बन्ध में भविष्य के बारे में कुछ निश्चित नहीं कहा जा सकता किन्तु अगर की देश की समस्याओं के अनुसार सामाजिक परिवर्तन की दिशाओं को नियन्त्रित करना है तो बदलाव की वांछित दिशाओं और लक्ष्यों को पहल से निर्धारित करके नियोजनपूर्वक परिवर्तन लाना होगा। इसमें सरकार और जनता दोनों के सहयोग की जरूरत है किन्तु

सबसे अधिक महत्वपूर्ण योगदान समाज के पढ़े-लिखे और बौद्धिक वर्ग का होगा क्योंकि वे ही दूसरे लोगों की दिशा निर्देशित करते हैं, अन्य लोग उन्हीं का अनुकरण करते हैं। देश में इस तरह के सुदृढ़ वर्ग का निर्माण हुये बिना ठोस प्रगति नहीं हो सकती और अभी भारत में सुदृढ़ बौद्धिक वर्ग का निर्माण नहीं हो सका है। बौद्धिक वर्ग में वामपन्थी और दक्षिणपन्थी दोनों ही प्रवृत्तियों का समावेश है। इनका कहाँ सन्तुलन बना रहेगा और कौनसी प्रवृत्ति कहाँ पर दूसरी प्रवृत्ति पर हावी हो जायेगी—इस विषय में निर्धारित रूप से कुछ भी नहीं कहा जा सकता।

12

सामाजिक परिवर्तन में शिक्षा

भारत का समाज, संस्कृति बहुत ही प्राचीन है। यहां प्राचीनकाल से ही धर्म से लेकर अर्थ तक विभिन्न मतभेद पाये जाते हैं। यहां के रीति-रिवाज अपने में एक अलग पहचान रखते हैं। प्राचीन, धार्मिक और पौराणिक हिन्दू धर्म ग्रंथों में समाज, ब्राह्मण, वैश्य और क्षत्रिय और शूद्र नामक चार वर्गों में विभाजित था। लेकिन बदलते समय के साथ इस व्यवस्था में विकृतियाँ आ गईं। वर्ण का निर्धारण गुण एवं कर्म के स्थान पर जन्म से होने लगा। वर्णों के तहत कई जातियों का जन्म हुआ। सामाजिक ऊँच-नीच का भेद बढ़ता चला गया। वह भेद छुआछूत की सीमा तक पहुँच गया। जहाँ स्त्रियों की पूजा की जाती थी, वे स्त्रियाँ समाज में द्वितीय श्रेणी की नागरिक हो गईं। उन्हें क्रय-विक्रय की वस्तु समझा जाने लगा। हमारे सामाजिक सम्बन्धों के आधार भी बदल गये हैं। हम सामाजिक विघटन की ओर प्रवृत्त हुए, जिससे आज परिवार, विवाह आदि सामाजिक संस्थाएँ विघटित हो रही हैं।

आज जातिवाद, वंश-परम्परा और मूल्यहीन सामाजिक जीवन के कारण सामाजिक भ्रष्टाचार बढ़ रहा है। दहेज अपना मुँह फैलाए है। बलात्कार, स्त्रियों द्वारा आत्महत्या, उन्हें जलाकर मार देना, आदि भारतीय समाज पर कलंक है।

शिक्षा के माध्यम से निम्नलिखित सामाजिक व्यवस्था में परिवर्तन लाने के उपाय–

1. जातिवाद
2. वंश परम्परा

3. अस्पृश्यता जातिवाद
4. ऊँच-नीच की भावना
5. स्त्रियों का समाज में हीन स्थान
6. स्त्रियों के साथ दुर्व्यवहार
7. उन्नत एवं पिछड़े वर्गों की बढ़ती खाई
8. सामाजिक मूल्यों का ह्रास
9. परिवार का विघटित स्वरूप
10. दहेज प्रथा।

शिक्षा द्वारा सामाजिक परिवर्तन के प्रयास

1. शिक्षा का उद्देश्य सामाजिक विकास—शिक्षा, सामाजिक बदलाव लाने, उनकी पुष्टि करने, उनको आगे बढ़ाने, सामाजिक में सुधान लाने का महत्वपूर्ण साधन है। भारत की वर्तमान परिस्थितियों में सामाजिक विकास के इस उद्देश्य की पूर्ति हेतु सबसे पहले सामाजिक मूल्यों का विकास करना होगा, जिसके अभाव में ही उपरोक्त बाधाएँ उपस्थित हुई हैं।

2. सामाजिक मूल्यों का विकास—मैकाइवर, पेज आदि समाजशास्त्रियों के अनुसार समाज सामाजिक सम्बन्धों का जाल है। इन सामाजिक सम्बन्धों का आधार समाज है। इस सामाजिक मूल्यों के निर्देश में ही सामाजिक नियम बनते हैं, जो कि हमारे सामाजिक व्यवहार को नियन्त्रित करते हैं। मानव मात्र के अस्तित्व का आदर, मानव-मानव में समानता का भाव, परस्पर सद्भाव, प्रेम, त्याग, सेवा, आत्म-नियन्त्रण सहनशीलता इनके बगैर समाज की कल्पना तक नहीं की जा सकती है। बड़ों का आदर, आज्ञापालन, निष्ठा, आस्था, ईमानदारी के बिना क्या समाज नहीं चल सकता। अतः शिक्षालयों के क्रियाकलापों में इन गुणों के विकास का हरसंभव प्रयत्न करना होगा। समाज सेवा के सघन कार्यक्रमों का विकास शिक्षा द्वारा ही संभव है।

3. स्कूल एवं कॉलेजों को सामुदायिक जीवन का केन्द्र बनाना—इनके माध्यम से सामाजिक भावना को विकसित करना चाहिए। हमारी शिक्षा संस्थाएँ सामुदायिक शिक्षालयों का स्वरूप ग्रहण कर लें, जिससे कि वे सामुदायिक जीवन को अधिकाधिक उन्नत बना सकें। इससे सहयोग, छात्र/छात्राओं की सेवा, सहिष्णुता आदि की भावनाओं का विकास होगा, जिससे कि किशोरावस्था में ही इस विकास की नींव पड़ जाएगी।

4. समाजसेवा कार्यक्रमों को शिक्षा का अनिवार्य अंग बनाना—साक्षरता न

तो शिक्षा का आदि है और न अन्त। अतः शिक्षा को ज्ञानात्मक पक्ष तक ही सीमित न रखकर व्यवहार-रूपान्तरण की क्रियात्मक शिक्षा पर जोर देना होगा। इसके लिए मुख्य रूप से समुदाय के पिछड़े वर्गों, दीन-हीनों की बस्तियों में, विद्यालय द्वारा विविध सेवा कार्यक्रम चलाए जाने चाहिएं।

5. पाँच से चौदह वर्ष के बच्चों हेतु अनिवार्य एवं निःशुल्क शिक्षा—वर्ण, जाति, वंश, लिंग, स्थान, धर्म आदि के भेद के बिना 6 से 14 वर्ष के बच्चों हेतु समान अनिवार्य एवं निःशुल्क शिक्षा की व्यवस्था कर शिक्षा के क्षेत्र में व्याप्त असमानता को दूर कर सामाजिक असमानता को दूर करना होगा, जिससे कि सभी वर्गों, जातियों, वंशों, लिंगों एवं स्थानों के बालक साथ-साथ पढ़कर विभेदों से दूर रह सकें।

6. सामुदायिक विकास के कार्यक्रमों में हिस्सा लेने की अनिवार्यता—शिक्षा संस्थाओं को अनिवार्य अंग के रूप में सामुदायिक सेवा-कार्यक्रमों को अपनाना होगा। समुदाय की प्रकृति के अनुसार तथा विद्यालय के छात्र-छात्राओं की अवस्थानुसार ये कार्यक्रम अलग-अलग तरह के होंगे, किन्तु इन कार्यक्रमों में नामांकन या भागीदारी को लेना अनिवार्य बनाना होगा। यह निर्धारित करना होगा कि जिस छात्र-छात्रा ने कम से कम 30 दिन तक इन कार्यक्रमों के शिविर में भाग नहीं लिया है, उसे सर्टिफिकेट/डिग्री नहीं दी जाएगी। इस प्रकार के कार्यक्रम निम्नांकित हैं—

(i) प्रौढ़ शिक्षा कार्यक्रम—

(क) संस्कृति प्रसार शिविर
(ख) सामान्य ज्ञान शिविर
(ग) व्यावहारिक/उत्पादकता आधारित साक्षरता-शिविर।

(ii) व्यावसायिक/कृषि-औद्योगिक विकास कार्यक्रम—

(अ) कृषि आधारित उद्योग शिविर
(ब) खाद कीटनाशक दवाइयाँ वितरण-कार्यक्रम सेवा
(स) कृषि प्रशिक्षण शिविर।

(iii) स्वास्थ्य सेवा कार्यक्रम—

(क) महामारी में परिचर्या कार्य
(ख) विभिन्न रोग-निवारण हेतु शिविर
(ग) परिवार कल्याण कार्यक्रम
(घ) सामान्य स्वास्थ्य सेवा शिविर
(ङ) विटामिन, दवाइयाँ वितरण-शिविर।

(iv) बाढ़, अकाल राहत कार्यक्रम–

(क) राहत कार्यक्रम

(ख) बाढ़ सहायता शिविर।

(v) श्रमदान कार्यक्रम–

(क) सफाई आदि कार्यक्रम।

(ख) श्रमदान द्वारा ग्रामीण सड़क निर्माण

ये कार्यक्रम NSS (राष्ट्रीय समाज सेवा कार्यक्रम) आदि के द्वारा प्रभावी बनाए जा सकते हैं। इसके लिये अन्य संगठनों को प्रेरित करना चाहिए। ये कार्यक्रम पूर्णकालिक, अंशकालिक दोनों प्रकार के हो सकते हैं। एक वर्ष में कम से कम 20 दिन का पूर्णकालिक तथा 1½ महीने का अंशकालिक कार्यक्रम रखा जाना चाहिए।

7. स्त्री-शिक्षा प्रोत्साहन–स्त्री को समाज की धुरी कहा जाता है। इनके विकास से समाज का विकास हो सकता है। भारत में स्त्री, समाज के कमजोर वर्ग में है। इन्हें समाज में उचित स्थान दिलाने की दृष्टि से शिक्षा के प्रत्येक स्तरों पर महिलाओं की शिक्षा की विशेष व्यवस्था करनी होगी। हमारी सरकार को उन्हें शिक्षित करने के लिये अधिक धन खर्च करना होगा। यह शिक्षा उनकी प्रकृति, रुचियों, क्षमताओं तथा अभिवृत्तियों के अनुकूल भी होनी चाहिए। अभी इस दिशा में काफी प्रयत्न करने की जरूरत है। विद्यालय, छात्रावास, अध्ययन सुविधाओं, छात्रवृत्तिओं आदि का प्रावधान जरूरी है।

8. समान-स्कूल व शिक्षा-प्रणाली–भारत में कॉमन स्कूल, पब्लिक स्कूल, कान्वेण्ट स्कूल, गुरुकुल आदि कई प्रकार के विद्यालय हैं, जो कि समाजवादी लोकतान्त्रिक व्यवस्था के नाम पर विसंगति बनाये हुए हैं। इससे वर्ग-भेद की खाई चौड़ी हो रही है और वर्ग-संघर्ष को बढ़ावा मिल रहा है। अतः देश में इस तरह के समान विद्यालयों को प्रोत्साहन देना होगा है, जो कि धर्म, जाति, वर्ण, वंश के भेद से ऊपर उठकर शिक्षा का संचालन करें। शिक्षा आयोग ने लोक-शिक्षा की निम्नांकित समान स्कूल-पद्धति की बात की है–

(i) जो प्रत्येक स्कूलों में एक समुचित स्तर बनाए रखेगी तथा कम से कम एक युक्तिसंगत संख्या में अच्छे स्तर की संस्थाएँ सुलभ कराएगी।

(ii) जिसमें अच्छी शिक्षा का अवसर प्राप्त करना, धन या वर्ग पर निर्भर न रहकर प्रतिभा पर निर्भर करे।

(iii) जिसमें पढ़ाई का कोई शुल्क नहीं लिया जाएगा।

(iv) जो जाति, सम्प्रदाय, समाज, धर्म, आर्थिक परिस्थिति एवं सामाजिक प्रतिष्ठा का विचार किए बिना सभी बच्चों को सुलभ हो।

(v) जो औसत पिता की जरूरत की पूर्ति करेगी ताकि उसे इस प्रणाली से बाहर के खर्चीले स्कूलों में अपने बच्चों को भेजने की जरूरत नहीं पड़ेगी।

9. पाठ्यक्रम में सुधार—हमें पाठ्यक्रम के सैद्धान्तिक तथा क्रियात्मक पक्ष को इस प्रकार से परिवर्तित/संशोधित करना होगा कि उसके फलस्वरूप शिक्षित व्यक्तियों के व्यवहार में निम्नलिखित परिवर्तन आ जाएँ—

(i) वर्णवाद/जातिवाद के प्रति अनास्था

(ii) वंश परम्परा के स्थान पर कर्म एवं गुण को महत्त्व देना

(iii) सामाजिक समानता में आस्था

(iv) अस्पृश्यता से घृणा

(v) स्त्रियों के प्रति समानता का भाव

(vi) समाज के पिछड़े वर्गों के प्रति सम्मान एवं सद्भाव

(vii) सामाजिक मूल्यों का व्यवहार में समावेश

(viii) दहेज आदि कुरीतियों के प्रति घृणा

(ix) देश की सामाजिक संस्कृति के प्रति आस्था

(x) अन्ध-विश्वास, कुरीतियों से छुटकारा,

(xi) प्राचीन मूल्यों एवं अर्वाचीन में समन्वय का प्रयास।

10. पिछड़े वर्गों की शिक्षा—भारतीय समाज का एक काफी बड़ा भाग पिछड़े वर्ग के क्षेत्रों में आता है। इनके उत्थान की दृष्टि से शिक्षा-क्षेत्र में निम्नलिखित व्यवस्थाएँ अभी और चलानी होंगी—

(i) पिछड़े वर्ग को शिक्षा के विभिन्न स्तरों पर प्रवेश में आरक्षण

(ii) पिछड़े वर्ग को निःशुल्क शिक्षा

(iii) पिछड़े वर्ग को छात्रावास आदि की सुविधाएँ

(iv) पिछड़े वर्ग के छात्रों को भोजन, पाठन-लेखन सामग्री की मुफ्त व्यवस्था।

(v) पिछड़े वर्ग के छात्रों को छात्रवृत्तियाँ।

11. राजनीतिक विकास—राष्ट्रीय एकीकरण के हर प्रयास तब तक विफल

रहेंगे जब तक हमारा राजनीतिक विकास, लोकतान्त्रिक राजनीतिक व्यवस्था के अनुकूल न हों। इस चुनौती के निम्नांकित पक्ष हैं–

(1) नागरिकों के व्यवहार में लोकतान्त्रिक मूल्यों का समावेश–ये मूल्य हैं–

(i) व्यक्ति के व्यक्तित्व का आदर और उदारतापूर्ण सहनशीलता

(ii) आत्मनियन्त्रण एवं पारस्परिक सद्भाव

(iii) पारस्परिक सहयोग, आर्थिक दृष्टि से राष्ट्र को आत्मनिर्भर बनाना

(iv) आपसी आदान-प्रदान

(v) त्याग एवं सेवा तथा अधिकारों के साथ-साथ कर्त्तव्यों के प्रति जागृति का विकास

सामाजिक एवं राष्ट्रीय एकीकरण से लक्ष्य की प्राप्ति तभी सम्भव है, जबकि हम शिक्षा द्वारा छात्रों का–

(i) राजनीतिक विकास कर सकें

(ii) लोकतन्त्र को जीवनशैली के रूप में अपना लें

(iii) सामाजिक विकास कर सकें।

12. राष्ट्रीय आवश्यकता एवं आकांक्षा के अनुरूप शैक्षिक लक्ष्य–राष्ट्रीय एकता किसी भी राष्ट्र के लिये सबसे महत्वपूर्ण तथ्य है, हमारी मनोकामना है कि भारत एक सबल, सुदृढ़ तथा सम्पन्न राष्ट्र बने। असम में विदेशी नागरिकों की समस्या, पंजाब में खालिस्तान की माँग, कश्मीर में पुनर्वास की समस्या, तमिलनाडु में हिन्दी विरोध, इस आवश्यकता की पूर्ति में बाधाएँ हैं। प्रतिवाद और क्षेत्रीयता, की भावना के विकास से राष्ट्र के विकास में बाधा उत्पन्न होगी। प्रबल भाषायी संकीर्णता दक्षिण, उत्तर को दो हिस्सों में विभक्त करना चाहती है। साम्प्रदायिकता की आग रह-रहकर कभी पश्चिम में, गुजरात में, कभी अलीगढ़ में, कभी मुरादाबाद में, कभी पूर्व में, कभी असम, कमी उड़ीसा में सुलग जाती है। अतः आधुनिक भारत में शिक्षा का प्रधान लक्ष्य राष्ट्रीय एकीकरण है। इसके मार्ग में आने वाली मुख्य बाधाएं निम्नलिखित हैं–

(i) प्रांतवाद

(ii) क्षेत्रीयतावाद

(iii) भाषावाद

(iv) साम्प्रदायिकता/जातिवाद

(v) कर्त्तव्य के स्थान पर अधिकार को प्रमुखता।

(vi) मूल्यहीन सत्ता के लिए दौड़/सत्तावाद

(vii) त्यागपूर्ण नेतृत्व का अभाव

उपर्युक्त बाधाओं के हटने पर ही राष्ट्रीय लक्ष्य की पूर्ति हेतु शिक्षा के निम्नांकित उद्देश्य होने चाहिएं–

राष्ट्रीय चेतना को बढ़ावा देना–विविध प्रदेशों, भाषाओं, उपसंस्कृतियों सम्प्रदायों की विभिन्नताओं में एकता का अनुभव कराकर मातृभूमि के प्रति प्रगाढ़ प्रेम की इस भावना को अक्षुण्ण बनाए रखना, जिसका विकास हमने राष्ट्रीय स्वतन्त्रता आन्दोलन के दौरान किया था, हमारी शिक्षा का मुख्य उद्देश्य होना चाहिए, जिससे हम अपनी राष्ट्रीय संस्कृति, परम्पराओं, भाषाओं पर गर्व कर सकें। कोठारी आयोग ने इस हेतु निम्नलिखित दो कार्यक्रमों को शिक्षा-क्षेत्र में अपनाने की सलाह दी है–

(क) देश के प्रति दृढ़ प्रेरणापूर्ण निष्ठा का विकास करना–इस लक्ष्य की प्राप्ति निम्नलिखित प्रकार से की जा सकती है–

(i) लोकतान्त्रिक समाजवादी समाज, जिसका हम निर्माण करना चाहते हैं, उसके स्वरूप को छात्रों को समझाकर,

(ii) राष्ट्रीय विकास की पंचवर्षीय योजनाओं आदि का विविध स्तरों पर स्तरवाद पर ध्यान कराकर।

(iii) नागरिकता सम्बन्धी पाठ्यक्रम में छात्रों को संविधान के सिद्धान्तों–उसकी प्रस्तावना, उसमें वर्णित लोकतांत्रिक मूल्यों का बोध कराकर।

(ख) सघन प्रयास–राष्ट्रीय एकीकरण के लक्ष्य की प्राप्ति हेतु निम्नलिखित दिशा में सघन एवं सुदृढ़ प्रयास करना होगा–

(i) संघीय भाषा हिन्दी को सम्पर्क एवं राष्ट्र-भाषा के रूप में विकसित करना।

(ii) शिक्षा का माध्यम मातृभाषा रूप में क्षेत्रीय भाषा सम्पर्क भाषा के अपनाना।

(iii) राष्ट्रीय सेवा कार्यक्रमों को सघन रूप में सारे देश में आवश्यक रूप से लागू करना।

(iv) सभी आधुनिक भारतीय भाषाओं को शिक्षा पाठ्यक्रमों में महत्त्वपूर्ण स्थान देना।

(v) आधुनिक भारतीय भाषाओं को शिक्षा-माध्यम एवं विचार-विनिमय के माध्यम के रूप में अपनाना।

(vi) भाषा-अध्ययन की दृष्टि से त्रिभाषा-सूत्र को अपनाना (इसका वर्णन पहले किया जा चुका है)।

(ग) हमारी सांस्कृतिक विरासत का पुनर्मूल्यांकन —इस उद्देश्य की प्राप्ति निम्नलिखित प्रकार से की जा सकती है—

(i) अवकाशकालीन शिविरों, ग्रीष्मकालीन शिविरों का राष्ट्रीय स्तर पर आयोजन करना।

(ii) विविध क्षेत्रों के शिक्षकों का परस्पर आदान-प्रदान करना।

(iii) अखिल भारतदर्षीय/राष्ट्रीय संस्थाओं की स्थापना करना, जिनमें राष्ट्रीय स्वरूप के दर्शन हो सकें।

(iv) भारतीय भाषा, साहित्य, दर्शन, धर्म एवं इतिहास का सुनियोजित अध्ययन-अध्यापन की व्यवस्था करना।

(v) भारतीय वस्तु कला, मूर्तिकला, चित्रकला से संगीत-नृत्य तथा नाट्य-कला को अनिवार्य पाठ्यक्रम में सम्मिलित कर परिचय करना।

(vi) भारत एवं उसके विविध प्राकृतिक एवं राजनैतिक भागों की विशेषताओं को पाठ्यचर्चा में सम्मिलित करना।

13. सर्वधर्म समभाव की भावना का विकास—भारत एक धर्म-निरपेक्ष राष्ट्र है, यहां विभिन्न धर्मों के मानने वाले तथा विविध भाषी लोग रहते हैं। हमारी संवैधानिक व्यवस्थाओं ने सभी को अपनी आस्था के अनुरूप उपासना आदि करने की स्वतन्त्रता दी है। अपनी धार्मिक संस्थाओं के प्रबन्ध की स्वतन्त्रता दी है। शिक्षा के द्वारा ही धार्मिक स्वतन्त्रता के इस अधिकार का सदुपयोग सम्भव है। हम किसी धर्म विशेष की शिक्षा नहीं दे सकते। प्रत्येक धर्मों के बारे में शिक्षा दे सकते हैं। इस दृष्टि से शिक्षा-संस्थाओं को निम्नलिखित क्रियाएँ करनी होगी—

(i) सभी धर्मों के प्रवर्त्तकों के जन्म-दिवस, पुण्यतिथि आदि मनाए जाएँ।

(ii) विविध धर्मावलम्बी सन्तों के भाषण आदि रखे जाएँ।

(iii) उच्च स्तर पर विभिन्न धर्मों का तुलनात्मक अध्ययन कराया जाए।

(iv) विद्यालय/कॉलेज का प्रारम्भ सर्व-धर्म प्रार्थना से किया जाए।

(v) प्रार्थना सभा में सभी धर्मों के पवित्र ग्रन्थों के अंश सुनाए जाएँ या उनका पाठ किया जाए।

(vi) स्तरवाद पाठ्यक्रम बनाकर विविध धर्मों के सिद्धान्तों, प्रवर्तकों आदि के बारे में जानकारी दी जाए। प्राथमिक एवं माध्यमिक स्तर पर भाषा एवं सामाजिक अध्ययन विषयों के द्वारा तथा उच्च स्तर पर अलग विषय के रूप में।

(vii) सभी धर्मों के त्योहार, उत्सव विद्यालय/महाविद्यालय में मनाए जाएँ।

उपर्युक्त तथा अन्य उपर्युक्त कार्यक्रमों के पाठ्यक्रम के माध्यम से हम सर्व-धर्म सद्‌भाव की भावना का विकास करने में सफल हो सकेंगे।

14. अन्तर्राष्ट्रीय सद्‌भाव के लिए शिक्षा—भारत 'सर्वे भवन्तु सुखिनः सर्वे सन्तु निरामया' तथा 'वसुधैव कुटुम्बकम' की परम्परा वाला देश है। विश्व में बढ़ते तनाव, आतंक, हथियारों की दौड़, छोटे राष्ट्रों की सम्प्रभुता को चुनौती आदि की स्थिति में उपरोक्त भावना का विकास जरूरी हो गया है। विज्ञान एवं टेक्नोलॉजी का उपयोग शान्तिपूर्ण एवं विकासात्सक कार्यों हेतु हो। इसके लिए यह जरूरी है कि अन्तर्राष्ट्रीय सद्‌भाव का वातावरण तैयार किया जाए। स्वतन्त्र भारत में भी हमने पंचशील, तटस्थता आदि के सिद्धान्तों को देकर इस क्षेत्र में अंशदान किया है। इस भावना को जन-जन में विकास की दृष्टि से शिक्षा को अपने लक्ष्यों में इसको सम्मिलित करना होगा।

हमें विश्व नागरिक बनने में सहायता हेतु मानविकी एवं समाजविज्ञानों एवं विज्ञानों का हमारा अध्ययन निम्नलिखित तरह का हो—

(i) विविध देशों से आदान-प्रदान की योजनाओं को सशक्त बनाया जाए।
(ii) संयुक्त राष्ट्र संघ एवं उसकी विविध संस्थाओं द्वारा निश्चित उद्देश्यों एवं इस हेतु अपनाए गए कार्यक्रमों को हमारे शैक्षिक कार्यक्रमों में महत्त्व दिया जाए।
(iii) पाठ्यक्रम में पड़ोसी राष्ट्रों तथा विश्व के अन्य राष्ट्रों की विशेषताओं की जानकारी दी जाए, जिससे कि उनको समझने एवं उनका ज्ञान प्राप्त करने में मदद मिले।
(iv) यह ज्ञान पूर्वाग्रह पूर्णता से मुक्त तटस्थ रूप से दिया जाए।

15. प्राचीनता एवं आधुनिकता का समन्वय—प्राचीन भारतीय ज्ञान और पश्चिमी विज्ञान के आधार पर मानकर अन्तर्राष्ट्रीय सदभावना का विकास करें। भारतीय समाज एक परस्परागत समाज है, जब तक तक हम अपनी प्राचीनता का पश्चिमी देशों की आधुनिकता को सम्मिलित नहीं करेंगे, तब तक अन्तर्राष्ट्रीय सद्‌भाव का विकास नहीं हो पाएगा। अतएव शिक्षा-प्रणाली में प्राचीनता एवं आधुनिकता दोनों का ही समावेश किया जाना चाहिए।

प्राचीन समय से ही भारत अपने आध्यात्मिक ज्ञान, नैतिकता और सामाजिक मूल्यों के आधार पर विश्व का गुरु रहा है। इन मूल्यों की आज की दुनिया में बहुत जरूरत है। आधुनिकीकरण की प्रक्रिया के सबसे सशक्त साधन विज्ञान एवं

शिल्प-विज्ञान हैं, जो कि मानवता को भूसंहार की तरफ ले जा रहे हैं। विश्व में वैज्ञानिक अस्त्र-शास्त्रों की होड़ बढ़ रही है। इनके उपयोग का परिणाम हम पिछले दो विश्व-युद्धों में देख चुके हैं, जिनमें कि व्यापक नरसंहार हुआ था। हम पर आधुनिकता का साधन विज्ञान हावी न हो, वह हमारा स्वामी न बन जाए, बल्कि हम उसके स्वामी बनकर उसका प्रयोग मानवता के लिए करें। मूल्य आधारित प्राचीनता तथा विज्ञान आधारित आधुनिकता का सम्मिलन हमारा लक्ष्य होना चाहिए। स्वतंत्र भारत के प्रथम प्रधानमंत्री पं. जवाहरलाल नेहरू ने कहा था—"क्या हम विज्ञान और शिक्षा-विज्ञान की इन तरक्की का मेल मन और रुह की तरक्की से भी नहीं बिठा सकते? हम विज्ञान को भी नहीं झुठला सकते हैं, क्योंकि आज तो वह जिन्दगी की प्राथमिक चीज है और पिछले जमाने में भारत जिन आवश्यक सिद्धान्तों पर अमल करता आ रहा है, उनको तो हम और भी कम झुठला सकते हैं। इसलिए हम अपनी पूरी ताकत और मशक्कत के साथ उद्योग-धन्धों के अपने रास्ते पर चलते रहें, यदि उनके साथ ही साथ यह भी ध्यान रखें कि सहनशीलता, दया और बुद्धिमानी के बिना भौतिक दौलत धूल और राख भी हो सकती है।" प्राचीनता एवं आधुनिकता के इस सम्मिलन से ही हम एक ऐसे भारत का निर्माण कर सकेंगे जो अनाशक्ति अपरिग्रह, सहिष्णुता, उदारता, दया, शान्तिप्रियता आदि मूल्यों पर चलकर सांसारिक वैज्ञानिक उपलब्धियों का प्रयोग करेगा। इसको शिक्षा की सफलता समझा जायेगा।

नई सामाजिक व्यवस्था और शिक्षा

प्राचीन काल से लेकर आधुनिक काल तक भारत में कई अवधारणा और विचार समान्तर रूप से चलते रहे हैं। 15 अगस्त, 1974 को अंग्रेजों से आजादी मिलने के बाद भारत ने देश के समस्त नागरिकों हेतु समान न्याय, विचार, अभिव्यक्ति, अवसर, धर्मनिरपेक्षता और समाजवाद का आदर्श अपनाया इस नव गठित समाज में शिक्षा को भी अपना योगदान देना है। अंग्रेजी राज्य में राष्ट्र की एकता नसीब हुई एवं भेदभाव तथा शोषण भी प्राप्त हुआ। भारत में ब्रिटिश शिक्षा-नीति का जन्मदाता मैकाले माना जाता है, किन्तु उसके पूर्व ही भारत की शिक्षा-नीति का ढाँचा ब्रिटिश विद्धानों के मन में खिंच चुका था। लाला हरदयाल के शब्दों में "इंग्लैण्ड तथा भारत जैसे दूरस्थ देशों के मध्य वर्तमान सम्बन्ध चिरस्थायी नहीं हो सकता।

हमारी कोई भी नीति भारतीयों को किसी न किसी दिन अपनी स्वाधीनता वापस लेने से रोक नहीं पाएगी, किन्तु सम्बन्ध-विच्छेद के बिन्दु पर पहुँचने के दो मार्ग हैं—एक

है क्रान्ति का रास्ता और दूसरा है सुधार का रास्ता। पहले में हमला अचानक एवं हिंसक होगा दूसरे में धीरे-धीरे और शान्तिपूर्ण ढंग से होगा। एक का परिणाम भारतीयों तथा हमारे बीच हितों व भावनाओं के पूर्ण विच्छेद में होगा तो दूसरे में पारस्परिक लाभ और सद्भाव पर आधारित स्थायी मित्रता में होगा। पहले प्रकार के परिणामों को टालने और दूसरे प्रकार को प्राप्त करने का हमारे पास एक ही रास्ता है कि भारतीयों को यूरोपीय विकास के मार्ग पर बढ़ा दें। तब वे पुरानी भारतीय भित्ति पर टिकी स्वाधीनता को पाने के लक्ष्य व आकांक्षा को त्याग देंगे। उनकी राष्ट्रीय गतिविधि पूरी तरह और निरापद ढंग से यूरोपीय ज्ञान को पाने और फैलाने में तथा यूरोपीय संस्थाओं को अपनाने में लगी रहेगी। शिक्षित वर्ग यह सोचकर हमसे चिपका रहेगा कि इन सिद्धान्तों के आधार पर उनके देश का उत्थान हमारी छत्रछाया में रहकर ही सम्भव हो सकता है।" इनके अनुसार "अंग्रेजी साहित्य द्वारा प्रदत्त प्रेरणा भारत के साथ इंग्लैण्ड का रिश्ता मजबूत करने में मददगार रहेगी। हमारे साहित्य से परिचित होने के पश्चात् भारतीय नवयुवक हमें विदेशी मानना बन्द कर देते हैं—उग्र विद्रोही या हताश 'जी हुजूर' बनने के बजाय वे हमारे उत्साही व बुद्धिमान सहयोगियों में बदल जाते हैं। उनकी आकांक्षा का अन्तिम लक्ष्य हमारी कॉपी बनना हो जाता है।" लाला हरदयाल ने आगे लिखा "हमारी पद्धति से शिक्षा प्राप्त कर, समान उद्देश्यों में रुचि लेकर, हमारे साथ समान कार्यों में संलग्न होकर वे हिन्दू से ज्यादा अंग्रेज बन जाते हैं, ठीक उसी प्रकार जैसे रोमन उपनिवेश गाल या इटालवी से ज्यादा रोमन हो गए थे।" इस पर देवेन्द्र स्वरूप का बयान है—अंग्रेजी शिक्षा के द्वारा भारतीयों की सांस्कृतिक विजय के परिणामस्वरूप ब्रिटिश शासकों को जहाँ ब्रिटिश शासन के प्रति निष्ठा रखने वाले एक प्रभावशाली वर्ग के निर्माण की आशा थी, वहीं यह अपेक्षा भी थी कि अंग्रेजी शिक्षा के रंग में रंग कर उनकी अपने धर्म व संस्कृति के प्रति निष्ठा हिल जाएगी और तब वे स्वतः ही ईसाई धर्म की गोद में चले आएँगे। एलफिंस्टन ने अपने निजी पत्र-व्यवहार में आशा व्यक्त की थी कि भारत में पश्चिमी ज्ञान के प्रसार का मूल उद्देश्य हिन्दू धर्म को कमजोर करना था, किन्तु शिक्षा को धर्मान्तरण का साधन बनाने के ईसाई मिशनरियों के उत्साह से चिन्तित होकर उसने 18 जनवरी, 1819 को अपने एक दोस्त कैप्टेन इरविन को लिखा—"मेरा पक्का विश्वास है कि भारतीयों के धर्मान्तरण का सबसे परिणामकारी उपाय उन पर अपने विचारों को थोपना है। कानून और नैतिकता के क्षेत्र में इस देश का यूरोप से पीछे रह जाने का मुख्य कारण मैं हिन्दू धर्म को मानता हूँ एवं उनके सुधार के मार्ग की इस बाधा के हटने पर मुझे बड़ी प्रसन्नता होगी। मैंने अनेक बार अपने साम्राज्य की स्थिति पर विचार किया और मुझे सदैव लगा है कि भले ही वह साम्राज्य अभी मुट्ठी भर लोगों के

कंधों पर टिका है और भारतीय प्रजा के दिलों में हमारे लिए कोई स्थान नहीं है, तब भी हमारा राज्य लम्बे समय तक टिका रह सकेगा अगर कोई ऐसी स्थिति उत्पन्न न हो जाए कि कोई झूठा पैगम्बर देश के आधुनिक धर्म के सुधार के कार्य को विदेशियों से देश की मुक्ति के कार्य के साथ जोड़ने वाली कोई योजना तैयार न कर ले। मैं नहीं समझता कि ऐसे किसी भी तूफान के विरुद्ध हमारी सत्ता एक क्षण भी टिक पाएगी और बिल्कुल यही स्थिति है जो धर्मान्तरण के प्रयासों में से उत्पन्न हो सकती है। मैं आशा करता हूँ कि धर्मान्तरण के पक्षधर यह नहीं सोचते होंगे कि यह महान कार्य उनके अपने हाथों से ही सम्पन्न होना चाहिए। यदि वे ऐसा न सोचते हों तो 50 या 100 साल में (या 200 साल में, मानवता के इतिहास में एक शताब्दी का काल ही क्या होता?) भारतीयों का धर्मान्तरण होने की पूरी सम्भावना है। हाँ, यदि जल्दबाजी की गई तो हमारे पूर्वी साम्राज्य के विनाश होने की पूरी सम्भावना है।"

13 दिसम्बर, 1823 को शिक्षा-नीति सम्बन्धी अपनी टिप्पणी में एलफिंस्टन ने अपने इस आशावाद व चेतावनी को और भी पैने शब्दों में व्यक्त किया—"हमारी शिक्षा सम्बन्धी योजनाओं के साथ धर्म का रंग मात्र भी सम्बन्ध जोड़ने पर मुझे घोर आपत्ति है। जिस योजन के क्रियान्वयन की राह में पहले ही काफी बाधाएँ खड़ी हैं, उनमें मैं एक और नयी बाधा को जोड़ना नहीं चाहूँगा। मेरा पक्का विश्वास है कि ज्ञान का प्रसार होने पर भारतीयों का धर्मान्तरण अवश्यम्भावी है। स्पष्ट ही, अभी उन्हें इस कारण-कार्य-सम्बन्ध का बोध नहीं हुआ है। अन्यथा, अपने अज्ञान पर प्रत्येक प्रहार को वे अपने धर्म का आघात समझकर उसका कड़ा विरोध करते? हमारे स्कूलों में ईसाइयत को घुसाने का परिणाम होगा खतरे की घंटी को बजाना और ब्राह्मणों को आने वाले खतरे के प्रति सचेत कर देना। अतः इससे न केवल हमारी भावी शिक्षा योजनाओं को खतरा उत्पन्न हो जाएगा, अपितु हमारे साम्राज्य का ही सफाया हो जाएगा।"

इसीलिए ट्रैवेलियान, मैकेंजी और मैकाले आदि साम्राज्यवादियों ने अंग्रेजी शिक्षा पद्धति के समर्थन में अपने तर्कों को उपयोगितावादी आवरण में प्रस्तुत किया, जबकि मन ही मन वे भारतीयों के ईसाईकरण की ही कामना कर रहे थे। **बालहैचेट** ने लिखा है कि "चार्ल्स ट्रैवेलियान सार्वजनिक रूप में अंग्रेजी शिक्षा के पक्ष को उपयोगितावादी तर्कों से समर्थन प्रदान करता था, किन्तु गवर्नर जनरल के नाम व्यक्तिगत पत्रों में वह यह लिखने में कोई संकोच नहीं करता था कि इसका अन्तिम परिणाम भारत के ईसाई धर्म में धर्मान्तरण में ही होगा।"

"इस प्रकार 1835 तक शिक्षा नीति से सम्बन्धित सभी प्रश्नों के बारे में अन्तिम

निर्णय लिया जा चुका था। भारत का ईसाईकरण अथवा यूरोपीयकरण करना एवं सस्ते वेतन पर वफादार अराष्ट्रीयकृत कर्मचारियों को प्राप्त करना उसका एकमात्र उद्देश्य था। इस उद्देश्य की प्राप्ति के लिए उच्च एवं सम्भ्रान्त वर्ग के चुने हुए लोगों को यूरोपीय ज्ञान अंग्रेजी भाषा के माध्यम से देने का निश्चय किया गया। 1835 के बाद इन्हीं निर्णयों को क्रियान्वित करने के लिए संगठनात्मक ढाँचा और प्राइमरी से उच्च शिक्षा तक की सीढ़ियाँ निर्माण करने का कार्य किया गया। 1839 में गवर्नर जनरल लार्ड आकलैण्ड ने शिक्षा-नीति के सम्बन्ध में एक विस्तृत टिप्पणी लिखी, जिसमें सुझाव दिया गया कि यूरोपीय ज्ञान को अधिकाधिक भारतीयों तक पहुँचाने के लिए केवल अंग्रेजी भाषा पर निर्भर करना उचित नहीं होगा। निचले स्तरों पर शिक्षा का अध्ययन देशी भाषाओं (वर्नाक्यूलस) को बनाना उचित रहेगा। अतः यह निर्णय हुआ कि प्राईमरी शिक्षा का माध्यम देशी भाषा रहेगी।''

13

उदारीकरण

विश्व के आर्थिक एवं व्यापारिक क्षेत्र का विकास उदारीकरण और भूमण्डलीकरण पर निर्भर करता है। इसके विपरीत जब विभिन्न देशों में व्यापार को बढ़ावा देने के लिए, ये देश करों एवं अन्य मामलों में अधिक सुविधाएँ देने लगते हैं तो भूमण्डलीकरण की प्रक्रिया को अधिक बल मिलता है। इस प्रकार स्पष्ट है कि उदारीकरण वह विस्तृत व व्यापक प्रक्रिया है जो विश्व के विभिन्न देशों के मध्य व्यापारिक व आर्थिक सम्बन्धों का अधिक विस्तार करने की दृष्टि से भूमण्डल के देशों को परस्पर ऐसी सुविधाएँ प्रदान करने के लिए प्रेरित करती है ताकि मुक्त विश्व व्यापार का विकास हो सके।

इससे समझा जा सकता है कि भूमण्डलीकरण विश्व की अर्थव्यवस्थाओं को जोड़ने में महत्वपूर्ण योगदान दे रहा है। अर्थव्यवस्थाओं में एकीकरण की इस प्रक्रिया को उदारीकरण और निजीकरण ने आसान बनाया है। इससे अर्थव्यवस्था पर सरकारी नियन्त्रण कम होने के साथ-साथ उदार हुआ है। उदारीकरण की नीति अर्थव्यवस्था की कार्यकुशलता को बढ़ाती है। निजी उद्यम सार्वजनिक उद्यमों के मुकाबले अधिक परिणामोन्मुखी होते हैं।

भूमण्डली भारत में उदारीकरण की समस्याएं

वर्तमान दौर में भारत में कारण तथा उदारीकरण की अर्थ के सन्मुख विभिन्न प्रकार की समस्याएं है जिनका उल्लेख निम्न शीर्षकों के अन्तर्गत स्पष्ट किया जा सकता है—

(1) उदारीकरण का कुपरिणाम—कर्मचारियों की छंटनी देश में उदारीकरण की नीति अपनाने के साथ ही अनेक प्रकार के आर्थिक कार्यक्रम आरम्भ किए गए। उदारीकरण की नीति अपनाते समय यह मान लिया गया कि देश में व्याप्त प्रत्येक समस्या का समाधान केवल उदारीकरण द्वारा ही सम्भव है। लेकिन आज लगभग 12 वर्षों के पश्चात् जब हम देखते हैं तो पाते हैं कि असल में उदारीकरण व वैश्वीकरण के उद्देश्य को ध्यान में रखकर शुरू किए गए आर्थिक सुधार कार्यक्रमों का कोई सकारात्मक प्रभाव हमारी अर्थव्यवस्था पर नहीं पड़ा है। हालाँकि इन दस वर्षों में भारत ने सूचना प्रौद्योगिकी के क्षेत्र में लाभ कमाया है, किन्तु ऐसे अनेक क्षेत्र हैं, जिन पर उदारीकरण की नीति का कुप्रभाव पड़ा। इसी नीति के तहत बहुत से उद्योगों में कर्मचारियों की छंटनी हुई, जिसके कारण जिस धनराशि को विकास में खर्च होना चाहिए, वह राशि छंटनी किए गए कर्मचारियों और श्रमिकों को क्षतिपूर्ति करने में खर्च हो गई। उदारीकरण के तहत हमने आयात को भी उदार बनाया, जिसके कारण हमारे छोटे घरेलू उद्योगों का अस्तित्व ही खतरे में पड़ चुका है। और अभी तक देश में ऐसा सशक्त प्रबन्ध भी नहीं है जो कि हमारे इन छोटे घरेलू उद्योगों को विदेशी सामानों के आयात की स्पर्धा से बचा सके।

(2) हॉट एवं औद्योगिक संबंधी समस्या—इस उदारीकरण के तहत खुली अर्थव्यवस्था में जहाँ आर्थिक गतिविधियों पर प्रतिबन्ध नहीं होता वहाँ पर नीतियों का क्रियान्वयन ज्यादा आसान होता है। क्योंकि यह माँग और पूर्ति पर आधारित मुनाफे के द्वारा संचालित होती है। लेकिन फिर भी सरकार का दायित्व है कि वह इस बात का ध्यान रखे कि बाजार शक्तियों और औद्योगिक विकास के मार्ग में आनेवाली बाधाओं को दूर करे। 1991 से ही भारत सरकार तैयार की गई औद्योगिक नीति, कोटा परमिट, लाइसेन्स राज को चरणबद्ध तरीके से समाप्त करना एवं उत्पादन के मार्ग में आने वाले अवरोधों को पूरी ईमानदारी से समाप्त करने में सतत प्रयत्नशील है। इस आर्थिक नीति के दो पक्ष हैं। पहला यह कि समष्टि भावी आर्थिक प्रबन्ध एवं सन्तुलन का है। इसके लिए यह आवश्यक है कि सरकार सकल घरेलू उत्पादन के सम्बन्ध में कुल राजकोषीय घाटा कम करे, बाह्य खाते में सन्तुलन की अवस्था को सुधारे तथा मुद्रास्फीति को कम करे। यद्यपि उदारीकरण से पहले हमारा भुगतान सन्तुलन घाटा—सकल घरेलू उत्पाद का 3.5% था लेकिन उदारीकरण के बाद यह घटकर 1% से भी कम हुआ। इससे कुछ छोटे ऋणों से तो छुटकारा मिल सकता है लेकिन भविष्य में इसके गलत परिणाम आ सकते हैं। इसके तमाम उदाहरण होते हैं। हम अच्छी तरह समझ भी सकते हैं कि वित्तीय क्षेत्र में सरकार ने

जितने भी हेर-फेर किए हैं, उससे बजट घाटा और राजकोषीय घाटा निरन्तर बढ़ रहा है तथा मुद्रास्फीति पर किसी भी प्रकार का नियन्त्रण नहीं है। रुपए की पूर्ण परिवर्तनीयता भी देश में मुद्रा की हालत निरन्तर कमजोर होती जा रही है।

(3) अन्तर्राष्ट्रीय—सन् 2001 से नवीन उदारीकरण की नीति लागू हो गयी है। इस दौर की शुरुआत में और तेज होने की आशा की गई थी, लेकिन देश की सरकार के प्रबन्धक इस बात से चिन्तित हैं कि आर्थिक सुधार में धीमे-धीमे गिरावट आ रही है। उससे वर्ष 2001-2002 में आर्थिक विकास दर 6.5% प्राप्त कर पाना कठिन होगा। वित्तमन्त्री द्वारा बजट की घोषणा के समय सीमा शुल्क नीति में परिवर्तन कर दिया गया है। सीमाशुल्क के अनुपात राजस्व को 14% से घटाकर 12% तक कर दिया गया है। इसका परिणाम यह हुआ कि देश पर कर्जा 84 अरब डालर से बढ़कर 700 अरब डालर हो गया है। इन सबके बीच देश का आम आदमी यही सोचता है कि क्या वह भी खुशहाल हुआ है? देश के प्रबुद्ध वर्ग यह सोचते हैं कि आर्थिक सुधारों के तहत बहुराष्ट्रीय कम्पनियों व विकसित एवं विकासशील राष्ट्रों के उद्यमियों के लिए भारतीय बाजार को जिस तरह फूलों की सेज बनाया गया है उससे देश की भूमिका केवल कच्चा माल उत्पादक के समान हो गयी।

(4) केन्द्र और राज्य सरकारें दिवालियापन की तरफ—भारत में प्रथम चरण में आर्थिक सुधार कार्यक्रम दूसरे चरण की अपेक्षा अधिक लाभप्रद थे। प्रथम चरण के सुधार कार्यक्रम के तहत आर्थिक नियमों में बदलाव लाए गए। वित्तीय क्षेत्र, मुद्रा-बैंकिंग, व्यवसाय वाणिज्य विनिमय दर, विदेशी निवेश, उद्योग आदि से जुड़े नियमों में बदलाव लाया गया। अब उदारीकरण के द्वितीय चरण में विधायी परिवर्तनों की आवश्यकता होगी, जो अधिक कष्टप्रद होगी। यह कहा जा सकता है कि द्वितीय दौर के दौरान आर्थिक व वित्तीय नियमों की जगह आर्थिक व वित्तीय अधिनियमों में परिवर्तन का दौर होगा। देश के वित्तमन्त्री ने पहले ही घोषणा कर दी थी कि जनता को कठोर निर्णयों को झेलने के लिए तैयार रहना चाहिए। और इसी बात को उन्होंने इस प्रकार से भी स्पष्ट किया था कि बिना कड़वी दवा पिलाए अर्थव्यवस्था का सुधार सम्भव नहीं। आज स्थितियाँ और भी गम्भीर होती जा रही हैं। केन्द्र व राज्य सरकारें लगातार दिवालियेपन की ओर अग्रसर होती जा रही हैं। वित्तीय घाटा सरकार के काबू से बाहर होता जा रहा है। जरूरी वस्तुओं के दामों में निरन्तर वृद्धि होती जा रही है। बेरोजगारी इस कदर भयंकर है कि एक पद के लिए औसतन 12,000 अभ्यर्थी आ रहे हैं। किसानों को अपनी फसलों का मूल्य नहीं मिल पा रहा है। परियोजनाओं को चलाने के लिए सरकारी कोष में पैसा नहीं है। शिक्षा और स्वास्थ्य जैसे बुनियादी क्षेत्र भी आर्थिक तंगी

में हैं। राज्य सरकारों के पास कर्मचारियों को देने के लिए वेतन तक नहीं है। विदेशों में पूँजी का पलायन बढ़ता जा रहा है। राष्ट्रीय बजट का लगभग 40% हिस्सा कर्जे की अदायगी में खर्च हो रहा है।

(5) विनिमय दर में लगातार मन्दी—भारत में उदारीकरण की नीति के अन्तर्गत अनेक प्रकार के सुधार आर्थिक नीति में किए गए। किन्तु अभी भी मजदूर कानून में कोई ऐसा मूलभूत परिवर्तन नहीं हुआ है। जब तक कानून और आर्थिक सुधार के लिए उठाए गए कदम घरेलू उद्योगों के हित में नहीं होंगे देश की उन्नति नहीं हो सकती। आज देश का निर्माण उद्योग भी मन्दी की स्थिति से गुजर रहा है—निर्माण उद्योग में मन्दी का सीधा सा प्रभाव उपभोक्ता माँग पर पड़ता है। इससे मध्यम आय वर्ग में चिन्ता दिखने लगी है।

भारतीय अर्थव्यवस्था पर एक और दुष्परिणाम आर्थिक सुधार प्रक्रिया के अंतर्गत पड़ा, कि रुपए की विनिमय दर में निरन्तर गिरावट आ रही है। डॉलर के मुकाबले रुपए की विनिमय दर 1991-92 में 18 रुपए के आस-पास थी। यही 1997-98 में 36.16 रुपए और अब 2001 के दौरान और भी घटकर 47 रुपए प्रति डॉलर हो चुकी है। रुपए का लगातार अवमूल्यन देश की अर्थव्यवस्था के लिए अच्छा संकेत नहीं है। रुपए का अवमूल्यन होने पर अन्य बातों के साथ-साथ महंगाई भी बढ़ती है और महंगाई की वजह से गरीबी कम होने के बजाय बढ़ती जाती है। देश में न तो तकनीकी ज्ञान में वृद्धि हुई है, न पूँजी निवेश में और न रोजगार में ही। इसलिए स्पष्ट है कि उदारीकरण की नीति का विकसित देशों को तो प्रत्यक्ष या अप्रत्यक्ष लाभ हो सकता है, परन्तु भारत जैसे विकासशील देश में तो अभी तक कोई सकारात्मक प्रभाव सामने नहीं आया है।

(6) सीमाशुल्क में कमी तथा अन्तर्राष्ट्रीय वस्तुओं की अधिकता सम्बन्धी समस्याएं—उदारीकरण की नीति के अंतर्गत सीमाशुल्क में कमी की गई। इसके दो प्रभाव भारतीय अर्थव्यवस्था पर पड़े। पहला यह कि कम सीमा-शुल्क होने के कारण सरकार को सीमा-शुल्क से होने वाली आय में कमी हुई और दूसरा प्रभाव यह हुआ कि विदेशी सामान ज्यादा मात्रा में और कम मूल्य पर हमारे बाजारों में पहुँचने लगा। इससे हमारा घरेलू उत्पाद इसलिए प्रभावित हुआ क्योंकि हमारे यहां तकनीक एवं पूंजी दोनों का अभाव है जिससे सामान की लागत अधिक आती है और उत्पादन क्षमता कम है। इसका सबसे बड़ा उदाहरण है—चीनी सामानों से भारतीय बाजार का पट जाना। चीन अपने उत्पादों को कम दाम पर बाजार में उतार रहा है। भारतीय उत्पाद उनके सामने टिक नहीं पा रहे हैं। चीन में वस्तुओं के कारण जो अवस्था बन रही है इसके भविष्य में बहुत ही गम्भीर परिणाम होंगे।

(7) निर्यात में अभाव व आयात में वृद्धिकरण सम्बन्धी समस्या—आरम्भ के पाँच वर्षों के दौरान 1991-92 से 1995-96 तक पूँजी निवेश पहले की अपेक्षा 20 प्रतिशत घटा, विदेशी व्यापार घाटे में बढ़ोत्तरी हुई, रुपए का अन्तर्राष्ट्रीय बाजार में अवमूल्यन हुआ। जबकि भारत से सेवा शुल्क अन्तर्राष्ट्रीय कम्पनियों के लाभ तथा ब्याज के रूप में पहले से अधिक पैसा बाहर गया। पिछले दस वर्षों में भारत का व्यापार घाटा लगातार बढ़ने का कारण यह रहा कि उदारीकरण ने पश्चिमी सभ्यता का द्वार खोल दिया। लोग पश्चिमी संस्कृति का अन्धानुकरण करने अथवा उसे अपनाने के चक्कर में विदेशी सामानों को अधिक प्रयोग कर रहे हैं, जिससे हमारे आयात पर काफी प्रभाव पड़ा और 1991 के बाद आयात में बहुत वृद्धि हुई। लेकिन निर्यात में उसी अनुपात में वृद्धि न होने के कारण व्यापार घाटा निरन्तर बढ़ता गया। दूसरी महत्त्वपूर्ण बात यह है कि आयात में बढ़ोतरी होने से अर्थात् ज्यादा विदेशी सामानों के भारतीय बाजारों में आ जाने से घरेलू उद्योग-धन्धे प्रभावित हुए हैं। विदेशी माल की उच्च गुणवत्ता तथा सुविधाजनक दाम के कारण आम आदमी ने विदेशी वस्तुओं को की खरीददारी करना प्रारंभ कर दिया है, इससे भी घरेलू उद्योग प्रभावित हुआ।

(8) निर्धनता एवं बेरोजगारी में वृद्धि की समस्या—किसी भी देश के घरेलू उद्योग बेरोजगारी को नियंत्रित करते हैं। अगर देश में औद्योगिक इकाइयों की संख्या बढ़ेगी तो निश्चय ही अधिक लोगों को रोजगार मिलेगा। ठीक इसी प्रकार इसका उल्टा भी पूरी तरह से सही है, कि उद्योग-धन्धे कम होंगे, तो रोजगार के अवसर भी घटेंगे और गरीबी में भी इजाफा होगा। चूँकि गरीबी और बेरोजगारी में सीधा सम्बन्ध है। भारत में लगभग 36% लोग गरीबी की रेखा के नीचे जीवन-यापन कर रहे हैं। यानी उनके पास जीने के लिए जरूरी आधारभूत सुविधाओं का नितान्त अभाव है और आर्थिक सुधार व उदारीकरण के बारह वर्षों में उनकी स्थिति में कोई खास परिवर्तन नहीं आया है। अर्थात् उदारीकरण की प्रक्रिया ने हमें हमेशा गरीब और बेरोजगार ही बनाया है।

उदारीकरण से यही आशय था कि सभी देशों—बड़े या छोटे, अमीर या गरीब को अपनी सीमाएँ खोल देनी चाहिएँ जिससे पैसा, पूँजी, माल तथा सेवाओं का मुक्त प्रवाह हो सके। इससे व्यवस्था में दक्षता आती है और गरीब देशों के विकास का रास्ता खुलता है, ऐसे तर्क खूब दिए गए। लेकिन वास्तविकता यही है कि जिन विकासशील देशों ने यह प्रक्रिया अपनाई है, उनमें से अधिकतर देशों में हालात सुधरने की बजाय बिगड़ गए। विदेशी पूँजी आने से कर्ज और ब्याज का संकट पैदा हुआ। बाहर के सस्ते माल के आयात ने घरेलू सामान और उद्योगों को चौपट कर दिया। निर्यात के मोर्चे पर भी हालात खराब हैं। विकासशील देश जिन सामानों को

बेचते हैं, उनकी कीमतें गिरी हैं। वस्त्र और कृषि उत्पादों जैसे जिन सामानों के उत्पादन में तीसरी दुनिया के देश अग्रणी हैं, उनके लिए उत्तर के देशों के बाजार बन्द हैं। इससे नतीजा यही निकलता है कि अनेक विकासशील देशों में व्यापार घाटा बढ़ रहा है। जिससे वे और भी अधिक कर्ज में डूब रहे हैं। वित्त और वित्तीय बाजारों के उदारीकरण का नतीजा यह हुआ कि इन देशों में लघु अवधि के निजी विदेशी कर्ज का तेजी से जमाव हो गया। इससे विदेशी वित्तीय संस्थाओं और हेज फण्ड द्वारा घरेलू मुद्राओं और स्टॉक बाजारों में सट्टेबाजी फैल गई। नतीजे के रूप में 1997-99 के वित्तीय संकट ने जो रूस, ब्राजील और अन्य देशों में भी फैल गया, इसने उदारीकरण की साख और छवि बिगाड़ दी।

यदि हमें चीन की तरह से उदारीकरण का लाभ लेना हो तो पहले हमें वित्तीय संयोजन और वित्तीय अनुशासन को सुधारना होगा। इसके साथ ही ऊर्जा क्षेत्र में भी पूरी तरह से सुधार करना आवश्यक होगा तथा अपनी औद्योगिक इकाइयों में कार्य संस्कृति को लाना होगा। पुरानी तकनीक को भी नई उत्कृष्ट तकनीक से प्रतिस्थापित करना होगा और सबसे बड़ी बात अपने उद्योगों को संरक्षण देना होगा। क्योंकि उनका खून पहले ही बहुत चूसा जा चुका है। अतः उन्हें नए सिरे से अच्छी दवा पिलानी पड़ेगी। सरकार को भी देशहित के लिए अपने उद्योगों को भारी संरक्षण प्रदान करना होगा। यदि सार्वजनिक क्षेत्र की इकाइयों में राजनीतिक दखल न हो और उन्हें स्वतन्त्र रूप में कार्य करने दिया जाए तथा श्रमिक कानूनों में उचित सुधार किया जाए तो उदारीकरण का पूर्ण फायदा उठाया जा सकता है। लेकिन उनके सार्वजनिक उपक्रम बंद हो गए हैं या बेचे जा चुके हैं। जहाँ तक निजीकरण का सवाल है तो फायदा हासिल करने वाली सार्वजनिक इकाइयों का निजीकरण न किया जाए बशर्ते कि वे स्पर्धा में अपने को ऊपर बनाए रखने में समर्थ हों। देश की सरकारों को चाहिए कि सुधार की योजना बनाते समय समाज के गरीब तबके का मुख्य रूप से ध्यान रखें। कहीं ऐसा ही न चलता रहे कि समाज के कुछ लोग आर्थिक रूप से निरन्तर उन्नत होते रहें और बेचारे गरीब लगातार गरीब होते रहें। वास्तविक विकास के लिए उदारीकरण के साथ जनसामान्य की सामाजिक सुरक्षा और शान्ति अत्यावश्यक है। देश का राजनैतिक स्थायित्व तथा राष्ट्रवादी चरित्र भी राष्ट्र की उन्नति में सदैव मददगार होगा।

सन् 2008 में अमेरिका की आर्थिक मंदी ने भारत समेत कई देशों की अर्थ व्यवस्था को प्रभावित किया है।

14

भारतीय समाज पर पश्चिमीकरण का प्रभाव

प्राचीन भारतीय समाज की रूपरेखा एवं वर्तमान भारतीय समाज की स्थिति को देखते हुए उस पर पश्चिमीकरण के प्रभाव का वर्णन ए.एन. श्रीनिवास के विचारों में निम्नलिखित है—

मूल्यों एवं आदर्शों में बदलाव—यूरोपीय देशों का भारतीय समाज पर व्यापक प्रभाव पड़ा जिसके परिणामस्वरूप मानवतावाद, समानतावाद तथा लौकिकवाद के मूल्यों में वृद्धि हुयी। ब्रिटिश, सिविल एवं पीनल कानून ने हिंदू एवं मुस्लिम कानून में व्यापक परिवर्तन किए। सभी लोगों को न्याय एवं कानून के सामने समानता दी गई। दास-प्रथा को समाप्त कर दिया गया एवं प्रत्येक धर्म, जाति तथा प्रजाति के लोगों को विद्यालयों एवं अन्य शैक्षणिक संस्थाओं में प्रवेश की अनुमति दी गई। स्त्रियों में भी शिक्षा का प्रचार-प्रसार हुआ। सैद्धांतिक रूप से सभी को सामान्य आर्थिक अवसर दिए गए। रूढ़िवादी मान्यताओं को समाप्त कर दिया गया।

प्रशासनिक सुधार—पश्चिमीकरण के प्रभाव से समस्त देश में राज्यों की ओर से अनेक सुधार किए गए जिनसे महामारियों को रोकने अकालों से बचाव तथा शिक्षा के प्रसार की दिशा में महत्त्वपूर्ण कार्य हुआ है।

विविध सांस्कृतिक एवं राजनीतिक आंदोलन—पश्चिमीकरण के परिणामस्वरूप भारतवर्ष में राजनीति एवं संस्कृति के क्षेत्र में अनेक आंदोलन प्रारंभ हुए। एक ओर राष्ट्रीय आंदोलनों का सूत्रपात हुआ तो दूसरी ओर सांप्रदायिक, जातिवादी, क्षेत्रवादी, भाषावादी एवं प्राचीन परंपरावादी आंदोलन उत्पन्न हुए। समाचार पत्र, पत्रिकाएं, पुस्तकों के माध्यमों से इन आंदोलनों के विचार एक दूसरे तक पहुँचाए गये।

संस्थाओं में परिवर्तन—संयुक्त परिवार जातिप्रथा पर पश्चिमी सभ्यता के प्रभाव से कुछ उपयोगी बदलाव हुए। साथ ही समाचार पत्र, मतदान एवं ईसाई मिशनरी जैसी नई संस्थाओं का जन्म हुआ।

समाज-सुधार आन्दोलन—पाश्चात्य संस्कृति के प्रभाव से विभिन्न संगठनों एवं समाज-सुधार आंदोलनों का जन्म हुआ। इनमें आर्य-समाज, ब्रह्म-समाज, प्रार्थना-समाज, थियोसोफिकल सोसाइटी, रामकृष्ण मिशन आदि प्रमुख हैं। इन सभी समाज-सुधार आंदोलनों के द्वारा हिंदुत्व की वैज्ञानिकता के आधार पर नवीन व्याख्या की गयी। हिंदू धर्म की पुनर्व्याख्या करने में राजा राम मोहन राय, महर्षि दयानन्द, रामकृष्ण परमहंस, रवीन्द्र ठाकुर, विवेकानन्द, अरविंद, महात्मा गाँधी तथा डॉ. राधाकृष्णन इत्यादि का महत्वपूर्ण योगदान है। इससे हिंदू धर्म के अनेक ऐसे पहलुओं की ओर संकेत किया गया जिनमें परिवर्तन जरूरी था। इससे सती-प्रथा निषेध, बाल-विवाह पर रोक, विधवा पुनर्विवाह की अनुमति एवं अस्पृश्यता उन्मूलन जैसे महत्त्वपूर्ण सुधार हुए।

शिक्षा में व्यापक प्रसार—आधुनिक शिक्षा पश्चिमीकरण की महत्वपूर्ण देन है। अंग्रेजी शासनकाल में विभिन्न प्रकार के विद्यालय, महाविद्यालय एवं विश्वविद्यालय खुले। देश में विभिन्न पत्र-पत्रिकाओं का प्रकाशन शुरू हुआ। जिससे विचारकों के विचारों को प्रसारित करने में सहायता प्रदान की। साक्षरता आंदोलन का भी प्रसार हुआ तथा एक ऐसे शिक्षित वर्ग का निर्माण हुआ जो आधुनिक भारतीय क्रांति का अग्रदूत बन गया।

भारतीय समाज पर पश्चिमीकरण की गतिविधियों का प्रभाव

भारतीय समाज पर पश्चिमीकरण के प्रभाव के संबंध में हुमायूँ कबीर ने लिखा है, "चपल यूरोपीय भावनाओं ने प्रत्येक वस्तु की सूक्ष्म परीक्षा की। एक ओर तो भौतिक जीवन की अवस्थाओं में परिवर्तन हो गया। दूसरी ओर विश्वासों और परम्पराओं के आधारों को समाप्त कर दिया गया।" भारत में पश्चिमीकरण की प्रक्रिया के निम्नलिखित प्रभाव कहे जा सकते हैं—

सामाजिक संरचना पर पश्चिमीकरण का प्रभाव

पश्चिमीकरण के माध्यम से भारतीय सामाजिक संरचना में कई प्रकार के बदलाव हुए जिनका उल्लेख निम्न बिन्दुओं के तहत स्पष्ट किया गया है—

(i) विवाह की संस्था पर पश्चिमीकरण का प्रभाव—विवाह की संस्था पर पश्चिमीकरण का व्यापक प्रभाव पड़ा है। इसके कारण भारतीय समाज में बाल-विवाह

की प्रथा कम हुई तथा विधवा-विवाह, अंतर्जातीय विवाह, एवं प्रेम-विवाह आदि को बढ़ावा मिला है। इसके कारण पति-पत्नी के संबंधों में भी परिवर्तन आया है। पत्नी अब अबला नहीं रह गई है अपितु उसे सहयोगिनी एवं मित्र माना जाने लगा है। हिंदुओं में विवाह को धार्मिक संस्कार माना जाता था लेकिन पश्चिमीकरण के कारण इसमें भी परिवर्तन आया है। परिणामस्वरूप तलाक एवं गर्भपात जैसी समस्याएँ बढ़ी हैं।

विवाह की संस्था पर पश्चिमीकरण के प्रभाव को निम्नलिखित बिंदुओं के माध्यम से समझा जा सकता है—

एकांकी विवाह की भावना—स्त्रियों की आर्थिक स्वतंत्रता बढ़ने से, तलाक कानून पास हो जाने से तथा विवाह का आधार प्रेम हो जाने से विवाहों का अस्थायित्व बढ़ रहा है। अब विवाह को तोड़ना संभव है चूँकि कानूनन यह वैध है।

उन्मुक्त भोग की भावना—पश्चिमीकरण के प्रभाव के कारण बहुत से लोगों में उन्मुक्त भोग की प्रवृत्ति भी विकसित हुई है। ऐसे लोग विवाह के जंजाल में नहीं फँसना चाहते हैं, वे उन्मुक्त यौन संबंध स्थापित करके आजन्म कुँवारा रहना चाहते हैं। ऐसे लोगों की संख्या में दिनोंदिन वृद्धि होती जा रही है। यह सब पश्चिमीकरण के प्रभाव के कारण हुआ है।

अधिक अवस्था में विवाह—बाल-विवाह के बहिष्कार के साथ ही पश्चिमीकरण के प्रभाव से विवाह की आयु बढ़ती जाती है। पश्चिम में साधारणतया लोग शिक्षा समाप्त करके एवं व्यवसाय तथा नौकरी आदि निश्चित हो जाने के बाद ही विवाह करते हैं।

जीवन साथी के चुनाव में स्वतंत्रता—पहले विवाह माता-पिता द्वारा तय किए जाते थे, लेकिन अब काफी हद तक लड़का एवं लड़की स्वयं एक-दूसरे का चुनाव करते हैं। ऐसा अंग्रेजी शिक्षा एवं पाश्चात्य सभ्यता के प्रभाव के कारण हुआ है।

विवाह के आधार में परिवर्तन—वर्तमान समय में विवाह (शादी) के आधार बदल गये हैं। आज भारत में विवाह का आधार जाति-धर्म नहीं बल्कि प्रेम एवं दाम्पत्य हो गया है तो इसमें कोई अतिशयोक्ति नहीं होगी।

बाल विवाह का बहिष्कार—भारत में बाल-विवाह को रोकने में पश्चिमी सभ्यता की महत्वपूर्ण भूमिका है। बाल-विवाह के कारण स्त्रियों के स्वास्थ्य, शक्ति तथा जीवन की बहुत हानि होती थी। उनकी शिक्षा भी बाधित होती थी तथा अधिक बच्चे पैदा होते थे।

एक विवाह की प्रवृत्ति—पश्चिम के सभ्य देशों में एक विवाह की प्रथा

प्रचलित है। यद्यपि वहाँ जल्दी-जल्दी तलाक, विवाह विच्छेद भी होते हैं। पश्चिमीकरण के प्रभाव के कारण भारत में भी एक विवाह प्रथा शुरू हुई। इसे कानूनी मान्यता भी प्राप्त है। 1955 के 'हिंदू विवाह अधिनियम' के अनुसार कोई भी व्यक्ति अपने जीवन-साथी के जिंदा रहते हुए दूसरा-विवाह नहीं कर सकता है।

विवाह की पद्धति में परिवर्तन—वर्तमान समय में विवाह की पद्धति में भी परिवर्तन देखने को मिलता है। अभी भारत में सिविल मैरेज अधिक नहीं होती है लेकिन इसकी प्रवृत्ति अवश्य दृष्टिगोचर होती है। हिंदू विवाहों में पूजा-पाठ की जगह सजावट पर विशेष ध्यान दिया जाने लगा है।

अंतर्जातीय विवाह को प्रोत्साहन—अन्तर्जातीय विवाह पश्चिमी सभ्यता की देन है। औद्योगिकीकरण एवं नगरीकरण ने इसको बढ़ाने में और ज्यादा योगदान दिया है। कहीं-कहीं अंतर्धर्म विवाह भी देखने को मिलते हैं। पर इनकी संख्या कम है।

(ii) परिवार की संस्था पर पश्चिमीकरण का प्रभाव—इस प्रभाव को निम्नलिखित पंक्तियों के अन्तर्गत समझा जा सकता है—

उन्होंने संयुक्त परिवारों की प्रथा को खत्म करके एकल परिवारों को प्रोत्साहन दिया। विवाह का आधार परिवर्तित हो जाने से अब परिवार में बच्चों की संख्या कम होने लगी है। भारत में भी अब गर्भ-निरोध के तरीकों को अपनाने के प्रति जागरूकता उत्पन्न हुई है। इन सभी कारणों से परिवार का आकार छोटा होता जा रहा है।

संयुक्त परिवार में विघटन—पाश्चात्य विचारों के प्रभाव के कारण भारत में संयुक्त परिवारों का विघटन होता जा रहा है। इसके विघटन में पाश्चात्य व्यक्तिवादी भावनाओं की अहम् भूमिका है। इसका प्रभाव युवक-युवतियों पर यह पड़ा है कि बड़ों के नियंत्रण में रहना मूर्खता है। आज की युवतियाँ सास-ससुर की सेवा करना व्यर्थ समझती हैं। परिणामस्वरूप, वे अपने सुख एवं स्वार्थ के लिए संयुक्त परिवार को तिलांजलि देती हैं। उन्हें संयुक्त परिवार में एकांत वातावरण नहीं मिल पाता है तथा फैशन आदि की भी स्वतंत्रता नहीं रहती है। इन सभी मनोवैज्ञानिक कारकों के कारण संयुक्त परिवार का विघटन होता जा रहा है। इसके अलावा औद्योगीकरण एवं नगरीकरण के कारण उत्पन्न हुई सामाजिक गतिशीलता भी संयुक्त परिवार के विघटन में महत्त्वपूर्ण भूमिका अदा करती है।

स्थायित्व—पाश्चात्य शिक्षा के प्रचार-प्रसार के कारण भारतीय स्त्रियाँ भी पश्चिमी स्त्रियों की तरह नौकरी करने लगी हैं। स्त्री एवं पुरुष दोनों के नौकरी करने से उनके जीवन का क्षेत्र बँट जाता है। वैयक्तिकता एवं स्वतंत्रता की भावना बढ़ जाती

है। इसी तरह विवाह का आधार प्रेम होने से बच्चों का मोह भी कम हो गया है। परिणामस्वरुप, विवाह-विच्छेद करना कठिन नहीं रह गया है। इन सभी कारणों से भारत में परिवार का स्थायित्व कम होने लगा है।

(iii) स्त्रियों की दशा पर पश्चिमीकरण का प्रभाव—इसका अत्यधिक प्रभाव भारतीय स्त्रियों में देखा जा रहा है। यह पश्चिमीकरण की ही देन है और अब स्त्रियों की सामाजिक दशा में अत्यधिक बदलाव आया है। महिलाएँ शिक्षा ग्रहण करने लगीं जिससे वे नौकरी करके आर्थिक संरक्षण प्राप्त करने के योग्य बनीं। उन्हें पुरुषों के समान बराबरी का दर्जा प्राप्त हुआ। इसके कारण बाल-विवाह कम हुए, सती प्रथा बंद हुई तथा विधवा-विवाह प्रारंभ हुआ। महिलाएँ आर्थिक, सामाजिक, धार्मिक तथा राजनीतिक क्षेत्रों में पुरुषों के कंधे से कंधा मिलाकर कार्य करने लगीं। आधुनिक मनोवैज्ञानिक खोजों ने यह सिद्ध कर दिया है कि स्त्री-पुरुष की शक्ति, योग्यता, विचार, रहन-सहन आदि के भेद किसी मौलिक या प्राकृतिक भेद के कारण नहीं हैं बल्कि मानव के बनाए हुए सामाजिक-सांस्कृतिक परिवेश के कारण हैं। भारत में स्त्रियों को उच्च शिक्षा प्राप्त करने की अनुमति नहीं थी। इसके लिए समाज सुधारकों को कड़ा संघर्ष करना पड़ा और अंततः वे अपने उद्देश्य में सफल हुए। इस तरह यह पता चलता है कि भारत में पश्चिमीकरण के प्रभाव के कारण स्त्रियों की परिस्थिति में काफी अधिक अंतर आया।

(iv) जाति प्रथा पर प्रभाव—भारत की वर्णव्यवस्था (जातिप्रथा) की प्राचीन मान्यताओं पर पश्चिमी सभ्यता का व्यापक प्रभाव पड़ा। इससे ऊँच-नीच की भावना एवं अस्पृश्यता की भावना में परिवर्तन आया है। इसके कारण अलग-अलग जातियों के बीच पाए जाने वाले खान-पान संबंधी निषेधों में भी अंतर आया है। जाति-प्रथा पर पश्चिमीकरण के प्रभाव को निम्नलिखित बिन्दुओं पर समझा जा सकता है—

ब्रिटिश शिक्षा—भारत में ब्रिटिश शिक्षा प्रणाली से लोगों के अन्दर जाति-प्रथा की कमियों को समझने का मौका मिल गया। साथ ही रहन-सहन, खान-पान, वेशभूषा के साथ-साथ व्यक्तियों के विचारों पर भी पश्चिम के विचारों, स्वतंत्रता एवं समानता आदि का प्रभाव पड़ा। इसका नतीजा अंतर्जातीय विवाह के रूप में सामने आया। पश्चिमी शिक्षा ने लोगों को पूरी तरह बदल दिया।

पश्चिमी सभ्यता का व्यापक प्रभाव—पश्चिमीकरण का जाति-प्रथा पर प्रभाव पश्चिमी रंग में रंगना भी कहा जा सकता है। इसके प्रभाव से भारत में जाति-प्रथा के प्रतिबन्ध को कमजोर कर दिया है। सभी जातियों के खान-पान, वेश-भूषा, रहन-सहन एवं रीति-रिवाज एक समान हो गए। एक उदाहरण के द्वारा इसे और

ज्यादा स्पष्ट किया जा सकता है। कोलकाता में जब पहला मेडिकल कॉलेज खुला तो उस समय मुर्दा चीरना अधर्म एवं जाति भ्रष्ट करने वाला कार्य माना जाता था। धीरे-धीरे लोगों की इस धारणा में कमी आई और अंततः वह समाप्त हो गई। अब इसे पढ़ाई का एक अंग माना जाता है। इसी प्रकार पानी के नलों एवं होटलों में खान-पान आदि ने छुआछूत के विचार को कम कर दिया। डॉ. भगवानदास ने इस संबंध में लिखा है, "जब काशी में नल लगाए गए तो लोगों ने उनका इस आधार पर विरोध किया कि जल विभाग में न जाने किन-किन जातियों के लोग कार्य करेंगे और ऊँची जातियों के लोगों को उनके हाथ का पानी पीकर भ्रष्ट होना पड़ेगा, लेकिन अब सभी नल का पानी प्रयोग करते हैं।" इससे समझा जा सकता है कि छुआछूत की प्रबल भावना लोगों में व्याप्त थी। शुरू में लोग अंग्रेजों के लाए हुए आलू एवं टमाटर आदि को खाने में भी संकोच करते थे। अब सभी जातियों के लोग इसका सेवन करते हैं।

अस्पृश्यता की भावना में कमी—पश्चिमीकरण के प्रभाव ने भारत में अस्पृश्यता के विचार को मिटाने में बहुत हद तक योगदान दिया है। नगरीकरण, औद्योगीकरण एवं अन्य सुविधाओं में वृद्धि के कारण अस्पृश्यता संबंधी विचारों में काफी परिवर्तन आया है।

आवागमन के साधन विकसित होने से जाति के बंधन ढीले पड़ जाते हैं। आवागमन के साधनों में रेलवे, बस, टैक्सी तथा रिक्शा आदि ऐसे साधन हैं जो सर्वसाधारण द्वारा व्यवहार में लाए जाते हैं। इनमें यात्रा करनेवालों के लिए छुआछूत का भेदभाव रखना संभव नहीं हो पाता है। इसे एक उदाहरण के द्वारा खास तौर पर समझा जा सकता है। अगर कोई उच्च जाति का व्यक्ति रेल या बस में सफर कर रहा है और उसके बगल में आकर कोई नीच जाति का व्यक्ति या अस्पृश्य आकर बैठ जाए तो उसे कोई रोक नहीं सकता है। इस प्रकार यह पता चलता है कि पश्चिमीकरण के कारण आवागमन की सुविधाओं में वृद्धि हुई एवं इसके परिणामस्वरूप जाति के बंधन ढीले पड़ने लगे।

औद्योगीकरण—भारत में अंग्रेजों के आगमन के कारण अलग-अलग उद्योग-धंधों का विकास हुआ। इससे विभिन्न जातियों के लोगों को इन उद्योग-धंधों में एक साथ कार्य करने का अवसर प्राप्त हुआ। साथ-साथ कार्य करने के कारण उनमें आपसी मेल-जोल बढ़ा। इससे उनमें ऊँच-नीच का भेदभाव समाप्त होने लगा। फलतः जातिगत बंधन ढीले पड़ने लगे। इस तरह यह पता चलता है कि जाति प्रथा पर औद्योगीकरण का अप्रत्यक्ष ढंग से प्रभाव पड़ता है।

नगरीकरण—नगरीकरण भी अप्रत्यक्ष तरीके से जाति-प्रथा को प्रभावित करता है। देश में नगरीकरण की संख्या में वृद्धि होने से दूर-दराज के गाँवों से लोग कार्य करने के लिए नगरों में आने लगे। विभिन्न जातियों के लोग एक साथ रहने लगे तथा अलग-अलग जगहों पर साथ-साथ कार्य करने लगे। इसका परिणाम यह हुआ कि उनमें जातिगत भावनाएँ कम होने लगीं तथा आपसी मेल-जोल बढ़ने लगा।

पश्चिमीकरण का भारतीय संस्कृति पर प्रभाव

भारतीय संस्कृति को भी पश्चिमीकरण ने अत्यधिक प्रभावित किया। सामाजिक परिवर्तनों के आधार पर पश्चिमीकरण का विभिन्न क्षेत्रों पर पड़ने वाले प्रभाव को निम्नलिखित बिन्दुओं के अन्तर्गत स्पष्ट किया गया है—

(i) पश्चिमीकरण का भारतीय कला पर असर—इसने भारतीय कला को अत्यधिक प्रभावित किया है जैसे स्थापत्य कला, ललित कला, चित्रकला, संगीत कला, एवं नृत्य आदि प्रभावित हुए हैं। देश में अनेक कला केंद्रों का निर्माण किया गया है। इसका रूप बदलकर सार्वजनिक निर्माण विभाग (P.W.D.) रख दिया गया। जिसने भवन राजमार्ग निर्माण तकनीक पर प्रभाव डाला है। चित्रकला के क्षेत्र में परंपरागत चित्रकला के स्थान पर आधुनिक कला का प्रचलन बढ़ा है जिससे भारतीय चित्रकला में परिवर्तन हुए हैं। संगीत के क्षेत्र में रवीन्द्र संगीत तथा पॉप संगीत के द्वारा पश्चिमी एवं भारतीय संगीत का मिश्रण हुआ। पश्चिम के अनेक वाद्यों का भारत में खूब प्रचार-प्रसार हुआ है। इनमें गिटार, वायलिन, बैंजो, माउथ आर्गन तथा प्यानो आदि का नाम उल्लेखनीय है। वाद्य यंत्रों के अतिरिक्त विभिन्न संगीतों पर भी पश्चिमीकरण का प्रभाव खास तौर पर देखा जा सकता है। फिल्मी संगीत में मेकअप एवं नृत्य पश्चिमी सभ्यता की देन है। मॉडर्न आर्ट भी पश्चिम की ही देन है। इस तरह कहा जा सकता है कि भारत में कला पर भी पश्चिमीकरण का प्रभाव पड़ा है।

(ii) भाषा पर पश्चिमी प्रभाव—पश्चिमीकरण ने विभिन्न भाषाओं को भी प्रभावित किया। भारतीय भाषाओं में ज्यादातर अंग्रेजी के शब्दों का समावेश देखने को मिलता है। वास्तविकता यह है कि आधुनिक सभ्यता के विभिन्न उपकरण, वस्त्र, फर्नीचर, फैशन की वस्तुएँ, यातायात के साधन, संदेशवाहन के साधन, खेती के औजार एवं मशीनें आदि नागरिक जीवन में दिखाई पड़ने वाली अनेक वस्तुएँ पश्चिमी देशों की महत्वपूर्ण देन हैं। इस भंडार में तीव्र गति से वृद्धि हो रही है। पश्चिम को आधुनिक विज्ञान की प्रगति का केंद्र कहा जा सकता है। भारत को विज्ञान के क्षेत्र

में पश्चिम से काफी कुछ सहायता मिलती है। आधुनिक विज्ञान की सभी वस्तुओं के नाम को थोड़े बहुत परिवर्तित होकर भारतीय बोलं-चाल की भाषा में अपना लिया गया है। भारत में बोलचाल की भाषा में अनेक अंग्रेजी शब्दों का प्रयोग किया जाता है। उदाहरण के लिए प्लेटफार्म, स्टेशन, कार, बस, रेल, टिकट, सिनेमा, लेटरबाक्स, रिक्शा, मोटर, स्कूल, कॉलेज एवं मीटिंग आदि ऐसे शब्द हैं जिनका प्रयोग अपनी भाषा में ज्यादातर लोग करते हैं। इस तरह यह कहा जा सकता है कि पश्चिमीकरण का भाषा पर भी महत्वपूर्ण प्रभाव पड़ा।

(iii) पश्चिमीकरण का धर्म पर असर—भारतीय धर्म पर भी पश्चिमीकरण का प्रभाव प्रतीत होता है। पश्चिमी प्रभाव से भारत के लोगों में कई धार्मिक अंधविश्वासों पर से विश्वास उठ गया है। कर्मकाण्ड का प्रभाव भी धीरे-धीरे कम हो रहा है। पश्चिमी शिक्षा के प्रसार से धर्म में रूढ़िवाद के स्थान पर तर्कवाद एवं बुद्धिवाद का प्रभाव पड़ा तथा धार्मिक कर्मकांडों का विरोध हुआ। इसके परिणामस्वरूप कई धार्मिक आंदोलन हुए। इन धर्म-सुधार आंदोलनों ने समाज की अनेक धार्मिक कुरीतियों, अंधविश्वासों, कर्मकाण्डों, पाखंडों एवं ढोंगों आदि का अंत किया। पश्चिमीकरण की प्रक्रिया से भारत में ईसाई धर्म का व्यापक प्रचार-प्रसार हुआ। विभिन्न निम्न वर्गों एवं जातियों के लोगों ने पश्चिमीकरण की आड़ में संस्कृतिकरण की प्रक्रिया के द्वारा ईसाई धर्म को स्वीकार किया है। पश्चिमीकरण के कारण बहुत से पढ़े-लिखे लोगों का पूजा-पाठ एवं ईश्वर पर से विश्वास उठता जा रहा है। इसी तरह इनका अलग धार्मिक ग्रंथों एवं पुराण पर से भी विश्वास उठता जा रहा है। इस तरह यह पता चलता है कि पश्चिमीकरण का धार्मिक क्षेत्र पर भी व्यापक रूप से प्रभाव पड़ा है। लेकिन धर्म परिवर्तन रुक गया है। अब दलित जातियों का सम्मान बौद्ध धर्म के प्रति है।

(iv) पश्चिमीकरण का साहित्य असर—भारतीय साहित्य पर पश्चिमीकरण का विशिष्ट रूप से प्रभाव पड़ा। इसकी गतिविधियों ने भारतीय साहित्य के विभिन्न क्षेत्रों को भी आकर्षित किया। लोगों में अंग्रेजी भाषा की शब्दावलियों प्रचलन बढ़ा। हिंदी लेखक पश्चिमी साहित्यकारों से प्रभावित हुए। इसका परिणाम यह हुआ कि अनेक पश्चिमी कृतियों का भारतीय भाषाओं में अनुवाद हुआ। भारतीय भाषाओं में गद्य साहित्य का विकास हुआ तथा छंदों में रहस्यवाद एवं छायावाद का प्रभाव बढ़ा। हिंदी व्याकरण तथा संस्कृत भाषा का भी पुनरुद्धार हुआ। भारतीय लेखकों ने अंग्रेजी भाषा में विभिन्न साहित्यिक ग्रंथ, कविताएँ, कहानियाँ एवं नाटक आदि लिखे।

पश्चिमी साहित्य की रोमांचवाद, अस्तित्त्ववाद एवं मनोविश्लेषण आदि प्रवृत्तियों का स्पष्ट प्रभाव भारतीय साहित्य में दिखाई देती हैं। उक्त सभी बातें उपन्यासों, कहानियों एवं नाटकों में दिखाई देती हैं। यह पश्चिम का ही प्रभाव है जिसके कारण भारतीय साहित्य में छोटी कहानियों एवं एकांकी नाटकों का प्रचार हुआ। पश्चिमी संस्कृति के प्रभाव के कारण भारतीय साहित्य में धर्म-निरपेक्षता, नास्तिकता, साम्यवाद, प्रगतिवाद एवं स्वतंत्रता तथा समानता आदि का जन्म हुआ। इसी प्रकार हिंदी में खड़ी बोली का साहित्य पाश्चात्य संस्कृति की ही देन है। अतः यह कहा जा सकता है कि भारत में पश्चिमीकरण का प्रभाव भारतीय साहित्य पर व्यापक रूप में पड़ा है।

भारतीय शिक्षा पर पश्चिमीकरण का प्रभाव

भारतीय शिक्षा पद्धति में उदारवाद, धर्म निरपेक्षता, समानता, स्वतंत्रता एवं विज्ञानवाद आदि का विकास हुआ। वर्तमान समय में हमारे देश में अंग्रेजी माध्यम से शिक्षा ग्रहण करने पर विशेष बल दिया जाता है जिससे विभिन्न कान्वेंट तथा पब्लिक स्कूल खुलने लगे हैं। साथ ही आज तकनीकी प्रशिक्षण को अधिक महत्त्व दिया जाने लगा है। यह सब पश्चिमीकरण का प्रभाव है। शिक्षा के क्षेत्र में भारत में एक नवीन वर्ग का जन्म हुआ है जिसे अभिजात-वर्ग कहा जाता है। इस अभिजात वर्ग ने अपने को समाज से पृथक् मानते हुए अपना जनजीवन प्रारंभ किया है। इस वर्ग ने देश में विज्ञान, प्रौद्योगिकी, शासन व्यवस्था एवं विकास आदि के क्षेत्रों में अपना महत्त्वपूर्ण योगदान दिया है। महिला शिक्षा एवं बाल शिक्षा को भी आज महत्त्व दिया जाने लगा है। इसी प्रकार अंग्रेजी शिक्षा को अनिवार्य भाषा के रूप में लागू करने की पहल है।

भारत में आर्थिक क्षेत्र पर पश्चिमीकरण का प्रभाव

पश्चिमी देशों में औद्योगिक क्रांति का श्रीगणेश हुआ। जिसने भारत के आर्थिक क्षेत्र में महत्वपूर्ण परिवर्तन किये। औद्योगीकरण की प्रक्रिया के कारण कृषि आधारित व्यवसाय तथा लघु एवं कुटीर उद्योगों का नाश हुआ। इसके स्थान पर बड़े-बड़े उद्योग धंधे स्थापित हुए जिसने एक ओर आर्थिक प्रगति में सहायता की तो दूसरी ओर विभिन्न समस्याओं को जन्म भी दिया। इसने मशीनीकरण एवं यंत्रीकरण को भी बढ़ावा दिया। इससे वर्ग-भेद में वृद्धि हुई। साथ ही आर्थिक क्षेत्र में हड़ताल, तालाबंदी, तोड़फोड़, घेराव एवं बेरोजगारी आदि जैसी समस्याएँ भी बढ़ीं। इससे अमीर-गरीब एवं मालिक मजदूर के बीच भेद बढ़ा है।

भारत में शहरी जनजीवन पर पश्चिमीकरण का प्रभाव

भारत पर पश्चिमीकरण का प्रभाव गांव से लेकर महानगरों पर दृष्टिगोचर होता है। लेकिन तुलनात्मक रूप से शहरी लोगों पर इसका प्रभाव ज्यादा पड़ा है। जो शहर जितना बड़ा था उस पर पश्चिमीकरण का उतना ही गहरा प्रभाव पड़ा। इसमें रहने वाले लोगों ने पश्चिमी जीवनशैली को अपनाया। इस तरह की दिनोंदिन प्रवृत्ति बढ़ती ही जा रही है। पश्चिम का रहन-सहन, खान-पान, फैशन, जीवन शैली, दिनचर्या एवं अन्य बहुत सी बातों को आज भारतीय नगरों में तीव्र गति से फैलते हुए देखा जा सकता है।

उपर्युक्त अध्ययनों के आधार पर यह स्पष्ट हो जाता है कि भारत के विभिन्न क्षेत्रों पर पश्चिमीकरण का प्रभाव विस्तृत रूप से पड़ा और इसके कारण ही विविध प्रकार के बदलाव एवं परिवर्तन हुए। यह परिवर्तन पूर्व में भी हुआ, वर्तमान में भी हो रहा है तथा भविष्य में भी होता रहेगा। परिवर्तन एक लगातार चलनेवाली प्रक्रिया होती है। इसलिए इसका क्रम जारी रहेगा। भारतीय समाज पर पश्चिमीकरण के व्यापक प्रभाव को देखते हुए ही संभवतः एम. एन. श्रीनिवास ने पश्चिमीकरण के साथ प्राथमिक, द्वितीयक एवं तृत्तीयक विशेषण लगाया है। भारत में प्राथमिक पश्चिमीकरण का स्तर करीब गुजर चुका है। यद्यपि कुछ जनजातीय समाज इसके अपवाद कहे जा सकते हैं। भारत का ग्रामीण क्षेत्र द्वितीयक पश्चिमीकरण के दौर से गुजर रहा है। शहर एवं नगर द्वितीयक एवं तृतीयक पश्चिमीकरण के दौर से गुजर रहे हैं। भारतीय समाज में पूर्ण पश्चिमीकरण की कल्पना करना एक कोरी कल्पना होगी। इसका कारण यह है कि भारतीय सभ्यता एवं संस्कृति की जड़ें इतनी गहरी हैं कि उसका विनाश कभी हो ही नहीं सकता है। इतना अवश्य है कि भारतीय समाज एवं संस्कृति ने अपना अस्तित्त्व कायम रखते हुए आज तक न जाने कितने संस्कृतियों को अपने में आत्मसात् किया है। पश्चिमीकरण के साथ भी यही बात लागू होती है। भारतीय संस्कृति ने इसको अपने अंदर आत्मसात् किया है वह भी अपने अस्तित्त्व को कायम रखकर।

भारत में सामाजिक रीति-रिवाज एवं वेश-भूषा पर पश्चिमीकरण का प्रभाव

पश्चिमीकरण ने भारत के सामाजिक रीति-रिवाजों एवं वेश-भूषा को अत्यधिक प्रभावित किया है। भारतीय समाज में रहन-सहन तथा खान पान आदि

पर अत्यधिक असर पड़ा है। इस प्रक्रिया के कारण भारतीय समाज में रहन-सहन, खान-पान एवं वेश-भूषा आदि में भारी परिवर्तन हुआ है। पुरुषों का भारतीय पहनावा धोती एवं कुर्ता है। इसी तरह भारतीय स्त्रियों का पहनावा लहंगा एवं साड़ी है। लेकिन पश्चिमीकरण के प्रभाव के कारण भारतीय पुरुष पैन्ट, शर्ट, कोट एवं टाई धारण करने लगे हैं तथा भारतीय महिलाएँ जीन्स, मैक्सी, स्कर्ट तथा गाऊन आदि पहनने लगी हैं। आज भारतीय महिलाएँ अपने प्राकृतिक सौंदर्य को छोड़कर कृत्रिम संसाधनों का प्रयोग कर रही हैं। वे लंबे बालों की जगह छोटे बाल (बॉब कट एवं पोनी कट आदि) रखने लगी हैं। वे ऊँची एड़ी की सैंडिल तथा बेलीज पहनने लगी हैं। आज की युवतियों के तन पर कपड़े नाममात्र देखने को मिलते हैं। वे धीरे-धीरे इतने छोटे हो गए हैं कि उनसे उनका पूरा बदन झाँकता है। ये सब पश्चिमीकरण की देन है। इसी तरह बोलचाल की भाषा में भी स्थानीय एवं हिंदी भाषा के शब्दों की जगह अंग्रेजी भाषा के शब्दों का प्रयोग हो रहा है। मम्मी, डैडी, अंकल, आंटी, हैलो, गुडमार्निंग एवं डार्लिंग आदि ऐसे शब्द हैं जिनका बहुतायत में प्रयोग होने लगा है। इसके अलावा व्यक्तियों के रहन-सहन, घरों की बनावट एवं सजावट आदि पर भी पश्चिमीकरण का स्पष्ट प्रभाव देखा जा सकता है। पश्चिमी सभ्यता ने हमारे खान-पान में मीट और शराब उन्हीं की देन है। भारतीय समाज में पहले लोग धरती पर बैठकर भोजन करते थे। पश्चिमीकरण के प्रभाव के कारण लोग अब मेज-कुर्सी पर भोजन करना पसंद करते हैं। पीतल या ताँबे के बर्तन की जगह स्टील एवं काँच के बर्तनों का प्रयोग होने लगा। इसी प्रकार भोजन करते समय चम्मच एवं काँटे का प्रयोग होने लगा। मेज कुर्सी पर बैठकर खाने की प्रथा से जूता-चप्पल उतारने की आवश्यकता नहीं समझते हैं।

भारत में राजनीतिक क्षेत्र में पश्चिमीकरण का प्रभाव

भारतीय राजनीतिक क्षेत्र में पश्चिमीकरण का प्रभाव विशेष रूप से पड़ा है। भारत में ब्रिटिश काल के पश्चात् पंचायतों का विकास हआ। इससे गाँव में सामंती एवं जमींदारी प्रथा का महत्त्व कम हुआ। भारतीय समाज में समानता एवं न्याय व्यवस्था स्थापित करने के लिए भारतीय दंड संहिता सिविल प्रक्रिया संहिता एवं नवीन न्याय व्यवस्था लागू की गई। सैनिक व्यवस्था को संगठित करने के लिए संगठित सेना का निर्माण किया गया। इसके कारण भारत में राष्ट्रीय भावना का विकास हुआ तथा भारतीय राजनीति में प्रजातंत्र, संसदीय प्रणाली, न्यायिक स्वतंत्रता, सामाजिक न्याय, धर्म निरपेक्षता, नौकरशाही तथा नागरिकों के मूल अधिकारों को

महत्त्व दिया जाने लगा। पश्चिमीकरण के प्रभाव से भारत में अनेक समस्याओं का भी जन्म हुआ जिनमें भाषावाद, क्षेत्रवाद, जातिवाद एवं साम्प्रदायिकता आदि प्रमुख हैं। इसके प्रभाव से भारतीय राजनीतिक पार्टियाँ कई तरह की विचारधाराओं से प्रभावित होकर कई पार्टियों में विभाजित हो गईं। इन विचारधाराओं में मुख्यतया दो तरह की विचारधाराओं का नाम लिया जा सकता है जो क्रमशः पूँजीवादी एवं साम्यवादी हैं।

15

जातिवाद

जातिवाद (वर्ण-व्यवस्था) प्राचीनकाल से चली आ रही कुरीति है। इसके माध्यम से हम उसके पूर्वजों के बारे में जान सकते हैं। उसके आधार पर हम उसको विशिष्टता प्रदान करते हैं। जाति के माध्यम से उसको जीवधारी के बारे में जानकारी हो सकती है। यहां हम मनुष्य को ही ले लें जो एक सामाजिक प्राणी है, तथा वह समाज में अपनी पहचान बनाये रखना चाहता है जिसके लिए वह अपनी जाति का हर क्षेत्र में विकास चाहता है क्योंकि उसका मानना है कि इसकी जाति के लोग समाज में प्रतिष्ठा दिलाने में कायम होंगे तथा इतिहास के पन्ने में उसकी जाति की पहचान बनी रहे। अतः वह अपनी इसी विचारधारा को प्रबल बनाये रहता है।

जातिवाद, सम्प्रदामवाद व क्षेत्रवाद विभिन्न जातियों के बीच पाई जाने वाली खाई को और भी चौड़ा करना तथा दूसरे के प्रति घृणा द्वेष या प्रतिस्पर्द्धा आदि के रूप में आदि के रूप में अभिव्यक्त होती है। अपनी जाति को सर्वश्रेष्ठ समझना जातिवाद की मूल भावना है जो कि इस भावना पर आधारित है कि एक जाति के सदस्यों का पहले अपनी जाति के प्रति नैतिक कर्त्तव्य है फिर कहीं अन्य लोगों के प्रति उस प्रकार के कर्त्तव्य निभाने का प्रश्न उठता है।

जातिवाद की परिभाषा और अर्थ

जातिवाद एक जाति के सदस्यों की वह भावना जो अपनी जाति के हित के सम्मुख अन्य जातियों के सामान्य हितों की अवहेलना और प्रायः हनन करने को प्रेरित करती है। किस प्रकार केवल अपनी जाति का ही कल्याण और प्रगति हो यही

मानसिकता उनको देश या समाज के हितों की अवहेलना के लिये प्रेरित करती है। मानव भावनाओं का यह संकुचित रूप ही जातिवाद है।

डॉ. कैलासनाथ शर्मा के शब्दों में, जातिवाद या जाति भक्ति एक जाति के व्यक्तियों की वह भावना है जो देश के या समाज के सामान्य हितों का ख्याल न रखते हुये केवल अपनी जाति के सदस्यों के उत्थान, जातीय एकता और जाति की सामाजिक प्रस्थिति को दृढ करने के लिये प्रेरित करती हो।

उपरोक्त परिभाषाओं से यह स्पष्ट है कि जातिवाद के दो पहलू—भावना और कर्म हैं। पहला मनोवैज्ञानिक है और दूसरा व्यावहारिक है। मनौवैज्ञानिक से जातिवाद से प्रभावित व्यक्ति अपनी भावनाओं को अपनी ही जाति में केन्द्रित कर देता है और उन्हीं के कल्याण के लिये चिंता करता है। यह चिंता या इस प्रकार की भावनायें संकुचित हैं क्योंकि यह समग्र समाज के सामान्य हितों का ध्यान नही रखता है। इस कारण यह सामान्य या जनकल्याण के लिए द्योतक है। इस दृष्टिकोण से जातिवाद को समाज-विरोधी भी समाज विरोधी भी कहा जा सकता है। जातिवाद का दूसरा पहलू क्रियात्मक या व्यावहारिक है। इसका तात्पर्य यह है कि जातिवाद से प्रेरित व्यक्ति अपनी ही जाति के कल्याण के लिए सोचते-विचारते ही नहीं हैं बल्कि उसी के अनुसार कार्य भी करते हैं अर्थात् अपने विचारों व भावनाओं को एक व्यावहारिक रूप भी देते हैं। इसी का परिणाम यह होता है कि एक जाति के लोग कुछ ऐसे कार्य करते हैं जिनसे कि उस जाति के सदस्यों का कल्याण हो। जातीय शिक्षा संस्थान आदि खोलकर या अस्पताल बनवाकर या नौकरी के लिये भर्ती करने के समय पक्षपातपूर्ण व्यवहार करके अपनी जाति के व्यक्तियों को लाभ पहुंचाने के लिए जाते हैं, वे सभी जातिवाद के क्रियात्मक या व्यावहारिक पहलू के अन्तर्गत ही आते है। अतः स्पष्ट है कि जातिवाद में आन्तरिक भावनाएं भी पर्याप्त नहीं हैं, अपनी जाति के सदस्यों के हितों को ध्यान में रखते हुए उन भावनाओं की वास्तविक क्रियाओं के रूप में बाहरी अभिव्यक्ति भी आवश्यक है। व्यावहारिक रूप में तथा मनोवैज्ञानिक दृष्टिकोण से आन्तरिक भावनायें ही बाहरी क्रियाओं को करने की प्रेरक शक्ति बन जाती हैं।

जातिवाद के विकास के कारक

1. विवाह सम्बन्धी प्रतिबन्ध—जाति प्रथा के अन्तर्गत अपनी ही जाति में विवाह करने का निर्देश है और इसका पालन भी हजारों वर्षो से होता जा रहा है। अन्तर्विवाह सम्बन्धी यह जातीय नियम व्यवहरिक रूप में केवल अपनी ही उपजाति

में विवाह करने की अनुमति देता है और एक जातीय नियम व्यवहारिक रूप में केवल अपनी ही उपजाति से विवाह करने की अनुमति देता है और एक उपजाति की सदस्य संख्या भी सीमित ही होती है। इसके परिणामस्वरूप यह एक विवाह बंधन हो गया। इस प्रकार के नाते रिश्तेदार एक् दूसरे के हितों का अधिक ध्यान रखते है और उसी के अनुसार काम भी करते है इसी से जातिवाद का विकास होता है।

2. प्रचार व यातायात के साधनों में वृद्धि—प्राचीन काल में परिवहन की व्यवस्था नहीं थी जिससे जातिवाद को बढ़ावा मिलता था। जहां एक ओर यातायात के साधनों में उन्नति होने से एक जाति के सदस्य देश के विभिन्न भागों में बिखर गए, वहां दूसरी ओर इन्ही साधनों ने उन्हें संगठित करने में सहायता भी दी आज देश के विभिन्न भागों में और विभिन्न समयो में जातीय सम्मेलन होते हैं और उनमें देश के कोने-कोने से उस जाति के सदस्य भाग लेने आते है। और अपने सामान्य हितों की रक्षा करने के उपायों को सोचते तथा उसी के अनुसार प्रयत्न करते है। साथ ही समाचार पत्रों एवं जातीय पत्रिकाओं के द्वारा जातिवाद की भावनाओं पर प्रचार अब सरल हो गया है।

3. नगरीकरण—नगरीकरण से प्रत्येक नगर में विभिन्न जातियों को अपने हितो की रक्षा करने के लिए अपने एक विशेष संगठन का निर्माण कर सके। वास्तव में नगर की परिस्थितियों ही इस प्रकार की है उनमें विशेषीकरण की आवश्यकता होती है ऐसी समितियां और संस्थायें नगरों में विद्यमान हैं। श्रमिकों के स्वार्थो की रक्षा के लिए एक विशिष्ट संगठन श्रमिक संघ है मालिको के हितों के रक्षार्थ मालिकों का अपना संगठन है। उसी प्रकार वकील संघ, दुकानदार, संघ, हलवाई संघ यहां तक कि रिक्शाचालक संघ भी विभिन्न वर्गो के स्वार्थो की रक्षा के लिये नगरों में अपने-अपने संघ बना रखे हैं। इस पर्यावरण के बीच जाति ही क्यों पिछडी रहे। नगर की यह परिस्थिति प्रत्येक जाति को इस बात के लिए प्रेरित करती है कि वह एक विशिष्ट संगठन के द्वारा अपने स्वार्थो की रक्षा करें और नागरिक समूदाय में अपनी जाति के सदस्यों की प्रतिष्ठा की उन्नति करने के लिए उन्हें हर प्रकार की सुविध ायें प्रदान करें।

4. अपनी जाति की प्रतिष्ठा बढाने के लिए —आज के संसार ने समानता के द्वार सबसे लिए खोल दिया है। पर जाति की प्रतिष्ठा इसी आधार पर स्थिर रह सकती है कि इस सुविधा से लाभ उठाकर एक जाति के अधिक-से-अधिक व्यक्ति अपनी स्थिति को ऊँचा-उठायें। इसके लिए आज नये ढंग से प्रयत्न करने की आवश्यकता होती है। क्योंकि पहले ही बताया जा चुका है, सामाजिक स्थिति को

निर्धारित करने वाले आधार बदल गए हैं। आज वह जरूरत है कि एक जाति के अधिकाधिक सदस्य शिक्षित हों, पानी अच्छे पदों पर नियुक्त हों या राजनीतिक सता के अधिकारी हों तब कही उस जाति की स्थिति सामाजिक जीवन में ऊँची उठ सकती है। इसलिए प्रत्येक जाति इस सम्बन्ध में प्रयत्नशील है कि अपने सदस्यों को अधिकाधिक सुविधा प्रदान करे, ताकि उनकी सामाजिक स्थिति ऊँची उठ सके।

5. औद्योगिक विकास—आधुनिक औद्योगिक विकास के साथ-साथ असंख्य नए पेशों का जन्म हुआ और इन पेशों में काम करने के लिए सभी भी समान अवसर प्रदान किये गये। अर्थात् जातीय आधार पर उन पेशों का न तो विभाजन किया गया और न ही ऐसा करना सम्भव था। इसका परिणाम यह हुआ कि प्रत्येक पेशों के दृष्टिकोण से सभी जाति के सदस्य एक स्तर पर आ खड़े हुए और पेशों की नियुक्ति के सम्बन्ध में उनमें पर्याप्त प्रतिस्पर्द्धा बढ़ी। फलतः प्रत्येक जाति के लिए यह आवश्यक हो गया कि वह इन पेशों में नियुक्ति के सम्बन्ध में अपने सदस्यों को कुछ संरक्षण प्रदान करे क्योंकि अनुभव के आधार पर यह समझा गया कि केवल व्यक्तिगत योग्यता पर निर्भर करना ही उचित न होगा, व्यक्तिगत प्रयत्नों की भी आवश्यकता है, अर्थात् एक ओर जाति की ओर से सदस्यों के व्यक्तिगत गुणों के विकास के लिए शिक्षा आदि की सुविधा होनी चाहिये, साथ ही उस जाति के जो लोग उच्च पद पर हैं, वे व्यक्तिगत रूप से यह भी प्रयत्न करें कि नौकरी में नियुक्ति के सम्बन्ध में भी उनका अपनी ही जाति के सदस्यों को अधिक अवसर मिले, चाहे उनकी व्यक्तिगत योग्यता कम ही क्यों न हो, क्योंकि खुली प्रतिस्पर्द्धा में उनसे भी योग्य व्यक्ति आ सकते हैं और आते हैं।

औद्योगिक विकास ने एक दूसरे रूप में भी जातिवाद के पनपने में मदद की है। आज औद्योगीकरण के फलस्वरूप असंख्य नौकरी का क्षेत्र सारे देश में फैल गया और लोगों को नौकरी करने के लिए छोड़कर अन्य स्थानों में आकर बसना पड़ा। साथ ही औद्योगीकरण ने गांव के गृह-उद्योगों को नष्ट कर दिया और इनमें लगे कारीगर बेकार हो गए और नौकरी का खोज में गांव से शहर में जाकर बसने लगे। जिसके कारण एकल परिवारों को बढ़ावा मिला और संयुक्त परिवारों में लोगों ने रुचि लेना कम कर दिया। अतः इस बात की आवश्यकता अनुभव की गई कि औद्योगिक विकास के फलस्वरूप उत्पन्न होने वाली नई परिस्थितियों में किसी नए रूप में ही अपनी जाति के सदस्यों को सुरक्षा प्रदान की जाए। इस तरह जातिवाद का विकास हुआ

जातिवाद के परिणाम

(क) जातिवाद प्रजातन्त्र के लिए धातक—प्रजातंत्र में जातिवाद एक रोड़ा है, लेकिन नेता राजनीतिक क्षेत्र में इस रोड़े का लाभ उठाकर अपने मुकाम तक पहुंच जाते हैं। इससे प्रायः ऐसे व्यक्ति चुन लिए जाते है, जो अपनी ही जाति के हितों के सम्मुख समाज के सामान्य हितों की बलि दे देते हैं। समानता का नारा लगता है, पर व्यावहारिक रूप से जातिवाद का ही डंका बजता रहता है।

(ख) औद्योगिक कुशलता में बाधा—सरकारी तथा अन्य प्रकार की नौकरियों में नियुक्ति जाति के आधार पर होती है चाहे वो अयोग्य क्यों नहीं। इसका परिणाम यह होता है कि योग्य और कुशल व्यक्तियों को मौका ही नहीं मिलता है। विभिन्न उद्योगों में काम करने वाले श्रमिकों के सम्बन्ध में जो अध्ययन हुए हैं, उससे यह पता चलता है कि जातिवाद के कारण सैकड़ों क्षमताशाली कुशल श्रमिक शहर में बेकार घूम रहे हैं, तथा नौसिखिए, अयोग्य और अकुशल श्रमिक बहुत बड़ी संख्या में उद्योगों में लगे हुए है।

(ग) नैतिक पतन—जातिवाद की भावना के कारण वे अपने सदस्यों को सुविधाएं देने में नैतिकता का भी ख्याल नहीं रखते हैं। इससे जातिवाद के नाम पर नैतिक पतन भी होता है। नैतिकता सभी प्रकार की संकीर्णता की विरोधी है, लेकिन जातिवाद यही सिखाता है कि अपनी जाति के हित के सम्मुख अन्य जातियों के सामान्य हितों की या समग्र समाज के कल्याण की अवहेलना, करने के लिये बाध य हैं। मानव-भावनाओं का यह संकुचित रूप जब जातिवाद के रूप में प्रकट होता है तो नैतिक पतन सम्भवतः हो ही जाता है।

(घ) राष्ट्रीयता के विकास में बाधा—जातिवाद स्वस्थ राष्ट्रीयता के विकास में बाधक है। एक तो जाति-प्रथा ने स्वयं ही भारतीय समाज को अनेक भागों में बांट दिया है, उस पर जातिवाद के आधार पर इन विभिन्न भागों के बीच जब तनाव या संघर्ष कटु हो जाता है, सामुदायिक भावना का जो संकुचित रूप दिखाई देता है वह वास्तव में भयंकर है। राष्ट्रीय के विकास के लिए यह आवश्यक है कि स्वस्थ सामुदायिक भावना का विकास हो, पर जातिवाद उस स्थिति को उत्पन्न होने ही नहीं देता। यह राष्ट्रीय एकता और प्रगति के लिए कितना धातक है, यह शायद पृथक् रूप से समझाने की आवश्यकता नहीं है। जहाँ आज राष्ट्र के नेतागण तथा सरकार जाति-पांति के भेदभाव को दूर करने में प्रयत्नशील हैं और जहाँ भारतीय संविधान किसी भी नागरिक के विरुद्ध केवल धर्म, जाति, जन्मस्थान अथवा इनमें से किसी

भी आधार पर कोई विभेद न करने का विधान देता है, वहां जातिवाद अपने संकुचित क्षेत्र के अन्तर्गत कुछ संकुचित आदर्शों को प्रस्तुत के लिए प्रयत्नशील रहता है। यह अवस्था देश और जनहित के लिए धातक है। जाति राष्ट्र से बड़ी नहीं है और न ही उसका स्थान राष्ट्र से ऊँचा है, इस सत्य को भी जातिवाद वे प्रवर्तक क्यों भूल जाते हैं—यह एक गहन मनोवैज्ञानिक अध्ययन का विषय है।

जातिवाद के निराकरण के उपाय

1. जाति-प्रथा को समाप्त करना—जातिवाद को समाप्त करने के लिए प्रायः यह सुझाव दिया जाता है कि जाति-प्रथा को ही समाप्त कर दिया जाए। भारतीय संविधान में जाति-पांति के भेदभाव को मिटाने के आदर्श को सामने रखा गया है। सरकारी तौर पर कुछ कानून भी पास किए गए हैं। इन सबके आधार पर यह विश्वास दिलाया जाता है कि भारत में शीघ्र ही जाति-विहीन समाज बनेगा। लेकिन इस प्रकार की कल्पना वास्तव में व्यावहारिक नहीं है क्योंकि भारतीय समाज में जाति-प्रथा की जड़ इतनी गहरी बैठ चुकी है कि दो-चार कानून पास करके उसे समाप्त नहीं किया जा सकता। वास्तव में इससे भी कुछ व्यावहारिक उपायों को हमें खोजना होगा।

2. जाति शब्द का कम से कम प्रयोग—जैसा कि ऊपर ही कहा जा चुका है कि जातिवाद का हल कानून बनाकर या दो-चार दिनों के प्रयत्नों से सम्भव नहीं, इसके लिए तो निरन्तर प्रयास की आवश्यकता है और इस बीच जाति शब्द का कम से कम प्रयोग होना चाहिए, जिससे अल्प आयु के बच्चों के मन में उसका कोई अवशेष न रह जाए। शिक्षा संस्थाओं और सरकारी कार्यालयों को इस सम्बन्ध में विशेष रखना चाहिए।

3. अन्तर्जातीय विवाह को प्रोत्साहन—जातिवाद की समस्या को हल करने के अन्तर्जातीय विवाह को प्रोत्साहित करना चाहिए। अन्तर्जातीय विवाह से विभिन्न जाति के दो लड़के और लड़कियों को ही नहीं बल्कि उनके परिवारों में आपसी सम्बन्ध स्थापित हो सकता है। इस रूप में जाति-प्रथा उपेक्षित होगी और विभिन्न जातियों के बीच के अन्तर को समाप्त किया जा सकता है और जातिवाद के विरोध में क्रियात्मक आवाज उठने लगेगी। वे व्यक्ति जो जाति के बन्धनों को तोड़कर विवाह करते हैं, वे लोग ऐसी संतानों को जन्म देंगे तो जाति शब्द के अर्थ को समझने से परे होंगे। ऐसी अवस्था इस बात की है कि समाज में उन अनुकूल परिस्थितियों को उत्पन्न किया जाए जिनसे कि अन्तर्जातीय विवाह को प्रोत्साहन मिल सके। आज भी ऐसे विवाहों के लिए इस देश में सामाजिक परिस्थितियों अनुकूल नहीं है और

जो लोग इस प्रकार के विवाह कर लेते है, उन्हें काफी परेशानी उठानी पड़ती है। सौभाग्यवश इस दिशा में परिवर्तन शुरू हो गया है और यही कारण है कि ज्यो-ज्यों इस प्रकार के विवाहों को प्रोत्साहन मिलेगा त्यों-त्यों उसका कुछ-न-कुछ प्रभाव जातिवाद की प्रक्रिया को हल करने में सहायता प्रदान करेगा।

4. आर्थिक और सांस्कृतिक समानता—आर्थिक और सांस्कृतिक भिन्नता के कारण विभिन्न जातियों के बीच पारस्परिक द्वेष की भावना को जागृत करती है जिसका आधार आगे चक्कर जातिवाद ही होता है। इसे समाप्त करने के लिए उनमें आर्थिक और सांस्कृतिक समानता लानी होनी ताकि इस समानता के आधार पर ही वे एक-दूसरे के निकट आ सके। यह कार्य सामाजिक और आर्थिक प्रगति के द्वारा ही किया जा सकता है जिससे कि औद्योगिक दृष्टि से परिपक्व समाज का निर्माण किया जा सके और एक ऐसी सामाजिक व्यवस्था स्थापित की जा सके जिसमें सभी नागरिकों को समान की दृष्टि से देखा जाये।

5. उचित शिक्षा—जातिवाद को समाप्त करने के लिए एक महत्वपूर्ण आवश्यकता उचित शिक्षा की है। शिक्षा संस्थाओं में मनोरंजन के विभिन्न साधनों आदि के माध्यम में ऐसी व्यवस्था होनी चाहिए कि एक और बच्चों के मन में जाति पांति का भेदभाव उत्पन्न ही न हो सके और दूसरी और जातिवाद के विरूद्ध स्वस्थ जनमत पनप सके। इसके लिए सामूहिक शिक्षा की आवश्यकता है और इस कार्य में सभी संस्थाओं व साधनों का सहयोग भी आवश्यक है। इस प्रकार की शिक्षा के द्वारा समाज में नई मनोवृत्तियों और व्यवहारों की विकसित करने का प्रयत्न करना होगा, तब कही जातिवाद को निर्मूल किया जा सकेगा।

6. नये प्रकार के सामाजिक-सांस्कृतिक संगठन—कुछ विद्वानों का मत यह है कि जाति-प्रथा और इससे सम्बन्धित भावनायें भारत के सम्पूर्ण वातावरण में छाई हैं और यहां के प्रत्येक व्यक्ति की नस-नस में समाई हुई हैं। इसलिए जातीय भावनाओं को किसी-न-किसी रूप में अभिव्यक्त करना ही उनके लिये स्वाभाविक है। इसकी अभिव्यक्ति को दबाना उचित न होगा। अधिक वैज्ञानिक तरीका यह होगा कि इस अभिव्यक्ति के क्षेत्र को बदल दिया जाए। इसके लिए यह आवश्यक है कि नये प्रकार के सामाजिक व सांस्कृतिक समूहों का संगठन किया जाय और इन संगठनों में सभी जाति के लोगों की सदस्यता हो। इस प्रकार के संगठन बन जाने से लोगों को अपनी जातीय भावनाओं को व्यक्त करने का एक आधार प्राप्त होगा, लेकिन इस आधार से किसी एक जाति की नहीं बल्कि एकाधिक जातियों के हितों की रक्षा व सामान्य प्रगति सम्भव होगी। परन्तु स्मरण रहे कि इस प्रकार के समूह

कहीं कोई विशिष्ट समूह-स्वार्थ की पूर्ति के लिये संगठित न हो जायें। यह हो सकता है कि एक समान आर्थिक या धार्मिक स्वार्थ रखने वाले व्यक्ति एक साथ मिलकर एक संगठन का निर्माण करें और कालान्तर में यह संगठन इतना शक्तिशली हो जाये कि सामान्य स्वार्थों को आघात लगे। यह परिस्थिति जातिवाद का ही एक दूसरा रूप या उससे भयंकर हो सकता है। नये तरह के सामाजिक व सांस्कृतिक विषयों का विकास करते समय इस बात का ध्यान रखना परमावश्यक है।

16

सम्प्रदायवाद

भारत में जनता द्वारा जनता के शासन की व्यवस्था है। यहां राजनीति की सत्ता हासिल करने के लिये यहां के नेतागण अपना सर्वस्व न्यौछावर करने के लिये तैयार हो जाते हैं, ऐसी घटनाओं का इतिहास गवाह है। राजनीति के इस छल-कपट ने ही सम्प्रदायवाद को जन्म दिया। इस साम्प्रदयिक के कारण भारतीय जनकल्याण, राष्ट्रीय एकता और संगठन को आज कितना भयंकर खतरा पैदा हो गया है, जिसका कि लाभ हमारे पड़ोस के दुश्मन तक उठाने की ताक में बैठे हैं, अपने उग्र रूप में यह साम्प्रदायिकता कितनी भयंकर हो सकती है, वह तो विभक्त भारत मां अपने कटे अंगों सहित हमें हर पल दिखा रही है, और अपनी मर्म-व्यथा को मर्मान्तक मूक शब्दों में व्यक्त कर रही है। देश विभाजन की वह महान् क्षति आज भी पूरी नहीं हो पाई है जबकि कुछ समय पहले हुए कानपुर, मेरठ, बिजनौर, बुलन्दशहर, हैदराबाद, बनारस तथा अलीगढ़ के साम्प्रदयिक दंगों ने उस घाव को और अधिक घायल कर दिया। और साथ ही समाजशास्त्र के प्रत्येक विद्यार्थी को इसके लिए बाध्य किया है कि वह साम्प्रदायिकता को वास्तविक रूप में समझ ले, इसको समाप्त करने के लिये कुछ रचनात्मक एवं व्यावहारिक उपायों को प्रस्तुत करें। इस अध्याय में इसकी चर्चा की गयी है।

सम्प्रदायवाद का अर्थ

'साम्प्रदायिकता' शब्द का प्रयोग कभी-कभी बहुत ही अस्पष्ट एवं निश्चित अर्थों में किया जाता है, जैसा कि इस तथ्य से प्रगट है कि कुछ लोग इसके जन्म तथा विकास का स्रोत हिन्दू-पुनर्जागरण में देखने का प्रयास करते हैं और लाला लाजपत राय, पंडित मदनमोहन मालवीय तथा लोकमान्य तिलक जैसे राष्ट्रवादी

नेताओं को सम्प्रदायवादी कहकर पुकारते हैं। वास्तव में इससे भारी भ्रम उत्पन्न होने की आंशका रहती है।

वास्तव में साम्प्रदायिकता के अन्तर्गत वे सभी भावनाएं, वे क्रियाकलाप आ जाते हैं, जिनमें किसी धर्म अथवा भाषा के आधार पर किसी समुदाय विशेष के हितों पर बल दिया जाए और उन हितों के ऊपर भी प्राथमिकता दी जाये तथा उस समूह में पृथकृता की भावना उत्पन्न की जाये या उसको प्रोत्साहन दिया जाए। पारसियों, बौद्धों तथा ईसाइयों के अपने-अपने संगठन हैं, साथ ही वे अपने सदस्यों के हितों की साधना में लिप्त रहते हैं। परन्तु ऐसे संगठनों को सामान्यतः साम्प्रदायिक नहीं कहा जाएगा क्योंकि वे किसी पृथकृता की भावना से प्रेरित नहीं हैं। इसके विपरीत मुस्लिम लीग, हिन्दू महासभा, तथा अन्य कुछ संस्थाओं को साम्प्रदायिक कहा जाएगा क्योंकि वे धार्मिक अथवा भाषा समूहों के अधिकारों तथा हितों को राष्ट्रीय हितों के भी ऊपर रखते हैं। संक्षेप में, हम स्मिथ के शब्दों में कह सकते हैं कि एक साम्प्रदायिक व्यक्ति अथवा व्यक्ति समूह वह है जो प्रत्येक धार्मिक अथवा भाषायी समूह को एक ऐसी पृथक सामाजिक तथा राजनैतिक इकाई मानता है, जिसके हित अन्य समूहों के पृथक् होते हैं। और उनके विरोधी भी हो सकते हैं। ऐसी ही व्यक्तियों अथवा व्यक्ति-समूहों की विचारधारा को सम्प्रदायवाद या साम्प्रदायिकता कहा जाएगा।

सामान्यतः एक सम्प्रदायवादी का दृष्टिकोण समाज-विरोधी होता है। उसको समाज-विरोधी इसलिये कहा जा सकता है क्योंकि वह अपने समूह के संकीर्ण हितों को पूरा करने के लिये अन्य समूहों के और सम्पूर्ण देश के भी हितों की अवहेलना करने से पीछे नहीं हटता।

इस सम्बन्ध में एक अन्य महत्त्वपूर्ण बात यह है, कि एक साम्प्रदायिक संस्था का उद्देश्य शासकों के ऊपर दबाव डालकर अपने सदस्यों के लिए अधिक सता, प्रतिष्ठा तथा राजनीतिक अधिकार प्राप्त करना होता है। और स्पष्ट शब्दों में एक साम्प्रदायिक संगठन एक दबाव डालने वाला समूह होता है। इस प्रकार के समूहों का जन्म हमारे देश में अंग्रेजी काल में हुआ था, और वे आज भी उपस्थित हैं, यद्यपि उनकी कार्यपद्धति में काफी अन्तर आ गया है।

साम्प्रदायिकता का जन्म तथा विकास

इस सम्बन्ध में लोगों का विचार है कि साम्प्रदायिकता का बीज अंग्रेजों ने बोया था। उन्होंने राज्य करने के उद्देश्य से 'फूट डालो और राज्य करो' की नीति अपनायी।

प्रो॰ अब्दूल मजीद खां ने अपनी पुस्तक में इस बात के अनेक प्रमाण दिये हैं। सन् 1885 में स्थापित राष्ट्रीय कांग्रेस की राष्ट्रवाद की बढ़ती हुई बाढ़ को रोकने के लिए अंग्रेज सोच रहे थे कि भारत की मुख्य दो जातियों हिन्दुओं व मुसलमानों के बीच एक दरार उत्पन्न करना आवश्यक है। लार्ड कर्जन द्वारा बंगाल का विभाजन, और उसके उत्तराधिकारी लार्ड मिण्टो द्वारा मुसलमानों के अलग निर्वाचक मण्डलों की प्रणाली अपनाया इसके दो महत्वपूर्ण उदाहरण हैं। सन् 1909 में इस प्रणाली को तत्कालीन भारतमंत्री लार्ड जॉन मार्ले की इच्छा के विरुद्ध लागू भी कर दिया गया। अतः सन् 1906 में मुस्लिम लीग भी बन गई और इसने भारतीय मुसलमानों से साम्प्रदायिक दृष्टिकोण की भावना का तीव्रता से विकास हुआ। सुप्रसिद्ध सर्वोदयी विचारक सुरेश राम ने हाल ही में प्रकाशित अपनी एक रचना में लिखा है कि मुस्लिम लीग के कारनामों से देश का बच्चा-बच्चा वाकिफ है, साम्प्रदायिकता ही इसका आधार है, वह सिद्धान्त की दृष्टि से हिन्दू और मुसलमानों को केवल दो अलग-अलग धर्म ही नहीं दो अलग-अलग राष्ट्र मानती है, उसने ही भारत के विभाजन की आवाज उठायी, उसी का परिणाम आज पाकिस्तान है।

अपनी पुस्तक अशोक मेहता ने भी यह मत व्यक्त किया है कि साम्प्रदायिता की समस्या भारत में अंग्रेज शासकों द्वारा जान-बूझकर उत्पन्न की गई। आपकी रचना डॉ. के. वी. कृष्ण भी इसी निष्कर्ष पर पहुंचे हैं।

साम्प्रदायिकताः वर्तमान भारत में

उपर्युक्त कथनों से स्पष्ट होता है कि भारत में साम्प्रदायिकता के जनक अंग्रेज ही थे। अंग्रेजों ने ही इसको उकसाया। इतना ही नहीं, अंग्रेजी ने साम्प्रदायिकता के कड़वे विष को सम्पूर्ण भारत में फैलाने के लिए कोई कसर नही उठा रखी। यह तथ्य इसी बात से स्पष्ट हो जाता है, कि अंग्रेजों ने हमेशा ही मुस्लिम लीग, मुसलमानों की एक मुख्य रूप से साम्प्रदायिकता को बढ़ाने वाली संख्या थी, को आगे बढ़ाने को प्रोत्साहन दिया। साथ ही हिन्दू महासभा को हमेशा ही हतोत्साहित किया जिसको कि हिन्दुओं की ओर से एक साम्प्रदायिक संस्था कहा जा सकता है। और सम्भवतः इसी का भयंकर परिणाम, जो कि 1947 में हमें देखने को मिला, यह था कि अखण्ड भारत खण्डित होगा। भारत के दो भाग हो गये—हिन्दुस्तान और पाकिस्तान।

आज भारत में अब भी कुछ संस्थाएँ ऐसी हैं। जो कि किसी-न-किसी रूप में साम्प्रदायिक कही जा सकती है जिसमें कि मुस्लिम लीग, जयायते इस्लामी मुस्लिम मजलिम तामीरे मिल्लत इतेदार उल मुसलमीन, हिन्दू महासभा और राष्ट्रीय स्वयं

सेवक संघ, शिव सेना, बजरंग दल आदि का नाम लिया जा सकता है। इनमें से कुछ संस्थायें राजनीतिक दल के रूप में भी है लेकिन उन्हें राजनीतिक क्षेत्र में कोई विशेष सफलता प्राप्त नहीं हुई है। अतः ये संस्थायें अप्रत्यक्ष रूप से ही राजनीति में भाग लेती रहती हैं।

श्रीनगर (कश्मीर) रांची, अलीगढ़, बनारस, मुरादाबाद आदि स्थानों में हिन्दू-मुस्लिम साम्प्रदायिक दंगों को देखते हुये यह कहा जा सकता है कि अब भी भारत में साम्प्रदाकिता का बोलबाला कम नहीं है। रामपुर में हुए मजलिसे मशावरत के सम्मेलन में मुसलमानों के हितों की मांग की गई है। विश्व हिन्दू परिषद् और राष्ट्रीय स्वयं सेवक संघ भी अपने-अपने उद्देश्यों को लेकर अपनी-अपनी माँगों का नारा लगाते ही हैं। अतः यह कहना कि स्वाधीनता के बाद भारत में साम्प्रदायिकता कम नही है। वास्तव में अभी भी उसकी जड़ें अत्यधिक मजबूत हैं।

वर्तमान राजनीतिक सन्दर्भ में यह उल्लेखनीय है कि विभिन्न राजनीतिक पार्टियां अपनी विरोधी पार्टियों व संगठनों को सीधे तौर पर साम्प्रदायिक करार देती हैं और उसी रूप में उसका प्रचार भी करती हैं। उदाहरणार्थ मई-जून 1996 में समन्न लोकसभा चुनाव के दौरान कांग्रेस, जनता दल, समाजवादी जनता दल तथा वामपंथी पार्टियों ने भारतीय जनता पार्टी व विश्व हिन्दू परिषद को अपने चुनाव प्रचार में खुले तौर पर साम्प्रदायिक करार देते हुए लोगों को यह समझाने का प्रयास किया कि ये दोनों संगठन धर्म के नाम पर न केवल देश के लोगों को बांट रहा है। अपितु हिंसा को बढ़ावा दे रहा है, हिन्दू-मुस्लिम में फर्क पैदा कर रहा है और देश की एकता व अखण्डता को खतरे में डाल रहा है। 1996 का चुनाव परिणाम यह दर्शाता है कि जनता ने इसीलिए उपरोक्त दलील को स्वीकार नहीं किया और इसीलिए भारतीय जनता पार्टी तथा सहयोगी दलों ने लोकसभा में 194 सीटें जीत कर पहले की तुलना में उल्लेखनीय सफलता हासिल की। भारतीय जनता पार्टी ने इस चुनाव में राम भय से मुक्ति और इंसाफ भेदभाव से मुक्ति का नारा दिया था। उसका तर्क था राम साम्प्रदायिक हो ही नहीं सकता। राम तो सभी भारतीयों के लिए आदर्श पुरुष हैं, सत्यनिष्ठ न्याय और करुणा के प्रतीक।

फिर भी इसी राम के जन्मस्थली अयोध्या में राजस्थान भूमि और बाबरी मस्जिद के प्रश्न पर हिन्दू और मुस्लिम सम्प्रदाय आमने-सामने खड़े हो गए थे और टकराव की स्थिति भी आई। विश्व हिन्दू परिषद् के आह्वान पर देश के कोने-कोने से हजारों सेवक समस्त सरकारी प्रतिरोधों व अत्याचारों के बावजूद अयोध्या पहुंचे जिन पर कि मुलायम सिंह यादव की बर्बर सरकार के आदेश पर गोलियों की ऐसी बौछार की गई

जैसी कि जलियांवाला बाग काण्ड में अंग्रेजों ने भी न किया था। 30 अक्टूबर व 2 नवम्बर 1990 को अयोध्या में हुए इस अमानुषिक हत्याकाण्ड के विरोधस्वरूप देश के कोने-कोने में हिन्दू-मुस्लिम दंगे भड़क उठे। उनमें लखनउ, कानपुर, मुरादाबाद, अलीगढ, मेरठ आदि में तो यह साम्प्रदायिक दंगा इतना भयंकर हो उठा कि पुरा देश ही कांप गया। हजारों लोग मारे गए, करोडों रुपये की सम्पत्ति नष्ट हुई और सार्वजनिक तौर पर लूटपाट, आगजनी और हत्या का सिलसिला हफ्तों, चलता रहा। भारतीय इतिहास में इससे पहले कभी भी इतना व्यापक व इतना भयंकर साम्प्रदायिक दंगे नहीं हुए।

मई-जून 1996 में हुए चुनाव के परिणाम बताते हैं कि उत्तर प्रदेश में साम्प्रदायिक आधार पर वोटों का सीधा और खड़ा बंटवारा हुआ है। ऐसा मंदिर-मस्जिद विवाद और उस पर मुलायम सिंह सरकार के रवैए से उपजे माहौल के कारण हुआ। वोटों के तीखे साम्प्रदायिक ध्रुवीकरण का नतीजा यह हुआ कि लोकसभा में पहुंचने के लिए अल्पसंख्यक उम्मीदवारों को लाले पड़ गए।

बाबरी मस्जिद की सुरक्षा के नाम पर एक साल से चले सरकारी अभियान से ही बहुसंख्यकों व अल्पसंख्यकों के मध्य इतना जहर घुला कि राज्य से मुसलमानों के चुने जाने के लाले पड़ गए। इस साम्प्रदयिक ध्रुवीकरण में मुस्लिम मतों की चिंता सभी पार्टियों को सता रही थी, और सबने मुस्लिम उम्मीदवारों को जी भरकर टिकट बांटे थे। राज्य के चुनावों के इतिहास में सब से ज्यादा मुसलमान उम्मीदवार इसी चुनाव में भाग्य आजमा रहे थे। लोकसभा के लिए 167 और विधानसभा के लिए 790 मुसलमान उम्मीदवार मैदान में थे। जिनमें से क्रमशः तीन और 15 कामयाब हो पाए। यह पहला मौका था जब उत्तर प्रदेश में मुसलमान वोट इस कटर बिखर गया था, जबकि बहुसंख्यकों की धर्म के नाम पर जुट करने की जोरदार और सफल कोशिश हुई। उत्तर प्रदेश में आमतौर पर मुसलमान मतदाता जनता दल के साथ रहा। पहले यह फायदा इंका उठाया करती थी। सन् 1962 से 1971 तक तो थोक के भाव पर वोट कांग्रेस के पास ही था। पर 1977 से नसबंदी और 1989 में शिलान्यास से मुसलमानों में कांग्रेस के प्रति इस हद तक नाराजगी हुई कि मुसलमान कांग्रेस को हरवाने में जूट गया। भारतीय राजनीति में साम्प्रदायिकता का यह भी एक उत्तम उदाहरण है।

साम्प्रदायिकता के दुष्परिणाम

1. आपसी द्वेष—साम्प्रदायिकता से विभिन्न सम्प्रदायों में आपसी द्वेष को

बढ़ावा मिलता है। केवल बढ़ावा ही नहीं, वरन् आपसी द्वेष का एक बहुत बड़ा कारण ही साम्प्रदायिता है। जब देश के दो बड़े सम्प्रदाय हिन्दू और मुसलमान अपने-अपने हितों के लिए एक दूसरे के खून के प्यासे हो जाते हैं तो आपस में द्वेष हिंसा कटुता और शत्रुता पनपना स्वाभाविक ही है। यही द्वेष कभी भयंकर रूप धारण कर समाज में आतंक फैलता है कभी यही द्वेष समाज की शान्ति भंग करता है और कभी यही द्वेष धार्मिक नारा लगाते हुए एक को दूसरे पर धातक आक्रमण करने के लिए प्रेरित करता है।

आर्थिक हानि—साम्प्रदायिकता के कारण गंम्भीर आर्थिक हानि भी होती है। न जाने कितनी दुकानें, लूटी जाती हैं, न जाने कितनी राष्ट्रीय सम्पत्ति नष्ट की जाती है, और न जाने कितने व्यक्ति कार्य नहीं कर पाते। इतना ही नहीं, साम्प्रदायिकता संस्थाओं पर न मालूम कितना धन व्यय किया जाता है। यदि वही धन जनता की भलाई के लिये व्यय किया जाये तो जनता अधिक सुखी एवं समृद्ध हो सकती है।

प्राणहानि—शायद इस सत्य को अधिक स्पष्ट करने की आवश्यकता नहीं कि साम्प्रदायिकता के कारण प्राणहानि भी अत्यधिक होती है। शायद ही ऐसा कोई साम्प्रदायिक दंगा हुआ हो जिसमें कुछ व्यक्तियों की जानें न गई हों। रांची श्रीनगर, बनारस, अलीगढ़ आदि के साम्प्रदायिकता दंगों के उदाहरण सामने हैं। इन दंगों में अनेकों व्यक्तियों की जानें तो गईं ही, साथ ही अनेकों व्यक्ति जीवन व मृत्यु संघर्ष करने के लिए घायला अवस्था में पड़े रहे।

राजनीतिक अस्थिरता—साम्प्रदायिकता का एक दुष्परिणाम राजनीतिक अस्थिरता भी है। साम्प्रदायिकता वह परिस्थितियाँ उत्पन्न कर देती है, या उन परिस्थितियों को उत्पन्न करने में सहायक होती है, जिससे कि देश में राजनीतिक अस्थिरता आ जाती है। रांची के साम्प्रदयिक दंगों के फलस्वरूप संयुक्त विधायक दल के विरोधी दल अपनी-अपनी तरह से जनता को फुसला रहे थे और जनता को भी एकबारगी सरकार के प्रति संदेह होने लगा था। काश्मीर के साम्प्रदायिक झगड़ों की और दृष्टिपात करने से भी इसी तथ्य की पुष्टि होती है। अभी हाल ही में हुए रामपुर में मंजलिसे मुशावरत के अधिवेशन में डॉ. अब्दुल जलीस फरीदी ने सरकार से मुसलमानों के सही प्रतिनिधित्व की मांग की है। वास्तव में इन सब बातों से प्रत्यक्ष या अप्रत्यक्ष रूप से साम्प्रदायिक राजनीतिक अस्थिरता को प्रोत्साहन ही प्राप्त होता है।

5. राष्ट्रीय एकता के बाधा—सम्प्रदायकर्ता राष्ट्रीय एकता के गम्भीर शत्रु हैं। यह दोनों तो परस्पर विरोधी ही हैं। राष्ट्रीय एकता का तात्पर्य है सभी लोग आपस में एक होकर रहें, सबके हित को अपना हित मानें। जबकि साम्प्रदायिक इसके

बिल्कुल विरुद्ध हैं। इनका लक्ष्य है, कि विभिन्न सम्प्रदायों के व्यक्ति अपने-अपने हितों के लिए संघर्ष करें। और जब यह संघर्ष विद्यमान होगा, तो फिर राष्ट्रीय एकता कैसी?

6. राष्ट्रीय सुरक्षा को खतरा–भारत एक बहु-सम्प्रदायवादी देश है। इसमें अनेक अल्पसंख्यक व्यक्ति निवास करते हैं और इन्हीं अल्पसंख्यक व बहुसंख्यक के बीच जो साम्प्रदायिक झगड़े या तनाव पैदा होते है, उससे भारत की राष्ट्रीय को गम्भीर खतरा पैदा हो सकता है। विनोबा भावे ने कहा है कि हमारे यहाँ जो मुसलमान, ईसाई वगैरह अलसंख्यक हैं, उनका उत्तम रक्षण होना चाहिए। प्रेम से उनका बचाव करना चाहिए। यह वृति अगर नहीं होगी, तो आप लाख कोशिश करें तो भी आपको आजादी नही रहेगी यह आप लिख लीजिए। अपने ही कुछ पड़ोसी भारत में साम्प्रदायिकता की भावना को फैलाकर भारतवासियों विशेषकर हिन्दुओं और मुसलमानों में फूट पैदा करने का सतत प्रयत्न करते रहते हैं। स्पष्ट ही है कि साम्प्रदायिकता की भावना को फैलाकर भारतवासियों विशेषकर हिन्दुओं और मुसलमानों में फूट पैदा करने का सतत प्रयत्न करते रहते हैं। स्पष्ट ही है कि साम्प्रदायिकता से राष्ट्रीय सुरक्षा को भी गम्भीर खतरा है।

उपरोक्त दुष्परिणामों के अतिरिक्त भी कई अन्य अप्रत्यक्ष दुष्परिणाम हो सकते हैं। जैसे साम्प्रदाकिता से देश में आर्थिक उन्नति व औद्योगिक विकास में भी बाधा पड़ती है। अन्य राष्ट्रों से भारत के सम्बन्ध पर भी साम्प्रदायिकता का बुरा प्रभाव पड़ता है। कुछ भी हो, साम्प्रदायिकता मानवता का एक भयंकर शत्रु है।

साम्प्रदायिकता को दूर करने के सुझाव

जैसा कि उपरोक्त वर्णन से स्पष्ट है साम्प्रदायिकता मानवता के लिए गंभीर अभिशाप है और भारत जैसे देश में तो यह और भी धातक है। हमें इसे किसी भी किम्मत पर समाप्त करना होगा। मानवता की भयंकर शत्रु साम्प्रदायिकता को मिटाना ही होगा। साम्प्रदायिकता को दूर करने के लिए कांग्रेस महासमिति ने एक प्रस्ताव भी पास किया था। इसके अतिरिक्त गांधीजी, आचार्य विनोबा भावे एवं बाबू जयप्रकाश नारायण ने भी अनेक सुझाव प्रस्तुत किए है। आचार्य विनोबा भावे के इस सम्बन्ध में कुछ सुझाव निम्नलिखित हैं–

1. सर्वत्र इस भावना को प्रोत्साहन दिया जाये कि सब धर्मों के लोग मिल जुलकर रोज मौन प्रार्थना करें। सार्वजनिक अथवा व्यक्तिगत स्थानों पर, जहां प्रार्थना आदि के कार्यक्रम होते हैं, ऐसा वातावरण बनाया जाए।

2. शिक्षण में आध्यात्मिक मूल्यों का समावेश किया जाये। साम्प्रदायिक या मजहबी क्रिया-कर्म भिन्न चीज हैं।
3. किसी भी सार्वजनिक क्षेत्र में बहुमत के आधार पर कोई प्रवृत्ति पैदा न की जाए। सारे कार्य ऐसे देश से हों, कि अल्पसंख्यकों को अपने अल्पसंख्यक होने का भान ही न रहे।
4. धर्म-विशेष से सम्बन्ध न रखने वाले सेक्यूलर व्यक्तिगत और सार्वजनिक उत्सव प्रसंगों में सब लोग मिल-जुलकर सहयोग करें।
5. विभिन्न धार्मिक तथा सांस्कृतिक उत्सवों में सब धर्मों के लोगों को सम्मिलित किया जाये। आपस में विचारों का आदान-प्रदान किया जाये और इस प्रकार एक-दूसरे के प्रति उग्र वातावरण को दूर किया जाये।
6. विभिन्न धर्म वालों को, विचार वालों को और विशेषतः मुसलमानों को अध्ययन-मण्डल या विचार गोष्ठियां स्टडी सर्किट चलाने चाहिएं और उनमें विभिन्न धर्मों के उसूलों, सिद्धान्त का अध्ययन-चिंतन हो।
7. ग्रामदान, शान्ति सेना तथा खादी सम्बन्धी जो विविध कार्यक्रम बना है, सारे देश में बिना किसी भेदभाव के फैलाया जाये।

उपरोक्त सुझावों के अतिरिक्त कुछ अन्य सुझाव इस प्रकार दिये जा सकते हैं—

1. सरकार को सदैव ही इस बात का ध्यान रखना चाहिये कि उसके द्वारा ऐसा कोई भी कार्य न होने पाये जिसके द्वारा साम्प्रदयिकता को प्रोत्साहन मिलता हो।
2. सरकार को निःसंदेह ही इस प्रकार के कानूनों का निर्माण करना चाहिए, जो कि हर व्यक्ति पर समान रूप से लागू होते हो। कानून लागू होने में किसी भी प्रकार का जाति, लिंग, धर्म, भाषा एवं सम्प्रदाय सम्बन्धी भेदभाव नहीं होना चाहिए।
3. सरकार को इस सम्बन्ध में प्रचार भी करना होगा। कहने का तात्पर्य है कि भारत में विभिन्न सम्प्रदायवादी रहते अवश्य हैं परन्तु यदि भारत सरकार इनके आपस के भेदभाव मिटाना चाहती है तो जनता को यह विश्वास दिलाना होगा कि हम सब एक हैं।
4. भारत में विभिन्न समयों पर अनेक सम्प्रदाय सरकार में अपने विशेष प्रतिनिधित्व की मांग करते हैं। सरकार को इन सबके इस प्रस्ताव को केवल साम्प्रदायिकता के आधार पर ठुकराना होगा और उन्हें एक राष्ट्र का

सब देना होगा क्योंकि इनसे भी साम्प्रदायिकता को बढ़ावा मिलता है।

5. भाषा के सम्बन्ध में भी भारत सरकार को अपनी नीति ठीक करनी होगी। यह भी भारत में साम्प्रदायिकता का एक बहुत बड़ा कारण है।

साम्प्रदायिकता सौहार्द के लिये 7 सूत्री कार्यक्रमः 1976

राष्ट्रीय एकीकरण पर कार्यरत ने साम्प्रदायिक सौहार्द उपलब्ध कराने के लिए 28 नवम्बर, 1976 को एक 7 सूत्री कार्यक्रम बनाया तथा राष्ट्रीय सौहार्द की शक्तियों को मजबूत बनाने के लिए अन्य अनेक दूरगामी निर्णय लिये। दल की कार्यवाही की अध्यक्षता तत्कालीन गृहमंत्री री ब्रह्मानन्द रेट्टी ने की। दल की सिफारिशें इस प्रकार थीं।

साम्प्रदायिक सौहार्द—समाज के कुछ वर्गो पर उग्रपंथियों तथा सुधार विरोधी तत्वों की पकड़ को तोड़ा जाये तथा इसके लिए प्रचार माध्यम को पूरी तरह से सक्रिय किया जाए।

आधुनिकता के सकारात्मक तत्वों को जीवन के सभी क्षेत्रों में प्रोत्साहित किया जाये तथा गुमराह तत्वों को धर्मोन्मत तत्वों की पकड़ से निकाला जाये।

अल्पसंख्यकों के प्रति बहुसंख्यक समुदाय के रवैये में एक रचनात्मक परिवर्तन हो, ताकि अल्पसंख्यक अपनी सारी भ्रान्तियों को त्यागकर राष्ट्र की मुख्य धारा में सम्मिलित हो जाएँ।

विभिन्न विश्वासों तथा पेशों वाले लोगों के बच्चों में मुक्त मेलजोल को प्रोत्साहित किया जाए। सभी प्रकार का बिरादरीबाद समाप्त हो तथा इस कार्य में प्रगतिशील नेताओं की सेवाओं का उपयोग किया जाये।

छात्र हिंसा—छात्रों को गैर-शैक्षिक गतिविधियों से लिप्त करने से राजनीतिक दलों को बाज रहना चाहिए। शिक्षा के क्षेत्र में छात्रों की उचित मांगों पर विचार करके उन्हें पूरा किया जाना चाहिए।

औद्योगिक सम्बन्ध—यद्यपि प्रबन्धकों और श्रमिकों के संयुक्त परिषद् की स्थापना करने एवं हड़ताल व तालाबन्दी को रोकने सम्बन्धी अधिनियमों के परित करने से अच्छे परिणाम मिले है फिर भी उत्पादन बढ़ाने एवं हिंसा को मिटाने के उद्देश्य से एक उद्योग में एक ही श्रमिक यूनियन बनाने के लिए प्रयत्न किया जाना चाहिये।

उग्रपंथी हिंसा—आदिवासी क्षेत्रो के विकास पर नये सिरे से बल दिया जाये तथा इन क्षेत्रों में अपर्याप्त विकास से निपटने के लिए विशेष कदम उठाये जायें।

पुलिस व प्रशासनिक तंत्र को पर्याप्त रूप से संगठित करके हर प्रकार की हिंसा, चाहे वह साम्प्रदायिकता हो या उग्रपंथी से निपटने के लिये दीर्घकालीन समाधान निकाले जायें।

अल्पसंख्यक तथा उनका रोजगार—अल्पसंख्यक समुदायों के छात्रों को प्रतिष्ठित शिक्षा संस्थाओं में दाखिले के अवसर प्रदान किए जाएं तथा विशेष समुदायों की आवश्यताओं की पूर्ति करने वाली शिक्षा संस्थाओं से उन्हें दूर रक्खा जाए। इन छात्रों की सहायता के लिए गैर-साम्प्रदायिक संगठनों को प्रोत्साहित किया जा सकता है। बहुसंख्यक समुदायों के लोगों के उद्योगों में उल्पसंख्यकों की भर्ती हो सके, ऐसे नियम लागू किये जाएं। स्कूल कॉलेजों में अल्पसंख्यकों के प्रति भेदभाव पर कड़ी कार्रवाई की जाए।

हरिजनों पर अत्याचार—इस दिशा में अब तक उठाये गये विभिन्न कदमों के फलस्वरूप हरिजनों की आर्थिक तथा सामाजिक स्थिति सुधर रही है। जरूरत इस बात की है कि लोगों के परम्परागत रवैये में परिवर्तन के लिए प्रचार माध्यम को तेज किया जाये एवं हरिजनों पर होने वाले अत्याचारों से निपटने के लिए कठोर व प्रभावशाली कदम उठाये जायें।

वास्तव में मानव-जाति का भविष्य एकता में है। विज्ञान और मानवता, दोनों का यही संकेत है। हर वह चीज, जो इस रास्ते में बाधा बनकर आएगी, चाहे वह राष्ट्र हो, जाति हो, भाषा हो, धर्म या सम्प्रदाय ही क्यों न हो, उसे हटाना ही होगा। भारत को तो इस सम्बन्ध में अपना विशेष पार्ट अदा करना है, क्योंकि विश्वबन्धुत्व और मानवता यहां तक कि विशेष परम्परा रही है। भारत में विभिन्न धर्म, भाषा और जाति के लोग रहते हैं। अतः यहाँ तो एकता पैदा करना अति आवश्यक है।

17

क्षेत्रवाद

वर्तमान समय में क्षेत्रवाद राष्ट्रीय समस्या बन गई है। इसके प्रभाव से सामाजिक-राजनीतिक जीवन भी अछूता नहीं है। क्षेत्रवाद कब पैदा हुआ और किन कारणों से हुआ यह तो बताना मुश्किल है, लेकिन यह देश के सामने गंभीर समस्या के रूप में विद्यमान है जो राष्ट्रहित में अनुचित है। स्वाधीनता के समय भारत की अखण्डता पर जोरदार प्रहार हुआ और देश दो हिस्सों में बंट गया—हिन्दुस्तान और पाकिस्तान। आज देश के विभिन्न हिस्सों में क्षेत्रवाद का स्वरूप उग्र होता जा रहा है। कई राज्यों में राजनीतिक स्वार्थ के लिए राजनीतिक पार्टियां क्षेत्रवाद को बढ़ावा देकर राजनीतिक रोटियां सेंकना चाहती हैं जो देश की अखण्डता व एकता के लिए नुकसानदायी है।

क्षेत्रीयता का आशय

लुण्डबर्ग ने क्षेत्रीयता के बारे में कहा है कि यह उस अध्ययन से संबंधित है जिसमें एक भौगोलिक क्षेत्र तथा मानव-व्यवहार के बीच पाये जाने वाले सम्बन्ध पर बल दिया जाता है। इस रूप में क्षेत्रीयता एक प्रकार का विश्व-परिस्थिति विज्ञान है क्योंकि इसकी रुचि विभिन्न क्षेत्रों के बीच तथा एक ही क्षेत्र के विभिन्न अंगों के बीच पाए जाने वाले प्रकार्यात्मक सावयवी सम्बन्धों में है।

उपर्युक्त परिभाषा में लुण्डबर्ग ने क्षेत्रीयता को विज्ञान की शाखा कहा जिसका कि अध्ययन विषय दूसरे क्षेत्रों के संदर्भ में एक क्षेत्र-विशेष के लोगों का सामाजिक व्यवहार है। इस दृष्टिकोण से क्षेत्रीयता भी मानव-व्यवहार की एक विशेष अभिव्यक्ति

है जो अपने क्षेत्र की परिस्थितियों द्वारा प्रभावित और निर्देशित होती रहती है। अर्थात् इसमें एक क्षेत्र-विशेष की परिस्थिति की झलक साफ-साफ दृष्टिगत होती है। क्षेत्रीयता इस बात की द्योतक है कि लोगों का एक क्षेत्रीय चरित्र होता है, उसी के संदर्भ में उनके व्यवहारों को सही अर्थ में समझा जा सकता है।

क्षेत्रीयता के बारे में प्रो॰ बोगार्डस का मत है कि यदि किसी भौगोलिक क्षेत्र का आर्थिक साधन इस भांति विकसित हो जाए कि उनके लिए अपनी विलक्षणता को बनाए रखना सम्भव हो तो वहां के लोगों में सामूहिक हितों का विकास और उस प्रकार क्षेत्रीय आदर्शों का विकास हो सकता है। यहीं से क्षेत्रीयता की नींव पड़ती है। इस सन्दर्भ में उन्होंने यहां तक कहा है कि एक क्षेत्र का अपना एक सांस्कृतिक इतिहास होता है। उसी के आधार पर उस क्षेत्र के लोगों के विचारों, भावनाओं, क्रियाओं तथा व्यवहारों में एक समानता या विलक्षणता पनप जाती है और उसे बनाए रखने का भी प्रयत्न किया जाता है। फिर भी इन क्षेत्रीय आदर्शों तथा स्वार्थो को इतना अधिक बढ़ने या उग्र रूप धारण करने नहीं दिया जाता कि वह राष्ट्र के लिए अहितकारी साबित हो पाए।

क्षेत्रीयता के सन्दर्भ में डॉ. राधाकमल मुखर्जी ने कहा कि क्षेत्रीयता राष्ट्रीयता के अधीन है अर्थात् इसके अन्तर्गत इस प्रकार की किसी भी क्रिया भावना या विचार को सम्मिलित नहीं किया जाता है जो कि राष्ट्रीय स्थार्थों के लिए या राष्ट्रीय एकता के लिए धातक सिद्ध हो। पर क्षेत्रीयता का यह विस्तृत रूप बहुधा विकृत हो जाता है, और उसमें इस प्रकार के संकीर्ण मनोभाव पनए जाते हैं कि एक क्षेत्र के लोग केवल अपने ही क्षेत्र के स्वार्थों को सर्वोपरि मानते हुए, उनकी रक्षा करने का प्रयत्न करते हैं। इस संकीर्ण रूप में क्षेत्रीयता का अर्थ उन आदर्श, व्यवहार, विचार तथा कार्यक्रमों से होता है जो कि एक क्षेत्र-विशेष के लोगों के मन में मिथ्या गौरव श्रेष्ठता की भावना को पनपाते हैं और उसी आधार पर वे अपने लिए समस्त राजनीतिक तथा आर्थिक सुविधाओं को प्राप्त करने के लिए इस भांति तत्पर हो जाते हैं कि विस्तृत राष्ट्र के स्वार्थों तथा राष्ट्रीय एकता की आवश्यकताओं को भी वे भुला देते हैं। क्षेत्रीयता का यह रूप उस क्षेत्र के लोगों में यह भावना भर देता है कि उनकी भाषा, उनकी संस्कृति उनका इतिहास तथा सामाजिक परम्पराएँ ही श्रेष्ठ हैं और इसीलिए यह क्षेत्र के सर्वांगीण विकास के लिए हर सम्भावित सुविधाओं का होना आवश्यक है तथा वे सुविधायें उन्हें अधिकारी के रूप में ही उपलब्ध होनी चाहिएं। मांग यह होती है कि उस क्षेत्र को प्रशासनिक अधिकार, अधिकाधिक प्राप्त हों, उनकी समस्याओं पर पहले ध्यान दिया जाए, उनकी भाषा को राष्ट्रीय आधार पर मान्यता

प्राप्त हो तथा समस्त राष्ट्रीय विषयों के सम्बन्ध में उनके महत्व को अवश्य ही स्वीकार किया जाए। इन सबके लिए यदि उन्हें सम्पूर्ण राष्ट्र से अपना नाता ढीला भी करना पड़े तो उसके लिए भी वे तैयार रहते हैं। इस अर्थ में क्षेत्रवाद पृथक्ता की नीति का समर्थक भी बन सकती है।

क्षेत्रवाद का स्वरूप

विस्तार से अध्ययन करने में क्षेत्रवाद एक क्षेत्र में पाए जाने वाली कुछ सामाजिक-सांस्कृतिक आर्थिक-समानताओं पर आधारित है। यह क्षेत्र एक ही राष्ट्र या समाज का एक अंग हो सकता है अथवा इसके अन्तर्गत एकाधिक छोटे-मोटे ऐसे राष्ट्रों का भी समावेश हो सकता है जो कि अपनी भौगोलिक स्थिति, आर्थिक साधन, भाषा, धर्म-स्वार्थों के सम्बन्ध में समान हों। लेकिन क्षेत्रीयता का उग्र व संकुचित रूप एक दूसरा ही होता है जिसके अन्तर्गत क्षेत्रीय स्वार्थों को राष्ट्रीय स्वार्थों से भी अधिक महत्त्वपूर्ण मान लिया जाता है। कुछ भी हो, क्षेत्रवाद की वास्तविकता को समझने के लिए हमें निम्नलिखित बातों को ध्यान में रखना चाहिए–

1. क्षेत्रवाद देशभक्ति तथा क्षेत्रीय क्षेष्ठता की भावना को बल देती है–एक क्षेत्र समूह की अपनी सामान्य संस्कृति होती है और समानता के आधार पर वहाँ के निवासियों में कुछ सामान्य आदर्श भावनाएँ, धारणाएँ तथा विचार पनप जाते हैं और साथ ही विश्वास भी लोगों के दिल में बस जाता है कि ये आदर्श भावनाएँ आदि अन्य क्षेत्रों के आदर्श, भावनाओं व धारणाओं से कहीं अधिक अच्छी या श्रेष्ठ हैं। साथ ही, उस क्षेत्र में पाई जाने वाली समान भाषा, सामान्य सांस्कृतिक परम्परा, समान ऐतिहासिक घटनाएं तथा समान सामाजिक-आर्थिक व राजनीतिक समस्याएँ वहाँ के लोगों में स्थानीय देशभक्ति अर्थात् अपने उस क्षेत्र के प्रति विशेष लगाव को दर्शाती हैं। यह विशेष लगाव और श्रेष्ठता की भावना अन्य क्षेत्रों के साथ तनाव की स्थिति को उत्पन्न करने में सहायक सिद्ध होती है।

2. क्षेत्रवाद एक सीखा हुआ व्यवहार है–क्षेत्रीयता की भावना प्रजनन या वंशानुसंक्रमण की प्रक्रिया के माध्यम से व्यक्ति को प्राप्त नहीं होती, अपितु वह तो भाषा व अन्य प्रतीकों के माध्यम से विचारों के आदान-प्रदान के द्वारा तथा सामाजिक अन्तःक्रियाओं के दौरान एक व्यक्ति दूसरे व्यक्ति को हस्तान्तरित होती रहती है और इसी से इसकी निरन्तरता बनी रहती है। अपनेपन को न केवल विकसित करती है अपितु उसकी सांस्कृतिक, सामाजिक व आर्थिक विरासत में अपने को एक सक्रिय हिस्सेदार समझने तथा उसी सन्दर्भ में व्यवहार करने को भी प्रोत्साहित करती है।

3. क्षेत्रवाद की मात्रायें अनेक हो सकती हैं—क्षेत्रवाद के इस स्वरूप को दो अलग दृष्टिकोणों से समझाया जा सकता है। प्रथम तो यह है कि क्षेत्रीयता का स्वरूप इतना उदार हो सकता है कि वह कई समान राष्ट्रों को अपनी बाँहों में समेट ले और सदा राष्ट्रीय हितों को ध्यान में रखते हुए क्रियाशील हो। इसके विपरीत क्षेत्रीयता का रूप इतना उग्र हो सकता है कि वह अपने भिन्न को ही सर्वोपरि मानकर अपने हितों के सम्मुख राष्ट्रीय हित को नुकसान पहुंचाने में जरा भी संकोच न करे। इन दोनों विपरीत छोरों के बीच क्षेत्रीयता का रूप या स्वरूप कम ज्यादा उदार या उग्र भी हो सकता है। दूसरे अर्थ में, क्षेत्रीयता की भावना एक ही इलाके के सभी लोगों में समान रूप से नहीं होती है उदाहरण के लिए भारत के उत्तरी क्षेत्र के लोग अपनी क्षेत्रीय विरासत के सम्बन्ध में जितना जागरूक है, उतनी जागरूकता मध्य भारत के क्षेत्र के लोगों में नहीं हो सकती है। उसी प्रकार यह नहीं कहा जा सकता है कि दक्षिण क्षेत्र के सभी लोगों में अपनी क्षेत्रीय विरासत के प्रति बराबर रूप से जागरूकता हो। विभिन्न लोगों में यह जागरूकता अलग-अलग हो सकती है।

4. नकारात्मक फलस्वरूप क्षेत्रीय स्वशासन पृथक्करण की माँग—अपनी क्षेत्रीय विलक्षणता व श्रेष्ठता को बनाये रखने की धुन में यहाँ के लोग क्षेत्रीय स्वशासन की मांग कर सकते हैं। ऐसी अवस्था में विभिन्न क्षेत्रों के लोगों में आर्थिक तथा राजनीतिक अधिकारों को हथियाने के लिए आपस में एक उग्र प्रतिस्पर्द्धा चलती रहती है जिसके फलस्वरूप विभिन्न क्षेत्रों के बीच कटुभाव उत्तरोत्तर बढ़ता रहता है। यह स्थिति न तो राष्ट्रीय एकता के लिये न ही राष्ट्रीय प्रगति के लिये सिद्ध होती है।

5. क्षेत्रवाद से मनोभाव की संकीर्णता की अभिव्यक्त—अपने उग्र रूप में क्षेत्रीयता कभी भी लोगों में विस्तृतता को पनपाने में सहायक सिद्ध नही हो सकती क्योंकि यह तो उस मनोभाव का प्रतिनिधित्व करती है जिसके अनुसार अपने ही क्षेत्र की सांस्कृतिक परम्पराओं, धर्म, भाषा, आदर्श, सिद्धान्त तथा आचारों को अन्य क्षेत्रों की तुलना में कहीं अधिक श्रेष्ठ माना जाता है, और उसी रूप में उन्हें प्रस्थपित करने के लिये हर उचित-अनुचित पग उठाये जाते हैं। इसीलिये अपने क्षेत्र में बसे अन्य क्षेत्रों के लोगों के साथ पक्षपातपूर्ण व्यवहार जाता है और कभी-कभी तो उन्हें सामाजिक-आर्थिक अन्याय का शिकार तक बना लिया जाता है। और साथ ही क्षेत्रीय भक्ति तथा वफादारी के नाम पर इन सब पक्षपातपूर्ण अन्यायों का कोई-न-कोई औचित्य भी ढूंढ़ लिया जाता है।

क्षेत्रवाद के विकास के प्रमुख तत्व

1. राजनीतिक तत्व—वर्तमान समय में भारत कुछ राजनीतिक संगठन या पार्टियों ऐसी हैं, जो कि क्षेत्रीयता की भावना को भड़काकर लोकप्रिय होने का प्रयत्न करती हैं और साथ ही अपने संकीर्ण में सफल होती है। ये पाटियां कभी-कभी तो धार्मिक और भाषा-सम्बन्धी जामा भी पहने होती हैं, जिससे कि वे आसानी से लोगों को भड़का सकें। धर्म और भाषा की आड़ लेकर यह दल एक क्षेत्र लोगों को यह लालच दिखलाते रहते हैं कि उनके अपने प्रदेशों को शीघ्र ही एक स्वतन्त्र सता प्राप्त होने वाली है। जिसके बाद वे अपने क्षेत्र के समस्त खोए हुए गौरव व परम्पराओं को पुनर्जीवित करने से सफल होंगे। सिर्फ इतना ही नहीं, क्षेत्रीय नेताओं का भी इस दिशा में पर्याप्त सहयोग रहता है। ये क्षेत्रीय नेता राजनीतिक रूप से शक्तिशाली होते हैं और केन्द्रीय सरकार पर न सिर्फ अपना प्रभाव विस्तृत किये होते हैं, अपितु अपने ही क्षेत्र के विषय में सोचते हैं और अन्य क्षेत्रों के स्वार्थों को कुचल देने में उन्हें हिचकिचाहट नहीं होती है।

2. सांस्कृतिक तत्व—भारत की भौगोलिक परिस्थितियों ने भारत को न केवल कुछ भौगोलिक क्षेत्रों में अपितु उतने ही सांस्कृतिक क्षेत्रों में भी विभाजित कर दिया है। इसका तात्पर्य यह है कि प्रत्येक भौगोलिक क्षेत्र का अपना एक विशिष्ट सांस्कृतिक जीवन-प्रतिमान है और उस प्रतिमान से एक अजीब लगाव उस क्षेत्र के लोग पनपा चुके हैं। यह लगाव कभी-कभी इतना स्पष्ट व एकतरफा हो जाता है कि एक क्षेत्र के लोग अपने सांस्कृतिक प्रतिमान को अन्य क्षेत्रों की तुलना में कहीं ज्यादा श्रेष्ठ समझने लगते हैं। उदाहरणार्थ, उत्तरी क्षेत्र के लोगों को यह कहते हुए गर्व होता है कि उन्हीं के क्षेत्र में वैदिक सभ्यता, और संस्कृति का उदय हुआ। उनका दावा है कि सिन्धु घाटी की सभ्यता और आर्य सभ्यता सम्पूर्ण भारत को नया प्रकाश देने वाली थी और उन्हीं का क्षेत्र भारतीय संस्कृति, ललित कला, साहित्य, यहाँ तक कि राजनीति का सर्वप्रमुख केन्द्र रहा और अब भी है। हिन्दी भाषा इसी क्षेत्र की मूल भाषा है और स्वतन्त्र भारत के सभी प्रधानमंत्री इसी क्षेत्र के हैं। दूसरी ओर भारत के दक्षिणी क्षेत्र के लोगों का यह दावा है कि प्राचीन भारतीय संस्कृति के अनेक मौलिक तत्व उनके ही क्षेत्र में विद्यमान हैं। उनका क्षेत्र द्राविड़ सभ्यता, संस्कृति और भाषाओं का आदि-स्थान है। इस अर्थ में आदि-भारत का सच्चा रूप तो उनका ही क्षेत्र है।

3. भाषावाद—सांस्कृतिक कारकों में क्षेत्रीयता के विकास का एक महत्वपूर्ण

कारक भाषावाद भी है। भारत में स्थिति यह है कि एक उप सांस्कृतिक क्षेत्र के मुख्य समूह के सदस्य एक विशेष भाषा को बोलते तथा लिखते हैं। इसे क्षेत्रीय या प्रादेशिक भाषा कहा जाता है। प्रत्येक प्रादेशिक भाषा के बोलने वालों का अपनी भाषा के प्रति अत्यधिक संवेगात्मक लगाव होता है जिसके परिणाम वे यह मान बैठते है कि उनकी ही भाषा की शैली, शब्दावली, साहित्यिक समृद्धि तथा गहनता अन्य सभी भाषाओं से कहीं अधिक आकर्षक व श्रेष्ठ प्रकृति की है। केवल अपनी ही भाषा को इस प्रकार श्रेष्ठ समझना और अन्य सभी प्रादेशिक भाषाओं से दूरी को बढ़ाता है और क्षेत्रीयता का विकास करता है।

4. भौगोलिक तत्व—बहुधा भौगोलिक कारक क्षेत्रीयता के विकास का एक अत्यन्त प्रभावपूर्ण कारक बन जाता है। भारत इसका एक उत्तम उदाहरण है। भारत चार स्पष्ट भौगोलिक क्षेत्रों में स्वाभाविक रूप से विभक्त है और वे क्षेत्र हैं उत्तर का पर्वतीय प्रदेश, गंगा-सिन्धु का विशाल मैदान, दक्षिणी पठार तथा मध्य भारत का रेगिस्तानी क्षेत्र। इन चारों क्षेत्रों की भौगोलिक दशायें अलग-अलग ही नहीं, कुछ विषयों में एक-दूसरे के बिल्कुल विपरीत भी हैं। फलतः विभिन्न क्षेत्रों या प्रदेशों में जो विभाजन हुआ उसका प्रभाव जीवन के प्रत्येक पक्ष पर पड़ा और एक क्षेत्र के सामाजिक धार्मिक, रीति-रिवाज, भाषा, सांस्कृतिक परम्परायें पोशाक, आभूषण, प्रकृति, खान-पान, रहन-सहन आदि दूसरे क्षेत्रों से भिन्न रहे। इस भिन्नता ने क्षेत्रवाद के विकास में महत्वपूर्ण योगदान दिया।

5. ऐतिहासिक तत्व—भौगोलिक कारकों की भांति ऐतिहासिक कारक भी क्षेत्रीयता के विकास में सहायक सिद्ध हो सकते हैं। इस देश की विशालता और विभिन्न क्षेत्रों के होने से भारत प्राचीन मध्यकाल में विस्तृत प्रादेशिक राज्यों का देश रहा। यद्यपि कुछ शक्तिशाली महत्वकांक्षी राजाओं ने ऐसे साम्राज्य स्थापित किये जिनमें सारा भारत था फिर भी देश की विशालता और यातायात के साधनों से एक अखण्ड केन्द्रीय राज्य अधिक दिनों तक भारत में बना न रह सका। जब कभी भी केन्द्रीय सम्राट कमजोर हुआ तो अधीनस्थ राज्यों ने अपनी स्वतन्त्रता की घोषणा कर दी और स्थानीय स्वशासन को चालू कर दिया। भारत के ऐतिहासिक विकास के दौरान ऐसा अनेकों बार हुआ जिसके फलस्वरूप क्षेत्रीय स्वशासन को स्थापित करने की इच्छा इस देश की एक राजनीतिक परम्परा बन गई, उसी परम्परा के हस्तांतरण के कारण ही शायद नागालैण्ड, तमिल प्रदेश, पंजाबी सूबा, आन्ध्र विभाजन आदि की मांग रखी गई है।

क्षेत्रवाद के दुष्परिणाम

1. संकीर्ण स्वार्थी संगठन व नेतृत्व का विकास—क्षेत्रवाद के कारण भिन्न-भिन्न क्षेत्र में कुछ इस प्रकार के नेतृत्व व संगठनों का विकास हो जाता है, जो कि जनता की भावनाओं को उभारकर अपने संकीर्ण स्वार्थों की पूर्ति करना चाहते है। इस प्रकार के नेताओं व संगठनों को सिर्फ अपने स्वार्थ की चिन्ता होती है। ये नेतागण कभी तो भाषा के प्रश्न को लेकर हंगामा मचाते हैं और कभी केन्द्रीय सरकार के पक्षपातपूर्ण व्यवहार के विरुद्ध नारा लगाने के लिये सामने आ खड़े होते हैं, चाहे इनमें से कोई भी समस्या वास्तविक हो या काल्पनिक। ऐसे नेताओं और संगठनों से सबका नुकसान ही होता है किसी का भला नहीं होता।

2. भाषा की समस्या का अधिक जटिल होना—क्षेत्रीय वफादारी भाषा की समस्या को और अधिक जटिल बना देती है। क्षेत्रीय वफादारी का सीधा सम्बन्ध क्षेत्रीय या प्रादेशिक भाषा के प्रति विशेष मोह से होता है जिसके कारण प्रादेशिक भाषा को जरूरत से भी ज्यादा प्रयत्न करने की गलती उस क्षेत्र के लोग कर बैठते हैं। परिणाम यह होता है कि अन्य किसी भाषा के प्रति सहिष्णुता की भावना बिल्कुल ही नहीं रह जाती और विभिन्न भाषाभाषी क्षेत्रों के बीच भाषा के प्रश्न को लेकर भी कटुता बढ़ती चली जाती है। क्षेत्रीयता का यह परिणाम जनकल्याण और राष्ट्रीय प्रगति के दृष्टिकोण से अत्यन्त घातक सिद्ध होता है।

3. राष्ट्रीय एकता की चुनौती—राष्ट्र की अखण्डता के लिए क्षेत्रीयता गंभीर समस्या बन गई है। भारत आज एक भयंकर चुनौती भरे काल से गुजर रहा है जबकि शताब्दियों पुरानी परम्पराओं को त्यागकर आधुनिकीकरण की ओर बढ रही है। इस नाजुक दौर पर सामाजिक, सांस्कृतिक, राजनीतिक तथा आर्थिक क्षेत्रों में परिवर्तन की गति एक समान नहीं है। अतः देश की सामाजिक व्यवस्था में असन्तुलन की स्थिति विद्यमान होनी स्वाभाविक ही है। ऐसी अवस्था में क्षेत्रीयता के फलस्वरूप विभिन्न क्षेत्रों के बीच जो तनाव और संघर्ष की स्थिति उत्पन्न हो जाती है वह राष्ट्रीय एकता की समस्त धारणाओं और भावनाओं पर तुषारापात करती है। क्योंकि क्षेत्रीयता के फलस्वरूप विभिन्न क्षेत्रों के लोगों में कभी क्षेत्रीय स्वार्थों को लेकर, कभी राजनीतिक स्वशासन या पृथक्, राज्य के प्रश्न को लेकर, तो कभी प्रादेशिक भाषा को लेकर जो झगड़े तथा मनमुटाव खड़े हो जाते हैं, वे राष्ट्रीय अखण्डता व एकता के लिए नुकसानदायक साबित होते हैं।

4. विभिन्न क्षेत्रों के मध्य टकराव—संकीर्ण क्षेत्रवाद का जो सर्वप्रथम

दुष्परिणाम हमें भारत में देखने को मिलता है वह यह है कि इसके कारण विभिन्न क्षेत्रों के बीच आर्थिक, राजनीतिक, यहाँ तक कि मनोवैज्ञानिक संघर्ष और तनाव दिन-प्रतिदिन बढ़ता जा रहा है। इसका कारण यह है कि प्रत्येक क्षेत्र अपने स्वार्थों या हितों का सर्वोच्च स्थान दे बैठता है और उसे यह चिन्ता नहीं होती कि उससे दूसरे क्षेत्रों को कितनी हानि होगी। आज विभिन्न प्रदेशों के बीच सीमा सम्बन्धी झगड़ा उत्पन्न होता है, एक विश्वविद्यालय अमुक क्षेत्र में न खोलकर हमारे क्षेत्र में खोला जाए, इस बात को लेकर उस क्षेत्र के लोग आलोचना करते हैं, इस्पात प्रोजेक्ट की स्थापना का विषय भी घोर आन्दोलन का विषय बन जाता है, यहाँ तक कि लोकसभा की सब बैठकें उत्तरी क्षेत्र में ही क्यों न दक्षिणी क्षेत्र में भी लोकसभा की बैठकें हों, यही वाद-विवाद का अच्छा विषय बन जाता है और विभिन्न क्षेत्रों के बीच कटु भावना को पनपाता है। सरकार को क्षेत्रीय दबाव के आगे अक्सर झुकते देखा जा सकता है। 15 अगस्त 1996 को लालकिले पर अपने भाषण में प्रधानमंत्री द्वारा उत्तराखण्ड, झारखण्ड और छत्तीसगढ़ को एक अलग प्रदेश बनाने की घोषणा ऐसा ही उदाहरण है।

5. केन्द्र और राज्य के मध्य सामंजस्य नहीं होना—भारत में क्षेत्रीयता के कारण केन्द्रीय सरकार तथा राज्य सरकार के बीच का सम्बन्ध कभी-कभी अत्यन्त कटु रूप धारण कर लेता है। प्रत्येक क्षेत्र के स्वार्थ-समूह, क्षेत्रीय नेतागण, बड़े-बड़े उद्योगपति तथा राजनीतिज्ञ अपने-अपने क्षेत्र के स्वार्थों को प्राथमिकता देते हैं और केन्द्र सरकार का ध्यान अपनी तरफ आकृष्ट करने का प्रयास करते हैं। केन्द्रीय सरकार जिसकी तरफ भी थोड़ा-सा झुक गई वहां विवाद बन जाता है और केन्द्रीय तथा राज्य सरकारों के मध्य पारस्परिक सम्बन्ध सौहार्दपूर्ण नहीं रह पाता है।

18

समाज में बढ़ता अपराध सामाजिक परिवर्तन का कुपरिणाम

मनुष्य सामाजिक प्राणी है और समाज से जीवन भर कुछ न कुछ सीखता रहता है। वर्तमान समय में समाज में अपराध बहुत व्याप्त हो गया है। आज स्थिति यह है कि अपराधविहीन समाज की कल्पना भी नहीं की जा सकती। पूरी दुनिया में कोई ऐसा देश नहीं जो अपराध से अछूता हो। अपराध के बारे में कहा जाता है कि अपराध मानव व्यवहार है परन्तु सभी प्रकार के मानव व्यवहार अपराध नहीं हैं। वैसे व्यवहार जो सामाजिक मूल्यों के विपरित हो और समाज को नुकसान पहुंचाता हो तो अपराध कहा जाता है। अपराध समाज के सभी वर्गों में विद्यमान है। अपराध को विचलनकारी व्यवहार का एक विशिष्ट रूप भी कहा जा सकता है। अपराध की व्याख्या समाजशास्त्रीय, मनोवैज्ञानिक व वैधानिक तीनों दृष्टिकोणों से की जा सकती है।

अपराध फ्रेंच शब्द 'क्राइम' का हिन्दी अनुवाद है। 'मानक अंग्रेजी-हिन्दी कोश' में 'क्राइम' के जो अन्य पर्याय दिए गए हैं वे इस प्रकार हैं—जुर्म, कसूर, दोष, अपकृत्य, पातक, पाप, गुनाह आदि। 'क्राइम' शब्द लैटिन भाषा के 'क्रिमेन' शब्द से बना है जिसका अर्थ है विलगाव। सामान्य या साधारण बोलचाल की भाषा में अपराध एक ऐसा कार्य है जो व्यक्ति का सामाजिक विलगाव (अलगाव) उत्पन्न करता है। दूसरे शब्दों में यह कहा जा सकता है कि अपराध एक ऐसा कार्य है जिसके करने वाले को समाज कभी स्वीकार नहीं करता है।

(i) समाजशास्त्रीय दृष्टिकोण से अपराध समाज विरोधी-व्यवहारों को कहा जा सकता है,

(ii) मनोवैज्ञानिक दृष्टिकोण से अपराध मानव के असामान्य व्यवहारों को कहा जा सकता है, तथा

(iii) वैधानिक दृष्टिकोण से अपराध ऐसे व्यवहारों को कहा जा सकता है जो कानून विरोधी हों। अपराध और अपराधी दोनों समाज के लिए नुकसानदायक होते हैं। इसलिए समाज द्वारा इनका विरोध किया जाता है। अपराधी सिर्फ सामाजिक कल्याण के लिए ही खतरनाक नहीं होता बल्कि उससे व्यक्तिगत सम्पत्ति तथा स्वतंत्रता को भी खतरा पहुँचता है। गिलीन इस संबंध में 'Criminology and Penology' में लिखते हैं कि "अपराधी हमारे मनों में हमारे अपने लिए तथा हमारी अपनी सम्पत्ति के लिए आशंका की जो भावना उत्पन्न कर देता है वह भावना ही अधिक महत्त्वपूर्ण है।"

हालाँकि अपराध एक सार्वभौमिक घटना है लेकिन इसकी व्याख्या में सार्वभौमिकता का अभाव पाया जाता है। इसका कारण यह है कि अपराध की अवधारणा स्थान, समय, परिस्थितियों, सामाजिक मूल्यों तथा आदर्शों से सम्बन्धित होती है। इसलिए अपराध को रिलेटिव अवधारणा (Relative Concept) कहा जाता है। अपराध एक तरह का मानव व्यवहार है, फिर भी अपराधी व्यवहारों की सूची तैयार करना संभव नहीं होता है। इसका कारण यह है कि एक स्थान विशेष में जो व्यवहार अपराध की श्रेणी में रखा जाता है वह दूसरे स्थान में अपराध की श्रेणी में नहीं गिना जाता है। उदाहरणस्वरूप भारतवर्ष में किसी का कत्ल कर देना अपराध है लेकिन एस्कीमो जनजाति (Eskimo Tribe) में अपने बूढ़े माता-पिता का कत्ल कर देना अपराध नहीं माना जाता है बल्कि इसे सन्तान का एक आवश्यक कर्त्तव्य समझा जाता है। इस बात की चर्चा आर.ई.एल. फेरिस (R.E.L. Faris) ने अपनी पुस्तक 'Social Disorganization' में की है। इसी तरह बलात्कार हमारे देश में एक गंभीर अपराध है जबकि अनेक देशों में इसे एक छोटी-सी भूल के रूप में स्वीकार किया जाता है। शराब पीना कहीं अपराध समझा जाता है तो कहीं इसे अपराध नहीं समझा जाता है। इसी तरह एक ही समाज में एक समय में जो व्यवहार अपराध की परिधि के बाहर रहता है, दूसरे समय अपराध के क्षेत्र में शामिल हो जाता है। उदाहरणार्थ भारतवर्ष में सती-प्रथा 1829 ई. के पहले एक रूढ़ि थी एवं 1829 के बाद यह अपराध की सीमा में आ गई। हिन्दुओं के लिए 'Hindu Marriage and

Divorce Act' 1955 ई. के पास होने के बाद एक से ज्यादा स्त्रियों से विवाह करना कानूनन अपराध हो गया जबकि इससे पहले ऐसा करना अपराध नहीं समझा जाता था। दूसरे की स्वीकृति के बिना किसी की सम्पत्ति लेना अपराध समझा जाता है, किन्तु प्रत्येक परिस्थिति में नहीं। उदाहरणार्थ कस्टम अधिकारी (Custom Officer) द्वारा स्मगलिंग के माल को जब्त कर लेना अपराध नहीं समझा जाता है। किसी भी स्त्री के साथ बिना उसकी स्वीकृति के यौन संबंध स्थापित कर लेना अपराध समझा जाता है किन्तु प्रत्येक परिस्थिति और प्रत्येक स्थान पर नहीं। उदाहरणस्वरूप आस्ट्रेलिया की जनजातियों में यौन संबंधी नियमों का उल्लंघन करने पर दण्डस्वरूप उसी स्त्री पर यौन आक्रमण करना अपराध नहीं समझा जाता है।

उपरोक्त बातों से ज्ञात होता है कि अपराध एक सार्वभौमिक घटना है लेकिन प्रत्येक जगहों पर इसका स्वरूप भिन्न-भिन्न होता है। दूसरे शब्दों में अपराध की व्याख्या देश, काल और परिस्थितियों के अनुसार होती है, समाज में हमेशा गतिशीलता रहती है जिसके फलस्वरूप समाज के मूल्यों, प्रथाओं और परम्पराओं में हमेशा परिवर्तन होता रहता है। परिणामतः अपराध की व्याख्या भी बदलती रहती है। सामाजिक तौर पर अपराध को निर्धारित करने वाले आदर्शों एवं मूल्यों में ही जब परिवर्तन होता रहेगा तो यह स्वाभाविक है कि अपराध का स्वरूप ही बदलता रहेगा। साथ ही कानून का स्वरूप भी हमेश बदलता रहता है। इसलिए अपराधी व्यवहारों की सूची प्रस्तुत करना सम्भव नहीं प्रतीत होता है।

विभिन्न विद्वानों ने अपने-अपने अनुसार अपराध को परिभाषित किया है। दूसरे शब्दों में यह कहा जा सकता है कि अपराध को किसी एक आधार पर परिभाषित नहीं किया जा सकता है। मुख्य रूप से अपराध की परिभाषाएँ पाँच अवधारणाओं के आधार पर विद्वानों ने प्रस्तुत की हैं। ये अवधारणाएँ निम्नांकित हैं–

(i) प्रेतविद्या संबंधी अवधारणा,
(ii) विधिशास्त्रीय अवधारणा,
(iii) समाजशास्त्रीय अवधारणा,
(iv) सामाजिक एवं विधिशास्त्रीय अवधारणा, तथा
(v) मनोवैज्ञानिक अवधारणा।

अपराध की परिभाषा एवं अर्थ

अपराध की दो परिभाषाएँ हो सकती हैं–**कानूनी** तथा **गैरकानूनी** या **सामाजिक** परिभाषा। दण्ड-न्याय की परिभाषा कानूनी उपागम से समझी जा सकती

है चूँकि सरकारी आँकड़े अपराधों की कानूनी परिभाषा पर आधारित होते हैं। **हाल जिरोम** के अनुसार अपराध कानूनी तौर पर वर्जित सभी कार्य हैं जिनका सामाजिक हितों पर हानिकारक प्रभाव पड़ता है, जिसका उद्देश्य आपराधिक है और जिसके लिए कानूनी तौर से दण्ड निश्चित है। एक कृत्य तब तक अपराध नहीं माना जा सकता जब तक उसमें ये पाँच विशेषताएँ न हों—(2) कानून द्वारा वह वर्जित हो, (1) उसका कोई अभिप्राय हो, (5) वह समाज के लिए हानिकारक हो, (4) उसका आपराधिक उद्देश्य हो और (3) उसके लिए कोई दण्ड निर्धारित हो।

अपराध गैरकानूनी और सामाजिक शब्दों में की प्रचलित परिभाषा है—*"मानवीय समूहों को व्यवहार के आदर्श नियमाचारों का उल्लंघन अपराध है।"* अपराध सामाजिक कार्य हैं जो समाज में प्रचलित मानदण्डों की दृष्टि में समाज के कल्याण के लिए हानिकारक हैं और उनके सम्बन्ध में कार्यवाही संगठित समाज द्वारा परीक्षित प्रक्रियाओं (tested procedures) के द्वारा की जानी चाहिए। अपराध की कानूनी और सामाजिक परिभाषाओं के मध्य सामंजस्य बिठाते हुए विद्वानों ने कहा कि कानूनी परिभाषा "अपराधी" का लेबिल (lable) देने के लिए प्रयोग की जा सकती है। किन्तु इस वर्ग में ऐसे व्यक्तियों को भी सम्मिलित करना चाहिए जो अपराध को स्वीकारते हैं पर न्यायालय से दोषी परमाणित नहीं हुए।

इस प्रकार, हमने देखा कि अपराध की सामाजिक परिभाषा अपराध के स्त्रोत के लिए समाज के स्वरूप पर दृष्टि डालती है न कि व्यक्ति (अपराधी) के जैविकीय या मनोवैज्ञानिक स्वरूप पर। इस सम्बन्ध में, प्रसिद्ध समाजशास्त्री **रॉबर्ट के. मर्टन** ने अपनी पुस्तक *'Social Theory and Social Structure'* में लिखा है कि सामाजिक संरचना व विसंगति में परस्पर घनिष्ठ सम्बन्ध है। उसी प्रकार सामाजिक निर्माण और विचलित व्यवहार भी एक-दूसरे से सम्बन्धित हैं। दूसरे शब्दों में, सामाजिक विचलन सामाजिक निर्माण के कारण होता है न कि विघटित व्यक्तित्व के कारण।

वर्तमान में राज्य के नियमों का उल्लंधन अपराध कहलाता है जबकि प्राचीन समय में ईश्वरीय व्यवस्था का उल्लंघन अपराध कहलाता था। समाजशास्त्र की नजर से, वह सभी कार्य, जो सामाजिक व्यवस्था के खिलाफ होते हैं, अपराध की श्रेणी में रखे जा सकते हैं। जैसा कि इस सम्बन्ध में **मैनहिक** ने कहा है, *"अपराध कानून से ही सम्बन्धित नहीं होते।"* अपराध की धारणा सभी समस्याओं में एक सी नहीं होती। किसी एक देश या समाज में जो कार्य अपराध माने जाते हैं, हो सकता है कि वह दूसरे देश या समाज में सिर्फ त्रुटि माने जाते हों। जैसे, सार्वजनिक स्थानों

पर शराब पीना भारतीय समाज में एक अपराध है, किन्तु अमेरिका में इसे अपराध नहीं माना जाता है। इस प्रकार अपराध की परिभाषा सभी समाजों में तथा सभी कालों में एक-सी नहीं होती। समाजशास्त्रीय दृष्टिकोण से, सामाजिक आदर्शों एवं नियमों के खिलाफ कार्य करना अपराध कहलाता है और ऐसा काम करने वाले व्यक्ति को अपराधी के नाम से पुकारते हैं।

आपराधिक व्यवहार की व्याख्या

अपराध एक सार्वभौमिक समस्या है जो प्रत्येक समाज में मौजूद रहता है। अपराध का सम्बन्ध मानव-व्यवहारों से है, परन्तु सभी मानव-व्यवहार अपराध की सीमा में नहीं आते हैं। अपराध की प्रकृति इतनी ज्यादा जटिल है कि आपराधिक व्यवहार की कोई एक सर्वमान्य परिभाषा नहीं की जा सकती है। इसलिए, अन्य कई सामाजिक घटनाओं की तरह आपराधिक व्यवहार की व्याख्या भी विभिन्न समाजशास्त्रियों ने अलग-अलग रूपों में की है। यहां अपराध के चार कारणों की विस्तृत व्याख्या की जा रही है।

अपराध के समाजशास्त्रीय कारक

इस सिद्धान्त की स्थापना किसी विशिष्ट समय पर नहीं हुई चूँकि सभी सिद्धान्तों में समाजशास्त्रीय मान्यता का प्रयोग कम अथवा अधिक मात्रा में किया जाता है। इस सम्प्रदाय की केन्द्रीय धारणा यह है कि अपराध उन्हीं प्रक्रियाओं की देन है, जिनसे समाज में दूसरे प्रकार के व्यवहार प्रभावित होते हैं। कुछ समाजशास्त्री यह मानते हैं कि सामाजिक संगठन कम से कम होने के कारण अपराध होता है। समाज में कुछ असहयोगात्मक प्रक्रियाएँ (जैसे संघर्ष, प्रतिस्पर्द्धा आदि) सदैव चलती रहती हैं जो अपराधी व्यवहार करने के लिए प्रेरित करती हैं। इस सम्बन्ध में **सदरलैण्ड** का नाम मुख्य रूप से लिया जाता है। इसके अनुसार संगति (Association) अपराध का कारक है यानी अपराध जन्मजात न होकर बुरी संगति में सीखे जाते हैं। इनके अनुसार व्यक्तिगत मित्रता, निष्क्रिय समूहों की सदस्यता तथा अन्तक्रियात्मक समूहों की संगति सामान्य व असामान्य व्यवहार को प्रोत्साहित करती है। इन्होंने सामाजिक संगठन की प्रकृति को भी अपराध से जोड़ने की कोशिश की है। **टैफ्ट** के अनुसार भी अपराध सामाजिक विघटन से सम्बन्धित है। **टैफ्ट** के अनुसार अपराध सांस्कृतिक संगठन की प्रकृति पर आधारित होता है तथा इन्होंने संस्कृति के आधार पर बलात्कार जैसे अपराधों को समझने पर जोर दिया है। **ऑगबर्न** ने अपराध का

मुख्य कारक सामाजिक बदलाव बताया है। सांस्कृतिक विडम्बना संक्रमण की स्थिति पैदा कर देती है जिससे अपराधी प्रवृत्तियों को प्रोत्साहन मिलता है। इस प्रकार समाज में होने वाले परिवर्तन अपराध की दर को प्रभावित करते हैं।

दुर्खीम के विचार–दुर्खीम ने सबसे पहले 'विसंगति' (Anomie) की अवधारणा को अपनी कृति *'The Division of Labour in Society'* (1813) में विशेषकर उस स्थान पर विकसित किया है, जहाँ कि उन्होंने श्रम-विभाजन के सामान्य तथा व्याभिकीय (Pathological) परिणामों का वर्णन किया है। **दुर्खीम** के अनुसार मनुष्य की असंख्य मानसिक, शारीरिक, आर्थिक, राजनीति, सामाजिक, सांस्कृतिक आदि आवश्यकताएँ होती हैं और हरेक व्यक्ति इन जरूरतों की अधिकतम पूर्ति चाहता है। मगर समाज-व्यवस्था व संगठन को बनाए रखने के लिए उन्हें मनमाने तरीके से कार्य करने की अनुमति समाज नहीं देता। बल्कि उन पर सामूहिक नियमों या आज्ञाओं के द्वारा सामूहिक नियन्त्रण का प्रबन्ध करता है।

दुर्खीम का सोचना है कि एक बार जब समाज में विसंगति की अवस्था पैदा हो जाती है तो फिर वह छूत की बीमारी की तरह फैलती जाती है और सम्पूर्ण समाज में मूल्यविहीनता व आदर्श विहीनता की स्थिति बन जाती है। **विसंगति या वैयक्तिक विचलन** की स्थिति में प्रत्येक व्यक्ति अपने मनमाने ढंग से अपनी आवश्यकताओं की अधिकतम पूर्ति करने में जुट जाता है। ऐसा करते हुए न तो वह समाज की परवाह करता है, न लोक-लाज या निन्दा की और न ही सामाजिक आदर्शों की। वह सामाजिक स्वरूप को विध्वंस करके सामाजिक विचलन की स्थिति पैदा कर देता है।

मार्टन ने भी **दुर्खीम** के विचारों का समर्थन किया है। **मार्टन** के अनुसार सामाजिक तथा सांस्कृतिक संरचनाओं के विविध तत्वों में दो तत्व विशेष रूप से महत्त्वपूर्ण हैं–**पहला,** सांस्कृतिक लक्ष्य और **दूसरा,** संस्थागत आदर्श नियम। ये सांस्कृतिक लक्ष्य सामान्य मानवीय भावनाओं तथा प्रवृत्तियों का प्रतिनिधित्व करते हैं।

अपराध के जैविक कारक

अपराध के लिए विभिन्न जैविक कारक उत्तरदायी होते हैं जो जन्म या शरीर से संबंधित होते हैं। अपराध में अग्रलिखित जैविक कारक सहायक बताए गए हैं–

(1) शारीरिक दोष–शारीरिक दोषों को कुछ विद्वान् अपराध का कारक मानते है। जैसे, **लोम्ब्रोसो** के कथनानुसार अपराधियों में जन्म से ही विशिष्ट प्रकार के शारीरिक लक्षण पाए जाते हैं, एक अपराधी की कई शारीरिक असामान्यताएँ होती

हैं। इसलिए वह कई विशेषताओं और क्षत चिन्हों से पहचाना जा सकता है, जैसे—असममित चेहरा, बड़े कान, बहुत अधिक लम्बी बाँहें, पिचकी हुई नाक, पीछे की ओर झुका हुआ ललाट, गुच्छेदार और कुंचित बाल आदि। परन्तु **गोरिग** ने इसका खण्डन करते हुए इस बात पर अधिक बल दिया कि अपराधी शारीरिक दृष्टि से सामान्य व्यक्तियों के समान होता है। इसके होते हुए भी **गोरिग** ने यह बताया कि अंग्रेज अपराधी सामान्य जनता से कम वजन के छोटे होते हैं। **स्लेस्टर** के अनुसार भी अपराधियों की लम्बाई विश्वविद्यालय के विद्यार्थियों से 2 इंच कम थी। **हट्टन** ने भी इसी प्रकार के विचार व्यक्त किए हैं।

(2) प्रजाति तथा जन्म-स्थान—प्रजाति तथा जन्म-स्थान भी अपराध के कारक बताए गए हैं। भारत में पहले बहुत सी ऐसी अपराधी जातियाँ पाई जाती थीं जिनमें अपराध का परिवार द्वारा प्रशिक्षण दिया जाता था और अपराध करना गौरव का सूचक था। कुछ प्रजातियों को भी अधिक अपराध करने में जोड़ा गया है। उदाहरणार्थ, नीग्रो, श्वेतो की अपेक्षा अधिक अपराध करते हैं। लेकिन यह कारक पक्षपातयुक्त भी हो सकता है, क्योंकि ऐसे दृष्टिकोण दृष्टि से खरे नहीं उतरते हैं।

(3) वंशानुक्रमण—कुछ अपराधशास्त्रियों जैसे **लोम्ब्रोसो गैरोफैलो, फैरी** आदि का विचार था कि अपराधी जन्म से ही अपराधिक प्रवृत्ति लेकर आता है। वंशानुक्रमण के द्वारा व्यक्ति में जन्म से ही अपराधी-प्रवृत्ति आ जाती है और वह अपराधी बन बैठता है। इसे **'जन्मजात अपराधी'** सिद्धान्त भी कहा जाता है। परन्तु इसे आज स्वीकार नहीं किया जाता है।

(4) आयु अपराध शास्त्रियों के अनुसार अक्सर युवावस्था में अपराध ज्यादा किए जाते हैं। **इलियट** तथा **मैडिल** ने इस सन्दर्भ में कहा है कि अपराध सम्बन्धी आंकड़ों का विश्लेषण करने से पता चलता है कि इन अपराधियों में अधिक संख्या युवा वर्ग की होती है, जो कि ज्यादातर मानसिक संघर्ष का शिकार होते हैं। अन्वेषणों से यह भी पता चलता है कि कम गम्भीर अपराध 17 से 24 साल की उम्र तक तीव्र गति से किए जाते हैं तथा गम्भीर अपराध 20 से 26 साल की उम्र में। इस आयु में व्यक्ति शारीरिक रूप से सक्षम तथा साहसी होता है। यौन सम्बन्धी अपराध अधिकतर प्रौढ़ अवस्था में किए जाते हैं। भारतीय आँकड़ों के अनुसार पता चलता है कि भारत में 61.8 प्रतिशत अपराधी 16 से 21 वर्ष की उम्र के हैं।

(5) लिंग—ज्यादातर पुरुष ही अपराध करते हैं। इसका कारण यह है कि पुरुष का स्वभाव आक्रमणशील होता है। लड़कियों का हरेक व्यवहार माताओं द्वारा निर्देशित होता रहता है। इसी से लड़कियाँ अधिकतर नियन्त्रित रहती हैं तथा वे

लड़कियाँ, जो नियन्त्रण से भाग निकलती हैं, अवैध रूप से गर्भवती हो जाती हैं। परन्तु **पौलॉक** ने बताया है कि, "स्त्रियों का एक बड़ा वर्ग बलात् धन प्राप्त करने, भ्रूणहत्या, ब्लैकमेल तथा उठाईगिरी यदि आपराधिक कार्यों को करता है, जो कि समाज की दृष्टि से ओझल है।"

अपराध के मनोवैज्ञानिक कारक

अपराध के अनेक मनोवैज्ञानिक कारक व्यक्ति की मनोदशा से सम्बन्धित होते हैं। अपराध के निम्नलिखित मनोवैज्ञानिक कारक बताए गए हैं–

(1) संवेगात्मक अस्थिरता और संघर्ष–मनोवैज्ञानिकों के अनुसार तनाव का अन्त अर्थात् निवारण अपराध ही होता है। इससे साबित होता है कि अपराधियों में जब संवेगात्मक संघर्ष होता है, तो वह हीनता की भावनाओं को हिंसात्मक कार्यों के द्वारा सन्तुष्ट करके खुद को शक्तिशाली तथा वीर समझते हैं। **डब्ल्यू.ए. ह्वाइट** ने संवेग को तीन भागों में बाँटा है–प्रेम, घृणा तथा अपराध। एक असफल प्रेमी आत्महत्या करना उचित समझता है। **बर्ट** के अध्ययन में 47.10 प्रतिशत व्यक्ति संवेगात्मक अस्थिरता वाले एवं **हीले** एवं **बोनर** के अध्ययन में 91 प्रतिशत व्यक्ति संवेगात्मक अस्थिरता से ग्रस्त पाए गए। इससे यह पता चलता है कि मनुष्य जब अपनी इच्छओं को पूरा नहीं कर पाता है तो वह संवेगात्मक अस्थिरता का शिकार हो जाता है जिसके कारण वह अपराध करने लगता है।

(2) चरित्रहीनता–कुछ व्यक्तियों का चरित्र बहुत ही दूषित होता है। इनकी दृष्टि में सामाजिक आदर्श तथा मान्यताओं का महत्व नहीं होता। इस हेतु ऐसे चरित्रहीन व्यक्ति अपराध करने लगते हैं।

(3) मानसिक कमी–अपराधशास्त्री **गोडार्ड** का मानना है कि मानसिक दुर्बलता अपराध का एकमात्र कारक है। दुर्बल मस्तिष्क का व्यक्ति अपने द्वारा किए गए कार्यों के परिणाम के बारे में सोच सकता है और गलत कार्यों को करने के लिए सरलता से प्रेरित हो जाता है। परन्तु **एडलर** के अनुसार ज्यादातर अपराधी बौद्धिक स्तर में सामान्य व्यक्ति के समान होते हैं। केवल वेश्याएँ तथा यौन सम्बन्धी अपराधी के बुद्धि-स्तर कम होते हैं।

(4) मानसिक रोग–व्यक्ति का बर्ताव कुछ मानसिक रोगों के कारण असामान्य हो जाता है। उदाहरणार्थ–साइक्रोसिस, न्यूरोसिस, इपिलेप्सी तथा मेंटल रिटारडेशन। सामान्यतः कारागारों के अन्दर मानसिक रोगों से पीड़ितों की संख्या अधिक पाई जाती है। इस कारण इसको अपराध के मुख्य कारकों में से एक माना

जाने लगा है। परन्तु इसका एक कारक कारागारों की खराब हालत भी हो सकती है, क्योंकि मानसिक रोग के विषय में जितने अध्ययन किए गए हैं वे सब कारागारों के अन्दर ही के हैं। इसलिए इस कारक को इतना महत्ता नहीं देना चाहिए।

अपराध के आर्थिक कारक

अपराध के प्रमुख आर्थिक कारक निम्नलिखित हैं–

(1) आर्थिक स्थिति–मावरर के अनुसार यह धारणा बार-बार व्यक्त की गई है कि आर्थिक दशा अपराध के लिए मुख्य भूमिका बनती है। यह निष्कर्ष कुछ अंशों तक इसलिए मान्य है कि अपराध के मुख्यतः अपहरण अथवा सम्पत्ति अपहरण का प्रयास पाया जाता है। अपराध मुख्यतः आर्थिक दशा की देन हैं। नर हत्या व्यक्ति के विरुद्ध अपराध समझी जाती है, परन्तु यह सम्पत्ति सम्बन्धी झागड़ों के कारण भी हो सकती है। वेश्यावृत्ति सामाजिक आदर्श के विरुद्ध अपराध समझी जाती है, परन्तु स्त्री के दृष्टिकोण से यह आर्थिक मजबूरी हो सकती है। बेकारी, स्त्रियों का नौकरी करना, व्यापार की गिरावट, व्यापार चक्र, बच्चे का नौकरी करना, निर्धनता, व्यापारिक मनोरंजन, आर्थिक दुरुपयोगिता, वेश्यागमन, जुआ तथा मद्यपान आदि आर्थिक दशाएँ अपराध को प्रेरित करती हैं। गम्भीर अपराध भी आर्थिक दशाओं की देन कहा जा सकता है।

वैन-कैन–के अनुसार सम्पत्ति के विरुद्ध अपराधों का अधिकतर अप्रत्यक्ष कारक खराब आर्थिक दशा होती है। प्रत्यक्ष कारक अत्यन्त आवश्यकता और घोर दरिद्रता है। भौतिक समृद्धि साधारणतः महत्त्वपूर्ण मूल प्रवृत्तियों को भड़काती है, मद्य सेवन को बढ़ाती है और इसलिए नैतिकता के विरुद्ध अपराधों को बढ़ाती है। इसी विचारधारा का समर्थन **डी. थॉमस** ने भी किया है तथा यह बताया है कि मकान तथा दुकान तोड़कर चोरी करना, सेंध, डकैती लगाना आदि अपराध आर्थिक गिरावट के समय ज्यादा पाए जाते हैं और समृद्धिकाल में यौन सम्बन्धी अपराध ज्यादा पाए जाते हैं।

(2) व्यापारिक स्थिति–व्यापार की गिरावट के कारण रोजगार में कमी पड़ जाती है, माल का विकास रुक जाता है, पैसे की कमी पड़ जाती है और इससे समाज में भ्रष्टाचार और अपराध बढ़ने लगते हैं।

(3) कम मजदूरी और बेरोजगारी–जब मजदूरी बहुत मिलती है तथा रोजगार भी अच्छी तरह से मिलता है, तो व्यक्तियों में सम्पत्ति सम्बन्धी अपराध बहुत कम पाए जाते हैं। ऐसी स्थिति में सिर्फ बलात्कार जैसे अपराध पाए जाते हैं। इसके

प्रतिकूल, जब समाज में बेरोजगारी अधिक होती है और मजदूरी कम होती है तो समाज में अधिक अपराध होते हैं।

(4) औद्योगीकरण तथा नगरीकरण—समाज में आपराधिक प्रवृत्ति को जन्म देने में इसका भी योगदान है। औद्योगीकरण तथा नगरीकरण वर्तमान में ऐसी व्यवस्था है जो पारिवारिक नियन्त्रण को शिथिल कर देती है, जिसके कारण व्यक्ति अपराध करने लगता है। इसकी वजह यह है कि ऐसे क्षेत्रों में अपरिचित लोग अधिक होते हैं और उनको अपराध में लिप्त होने से रोकने वाला कोई नहीं होता है। औद्योगीकरण तथा नगरीकरण के कारण गन्दी बस्तियों का विकास होता है जिससे अपराध करने की प्रवृत्ति को बढ़ावा मिलता है। इनके कारण प्रतिस्पर्द्धा को काफी ज्यादा बढ़ावा मिलता है और मनुष्य धन प्राप्त करने के लिए अवैधानिक ढंग का उपयोग करने लगता है।

(5) व्यावसायिक मनोरंजन—वर्तमान समय में क्लब, रेस्त्रां, सिनेमा, रेडियो, टेलीविजन तथा होटल इत्यादि मनोरंजन के व्यावसायिक माध्यम हैं। इनमें मनोरंजन उद्धृत करने वाले अपने लाभ की दृष्टि से प्रोग्राम अथवा फिल्म का निर्माण करते हैं जिसका कुप्रभाव मासूम बालकों पर पड़ता है। कई बाल युवा अपराधी पकड़े जाने पर बताते हैं कि उन्होंने अपराध की प्रेरणा और तरीका अमुक फिल्म से सीखा है। रेडियो ही विशेषतौर पर सस्ते फिल्मी गानों का प्रसारण करता है। क्लब जुए के अड्डे हैं और रेस्त्रां के 'नग्न और कुत्सित नृत्य' कैबरे के केन्द्र बने हैं। ये सभी आपराधिक प्रवृत्ति को बढ़ावा देते हैं।

(6) गरीबी—गरीबी के कारण भी समाज में अपराध का जन्म होता है। जब व्यक्ति अपने जिम्मेदारी को सामान्य रूप से निभाने में विफल हो जाता है तो अपराध कर बैठता है। जब व्यक्ति गरीबी से घिरा होता है तो वह अपनी सभी नैतिक मान्यताओं को खत्म कर देता है और अपने परिवार का जीवन चलाने के लिए अपराध करने लगता है।

भारत में अपराध

अपराध सार्वभौमिक है जो समाज के प्रतिकूल कार्य है। यह एक गम्भीर सामाजिक समस्या है जो कि सामाजिक विचलन द्वारा उत्पन्न होती है। अपराध सभी समाजों और युगों में होते आए हैं। हाँ, इनके स्वरूप और मात्रा में कुछ अन्तर या भिन्नता अवश्य हो सकती है। भारत में भी अपराध व्याप्त है। आंकड़े इसके प्रत्यक्ष प्रमाण हैं—

क्राइम इन इण्डिया, 1998 के अनुसार वर्ष 1995-98 के दौरान भारत में औसतन प्रतिवर्ष हुए कुल अपराधों में से भारतीय दण्ड संहिता के अन्तर्गत लगभग 17.26 लाख संज्ञेय अपराध होते हैं जिनमें चोरी, सेंध लगाकर चोरी, लूटमार, डकैती, हत्या, दंगा, अपहरण, धोखाधड़ी, विश्वास भंग आदि शामिल हैं। इसी प्रकार लगभग 44.94 लाख अपराध स्थानीय और विशेष कानूनों के तहत होते हैं, जैसे–मोटर व्हीकल एक्ट, प्रोहिबिशन एक्ट, गैम्बलिंग एक्ट, एक्साइज एक्ट, आर्म्ज एक्ट, सप्रेशन ऑफ इम्मौरल ट्रेफिक एक्ट, ओपियम एक्ट, रेलवे एक्ट, एक्सप्लोसिव सब्सटैन्सेज एक्ट आदि। इस अर्थ में भारत में अपराध की दर अधिक ऊँची नहीं है। औद्योगिक समाजों में अमेरिका अपराध के क्षेत्र में सबसे ऊपर है, वहाँ एक वर्ष में पूरी जनसंख्या के अनुपात में 4 से 5 प्रतिशत अपराध होते हैं। हमारे देश में प्रति एक लाख जनसंख्या में संज्ञेय अपराध की दर लगभग 180 है। कुल संज्ञेय अपराधों में से लगभग 38 प्रतिशत चार हिन्दी भाषी उत्तरी राज्यों, जैसे–उत्तर प्रदेश, मध्य प्रदेश, बिहार और राजस्थान में होते हैं और लगभग 27 प्रतिशत चार दक्षिणी राज्यों, जैसे–तमिलनाडु, कर्नाटक, आन्ध्र प्रदेश और केरल में होते हैं।

कुल संज्ञेय अपराधों में से लगभग 23 प्रतिशत आर्थिक अपराध, 16.2 प्रतिशत चोरी, 6.7 प्रतिशत सेंध लगाकर चोरी (Burglary), 1.3 प्रतिशत लूटमार, 0.5 प्रतिशत डकैती जैसे अपराधों से सम्बन्धित हैं। इसकी तुलना में 77 प्रतिशत अपराध तो सम्पत्ति पर आधारित अपराध होते हैं और 23 प्रतिशत अपराध व्यक्तिगत अपराधों की श्रेणी में आते हैं। भारत में संज्ञेय अपराध की दर महिलाओं की अपेक्षा पुरुषों में बहुत अधिक है। सौ अपराधियों में से 95 पुरुष हैं और 5 महिलाएँ। शहरी अपराधियों का अनुपात ग्रामीण अपराधियों की तुलना में बहुत कम है। अपराध की दर निम्नतम सामाजिक आर्थिक समूहों में सबसे अधिक है। आयु समूह के आधार पर संज्ञेय अपराध की दर 16 वर्ष से कम आयु में समूह में 0.2 प्रतिशत, 16-18 वर्ष की आयु समूह में 1.2 प्रतिशत, 18-30 वर्ष के आयु समूह में सबसे अधिक 51.2 प्रतिशत, 30-50 वर्ष के आयु समूह में सबसे अधिक 41.4 प्रतिशत और 50 से अधिक के आयु के समूह में 6 प्रतिशत। *(क्राइम इन इण्डिया, 1998)*

अपराध के मामले में देश की राजधानी दिल्ली नम्बर एक पर है। 1 जनवरी, 2002 से 31 जुलाई, 2002 की अवधि के दौरान दिल्ली में हुए अपराध की डायरी लोकसभा में प्रस्तुत करते हुए तत्कालीन गृहराज्य मन्त्री ने बताया था कि इन छह महीनों में राष्ट्रीय राजधानी दिल्ली में 23,312 आपराधिक मामले दर्ज किए गए। चारों प्रमुख महानगरों में आपराधिक मामलों में दिल्ली सबसे आगे है। इन मामलों में

दुष्कर्म, डकैती, हत्या, दंगे और फिरौती के लिए अपहरण के मामले शामिल हैं। गृह राज्यमंत्री के अनुसार इससे पिछले वर्ष भी दिल्ली भारतीय दण्ड संहिता के तहत दर्ज कुल 4,746 मामलों के साथ अपराध में सबसे आगे थी। जबकि 2351 मामलों के साथ मुम्बई दूसरे, 999 मामलों के साथ कोलकाता तीसरे तथा 520 मामलों के साथ चेन्नई चौथे नम्बर पर थी।

19

बेकारी की समस्याएं

प्राचीन समय से ही बेरोजगारी विकट समस्या के रूप में विद्यमान है और भारत भी इस समस्या से पीड़ित है। अर्थशास्त्र में बेरोजगारी दूर करने के लिए विभिन्न तरह के कार्यक्रमों की सूची प्राप्त होती है। शहर और ग्रामीण इलाके के लोगों को किस प्रकार के कार्य दिए जाएं इसका विश्लेषण कौटिल्य ने 'अर्थशास्त्र' में किया है। उस युग में बेरोजगारी की समस्या को व्यक्तिपरक समस्या के रूप में लिया जाता था। वर्तमान समय में युवाओं के सामने सबसे बड़ी समस्या बेरोजगारी है।

ग्रामीण बेरोजगारी

भारत की कुल जनसंख्या का 75 प्रतिशत लोग गांवों में रहते हैं जिसका प्रत्यक्ष और अप्रत्यक्ष संबंध कृषि-व्यवसाय से है। इस भू-भाग के ज्यादातर व्यक्ति भूमिहीन श्रमिक हैं जो वर्ष के कुछ माह खेतों पर कार्य करते हैं। शेष महीनों में वह बेरोजगार रहता है। आधुनिक युग में इस क्षेत्र के कुटीर उद्योग खत्म हो गये हैं। ये उद्योग ग्रामीण-क्षेत्रों के व्यक्तियों के लिए अतिरिक्त आय के साधन थे जो समाप्त हो गये हैं। इस आधार पर हम यह कह सकते हैं कि ग्रामीण-क्षेत्रों में बेरोजगारों की समस्या में लगातार वृद्धि हो रही है।

ग्रामीण-बेरोजगारी का अनुमान भगवती समिति की रिपोर्ट से लगाया जा सकता है। इस रिपोर्ट के अनुसार 1971 में 187 लाख व्यक्ति बेरोजगार थे। इनमें

से 161 लाख व्यक्ति ग्रामीण क्षेत्रों संबंधित थे। रामकृष्ण के अनुसार 1971 में बेरोजगारी (पूर्ण तथा अर्ध-बेरोजगारी) 215 लाख थी जिसमें से 193 लाख व्यक्ति ग्रामीण-क्षेत्रों के और 22 लाख व्यक्ति शहरी क्षेत्र से थे। आज यह अंदाजा लगाया जाता है कि बेरोजगारों की संख्या 437 लाख और रोजगार पाने वालों की संख्या 106 लाख है। रोजगार दफ्तर के आंकड़ों से यह प्रतीत होता है कि 1971 में इनके दफ्तरों में 57 लाख बेरोजगार पंजीकृत थे। 1980 तक आते-आते यह संख्या 1 करोड़ 62 लाख हो गई। यहाँ पर यह भी ध्यान रखने की बात है कि ग्रामीण क्षेत्रों में मुख्यतः दो प्रकार की बेरोजगारी देखने को मिलती है—मौसमी बेरोजगारी (Seasonal unemployment) और छिपी हुई। विद्वानों का विचार है कि भारतीय कृषक वर्ष भर में कम से कम 4-5 माह अवश्य बेकार रहते हैं। राधा कमल मुखर्जी के अनुसार उत्तर-प्रदेश में सघन कृषि-क्षेत्रों में कृषक वर्ष भर में केवल 200 दिन कार्य करता है और शेष दिन बेरोजगार रहता है। डॉ. स्लेटर का भी यह विचार है कि दक्षिण-भारत में कृषकों को 200 दिन से ज्यादा कम नहीं प्राप्त हो पाता है।

भारत में ग्रामीण बेरोजगारी के निर्धारक तत्व

भारत के ग्रामीण क्षेत्रों में बेरोजगारी के लिए मुख्य रूप से निम्नांकित निर्धारक तत्व जिम्मेदार हैं—

1. जन्मभूमि से लगाव—ग्रामीण निवासी किसी भी कीमत पर गांव छोड़ना नहीं चाहते हैं। कृषि से कुछ उत्पन्न हो या न हो, उसे गाँव में कोई काम मिले अथवा न मिले, वह अपनी जन्म-भूमि को छोड़ना नहीं चाहता। इससे ग्रामीण क्षेत्रों में बेरोजगारी की समस्या में वृद्धि हुई है।

2. वैज्ञानिक कृषि का अभाव—वैज्ञानिक क्षेत्रों में सरकारी उदासीनता के कारण वैज्ञानिक पद्धति से खेती का विकास नहीं हो पाया। सिंचाई, बीज, खाद, आधुनिक उपकरण आदि कृषि के लिए आज की आवश्यकता हैं। ये केवल बड़े किसानों के पास उपलब्ध हैं। इसके बाद वाले खेतिहर समुदाय की प्रगति नहीं हो पायी है। खेती में पिछड़े होने के कारण गाँव में रोजगार के अवसरों का भी विकास नहीं हुआ है। अतः गाँव में बेरोजगारी एक गंभीर समस्या बन गयी है।

3. खेतों का विभाजन—परम्परात्मक संयुक्त परिवार, जो कृषि-व्यवसाय में लगा था वह अब वैयक्तिक विभाजन के कारण समाप्त होता जा रहा है। खेत अब परिवार के व्यक्तियों में टुकडों-टुकडों में विभक्त होते जा रहे हैं। इसलिए अब खेती से संबंधित काम में भी कमी आ गयी है। यह व्यक्तियों को अधिकाधिक बेरोजगार

बना रही है। छोटे-छोटे खेतों में अन्न भी कम होता है। खेत से जुड़े काम भी समाप्त हो रहे हैं।

4. दोषपूर्ण शिक्षा पद्धति-भारत की आधुनिक शिक्षा-पद्धति ग्रामीण युवकों को खेती से जोड़ने की तुलना में उन्हें उससे पृथक् कर रही है। शिक्षित ग्रामीण युवक कृषि का कार्य नहीं करना चाहता है। इसके साथ-ही-साथ उसे नगर में भी काम नही मिल पाता है। इससे भी ग्रामीण क्षेत्रों में बेरोजगारी बढ़ रही है। आवश्यकता है इन्हें कृषि-कार्य में प्रशिक्षण देने की जिससे ये गाँव में रहकर अपने ही खेतों पर रुचि लेकर काम कर सकें।

5. ग्रामीण कुटीर उद्योग धन्धों का पतन—इसके कारण वे कृषि श्रमिक भी बेकार हो गए जो अपने अतिरिक्त समय में इन कार्यों से कुछ अतिरेक आय कर लेते थे। गाँव में कुछ ऐसे भी परिवार थे जो संपूर्ण वर्ष इन्हीं उद्योगों के माध्यम से अपनी जीविका अर्जित करते थे। अब ये बेकार हो गए।

6. मशीनों का प्रयोग—कृषि व्यवसाय में मशीनों का प्रयोग प्रगतिशील और आधुनिक खेती का परिचायक है लेकिन इसका प्रयोग सोच-समझ कर न किया जाए तो यह असंख्य ग्रामीण-श्रमिकों को बेरोजगार बना देती है। इसी वजह से राष्ट्रपिता महात्मा गांधी अत्यधिक मशीनीकरण के खिलाफ थे। आवश्यकता है खेती और उद्योग के विकास की, जिससे ग्रामीणों को रोजगार के ज्यादा-से-ज्यादा अवसर प्राप्त हों न कि उसका यंत्रीकरण करने की जिससे गाँव में बेरोजगारी में निरन्तर वृद्धि हो।

7. जनसंख्या का कृषि पर दबाव—कृषि कार्य के लिए जितने श्रमिकों की जरूरत है उससे कहीं ज्यादा ग्रामीण-व्यक्ति उस पर निर्भर हैं। 70 प्रतिशत व्यक्ति मात्र कृषि पर निर्भर हैं। इससे कृषि व्यवसाय पर जनसंख्या का दबाव अधिक पड़ता है। इतनी बड़ी जनसंख्या की सामान्य जरूरतों की पूर्ति कृषि-समाज नहीं कर पाता है और न ही उन्हें किसी प्रकार की जीविका ही दे पाता है। इससे गाँव में निरंतर बेकारी की समस्या में वृद्धि हो रही है।

8. कृषि की मौसमी-प्रकृति—साधारणतया कृषि-कार्य से जुडे हुए व्यक्तियों के पास वर्ष में 100 दिन से ज्यादा कार्य नहीं होता है। फसल के बोने, काटने और खेतों की जुतायी व गुड़ाई के वक्त व्यक्ति के पास काम होता है, शेष दिन वे बेरोजगार रहते हैं।

9. मानसून पर निर्भरता—भारत में सिर्फ बाइस प्रतिशत भूमि के लिए ही सिंचाई साधन विद्यमान हैं, बाकी भूमि वृष्टि पर आश्रित है। इस देश में मानसून

और वर्षा के लिए कुछ भी निश्चित रूप से नहीं कहा जा सकता है। समय पर वर्षा न होने के कारण भूमिहीन श्रमिक बेरोजगार हो जाते हैं।

10. जनसंख्या में वृद्धि—भारत में जिस अनुपात में जनसंख्या में वृद्धि हो रही है उस अनुपात में रोजगार के अवसरों में वृद्धि नहीं हो रही है। इसलिए बेरोजगारी निरन्तर बढ़ रही है।

11. रोजगार के अवसरों का अभाव—सरकार की यह जिम्मेवारी है कि वह ग्रामीण अंचलों में अधिक-से-अधिक रोजगार के अवसर उत्पन्न करे जिससे वहाँ के व्यक्तियों को खेती के अलावा रोजगार प्राप्त हो सके।

ग्रामीण बेरोजगारी की समस्या-समाधान के उपाय

उपर्युक्त तथ्य ग्रामीण बेरोजगारी का एक भयानक चित्र हमारे सामने प्रस्तुत करते हैं जिसे निम्नलिखित उपायों के द्वारा दूर किया जा सकता है—

1. व्यर्थ में पड़ी बंजर, ऊसर भूमि अथवा ऐसी भूमि जिसे कोई व्यक्ति प्रयोग नहीं कर रहा है, ऐसी भूमि को भूमिहीन श्रमिकों के बीच वितरित किया जाए। इसके साथ-ही-साथ इन्हें कृषि संबंधी सभी प्रकार की सुविधाएँ दी जाएं जिससे इस भूमि को उपजाऊ बनाया जा सके और अधिक-से-अधिक व्यक्तियों को इन खेतों पर काम के लिए लगाया जा सके।

2. ग्रामीण क्षेत्रों में ऐसे रोजगार के अवसरों को विकसित करने की आवश्यकता है जिससे ग्रामीण व्यक्तियों को खाली वक्त में काम मिल सके। इस उद्देश्य की पूर्ति के लिए कुटीर-उद्योग-धन्धों को बड़े पैमाने पर विकसित किया जाना चाहिए।

3. कृषि संबंधी कार्यों में सुधार करने की जरूरत है—सामान्य और निर्धन किसान को सिंचाई, खाद, वैज्ञानिक उपकरणों की सुविधाओं आदि देने का प्रबंध किया जाए जिससे कृषि-व्यवसाय में विकास हो सके। किसानों को वर्ष में भिन्न-भिन्न प्रकार की फसल उगाने का प्रशिक्षण दिया जाए जिससे कृषि-व्यवसाय में काफी विकास हो सके। इस तरह की योजनाओं से गाँव भी समृद्ध होंगे और बेरोजगारी की समस्या में भी कमी आयेगी।

4. विकास योजनाओं को प्रभावी बनाया जाए। ग्रामीण क्षेत्रों में भिन्न-भिन्न प्रकार की विकास-योजनाएँ चल रही हैं। इसे इस रूप में संगठित करना चाहिए कि यह गाँव में रोजगार के नये आयामों को विकसित कर सके, यथा—लघु-उद्योग, सड़क-निर्माण आदि।

5. गाँव की बढ़ती हुई जनसंख्या पर नियंत्रण करने की जरूरत है। परिवार-नियोजन के कार्यक्रम को जन-जन में पहुँचाना होगा। ग्रामीणों को इसे मनोवैज्ञानिक तरीके से समझाना होगा।

6. जीवन सुरक्षा का प्रबंध किया जाए। ग्रामीण समाज में इस प्रकार के कार्य करने की जरूरत है जिससे वहाँ के व्यक्तियों में यह भावना उत्पन्न हो सके कि वे वहाँ सुरक्षित हैं। उनकी कम-से-कम जरूरतों की पूर्ति गाँव में रहकर भी सम्भव है। ये कार्य तभी सम्भव हैं जब वहाँ कृषि कार्य के अलावा अन्य तरह के रोजगार के अवसर प्राप्त होने लगे।

7. रोजगार के नये आकर्षण उत्पन्न किए जाएं। गाँव में ऐसे नये रोंजगार स्थापित किए जाएं जो वहाँ के व्यक्तियों को वर्ष भर काम दे सकें, जैसे बड़े स्तर पर खादी उद्योग-धन्धों को विकसित किया जाए। कम्बल, चिकन का काम, दरी और कालीन बनाने के प्रशिक्षण केन्द्र स्थापित किए जाएं। ग्रामीण व्यक्तियों को विकसित कार्यों का प्रशिक्षण भी दिया जाए और साथ में उन्हें रोजगार भी प्रदान किया जाए।

8. सहकारिता समितियों की स्थापना की जाए। इन समितियों का यह दायित्व है कि ये जरूरतमन्द व्यक्तियों को उनकी आवश्यकताओं के अनुसार सहायता करें। ये अपना कारोबार सुचारु रूप से कर सकें। नये कारोबार की स्थापना कर सकें। धनाभाव के कारण कोई भी कारोबाद बन्द न हो सके, इस पर भी ध्यान रखना आवश्यक है।

9. कृषि बाजारों का प्रबंध भी जरूरी है। सीधे व सरल ग्रामीण व्यक्ति को महाजन आसानी से ठग लेता है। इन महाजनों के जाल में किसान न फँसें इसके लिए आवश्यक है कि सरकार ऐसी मंडियों की स्थापना करे जहाँ उसकी फसल का उचित मूल्य प्राप्त हो सके। इससे जहाँ किसान की आर्थिक स्थिति में सुधार होगा कि वहीं उसे अधिक अन्न उपजाने की प्रेरणा भी प्राप्त होगी।

सरकार द्वारा किए गए उपाय

भूमिहीन श्रमिकों को बसाने के लिए सरकार ने प्रथम पंचवर्षीय योजना में दो करोड़ रुपया खर्च करने का निर्णय किया था। बाद के समय में यह राशि 1.5 करोड़ रु0 कर दी गयी। योजना में 75 लाख व्यक्तियों को रोजगार दिलाने का लक्ष्य रखा गया किन्तु 54 लाख व्यक्तियों को ही रोजगार प्राप्त हो सका। द्वितीय पंचवर्षीय योजना में 96 लाख व्यक्तियों को रोजगार दिलाने का उद्देश्य निर्धारित किया गया

जिसमें 80 लाख गैर कृषि-क्षेत्र में और 16 लाख कृषि क्षेत्र में था। इस योजना ने 65 लाख व्यक्तियों को रोजगार दिलाया। तृतीय पंचवर्षीय योजना में एक करोड़ तीस लाख लोगों को रोजगार मिला। चतुर्थ योजना में बेकारी तथा अर्ध बेकारी के समाधान हेतु 100 करोड़ की लागत से ग्रामीण-निर्माण कार्यक्रम शुरू किया गया। इस योजना में 1.9 करोड़ व्यक्तियों के लिए नये व्यवसाय उपलब्ध कराने की व्यवस्था की गई। पांचवीं-योजना में रोजगार बढ़ाने के लिए भू-संरक्षण, क्षेत्रीय विकास, पशुपालन, दुग्ध-व्यवसाय, सड़कें तथा लघु कृषक विकास जैसी विभिन्न योजनाओं का कार्यक्रम बनाया गया। छठी पंचवर्षीय योजना में लगभग तीन करोड़ व्यक्तियों को रोजगार मिला। सरकार ने ग्रामीण बेरोजगारी के निदान के लिए भिन्न-भिन्न प्रकार की योजनाओं को भी प्राथमिकता दी है यथा—ग्राम निर्माण प्रोग्राम, समन्वित खुश्क भूमि विकास, कृषि सेवा केन्द्र, महात्मा गांधी राष्ट्रीय ग्रामीण रोजगार गारन्टी कार्यक्रम।

20

भ्रष्टाचार

वर्तमान समय में भ्रष्टाचार एक विकट समस्या बन गई है जो काल की भाँति देश और समाज को खोखला कर रही है। प्रसिद्ध समाजशास्त्री मेकाईवर के अनुसार समाज सामाजिक बन्धनों का जाल है। इस कथन से साबित होता है कि समाज में सामाजिक सम्बन्धों की महत्वपूर्ण भूमिका होती है। सामाजिक सम्बन्ध समयानुसार परिवर्तित होता है। यह सम्बन्ध मनुष्य के आचरण को निर्धारित करता है। मानव समाज में विद्यमान आचार-विचार को दो भागों में बांट सकते हैं–

(i) शिष्टाचार तथा

(ii) भ्रष्टाचार।

शिष्टाचार उसे कहते हैं जिसमें आचार-व्यवहार शिष्ट एवं शालीन होता है जबकि भ्रष्टाचार इसके विपरीत होता है। भ्रष्ट का अर्थ निकृष्ट से समझा जाता है। आचार का तात्पर्य मानव-व्यवहार एवं उसके क्रिया-कलाप से समझा जाता है। सभी समाज अपने सदस्यों के लिए कुछ आचार-व्यवहार निर्धारित करता है। इन्हीं आचारों-व्यवहारों का उल्लंघन करना भ्रष्टाचार कहलाता है।

भारतीय परिदृश्य में भ्रष्टाचार

वर्तमान समय में भ्रष्टाचार एक विकट सामाजिक समस्या बन गया है। इसकी जड़ें गहरी हो चुकी हैं। जाहिर है कि कोई भी समस्या एक या दो दिनों में या कुछ समयों में इतनी गहरी पैठ नहीं बना सकता है। भ्रष्टाचार की समस्या भी धीरे-धीरे

इतनी गहरी पैठ बनाने में कामयाब हो सकी है। भारतवर्ष में बहुत-से अपराध ऐसे होते हैं जिनकी कोई रिपोर्ट नहीं रहती है। जिन अपराधों की रिपोर्ट होती है उनकी तो जाँच कर अपराधियों को पकड़ने का काम किया जाता है एवं उन्हें सजा दिलवाने का प्रयास होता है। लेकिन जिन अपराधों की रिपोर्ट नहीं होती एवं जिनका कोई लेखा-जोखा नहीं रहता है वैसे ही अपराध भ्रष्टाचार की श्रेणी में आते हैं। चूँकि इसे करने वाले समाज में उच्च स्थान प्राप्त किये रहते हैं एवं समर्थवान भी होते हैं इसलिए वे खुलकर अपने कार्यों को अंजाम देते हैं। इनके इसी मनमानेपूर्ण कार्यों के कारण अपराध एवं भ्रष्टाचार के क्षेत्र का विस्तार होता है। भ्रष्टाचार तथा संगठित अपराधों द्वारा बहुत-सी हानियाँ होती हैं। इससे सामुदायिक विघटन के साथ-साथ समुदाय के साधनों पर भी बुरा असार होता है। एक ओर बड़े-बड़े उद्योगपतियों से कम कर वसूला तथा दूसरी ओर बड़े-बड़े ठेकेदारों को आवश्यकता से अधिक धन दिया जाता है। जिसका प्रभाव समाज के आर्थिक दृष्टि से विपन्न वर्ग पर व्यापक रूप से पड़ता है। भ्रष्टाचार उत्कोच तथा अनाचारों के अभियोगों का पता लगाना अत्यंत मुश्किल कार्य होता है। भ्रष्टाचार निरोध समिति, 1964 ने यह उल्लेख किया है कि भ्रष्टाचार में वृद्धि द्वितीय विश्वयुद्ध के दौरान हुई और उससे भी अधिक वृद्धि स्वतंत्रता प्राप्ति के उपरांत हुई। 1939 से 1945 के मध्य हुए युद्ध प्रयासों ने अनेक साधनों द्वारा धन प्राप्त करने के अपूर्व अवसर प्रदान किए थे, जब सभी प्रकारों की आपूर्तियों एवं प्रसंविदाओं पर सैकड़ों-करोड़ों रुपये का वार्षिक व्यय हुआ करता था। अनेक विनियमों, नियंत्रणों, अनुज्ञप्तियों तथा अनुमति पत्रों के माध्यम से सरकार की आर्थिक क्रियाओं के प्रसार ने भी भ्रष्टाचार को और बढ़ने का सुअवसर प्रदान किया। उस समय भ्रष्ट राजनीतिज्ञों के लिए कोई संगठन नहीं था और कानून के द्वारा केवल सरकारी अधिकारियों पर ही नजर रखी जा सकती थी। इससे केवल सरकारी अधिकारियों में व्याप्त भ्रष्टाचारों का ही पता चल पाता था। भ्रष्ट राजनीतिज्ञों के भ्रष्टाचार का कोई पता नहीं चल पाता था। धीरे-धीरे भ्रष्टाचार के सभी मामलों का पता चलने लगा और भ्रष्टाचार से सम्बन्धित आँकड़ों में वृद्धि होने लगी। विभिन्न जाँच एजेंसियों के प्रसार के कारण भ्रष्टाचार के मामले प्रकाश में आने लगे और मीडिया ने भ्रष्टाचार के मामलों को उजागर करने में महत्त्वपूर्ण भूमिका निभाई है। आज उच्च स्तरीय भ्रष्टाचार का भी पता चल जाता है। भले ही इससे सम्बन्धित व्यक्तियों के विरुद्ध जो कार्यवाई की जाए। यह मीडिया एवं जाँच एजेंसियों का ही कमाल है जिससे बड़े-बड़े लोगों के भ्रष्टाचार के मामले प्रकाश में आये हैं। उदाहरण के लिए पूर्व केन्द्रीय मंत्री ए. राजा, सुरेश कलमाड़ी (कॉमनवेल्थ घोटाला), महाराष्ट्र

के पूर्व मुख्यमंत्री अशोक सिंह चौहान (आदर्श सोसाइटी हाउस स्कैम) एवं उच्च पदों पर आसीन व्यक्तियों से सम्बन्धित भ्रष्टाचार के मामले समय-समय पर उजागर होते रहे हैं। पहले ये मामले प्रकाश में नहीं आते थे। इस सम्बन्ध में प्रसिद्ध शिक्षाविद श्री सुरेन्द्र प्रसाद मिश्र का कहना है कि ब्रिटिश युग में प्रायः यह कहा जाता था कि भ्रष्टाचार चपरासियों तथा राजस्व विभाग में लघु कर्मचारियों तक ही सीमित था, पर आज इस संभावना से इंकार नहीं किया जा सकता कि भ्रष्टाचार उच्च स्तरों में नहीं है। यह बात अब छिपी नहीं है कि सरकारी खरीद में भी, चाहे सामान की हो, देश के सुरक्षा के बहाने अस्त्र-शस्त्रों की हो या विमानों आदि की हो, उसमें एक रिवाज के तौर पर ऊँचे-से-ऊँचे राजनीतिक नेताओं तथा आफिसरों की 'कमीशन' या दलाली बँधी हुई रहती है। उपर्युक्त आधार पर हम कह सकते हैं कि भ्रष्टाचार क्षेत्र का बहुत विस्तार हो गया है।

वर्तमान समय में भ्रष्टाचार की समस्या पूरे समाज की समस्या है। इसमें दोषी भ्रष्टाचार करने वाला व्यक्ति ही नहीं है बल्कि वे सभी व्यक्ति हैं जो अपने संकीर्ण हितों की शीघ्रातीशीघ्र पूर्ति करने के लिए नाजायज तरीकों को अपनाते हैं। उनके लिए देशहित या जनहित कोई मायने नहीं रखता। किसी समाज में भ्रष्टाचार का कम या अधिक होना उस समाज की देशाओं पर निर्भर करता है। कई शासन-प्रणालियाँ, पद्धतियाँ आदि ऐसी होती हैं जिनमें व्यक्ति आचार विचलन के अच्छे अवसर देखकर उन्हीं की ओर मुड़ जाता है। गुन्नार मिरडल ने भी कहा है कि दक्षिण-पूर्वी एशिया के देशों में भ्रष्टाचार का बोलबाला है और लोगों में नैतिकता की कमी है। लोगों में यह सोचने की प्रवृत्ति समाप्त हो गई है कि इससे देश का सामाजिक, औद्योगिक तथा नैतिक प्रगति अवरुद्ध हो गई है। भ्रष्टाचार की समस्या के लिए भ्रष्टाचार करने वाला और सहने वाला दोनों जिम्मेदार हैं। जनता भ्रष्टाचार के विरुद्ध आवाज नहीं उठाती बल्कि घूस कर अपना कार्य संपादित करवाना चाहती है। इस प्रकार यह कहा जा सकता है कि भारत में भ्रष्टाचार का विस्तार-क्षेत्र व्यापक है और यह धीरे-धीरे बढ़ता ही जा रहा है। इसका मूल कारण जन-जागृति का अभाव एवं लोगों के नैतिक स्तर में गिरावट है। यदि जनता जागरूक हो जाए एवं व्यापक स्तर पर इसका विरोध हो तो बहुत हद तक इस समस्या का समाधान हो सकता। लेकिन वर्तमान समय में इसकी संभावना बहुत कम नजर आती है। अगर लोगों में थोड़ी भी नैतिकता आ जाए और वे गलत तरीकों से धन कमाने को अनुचित समझने लगें तो इस समस्या का समाधान काफी हद तक अपने-आप हो जाएगा। लेकिन वर्तमान स्थिति को देखते हुए इसकी संभावना नजर नहीं आती है। इसलिए आज चारों ओर भ्रष्टाचार

का बोलबाला है ओर इसके क्षेत्र का दिनो-दिन विस्तार होता जा रहा है। वर्तमान में बाबा रामदेव व श्री अन्ना हजारे आदि द्वारा भ्रष्टाचार के विरुद्ध आन्दोलन चलाया जा रहा है।

भ्रष्टाचार निवारण के उपाय

भ्रष्टचार को रोकने या इसके निवारण के लिए निम्नलिखित उपाय सुझाए जा सकते हैं–

1. राष्ट्रीय चरित्र का निर्माण–चरित्र मनुष्य की एक ऐसी संपदा है जिससे व्यक्ति का चारित्रिक एवं नैतिक विकास होता है। चरित्रवान व्यक्ति कभी भ्रष्ट नहीं हो सकता। इसलिए भ्रष्टाचार को समाप्त करने के लिए यह आवश्यक है कि चरित्र-निमाण किया जाए। यह कहावत प्रसिद्ध है कि यदि चरित्र खो दिया तो सब कुछ खो दिया। इसलिए चारित्रिक सबलता आवश्यक है। अगर व्यक्ति का व्यक्तित्व उचित दिशा में विकसित होगा तो उनमें सामुदायिक भावना का विकास खुद ही हो जाएगा। सामुदायिक भावना के कारण राष्ट्रीय चरित्र का विकास होगा। यदि राष्ट्रीय चरित्र का विकास हो गया तब भ्रष्टाचार को खत्म करना सरल हो जाएगा। अतः भ्रष्टाचार को रोकने के लिए यह आवश्यक है कि राष्ट्रीय चरित्र का निर्माण किया जाए।

2. सामान्य जनता में जनकल्याण के प्रति जागृति–सरकार के द्वारा आमजन को ईमानदार बनाने के लिए प्रोत्साहित किया जाना चाहिए। इस सम्बन्ध में भ्रष्टाचार निरोधक समिति ने कहा है, "यह एक गंभीर चिंता का विषय है कि वर्तमान समय में शिक्षा को मानव-मस्तिष्क को इस विचार से प्रखर बनाने का साधन माना गया है कि उसका प्रयोग भौतिक लक्ष्यों के लिए किया जा सके...। दशाओं तथा साधनों का चयन हमें इस प्रकार करना है कि युवकों की महत्त्वाकांक्षाओं में आदर्शवाद एवं देशभक्ति का आवश्यक समावेश हो। नैतिक उत्साह का अभाव, जो नवीन वर्गों का एक स्पष्ट लक्षण रहा है, ही एक ऐसा अकेला कारक है जो कर्त्तव्यनिष्ठा एवं कार्यकुशलता की पावन परम्परा के विकास में बाधक बनता है। यह भी आवश्यक है कि जनता को समुचित रूप से सूचित किया जाए और अधिकारियों तक की पहुँच को सुगम बनाया जाए।"

3. सामाजिक मूल्यों में बदलाव–सामाजिक मूल्यों में बदलाव कर भ्रष्टाचार को समाप्त किया जा सकता है। सदरलैण्ड ने भी अपने अध्ययन में यह पाया कि अपराध करने की प्रवृत्ति प्रत्येक मानव प्राणी में पाई जाती है। आजकल समाज में

धन को आदर मिलता है। अर्थात् जिस व्यक्ति के पास अधिक धन रहता है उसे सम्मान एवं आदर की दृष्टि से देखा जाता है। यदि इस तरह के सामाजिक मूल्यों में बदलाव किया जाए तो भ्रष्टाचार पर अंकुश लगाया जा सकता है। अगर यह इच्छा नहीं रहेगी तो व्यक्ति भ्रष्ट तरीके से धन कमाने में रुचि नहीं लेंगे। इससे भ्रष्टाचार को रोकने में बहुत मदद मिलेगी। इस प्रकार यह कहा जा सकता है कि भ्रष्टाचार को रोकने के लिए सामाजिक मूल्यों में बदलाव जरूरी है।

4. प्रशासकीय सुधार—भ्रष्टाचार एवं सरकारी मशीनरी में सीधा सम्बन्ध पाया जाता है। अतः यह आवश्यक है कि प्रशासकीय स्तर पर सुधार किया जाए। प्रशासकीय स्तर पर सुधार लाने के लिए निम्नलिखित उपाय किये जा सकते हैं—

(i) प्रशासकीय प्रशिक्षण का विकास,
(ii) प्रशासकीय कुशलता में वृद्धि,
(iii) अधिकाधिक समस्याओं को निपटाने की क्षमता,
(iv) कठोर कार्यकुशलता और कर्मठता,
(v) सेवा की भावना,
(vi) उत्तरदायित्व को वहन करने की इच्छा तथा
(vii) प्रशासकीय नैतिकता का विकास।

इस प्रकार यह पता चलता है कि प्रशासकीय सुधार कर भ्रष्टाचार को रोका जा सकता है।

5. राजनीतिज्ञों के नैतिक स्तर में सुधार—वर्तमान प्रशासनिक पद्धति को सबसे अधिक राजनीतिज्ञों ने खराब किया है। नैतिक रूप से गिरे हुए राजनीतिज्ञों द्वारा संचालित सरकार भी गिरी हुई ही होगी। ये ऐसे कानूनों का निर्माण करते हैं जिससे सिर्फ उनके समर्थकों को अधिकाधिक लाभ पहुँच सके। इनके द्वारा निर्मित कानूनों से खास उद्योगपतियों एवं व्यवसायियों को भी फायदा पहुँचता है। राजनीतिज्ञों के आचरण का समाज पर बुरा असर पड़ता है। इसलिए अच्छी एवं व्यवस्थित सरकार के लिए यह आवश्यक है कि राजनीतिज्ञ ईमानदार हों। इस सम्बन्ध में भ्रष्टाचार विरोध समिति ने भी अपने विचार प्रस्तुत करते हुए कहा है, "इस धारणा के सम्बन्ध में व्यापक सहमति पायी गयी कि कर्त्तव्यनिष्ठा की नयी परंपरा को केवल तभी स्थापित किया जा सकता है जब उन लोगों अर्थात् केंद्रीय तथा राज्य सरकारों के मंत्रीगणों द्वारा आदर्श प्रस्तुत किया जाए, जो भारत के अधिशासन (Governance) का चरम उत्तरदायित्व संभालते हैं।" इस प्रकार यह कहा जा सकता है कि राजनीतिज्ञों का नैतिक स्तर सुदृढ़ होने से भ्रष्टाचार पर रोक लेती है। राजनीतिज्ञों

में सुधार हो इसके लिए यह आवश्यक है कि निम्नलिखित तत्त्वों को शामिल किया जाए—नेतृत्व के लिए योग्यता का निर्धारण; राजनीतिक दलों का नैतिक स्तर; राजनीतिक अपराधीकरण पर रोक; सस्ती नेतागिरी को हतोत्साहन; तथा जनजागरूकता का विस्तार करना।

6. देश का आर्थिक विकास—अर्थव्यवस्था तथा भ्रष्टाचार में अन्योन्याश्रय संबंध है। ज्यादातर गैरकानूनी कृत्य धन के लिए ही किये जाते हैं। अतः आर्थिक विकास से भ्रष्टाचार को समाप्त करने में मदद अवश्य मिलेगी। यह कहावत प्रसिद्ध है, कि भूखा पेट कोई भी पाप कर सकता है। अतः यह आवश्यक है कि भूखे को भोजन दिया जाए। इसके लिए देश की अर्थव्यवस्था में सुधार करना आवश्यक है। अर्थव्यवस्था में सुधार के लिए एवं भ्रष्टाचार समाप्त करने के लिए निम्नलिखित सुधार किये जा सकते हैं—

(i) निर्धनता का उन्मूलन,
(ii) कोटा तथा परमिट व्यवस्था का अंत,
(iii) एकाधिकार पद्धति का अंत,
(iv) रोजगार की सुविधाओं में वृद्धि तथा
(v) समाज में व्यावसायिक नैतिकता को प्रोत्साहन।

इस प्रकार अर्थव्यवस्था में सुधार लाकर भ्रष्टाचार को रोकने में मदद मिल सकती है।

7. पुलिस अधिकारियों का प्रशिक्षण—वर्तमान समय में पुलिस की छवि अत्यधिक भ्रष्ट हो गई है। पुलिस की ऐसी छवि के कारण भ्रष्टाचार को बढ़ावा मिलता है। अगर पुलिस ईमानदार हो जाए एवं भ्रष्ट व्यक्तियों के विरुद्ध कानूनी कार्रवाई करे तो भ्रष्टाचार का सफाया होना निश्चित है। इसके लिए पुलिस अधिकारियों को ईमानदार बनना होगा। पुलिस के कर्मचारियों को पूर्ण प्रशिक्षित होने के साथ-साथ उनको कानून का भी ज्ञान होना चाहिए, अपराध शाखा एवं समाजशास्त्र का पूर्ण ज्ञान होना चाहिए। उन्हें इस ढंग से प्रशिक्षित किया जाना चाहिए ताकि वे असामाजिक तत्त्वों की पहचान कर सकें। पुलिस को इस तरह प्रशिक्षित करना चाहिए जिससे वे किसी भी परिस्थिति का मुकाबला कर सकें। इसके अतिरिक्त पुलिस के कर्मचारियों एवं अधिकारियों को समुचित वेतन भी मिलना चाहिए ताकि वे घूस आदि की और आकर्षित न हो सकें। इस प्रकार विभिन्न उपायों को अपनाकर पुलिस अधिकारी एवं कर्मचारी अपने-आपको भ्रष्टाचार से दूर रख सकते हैं।

8. कानून का सरलीकरण हो—जटिल कानूनी प्रक्रिया व सरकारी नियमों के

कारण भारतीय नागरिक लेकर इनका आर्थिक शोषण करते हैं। यदि कानून सरल होगा तो प्रत्येक व्यक्ति इसे समझ सकेगा एवं घूस आदि के चक्कर में नहीं पड़ेगा। अतः कानून का सरलीकरण होना चाहिए। इससे भ्रष्टाचार को रोकने में बहुत सहायता मिलेगी।

9. भ्रष्टाचार के खिलाफ राष्ट्रीय अभियान--सक्रिय प्रचार द्वारा जनता को यह समझाया जाये कि भ्रष्टाचार न केवल समाज-विरोधी है बल्कि व्यक्ति-विरोधी भी है। लोगों में इस प्रकार की जागरूकता लानी होगी कि घूस लेना एवं घूस देना दोनों ही अपराध एवं भ्रष्ट कार्य है। इसके लिए विभिन्न प्रचार माध्यमों का सहारा लिया जा सकता है। जब तक जनता जाग्रत नहीं होगी तब तक भ्रष्टाचार खत्म नहीं किया जा सकता है।

10. भ्रष्टाचार के खिलाफ सख्त कानून--प्रायः देखा जाता है कि कानून निर्मित होने के उपरान्त उसका क्रियान्वयन दृढ़तापूर्वक नहीं किया जाता है जिससे भ्रष्टाचार को फलने-फूलने में मदद मिलती है। साथ ही इन कानूनों को अमीर एवं गरीब सभी पर समान रूप से लागू किया जाना चाहिए ताकि भ्रष्टाचार को रोकने में मदद मिले। भ्रष्टाचारियों के लिए चाहे वह किसी भी स्तर का हो बिना किसी भेदभाव के कठोरतम दण्ड की व्यवस्था होनी चाहिए।

11. फर्जी विज्ञापनों पर प्रतिबन्ध--फर्जी विज्ञापन पर रोक लगाकर भी काफी हद तक भ्रष्टाचार को फलने-फूलने से रोका जा सकता है। यह रकम परीक्षा फीस या अंतर्वीक्षा फीस के नाम पर वसूल की जाती है। इसी प्रकार कम दाम में रेडियो एवं घड़ी प्राप्त करने आदि का विज्ञापन भी दिया जाता है तथा लोगों से रकम ठगी जाती है। इस प्रकार के भ्रष्टाचार को रोकने के लिए फर्जी विज्ञापनों पर सरकारी स्तर से रोक लगाई जानी चाहिए।

12. न्यायपालिका का भ्रष्टाचार को समाप्त किया जाए--वर्तमान में भ्रष्टाचार के डंक से न्याय का मंदिर कहलाने वाली न्यायपालिका भी अछूता नहीं रही है। इस पर आरोप है कि न्याय खरीदा जाता है। अर्थात् इसमें भ्रष्टाचार की पैठ गहरी है। अगर न्यायालय में पक्षपात एवं भ्रष्टाचार होगा तो इसका असर समाज पर भी पड़ेगा। इसलिए यह आवश्यक है कि न्यायाधीश पक्षपातरहित एवं राजनीति से बिना प्रेरित हुए अपना न्याय सुनावें। दुर्भाग्यवश आज इस बात की कमी है। यहाँ भी भ्रष्टाचार घर कर चुका है। न केवल न्यायाधीशों में बल्कि यहाँ नीचे के कर्मचारियों तक में भ्रष्टाचार व्याप्त है। बिना घूस के न्यायालय में कोई काम नहीं होता। वकीलों की तो बात ही जुदा है। वे तो धन कमाने के चक्कर में इतने भ्रष्ट

हो चुके हैं कि यह जानते हुए कि अमुक व्यक्ति बहुत गंभीर अपराधी है लेकिन धन के लिए उसे सजा से वंचित करा देते हैं। इस प्रकार यह पता चलता है कि न्यायपालिका भी भ्रष्टाचार का केंद्र बन चुकी है। अतः भ्रष्टाचार को रोकने के लिए यह आवश्यक है कि न्यायपालिका से भ्रष्टाचार को समाप्त किया जाए।

13. व्यापारियों एवं उद्योगपतियों में उपजे भ्रष्टाचार को समाप्त किया जाए—बड़े व्यवसायियों एवं उद्योगपतियों की पहुँच शीर्ष राजनेताओं एवं मंत्रियों तक होती है। ये चुनाव के समय राजनीतिज्ञों की मदद करते हैं एवं सत्ता में आने पर मनचाहा कानून बनवाते हैं जो इनको लाभ पहुँचाता है। सरकार इनके इशारे पर ही कानून बनाती है। ये उद्योगपति श्रमिकों का जमकर शोषण करते हैं एवं इनका उद्देश्य भ्रष्टतम तरीकों को अपनाकार अधिक-से-अधिक धन अर्जित करना होता है। इसी प्रकार व्यापारी वर्ग विभिन्न खाद्यान्नों में मिलावट करके एवं वस्तुओं का कृत्रिम अभाव पैदा करके अधिक-से-अधिक मुनाफा कमाना चाहते हैं। कहने का तात्पर्य यह है कि व्यापारी एवं उद्योगपति दोनों ही भ्रष्ट-से-भ्रष्ट तरीके अपनाकर अधिकाधिक धन अर्जित करते हैं। इसमें इनकी मदद राजनीतिज्ञ करते हैं। इस प्रकार यह पता चलता है कि व्यापारियों एवं उद्योगपतियों में भी भ्रष्टाचार व्याप्त है। इनमें पनपे भ्रष्टाचार को समाप्त कर भ्रष्टाचार को समाप्त किया जा सकता है।

14. कर्मचारियों का आर्थिक विकास व उनमें जनकल्याण के प्रति जागरूकता—जनकल्याण की भावना लोगों के दिल में जागृत करने से उन्हें यह एहसास होगा कि व्यक्तिगत स्वार्थ सामुदायिक स्वार्थ के आगे तुच्छ है। साथ ही उन्हें समाज एवं राष्ट्र के प्रति दायित्वों का भी बोध कराना होगा। इसके अतिरिक्त उनकी आर्थिक स्थिति में भी सुधार लाना होगा। सरकारी कर्मचारियों का वेतन कम है जिससे उन्हें मजबूरन घूस आदि का सहारा लेना पड़ता है जिससे भ्रष्टाचार को बढ़ावा मिलता है। इस स्थिति में सुधार लाना होगा।

15. शैक्षणिक सुधार—वर्तमान शिक्षा प्रणाली रोजगारोन्मुखी नहीं होने के कारण दोषपूर्ण है। पढ़े-लिखे छात्र बेरोजगार रहने पर कुंठा के शिकार बन जाते हैं। इसलिए शैक्षणिक व्यवस्था में सुधार होना आवश्यक है। शैक्षणिक व्यवस्था में सुधार लाने के लिए निम्नलिखित उपाय किए जा सकते हैं—

(i) एक निश्चित स्तर के बाद शिक्षा के लोक व्यापारीकरण पर रोक लगाई जाए,

(ii) नैतिक शिक्षा का प्रसार,

(iii) चारित्रिक शिक्षा के महत्त्व पर जोर व्यक्ति,

(iv) शैक्षणिक जागरूकता का विकास,

(v) परम्परात्मक शिक्षा पद्धति में परिवर्तन तथा

(vi) सभी संकायों की शिक्षा का दायित्व सरकार ग्रहण करे।

इस प्रकार शैक्षणिक सुधार लाकर भ्रष्टाचार को कम किया जा सकता है।

16. अन्य अधिकारीगण भी अपने-आप में ईमानदारी एवं कर्त्तव्यपरायणता के गुणों को विकसित करें—अन्य शीर्ष अधिकारियों में आय कर, बिक्री कर, आबकारी एवं कस्टम अधिकारी, सार्वजनिक निर्माण विभाग के अधिकारी एवं रेलवे अधिकारी आदि आते हैं। इन अधिकारियों का सीधा सम्बन्ध आर्थिक क्रिया-कलापों से होता है। इसलिए इनके भ्रष्ट होने की संभावना अधिक रहती है। वर्तमान समय में इन विभागों में भ्रष्टाचार बहुत अधिक व्याप्त है। इन अधिकारियों में ईमानदारी आए इसके लिए यह आवश्यक है कि भ्रष्टाचार निरोधक विभाग तथा सी.आई.डी. विभाग के अधिकारी स्वयं को भ्रष्टाचार से दूर रखें। अगर वे स्वयं भ्रष्ट होंगे तब सम्बन्धित अधिकारियों के विरुद्ध कोई कारवाई नहीं कर पाएँगे। इसलिए उनका स्वयं ईमानदार होना आवश्यक है।

उपर्युक्त आधार पर हम कह सकते हैं कि भ्रष्टाचार एक कोढ़ की तरह पूरे समाज में फैल चुका है। कारगर कानून बनाकर ही भ्रष्टाचार को खत्म कर सकते हैं।

21

भिक्षावृत्ति

वर्तमान समय में भिक्षावृत्ति एक देशव्यापी समस्या बन चुकी है। भारतीय एवं अन्य समाजों में भिक्षावृत्ति की समस्या प्राचीन युग से ही प्रचलित रही है परन्तु भिक्षावृत्ति के सम्बन्ध में सिर्फ अन्तर सोचने या दृष्टिकोण में रहा है। प्राचीन युग में भिक्षुकों को हेय दृष्टि से न देखकर सम्मान की दृष्टि से देखा जाता था परन्तु आज इन्हें सम्मान की दृष्टि से नहीं देखा जा रहा है। इसी प्रकार प्राचीन समय में भिक्षावृत्ति एक व्यवस्था नहीं थी, किन्तु आज यह एक व्यवसाय के अलावा और कुछ नहीं है। भिक्षुक का एक तरह व्यावसायिक या पेशागत भिक्षुक भी इस बात की पुष्टि करता है कि आधुनिक युग में भिक्षावृत्ति एक व्यवसाय बन गया है। प्राचीन समय में भिक्षुक दान (Charity) के आधार पर अपना जीवन-निर्वाह करते थे। लेकिन वे समाज एवं समुदाय के लिए लाभ का कार्य भी करते थे। उदाहरणार्थ बौद्ध भिक्षुक दान (Charity) के आधार पर जीवन-निर्वाह करते थे। साथ ही वे समाज एवं समुदाय के कल्याण के लिए भी कार्य करते थे। इसकी पुष्टि इन वाक्यों से होती है जो बौद्ध भिक्षुकों के बारे में लिखी गई है, "These Bhikshuks walked across the globe with the religious fervour burning in their hearts." यही कारण था कि प्राचीन समय में अलग-अलग धर्मों ने जरूरतमंद व्यक्तियों को मदद करने के लिए प्रोत्साहित होते थे। इस तरह नैतिकता Morality, Ethical Sanction, Religious, Preachings एवं Social Usages ने हमेशा भिक्षा माँगने को प्रोत्साहित किया। भारतीय समाजों में आर्यन-वैदिक सभ्यता (Aryan-Vedic Civilization) के समय से ही भिक्षावृत्ति प्रचलित है। उसका स्वरूप आज

से उस समय काफी अलग था। बौद्ध धर्म ने भी भिक्षावृत्ति को बढ़ावा दिया। इसी तरह इस्लाम धर्म ने भी लोगों को दान देने के लिए प्रेरित किया। इस्लाम धर्म में 'सदका' (Sadqua), खैरात (Khairat) एवं 'जकात' (Zakat) आदि धारणाएँ पाई जाती हैं जो अलग-अलग तरह के दया एवं दान के द्योतक हैं। इसी प्रकार ईसाई धर्म में भी दान एवं परोपकार के पक्ष में तर्क दिया गया है।

भारतीय सन्दर्भ में भिक्षावृत्ति

भारत में भिक्षावृत्ति का विस्तार काफी ज्यादा है। यह ठीक-ठीक नहीं कहा जा सकता कि भिखारियों की संख्या कितनी है? लेकिन योजना आयोग के एक अनुमान के अनुसार भिखारियों की कुल संख्या लगभग 20 लाख होगी जो प्रायः बड़े-बड़े शहरों एवं नगरों में केन्द्रित हैं। इनमें से लगभग 71% पुरुष एवं 29% सभी भिखारी होंगे। अतः यह कहा जा सकता है कि भारतवर्ष में भिक्षावृत्ति की समस्या एक गंभीर समस्या है एवं अनेक प्रयत्नों के बावजूद भिखारियों की संख्या में दिनानुदिन वृद्धि ही होती जा रही है। जहाँ तक भिक्षावृत्ति की समस्या को समाप्त करने के लिए की गयी कोशिशों का सवाल है। इसका कई चरणों में अवलोकन करना उचित प्रतीत होता है। सर्वप्रथम प्राचीन भारत में इसकी समाप्ति के लिए किए गए प्रयत्नों का अवलोकन, फिर अंग्रेजी शासनकाल में इसकी समाप्ति के लिए किए गये प्रयत्नों का अवलोकन तथा अंत में स्वतंत्र भारत में इसकी समाप्ति के लिए किए गये प्रयत्नों का अवलोकन करना आवश्यक प्रतीत होता है।

भिक्षावृत्ति की प्रवृत्ति को रोकने के उपाय

प्राचीन भारत में भी भिक्षावृत्ति की समस्या को दूर करने का प्रयत्न किया गया। भिक्षावृत्ति की समस्या समाज में सदियों पुरानी है। इसलिए सभी समयों में इसकी समाप्ति के लिए कोशिश की गई। इतना अवश्य है कि सभी समयों में भिखारियों की समस्याओं में भिन्नता पाई जाती रही है। प्राचीन समय में भिखारियों की समस्या आज से भिन्न थी। इसलिए यह स्वाभाविक है कि उनके लिए किए गए प्रयत्न भी आज से भिन्न थे। डॉ. एम. मूर्ति (Dr. M. Moorthy) महोदय ने इस सन्दर्भ में लिखा है कि "प्रत्येक प्राचीन समाज का कर्त्तव्य था कि वह अपने असहाय सदस्यों की देखभाल करे। वैदिक काल के समाज पर भी यही बात लागू होती है।" प्राचीनयुग में भिक्षावृत्ति पर कुछ ऐसे प्रतिबन्ध लगाये गये थे ताकि कुछ ही लोग

भिक्षावृत्ति को अपने जीवन निर्वाह का माध्यम बना सके। तत्कालीन भारत में वर्णव्यवस्था तथा संयुक्त परिवारों का प्रचलन था। इसलिए उस समय भिक्षावृत्ति भरण-पोषण के लिए व्यवसाय नहीं बन सकी थी। इसकी वजह यह है कि वर्ण-व्यवस्था के अनुसार क्षत्रिय एवं वैश्यों को ब्राह्मण एवं शूद्रों का भरण-पोषण करना होता था।

वास्तव में यह कार्य ब्राह्मणों का होता था कि वे शूद्रों से सेवा करावें एवं उनका भरण-पोषण करें, लेकिन जब ब्राह्मण ऐसा नहीं कर पाते थे तब यह कार्य क्षत्रियों का हो जाता था। क्षत्रिय एवं वैश्य ब्राह्मणों को विभिन्न धार्मिक अवसरों पर आमंत्रित करते थे और आवश्यकता के अनुसार उन्हें दान देते थे। साथ ही वे शूद्रों की सेवा लेते थे तथा उनकी जरूरत की पूर्ति करते थे। इस प्रकार समाज में सभी वर्णों की आवश्यकताओं की पूर्ति हो ही जाती थी। फलतः भिक्षावृत्ति की ओर लोग आकृष्ट नहीं होते थे। सिर्फ छात्र एवं संन्यासी भिक्षावृत्ति करते थे लेकिन इसके लिए उन्हें कड़े नियमों का पालन करना होता था। वर्ण-व्यवस्था की तरह इस बात का स्पष्ट उल्लेख था कि कौन-कौन से व्यक्ति किन-किन परिस्थितियों में भिक्षावृत्ति कर सकते हैं। इसके अनुसार कम-से-कम लोगों के भिक्षावृत्ति करने की व्यवस्था थी। साथ ही भिखारियों का बोझ सम्पूर्ण समाज पर बराबर-बराबर बँटा हुआ था। प्राचीन युग में संयुक्त परिवार प्रथा का प्रचलन भी इस समस्या को आगे बढ़ने का मौका नहीं देती थी। संयुक्त परिवार व्यवस्था के तहत अंधे, लूले, लंगड़े या अन्य किसी भी रूप में विकलांग एवं असहाय व्यक्ति का भरण-पोषण परिवार में हो जाता था। साथ ही विधवा, अनाथ बच्चे एवं यहाँ तक कि आलसी एवं काहिल व्यक्तियों का भी भरण-पोषण परिवार में हो जाता था।

परिणामतः उन्हें भिक्षावृत्ति या अन्य कोई दूसरा अनैतिक कार्य करने की जरूरत ही नहीं पड़ती थी। इस संबंध में राज्य का भी निगरानी रहती थी ताकि परिवार अपना कार्य ठीक तरीके से कर सके। इस संबंध में कौटिल्य ने 'अर्थशास्त्र' में यह प्रकाश डाला है कि, "संन्यासी को छोड़कर जब कोई समर्थ, सशक्त व्यक्ति भिक्षा माँगते पाया जाएगा अथवा जो अपनी माता, पत्नी, पुत्री, पुत्र (बालक), पिता, छोटे भाई-बहन या परिवार की विधवा की देखभाल नहीं करेगा या उपेक्षा करेगा तो राज्य द्वारा उस पर बारह पण का दण्ड लगाया जाएगा।" साथ ही इसके साथ ऐसा भी नियम था कि जो व्यक्ति अपनी पत्नी और पुत्रों के पालन-पोषण की व्यवस्था न करके संन्यास ले लेता था, राज्य द्वारा उसे दण्ड दिया जाता था। प्राचीन समय में इन्हीं कारणों से भिक्षावृत्ति की समस्या उतनी गंभीर एवं जटिल नहीं थी जितनी

आज है। वर्ण-व्यवस्था एक ऐसी व्यवस्था थी जिसमें सबके लिए मार्ग निर्धारित कर दिए गए थे और लोग व्यवस्था के अनुसार निर्धारित मार्ग पर ही चलते थे। इसी तरह विभिन्न विचारकों ने उस समय ऐसे-ऐसे परामर्श दिए जिसे लोग अपना कर्त्तव्य समझकर उसका पालन करते थे एवं भिक्षावृत्ति को पनपने नहीं देते थे। मनु ने कहा कि "दयाशील व्यक्तियों को चाहिए कि बुद्धिमान ब्राह्मणों, रोगियों, अनाथों तथा वृद्धों को दान दें।"इसी तरह का विचार कौटिल्य ने भी प्रकट किया है, "राजा अनाथों, वृद्धों, असहायों का पालन-पोषण करेगा। वह निराश्रित स्त्रियों और उनके बालकों के पालन-पोषण का भी प्रबन्ध करेगा।" अतः यह पता चलता है कि प्राचीन समय में भिखारियों की समस्या का हरसंभव निदान किया गया। यही कारण है कि उस समय भिक्षावृत्ति कम थी एवं उसका रूप भी आज की तरह विकृत नहीं था। वर्ण-व्यवस्था एवं संयुक्त परिवार व्यवस्था प्राचीन समय में दो ऐसी व्यवस्थाएँ थीं जिनके माध्यम से भिक्षावृत्ति पर रोक लगाई जाती थी। इसके अतिरिक्त नैतिक नियम विकसित किए गए थे जिसके आधार पर कुछ विशेष अवस्थाओं में ही भीख माँगी जा सकती थी। राज्य भी भिखारियों एवं गरीब व्यक्तियों की सहायता करता था। इन सभी कारणों से भिक्षावृत्ति की समस्या बढ़ नहीं पाती थी। आज के समय में इस प्रकार की कोई व्यवस्था नहीं है, अतएव भिक्षावृत्ति की प्रवृत्ति बढ़ती ही जा रही है।

भिक्षावृत्ति पर रोकथाम के लिए ब्रिटिश शासनकाल में भी कई प्रयास किये गये। विभिन्न देशों की तरह भारतवर्ष में भी भिक्षावृत्ति को रोकने के लिए कुछ कानून बनाए गये। इस समस्या को रोकने के लिए सबसे पहले बंगाल में कोशिश की गयी। चूँकि भिखारी समाज के लिए एक समस्या थे तथा इनके कारण आम जनता के स्वास्थ्य को भी खतरा उत्पन्न हो गया था इसीलिए बंगाल के स्वयंसेवी संस्थाओं ने आवाज उठायी। इसी कारण बंगाल में 1942 में बंगाल आवारागर्दी अध्यादेश (Bengal Vagrancy Ordinance) पास हुआ और 1943 में इसे अधिनियम का रूप दे दिया गया। हालाँकि इसका क्षेत्र पूरा राज्य था लेकिन यह कलकत्ता एवं उसके समीपवर्ती क्षेत्रों तक ही सीमित रहा। इस अधिनियम में यह प्रावधान किया गया कि पुलिस अधिकारी भिखारी प्रतीत होने वाले व्यक्तियों को विशेष न्यायाधीशों के सामने प्रस्तुत कर सकते थे। कोर्ट से फैसला होने के बाद इन भिखारियों को कहाँ रखा जाए इसके लिए भी व्यवस्था की गई। इसके लिए पाँच संस्थाएँ पृथक्-पृथक् समूह के भिखारियों हेतु स्थापित की गयीं। ये संस्थाएँ अलग-अलग उम्र-समूहों एवं विभिन्न लिंगों के लिए थीं, जिन्हें निम्नलिखित वर्गों में वर्गीकृत किया गया था—

(i) 14 वर्ष से अधिक आयु के पुरुषों के लिए,
(ii) 14 वर्ष से अधिक आयु की स्त्रियों के लिए,
(iii) 5 से 14 वर्ष की आयु के बालकों के लिए,
(iv) कोढ़ से पीड़ित रोगियों के लिए तथा
(v) वृद्धों और असमर्थों के लिए।

उपर्युक्त वर्णित पांचों वर्गों या श्रेणियों में से प्रारम्भिक तीन श्रेणियों में पागलों एवं रोगियों को पृथक्-पृथक् रखने की व्यवस्था थी। सरकारी एवं गैर-सरकारी व्यक्तियों को मिलाकर एक आवारागर्दी परामर्शदात्री मण्डल (Vagrancy Advisory Board) की स्थापना की गई जो इन संस्थाओं और प्रशासन से सम्बन्धित मामलों के विषय में विचार करता है। इन संस्थाओं में भिक्षुकों को बन्द करने की कोई समय सीमा निर्धारित नहीं थी परन्तु प्रायः इनको यहाँ दो से तीन वर्षों तक रखा जाता था। प्रथम तीन तरह की संस्थाओं में प्राइमरी शिक्षा एवं औद्योगिक प्रशिक्षण का भी प्रबन्ध था। साथ ही इनके लिए चिकित्सा की सुविधा भी मौजूद थी। उन संस्थाओं में जहाँ कोढ़ से पीड़ित भिखारियों को रखा जाता था, एक विशेषज्ञ चिकित्सक का प्रबन्ध किया जाता था। इन संस्थाओं से भिखारियों को तभी जाने दिया जाता था जब उनको कोई नौकरी मिल जाती थी, उनके संबंधी उनका भार उठाने के लिए तैयार हो जाएँ एवं यह प्रतिज्ञा करें कि उन्हें दुबारा भीख माँगने नहीं दिया जाएगा, जब भिखारियों ने संस्था के बाहर 74 रु. एवं संस्था के अंदर 50 रु. कमा लिए हों तथा औरतें इस संस्था से तभी जाती थीं जब उनका विवाह कहीं हो जाता था। बंगाल में इस अधिनियम से पूर्व भी 1939 में बंगाल ग्रामीण निर्धन एवं बेकार कल्याण अधिनियम (Bengal Rural Poor and Unemployed Relief Act) बनाया जा चुका था। इस अधिनियम के अन्तर्गत भी जनकल्याण से जुड़े कई कार्यक्रम चलाये गये।

बंगाल की भांति भारत में (स्वतंत्रता के पूर्व) भी कई अधिनियम बनाये गये थे। इनमें सभी कानूनों का उद्देश्य भिक्षावृत्ति को रोकना था। मुम्बई में 1945 में, चेन्नई में 1945 में तथा मैसूर में 1944 में कानून बनाए गये। इससे पहले भी पंजाब में 1916 में, संयुक्त प्रान्त में 1916 में तथा मध्य प्रान्त में 1922 में भिक्षावृत्ति को रोकने के उद्देश्य कानून बनाए गये। इन कानूनों में भीख माँगने वालों पर 50 रु. जुर्माना या एक महीने की कैद अथवा दोनों ही सम्मिलित रूप से दिए जाने का प्रावधान था।

15 अगस्त, 1947 को स्वतंत्रता प्राप्ति के पश्चात् देश में भिक्षावृत्ति की प्रवृत्ति को रोकने के लिए कई कानून पारित किये गये। त्रावनकोर, कोचीन तथा बिहार

आदि राज्यों में 1958 में भिक्षावृत्ति से सम्बन्धित कानून बनाए गये तथा इन्हें सख्ती से लागू किया गया। स्वतंत्रता प्राप्ति के पश्चात् विभिन्न पंचवर्षीय योजनाओं में भिक्षावृत्ति को समाप्त करने के लिए कार्यक्रम निर्धारित किये। 1953 में योजना आयोग की अन्वेषण कार्यक्रम समिति ने भिक्षावृत्ति संबंधी दो सर्वेक्षण परियोजनाएँ चलाईं। इनमें से एक दिल्ली में था और दूसरा चेन्नई में था। दिल्ली में यह कार्य 'Delhi School of Social Work' द्वारा सम्पादित किया गया। इसके अनुसार भिखारियों की कुल संख्या 3,000 थी और उनकी वार्षिक आय लगभग 10 लाख रुपये होने का अनुमान लगाया गया। चेन्नई के सर्वेक्षण में पाया गया कि भिखारियों की कुल संख्या 7,743 थी जिनमें 4,396 सशक्त शरीरवाले, 1,153 रोगी भिखारी, 1,435 अशक्त एवं 459 पागल प्रकार के भिखारी थे। इसी प्रकार का सर्वेक्षण नागपुर, मुम्बई, कलकत्ता और उत्तर प्रदेश के कुछ शहरों में भी कराया गया।

अधिकांश सर्वेक्षणों से यह पता चला कि अधिकांश भिखारी शरीर से सशक्त थे एवं भिक्षावृत्ति को इसलिए अपनाए हुए थे क्योंकि यह आसान एवं फायदेमंद पेशा था। द्वितीय योजना काल में गृह मंत्रालय ने यह प्रस्तावित किया कि हर राज्य को किसी उचित स्थान पर 100 वृद्ध, असक्त रोगियों एवं विकलांगों के लिए एक गृह का निर्माण कराना चाहिए जहाँ उन्हें रखा जा सके। ये गृह केंद्रीय मदद से स्थापित किए गए। तृतीय योजना काल में भी 33 भिक्षु-गृहों की स्थापना की गई। इसी प्रकार भिक्षावृत्ति के उद्देश्य से बच्चों का शोषण रोकने के लिए 1959 में भारतीय दण्ड संहिता में संशोधन किया गया। इस संशोधन के अनुसार, यदि कोई व्यक्ति जो किसी अवयस्क का वैधानिक संरक्षक न हो, उस अवयस्क का प्रयोग भिक्षा माँगने के उद्देश्य से करता है तो उसे कठोर दण्ड दिया जाएगा। 1964 में गृह मंत्रालय ने योजना आयोग के परामर्श के पश्चात् एक परियोजना स्वीकृत की जिसका उद्देश्य बाल-भिक्षावृत्ति और आवारापन को समाप्त करना था।

उपरोक्त विवरणों से ज्ञात होता है कि प्राचीन काल से लेकर अब तक भिक्षावृत्ति उन्मूलन हेतु समय-समय पर विशिष्ट प्रयास एवं अधिनियम लागू किये गये परन्तु यह देश का दुर्भाग्य कहा जा सकता है कि भिक्षावृत्ति की समस्या आज भी पूर्व की भांति है। यूँ कहा जाए कि यह समस्या पहले से और गंभीर एवं जटिल हो गई है तथा दिनानुदिन बढ़ती ही जा रही है तो इसमें कोई अतिशयोक्ति नहीं होगी। इस संबंध में यह कहा जा सकता है कि जो कानून बनाए गये वे सिर्फ कागजों तक ही सीमित रह गये। उन्हें सही रूप में क्रियान्वित नहीं किया जा सका। साथ ही भिक्षावृत्ति की समस्या को दूर करने के संबंध में उठाए गये कदम अपर्याप्त

थे। इसलिए जरूरत इस बात की है कि ईमानदारी एवं दृढ़ इच्छाशक्ति के साथ इस समस्या के समाधान के लिए प्रयत्न किए जाएँ। सिर्फ अधिनियम या कानून का निर्माण कर देने की किसी समस्या का समाधान नहीं होता है। सरकारी तंत्र इतना भ्रष्ट है एवं उनकी मनोवृत्ति इतनी कुत्सित हो गई है कि सभी कार्य सिर्फ फाइलों एवं टेबुलों पर ही निपटा दिए जाते हैं। सतही स्तर पर कोई कार्यक्रम क्रियान्वित नहीं हो पाता। अतएव भिक्षावृत्ति पर नकेल कसने के लिए सार्थक प्रयास किये जाने चाहिएं। अन्यथा इसके अभाव में भिक्षावृत्ति की समस्या आने वाली अवधियों में एक भयंकर रूप धारण कर लेगी।

भिक्षावृत्ति की समस्या-समाधान के उपाय

भिक्षावृत्ति एक ऐसी समस्या है जिसका समाधान किसी एक उपाय से करना संभव नहीं है क्योंकि यह समस्या किसी एक कारण की देन नहीं है। इसके निम्नलिखित कारण उत्तरदायी हैं–

1. सामाजिक सुरक्षा की व्यवस्था–कुछ भिखारी ऐसे भी होते हैं जो किसी दुर्घटना के शिकार होते हैं। अनेक प्रकार की आकस्मिक दुर्घटना के कारण व्यक्ति अथवा उसका परिवार भीख माँगने लगता है। यदि सामाजिक सुरक्षा की व्यवस्था ठीक हो तो भिखारियों की संख्या में कमी लाई जा सकती है। साथ ही यदि कोई भिखारी यदि जेल में बन्द है तो उसके परिवार का भरण-पोषण सरकार को करना चाहिए वरना संभव है कि उसके परिवार वाले भी भरण-पोषण के लिए भिक्षावृत्ति करने लगें।

2. आध्यात्मिक दृष्टिकोण में बदलाव–लोग भीख देने को एक पुण्य का कार्य समझते हैं। फलतः भिक्षावृत्ति की समस्या को बढ़ावा मिलता है। यदि लोग यह समझने लगें कि भिक्षुकों को दान देना स्वर्ग जाने का रास्ता नहीं है अपितु उन्हें अनैतिक बनाने का रास्ता है तो भिक्षावृत्ति उन्मूलन का कार्य काफी सरल हो जाएगा। यदि कोई व्यक्ति भीख देगा ही नहीं तो भिक्षावृत्ति पेशा की तरफ लोगों का झुकाव अपने आप ही कम हो जाएगा। संभव है कि तब शारीरिक रूप से समर्थ भिखारी नहीं मिलें। यहाँ यह वर्णन करना भी अनावश्यक नहीं प्रतीत होता है कि लोगों की धार्मिक भावनाओं में परिवर्तन कानून के द्वारा नहीं लाया जा सकता बल्कि शिक्षा एवं प्रचार के द्वारा ही उनके मनोवृत्ति में परिवर्तन लाया जा सकता है। शिक्षा एवं प्रचार के कार्य में समाज-सुधारक महत्त्वपूर्ण भूमिका अदा कर सकते हैं।

3. गरीबी उन्मूलन–ऐसा नहीं है कि सभी भिक्षुक गरीब नहीं होते हैं, बल्कि

यह कहा जा सकता है कि अग्रलिखित भिक्षुक निर्धन ही होते हैं। निर्धनता भिक्षावृत्ति को बढ़ाने में अहम् भूमिका अदा करती है। इसलिए यह जरूरत है कि भिक्षावृत्ति की समस्या के समाधान के लिए गरीबी को दूर किया जाए।

4. एक समान कानून का निर्माण—चूँकि यह समस्या देशव्यापी है इसलिए अगर सभी राज्यों में समान कानून होंगे तो इसे लागू करने में आसानी होगी। कुछ राज्यों में इससे सम्बन्धित कानून रहने एवं कुछ राज्यों में नहीं रहने से इसका समाधान संभव नहीं है। साथ ही कानून में सिर्फ भिखारियों को सजा देने का ही प्रावधान किया जाता है जो सही नहीं है। कानून में जो भिखारी बनने के लिए प्रेरित करते हैं या जिनका भिखारी बनाने में योगदान रहता है उनके लिए भी सजा का प्रावधान होना चाहिए। आज भिक्षावृत्ति एक लाभदायक पेशा बन गया है। इसलिए विभिन्न प्रकार के संगठित गिरोह इस पेशा में सक्रिय हैं। वे बच्चों का अपहरण, चोरी एवं अन्य तरीके से अगवा करते हैं तथा उन्हें विकृत कर उनसे भीख मँगवाते हैं। वे बच्चों द्वारा माँगी गई भीख से मालामाल हो जाते हैं। इस प्रकार इस तरह के भिक्षावृत्ति को प्रक्षय देने में ऐसे गिरोह दोषी हैं न कि भीख माँगने वाला व्यक्ति। इसलिए इस तरह का कानून बनना चाहिए ताकि ऐसे व्यक्तियों को दण्डित किया जा सके। कानून संपूर्ण भारत के लिए एक समान होना चाहिए तथा उसे ठोस रूप से लागू किया जाना चाहिए।

5. भिक्षुक गृहों का निर्माण—U.P. Govt. Committee ने 1961 में जो परामर्श दिया उसमें भी यह कहा गया कि भिक्षुक गृहों का निर्माण किया जाए एवं उसमें भिखारियों के लिए शिक्षा एवं व्यवसाय की भी व्यवस्था की जाए। Gore Study Team ने भी यह सुझाव दिया कि जो भिखारी कोई कला या कर्म सीखना चाहते हैं, उन्हें सिखाने की कोशिश की जानी चाहिए।

6. जनसहयोग एवं देख-रेख—प्रत्येक भिक्षुक व्यवसाय का कार्य करने में सक्षम होता नहीं होते हैं। अतः वे पुनः भिक्षावृत्ति न करने लगें इसलिए जन मदद से उनकी देखभाल की जानी चाहिए। Gore Study Team ने भी इस प्रकार का सुझाव दिया है।

7. बाल सुरक्षा केन्द्रों की स्थापना—इन बाल-देखभाल संस्थाओं की स्थापना केवल बच्चों के लिए अलग से की जानी चाहिए। यहाँ पर बच्चों को सामान्य शिक्षा के साथ-साथ प्रशिक्षण भी देना चाहिए। इससे उनमें ज्ञान के विकास के साथ-साथ भविष्य में अपने पैरों पर खड़े हो सकने की क्षमता विकसित होगी।

8. शारीरिक दृष्टि से असमर्थ भिक्षुकों हेतु सरकार की ओर से रोटी, कपड़ा, मकान एवं अन्य जरूरतों की पूर्ति—ऐसा होने से शारीरिक रूप से असमर्थ भिखारी भीख माँगने का कार्य नहीं करेंगे।

9. जैसी समस्याएं वैसे उपाय—हर भिक्षुक की समस्या एक जैसी नहीं होती है। इस प्रकार सबके लिए समान रूप से समान उपायों द्वारा समस्या का हल नहीं हो सकता है। इस प्रकार जिनकी जैसी समस्याएँ हों, उनको सुधारने के लिए वैसा ही उपाय करना चाहिए। जैसे कुछ लोग रोजगार के अवसरों के अभाव में भीख मांगना शुरू कर देते हैं, ऐसे भिखारियों को रोजगार का अवसर प्रदान करना चाहिए। इसी प्रकार अगर कोई व्यक्ति किसी दूसरे कारण से भीख माँगता है तो उस कारण का पता लगाकर उसकी नराकरण किया जाना चाहिए। अगर कोई असाध्य रोग से पीड़ित है और भीख माँगता है तो उसके लिए इलाज की व्यवस्था की जानी चाहिए एवं रोजगार का अवसर भी उसे प्रदान करना चाहिए। कहने का अर्थ यह है कि कारणों के आधार पर समस्या का समाधान करना चाहिए। यह अधिक सार्थक एवं प्रभावी होगा।

10. भिखारी कोष का प्रबन्ध—भिक्षावृत्ति की समस्या का उन्मूलन हेतु सामाजिक संस्थाओं एवं सरकार को मिलकर राष्ट्रीय स्तर, राज्य स्तर एवं स्थानीय स्तर पर भिखारी कोषों की स्थापना की जानी चाहिए। इस कोष से शारीरिक रूप से असमर्थ एवं विकलांग भिखारियों को मदद दी जानी चाहिए।

11. एक राज्य से दूसरे राज्य में जाने पर रोक—उन्हें पुनः उसी राज्य में भेजने की व्यवस्था होनी चाहिए जहाँ उनका जन्म हुआ है। श्रीमती चन्द्रशेखर अध्ययन समूह (Srimati Chandrashekhar Study Group) ने भी इस प्रकार का सुझाव दिया और कहा कि भिक्षावृत्ति उन्मूलन की जिम्मेदारी केंद्र सरकार को अपने हाथों में लेनी चाहिए।

12. बसाने का प्रबन्ध—भिक्षावृत्ति की समस्या को दूर करने के लिए कि जनजातीय भिक्षुकों को जो विशेष तौर पर खानाबदोश हों, भूमि देकर बसाने का प्रबन्ध किया जाना चाहिए। इससे वे एक स्थान से दूसरे स्थान पर भ्रमण नहीं करेंगे। इनमें शिक्षा का भी प्रचार-प्रसार किया जाना चाहिए।

13. बाल कानूनों को लागू करना—भिक्षावृत्ति की समस्या का समाधान करने के लिए पृथक्-पृथक् बाल अधिनियमों को सख्ती से लागू किया जाना चाहिए ताकि बाल भिखारियों की संख्या में वृद्धि न हो सके। U.P. Govt. Committee, 1961 ने भी इस समस्या के उन्मूलन के लिए यह सुझाव दिया।

14. स्वागत केन्द्रों की व्यवस्था--इस समस्या का समाधान करने के लिए यह अतिआवश्यक है कि भिक्षुकों हेतु स्वागत केन्द्रों की स्थापना की जाए। इन स्वागत गृहों में पकड़े गये भिखारियों को भेजा जाना चाहिए। यहाँ उनका वर्गीकरण किया जाना चाहिए। तत्पश्चात् उन्हें अलग-अलग संस्थाओं में हस्तांतरित किया जाना चाहिए। Gore Study Team ने भी इस तरह का सुझाव दिया है।

15. धार्मिक साधु-सन्तों को लाइसेंस देने की व्यवस्था--भिक्षावृत्ति की समस्या का उन्मूलन हेतु कि धार्मिक साधु-सन्तों को लाइसेंस देने की व्यवस्था की जानी चाहिए। इससे वास्तविक साधुओं एवं बनावटी साधुओं की पहचान हो पाएगी। अनेक ढोंगी साधु ऐसे भी होते हैं जिन्हें किसी धर्म से कोई लेना-देना नहीं रहता है। वे भिक्षावृत्ति को लाभप्रद एवं आरामदायक पेशा समझकर अपना लेते हैं। ऐसे ढोंगी साधुओं की संख्या दिनानुदिन बढ़ती ही जा रही है। इस प्रकार लाइसेंस की व्यवस्था का प्रबन्ध करना चाहिए जिससे कुछ हद तक इन पर रोक लगायी जा सके।

16. सुधार गृहों की स्थापना--भिक्षावृत्ति की समस्या का समाधान करने के लिए विभिन्न प्रकार के भिक्षुकों को जैसे--कुष्ठ रोग से पीड़ित, शारीरिक बाधित, मानसिक बाधित एवं बाल भिखारी को अलग-अलग सुधार गृहों में रखा जाना चाहिए। अर्थात् इनके लिए अलग-अलग सुधार गृहों की स्थापना की जानी चाहिए। Gore Study Team ने भी इस प्रकार का सुझाव दिया है।

17. नारी निकेतनों तथा नारी सुधार गृहों की स्थापना--भिक्षावृत्ति की समस्या का समाधान करने के लिए देश के विभिन्न क्षेत्रों में नारी निकेतनों तथा नारी सुधार गृहों का विकास किया जाना चाहिए। यहाँ पर इनके लिए रोजी-रोटी कमाने का साधन भी जुटाया जाना चाहिए।

18. पारिवारिक विघटन--अनेक स्त्रियाँ एवं बालक पारिवारिक विघटन के कारण भी भिक्षावृत्ति करने लगते हैं। पारिवारिक विघटन की समस्या को दूर करने का प्रयत्न किया जाना चाहिए। इसके लिए प्रशिक्षित सामाजिक कार्यकर्त्ताओं की सेवा ली जानी चाहिए जो इस समस्या को कम करने में बहुत हद तक सहायक साबित होंगे।

19. भिखारियों के बच्चों को उनसे दूर रखना--भिक्षुकों के बच्चों को तत्काल उनसे पृथक् कर देना चाहिए ताकि वे भीख माँगना न शुरू कर दें। इनके लिए प्रशिक्षण की व्यवस्था की जानी चाहिए तथा उनके अनुसार रोजगार उपलब्ध कराया जाए।

20. पुनर्वास का प्रबन्ध--पुनर्वास की व्यवस्था भी राज्यों के आधार पर की

जानी चाहिए। आज यातायात की सुविधा के कारण किसी विशेष स्थान पर भिखारियों का एकत्रीकरण हो जाता है। इससे उस स्थान पर एक समस्या उत्पन्न हो जाती है। इसलिए समस्या का सही निराकरण यह है कि भिखारियों को उनके राज्यों में ले जाकर उनके पुनर्वास की व्यवस्था की जानी चाहिए। इसमें खर्च अधिक होगा लेकिन अनेक तरह की समस्याओं का निराकरण एक साथ हो जाएगा। भिखारी को उनके गृह राज्यों में ले जाकर बसाने से भाषा, रहन-सहन एवं अन्य प्रकार की समस्याएँ भिखारियों के सामने नहीं आएँगी। इससे उन्हें सन्तुष्टि मिलेगी तथा वे पुनः भीख माँगने की ओर प्रेरित नहीं होंगे। इसके लिए सरकारी एवं गैर-सरकारी सभी स्तरों पर प्रयास करने की आवश्यकता है।

21. भिक्षुकों को जुर्माना देना—भिक्षावृत्ति की समस्या को दूर करने के लिए भिखारियों पर जुर्माना नहीं लगाया जाना चाहिए। श्री पी.के. राव एवं मिसेज एम. सी. राव (Sri P.K. Rao and Mrs. M.C. Rao) ने अपने लेख 'Beggary and Its Elimination' में भिक्षावृत्ति की समस्या के उन्मूलन के लिए भिखारियों पर जुर्माना नहीं लगाने का विचार दिया है। इन लोगों ने बताया है कि घोर दरिद्र भिक्षुक जुर्माना भी भीख माँगकर ही अदा करेगा एवं इस तरह भिक्षावृत्ति जारी ही रहेगी। अतः हम कह सकते हैं कि भिखारियों पर जुर्माना लगाकर भिक्षावृत्ति का उन्मूलन नहीं किया जा सकता है बल्कि अन्य उपचारात्मक उपायों से इस समस्या को हल किया जा सकता है। साथ ही राव एवं राव ने यह भी विचार दिया है कि जेल की सजा का भय दिखाकर भी भिक्षावृत्ति की समस्या को दूर नहीं किया जा सकता है। लेकिन इस बात को अस्वीकार नहीं किया जा सकता कि आर्थिक दण्ड या कैद की सजा का भय भी कुछ हद तक हमारे व्यवहारों को नियंत्रित एवं परिवर्तित करता है। अतः यह कहा जा सकता है कि यदि आर्थिक दण्ड या जेल की सजा भिक्षावृत्ति की समस्या को पूरी तरह समाप्त नहीं कर सकते तो उसकी गंभीरता को निश्चित रूप से कम करने में योगदान दे संकते हैं। यही कारण है कि भिक्षावृत्ति की समाप्ति हेतु सुझाव देते हुए कुछ लोगों ने विचार दिया है कि भिक्षावृत्ति उन्मूलन से सम्बन्धित कानूनों का दृढ़ता से पालन करना चाहिए।

उपरोक्त विवरणों से ज्ञात होता है कि भिक्षावृत्ति जैसी गंभीर समस्या का समाधान किसी एक उपाय अथवा एक कानून बनाकर नहीं हो सकता। इसके लिए विभिन्न उपायों की जरूरत है। चूँकि भिक्षावृत्ति किसी एक कारण से उत्पन्न नहीं होती इसलिए यह स्वाभाविक है कि यह किसी एक उपाय से समाप्त नहीं की जा सकती। इस समस्या के निदान के लिए अप्रैल, 1965 में योजना आयोग ने एक

अध्ययन दल की नियुक्ति थी। इस दल का प्रमुख उद्देश्य भिक्षावृत्ति, आवारागर्दी तथा बाल-अपराधों की समस्याओं का अध्ययन करने और चतुर्थ योजना के लिए उनके नियंत्रण के कार्यक्रम बनाना। समस्या का विस्तृत अध्ययन करने के इस दल ने भिक्षावृत्ति की समस्या का व्यापक रूप से अध्ययन किया और यह सुझाव दिया कि चतुर्थ योजना में प्रत्येक राज्य के कुछ क्षेत्र चुने जाएँ जहाँ समस्या के उन्मूलन तथा नियंत्रण करने के लिए कुछ गहन कार्यक्रम शुरू किए जाएँ। साथ ही जहाँ भिक्षावृत्ति के सभी पहलुओं का समाधान व्यापक आधार पर किया जा सके। इस प्रकार की परीक्षण परियोजनाएँ अनुगामी योजनाओं के लिए समस्या के समाधान में महत्वपूर्ण भूमिका का निर्वहन कर सकती हैं। इस योजना में समस्या का समाधान करने हेतु द्विमार्गी व्यवस्था का प्रस्ताव किया गया है। इनमें एक सामाजिक सहायता का मार्ग है जिसमें लोगों को उनकी जरूरत देखकर सहायता पहुँचायी जाएगी और दूसरे में ऐसे लोगों को वयस्क अपराधियों की तरह दण्डित किया जाएगा जो जान-समझकर तथा व्यवसाय के रूप में भिक्षा माँगते पाए जाएँगे। विभिन्न परिस्थितियों के भिखारियों की आवश्यकताओं की पूर्ति हेतु भिन्न-भिन्न तरह की संस्थाओं की जरूरत हो सकती है।

अतः यह स्पष्ट होता है कि किसी एक उपाय से इस समस्या का समाधान नहीं किया जा सकता है। शारीरिक रूप से जो भिखारी स्वस्थ हैं उनको रोजगार मिल जाने पर तथा अस्वस्थ एवं बीमार भिखारियों के लिए व्यवस्था करके कुछ हद तक इस समस्या पर काबू पाया जा सकता है। इस समस्या का समाधान करना एक जटिल कार्य है क्योंकि यह समाज में अपनी जड़ों को बहुत गहरे तक फैला चुका है। हालांकि वर्तमान समय में इस व्यवसाय के प्रति लोगों का झुकाव इसलिए भी है कि यह व्यवसाय या पेशा अत्यधिक लाभदायक है। इसलिए इसे दूर करना और दुष्कर हो जाता है। विशेषकर भारत जैसे देशों में जहाँ वैसे ही गरीबी एवं बेकारी का आलम है इस समस्या के लिए इतना धन खर्च करना संभव नहीं प्रतीत होता है। इसलिए यह कहा जा सकता है कि यदि लोग स्वयं अपनी मनोवृत्ति में बदलाव लाएँ एवं इसे एक अनैतिक कार्य समझें तो काफी हद तक इस समस्या का समाधान स्वतः हो जाता है।

22

अस्पृश्यता

अस्पृश्यता व छुआछूत किसी भी देश के लिए एक कलंक है। प्राचीन भारतीय समाज में अस्पृश्यता का अधिक बोलवाला था परन्तु स्वतंत्रता के उपरान्त भारत में छुआछूत की भावना लुप्त होने लगी। वर्तमान समय में नगरों की अपेक्षा ग्रामीण क्षेत्रों में यह प्रवृत्ति अधिक देखने को मिलती है। अस्पृश्य का अर्थ अछूत या न छूने योग्य से लगाया जाता है। अतः अस्पृश्यता वह प्राचीन व्यवहार का प्रतिमान का प्रतीक है जो निम्न वर्ग के लोग अछूत हैं और इसी कारण उनसे एक सामाजिक दूरी रखना न सिर्फ उच्च वर्गी का व्यवहार है बल्कि अछूत या निम्न जातियों का भी कर्त्तव्य है कि वे उच्च जाति के सदस्यों से दूर रहें और न छूएं। अस्पृश्यता नाम से ही स्पष्ट है कि यह छुआछूत की भावना भेदभाव पर आधारित है। यह भेदभाव लोगों के व्यवहारों में प्रगट होता है। यह माना जाता था कि पंचम वर्ण के लोग निकृष्ट व अपवित्र होते है। अतः उन्हें छूना मना था और छू जाने पर नहाना अनिवार्य था। साथ ही चूंकि वे अछूत थे, इसलिए उनके साथ उठना-बैठना, खाना-पीना या अन्य सामाजिक सम्बन्ध रखने का प्रश्न ही नहीं उठता था और न ही उन्हें मन्दिर में जाने दिया जाता था। जहां उच्च जाति के लोग रहते थे वहां वे रह नहीं सकते थे जैसी, पोशाक उच्च जाति के सदस्य पहनते थे वैसी पोशाक उनके लिए पहनना मना था, जिस तालाब, कुआं या नदी को उच्च जाति के लोग प्रयोग में लाते थे उन्हें भी वे लोग छू भी नहीं सकते थे, इत्यादि। तथाकथित अछूत जातियों के प्रति समस्त मनोभाव तथा व्यवहार प्रतिमान को ही अस्पृश्यता कहा जाता है। पर स्मरण रहे कि अस्पृश्यता के अन्तर्गत केवल अछूत जातियों के प्रति उच्च जातियों के मनोभाव तथा

व्यवहार-प्रतिमान ही सम्मिलित नही हैं अपितु उच्च जातियों के प्रति अछूत जातियों के मनोभाव व व्यवहार-प्रतिमान भी सम्मिलित हैं। अछूत जाति के सदस्य भी उच्च जाति के लोगों को श्रेष्ठ मानते थे, उनका आदर करते थे, उनके प्रकोप से डरते थे, उनके प्रति श्रद्धापूर्वक व्यवहार करते थे, उनसे दूरी बनाये रखते थे, उन्हें छूते नहीं थे और वे अछूत हैं इस सम्बन्ध में संचेत रहते थे।

भारत में अस्पृश्यता का उद्‌भव एवं विकास

प्राचीन भारतीय वैदिक साहित्यों के अन्तर्गत निषाद, चाण्डाल आदि शब्दों का उल्लेख किया गया है जिन्हें समाज के सबसे नीचे स्तर के लोग समझे जाते थे। पर वे अस्पृश्य थे या नहीं, इसका स्पष्ट पता नहीं चलता। डॉ॰ घुरिये का मानना है कि उत्तर वैदिक काल में यज्ञ, धर्म आदि से सम्बन्धित शुद्धता या पवित्रता की धारणा अत्यन्त प्रखर थी, परन्तु अस्पृश्यता की धारण आज जिस रूप में हैं। उस युग में नहीं थी। स्मृतिकाल में चाण्डाल आदि के रहने की व्यवस्था गाँव के बाहर थी। धर्मशास्त्र युग में अस्पृश्यता की भावना सबसे पहले स्पष्ट हुई और एक ब्राह्मण नारी और शूद्र पुरुष से उत्पन्न संतानों को, जिन्हें चाण्डाल कहा गया, सबसे घृणित माना गया। मनु के युग में ऐसे अस्पृश्य लोगों को न केवल गांव से निकाल दिया गया, बल्कि उन्हें ऐसे कार्य करने के लिए दण्ड दिये गये जिससे यह पता चल जाए कि वे मनुष्य जाति के सबसे अधम नमूने हैं। जैन और बौद्ध धर्म से प्रभावित लोगों ने इनकी दयनीय अवस्था से प्रभावित होकर इनमें सुधार लाने की कोशिश की। परन्तु इस सम्बन्धी में जो कि जाति की उत्पत्ति का एक कारण माना जाता है, अस्पृश्यता के विचार और आचरण की आत्मा है। डॉ॰ मजूमदार ने लिखा है कि तथाकथित दलित जातियों की निर्योग्यताएं संस्कार सम्बन्धित नहीं है, बल्कि इसका आधार सम्भवतः प्रजातीय और सांस्कृतिक भिन्नताएं हैं। इन भिन्नताओं के कारण पृथकृता की धारणा धीरे-धीरे इतनी कटु हो गई कि कुछ लोगों को छूना भी उचित न समझा गया जिसके फलस्वरूप वे अछूत कहलाए।

मनु के विधानों के अनुसार प्रतिलोम विवाह को ही अस्पृश्यता की उत्पत्ति का कारण मानना चाहिए। ऐसे विवाह से उत्पन्न संतानों को वर्ण संकर माना गया एवं इन्हें माता-पिता में से किसी का भी कुल नहीं मिला इस कारण हिन्दू समाज से अलग रखा गया जिससे अछूत जाति का निर्माण हुआ। मनु ने एक ब्राह्मण लड़की और एक और एक शूद्र लड़के से उत्पन्न संतान को चाण्डाल बतालाया है।

नेसफील्ड महोदय के अनुसार घृणित या गंदे पेश ही अस्पृश्यता की उत्पति

के प्रमुख कारण हैं। वे लोग जो ऐसे पेशे करते हैं जो कि सामाजिक दृष्टिकोण में गन्दे या अपवित्र हैं, उनमें छूआछूत मानी जाती है। इसका उदाहरण आज भी मिलता है। एक चमार भी धोबी में छुआछूत मानता है क्योंकि धोबी स्त्रियों के मासिक धर्म से गंदे कपड़े तक धोता है। इस प्रकार गंदे पेशों को करने वाले व्यक्ति या समूह गंदे या अछूत माने गए।

गांधीजी के अनुसार अस्पृश्यता का मूल उद्‌गम धर्म नहीं है। अस्पृश्यता की उत्पत्ति के सम्बन्ध में गांधी जी का मत है कि हिन्दू समाज तथा धर्म के क्रमिक विकास में एक समय ऐसा था जबकि गाय की रक्षा करना धर्म का एक अंग हो गया और इसलिए गाय को गऊमाता कहकर माना जाने लगा। समाज की इस अवस्था में कुछ लोग ऐसे भी थे जो कि उस समय भी अधिक सुसभ्य न थे और गाय का माँस खाते थे। स्वभावतः ऐसे लोगों से, समाज की अधिकांश जनता, जो कि गाय के रूप में पूजती थी, कोई भी सम्पर्क नही रखती थी। उस समय सामाजिक नियम बहुत कठोरता से लागू किया जाता था। मांस खाने वालों को समाज से निकाल दिया गया। यह सामाजिक-पाप पिता से पुत्र को पीढ़ी-दर-पीढ़ी हस्तान्तरित होता चला गया। इस प्रकार सामाजिक बहिष्कार का यह नियम जो कि प्रारम्भ में अच्छे उद्देश्य से लागू किया गया था, धीरे-धीरे परम्परागत और कटु होता गया और स्थायी रूप से ही सामाजिक जीवन में जड़-पकड़कर विष-वृक्ष की भांति विष-फल ही उत्पन्न करता करता गया और समाज के लाभकारी बड़े अंग को अस्पृश्य बनाए रखा।

हट्टन के अनुसार अपरिचित व्यक्ति और घृणित या गन्दे पेशों के करने वालों से अकल्याण होने या नुकसान पहुंचने के डर से लोगों में छूआछूत की धारणा पनपी। नागा जनजाति इसका एक उत्तम उदाहरण है। हट्टन के सिद्धान्त में धार्मिक पहलू भी आ जाता है। मंगल-कलश, पवित्र जानवर, धर्म-गुरु आदि की धारणाएँ भी छूआछूत की धारणा को पनपाने में काफी सहायक सिद्ध हुई।

उपर्युक्त वर्णित तथ्यों में कुछ वास्तविकता विद्यमान आंशिक सत्यता होते हुए भी उन्हें सम्पूर्ण नहीं कहा जा सकता है क्योंकि अस्पृश्यता जाति-प्रथा का ही एक अंग होने के कारण एक जटिल धारणा है, और इसकी उत्पति किसी एक विशिष्ट कारण से नहीं अनेक कारणों से हुई है। सांस्कृतिक और प्रजातीय भिन्नताएँ, धर्म से सम्बन्धित पवित्रता की धारणा, सामाजिक निषेध, घृणित पेशों के प्रति सामाजिक मनोवृत्ति आदि सभी कारणों ने मिलकर अस्पृश्यता को जन्म दिया है। ठीक ही कहा गया है, कि बहिष्कृत जातियों के स्तर की उत्पत्ति अंशतः प्रजातीय अंशतः धार्मिक और अंशतः सामाजिक प्रथा का ही नतीजा है।

भारत में अनुसूचित जातियों की समस्याएं

अनुसूचित जातियों के सन्दर्भ में **डॉ. मजूमदार** ने यह प्रकाश डाला है कि अस्पृश्य जातियाँ वे हैं जो अनेक सामाजिक और नैतिक समस्याओं का शिकार हैं, इनमें से अधिकांश समस्याएं उच्च जातियों द्वारा परम्परागत तौर पर निर्धारित और सामाजिक तौर पर लागू की गई है। भारतीय स्वतंत्रता के उपरान्त अस्पृश्यता को वैधानिक रूप से समाप्त कर दिया गया है और अस्पृश्य जातियों को आज अन्य नागरिकों की भांति समस्त अधिकार दे दिए गए हैं, जो अस्पृश्य जातियों के स्तर में यह महान् क्रांतिकारी बदलाव हैं। यह सत्य है कि इन जातियों की वैधानिक निर्योग्यताएं समाप्त हो गयीं परन्तु जैसा कि पनिक्कर का कथन है, यह मान लेना सर्वथा गलत होगा कि अस्पृश्यता समाप्त हो जाने की घोषणा कर देने से ही अस्पृश्यों की सामाजिक समस्याओं का समाधान हो गया। इस सम्बन्ध में किसी भी निष्कर्ष पर आने से पहले अनुसूचित जातियों की कुछ प्रमुख समस्याओं के विषय में जानना अतिआवश्यक है–

(1) धार्मिक समस्याएं–धार्मिक दृष्टिकोण से भी हरिजनों की समस्याएं अन्य समस्याओं से कम नहीं हैं। कुछ साल पहले तक हरिजनों को मन्दिर में प्रवेश करने का अधिकार नहीं था। कानून द्वारा आज इस समस्या को दूर कर दिया गया है। फिर भी गांवों में कहीं-कहीं यह निर्योग्यता आज भी पाई जाती है। इसके अतिरिक्त धार्मिक पुस्तकों के पढ़ने और धार्मिक संस्कारों में हिस्सा लेने के सम्बन्ध में भी समस्याएं थीं। हरिजन लोग धार्मिक उपदेशों को सुन नहीं सकते और न ही श्मशान घाटों में अपने मुर्दों को जला सकते थे। ब्राह्मण इनके धार्मिक संस्कारों में पुरोहिती नहीं करते हैं। इन समस्याओं में मन्दिर में प्रवेश या देवी-देवताओं के पूजन-सम्बन्धी समस्याएं ही सबसे प्रमुख हैं, क्योंकि धर्म के माध्यम से नैतिक उन्नति ही नहीं होती वरन् सामाजिक एकता की भावना भी बढ़ती है। कारण इन निर्योग्यताओं से हरिजनों के नैतिक स्तर को ही नहीं बल्कि राष्ट्रीय एकता को भी काफी धक्का पहुंचा है।

(2) राजनीतिक समस्याएं–हरिजन जातियों की राजनीतिक समस्याएं भी विभिन्न प्रकार की हैं। साधारण नागरिक के रूप में जो सामान्य अधिकार प्राप्त होने चाहिए थे उनमें से अधिकतर इन हरिजनों को नहीं प्राप्त थे। वोट देने का अधिकार न देना, शिक्षा प्राप्त करने के अधिकार न देना, नौकरी में नियुक्ति सम्बन्धी और वेतन सम्बन्धी समान अधिकार न देना इत्यादि राजनीतिक समस्याएं हैं। वर्तमान सरकार से पहले इस सम्बन्ध में सरकारी सुरक्षा या कानून न के बराबर था।

3. आर्थिक समस्याएं—इसमें लेश मात्र भी संदेह नहीं कि आर्थिक कारण किसी भी समूह के सुख और एवं प्रगति का सबसे प्रमुख कारण है और इसलिए कहा जाता है कि राजनीतिक स्वतन्त्रता आर्थिक समानता के बिना केवल एक कल्पना मात्र है। इस सम्बन्ध में हरिजनों की समस्या सबसे गम्भीर है, जिसे निम्न प्रकार से स्पष्ट किया गया है—

(i) अल्प पारिश्रमिक—निःसन्देह हरिजन लोग समाज के लिए सबसे आवश्यक और मूल्यवान सेवा करते हैं। गाँधीजी के शब्दों में, डाक्टर यदि डाक्टरी छोड़ दे तो उसके रोगी का सर्वनाश हो जाये। किन्तु यदि अछूत अपना काम बन्द कर दे तो जगत् का ही विनाश हो जाये। लेकिन इस काम का पारिश्रमिक उन्हें सबसे कम मिलता है, यहाँ तक कि उनको तन ढकने को व्यतीत करते रहते हैं और अंत में पशुओं की भांति एक घूंट दवा के बिना ही मरते हैं।

(ii) श्रम विभाजन के निम्न कार्य—अस्पृश्यता की धारणा के कारण मिल, फैक्टरी आदि में अनेकों अच्छे पदों पर काम करने का अवसर ही नही मिल पाता है। उन्हें केवल वे काम ही मिलते हैं जो कोई नहीं करता है। योग्यता होने पर भी उचित काम न मिलने से उत्पादन को काफी धक्का पहुंचाता है और उनकी आर्थिक दशा गिर जाती है।

(iii) व्यवसाय के चुनाव की समस्या—अपने परम्परात्मक पेशों को छोड़कर हरिजनों को यह अधिकार नहीं था कि ऊँची जातियों के पेशों को स्वतन्त्रतापूर्वक चुन सकें। अस्पृश्यता की धारणा के कारण अभी हाल तक उन्हें सब तरह के पेशों को करने की छूट न थी।

(iv) भूमिहीन किसान—भारत के अधिकतर भाग में खेती करना ऊँची जातियों का एकाधिकार माना जाता है। इस कारण यह नहीं हो सकता कि हरिजनों का भूमि पर अधिकार हो। वे अधिकतर भूमिहीन श्रमिक हैं। यह कहा जाता था कि यह उनका सौभाग्य होगा अगर उन्हें ऊंची जाति के लोग अपने खेत में ही काम करने का अधिकार दे दें। जमीदारी प्रथा के समाप्त होने से पूर्व इनसे गुलामों की तरह बेगार ली जाती थी। पनिक्कर ने उचित ही कहा है कि उस समय जब अस्पृश्यता की धारणा अपने परम्परागत रूप में कार्य कर रही थी, हरिजनों की स्थिति गुलामों से भी गई बीती थी। गुलाम कम से कम अपने मालिक की चल सम्पत्ति होने के कारण मालिकों से कुछ व्यक्तिगत सम्बन्ध रखते थे और उनकी आर्थिक महता के कारण उनके साथ बर्बरता का व्यवहार अधिक नहीं किया जाता था। पर हरिजन लोगों के मामले में इसका भी अभाव था। यह एक प्रकार का गुलामों पर सामुदायिक अधि

ाकार था। प्रत्येक व्यक्ति का पृथक्-पृथक् न होकर प्रत्येक गांव में उनकी सेवा करने के लिए अनेक हरिजन परिवार होते थे जो कि सामुदायिक गुलामी का द्योतक है।

4. सामाजिक समस्याएं–सामाजिक क्षेत्र में भी हरिजनों की समस्याएं अनेक हैं जिनके कारण उनकी समस्या न केवल गंभीर ही है बल्कि दयनीय भी। ये सामाजिक समस्याएं निम्नलिखित हैं–

(i) आवास सम्बन्धी समस्याएं–शहरों की अपेक्षा ग्रामीण क्षेत्रों में यह व्यवस्था और भी भयानक थी।

(ii) अछूतों में भी अछूतों की समस्याएं–आश्चर्य की बात तो यह है कि हरिजनों में आपस में ही छुआछूत की भावना है जिसके फलस्वरूप अनेक हरिजनों की समस्याएं और भी भयानक परिलक्षित होती थीं। अछूतों का भी अपना एक संगठन है और हिन्दुओं की भांति ही असंख्य उपजातियाँ हैं जिनमें से प्रत्येक अपने को श्रेष्ठ प्रमाणित करने का प्रयत्न कर सकती है। एक मोची एक धोबी को या धोबी एक मेहतर को कभी नहीं छूता है।

(iii) समाज में निम्नतम स्थिति–अस्पृश्यता की धारणा ने हरिजनों को समाज में निम्नतम स्थिति प्रदान की है। इसी कारण ऊँची जातियों के सभी व्यक्ति उन्हें घृणा की दृष्टि से देखते है। उनके स्पर्श से ही केवल बचा नहीं जाता है बल्कि उनके दर्शन और छाया तक भी उन्हें अपवित्र करती है।

(iv) शिक्षा सम्बन्धी समस्याएं–स्वतंत्रता के पूर्व अनुसूचित जातियों की सन्तानों को शिक्षा प्राप्त करने पर निषेध था अतः उन्हें शिक्षा प्राप्त करने की स्वतन्त्रता नहीं थी। इसका फल यह था कि प्रायः शत-प्रतिशत हरिजन अशिक्षित थे और इसी कारण हर प्रकार के दुःख दर्द भी इन्हीं के हिस्से में आते थे।

(v) अन्य सामाजिक समस्याएं–जिस मार्ग व स्थान को उच्च वर्ग के लोग प्रयोग करते थे उसे अनुसूचित जाति के लोग प्रयोग नहीं कर सकते थे। उनके लिये अलग सड़क थी। उसी प्रकार वे उन कुओं से पानी नहीं भर सकते थे, या उन तालाबों को व्यवहार में नहीं ला सकते थे जिन्हें उच्च जाति के लोग व्यवहार में लाते थे। छात्रावासों में रहने, होटल, जलपान-गृह आदि में घुसने के सम्बन्ध में अनेक निर्योग्यतायें उन पर लाद दी गईं दक्षिण भारत में उनकी स्थिति इन सम्बन्धों में सचमुच ही दयनीय थी। जिस प्रकार हरिजनों को बाल बनवाने, साफ कपड़े पहनने, सोने के जेवर आदि व्यवहार करने और गांव में रहने की आज्ञा नहीं थी, उसी प्रकार ऊँची जातियों के किसी भी व्यक्ति के निकट आने पर सम्मानपूर्वक खड़े हो जाना उनके लिए अनिवार्य था।

अनुसूचित जातियों की समस्यायों के समाधान के उपाय

अनुसूचित जातियों के उपरोक्त समस्याओं का समाधान निम्नलिखित उपायों द्वारा किया जा सकता है–

1. सामान्य एवं औद्योगिक शिक्षा–किसी भी सुधार का एक प्रमुख आधार शिक्षा होती है। विशेषकर हरिजनों से सम्बन्धित प्रत्येक आर्थिक और सामाजिक सुधार तभी हो सकता है जब इनको अज्ञानता के अन्धकार से मुक्त कर दिया जाए। इनके अन्धविश्वासों को दूर करने के लिए इनको अच्छी नौकरियों में नियुक्त करने के लिए, साथ ही इनकी औद्योगिक कुशलता को बढ़ाने के लिए इनकी सामान्य और औद्योगिक शिक्षा दोनों की ही व्यवस्था होनी चाहिए।

2. आवास की उचित व्यवस्था–अनुसूचित जातियों की बस्तियों वास्तव में मनुष्य के रहने योग्य नहीं हुआ करती हैं। इनका बहुत बुरा प्रभाव उनके स्वास्थ्य स्तर और नैतिक उन्नति पर पड़ता है। इस कारण उनके निवास स्थान की उचित व्यवस्था अनिवार्य है। इस सम्बन्ध में सरकारी प्रयत्न सबसे अधिक होने चाहिएं, परन्तु इस कार्य में महानगर पालिकाओं, नगरपालिकाओं आदि के भरपूर प्रयत्नों की आवश्यकता है। उन्हें सर्वसाधारण के साथ सम्मिलित आवास बनाने का अधिकार देना चाहिए।

3. उच्च पारिश्रमिक–अनुसूचित जातियों की आर्थिक दशा को सुधारने के लिए यह भी आवश्यक है कि इनकी अपनी सेवाओं के लिए उचित वेतन मिले। इस दशा में भी सरकारी प्रयत्न सबसे प्रमुख हैं। महानगरपालिकाओं तथा नगरपालिकाओं के अधीन जो मेहतर कार्य करते है उनके वेतन में भी आवश्यक सुधार की अत्यधिक जरूरत है और यह काम उन्हीं नगरपालिकाओं के द्वारा किया जाना चाहिए।

4. गंदे व्यवसायों का उन्मूलन–मेहतर और जाटवों के पेशे विशेष रूप से गंदे हैं, जैसे टोकरियों में सिर पर मैला ढोने की कुप्रथा समाज का कलंक है, इसीलिए इस प्रथा का उन्मूलन हमारा लक्ष्य होना चाहिए। मेहतरों को बन्द बाल्टियां तथा मैलों को साफ करने के लिए उचित मशीनें आदि दी जानी चाहिएं।

5. शरीरिक श्रम को प्रोत्साहन–प्रायः उच्च वर्ग के लोग शारीरिक श्रम को हेय दृष्टि से देखते हैं जिससे ऊँच-नीच की भावना और भी कटु होती है। मनोभाव को जनमत एवं प्रचार के द्वारा दूर करना चाहिए।

6. स्वस्थ मनोविनोद की व्यवस्था–अनुसूचित जातियों को अन्धविश्वास के पंजे से छुड़ाने के लिए, इनकी नशाखोरी की आदत को मिटाने के लिए और नैतिक स्तर को ऊँचा उठाने के लिए यह आवश्यक है कि इनके स्वस्थ मनोरंजन की

समुचित व्यवस्था हो। ग्रामीण क्षेत्रों में सामुदायिक खेल-कूद, भजन मण्डली, कीर्तन सभा, प्रदर्शनी मेलों आदि के द्वारा मनोरंजन आदि की व्यवस्था की जा सकती है। यह काम समन्वित ग्रामीण विकास योजना के अन्तर्गत और भी विस्तृत रूप में लागू होना चाहिए। साथ ही साथ शिक्षाप्रद सिनेमा आदि के माध्यम से इनको वैज्ञानिक तरीके से उपलब्ध मनोरंजन के साधनों के सदुपयोग के सम्बन्ध में शिक्षित करने का प्रयत्न करना होगा।

7. जाति-प्रथा का उन्मूलन—जातिप्रथा किसी भी देश के लिए एक कलंक है जिसे मिटाना कोई सरल कार्य नहीं है। इसे कानून द्वारा न तो समाप्त किया जा सका है और न ही यह उचित होगा। शिक्षा और प्रचार के द्वारा जाति-प्रथा के संरचनात्मक स्वरूपों में जो दोष आ गए है, उन्हें दूर करने का प्रयास जरूर निभाया जा सकता है।

8. सामाजिक मूल्यों का विकास—नगरों की अपेक्षा ग्रामीण क्षेत्रों में अनुसूचित जातियों की स्थिति काफी शोचनीय हैं। सामुदायिक योजना, प्रौढ़ और सामाजिक शिक्षा के विस्तार के द्वारा ग्रामीण जनता के विचारों और अन्धविश्वासों का बदलना सबसे अधिक आवश्यक है। गाँव में रहने वाली अधिकतर अनुसूचित जातियां भूमिहीन श्रमिक है और उनका उच्च जाति के द्वारा खूब शोषण होता है। अतः आवश्यकता यह है कि हरिजनों के प्रति इस मनोभाव को बदला जाए इसके लिए भी प्रचार आदि के द्वारा निरन्तर प्रयास की जरूरत है।

9. सामाजिक सुरक्षा की व्यवस्था—अनुसूचित जातियों के जीवन में आर्थिक और स्वास्थ्य सम्बन्धी आवश्यकताएं सबसे अधिक हैं, इस कारण इनके लिए सामाजिक सुरक्षा का विस्तृत आयोजन होना चाहिए। इस सम्बन्ध में सरकारी प्रयत्न होने चाहिएं। क्योंकि सामाजिक सुरक्षा सम्बन्धी योजनाओं को बनाने तथा उन्हें लागू करने के पर्याप्त साधन सरकार को ही अधिक उपलब्ध हैं। इस सम्बन्ध में दिल्ली में जो सेमिनार हुआ था उसकी सिफारिशें भी उल्लेखनीय हैं, जो निम्नलिखित हैं—

(क) हरिजन देश में सबसे अधिक निर्धन हैं। इसीलिए सरकारी योजनाओं द्वारा उनकी आर्थिक दशा को सुधारने का सबसे पहले प्रयास किया जाए। घरेलू उद्योग-धन्धों के विकास के साथ-साथ इस बात का ध्यान रखना चाहिए कि कहीं जाति-प्रथा का वंशानुगत पेशों वाला पहलू न बना रहे।

(ख) जहाँ कहीं भी आवश्यक हो वहां सामाजिक कुरीतियों को दूर करने के लिए सामाजिक कानून बनाने चाहिएं, पर शिक्षा का कार्यक्रम कानूनों से पहले चलाया जाए या उनके साथ-साथ चलाया जाए।

(ग) सरकार की ओर से या किसी सार्वजनिक संस्था की ओर से जहाँ कहीं भी मकान बनाने की व्यवस्था हो वहां ऊँची जातियों के साथ-साथ हरिजनों को मकान मिलने चाहिएं।

(घ) शहरों में जातियों के आधार पर कोई भी छात्रावास नहीं रहना चाहिए और हरिजन विद्यार्थियों को सामान्य छात्रावास में अन्य जातियों के विद्यार्थियों के साथ ही रहने की सुविधा मिलनी चाहिए।

अस्पृश्य जातियों के सम्बन्ध में संवैधानिक नियम

स्वतंत्रता के उपरान्त अनुसूचित जातियों के विकास व उत्थान हेतु सबसे महत्वपूर्ण कदम संवैधानिक संरक्षण था। भारत के संविधान में इन जातियों की विभिन्न समस्याओं के समाधान के सन्दर्भ में निम्नलिखित नियमों का प्रावधान किया गया है–

अनुच्छेद 15–राज्य किसी नागरिक के विरुद्ध केवल धर्म, मूल वंश, जाति, लिंग, जन्म-स्थान अथवा उनमें किसी के आधार पर कोई विभेद नहीं करेगा। केवल धर्म, मूल वंश, जाति, लिंग, जन्म स्थान अथवा इनमें से किसी के आधार पर कोई नागरिक दुकानों, सार्वजनिक भोजनालयों, होटलों तथा सार्वजनिक मनोरंजन के स्थानों में प्रवेश के अथवा पूर्ण या आंशिक रूप में राज्यनिधि से घोषित अथवा साधारण जनता के उपयोग के लिए समर्पित कुओं, तालाबों, स्नानघाटों, सड़कों तथा सार्वजनिक समागम स्थानों के उपभोग के बारे में किसी भी निर्योग्यता, प्रतिबन्ध या शर्त के अधीन न होगा।

अनुच्छेद 16–इस अनुच्छेद में यह प्रावधान किया गया है कि राज्याधीन नौकरियों या पदों पर नियुक्ति के सम्बन्ध में समस्त नागरिकों के लिए अवसर की समानता होगी। केवल धर्म, मूल वंश, जाति, लिंग, जन्म स्थान, निवास अथवा इनमें से किसी के आधार पर किसी नागरिक के लिए राज्याधीन किसी नौकरी या पद के विषय में न अपात्रता होगी और न विभेद किया जायेगा।

अनुच्छेद 17–अस्पृश्यता का अन्त किया जाता है और इसका किसी भी रूप में आचरण निषिद्ध किया जाता है। अस्पृश्यता से उत्पन्न किसी निर्योग्यता को लागू करना अपराध होगा जो कानून के अनुसार दण्डनीय होगा।

अनुच्छेद 29–राज्यनिधि द्वारा घोषित अथा राज्यविधि से सहायता पाने वाली किसी शिक्षा संस्था में प्रवेश से किसी भी नागरिक को केवल धर्म, मूल वंश, जाति, भाषा अथवा इनमें से किसी के आधार पर वंचित न किया जायेगा।

अनुच्छेद 38—राज्य ऐसी सामाजिक व्यवस्था की भरसक कार्यसाधन में स्थापना और संरक्षण करके लोक कल्याण की उन्नति का प्रयास करेगा जिसमें सामाजिक, आर्थिक और राजनैतिक न्याय राष्ट्रीय जीवन की सभी संस्थाओं को अनुप्रमाणित करे।

अनुच्छेद 46—राज्य जनता के दुर्बलतम विभागों की, विशेषतया अनुसूचित जातियों तथा अनुसूचित जनजातियों की शिक्षा तथा कार्य सम्बन्धी हितों की विशेष सावधानी से उन्नति करेगा तथा सामाजिक अन्याय व सब प्रकार के शोषण से उनका संरक्षण करेगा।

अस्पृश्यता अपराध अधिनियम, 1955

केन्द्रीय सरकार ने संविधान के अनुच्छेद 15 को विस्तारपूर्वक लागू करने के लिए इस अधिनियम को पास किया और यह कानून के रूप में 1 जून 1955 से लागू हुआ। इस अधिनियम की मुख्य धाराएं निम्नवत् हैं:-

धारा 3—प्रत्येक व्यक्ति को किसी भी सार्वजनिक पूज के स्थान में प्रवेश करने की स्वतन्त्रता होगी। (ब) प्रत्येक व्यक्ति किसी प्रकार के पूजा प्रार्थना या दूसरे धार्मिक संस्कार करने में स्वतन्त्रता होगी। (द) इन नियमों का पालन न करने पर सरकार द्वारा दी गई कोई भी सहायता बन्द की जा सकती है या जमीन छीनी जा सकती है।

धारा 4—प्रत्येक व्यक्ति को (क) किसी दुकान, जलपान-गृह, होटलों या सार्वजनिक मनोरंजन के स्थान में प्रवेश करने और धर्मशालाओं या मुसाफिरखानों के बर्तनों तथा अन्य चीजों को व्यवहार में लाने की स्वतन्त्रता होगी (ख) किसी भी नदी, कुएं, नल, घाट, श्मशान या कब्रिस्तान के स्थानों को व्यवहार में लाने की स्वतन्त्रता होगी (ग) साधारण जनता के लिए बनाई गई धर्मार्थ संस्थाओं के लाभ और सेवाओं को उपभोग करने का पूर्ण अधिकार होगा (घ) किसी भी मुहल्ले में जमीन खरीदने, मकान बनवाने और रहने की स्वतन्त्रता होगी (ड) किसी भी धर्मशाला, सराय आदि से लाभ उठाने का पूर्ण अधिकार होगाः (च) किसी भी सामाजिक या धार्मिक संस्कार या प्रथा को अपनाने की स्वतन्त्रता होगी। (छ) किसी भी प्रकार के जेवर या अन्य चीजों को पहनने की स्वतन्त्रता होगी।

धारा 5—अस्पृश्यता अपराध अधिनियम, 1955 की धारा 5 में यह प्रावधान किया गया है कि हर व्यक्ति को किसी भी सार्वजनिक चिकित्सालय, औषधालय, शिक्षा संस्था या छात्रावास में प्रवेश करने का अधिकार होगा और वहाँ प्रत्येक के साथ,

समान व्यवहार किया जायेगा। इसके अलावा इस धारा में यह भी प्रावधान किया गया है कि भेदभाव के आधार पर कोई भी दुकानदार किसी भी व्यक्ति को कोई चीज बेचने या सेवा करने से इंकार नहीं कर सकता है।

धारा 7—अस्पृश्यता अपराध अधिनियम, 1955 के किसी सिद्धान्त या नियम का उल्लंघन करने वाले को दण्डित किया जायेगा। इस कानून के किसी भी नियम को मानने या अस्पृश्यता को बढ़ावा देने वालों को दण्ड दिया जायेगा। ये दण्ड 6 माह की कैद या 500 रु. के जुर्माने या दोनों ही हो सकते हैं।

नागरिक अधिकार संरक्षण अधिनियम, 1976

केन्द्रीय सरकार के प्रयासों के परिणामस्वरूप अस्पृश्यता के अपराध के लिए कड़े दण्ड के प्रावधान का नया कानून तत्कालीन प्रधानमंत्री इन्दिरा गांधी के जन्मदिन 19 नवम्बर 1976 से लागू कर दिया गया है। जैसा कि विवेचना से स्पष्ट है कि अस्पृश्यता की सामाजिक बुराई को संविधान की धारा 17 द्वारा समाप्त कर दिया गया था, 1955 में अस्पृश्यता अपराध कानून का निर्माण किया परन्तु समय-समय पर इसकी आलोचना की जाती रही है कि अस्पृश्यता को रोकने में यह कानून सक्षम नहीं है। आलोचना को देखते हुए केन्द्र ने एल. इत्योपरू की अध्यक्षता में एक समिति का गठन किया जिसने 1969 में अपनी रिपोर्ट दे दी। नया कानून इस कमेटी की सिफारिशों पर आधारित है। इसे संसद ने 1976 के वर्षाकालीन अधिवेशन में पारित किया था तथा राष्ट्रपति 13 सितम्बर 1976 को अपनी स्वीकृति दे दी थी। नागरिक अधिकार संरक्षण कानून, अस्पृश्यता अपराध के लिए दंडित लोग संसद् और विधानसभा के चुनाव में खड़े नहीं हो सकेंगे।

अस्पृश्यता बरतने के अपराध में जुर्माना और दोनों तरह की सजा की व्यवस्था की गई है। पहली बार अपराध करने पर एक माह तक की कैद और 100 रु. से लेकर 500 रु. तक जुर्माना किया जा सकता। किन्तु दुबारा अपराध करने पर छह माह से तक वर्ष के कैद और 1000 रु. तक जुर्माने की व्यवस्था है। अस्पृश्यता के सभी अपराध ों में पुलिस बिना शिकायत के कार्रवाई कर सकेगी किन्तु अभी तक वादी और प्रतिवादी को समझौता करके मामले को समाप्त करने की छूट थी वह नए कानून में नहीं रहेगी।

पहली बार यह प्रावधान किया जा रहा है कि कोई भी सरकारी कर्मचारी यदि अस्पृश्यता के अपराध की जांच के काम की जानबूझकर उपेक्षा करेगा, तो उसे अपराध को प्रोत्साहन देने के आरोप में दंडित किया जाएगा। पूजा के निजी स्थानों पर जहाँ आमतौर पर जनता जाती रहती है अस्पृश्यता बरतना दण्डनीय होगा। किसी भी

अपराध पर अस्पृश्यता का प्रचार करना उसे न्यायोचित ठहराना भी अपराध होगा। किसी की अस्पृश्यता बरतने के लिए मजबूर करना दण्डनीय अपराध होगा। नए कानून में राज्य सरकारों को अस्पृश्यता का अपराध करने वाले किसी इलाके में लोगों पर सामूहिक जुर्माना करने का अधिकार होगा।

अस्पृश्यता को प्रभावशाली ढंग से रोकने के लिए कानून में राज्य सरकारों और केन्द्र सरकार को कुछ दायित्व दिए गए हैं। राज्य सरकारें अस्पृश्यता से प्रभावित लोगों को पर्याप्त कानूनी सहायता उपलब्ध करने की व्यवस्था करेंगी। कानून के उल्लंघन के मामलों में अपराधी को दण्ड दिलाने की कार्रवाई के लिए विशेष अधिकारी नियुक्त किये जायेंगे। कानून के अधीन अपराधों की सुनवाई के लिए विशेष न्यायालयों का गठन किया जाएगा।

विभिन्न स्तरों पर कमेटियां गठित की जायेंगी जो कानून के प्रावधानों को लागू करने के सम्बन्ध में राज्य सरकारों की मदद करेंगी। कानून में केन्द्र सरकार को राज्य सरकारों द्वारा किये जाने वाले उपायों को समन्वित करने के लिए उचित कदम उठाने का निर्देश दिया गया है। केन्द्र सरकार कानून के प्रावधानों के अर्न्तगत की गई कार्रवाइयों का विवरण प्रतिवर्ष संसद के दोनों सदनों में पेश करेगी।

हरिजन-कल्याण कार्य

विधानमण्डलों में प्रतिनिधित्व—संविधान के अनुच्छेद 330 तथा 332 के तहत राज्यों के अनुसूचित जातियों की जनसंख्या के अनुपात में इन लोगों के लिए लोकसभा तथा राज्यों की विधानसभाओं में स्थान सुरक्षित रखे गये हैं। आरम्भ में यह व्यवस्था केवल 10 वर्ष तक के लिए थी, पर बाद में संविधान के 62वां संशोधन विधेयक 1989 करके व्यवस्था 25 जनवरी 2000 तक बढ़ा दी गई है जो वर्तमान में जारी है। लोकसभा में 79 स्थान तथा विधानसभा में 557 स्थान अनुसूचित जातियों के लिए सुरक्षित हैं। पंचायती राज्य लागू होने के बाद इसके लिए ग्राम पंचायतों तथा अन्य स्थानीय संस्थाओं में भी आरक्षण का प्रावधान किया गया है।

सरकारी नौरिकयों में प्रतिनिधित्व—संविधान के अनुच्छेद 16 में यह प्रावधान किया गया है कि ऐसे किसी भी पिछड़े वर्ग को आरक्षण देने की अनुमति दी गई है, जिसके बारे में राज्य को यह लगना हो कि उसे सरकारी नौकरियों में उचित प्रतिनिधित्व नहीं मिला है। इस प्रावधान के अंतर्गत सरकार ने अपने नियंत्रण वाले पदों और सेवाओं में अनुसूचित जातियों/जनजातियों के लिए उनकी जनसंख्या के अनुपात में आरक्षण की व्यवस्था की है। संविधान के अनुच्छेद 335 में संघ या

राज्य की गतिविधियों से संबंधित किसी पद या सेवा में नियुक्ति में प्रशासनिक कार्यकुशलता बनाए रखने के साथ-साथ अनुसूचित जातियों/जनजातियों के सदस्यों के दावों का लगातार ध्यान रखने की व्यवस्था की गई है। संविधान के अनुच्छेद 341 और 342 में यह भी उल्लेख किया गया है कि किसी राज्य या केंद्रशासित प्रदेश में अनुसूचित जातियों और जनजातियों में किन को शामिल किया जाएगा। किसी खास क्षेत्र में जिसे अनुसूचित जाति/जनजाति के लिए निर्दिष्ट किया गया है, रहने वाले खास समुदायों के लोगों को ही इन सुविधाओं का फायदा मिले, यह सुनिश्चित करने के लिए अंतर्राज्य प्रतिबंध लगाए गए हैं। प्रशासनिक सेवाओं के तहत अस्पृश्य समुदाय के व्यक्तियों को आरक्षण देने का उद्देश्य इन समुदायों के कुछ लोगों को रोजगार उपलब्ध कराकर सेवाओं में उनका प्रतिनिधित्व बढ़ाना मात्र नहीं है, बल्कि समुदायों का सामाजिक और शैक्षिक उत्थान कर उन्हें समाज में उचित स्थान दिलाना भी इसका एक उद्देश्य है।

अनुसूचित जातियों और जनजातियों के अतिरिक्त कुछ अन्य पिछड़ी जातियां और समुदाय भी ऐसे हैं, जिनकी ओर तत्काल ध्यान देने की जरूरत है। इसी बात को ध्यान में रखकर इन जातियों और समुदायों के लिए भारत सरकार की सेवाओं तथा पदों में आरक्षण की व्यवस्था की गई है। इसके अलावा, शारीरिक रूप में विकलांगों और भूतपूर्व सैनिकों को भी कुछ खास पदों पर आरक्षण देने की व्यवस्था की गई है। अखिल भारतीय स्तर पर खुली प्रतियोगिता परीक्षा के जरिए सीधी भर्ती से भरे जाने वाले पदों में अनुसूचित जाति, अनुसूचित जनजाति और अन्य पिछड़े वर्गों के लिए क्रमशः 15%, 7.5 प्रतिशत व 27% आरक्षण की व्यवस्था की गई है। खुली प्रतियोगिता को छोड़कर अन्य तरीके से अखिल भारतीय आधार पर सीधी भती से भरे जाने वाले पदों में अनुसूचित जातियों के लिए 16%, अनुसूचित जनजातियों के लिए 7.5 प्रतिशत और अन्य पिछड़े वर्गों के लिए 27% आरक्षण की व्यवस्था है। आर. के सब्बरवाल के मामले में उच्चतम न्यायलय के निर्णय को देखते हुए 2 जुलाई 1997 के एक आदेश से पहले बनाए जाने वाले खाली पदों के रेस्टरों की व्यवस्था के स्थान पर अब पद आधारित रोस्टरों की व्यवस्था की गई है।

अनुसूचित जातियों, अनुसूचित जनजातियों और अन्य पिछड़े वर्गों को सरकारी नौकरियों में पर्याप्त प्रतिनिधित्व प्रदान करने के लिए कुछ छूट और रियायतें दी गई हैं। इनमें से कुछ इस प्रकार हैं–(क) अनुसूचित जातियों/अनुसूचित जनजातियों के लिए अधिकतम आयु की सीमा में पांच साल की छूट (ख) अन्य पिछड़े वर्गों के उम्मीदवारों को सीधी भर्ती के मामलों में जहां जरूरी हो, वहाँ अनुभव

संबंधी योग्यता में छूट और (घ) अनुसूचित जातियों/जनजातियों के उम्मीदवारों को आवेदन शुल्क के भुगतान से छूट, अनुसूचित जाति तथा अनुसूचित जनजाति के लिए पदोन्नति में आरक्षण जो 15 नवंबर 1997 को समाप्त होने वाला था, को जारी रखने के लिए संविधान में 77वां संशोधन अधिनियम, 1995 किया गया और संविधान के अनुच्छेद 16 के अंतर्गत एक खंड 4 जोड़ा गया, जिसके जरिए राज्यों को यह अधिकार प्रदान किया गया कि यदि उनकी दृष्टि में अनुसूचित जाति और अनुसूचित जनजाति के उम्मीदवारों का राज्य सेवाओं में पर्याप्त प्रतिनिधित्व नहीं है तो उन्हें पदोन्नति के मामलों में आरक्षण दिया जाए परिणामतः इन वर्गों के आरक्षण का निर्धारित प्रतिशत पूरा होने तक 15 नंवबर 1997 के बाद भी जारी रखे जाने के लिए 13 अगस्त 1997 को अनुदेश जारी किए गए।

आरक्षण की यह प्रणाली राष्ट्रीयकृत बैंकों समेत सार्वजनिक क्षेत्र के उपक्रमों में भी अपनाई जा रही है। राज्य सरकारों ने संविधान की अनुसूची के अंतर्गत राज्य सूची की 41वीं पद में दिए गए अधिकारों का इस्तेमाल करके इन वर्गों को पदों के लिए आरक्षण दिया है। किन्तु राज्य सरकार की सेवाएं पूर्ण रूप से राज्य सरकार के अधिकार क्षेत्र में आती हैं। आरक्षण आदर्शों को क्रियान्वयन सुनिश्चित करने के लिए विभिन्न मंत्रलयों/विभागों के अंतर्गत प्रत्येक विभाग में अनुसूचित जातियों/अनुसूचित जनजाति और अन्य पिछड़े वर्गों के लिए अलग से संपर्क अधिकारियों की नियुक्ति की गई। भर्ती अधिकारियों को वार्षिक विवरण प्रस्तुत करने होते हैं, जिससे कि सरकार उनकी छानबीन कर सके। पहली जनवरी 1998 को केन्द्र सरकार को सेवाओं में अनुसूचित जातियों/जनजातियों के प्रतिनिधि राज्यों का विवरण अग्रांकित सारणी में दिया गया है:

केंद्र सरकार की सेवाओं में अनुसूचित जातियों/जनजातियों का प्रतिनिधित्व

वर्ग	कुल अनु.जाति	प्रतिशत	अनु.जाति	जनजाति	प्रतिशत
क.	63,466	6,608	10.41	2,047	3.23
ख.	1,05,679	12,510	11.84	2,868	2.71
ग.	21,35,640	3,48,309	16.31	1,28,776	6.09
घ.	9,98,672	2,14,784	21.51	69,168	6.93
सफाई कर्मचारियों को छोड़कर					
सफाई कर्मचारी					
	1,71,994	93,430	54.32	6.916	4.02
कुल	33,03,457	5,82,211	17.62	2,02,859	6.04
सफाई कर्मचारी-सहित					

कल्याण व एवं सलाहकार एजेंसी

अनुसूचित जाति एवं जातियों के सन्दर्भ में कल्याण मंत्रालय विस्तृत स्तर पर नीति तथा योजना बनाने तथा उनके विकास के कार्यक्रमों में समन्वय स्थापित करने वाला प्रमुख माध्यम है। प्रत्येक केन्द्रों व मंत्रालय और विभाग अपने कार्यक्षेत्र से सम्बन्धित मामले की प्रमुख एजेंसी हैं। कल्याण मंत्रालय केन्द्रीय मंत्रालयों और राज्य सरकारों के बीच समन्वय भी स्थापित करता है।

राज्यों के कल्याण विभाग

राज्य सरकारों एवं केन्द्रशासित प्रदेशों के सरकारों के अधीन अस्पृश्य जातियों के कल्याण हेतु अलग-अलग विभागों की स्थापना की गयी है। इनका प्रशासनिक ढांचा अलग-अलग राज्यों में अलग प्रकार का है। बिहार, मध्य प्रदेश और उड़ीसा में संविधान के अनुच्छेद 164 में बताए गए जनजातीय कल्याण के कार्य की देख-रेख के लिए केन्द्र की संसदीय समिति के नमूने पर राज्य विधान मण्डलों के सदस्यों की समितियां गठित की गई हैं। कुछ अन्य राज्यों में विधान मण्डलों के सदस्यों की समितियां केन्द्र को संसदीय समिति की पद्धति पर गठित की गई हैं।

स्वयंसेवी संगठन

अनेक स्वयंसेवी भी अनुसूचित जातियों के कल्याण को प्रोत्साहन देने में जुटे हुए हैं। अखिल भारतीय स्तर के कुछ प्रमुख संगठन इस प्रकार हैं। हरिजन सेवक संघ दिल्ली भारतीय रेडक्रास सोसाइटी, नई दिल्ली, हिन्द स्वीपर आदिम सेवक संघ, नई दिल्ली, रामकृष्ण मिशन, नरेन्द्र पुन भारतीय आदिम जाति सेवक संघ नई दिल्ली, आन्ध्र राष्ट्र आदिम जाति सेवक संघ, नेल्लौर, चेरापूंजी, रांची, पुरी, सिल्वर, शिलांग और पुरलिया में रामकृष्ण मिशन तथा भारतीय उन्नति मण्डल, विलवड़ी, महाराष्ट्र ठक्कर बापा आश्रम, नूमाखंडी, उड़ीसा, सर्वेंट्स ऑफ इंडिया सोसाइटी, पुणे, महाराष्ट्र और सामाजिक कार्य तथा अनुसंधान केन्द्र, तिलोनिया, राजस्थान अनुसूचित जातियों के बीच रहकर कार्य करने वाली गैर सरकारी स्वयंसेवी संगठनों को सरकार अनुदान सहायता उपलब्ध कराती है। 1999-2000 में 336 स्वयंसेवी संगठनों को 26 करोड़ रु० की सहायता दी गई।

अनुसूचित जातियों के विकास के लिए नीति

अनुसूचित जातियों के विकास को तेज करने के लिए तिहरी नीति तैयार की

गई—(क) केन्द्रीय मंत्रालयों तथा राज्य सरकारों की विशेष योजना (ख) राज्यों की अनुसूचित जातियों के लिए विशेष योजनाओं की विशेष केन्द्रीय सहायता, और (ग) राज्यों में अनुसूचित जाति विकास निगम।

विशेष घटक योजनाओं में विकास के सामान्य क्षेत्र के अन्तर्गत योजनाओं का पता लगाने की व्यवस्था है जिनसे अनुसूचित जातियों को लाभ पहुंचे। हर क्षेत्र के निम्नलिखित सभी विमान्य कार्यक्रमों से कोषों की मात्रा जुटे तथा ऐसे परिवारों के सदस्यों को विशेष लक्ष्य के रूप में निर्धारित किया जा सके, जिन्हें उन कार्यक्रमों से हर क्षेत्र के अन्तर्गत में पर्याप्त वृद्धि करने में सहायता देना है। बुनियादी सेवाओं तथा सुविधाओं का प्रावधान तथा सामाजिक तथा शैक्षिक विकास के अवसरों तक पहुंच को ही विशेष घटक योजनाओं में शामिल किया जा रहा है।

विशेष केन्द्रीय सहायता

सरकार अनुसूचित जातियों के लिए विशेष घटक, योजनाओं की विशेष केन्द्रीय सहायता उपलब्ध कराता है, विशेष केन्द्रीय सहायता राज्य योजनाओं के लिए एक अतिरिक्त मदद है। कुछ राज्य योजनाओं तथा अनुसूचित जातियों के लिए कार्यक्रमों मे क्रमबद्ध पद्धति नहीं अपनाई जाती है। इसका उद्देश्य अनुसूचित जातियों के विकास के लिए राज्यों के प्रयास को सफल बनाना है। सहायता के रूप में जो धन एकत्रित होता है उसे सिर्फ आर्थिक विकास योजनाओं पर ही व्यय किया जाता है। यह राशि राज्यों की विशेष संघटक योजनाओं के अनुरूप गरीबी की रेखा से नीचे जीवन वाले अधिक से अधिक परिवारों को उनके आर्थिक विकास में मदद देने के लिए होती है। यह सहायता राशि राज्य सरकारों और केन्द्र शासित प्रदेशों के प्रशासनों के बाद अनुसूचित जातियों की जनसंख्या राज्यों के पिछड़ेपन को दूर करने की दिशा में राज्य सरकारों के प्रयासों को ध्यान में रखकर दी जाती है। विशेष केन्द्रीय सहायता से राज्य सरकारों को विशेष संघटक योजनाओं के लिए अधिक राशि के विवरण हेतु प्रोत्साहित करने में सहायता मिलती है।

अनुसूचित जाति विकास निगम

सरकार ने सन् 1978-79 में राज्यों में अनुसूचित जाति विकास निगमों की स्थापना करने का निश्चय किया है। इन विभागों का प्रमुख उद्देश्य अनुसूचित जातियों के लिए आर्थिक कार्यक्रमों, विशेषकर आमदनी बढ़ाने वाली योजनाओं के लिए संस्थागत ऋण उपलब्ध कराने जैसे मामलों में संचालनात्मक पहलुओं पर कारगर

तरीके से कार्रवाई करना। ऐसे निगमों का फैसला विशेषकर उन राज्यों में करने का निर्णय किया गया जहाँ अनुसूचित जातियों के लोगों की पर्याप्त आबादी है। आर्थिक विकास के लिए बैंक द्वारा ऋण दी जाने वाली योजनाओं के सम्बन्ध में वित्तीय संस्थाओं और अनुसूचित जातियों के परिवारों के मध्य इन निगमों का सम्पर्क सूत्र जैसा माना गया। उनसे यह भी उपेक्षा की गई कि वे गारंटी और प्रोत्साहन देने वाले काम करें तथा अनुसूचित जातियों के उद्यमियों को मामूली रकम या सीड मनी का ऋण देकर लापता निवेशों को उपलब्ध करा कर उत्प्रेरक के रूप में काम करें। मार्जिन रकम के ऋणों का उद्देश्य कई तरीके से सहायता पहुँचाना है। वित्तीय संस्थाओं के साथ ऋण भार में हिस्सेदारी करके निगम बैंकों को आगे बढ़कर बड़े पैमाने पर अनुसूचित जातियों के लिए योजनाओं के वास्ते ऋण प्रदान करने के लिए प्रेरित करता है।

जो व्यक्ति उद्यम करने की जोखिम उठा सकते हैं उन्हें सहायता देने के लिए कई वित्तीय संस्थाएँ आगे बढ़ती है।

अनुसूचित जनजातियों का विकास

सन् 1991 की जनगणना के अनुसार अनुसूचित जनजातियों की अखिल भारतीय साक्षरता दर 29.60% है, जबकि साक्षरता का राष्ट्रीय औसत 52.21% है। जनजातीय महिलाओं तथा सामान्य महिलाओं के साक्षरता के प्रतिशत में भी काफी बड़ा अंतर बना हुआ है। जनजातीय महिलाओं की साक्षरता का औसत सिर्फ 18.19% है, जबकि देश में सामान्य महिलाओं की साक्षरता दर 39.29% है। पांचवीं पंचवर्षीय योजना में अपनाई गई जनजातीय उप-योजना के दो उद्देश्य हैं: 1. कानूनी और प्रशासनिक सहयोग में जनजातीय लोगों के हितों का संरक्षण, और 2. उनके जीवन-स्तर को उठाने के योजनागत कार्यक्रमों से विकास संबधी प्रयासों को बढ़ावा।

आदिम जनजाति समूहों के लिए योजना

ऐसी अनुसूचित जनजातियां हैं, जिनकी पहचान करके उन्हें आदिम जनजाति समूहों की सूची में रखा गया है। इन जनजातियों की 15 राज्यों/केंद्रशासित प्रदेशों में पहचान-खेती बाड़ी के आदिम तरीके अपनाने और साक्षरता का अत्यंत ही न्यूनतम स्तर के आधार पर की गई है। नौवी पंचवर्षीय योजना में आदिम जनजातियों के लिए एक अलग योजना गई है, और 15 फरवरी 1999 तक के लिए 2.33 करोड़ रुपये दिए गए हैं।

विशेष केंद्रीय सहायता

जनजातीय उप-योजना को लागू करने वाले राज्यों/केन्द्रशासित प्रदेशों को विशेष केंद्रीय सहायता दी जाती है। वर्ष 1998-99 के दौरान से 15 फरवरी तक 29,308 रुपये जारी किए गए। संविधान के अनुच्छेद 275 के पहले उपबंध के अनुसार राज्य सरकारों को अनुसूचित जनजातियों के कल्याण को बढ़ावा देने वाली वित्तीय योजनाओं के लिए धन उपलब्ध कराने तथा जनजातीय इलाकों में प्रशासन के स्तर को राज्य के अन्य क्षेत्रों के प्रशासन के स्तर पर लाने के लिए अनुदान सहायता दी जाती है। वर्ष 1998-99 में इसके लिए 5,385,22 लाख रुपये की धनराशि जारी की गई।

अनुसूचित जनजाति के बालक/बालिकाओं के छात्रावास

बालिकाओं के लिए छात्रावास कार्यक्रम दसवीं पंचवर्षीय योजना में शुरू किया गया था। इसका उद्देश्य शिक्षा प्राप्त कर रही जनजातीय बालिकाओं को आवास सुविध ा उपलब्ध कराना था। इसके अंतर्गत राज्यों को होस्टलों की निर्माण लागत की 50% और केंद्रशासित प्रदेशों को शत-प्रतिशत राशि केंद्रीय सहायता के रूप में दी जाती है। वर्ष 1998-99 के दौरान 46 छात्रावासों के निर्माण के लिए 15 फरवरी 1999 तक 360.66 लाख रुपये दिए गए। लड़कों हेतु जिस तरह छात्रावासों की योजना शुरू की गई थी, उसी प्रकार लड़कियों के लिए भी वर्ष 1989-90 में योजना शुरू की गयी। वर्ष 1998-99 के दौरान 15 छात्रावासों के निर्माण के लिए 531.44 लाख रू॰ की राशि सहायता के रूप में प्रदान की गई।

जनजातीय उप-योजना क्षेत्र में आश्रम विद्यालय

इस योजना का प्रारंभ केन्द्र सरकार ने सन् 1990-91 में किया गया। इस योजना में आश्रम पद्धति के विद्यालय खोलने के लिए राज्यों को 50% और केंद्र शासित प्रदेशों को शत-प्रतिशत सहायता दी जाती है। वर्ष 1998-99 में 27 आश्रम विद्यालयों के निर्माण के लिए बजट में नौ करोड़ रुपये का प्रावधान किया गया था, जिसमें से 15 फरवरी 1999 तक 634.64 लाख रुपये की राशि प्रदान की गयी।

जनजातीय क्षेत्रों में व्यावसायिक प्रशिक्षण

सन् 1992-93 में इस योजना को संचालित किया गया। बेरोजगार जनजातीय युवाओं को रोजगार के अवसर उपलब्ध कराकर विघटनकारी प्रवृत्ति की रोकथाम करना

इस योजना का प्रमुख उद्देश्य था। इसके तहत व्यावसायिक प्रशिक्षण केन्द्र खोले जाते हैं। वर्ष 1998-99 के दौरान 25 व्यावसायिक केंद्रों के लिए 15 फरवरी 1999 तक 321.24 लाख रुपये की राशि जारी की गयी।

कम साक्षरता वाले इलाकों में जनजातीय बालिकाओं की शिक्षा

इस कार्यक्रम का संचालन वर्ष 1993-94 में किया गया था जिसका प्रमुख उद्देश्य कम साक्षरता वाले इलाकों में जनजातीय बालिकाओं की शिक्षा में दो प्रतिशत से कम महिला साक्षरता वाले आठ राज्यों के 48 चुने हुए जनजातीय जिलों में महिलाओं की शिक्षा के स्तर में सुधार करना। इसके अंतर्गत पांचवीं कक्षा तक की बालिकाओं के लिए आवासीय विद्यालयों की स्थापना की जाती है। यह कार्यक्रम प्रारंभ किया गया। इसके अंतर्गत पांचवीं कक्षा तक की बालिकाओं के लिए आवासीय विद्यालयों की स्थापना की जाती है। यह कार्यक्रम स्वयंसेवी संगठनों जबकि 15 फरवरी 1999 तक 215.13 लाख रुपये जारी किए गए।

जनजातीय अनुसंधान संस्थान

आंध्र प्रदेश, असम, बिहार, गुजरात, केरल, मध्य प्रदेश, महाराष्ट्र, उड़ीसा, राजस्थान, तमिलनाडु, पश्चिम बंगाल, उत्तर प्रदेश, मणिपुर, और त्रिपुरा ने 14 जनजातीय अनुसंधान स्थापित किए हैं। कुछ संस्थानों में संग्रहालय भी हैं, जिनमें विभिन्न जनजातीय वस्तुओं को प्रदर्शित किया गया है। इन संस्थानों में केंद्र और राज्य सरकारों द्वारा अनुसंधान शिक्षा, आंकड़ों के संग्रह, प्रशिक्षण, विचार गोष्ठियों/कार्यशालाओं के आयोजन, जनजातीय उप-योजनाओं के लिए व्यावसायिक निवेश जुटाने, जनजातीय साहित्य के प्रकाशन, जनजातीय परंपरागत कानून को संहिताबद्ध करने आदि का कार्य किया जाता है, वर्ष 1998-99 में संस्थानों के लिए बजट में 650 लाख रुपये का प्रावधान था, जबकि 17 फरवरी 1999 तक 109.16 करोड़ रूपये जारी किए गए।

भारतीय जनजातीय सहकारी विपणन विकास परिसंघ

जनजातीय लोगों को व्यापारियों के शोषण से बचाने तथा उन्हें छिट-पुट बने उत्पादों और अपनी जरूरत से अधिक कृषि-उपज के लिए लाभप्रद मृत्यु दिलाने के लिए सरकार ने अगस्त 1987 में भारतीय जनजातीय सहकारी विपणन विकास परिसंघ का गठन किया था। परिसंघ बहु-राज्यीय सहकारी समिति अधिनियम 1984

के अंतर्गत पंजीकृत है। इसकी अधिकृत हिस्सा पूंजी एक अरब रुपये हैं और वर्ष 1998-99 के बजट प्रावधान से छः करोड़ रुपये जारी होने के बाद चूकता पूंजी 99.73 करोड़ रुपये थी। ट्रायफंड की हिस्सा पूंजी में सरकारी निवेश 93.50 करोड़ रुपये का था और शेष 23 लाख रुपये अन्य शेयर होल्डरो ने दिए।

अनुसूचित जनजातियों के लिए कार्यरत स्वैच्छिक संगठनों को सहायता

मंत्रालय अनुसूचित जनजातियों के कल्याण हेतु कार्यरत उन स्वैच्छिक संगठनों को सहायता प्रदान करता है, जो आवासीय विद्यालयों छात्रावासों, चिकित्सा इकाइयों, कम्पूटर, प्रशिक्षण यूनिटों, और टंगण प्रशिक्षण इकाइयों, बालवाड़ी/शिशु सदन आई. सी. डी. एस. कार्यक्रमों के अतंर्गत न आने वाले क्षेत्र, पुस्तकालयों और श्रव्य दृश्य इकाइयों जैसी परियोजनाओं के लिए काम करते हैं। यह अनुदान सामान्यतया परियोजना की कुल अनुमोदित लागत का 90% तक होता है और शेष 10% राशि का वहन आर्थिक सहायता लेने वाले संगठनों द्वारा किया जाता है। वर्ष 1998-1999 तक 161 गैर-सरकारी संगठनों को 9.92 करोड़ रुपये की राशि जारी की गई।

23

मादक द्रव्य व्यसन

प्राचीन युग से ही मादक द्रव्यों व पदार्थों का प्रयोग किसी न किसी रूप में किया जाता रहा है। प्राचीन युग से ही इन पदार्थों का सेवन सांस्कृतिक परम्पराओं के अनुसार दवा के रूप में किया जाता था परन्तु आज इसका सेवन नशे के लिए किया जा रहा है। हालांकि आज विश्व के लगभग सभी देशों में मादक द्रव्यों के आयात-निर्यात तथा इसके खुले इस्तेमाल एवं व्यापार पर प्रतिबन्ध लगाया जा रहा है। इसके अलावा भी अधिकांश देशों में ऐसे मादक द्रव्यों की पूर्ति अवैध ढंग से की जा रही है। इसी कारण नशा आज तक शौक एवं व्यसन बनता जा रहा है। प्रसिद्ध समाजशास्त्री लिन्ड स्मिथ के अनुसार–"प्रायः यह देखने में आया है कि "जब एक बार ऐसे मादक पदार्थों के सेवन की आदत पड़ जाती है तो इसे छोड़ना बहुत मुश्किल हो जाता है और वह सामान्य आदत के रूप में परिवर्तित हो जाती है।"

विश्व स्वास्थ्य संगठन द्वारा प्रस्तुत आँकड़ों के अनुसार वर्तमान समय में शराब के अलावा पांच करोड़ से भी अधिक के मादक द्रव्यों का प्रयोग कर रहे हैं। कॉलेज, स्कूल तथा विश्वविद्यालय के छात्र-छात्राओं में मादक द्रव्यों अथवा श्रवण प्रदूषण की तरह फैला है। विश्व में नशीली दवाओं के दो मुख्य केन्द्र गोल्डन ट्रायंगल एवं गोल्डन क्रीसेन्ट हैं। ट्रायंगल में लाओस, बर्मा तथा थाईलैण्ड तथा क्रीसेन्ट में ईरान, अफगानिस्तार तथा सम्मिलित हैं।

भारत में मादक-द्रव्य व्यसन

आज भारत में लगभग 70 लाख व्यक्ति इसके सेवन के आदी हो चुके हैं। जिसमें अकेले दिल्ली में 4 लाख व्यक्ति इनका सेवन भरपूर मात्रा में करते हैं, जबकि

1977 में दिल्ली में सिर्फ 300 व्यक्ति इसका सेवन करते थे। भारत के 7 बड़े नगरों में लगभग 29 प्रतिशत छात्र नशीली दवाओं के सेवन के आदी हो चुके हैं। नशीले पदार्थों के सेवन में युवतियाँ भी किसी भी प्रकार पीछे नहीं हैं। इससे ऐसा लगता है कि अध्यात्मवाद का केन्द्र कहलाने वाला भारत शनैः शनैः नशीली वस्तुओं द्वारा ह्रास की ओर अग्रसर हो रहा है और यहाँ की युवा पीढ़ी लगातार मादक-द्रव्यों के शिकन्जे में फँसकर कमजोर और दिशाहीन भविष्य की ओर बढ़ रही है। आतकंवादी व्यक्ति नशीले पदार्थों के अवैध व्यापार में बुरी तरह संलग्न हैं और पैसा कमा रहे हैं। नशीले पदार्थों का अवैध व्यापार तो मुनाफे का तो होता ही है क्योंकि ऐसे पदार्थों का दाम सोने की कीमत से पचास गुना ज्यादा होता है। इसी कारण सम्पूर्ण अपराध-जगत इन्हीं मादक द्रव्यों के माध्यम से लाखो-करोड़ों रुपये तस्करी से कमा रहा है। परिणामतः भारत में 1983 में 139 किलोग्राम मादक-द्रव्य पकड़े गये थे जब कि इनकी मात्रा बढ़कर वर्ष 1986 में 2,700 किलोग्राम, 1987 में 2,960 किलोग्राम मथा 1988 के सितम्बर तक 2,700 किलोग्राम हो गयी। विश्व में हीरोइन के पकड़े जाने वाले देशों में भारत का मुख्य स्थान है। वर्ष 1988 में नई दिल्ली में एक क्विंटल बरामद की गयी, जिसकी कीमत अन्तर्राष्ट्रीय बाजार में एक अरब रुपये आँकी गयी। विश्व में अब तक पकड़े जाने वाले नशीले द्रव्यों में सम्भवतः दूसरे स्थान पर तथा भारत में पहले स्थान पर आने वाली बरागदगी है। ऐसे ही कार्यों का परिणाम है कि वर्ष 1980 से 1986 तक सात वर्षों का सफर तय करते-करते यह व्यापार 1200 गुना बढ़ गया है और इस बढ़ते व्यापार ने भारत को नशीले पदार्थों का पारगमन पथ बना दिया है।

आधुनिक मादक-द्रव्य—बीस-पच्चीस वर्ष पहले तक भाँग, गाँजा, अफीम, चरस तथा तम्बाकू ही मादक-द्रव्य के रूप में जाने जाते थे। किन्तु अब नशे की दुनिया में कई दूसरे ही नाम चलन में हैं। इन मादक पदार्थों का प्रभाव कहीं अधिक घातक है। नये मादक-द्रव्यों में हीरोइन, हशीश, मार्फीन, स्मैक, एल.एस.डी. मैण्ड्रेक्स आदि नाम काफी प्रचलित हो चुके हैं। इनकी कीमत जहाँ एक ओर बहुत ज्यादा है वहीं दूसरी ओर इनका नशा भाँग, गाँजा एवं अफीम जैसे परम्परागत मादक-द्रव्यों से कई गुना अधिक है।

मादक-द्रव्यों के सेवन के प्रमुख कारण

निम्नलिखित कारणों से लोग मादक द्रव्यों का प्रयोग कर रहे हैं—

1. सफलता प्राप्ति हेतु—सुनने में कुछ अजीब लगता है कि नशीले पदार्थों

से सफलता-प्राप्ति में भी योगदान प्राप्त हो सकता है। किन्तु अब यह बात स्पष्ट हो गयी है कि ओलम्पिक सहित दूसरी अन्तर्राष्ट्रीय स्तर की खेल प्रतियोगिताओं में खिलाड़ियों द्वारा नशीले पदार्थों का सेवन किया जाता है। परीक्षाओं के समय विद्यार्थीगण भी ऐसी कई घातक दवाइयों का धड़ल्ले से उपयोग करने लगे हैं, ताकि नींद गायब हो जाती है।

2. निराशा दूर करने के लिए—अपने मन से दुखी व्यक्ति ही नशे की तरफ बढ़ता है। नशा व्यक्ति को कुछ पलों के लिए वास्तविक जिन्दगी की समस्याओं से दूर कल्पनालोक में ले जाता है। आदतन नशा करने वालों में ऐसे लोगों की संख्या सबसे अधिक देखने को मिलती है, जो वास्तविक जिन्दगी में निराशाओं, अभावों और कुण्ठाओं से ग्रस्त हैं।

3. राजनीतिक कारण—मादक द्रव्यों की लॉबी आर्थिक तथा राजनीतिक रूप से विश्व में सर्वाधिक शक्तिशाली है। इनके उत्पादन तथा वितरण से देश के बड़े-बड़े राजनेता अप्रत्यक्ष रूप से सम्बन्धित होते हैं। बड़े-बड़े गैंग एवं सिंडीकेट संगठन राजनेताओं का प्रश्रय पाकर अपना धन्धा पनपाते हैं।

4. पारिवारिक कारण—मादक द्रव्यों का सेवन करने का एक प्रमुख कारण पारिवारिक कारण भी है। अतः नशीले-द्रव्यों का सेवन करने वाले प्रायः ऐसे परिवारों से जुड़े होते हैं, जहाँ माता-पिता अपनी मौज-मस्ती में लगे रहते हैं और अपनी ही दुनिया में खोये रहने के कारण अपने बच्चों की तरफ ध्यान नहीं दे पाते हैं तथा बच्चों पर पूर्ण नियंत्रण नहीं होता है। माता-पिता के आपसी सम्बन्धों में कटुता और कलह का भी बच्चों पर बुरा प्रभाव पड़ता है। इस प्रकार के वातावरण से स्वतंत्रता प्राप्त करने के लिए किशोर स्नेह व सम्मान की खोज अपने मित्रों में करते हैं। ऐसी स्थिति में अगर नशेबाज मित्रों की संगत हो जाय तो किशोरों में इस बुरी आदत का पड़ जाना स्वाभाविक है।

5. फैशन—वर्तमान दौर में अधिकांश युवक एवं युवतियों में मादक द्रव्यों का सेवन करना एक फैशन बन गया है। इसका शिखर व्यक्ति अपना प्रभाव बनाने हेतु नित्य नये-नये अबोध किशोरों का चुनाव करते हैं। परिणामतः यह मीठा जहर बड़ी तीव्रता से फैलता जा रहा है। यह प्रक्रिया भविष्य में सम्पूर्ण देश के लिए नशे में डूबी पीढ़ी के निर्माण का कारण बन सकती है। क्योंकि मादक-द्रव्यों की लड़खड़ाती संस्कृति जहाँ पहले केवल विश्वविद्यालय की चहार-दीवारी में अपना ताण्डव करती थी वहीं वर्तमान में इसके फैलाव ने सुरसा के मुँह की तरह पब्लिक स्कूलों को भी अपनी ग्रास सीमा में ले लिया है।

6. शौकिया तौर पर--कुछ लोग मात्र शौक के रूप में मादक पदार्थों का प्रयोग करते हैं जो कालान्तर में नशे के गुलाम हो जाते हैं। एक बार नशे का चस्का लग जाने के पश्चात छुटकारा पाना बहुत ही मुश्किल ही नहीं नामुमकिन होता है। शौकिया से आदतन नशेबाज होने वाले लोगों में उच्च और समृद्ध घरों के लोगों की काफी संख्या सुनने में कुछ अजीब लगता है।

इन कारणों के अलावा वर्तमान के युवा-वर्ग द्वारा मादक-द्रव्यों का अधिक सेवन करने का मुख्य कारण पाठ्यक्रमों की नीरसता, अकेलापन, संवेदनशून्य मशीनी अध्ययन, भविष्य की अनिश्चितता, आनन्द की प्राप्ति, मौजूदा सामाजिक परिवेश, फिल्मों का प्रभाव, आय का अच्छा साधन, तथा निर्धनता एवं बेरोजगारी आदि हैं।

शिक्षित कहा जाने वाला वर्ग इसे बौद्धिक व्यक्तित्व में निखार, आन्तरिक शक्तियों में उन्नति, स्मरण शक्ति की प्राप्ति तथा ऊँची सोसाइटी के नाम पर अग्रांकित कर रहा है। कहीं मादक-द्रव्यों की प्रगतिशील के नाम पर प्रचलन है तो कहीं इसे बौद्धिकता का पर्याय मानकर प्रश्रय दिया जा रहा है। आश्चर्य की बात यह है कि इसकी चपेट में अब युवतियाँ भी तीव्रता से आती जा रही हैं। लड़कियां भी मादक पदार्थों का सेवन कर सुकून महसूस करती हैं।

मादक-द्रव्यों के प्रयोग का दुष्परिणाम

मादक-द्रव्यों का कुप्रभाव व्यक्ति के स्वास्थ्य, व्यक्तिव तथा उसकी कार्यकुशलता पर पड़ता है। प्रख्यात नशा विरोधी डॉक्टर हरीश भल्ला के कथनानुसार हीरोइन पीने वाला व्यक्ति 10-15 वर्ष तक जीवित रह सकता है जबकि स्मैक का सेवन करने वाला व्यक्ति 5 वर्षों में ही काल का ग्रास बन जाता है। स्मैक का नशा सर्वाधिक खतरनाक होता है, लेकिन आश्चर्य है कि यह जानते हुए भी दिल्ली सहित अन्य महानगरों में इसके प्रयोगकर्ताओं की संख्या में तेजी से इजाफा हो रहा है।

प्रत्येक मादक द्रव्यों का बुरा प्रभाव मानव मस्तिष्क पर पड़ता है परन्तु इनके प्रभाव एक समान नहीं होते। कुछ पदार्थ मीठी तसल्ली की अनुभूति देते हैं, कुछ चिन्तन शक्ति को बढ़ा देते हैं तो कुछ आदमी को देर के लिए आनन्द की मुद्रा में कर देते हैं। कुछ चेतना छीन लेते हैं तो कुछ उत्तेजित करते हैं एवं कुछ व्यग्र कर देते हैं तो कुछ विनम्रता की स्थिति तक भी पहुँचा देते हैं। इस सम्बन्ध में चिकित्सा-विज्ञान का विचार कि "चाहे जो मादक-द्रव्य हो उसका नियमित सेवन करने के आदी लोग शनैः-शनैः अनुपयोगी एवं अनुत्पादक बोझ बनकर समाज के

लिए बोझ बन जाते हैं और इसके कारण बहुत से कमज़ोर परिवारों का विनाश भी हो जाता है।"

मादक-द्रव्यों के सेवन से विभिन्न प्रकार के बुरे प्रभाव पड़ते हैं जो निम्नलिखित हैं–

(1) मादक-द्रव्यों का सेवन करने वाले व्यक्ति की सन्तान भी बिगड़ जाती है।

(2) मादक-द्रव्यों पर निर्भर माँ के लिए गर्भपात, असामयिक प्रसूति, मृत अथवा विकृत शरीर वाले या अविकसित मस्तिष्क वाले बच्चों के जन्म का खतरा रहता है।

(3) मादक-द्रव्यों के सेवन से पुलिश, प्रशासन और व्यवस्था की समस्या भी पैदा होती है।

(4) नशा हृदय, पाचन-तन्त्र, स्नायुमण्डल एवं मांसपेशियों को बुरी तरह से प्रभावित करता है।

(5) नशे से अल्सर पैदा होता है और फेफड़े क्षतिग्रस्त हो जाते हैं जिससे दमा तथा क्षय रोग हो जाता है।

(6) शरीर की रोग निरोधक क्षमता कम हो जाती है, व्यक्ति का स्वभाव चिड़चिड़ा हो जाता है तथा कुपोषण में वृद्धि होती है, जो पारिवारिक शांति तथा विभाजन का कारण बन जाता है।

(7) मादक द्रव्यों का प्रयोग करने से, चोरी, व्यभिचार, हत्या एवं राहजनी इत्यादि असामाजिक तत्वों को प्रोत्साहन मिलता है और व्यक्ति का समाज में मान सम्मान गिर जाता है।

मादक-द्रव्यों के सेवन के भी वे ही कुप्रभाव होते हैं जिनका विवरण मद्यपान के अन्तर्गत किया गया है।

मद्यपान एवं मादक-द्रव्य व्यसन का अपराध पर प्रभाव

मादक द्रव्यों का अनावश्यक उपयोग लगातार बढ़ रहा है। वर्तमान में युवकों में मादक-द्रव्यों का उपयोग एक फैशन बन गया है। परिणामतः उत्तेजक अनुभव के लिए नवयुवक धीरे-धीरे इन नशीले पदार्थों के आदी हो जाते हैं। विश्वविद्यालयों के छात्रावासों के छात्रों के सर्वेक्षण से इस बात के स्पष्ट प्रमाण मिले हैं कि छात्रों में नशीली दवाइयों पर निर्भरता बढ़ रही है। इन मादक द्रव्यों में अफीम, हीरोइन, मारिजुआना, हशीश एवं ऐसी ही बेहोशी की अनेक औषधियाँ हैं जो मानव शरीर के लिए बहुत ही हानिकारक हैं। अनेक अपराधशास्त्रियों ने आँकड़ों के आधार पर यह

निष्कर्ष निकाला है कि इन नशीली दवाइयों के सेवन का अपराध से घनिष्ठ सम्बन्ध है। न्यूयार्क में किये गये एक सर्वेक्षण से पता चला कि मादक-द्रव्यों की बिक्री बढ़ने के साथ-साथ अपराधों की संख्या में भी उन्नति हो जाती है।

अपराधशास्त्रियों का यह भी विचार है कि मादक दवाइयों के अवैध व्यापार से भावी पीढ़ियों में आपराधिकता के बीज बोये जा रहे हैं जो मानवता एवं कानून व्यवस्था के लिए खुली चुनौती हैं। "अमेरिका में नशीले पदार्थों से सम्बन्धित कानून के उल्लंघन के लिए सन् 1970 में हुई। कुल 4,15,600 गिरफ्तारियों में से 53 प्रतिशत अपराधी 21 वर्ष से कम आयु के थे जबकि सन् 1964 में इसी प्रकार के अपराधों के लिए हुई गिरफ्तारी में 21 वर्ष से कम आयु के अपराधियों की संख्या 25 प्रतिशत से भी कम थी।"

इससे यह स्पष्ट है कि बढ़ते हुए मादक-द्रव्य व्यसन के साथ-साथ समाज में बाल अपराधी भी बढ़ रहे हैं। अगर युवाओं की नशीले पदार्थों के सेवन की प्रवृति पर प्रतिबंध नहीं लगाया गया तो यह प्रवृत्ति हमें एक दिन उस विश्व में लाकर खड़ा करेगा जहाँ चारों और अपराधी ही अपराधी नजर आयेंगे। मादक द्रव्य व्यसन की भयंकरता को दृष्टिगत रखते हुए डॉ. परिपूर्णानन्द वर्मा ने "मदिरा और अपराध तथा ड्रग्स और अपराध को जुड़वां बहनें" कहा है। अमेरिका के भूतपूर्व राष्ट्रपति रिचर्ड निक्सन ने मादक द्रव्य को अमेरिका का प्रथम नम्बर का शत्रु कहा है।

शराब तथा ड्रग्स एक प्रकार के ऊतक-जहर हैं जो एक बार के सेवन से भी हृदय की धड़कन को बुरी तरह प्रभावित करते हैं। निरन्तर मद्यपान एवं मादक-द्रव्यों के सेवन को 'आंशिक आत्महत्या' माना जा सकता है। शराब एवं एल. एस. डी. आत्महत्या, ड्रग्स के सहगामी हैं। डॉ. परिपूर्णानन्द वर्मा के लेखानुसार, "आज के हर युवक एवं युवती की प्रार्थना यही होनी चाहिए कि हे भगवान, शराब एवं ड्रग्स से हमारी रक्षा करो।"

सरकार द्वारा मादक-द्रव्य नियंत्रण के सन्दर्भ में उठाये गये कदम

मादक द्रव्यों के प्रयोग की समस्या के समाधान के लिए सरकार ने सर्वप्रथम कदम 1893 में रायल आयोग का गठन करके उठाया था। 1959 में भारत सरकार के आबकारी आयुक्त द्वारा मादक द्रव्यों के प्रयोग को नियंत्रित करने के उद्देश्य से राज्य सरकार के प्रतिनिधियों की एक सभा बुलायी गयी। इसके उपरान्त मादक द्रव्यों के उपयोग तथा व्यापार पर नियंत्रण के लिए भारत सरकार द्वारा 'नारकोटिक्स इण्टेनीजेन्स ब्यूरो' नामक एक केन्द्रीय संस्था का गठन किया गया। यह संस्था

हानिकारक मादक द्रव्यों का उपयोग घटाने तथा इनका नशीले पदार्थों पर प्रतिबंध लगाने के लिए की गई 1961 एवं 1971 की 'अन्तर्राष्ट्रीय मादक पदार्थ नियंत्रण संधियां' भी विशेष रूप से मददगार हैं। मादक द्रव्यों के बढ़ते हुए उपयोग को देखकर भारत सरकार के जून 1976 में डॉ.सी. गोपालन की अध्यक्षता में एक समिति बनायी परन्तु तत्कालीन भारत में समिति द्वारा दिया गया सुझाव इसके नियन्त्रण पर प्रभावी नहीं हो सका और यह धन्धा दिन दूनी रात चौगुनी तरक्की करता गया, जिसका परिणाम अब सभी के सामने है। इन मादक पदार्थों की रोकथाम हेतु एक अन्तर्राष्ट्रीय संगठन भी कार्यरत है। साथ ही नशे की महामारी को रोकने और मिटाने के लिए विश्व स्वास्थ्य संगठन भी महत्वपूर्ण भूमिका निभा रहा है।

16 दिसम्बर 1988 को लोकसभा ने मौत के व्यापारियों पर अंकुश लगाने हेतु सरकार द्वारा प्रस्तुत विधेयक को पारित करके एक सराहनीय कार्य एवं कदम उठाया है। यह विधेयक हीरोइन तथा स्मैक जैसी जानलेवा नशीले पदार्थों का व्यापार करने वालों के लिए पारित किया गया है। इस विधेयक के अनुसार अगर कोई व्यक्ति नशीले पदार्थों का व्यवसाय करने के आरोप में दूसरी बार दोषी पाया जाएगा तो उसे न सिर्फ मौत की सजा दी जायेगी, बल्कि उसकी सम्पत्ति को भी जब्त कर लिया जायेगा। नशीले पदार्थों से जुड़े कैद तक की सजा दी जा सकती है।

विश्व के वर्तमान मनोविशेषज्ञों एवं चिकित्साविदों का यह परामर्श है कि मादक द्रव्यों के अभ्यिस्त लोगों को जेल में रखने के लाभ नहीं है अपितु उनकी चिकित्सा 'चिकित्सा गृह' में करने से लाभ है। इसी भावना से प्रेरित होकर आज भारत में 65 संस्थाओं और चिकित्सालयों में मादक द्रव्यों की आदत छुड़ाने के लिए उपचार सुविधाएँ उपलब्ध हैं। उतरी दिल्ली में एक क्लीनिक 1987 में शुरू की गयी जहाँ से अब तक 1,740 व्यक्ति नशामुक्त हो चुके हैं। इस समय ऐसे छह क्लीनिक दिल्ली में पुलिस द्वारा चलाये जा रहे हैं। इन्हें 'नव ज्योति' नाम दिया गया है। दिल्ली पुलिस ने इस पुनीत कार्य के लिए एक पंजीकृत संस्था 'दिल्ली-पुलिस फाउन्डेशन फार करेक्सन डी-एडिक्सन एण्ड री-हैबिलिटेशन' का गठन भी किया है। केन्द्रीय कल्याण मन्त्रालय नशे से छुटकारा पाने वाले लोगों के लिए पुनर्वास की अनेक योजनाएँ तैयार कर रहा है। सरकार द्वारा 5 लाख 67 हजार रुपये पुनर्वास के लिए अभी तक दिये जा चुके हैं।

भारतीय राजनीतिक विचारक

प्रदीप माथुर

इशिका पब्लिशिंग हाउस
जयपुर दिल्ली

इशिका पब्लिशिंग हाउस

ए -25, "गणेश सदन", गली न. 4, आदर्श बस्ती,
बी.एल. हाउस के पास, टोंक फाटक,
जयपुर-302018 (राजस्थान) भारत
फोन : 0141-2761280, Mob. 9887532741
Email: ishikapublishinghouse@yahoo.in

दिल्ली कार्यालय : 102, प्रथम मंजिल, 'सत्यम हाउस'
4324/3, अंसारी रोड़, दरियागंज, नई दिल्ली - 110 002
फोन : 011-45652440

© लेखक, 2023

ISBN: 9788189471088

प्रकाशन से पूर्व लिखित अनुमति प्राप्त किये बिना मात्रा उद्धरण के अतिरिक्त अन्य किसी भी उद्देश्य से इस ग्रन्थ के किसी भी अंश का किसी भी रूप में यांत्रिक, इलेक्ट्रोनिक, फोटोस्टेट, ध्वन्यालेखन अथवा अन्य किसी भी विधि से प्रतिलिपीकरण, प्रेषण अथवा अनुवाद सर्वत निषिद्ध है।

टाइपसेटिंग : बी.एस. कम्प्यूटर्स, जयपुर

मुद्रक : थॉमसन प्रेस, नई दिल्ली

भूमिका

मानव समाज के राजनीतिक विकास के साथ-साथ मनुष्य के राजनीतिक संगठन के रूप से सम्बन्धित विचार भी बदलते रहे हैं तथा मनुष्य व उसके राजनीतिक संगठन का परस्पर क्या सम्बन्ध हो, मनुष्य के राजनीतिक संगठन-राज्य-की सत्ता का मनुष्य की स्वतन्त्रता का नियमन कैसे हो, राज्य की उत्पत्ति कैसे हुई, राज्य का स्वरूप कैसा रहा है और कैसा होना चाहिए, राज्य का उद्देश्य क्या हो रहा है और क्या होना चाहिए, राज्य के उद्देश्य की सिद्धि के अनुरूप राज्य के क्या कार्य हैं अथवा होने चाहिए, मनुष्य व राज्य के क्या अधिकार व दायित्व होने चाहिए, राज्य के उद्देश्यों की सिद्धि के अनुरूप शासन के कौन-कौन से विविध रूप अस्तित्व में रहे हैं तथा उनमें से कौन-सा रूप अधिक उपयुक्त है, आदि ऐसे प्रश्न हैं जिन पर अनेक राजनीतिक विचारकों ने समय-समय पर अपने-अपने मूल्यवान विचार व्यक्त किये हैं। '**भारतीय राजनीतिक विचारक**' नामक प्रस्तुत पुस्तक ऐसे ही कुछ प्रमुख राजनीतिक विचारकों के विचारों को पाठकों के समक्ष रखने का प्रयास है।

पुस्तक में विविध राजनीतिक विचारकों के विचारों को अधिक से अधिक स्पष्टता के साथ प्रस्तुत करने का प्रयत्न किया गया है। इस दृष्टि से विषय-सामग्री को विविध शीर्षकों व उपशीर्षकों में विभक्त किया गया है। भाषा को यथा-सम्भव सरल रखकर भावों को सुबोध बनाने का प्रयास किया गया है तथा विषय में विवेचन समालोचनात्मक दृष्टिकोण से किया गया है। फिर भी ऐसा करने का हमारा प्रयत्न कहाँ तक सफल हुआ है, इसका निर्णय केवल पाठक ही कर सकेंगे।

राजनीतिक विचारकों के विचार पाठकों के समक्ष सही एवं सरल रूप से प्रस्तुत किये जा सकें, इसके लिए पश्चिम व पूर्व दोनों के ही विचारकों की मूल कृतियों तथा अन्य अनेक महान लेखकों व राजनीति शास्त्र के विचारकों के ग्रन्थों से सहायता ली गयी है तथा यथासम्भव उनके उद्धरणों के मूल भी इस आशा से दिये गये हैं कि विद्यार्थीगण उन महान लेखकों से परिचित हो सकेंगे और उनमें उन महान लेखकों की रचनाओं के प्रति रुचि उत्पन्न हो सकेगी। भारत के राजनीतिक विचारकों की जो दृष्टि देखने को मिलती है वह समाज के हर वर्ग के लिए प्रेरणा प्रदान करने वाली है सामाजिक दृष्टि के साथ-साथ राजनीतिक चिन्तन परम्परा वैचारिक प्रभावों से परिपूर्ण है पुस्तक को मौलिकता प्रदान करने श्रेय जिन लेखकों कृतियों का परोक्ष रूप से सहारा लिया है उनका मैं कृतज्ञ हूँ।

लेखक

अनुक्रमणिका

1

कौटिल्य

मुद्राराक्षस नाटक के ऐतिहासिक पात्रों में प्रमुखतम पात्र कौटिल्य है। यह चणक का पुत्र है। उसके पूर्ववर्तियों में एक 'कुटिल' हुआ था, जिसके आधार पर उसका नाम कौटिल्य हुआ। ऐसे कुछ विद्वानों के द्वारा व्याख्या की जा सकती है। ऐसा प्रतीत होता है कि कौटिल्य की कुटिल नीति के कारण और नंदवंश की बड़ी क्रूरता से समूल विनष्ट करने के कारण विद्वानों ने उसके नाम की व्याख्या कुटिल से कौटिल्य की है। वस्तुत: उसका नाम कौटिल्य था। उसके पिता का नाम 'कुटिल न होकर कुटल' था अर्थात् कुट-कुट पूर्ण धान्य लाति-गुहति इति कुट: अर्थात् कुट का अर्थ घड़ा जो घट परिमित धान्य का संग्रह करता है अथवा कुट का अर्थ परिवार भी होता है। इस परिवार के अर्थ में ऋग्वेद १-४३-४ में यह कुट शब्द का प्रयोग हुआ है। अर्थात् जो केवल परिवार की आजीविका चलाने मात्र धन का संचय करता है। इस प्रकार की व्याख्या करने पर कौटिल्य के पिता की त्याग भावना व्यक्त होती है। अत: उसके पिता का नाम 'कुटल' हुआ। अपत्य अर्थ में कौटल्य बना, कौटल्य ही कौटिल्य में परिणत हो गया । इस प्रकार कौटिल्य और कौटिल्य उसके पैत्तृक नाम है। उसका वास्तविक नाम विष्णुगुप्त है, वह यज्ञ में की जाने वाली बलिदान सम्बन्धी क्रियाओं के रहस्यों के ज्ञान में परम प्रवीण था। इस प्रकार हम देखते हैं कि कौटिल्य स्पष्ट मस्तिष्क वाला, आत्मविश्वासी, कूटनीतिज्ञ,

षडयंत्र करने वाला, कठोर राजनीतिज्ञ, अपनी इच्छा की पूर्ति को सर्वात्मना दृढ़ निश्चय के साथ पूर्ण करने वाला और अपनी कूटनीतिज्ञ योजनाओं का अंत तक निर्वाह करने वाला चित्रित किया गया है।

यदि कौटिल्य की नीति को हम एक शब्द में कहना चाहें तो कह सकते है कि ''दैव की गति के समान कौटिल्य की नीति भी अश्रुतगति है किन्तु जहाँ कौटिल्य की कूटनीति इस प्रकार की है वहाँ यह भी स्पष्ट है कि उसकी नीति कुछ अधिक उच्च नैतिक गुणों पर आधारित नहीं है। सामान्य से सामान्य धोखा देने से लेकर जालसाजी और हत्या करने तक प्रत्येक योजना कौटिल्य के उस निश्चय को पूर्ण करने में योग देती प्रतीत होती है जिस लक्ष्य का निर्धारण कौटिल्य ने स्वयं किया है। कौटिल्य की यह अन्ति इच्छा है कि वह अपने आश्रित चन्द्रगुप्त को राजगद्दी पर स्थिर कर दे और राक्षस को पुनः लाकर उसकी सेवा में नियुक्त कर दे, जिसकी नन्दों के प्रति भक्ति विख्यात है। कौटिल्य समझता है कि बिना राक्षस को चन्द्रगुप्त के पक्ष में किये मौर्य साम्राज्य स्थिर नहीं हो सकता। यदि साध्य, साधन के भले या बुरे का निर्णायक है तो उसका निर्णय इस स्थान पर किया जा सकता है, साथ ही यहाँ यह भी ध्यान में रखना चाहिए कि कुटनीति और राजनीति का खेल कम या अधिक संदिग्ध नैतिकता का खेल होता है। राजनीति में नैतिक मापदण्ड सामाजिक या धार्मिक मापदण्ड से सर्वथा भिन्न होते है। महान् राजनीतिज्ञ कौटिल्य मौर्य साम्राज्य का प्रिंस बिस्मार्क कहलाता है। साध्य साधन के श्रेष्ठता को प्रतिपादित करते है और साध्य यहाँ पर सुन्दर और महान् है। कौटिल्य ने कोई बुरा काम नहीं किया था। उसको तो राजनीतिक आवश्यकता के रूप में स्वीकार करना पड़ा। जनता के लिए नन्द अभिशाप के रूप में थे। अतः जनता विपल्व करने के लिए तैयार थी। इस जनता का उद्धारक चन्द्रगुप्त था और इसकी सहायता करने में कौटिल्य एक उचित व्यक्ति की सहायता कर रहा था। राक्षस नन्दों का अर्गणी था, उनका सहायक था। यदि कौटिल्य उसको अपने मार्ग पर चलने देता तो यह निश्चय था कि जनता में एक क्रान्ति, एक विद्रोह एवं विपल्व खड़ा हो जाता, जिससे देश के अन्दर रक्त की नदियाँ बह जातीं। इस प्रकार कौटिल्य को प्रजा में होने वाली रक्तपात परिपूर्ण क्रान्ति और चन्द्रगुप्त इन दोनों बुराइयों में से किसी एक को चुनना था, कौटिल्य ने इनमें से किसी एक को चुना और आचारशास्त्र के नियमों से थोड़ा हटकर उसने धोखा, कपट और हत्या का आश्रय लिया। इस अवस्था में इसको एक बार के लिए क्षम्यू माना जा सकता है क्योंकि उद्देश्य महान् और सुन्दार था। पर्वतक, स्वार्थसिद्धि और मलयकेतु को कैद करके केवल छोड़ ही नहीं दिया अपितु उसको साम्राज्य भी वापिस कर दिया। शकटदास और चन्दनदास को फाँसी की सजा से भयभीत करना वास्तविकता की अपेक्षा ''राजनैतिक बहाना मात्र था। ''कौटिल्य की राजनीति की सबसे बड़ी विशेषता क्षपणक जीवसिद्ध है जिसको राक्षस अपना सबसे घनिष्ठ मित्र समझता है। राक्षस ने इसके द्वारा चन्द्रगुप्त पर विषकन्या का

प्रयोग किया था। दूसरा पात्र जो कौटिल्य की कूटनीति को क्रियात्मक रूप देना वाला है, भागुरायण है। जिस भेद में राक्षस असफल हो गया उसी भेद को करने में कौटिल्य सफल हो गया। कौटिल्य की कूटनीति का केन्द्रबिन्दु वह कपट पत्र है जिससे उसने राक्षस और मलयकेतु में भेद डाला है। जिस पत्र के परिणामस्वरूप राक्षस के ५ परम् विश्वस्त म्लेच्छ राजागण मृत्यु के घाट उतार दिये गये। राक्षस को निशस्त्र वध्यस्थान पर भेजने वाला वह विष्णुदास का कपट मित्र कौटिल्य की कूटनीति का अंतिम प्रयोग है।

अर्थशास्त्र के लेखक कामन्दक ने कौटिल्य को अपने आध्यात्मिक गुरु के रूप में देखा है। उसने उसको प्रसिद्ध वंश उत्पन्न वेदों में प्रकाण्ड विद्वान और अर्थशास्त्र के प्रणेता के रूप में वर्णित किया है। आर्यशूर की जातकमाला कौटिल्य को अर्थशास्त्र का प्रणेता मानती है। वह महान् राजनीतिक विचारक अपने साधारण और सुन्दर उपदेश देने वाले नीतिवाक्यों के लिए भी प्रसिद्ध है। इस प्रकार हम देखते हैं कि राजनैतिक क्षेत्र में कौटिल्य की प्रमाणिकता सर्वोपरि है उसकी प्रसिद्धि प्रमुख रूप से अर्थशास्त्र पर प्रतिष्ठित है। नाटक का नायक कौन है? चन्द्रगुप्त या कौटिल्य? इस प्रश्न का समाधान भी आवश्यक है। कुछ चन्द्रगुप्त को नायक मानते है और कुछ आचार्य कौटिल्य को। इसमें कोई सन्देह नही है कि इस सम्पूर्ण नाटक में सम्भवतः चन्द्रगुप्त को नायक मानना चाहिए, पर विशाखदत्त स्वयं कौटिल्य के पक्ष में प्रतीत होते है। नाटक में स्थान-स्थान पर ऐसे संकेत मिलते हैं कि जो कौटिल्य को नायक मानने के पक्ष में हैं 'यथा' जयति जयनकार्य यावत्कृत्वा च सर्वप्रतिहतपर रक्षा आचार्यणक्यनीतिः "यद्यपि राक्षस को वश में कर लेने से चन्द्रगुप्त को आमात्य लाभ हुआ है। पर कौटिल्य को भी फलागम का विशेष लाभ हुआ है वस्तुतः कौटिल्य की वास्तविक प्रतिज्ञा की पूर्ति तो इसी स्थान पर आकर होती है। उसका लक्ष्य था चन्द्रगुप्त के लिए निष्कंटक राज्य की स्थापना और राक्षस को मंत्री बनाना, वह अपने इस उद्देश्य में सर्वात्मना सफल हुआ। विशाखदत्त ने किसी प्रख्यातवंश में उत्पन्न व्यक्ति अथवा सम्राट को प्राचीन नाट्य परम्परा के अनुसार नाटक का नायक न बनाकर राजनीति में अन्य अत्यन्त कुशाग्रबुद्धि प्रसिद्ध सम्राट चन्द्रगुप्त मौर्य के गुरु कौटिल्य को अपनी रचना का नायक बनाकर एक दिव्य प्रतिभा का उदाहरण प्रस्तुत किया है- "मुद्रया ग्रहीतो राक्षसो यस्मिन् तन्मुद्राराक्षसं नाम नाटकम्"।

नाट्य शास्त्र की परिभाषा के अनुसार यह कौटिल्य धीरप्रेशान्त और धीरोदात्त इन दो नायकों का मिश्रण प्रतीत होता है क्योंकि कौटिल्य में इन दोनों नायको के गुणों का समावेश देखने में मिलता है।

अन्त में हम देखते है कि नाटककार ने कौटिल्य को नन्द साम्राज्य के संहारक और मौर्य साम्राज्य के प्रतिष्ठापरक के रूप में चित्रित किया है। उसने कौटिल्य के चरित्र का जो चित्रण किया है वह उसी नाट्य साहित्य को एक बहुत बड़ी देन है।

अर्थशास्त्र

अर्थशास्त्र प्राचीन भारतीय चिन्तन की नीति-शास्त्र परम्परा का प्रतिनिधि ग्रंथ है। भारतीय चिन्तन परम्परा के अन्य स्रोतों यथा स्मृतियों व महाकाव्य आदि से अर्थशास्त्र की भिन्नता इस सम्बन्ध में स्पष्ट है कि अर्थशास्त्र में राजनीतिक ज्ञान, मनुष्य के जीवन के उद्देश्यपूर्ण नियमन, तथा मानवीय आचरण के समुचित नियंत्रण के लौकिक उद्देश्यों को स्वतंत्र महत्त्व प्रदान किया गया है। कौटिल्य का अर्थशास्त्र, अंग्रेजी के शब्द 'इकोनोमिक्स' का पर्यायवाची नहीं हैं। कौटिल्य के अनुसार अर्थशास्त्र की विषय वस्तु में व्यक्ति के लौकिक आचरण और उसकी उन्नति के सारे संदर्भ अनिवार्य रूप से सम्मिलित हैं। कौटिल्य ने मानवीय वृत्तियों को अर्थ की संज्ञा दी है, तथा मनुष्यों से युक्त भूमि को भी अर्थ की परिधि में सम्मिलित किया है। इस प्रकार मानवीय आचरण और वृत्तियों तथा लौकिक समृद्धि की प्राप्ति, संरक्षण और उसके पालन के उपायों से सम्बन्धित शास्त्र को अर्थशास्त्र की संज्ञा दी जा सकती है। स्पष्ट है कि अर्थशास्त्र राज्य की सैद्धान्तिक और व्यावहारिक, दोनों प्रकार की समस्याओं से सम्बन्धित है। कौटिल्य ने अर्थशास्त्र की रचना गद्य और पद्य दोनों में की है। संभवतः व्याख्या की अस्पष्टता के निराकरण के लिए कोटिल्य ने ग्रंथ के अंत में एक पारिभाषिक परिशिष्ट जोड़ा है, तथा इसके साथ ही कतिपय सूत्रों को प्रस्तुत कर, ग्रंथ में विवेचित सामग्री का सार पुनः प्रस्तु कर दिया है। ग्रंथ में कुल 15 अधिकरण हैं। प्रथम अधिकरण में राज्य से सम्बन्धित समस्याओं, ज्ञान की शाखाओं का सैद्धान्तिक विवेचन किया गया है। दूसरे अभिकरण में राज्य के प्रशासनिक विभागों या संगठनों और पदाधिकारियों का विवेचन किया गया है। तीसरे व चौथे अधिकरण में क्रमशः राज्य की दीवानी और फौजदारी न्यायिक प्रणाली का विवेचन है। पाँचवे अधिकरण में राजकीय कर्मचारियों के अनुशासन, अधिकारों और दायित्वों का वर्णन किया गया है। छठे अधिकरण में युद्ध, विजय, पराज्य तथा सेना सम्बधी व्यवस्थाओं का चित्रण है। आठवें अधिकरण में युद्ध, विजय, पराज्य तथा सेना सम्बन्धी व्यवस्थओं का चित्रण है। नवें अधिकरण में विभिन्न आपत्तियों से राज्य के बचाव की सामान्य नीति और तात्कालिक उपायों का विवरण दिया गया है दसवाँ अधिकरण युद्ध-नीति से सम्बन्धित है। 11वें अधिकरण में आपातकालीन स्थिति में शत्रु के नाश अथवा उसको वश में करने के उपायों, साथ ही विजेता द्वारा विजित के प्रति किये जाने वाले व्यवहार का वर्णन किया गया है। 12 वें और 13 वे अधिकरण में विशिष्ट परिस्थितियों में राजा के द्वारा अपनाये जाने वाले रक्षा सम्बन्धी उपायों का विवेचन है। 14 वें अधिकरण में शत्रु-नाश के लिए विषैली औषधियों, मंत्रों आदि का वर्णन है। 15 वां अधिकरण मुख्यतः पारिभाषिक है, तथा उसमें, विभिन्न प्रसंगों में ग्रंथ में प्रतिपादित विचारों के अर्थान्वयन के लिए सूत्र प्रस्तुत किए गये हैं।

अर्थशास्त्र में राजनीतिक ज्ञान का महत्त्व

प्राचीन भारतीय ग्रंथों में राजनीतिक ज्ञान को दण्ड-नीति की संज्ञा दी गर है। कौटिल्य के अर्थशास्त्र में दण्ड-नीति को ज्ञान की स्वतंत्र व स्वायत्त शाखा के रूप में महत्त्व प्रदान किया गया है। इस अर्थ में अर्थशास्त्र स्मृतियों की तुलना में एक भिन्न दृष्टिकोण प्रस्तुत करता है। मनुस्मृति में दण्ड-नीति शब्द का प्रयोग प्रमुखता से नहीं हुआ, अपितु राजकीय दायित्वों और अधिकारों, तथा राज्य व प्रजा के सम्बन्धों के निरूपण के प्रकरण को 'राजधर्म' की संज्ञा दी गई है। इस प्रकार जहाँ मनुस्मृति संपूर्ण समाज के लिए एक आचारा संहिता प्रस्तुत करते हुए, राजनीतिक व्यवस्था को पूर्ण सामाजिक व्यवस्था का एक भाग मान कर चित्रित करती है, कौटिल्य ने ज्ञान की चार शाखाओं का चित्रण किया है-त्रयी, वार्ता आन्वीक्षिकी व दण्ड नीति। ज्ञान की शाखाओं को कौटिल्य ने विद्या का नाम दिया है तथा यह स्पष्ट किया है कि जिससे किसी विशेष संदर्भ में उचित-अनुचित व कर्तव्य-अकर्तव्य का ज्ञान होता हो, उसे विद्या कहते हैं।

त्रयी के अन्तर्गत कौटिल्य ने वेद व वेदांगों के ज्ञान, नैतिक और आध्यात्मिक विषयों को सम्मिलित किया है। सामाजिक विषयों को भी त्रयी के अन्तर्गत सम्मिलित किया गया है। इस प्रकार त्रयी का सम्बन्ध नैतिक, आध्यात्मिक और पारलौकिक विषयों से माना गया है।

कौटिल्य ने वार्ता में कृषि, पशुपालन, उद्योगों तथा ऐसे विषयों को सम्मिलित किया है, जो भौतिक उपलब्धियों और सम्पत्ति आदि के अर्जन से सम्बन्धित है।

त्रयी और वार्ता के प्रति किये जाने वाले प्रयत्नों में तर्क, विवेक और न्याय की प्रयुक्ति को कौटिल्य ने आन्वीक्षिकी की संज्ञा दी है। इस प्रकार कौटिल्य के अनुसार अन्वीक्षिकी वह मापदण्ड है जिसके द्वारा व्यक्ति के नैतिक और भौतिक उद्देश्यों के लिये किये जाने वाले प्रयत्नों को संतुलित किया जा सकता है। इसके अतिरिक्त आन्वीक्षिकी की सहायता से त्रयी और वार्ता द्वारा अर्जित लाभों, तथा नैतिक और भौतिक उपलब्धियों के, समुदाय में न्याय-सम्मत वितरण को सुनिश्चित किया जा सकता है। कौटिल्य ने दण्ड-नीति को त्रयी, वार्ता और आन्वीक्षिकी के भली-भाँति क्रियान्वयन के लिए उत्तरदायी माना है।

इस प्रकार कौटिल्य के अनुसार त्रयी और वार्ता मनुष्य के जीवन के क्रमशः नैतिक व भौतिक प्रयोजनों, आन्वीक्षिकी इन प्रयोजनों में तर्क, विवेक और न्याय के प्रयोग, तथा दण्ड नीति मनुष्य के जीवन में लौकिक और पारलौकिक उद्देश्यों को आन्वीक्षिकी के अनुसार घटित करने के दायित्व की पूर्ति के द्वारा, परिवर्तन की संस्थागत व्यवस्था को व्यक्त करती है।

कौटिल्य के लिए यद्यपि ज्ञान की चारों शाखाएँ महत्वपूर्ण हैं, तथापि दण्ड-नीति का महत्व सर्वाधिक है। क्योंकि वस्तुतः दण्ड नीति ही त्रयी व वार्ता और, उनके आन्वीक्षिकी के अनुसार नियमन के लिये अन्तिम रूप से उत्तरदायी है। कौटिल्य का मत है कि यदि दण्ड नीति न हो तो त्रयी, वार्ता या आन्वीक्षिकी का सुनिश्चित होना ही असंभव हो जायेगा। किन्तु कौटिल्य दण्डनीति को अकेले ही महत्त्वपूर्ण नहीं मानते। उनके अनुसार दण्ड-नीति का कार्य तो आन्वीक्षिकी के मापदण्ड के अनुशासित व निर्देशित रहते हुए, व्यक्ति के जीवन के भौतिक (वार्ता के माध्यम से) और नैतिक (त्रयी के माध्यम से) उद्देश्यों के मध्य संतुलन बनाए रखना है। इस प्रकार कौटिल्य ने ज्ञान की विभिन्न शाखाओं के मध्य सम्बन्धों का प्रतिपादन कर, राजनीतिक ज्ञान को स्वतंत्र स्तर प्रदान करते हुए भी, राजनीतिक सत्ता के उपयोग पर नियंत्रण की आवश्यकता को भी स्पष्ट कर दिया है। राज्य सत्ता की प्रकृति पर, कौटिल्य के ज्ञान सम्बन्धी विचारों के प्रभाव का विश्लेषण आगे के प्रसंगों में विस्तार से किया जाना उपयुक्त होगा।

राज्य की उत्पत्ति

कौटिल्य ने राज्य की उत्पत्ति के समझौतावादी सिद्धान्त का संकेत दिया है। अर्थशास्त्र में उपलब्ध वर्णन के अनुसार संसार में अराजकता विद्यमान रहने की स्थिति में, भयंकर दु:खों और निरन्तर असुरक्षा की भावन से पीड़ित होकर जन समुदाय ने मनु के समक्ष उपस्थित होकर उनसे राज-पद को धारण करने, तथ सम्प्रभु शक्ति के उपयोग के माध्यम से प्रजा के आचरण को नियंत्रित और नियमित करने की प्रार्थना की। प्रजा ने मनु को आश्वासन दिया कि इसके प्रतिफल में जनता शासन के प्रति सदैव आज्ञाकारिता का भाव धारण करेगी, तथा निश्चित सिद्धान्तों के अनुसार अपनी आय और अर्जित सम्पदाओं में से निश्चित भाग 'कर' के रूप में राजा को प्रदान करेगी, ताकि उसे राजकीय दायित्वों को पूरा करने के लिए साधन उपलब्ध हो सकें।

उपर्युक्त विवरण से यह स्पष्ट होता है कि कौटिल्य राज्य को एक प्राकृतिक संस्था, या दैवीय उत्पत्ति का परिणाम नहीं मानते। राज्य की उत्पत्ति के कौटिल्य अपनी सुरक्षा द्वारा किये विवेचन में दो तथ्य अन्तर्निहित हैं-

(1) राज्य मानवीय प्रयत्नों का परिणाम हैं, तथा मनुष्यों ने स्वयं राज्य की सत्ता को अपनी सुरक्षा और कल्याण के लिये स्वीकार किया गया है।

(2) लोगों द्वारा राज्य के बाध्यकारी नियंत्रण को, अपनी सुरक्षा और कल्याण के हित में स्वीकार करने के प्रस्ताव, तथा 'मनु' द्वारा प्रथम शासक के रूप में एक प्रस्ताव को स्वीकार कर लेने के परिणाम स्वरूप राज्य की उत्पत्ति हुई है। स्पष्ट है कि कौटिल्य ने आधुनिक अनुबंधवादी विचारकों (हॉब्स, लॉक व रूसो) की भाँति ही राज्य को

अनुबंध का परिणाम माना है। कौटिल्य ने राज्य से पूर्व की अवस्था का जो चित्रण किया है वह हॉब्स की प्राकृतिक अवस्था से मिलता-जुलता है। कौटिल्य ने कहा कि उस अवस्था में 'मत्स्य न्याय' प्रचलित था। इस स्थिति में औचितय का नहीं, अपितु भौतिक शक्ति का बोलबाला था। ऐसी किसी संस्था के अभाव में जो दुर्बलों की रक्षा कर सके, दुर्बलों को बलवानों द्वारा पीढ़ित किया जाता था। किन्तु राज्य की उत्पत्ति के विषय में हॉब्स और कौटिल्य के विवेचन में महत्त्वपूर्ण अन्तर भी विद्यमान हैं। हॉब्स ने राज्य से पूर्व की अवस्था को प्राकृतिक अवस्था माना है, जिसमें न राज्य था, न समाज, और न ही उचित-अनुचित में भेद करने के लिये कोई मापदण्ड ही थे। कौटिल्य ने राज्य से पूर्व की अवस्था को प्राकृतिक अवस्था नहीं, 'अराजक' अवस्था में समाज का भी अस्तित्व नहीं था। कौटिल्य ने यह नहीं माना कि उस अवस्था में समाज का भी अस्तित्व नहीं था। कौटिल्य और हॉब्स के दृष्टिकोण के मध्य अन्तर का महत्व राज्य की प्रकृति के विवेचन में परिलक्षित होता है। हॉब्स की प्राकृतिक अवस्था में समाज, या औचित्य के मापदण्डों का भी अस्तित्व न होने का परिणाम यह हुआ कि समाज की उत्पत्ति भी उसी समझौते के द्वारा हुई जिसके द्वारा राज्य उत्पन्न हुआ। इस प्रकार राज्य अपने अस्तित्व में आने से पूर्व ही विद्यमान किन्हीं मापदण्डों को लागू करने के लिए नहीं उत्पन्न हुआ, अपितु औचित्य के मापदण्ड पहली बार राज्य द्वारा ही निर्धारित किये गये। इस प्रकार हॉब्स के अनुसार राज्य की शक्ति अनियंत्रित हैं, क्योंकि राज्य के बिना हॉब्स के अनुसार राज्य की शक्ति अनियंत्रित है, क्योंकि राज्य के बिना कोई मापदण्ड हो ही नहीं सकते थे। इसके विपरीत कौटिल्य ने स्पष्टतः प्रतिपादित किया है कि राज्य 'धर्म' के द्वारा प्रजा के व्यवहार को नियंन्त्रित करता है। इस प्रकार 'धर्म' राजकीय शक्ति के प्रजा पर प्रयोग की स्वाभाविक मर्यादा है। यह महत्त्वपूर्ण है कि कौटिल्य राज्य को 'धर्म' का सृजनकर्ता नहीं, अपितु धर्म का सरंक्षक मानते हैं। इसका स्पष्ट अर्थ यह है कि राज्य के एक संस्था के रूप में उत्पन्न होने से पहले भी, धर्म नैतिक मूल्यों, औचित्य के मापदण्डों तथा मानवीय आचरण के उपयोगी सिद्धान्तों के रूप में अस्तित्व में था। उस समय केवल यह थी कि धर्म को लागू करने वाली कोई संस्था नहीं थी। इस स्थिति के कारण मत्स्य न्याय प्रचलित हो गया था, तथा धर्म-बल की अपेक्षा, भौतिक बल लोगों के जीवन को प्रभावित करने लगा था। लोगों ने एक अनुबंध द्वारा राज्य की रचना करके धर्म की नैतिक शक्ति को ऐसा भौतिक अवलम्ब प्रदान कर दिया कि उसे दुष्ट, आततायी व समाज-कंटक चुनौती नहीं दे सकें।

राजनीतिक व्यवस्था

आधुनिक दृष्टिकोण के अनुसार राजनीति विज्ञान की परिभाषा, उसके अध्ययन के क्षेत्र व उसके स्वरूप के विवेचन के प्रकरण में जैसा हमने देखा, आधुनिक व्यवहारवादी राजनीतिवैज्ञानिक राजनीति विज्ञान को केवल राज्य, सरकार जैसी राजनीतिक

संस्थाओं व उनसे सम्बन्धित मनुष्य के क्रिया कलाप का ही अध्ययन नहीं मानते, वरन् वे उसे उस सम्पूर्ण परिवेश का अध्ययन मानते हैं, जिनमें मनुष्य की राजनीतिक अर्थात् राज्य, सरकार, ... अन्य राजनीतिक संस्थाओं व राजनीतिक प्रक्रियाओं आदि से सम्बन्धित गतिविधियाँ, उसकी सामाजिक, आर्थिक, धार्मिक व नैतिक आदि गतिविधियों को प्रभावित करते हुये और उनसे स्वयं प्रभावित होते हुये संचालित होती है। व्यवहारवादियों द्वारा प्रतिपादित राजनीति विज्ञान की क्षेत्र सम्बन्धी इस धारणा में निहित मुख्य विचार उस व्यापक परिवेश से सम्बन्धित विचार है जिसके विभिन्न अंगों के रूप में विद्यमान अनेक संगठनों के माध्यम से व्यक्ति की गतिविधियाँ चालित होती हैं तथा जो राज्य व सरकार के क्षेत्र से निश्चय रूप से व्यापक होता है तथा जिसे समष्टि रूप से राजनीतिक व्यवस्था कहा जाता है।

राजनीतिक व्यवस्था की अवधारणा

राजनीतिक व्यवस्था से क्या तात्पर्य है तथा उसकी परिधि में कौन-कौन से संगठन आते हैं, इसके सम्बन्ध में विभिन्न विचारकों ने विभिन्न प्रकार के विचार व्यक्त किये हैं। उदाहरणार्थ, **पिनॉक व स्मिथ** ने लिखा है कि ''राज्य राजनीतिक व्यवस्था या राजव्यवस्था नामक बड़े संगठन का एक अंग है। राजनीतिक व्यवस्था समाज की एक उप-व्यवस्था या उसका एक पहलू है। इसमें किसी समाज-विशेष के सब सदस्य सम्मिलित होते हैं, पर उनके सभी पारस्परिक सम्बन्ध या उनके आचरण को प्रभावित करने वाले सभी तत्त्व इसमें सम्मिलित नहीं होते ।'' डेविड ईस्टन ने राजनीतिक व्यवस्था को दो भागों-मुख्य राजनीतिक व्यवस्था व सह राजनीतिक व्यवस्थाओं में विभाजित किया है और कहा है कि ''समूहों व संगठनों की आन्तरिक राजनीतिक व्यवस्थाओं को मैं सह राजनीतिक व्यवस्थायें कहूँगा और राजनीतिक व्यवस्था की धारणा को विश्लेषण किये जाने वाले समाज में समाहित राजनीतिक जीवन की सबसे अधिक समावेशी इकाई (राज्य) के लिये सुरक्षित रखूँगा।'' ब्लौण्डेल ने राजनीतिक व्यवस्था के विषय में कहा है कि ''राजनीतिक व्यवस्था का निर्धारण इस आधार पर होता है कि कौन शासन करता है, किस रूप में शासन करता है और किस उद्देश्य से शासन करता है।'' आमण्ड व कोलमैन ने लिखा है कि, ''राजनीतिक व्यवस्था समाज में वैध व्यवस्था बनाये रखने वाली अथवा परिवर्तन लाने वाली पद्धति है।'' कार्ल डब्ल्यू. डायस ने राजनीति व्यवस्था को कुछ निश्चयात्मक ढंग से परिभाषित किया है और कहा है कि, ''राजनीतिक व्यवस्था स्पष्ट रूप से पहचानी जाने योग्य उन इकाइयों की समष्टि होती है जो परस्पर अभिन्न व भिन्न होते हुये भी सुसम्बद्ध होती हैं।'' राजनीतिक व्यवस्था के विषय में भिन्न-भिन्न विचारकों के उक्त विचारों को यदि देखा जाय तो सबका निष्कर्ष यह निकलता है कि राजनीतिक व्यवस्था का तात्पर्य

राजनीतिक क्षेत्र में कार्यरत विविध समुदायों और संगठनों से होता है, जो राजनीतिक निर्णयों में प्रत्यक्ष या अप्रत्यक्ष रूप से भाग लेते हैं।

राजनीतिक व्यवस्था का स्वरूप व उसका क्षेत्र

राजनीतिक व्यवस्था का स्वरूप व क्षेत्र वस्तुतः सदा एक-सा नहीं रहा है। नगर राज्यों के समय में राजनीतिक व्यवस्था का क्षेत्र नगर राज्य व उसका स्वरूप उसके संगठन में आने वाली संस्थाओं- राज्य, सरकार- आदि से मिलकर बनता था। उस समय राज कार्य में जनता का एक भाग ही सक्रिय रहता था। अतः जनता के उसी भाग की गतिविधियाँ राजनीतिक व्यवस्था को प्रभावित करती थी। नगर राज्य की राजनीतिक व्यवस्था में परिवर्तन हुआ और उसका स्थान जब राष्ट्रीय राज्यों ने लिया, तो राजनीतिक व्यवस्था का क्षेत्र व्यापक हुआ। लोकतन्त्रीय राज्यों के उदय के साथ राजकाज में भाग लेने वाली जनता का आकार बढ़ा, राजनीतिक दल अस्तित्व में आये तथा राजनीति व राजनीतिक व्यवस्था का क्षेत्र राज्य, सरकार, आधुनिक ढंग के उसके विविध अंग, राजनीतिक दल आदि तक व्यापक हो गया। यहाँ यह ध्यान देने की बात है कि परिवर्तन के इस चरण तक राजनीतिक व्यवस्था के परिवेश में केवल वे ही संगठन आये, जिनका सम्बन्ध मनुष्य के परम्परागत एवं विशुद्ध रूप से राजनीतिक समझे जाने वाले कार्यकलापों से था तथा जिनका कोई सम्बन्ध मनुष्य के आर्थिक व सामाजिक आदि कार्यकलापों से नहीं था। पर अब राज्य के समाजवादी रूप की अवधारणा के विकास के साथ राजनीति व राजनीतिक व्यवस्था के रूप व क्षेत्र सम्बन्धी धारणा में पुनः परिवर्तन आया है तथा वह और अधिक व्यापकतर हो गया है।

आधुनिक युग में राजनीति हमारे जीवन को पूरी तरह घेरे हुए है। हमारा जीवन अब इतना अधिक राजनीतिमय हो गया है कि अनेक वे विषय, भूतकाल में जिनका राजनीति से कोई सम्बन्ध नहीं होता था अथवा प्रत्यक्ष रूप से जिनमें राजनीति की कोई बात नहीं होती थी, अब राजनीतिक प्रश्न माने जाते हैं और उनसे सम्बन्धित निर्णय अब जन संगठनों के माध्यम से व उनके द्वारा राजनीतिक प्रक्रिया के रूप में होते हैं। हमारे जीवनयापन की छोटी से छोटी बातों से लेकर बड़ी से बड़ी बातों तक सब राजनीतिक परिवेश के भीतर आ गई हैं। हम कैसा पानी पियें, कैसी हवा में सांस लें, कैसे मकानों में रहें, हमारी सड़कों की चौड़ाई कितनी व गलियों की सुरक्षा व सफाई कैसी हो, हमारे समाज के पिछड़े अंगों को समाज का उपयोगी अंग कैसे बनाया जाय, हमारे बालकों का लालन-पालन कैसे हो, हमारे युवकों की शिक्षा-दीक्षा कैसी हो, हमारे वृद्धों के स्वास्थ्य की रक्षा कैसे हो, हमारे स्थानीय, क्षेत्रीय व केन्द्रीय स्तर के विविध राजनीतिक व प्रशासनिक निकायों का संगठन कैसे किया जाय, उनके लिये मताधिकार कैसा व मतदान किस प्रकार हो, उनकी कार्य विधि क्या हो, मजदूरी की दर क्या हो, सार्वजनिक

उपयोग की वस्तुओं के मूल्य, उनके उत्पादन का ढंग व उनके वितरण की व्यवस्था क्या हो, रोजगार व व्यवसायों की व्यवस्था को किस प्रकार समाज की दृष्टि से उपयोगी बनाया जाय, उत्पादन के किन साधनों को वैयक्तिक क्षेत्र और किन-किन को सार्वजनिक क्षेत्र में रखा जाय तथा जनता के स्तर पर व देश के स्तर पर किस राज्य की जनता व किस देश से कैसे सम्बन्ध रखे जायँ, आदि वे सब बातें हैं, जिन से सम्बन्धित निश्चय राजनीतिक निर्णयों के परिणाम होते हैं। इसके अतिरिक्त इन निर्णयों को शासन के लिये उत्तरदायी व्यक्ति स्वतन्त्र रूप से ही नहीं करते, वरन् उन्हें सामाजिक, आर्थिक, धार्मिक व अन्य अनेक प्रकार के हितों के प्रतिनिधि समूहों के निरन्तर चलने वाले दबाव में रहते हुये करना पड़ता है। इस प्रकार अब जब राजनीति का क्षेत्र इतना व्यापक हो गया है, राजनीति व्यवस्था का रूप उतना ही व्यापक व उसका क्षेत्र उतना ही विस्तृत हो गया है तथा संगठन की वे सब इकाइयाँ- व्यक्ति, परिवार, ग्राम सभा, ग्राम पंचायत, क्षेत्र समितियाँ, नगर पालिकायें, क्षेत्रीय स्तरके राजकीय व प्रशासकीय संगठन व केन्द्रीय स्तर के राजकीय व प्रशासकीय संगठन, राजनीतिक दल व उनके विविध स्तरों के संगठन, आर्थिक उत्पादन व वितरण का सम्पूर्ण ढाँचा, विविध व्यावसायिक व उपभोक्ता संघ, श्रमिक संघ तथा आर्थिक, सामाजिक, व धार्मिक क्षेत्र में कार्यरत अनेक दबाव समूह, विविध राष्ट्र, राष्ट्र समूह तथा अन्तर्राष्ट्रीय संगठन आदि- जिनकी गतिविधियाँ प्रत्यक्ष या अप्रत्यक्ष रूप से किसी देश की राजनीति को प्रभावित करती है, राजनीतिक व्यवस्था के अंग माने जाते हैं। इस सम्बन्ध में स्मरणीय है कि उपर्युक्त अनेक संगठन ऐसे हैं, जिनके सब कार्य सामान्यतः राजनीतिक नहीं होते और राजनीतिक व्यवस्था से उनका कोई सम्बन्ध व उस पर उनका कोई प्रभाव नहीं होता। ऐसी दशा में ऐसे संगठन केवल उसी सीमा तक राजनीतिक व्यवस्था के अंग होते हैं, जिस सीमा तक उनके कार्यों के प्रभाव का सम्बन्ध राजनीति से होता है।

राजनीतिक व्यवस्था व समाज व्यवस्था

राजनीतिक व्यवस्था के रूप को समझने के लिये हमें यह समझना भी आवश्यक है कि राजनीतिक व्यवस्था बहुत हद तक सामाजिक व्यवस्था को और सामाजिक व्यवस्था बहुत हद तक राजनीतिक व्यवस्था को निर्धारित व प्रभावित करती है, तथापि वे दोनों अलग-अलग होती हैं। उदाहरणार्थ समाज में विद्यमान अनेक सम्बन्ध जैसे विवाह सम्बन्ध-ऐसे हैं जिनका रूप पूर्णतः वैयक्तिक होता है। पर उन सम्बन्धों के विषय में जब स्थिति ऐसी हो जाती है कि उनका नियमन राज्य द्वारा किया जाना आवश्यक होता है, तो उनका रूप राजनीतिक हो जाता है और वे राजनीतिक व्यवस्था का अंग बन जाते हैं। इसी प्रकार अनेक सामाजिक व्यवस्थायें व प्रथायें ऐसी होती हैं जिनके अनुसार राज्य को अपनी व्यवस्था बनानी पड़ती है।

राजनीतिक व्यवस्था व आर्थिक व्यवस्था

राजनीतिक व्यवस्था व आर्थिक व्यवस्था का सम्बन्ध भी पारस्परिक सम्बद्धता का होते हुये भी पारस्परिक भिन्नता का है। यह ठीक है कि राजनीतिक व्यवस्था बहुत हद तक समाज की आर्थिक व्यवस्था का नियमन करती है, तथा आर्थिक व्यवस्था से भी बहुत हद तक राजनीतिक व्यवस्था के रूप का निर्धारण होता है, परन्तु वे दोनों ही व्यवस्थायें सामान्यत: अलग-अलग हैं। आर्थिक व्यवस्था के संगठनों का रूप राजनीतिक तभी होता है जब उनके कार्यों का नियमन राज्य द्वारा किया जाना आवश्यक हो जाता है तथा उसी हद तक उनका रूप राजनीतिक व्यवस्था के अंग का होता है। उदाहरणार्थ, श्रमिक अपने कारखाने के मालिक का कार्य करते हैं, वे उसके लिये वेतन, भत्ते व बोनस लेते हैं। इस प्रकार जब तक यह कार्य उन दोनों पक्षों के बीच तक सीमित रहता है, उसका राजनीति व राजनीतिक व्यवस्था से कोई सम्बन्ध नहीं होता, परन्तु जब श्रमिक संगठित होकर मालिक से अपनी मांगों को मनवाने के लिये आन्दोलन या हड़ताल करने लगते हैं, तो उनका यह कार्य राजनीतिक हो जाता है और राज्य द्वारा उसके नियमन की आवश्यकता स्पष्ट हो जाने के कारण उस हद तक श्रमिक संगठन राजनीतिक व्यवस्था के अंग बन जाते हैं।

राजनीतिक व्यवस्था व राज्य

राजनीतिक व्यवस्था के रूप को समझने के लिये यह भी आवश्यक है कि हम राजनीतिक व्यवस्था व राज्य के अन्तर व उनके पारस्परिक सम्बन्ध को समझ लें। बहुत समय से राज्य, शासन अथवा राष्ट्र शब्दों का प्रयोग राजनीतिक व्यवस्था के समानार्थी के रूप में किया जाता रहा है। पर अब यदि राजनीतिक ढ़ाँचे के व्यापक रूप के लिये राजनीतिक व्यवस्था शब्द का प्रयोग किये जाने पर जोर दिया जाता है, तो इसका कारण यह है कि प्राचीन शब्दों व आधुनिक शब्दों में नाम के भेद के अतिरिक्त कुछ अर्थ का भेद भी है। राजनीतिक व्यवस्था का रूप व्यापक व राज्य का रूप सीमित होता है। राज्य या शासन या राष्ट्र की व्यवस्था का अर्थ सामान्यत: उसके संस्थात्मक रूप में सीमित होता है। राज्य की बात करते समय हमारा ध्यान अमूर्त रूप से राज्य संस्था के अस्तित्व व मूर्तरूप में उनके शासन की व्यवस्था की ओर जाता है, जिसमें किसी समाज के राजनीतिक जीवन के क्षेत्र में कार्यरत शासकीय रूप से मान्य संस्थाओं का एक समूह सम्मिलित होता है। पर जब हम राजनीतिक व्यवस्था की चर्चा करते हैं, तो हमारा तात्पर्य राज्य व शासन तथा राजकीय रूप से मान्य राजनीतिक संस्थाओं के क्षेत्र से व्यापकतर उस क्षेत्र से होता है जिसमें राज्य, शासन, औपचारिक रूप से शासन द्वारा मान्य अन्य राजनीतिक संस्थाओं के अतिरिक्त राजनीतिक क्षेत्र की औपचारिक संस्थायें तथा सामाजिक, आर्थिक व धार्मिक एवं

अन्तर्राष्ट्रीय आदि क्षेत्रों की वे संस्थायें भी सम्मिलित होती हैं, जिनके कार्य प्रत्यक्ष या परोक्ष रूप से राजनीति को प्रभावित करते हैं। **आमण्ड व पावेल** ने कहा है कि "राजनीतिक व्यवस्था के अन्तर्गत व्यवस्थापिका, न्यायालय और शासन के अभिकरण जैसे सरकारी संस्थायें ही सम्मिलित नहीं होतीं, वरन् अपने राजनीतिक पहलू की दृष्टि से सभी संगठन सम्मिलित होते हैं। उसमें रक्त सम्बन्ध और जाति समूह जैसे पारम्परिक संगठन भी होते हैं और हत्या, दगें, उपद्रव और प्रदर्शनों से सम्बन्धित तत्त्व तथा दलों, हित-समूहों व संचार साधनों जैसे औपचारिक संगठन भी सम्मिलित होते हैं।" इस प्रकार यह स्पष्ट है कि राजनीतिक व्यवस्था की धारणा राज्य और जो कुछ राजकीय है उससे व्यापकतर है।

राजनीतिक व्यवस्था की धारणा राज्य की धारणा से अधिक गतिशील भी है- राज्य की धारणा में राजनीतिक जीवन में जो कुछ है, यदि वह निहित है, तो राजनीतिक व्यवस्था की धारणा में इसके अतिरिक्त उसमें जो हो सकता है, वह भी सम्मिलित होता है। राजनीतिक व्यवस्था का सम्बन्ध विविध राजनीतिक व सम्बन्धित गैर-राजनीतिक संगठनों संघटकों, समुदायों आदि की निरन्तर परिवर्तनीय स्थिति से भी होता है। उसके अध्ययन में राजनीतिक जीवन में परिवर्तनों को सम्भव बनाने वाले तत्त्वों को भी सम्मिलित माना जाता है तथा उनसे सम्बन्धित अध्ययन का विचारणीय विषय यदि यह भी होता है कि वांछित दिशा में होने वाले परिवर्तनों को किस प्रकार सम्भव बनाया जाये, तो यह भी होता है कि अवांछित दिशा में होने वाले परिवर्तनों को कैसे रोका जाय। इस प्रकार हम देखते हैं कि राज्य की धारणा की तुलना में राजनीतिक व्यवस्था की धारणा एक स्थिर धारणा न होकर एक गतिशील धारणा है।

राजनीतिक व्यवस्था में विभिन्न संगठनों का अध्ययन

कार्ल डब्ल्यू. डायस ने कहा है कि, "कोई व्यवस्था उस सामान्य समूह के विपरीत जिसे किसी बाहरी साधनों में एक बनाये जा सकता है, अपने भीतर से ही एक बनी रहती है।" किसी व्यवस्था का निर्माण पारस्परिक पर निर्भरता से होता है, **आमण्ड व पावेल** ने भी व्यवस्था के इसी लक्षण पर बल दिया है और कहा है कि "व्यवस्था में व्यवस्था के अंगों की पारस्परिक पर निर्भरता का भाव निहित होता है।" यह बात राजनीतिक व्यवस्था के विषय में भी पूर्णतया सत्य है। ऐसी दशा में राजनीतिक व्यवस्था में सम्मिलित विविध अंगों का अध्ययन पूर्णत: अलग अस्तित्व वाले घटकों के रूप में नहीं किया जा सकता, वरन् सही रूप में उनका अध्ययन परस्पर घनिष्टतया सम्बद्ध अनेक किन्तु एकता में बंधे संघटनों से बनी व्यवस्था के रूप में ही किया जा सकता है। राजनीतिक व्यवस्था में विविध संघटकों की स्थिति शरीर के विविध अंगों की तरह पारस्परिक पर निर्भरता की होती है तथा शरीर के

विविध अंगों की स्थिति की तरह ही राजनीतिक व्यवस्था के विविध संघटकों में से किसी एक में हुये परिवर्तनों का प्रभाव दूसरे संघटकों पर अवश्य पड़ता है। अतः किन्हीं भी सार्वजनिक रूप से प्रभावकारी परिवर्तनों के प्रभाव को पूरी तरह समझने के लिये यह आवश्यक है कि राजनीतिक व्यवस्था के उन सभी संगठनों का अध्ययन सम्बद्ध रूप में एक व्यवस्था के रूप में किया जाय, जिन पर उस परिवर्तन का प्रभाव परिलक्षित होता हो।

उदाहरणार्थ, यदि किन्हीं दबाव गुटों की स्थिति में अन्तर होता है तो उसका प्रभाव सम्पूर्ण राजनीतिक व्यवस्था पर होता है। इसके विपरीत अनेक राजनीतिक निर्णयों का प्रभाव व्यवस्था में विद्यमान सभी प्रकार के दबाव समूहों व हित समूहों पर पड़ता है। सामाजिक व आर्थिक व्यवस्था के संघठनों में होने वलो परिवर्तनों के साथ राजनीतिक व्यवस्था के संघटकों में तथा राजनीतिक व्यवस्था के संघठनों में होने वाले परिवर्तनों के साथ सामाजिक व आर्थिक व्यवस्था के संघठनों में परिवर्तन होता है। उदाहरणार्थ, अमेरिका व इंग्लैण्ड सदियों से द्विदल प्रणाली वाले देश रहे हैं तथा उनकी राजनीतिक व्यवस्था का रूप उस प्रणाली के अनुसार रहा है। पर यदि वहाँ की दलीय व्यवस्था में कोई परिवर्तन आये और वहाँ बहुदल व्यवस्था पनप जाये, तो वहाँ की राजनीतिक व्यवस्था में पाया जाने वाला स्थायित्व का तत्त्व अवश्य कम होगा। इसी प्रकार भारत में विद्यमान रक्त व जाति सम्बन्धी बन्धनों में यदि कोई परिवर्तन आये तो उसका प्रभाव निश्चय ही भारतीय राजनीतिक व्यवस्था में परिवर्तन लायेगा।

राजनीतिक व्यवस्थाओं की सामान्य विशेषतायें

विश्व में समय-समय पर जो भी राजनीतिक व्यवस्थायें होती हैं, वे अनेक प्रकार से भिन्न व अनेक प्रकार से अभिन्न होती हैं। फिर भी उनकी कुछ सामान्य विशेषतायें होती हैं, जिन्हें हम निम्न प्रकार रख सकते हैं:

1. राजनीतिक व्यवस्थायें परिवर्तनशील होती हैं-परिवर्तनशीलता सभी राजनीतिक व्यवस्थाओं की एक प्रमुख विशेषता होती है। सभी राजनीतिक व्यवस्थायें निरन्तर होने वाले परिवर्तनों के दौर से गुजरती रहती हैं। अनेक बार वे परिवर्तन स्पष्ट और अनेक बार वे अस्पष्ट होते हैं। परिवर्तन की प्रक्रिया में भी राजनीतिक व्यवस्थाओं के रूप पूरी तरह बदल जाते हैं। यही कारण है कि अब तक विश्व के सामने अनके प्रकार की राजनीतिक व्यवस्थायें आ चुकी हैं।

2. राजनीतिक व्यवस्थाओं में राजनीतिक साधनों का वितरण प्रायः असमान होता है-व्यक्ति व व्यक्तियों के वर्ग अपने समाज की राजनीति में भाग कुछ साधनों के आधार पर लेते हैं। वे साधन जिनके आधार पर लोग राजनीति में भाग लेते हैं-

अर्थात् जिनसे सम्पन्न होने पर वे राजनीति में अपने को प्रभावी बनाते हैं– उनमें शक्ति, धन, सामाजिक स्तर, शिक्षा, जन बल, वैचारिक श्रेष्ठता, कूट बुद्धि आदि अनेक वस्तुयें आती हैं। यही कारण है कि यह कहा जाता है कि राजनीति धनवानों की है, वह शक्तिशालियों की है, वह बड़े लोगों की है, वह बहुसंख्यकों की है, वह कुटिल लोगों की है अथवा वह बुद्धि वालों की है। वास्तविकता इस सम्बन्ध में यह है कि ये संसाधन सब लोगों को समान रूप से प्राप्त नहीं होते। उदाहरणार्थ, आर्थिक आधार पर सभी समाजों में प्राय: उच्च वर्ग, मध्ययम वर्ग (उच्च मध्यम वर्ग व निम्न मध्यम वर्ग) तथा निम्न वर्ग नामक तीन वर्ग होते हैं तथा राजनीति पर उन तीन वर्गों का प्रभाव उनकी आर्थिक स्थिति के अनुसार होता है।

राजनीतिक संसाधनों की इस प्रकार की असमान प्राप्ति के अनेक कारण होते हैं। यह असमानता जन्म के कारण, उत्तराधिकार के कारण, योग्यता व क्षमता के कारण, शिक्षा के कारण, पर्यावरण आदि के कारण होती है। हितों की समानता के कारण, अनेक लोग जब एकताबद्ध हो जाते हैं, तो उन्हें जन समर्थन का एक राजनीतिक संसाधन प्राप्त हो जाता है। राजनीतिक व्यवस्थाओं का राजतन्त्रीय होना, कुलीन तन्त्रीय होना, जन तन्त्रीय होना, अधिनायकतन्त्रीय होना, पूँजीवादी होना तथा समाजवादी होना, राजनीतिक संसाधनों के असमान वितरण के ही परिणाम का परिचायक है।

3. राजनीतिक व्यवस्थाओं में काफी लोग राजनीतिक रूप से प्रभावी होने के लिए सचेष्ट रहते हैं–यद्यपि सब लोग राजनीति में प्रत्यक्ष भाग नहीं लेते और बहुत से लोग राजनीति के प्रति उदासीन रहते हैं, फिर भी एक बड़ी संख्या में लोग, विशेषत: आधुनिक व्यवस्थाओं में, राजनीति में अपने को प्रभावी बनाने के लिये सचेष्ट रहते हैं, जिससे राजनीतिक व प्रशासकीय निर्णय उनके हितों के अनुकूल हों तथा राजनीतिक व्यवस्था से प्राप्त होने वाले लाभ उन्हें अधिक से अधिक मिल सकें।

4. राजनीतिक व्यवस्थाओं में राजनीतिक प्रभाव सबको समान रूप से प्राप्त नहीं होता–जो लोग राजनीति में प्रभावी होने के लिये सचेष्ट होते हैं, वे उसमें समान रूप से सफल नहीं होते। इसका परिणाम यह होता है कि सभी राजनीतिक व्यवस्थाओं में राजनीतिक प्रभाव का वितरण असमान रूप से रहता है। राजनीतिक प्रभाव की यही असमानता राजनीतिक रूप से प्रभावशाली लोगों को शासक व अप्रभावशाली लोगों को शासित बना देती है। इस बात को मानवीय जीवन में प्रारम्भ से अब तक के काल के इतिहास में लगातार देखा जा सकता है।

5. राजनीतिक व्यवस्थाओं में संघर्षों के समाधान की एक प्रक्रिया चलती रहती है–राजनीतिक संसाधनों की प्राप्ति के लिये प्रयत्नरत लोगों में एक प्रतियोगिता सदा चलते रहने के कारण अनेक वैचारिक व व्यवहारिक संघर्ष चलते रहते हैं।

राजनीतिक व्यवस्था में इन सघर्षों के समाधान की एक प्रक्रिया सदा चलती रहती है। इन द्वन्द्वों के समाधान अनेक बार मध्यस्थता से, अनेक बार पंच निर्णय से अनेक बार आपसी वार्ता से, अनेक बार आन्दोलनों से तथा अनेक बार आन्तरिक गृह-युद्धों तथा अन्तर्राष्ट्रीय युद्धों से होते हैं। इन द्वन्द्वों के समाधान अनेक बार केवल राज्येत्तर संस्थाओं के बीच में हो जाते हैं, तो अनेक बार वह राजकीय व्यवस्था के माध्यम से होते हैं।

6. राजनीतिक व्यवस्थाओं के विविध अंग अपनी-अपनी दृष्टि से औचित्यपूर्ण ढंग से कार्य करते हैं-राजनीतिक व्यवस्था के सभी अंग अपने-अपने उद्देश्यों को औचित्यपूर्ण समझते हुये उन्हें अपनी-अपनी दृष्टि से औचित्यपूर्ण ढंगों से सिद्ध करने का प्रयत्न करते हैं। व्यवस्था के सभी अंग चाहें वे कितने ही अधिक शक्तिशाली क्यों न हों, अपने उद्देश्यों की सिद्धि बलपूर्वक ही नहीं कर सकते। राज्य स्वयं राजनीतिक व्यवस्था का सबसे अधिक शक्तिशाली अंग होता है, व्यवस्थापिका उसके उद्देश्यों की सिद्धि के अनुकूल निर्णयों के अनुसार विधियों का निर्माण करती है तथा शासन उसके निर्णयों का क्रियान्वय करने वाला अभिकरण होता है। पर सामान्यत: राज्य की विधियों के निर्माण के ऐसे कोई उद्देश्य नहीं हो सकते जो औचित्यपूर्ण न हों, उसकी ओर से व्यवस्थापिका कोई ऐसी विधियाँ नहीं बना सकती जिनका आधार औचित्यपूर्ण न हो तथा शासन उन्हें ऐसे ढंगों से क्रियान्वित नहीं कर सकता जो उचित न हों। यही कारण है कि राज्य जब ऐसे किसी कार्य को अपना उद्देश्य बना लेता है जिसका कोई सामाजिक औचित्य न हो, या व्यवस्थापिका ऐसी कोई विधि बना देती है जो सामाजिक नैतिकता व विश्वाास के प्रतिकूल हो, अथवा शासन की ओर से कोई ऐसे आदेश जारी कर दिये जाते हैं, जो सामान्य औचित्य पर आधारित न हों, तो राजनीतिक व्यवस्था के अन्य अंगों की ओर से उन सबका विरोध होता है, जो वैधानिकता व शान्तिप्रियता की सीमा को पार करके कभी-कभी अवैधानिक व हिंसापूर्ण भी हो जाता है।

7. प्रत्येक राजनीतिक व्यवस्था का कोई सामान्य दर्शन होता है -राजनीतिक दृष्टि से प्रभावशाली राजनीतिक व्यवस्था के अंग अपने कार्यों की औचित्यपूर्णता सिद्ध करने के लिये किसी एक सामान्य दर्शन का प्रतिपादन किया करते हैं। सामान्यत: जन कल्याण प्रत्येक राजनीतिक व्यवस्था का उद्देश्य होता है। पर जिस प्रकार के दर्शन को आधार बनाकर चलने से जन कल्याण के उद्देश्य की साधना हो सकती है, प्रत्येक राजनीतिक व्यवस्था के प्रभावशाली अंग उसका प्रतिपादन व प्रचार करते हैं, जिससे जन-साधारण का सहयोग व समर्थन उन्हें प्राप्त होता रहे। इन दर्शनों का रूप बदलता रहता है तथा यही कारण है कि राजनीतिक व्यवस्था को 'बहुजन हिताय व बहुजन सुखाय' बनाने के लिये राजनीति में अब तक अनेक वादों का प्रतिपादन हो चुका

है। ये दर्शन अलग-अलग राजनीतिक व्यवस्थाओं में अलग-अलग भी होते हैं। उदाहरणार्थ पश्चिम के देशों की लोकतन्त्रीय राजनीतिक व्यवस्थाओं के दर्शन को यदि 'विकासवादी समाजवाद' का दर्शन कहा जाता है, तो साम्यवादी राजनीतिक व्यवस्थाओं के दर्शन को 'क्रान्तिवादी समाजवादी' कहा जाता है। एक ही राजनीतिक व्यवस्था में किन्हीं क्षेत्रों में एक ही समय पर दर्शनों के किसी विशुद्ध रूप के स्थान पर एक से अधिक दर्शनों की बातें मान्य हो सकती हैं। जैसे भारत में आर्थिक क्षेत्र में एक ऐसे दर्शन को मान्यता प्रदान की जाती रही है जिसमें छोटे उद्योगों के संचालन के लिये वैयक्तिक क्षेत्र तथा बड़े उद्योगों के संचालन के लिये सरकारी क्षेत्र की व्यवस्था को उचित माना गया है और इस कारण जिसे मिश्रित व्यवस्था का दर्शन कहा जाता है।

8. राजनीतिक व्यवस्थायें एक दूसरे को प्रभावित करती रहती हैं: कोई भी राजनीतिक व्यवस्था अन्य राजनीतिक व्यवस्थाओं से अलग एकाकी स्थिति में नहीं रह सकती। सभी राजनीतिक व्यवस्थायें एक दूसरे को अनेक दृष्टियों से प्रभावित करती रहती हैं। उदाहरणार्थ पश्चिमी ढंग के एक समय के पूँजीवादी लोकतन्त्रों को यदि समाजवादी लोकतन्त्रों के अस्तित्व के कारण अनेक समाजवादी आर्थिक कार्यक्रमों को अपनाकर यदि विकासवादी समाजवाद को अपनाना पड़ा है, तो पूर्व के क्रान्तिकारी लोकतन्त्रों को भी अपने यहाँ अब तक प्रचलित सैन्यीकृत (ह्द्गद्दद्बद्दद्गठ्ठह्लद्गस्र) जीवन में ढील देकर और लोगों को वैयक्तिक स्वतन्त्रतायें प्रदान करके अपने लोकतंत्रों को राजनीतिक लोकतन्त्र भी बनाने के लिए बाध्य होना पड़ा है। राजनीतिक व्यवस्थायें अन्य व्यवस्थाओं को पूर्वापरिरूप में भी प्रभावित करती हैं। एक व्यवस्था समाप्त होकर दूसरी व्यवस्था प्रचलन में आ जाती है, पर बाद की व्यवस्था में पहली व्यवस्था के कुछ तत्त्व बने रह जाते हैं। उदाहरणार्थ, इंग्लैण्ड में राजतन्त्रीय राजनीतिक व्यवस्था समाप्त होकर वहाँ अब लोकतन्त्रीय व्यवस्था का प्रचलन हो गया है, परन्तु फिर भी राजतन्त्रीय व्यवस्था का एक प्रतीक सम्राट्-पद वहाँ अब भी बना हुआ है।

राज्य के अस्तित्व का प्रयोजन और सम्प्रभुता

कौटिल्य ने राज्य की उत्पत्ति के प्रसंग में यह स्पष्ट कर दिया है कि राज्य एक निश्चत प्रयोजन को पूर करने के लिए अस्तित्व में है। अत: वह प्राकृतिक संस्था नहीं है। कौटिल्य ने ज्ञान या विद्या की विभिन्न शाखाओं के विवेचन के प्रसंग में यह स्पष्ट किया है कि राज्य-संस्था का उद्देश्य, व्यक्तियों के लौकिक और पारलौकिक, नैतिक व भौतिक उद्देश्यों की पूर्ति तथा उनके मध्य न्याय-सम्मत संतुलन को बनाए रखना है। इन प्रयोजनों की पूर्ति सही ढंग से, अन्वीक्षिकी से निर्देशित होकर ही की जा सकती है। इस प्रकार कौटिल्य जनता के सर्वांगीण कल्याण, तथा समाज में न्याय के सिद्धान्तों

को लागू करने को राज्य के अस्तित्व का मुख्य आधार मानते हैं। कौटिल्य ने ज्ञान की शाखाओं के विवेचन, तथा उनके मध्य पारस्परिक सम्बन्धों के निरूपरण के माध्यम से वस्तुतः राज्य के अस्तित्व के प्रयोजन को स्पष्ट करने का प्रयास किया है। ज्ञान की चार शाखाओं त्रयी, वार्ता, आन्वीक्षिकी व दण्ड-नीति को कौटिल्य ने क्रमशः मानव जीवन के नैतिक व भौतिक प्रयोजनों, प्रयोजनों के प्रति व्यक्ति के संतुलित दृष्टिकोण तथा इन प्रयोजनों को व्यक्ति के जीवन में घटित करने के लिए उत्तरदायी संस्थागत व्यवस्था के रूप में चित्रित किया है। कौटिल्य ने त्रयी का सम्बन्ध नैतिक और पारलौकिक उपलब्धियों से माना है। वार्ता को कौटिल्य लौकिक उपलब्धियों, और भौतिक सम्पदा तथा उसके अर्जन के लिये किये जाने वाले मानवीय क्रियाकलाप से सम्बन्धित मानते हैं। कौटिल्य के अनुसार आन्वीक्षिकी त्रयी क्रियाकलाप से सम्बन्धित मानते हैं। कौटिल्य के अनुसार आन्वीक्षिकी त्रयी और वार्ता के प्रति व्यक्ति के प्रयत्नों में संतुलन, तर्क, विवेक व न्याय की प्रयुक्ति को सुनिश्चित करती है। कौटिल्य के मत में आन्वीक्षिकी से निर्दिष्ट हाने पर व्यक्ति के आचरण में नैतिक और भौतिक कल्याण के प्रति प्रयत्नों का न्यायसम्मत संतुलन बना रहता है। दण्ड-नीति, अर्थात् राजनीतिक संस्थाओं को कौटिल्य ने त्रयी और वार्ता के लिये किये जाने वाले प्रयत्नों के निर्देशन व अधीक्षण, और आन्वीक्षिकी द्वारा सुनिश्चित किये गये मापदण्डों की क्रियान्विति के लिए उत्तरादायी माना है। कौटिल्य का मत है कि आन्वीक्षिकी से दिशा प्राप्त करते हुए दण्ड-नीति, व्यक्ति के जीवन में नैतिक और भौतिक उपलब्धियों के प्रति संतुलन को सुनिश्चित करेगी, वहीं यह भी सुनिश्चित करेगी कि समुदाय में अर्जित की गई भौतिक व नैतिक उपलब्धियों का समुदाय के विभिन्न सदस्यों के मध्य तर्कसम्मत व न्यायसम्मत वितरण हो। **दण्ड नीति के प्रयोजन के विषय में कौटिल्य ने यह अप्राप्त को प्राप्त कराने, प्राप्त को संरक्षित कराने, संरक्षित का सवर्द्धन कराने, संवद्धित को सुयोग्य व्यक्तियों के मध्य वितरित कराने के उद्देश्य से क्रियाशील होती है। कौटिल्य के अनुसार राज्य वस्तुतः दण्ड-नीति को व्यवहार में संचालित करने का संस्थागत माध्यम है।** इस प्रकार ज्ञान की शाखाओं और दण्ड नीति के प्रयोजन को स्पष्ट करके कौटिल्य ने राज्य के अस्तित्व के मूल प्रयोजन के विषय में एक स्पष्ट दृष्टिकोण का प्रतिपादन किया है।

उपर्युक्त विवेचन से स्पष्ट है कि कौटिल्य के अनुसार जनता की नैतिक और भौतिक समृद्धि को, लौकि और पारलौकिक कल्याण को, तथा साथ ही वितरणात्मक न्याय को सुनिश्चित करना राज्य के अस्तित्व का मूल प्रयोजन है। कौटिल्य ने दण्ड को ऐसी शक्ति के रूप में व्यक्त किया है जि धर्म की सुरक्षा के लिए प्रयुक्त किया जाता है। उल्लेखनीय है कि मत्स्य न्याय की अवस्था में भी कुछ शक्तिशाली लोगों द्वारा भौतिक बल का प्रयोग किया जाता था, किन्तु बल का वह प्रयोग धर्म के नैतिक प्रयोजनो के लिए नहीं, अपितु स्वार्थ की पूर्ति के लिये होता था। कौटिल्य दण्ड को

केवल शक्ति का पर्यायवाची नहीं मानते। कौटिल्य के अनुसार तीन तत्व भौतिक शक्ति के साथ जुड़कर ही उसे दण्ड का रूप प्रदान करते हैं:

प्रथम-शक्ति का प्रयोग धर्म की सुरक्षा के लिये ही हो, अन्य किसी स्वार्थ-पूर्ण उद्देश्य के लिये नहीं,

द्वितीय-यह शक्ति मात्रा में इतनी अधिक हो, तथा प्रकृति में ऐसी हो, जिसे कि लोग अलग-अलग या संगठित होकर भी अपनी शक्ति के बल पर चुनौती नहीं दे सकें,

तृतीय-इस शक्ति का प्रयोग किसी अधिकृत संस्था द्वारा किया जाए।

कौटिल्य ने राज्य को एक ऐसी अधिकृत संस्था द्वारा माना है जो धर्म के संरक्षण के लिये भौतिक शक्ति का प्रयोग करती है, उसके वैध नियन्त्रण को लोगों द्वारा चुनौती नहीं दी जा सकती। अतः राज्य द्वारा प्रयुक्त शक्ति को कौटिल्य ने दण्ड की संज्ञा दी है। इस प्रकार दण्ड की अनुल्लंघनीयता तथा धर्म की नैतिक शक्ति, संयुक्त रूप से राज्य की सम्प्रभुता का आधार हैं। इस दृष्टि से कौटिल्य ने राजनीतिक दर्शन में 'धर्म' का बहुत महत्त्वपूर्ण स्थान है। धर्म को कौटिल्य ने मनुष्य के जीवन के सार्थक और उद्देश्यपूर्ण निर्वाह के लिये आवश्यक नियमों की संहिता, नैतिक मूल्यों, तथा राज्य सत्ता पर नियंन्त्रण के साधन के रूप में चित्रित किया है। कौटिल्य ने सुख का आधार धर्म को बताया है। उसके अनुसार धर्म 'अर्थ' पर आधारित है। अर्थ उनके मत में राज्य पर निर्भर है। उपर्युक्त तीन वाक्यों से अर्थशास्त्र में प्रतिपादित राज्य की प्रकृति का आभास हो जाता है। कौटिल्य के अनुसार जहाँ धर्म मनुष्य के नैतिक और पारलौकिक कल्याण की ओर संकेत करता है, वहीं धर्म मनुष्य के नैतिक और पारलौकिक कल्याण की ओर संकेत करता हैं, वहीं अर्थ पर उसकी निर्भरता उसे मनुष्य के लौकिक व्यवहार से जोड़ देती है7 अर्थ की राज्य पर निर्भरता यह स्पष्ट कर देती है कि मनुष्यों के व्यवहार का धर्म के अनुसार नियमन राज्य का दायित्व है। कौटिल्य का स्पष्ट मन है कि धर्म मनुष्य के लौकिक जीवन, और पारलौकिक कल्याण दोनों दृष्टियों से उपयोगी है। अर्थशास्त्र में धर्म और राज्य के व्यावहारिक सम्बन्धों, व सार्वजनिक नियमों के निर्देशक सिद्धान्तों के रूपमें धर्म में महत्व पर प्रकाश डाला यगा है। कौटिल्य ने 'धर्म' शब्द का प्रयोग व्यापक अर्थ में किया है, किन्तु मोटे तौर पर कौटिल्य द्वारा प्रतिपादित धर्म को तीन संदर्भों में समझा जा सकता है:

1. सामाजिक व्यवहार के सिद्धान्तों की संहिता के रूप में।

2. सत्य, दया, दान अहिंसा आदि सार्वभौमिक नैतिक नियमों के रूप में।

3. राज्य द्वारा निर्धारित कानून के रूप में।

कौटिल्य का मत है कि राज्य अपनी विधायी शक्ति द्वारा जिस 'धर्म' को निर्धारित करता है अर्थात प्रजा के व्यवहार पर नियंत्रण के लिये कानून बनाता है, उसे धर्म के रूप में व्यक्त किये गये सार्वभौमिक नैतिक मूल्यों और आचरण के सर्वमान्य सिद्धान्तों के अनुरूप होना चाहिए।

कौटिल्य शासक को सम्प्रभु नहीं मानते। कौटिल्य के अनुसार शासक तो सम्प्रभु 'राज्य' के आदेशों को क्रियान्वित करने वाला माध्यम है। कौटिल्य की मान्यता है कि राज्य की सम्प्रभुता अवधारणात्मक रूप से 'धर्म' व 'दण्ड' में निहित है। राजा सम्प्रभु के द्वारा परिभाषित उद्देश्यों के लिए ही शक्ति का प्रयोग करता है।

निर्धारित नैतिक उद्देश्यों के लिए ही राज्य द्वारा धर्म के अनुकूल किये गये शक्ति के प्रयोग को कौटिल्य दण्ड की संज्ञा देते हैं। यदि राजा स्वार्थवश या धर्म-विरुद्ध शक्ति का प्रयोग करे तो कौटिल्य इस शक्ति के प्रयोग को न तो दण्ड की संज्ञा देंगे, और न हीं उसे वैध मानेंगे। उनके अनुसार केवल वही बल-प्रयोग वैध हो सकता है जो धर्म के सिद्धान्तों को क्रियान्वित करने के लिए किया गया हो। यदि ऐसा नहीं हो तो राजा द्वारा किये गये न्याय, और राज्य के अस्तित्व में आने से पहले समाज में प्रचलित 'मत्स्य न्याय' में कोई अन्तर ही नहीं रहेगा। कौटिल्य के मत में शासक द्वारा मनमाने ढंग से किये गये शक्ति के प्रयोग की तुलना में शासक का न होना अधिक उचित है।

कौटिल्य ने मनु की भाँति ही राज्य के सावयव स्वरूप का चित्रण किया है, तथा राज्य की सात प्रकृतियों या अंगों का विवेचन यिका है। कौटिल्य ने इन सातों अंगों में स्वामी, अमात्य, जन, दुर्ग, कोष, दण्ड और मित्र को सम्मिलित किया है।

(1) **स्वामी**-कौटिल्य ने राजा या स्वामी को राज्य का शीर्षस्थ अंग माना है। कौटिल्य के अनुसार राजकीय शक्ति का उपयोग राजा द्वारा ही किया जाता है। अतः राजा ही राज्य के दायित्वों की पूर्ति के लिये अन्तिम रूप से उत्तरदायी है। कौटिल्य ने जटिल दायित्वों की पूर्ति करने में समर्थ हो पाने के लिए राजा की समुचित शिक्षा और प्रशिक्षण पर बल दिया है, तथा यह अपेक्षा की है कि राजा उच्च चरित्र वाला और सद्गुण-सम्पन्न हो।

(2) **अमात्य**-कौटिल्य ने अमात्य या मंत्री को राज्य का अनिवार्य अंग माना है, और कहा है कि आमात्य राज्य रूपी रथ के दूसरे पहिये की भाँति ही है। अमात्य को राज्य का आवश्यक अंग मानकर कौटिल्य ने मनु की भाँति ही यह स्पष्ट कर दिया है कि शासन की शक्ति राजा में निजी रूप से निहित नहीं है, अपितु राजा उस शक्ति का सामूहिक रूप से उपयोग करने के लिए बाध्य है।

कौटिल्य ने राजा को स्पष्ट निर्देश दिया है कि वह महत्त्वपूर्ण राजकीय निर्णय अनिवार्य रूप से अमात्यों के परामर्श से ही करे। राजकीय कार्यों में अमात्यों के महत्व को देखते हुए कौटिल्य ने उचित परीक्षण के बाद, अत्यंत सुयोग्य अमात्यों की नियुक्ति को आवश्यक माना है। कौटिल्य ने राजा को स्पष्ट निर्देश दिया है कि वह महत्त्वपूर्ण राजकीय निर्णय अनिवार्य रूप से अमात्यों के परामर्श से ही करे। राजकीय कार्यों में अमात्यों के महत्त्व को देखते हुए कौटिल्य ने उचित परीक्षण के बाद, अत्यंत सुयोग्य अमात्यों की नियुक्ति को आवश्यक माना है। कौटिल्य ने अमात्यों की निश्चित संख्या का निर्धारण नहीं किया है, तथा यह माना है कि राजकीय कार्यों हेतु राजा आवश्यकता के अनुरूप संख्या में अमात्यों की नियुक्ति करे।

(3)जनपद-कौटिल्य ने जनपद शब्द में राज्य की सीमाओं, और उनके अन्तर्गत निवास करने वाले लोगों को सम्मिलित किया है। कौटिल्य ने प्लेटों की भाँति राज्य की जनसंख्या अथवा भौगोलिक क्षेत्र की कोई सीमा निर्धारित नहीं की है। कौटिल्य ने अर्थशास्त्र में कई प्रसंगों में जनपद शब्द को राज्य के प्रशासन के लिए भौगोलिक आधार पर संगठित एक इकाई के रूप में भी प्रयुक्त किया है7 इस अर्थ में जनपद को आधुनिक जिला के पर्यायवाची के रूप में समझा जा कसता है7 कौटिल्य ने अपेक्षा की है कि जनपद की भौगोलिक परिस्थितियाँ होनी चाहिये। जिनके कारण उसकी रक्षा करना सुगम हो। कौटिल्य ने जनपद की भूमि को उपजाऊ जोने को आवश्यक माना है, ताकि थोड़े परिश्रम से ही अन्न उत्पन्न किया जा सके। जनपद में सरोवरों, नदियों, पर्वतों और वनों के भी प्रचुर मात्रा में होने को कौटिल्य ने श्रेष्ठ माना है। उनकी मान्यता है कि जनपद का स्थल और जल मार्गों से जुड़ा होना उचित है। उनकी मान्यता है कि जनपद में रहने वाली जनता में देशभक्ति, परिश्रम, बुद्धिमता और पवित्र आचार-व्यवहार की अपेक्षा की है।

(4) दुर्ग-कौटिल्य ने दुर्ग को राज्य का एक आवश्यक अंग मानकर यह अपेक्षा की है कि राज्य अपनी सीमाओं का सुरक्षित रखने के लिए उपयुक्त दुर्ग का निर्माण करे। उनके अनुसार राज्य की सीमाओं पर चारों ओर, तथा उपयुक्त स्थानों पर सीमाओं के मध्य दुर्ग बनाए जाने चाहिए। कौटिल्य ने चार प्रकार के दुर्गों का उल्लेख किया है।

औदक दुर्ग-ऐसा दुर्ग जिसके चारो ओर पानी भरा हुआ हो,

पार्वत दुर्ग-ऐसा दुर्ग जो बड़े-बड़े पत्थरों से बना हुआ हो, पर्वतों और कंदराओं में व्याप्त हो,

धान्वन दुर्ग-ऐसा दुर्ग जो मैदान में बना हुआ हो और जल एवं घास से रहित हो,

वन दुर्ग-ऐसा दुर्ग जो चारों ओर से दलदल और वृक्षों व झाड़ियों आदि से घिरा हुआ हो।

कौटिल्य ने राजा को, प्राकृतिक दृष्टि से उपयुक्त स्थानों जैसे-पहाड़ आदि पर दुर्ग बनाने का परामर्श दिया है जिनका युद्ध के लिए उपयोग किया जा सके।

कौटिल्य का मत है कि औदक दुर्ग और पार्वत दुर्ग राज्य की रक्षा की दृष्ट से उपयोगी होते हैं। धान्वन दुर्ग और वन दुर्ग वनों में बनाए जाते हैं तथा राजा आपत्ति के समय उनमें छिपकर अपनी रक्षा कर सकता है।

(5) कोष-कौटिल्य ने कोष को राजकीय कार्यों को सम्पन्न करने के लिए आवश्यक माना है। कौटिल्य ने राजा से समुचित साधनों के अपने कोष में वृद्धि करने की अपेक्षा की है।

कोष-संग्रह के कार्य को कौटिल्य ने व्यवस्थित ढंग से पूरा किया जाने पर बल दिया है तथा इसके लिए उपयुक्त संख्या में विश्वासपात्र कर्मचारियों और अधिकारियों की नियुक्ति का सुझाव दिया है। कौटिल्य ने राजा को परामर्श दिया है कि वह कोष-संग्रह के कार्य में लगे हुए कर्मचारियों और अधिकारियों पर पूरी तरह निगरानी और नियंत्रण रखे। कौटिल्य ने अपेक्षा की है कि कोषाध्यक्ष को कोष की स्थिति की पूर्ण जानकारी सदैव रखनी चाहिए ताकि राजा द्वारा सूचना माँगे जाने पर वह तत्काल सूचना दे सके।

(6) दण्ड-दण्ड या सेना को राज्य का आवश्यक अंग मानते हुए कौटिल्य ने इसे प्रजा की आंतरिक और बाह्य शत्रुओं से रक्षा के लिये आवश्यक माना है। कौटिल्य ने शौर्य आदि गुणों की परीक्षा के उपरांत सैनिको की नियुक्ति का पारामर्श दिया है तथा सैनिकों को युद्ध कार्य में कठोर प्रशिक्षण दिये जाने तथा सेना को अनुशासित रखे जाने पर बल दिया है।

कौटिल्य ने सेना में सामान्यत चारों वर्णों के सैनिकों को उचित माना है। फिर भी कौटिल्य सेना में भर्ती के लिये क्रमशः क्षत्रिय, वैश्य व शूद्रों को प्राथमिकता दिया जाना उचित मानते हैं। कौटिल्य ने यथासंभव ब्राह्मणों को सेना में भर्ती न किये जाने का परामर्श किया है, क्योंकि उनहें आशंका है कि यदि बाह्मण सेना में नियुक्त किए तो वे शत्रु द्वारा नमस्कार या आदर सत्कार व्यक्त करने पर उन्हें क्षमा कर सकते हैं।

(7) मित्र-कौटिल्य ने मित्र को राज्य के आवश्यक अंग के रूप मे मान्यता दी है। कौटिल्य का स्पष्ट मत है कि राज्य अपनी प्रजा के कल्याण के कार्यों में तभी लगा रह सकता है जब उसे बाहरी आक्रमणों आशंका कम से कम हो। इसलिये कौटिल्य मित्र-संग्रह को राज्य के लिए अत्यंत आवश्यक मानते हैं। क्योंकि अन्य राज्यों में

मैत्रीपूर्ण सम्बन्ध होने पर राज्य अपनी सीमाओं की सुरक्षा के प्रति आश्वस्त रह सकता है। मित्र को राज्य का आवश्यक अंग मानकर कौटिल्य ने यह स्पष्ट कर दिया कि वह राज्य के साम्राज्यवादी स्वरूप के पक्ष में नहीं है।

कौटिल्य ने राज्य की प्रकृतियों की तुलनात्मक वरीयता के विषय में विवेचन नहीं किया है। अर्थशास्त्र में विभिन्न प्रसंगों में यह स्पष्ट किया गया है कि राज्य के कार्यों की सिद्धि के लिए प्रकृति को महत्त्व दिया जाना आवश्यक है, उस समय उसी प्रकृति को महत्वपूर्ण माना जाना चाहिए। यह स्पष्टीकरण आवश्यक है कि राज्य के अंगों के रूप में सात प्रकृतियों का विवेचन कौटिल्य द्वारा प्रतिपादित राज्य की प्रकृति का पूर्णतः स्पष्टीकरण नहीं करता। कौटिल्य ने सात अंगों या प्रकृति के माध्यम से शासन के संस्थागत स्वरूप, और राज्य के आवश्यक साधनों का स्पष्टीकरण किया है।

'सप्तांग सिद्धान्त' में पूरे अंगों का विवेचन भी नहीं किया गया है आधुनिक समय में राज्य के अनिवार्य माने जाने वाले तत्व 'संप्रभुता' का चित्रण कौटिल्य ने राज्य की सप्तांग प्रकृतियों में नहीं किया है। राज्य की संप्रभु शक्ति को कौटिल्य ने 'दण्ड' और 'धर्म' की अवधारणात्मक व्याख्या द्वारा स्पष्ट किया है। वस्तुतः राज्य के जिन सात अंगो का कौटिल्य ने सप्तांग सिद्धान्त में उल्लेख किया है । वस्तुतः राज्य के जिन सात अंगों का कौटिल्य ने सप्तांग सिद्धान्त का उल्लेख किया है वे राज्य की आधुनिक धारणा में सम्मिलित तीन तत्वों भू भाग, जनसंख्या तथा शासन को व्यक्त करते हैं। 'जनपद' में भू भाग, और जनसंख्या दोनों तत्व समिम्लित है। 'स्वामी' व 'अमात्य' शासन के संस्थागत पक्षों को, तथा 'कोष' 'दुर्ग' व 'मित्र' शासन के कार्यों को चलाने के लिए आवश्यक साधनों को, तथा शासक द्वारा दूसरे राज्यों के साथ सम्बन्ध स्थापित करने की आवश्यकता को प्रकट करते हैं। स्वामी, अमात्य, दुर्ग कोष व मित्र सम्मिलित रूप से राज्य के अंग के रूप में आधुनिक धारणा में प्रयुक्त राज्य के आवश्यक अंग 'सरकार' को व्यक्त करते हैं।

राज्य का कार्य-क्षेत्र

कौटिल्य ने लोक कल्याणकारी राज्य कीधारणा प्रस्तुत की है। अर्थशास्त्र में राज्य के कार्य-क्षेत्र को अतयंत विस्तृत माना गया है, तथा प्रजा की भौतिक सुरक्षा व उसके लौकिक व पारलौकिक कल्याण के लिये विभिन्न गतिविधियाँ सम्पन्न कने को राज्य के आवश्यक कार्यों में स्वीकार किया गया है। इस प्रकार कौटिल्य द्वारा प्रतिपादित राज्य के कार्यों के आयाम सामाजिक, नैतिक व आर्थिक सभी प्रकार के हैं। कौटिल्य द्वारा परिभाषित राज्य के कार्य-क्षेत्र के विभिन्नन पक्षों को निम्नलिखित रूप में वर्गीकृत किया जा सकता है-

1. प्रजा-रक्षण

प्रजा की रक्षा को कौटिल्य ने राज्य के प्राथमिक दायित्वों में स्वीकार किया है। कौटिल्य का मत है कि राज्य के अस्तित्व के अभाव में प्रजा में अशांति व असुरक्षा की आशंका विद्यमान थी, तथा मात्स्य न्याय का प्रचलन हो गया था। इस प्रकार राज्य की उत्पत्ति मात्स्य न्याय की दारुण अवस्था से प्रजा को मुक्ति दिलाने के लिये ही हुई है। कौटिल्य ने सभी प्रकार के आन्तरिक व बाह्य संकटों से प्रजा की रक्षा को राज्य का दायित्व माना है। कौटिल्य ने प्रजा-रक्षण के राज्य के दायित्व के तीन संदर्भों का विवेचन किया है-

(1) राज्य में समाज कंटकों और अपराधियों को समुचित दंड देकर प्रजा को विभिनन प्रकार के अपराधों और हिंसा से बचाना, तथा प्रजा के जीवन, सम्पत्ति व सदाचार की रक्षा करना,

(2) बाह्य आक्रमणों से प्रजा का बचाव करना, इस उद्देश्य की पूर्ति के लिये राज्य की सुरक्षा व्यवस्था इतना सक्षम बनाना कि शत्रु आक्रमण करके प्रजा को प्राणों या सम्पत्ति की क्षति न पहुँचा सके। राज्य से ऐसी परिस्थितियाँ उत्पन्न करने की अपेक्षा की गई है कि बाहरी आक्रमणों का खतरा कम से कम उपस्थित हो,

(3) प्राकृतिक आपदाओं जैसे अकाल, बाढ़ आदि से प्रजा को उत्पन्न हुए खतरों का सामना करने के लिए स्थायी व तात्कालिक उपाय करना।

कौटिल्य ने प्रजा-रक्षण के दायित्वों को महत्वपूर्ण मानते हुए ही शासन को यह परामर्श दिया है कि वह यथा-संभव युद्धों से बचने का प्रयत्न करे, तथा आवश्यक होने पर दूसरे राज्यों से युद्ध तभी करे जब कि प्रजा की न्यूनतम हानिक होने की आशंका हो।

2. जन-कल्याण

कौटिल्य ने राज्य से जनता के कल्याण के विभिन्न पक्षों से सम्बन्धित गतिविधियों को निरन्तर संचालित करने की अपेक्षा की है। कौटिल्य ने जहाँ राज्य के सैद्धान्तिक व्याख्या में यह स्पष्ट किया है कि राज्य जनता के लौकि और पारलौकिक कल्याण में ही अस्तित्व में हैं, वहीं उसने राज्य द्वारा किये जाने योग्य कार्यों की एक विस्तृत सूची प्रस्तुत करके राज्य के लोक-कल्याणकारी स्वरूप को भली-भाँति स्पष्ट कर दिया है। कौटिल्य ने वृद्धों, महिलाओं, बालकों और अनाथों की हर-संभव सहायता रकने को राज्य का दायित्व माना है। राज्य की लोक कल्याणकारी गतिविधियों की विस्तृत सूची में कौटिल्य जन-साधारण के लिये मनोरंजन आदि की व्यवस्था, वनों को साफ कर कृषि के लिये उपयोगी भूमि के विस्तार, राज्य में समुचित सिंचाई की व्यवस्था, अकाल,

बाढ़ व महामारी की स्थितियों में जनता की सहायता के लिये आवश्यक उपाय करने, जनता के नैतिक उत्थान के लिए मद्य-निषेध लागू करने आदि को सम्मिलित किया है।

कौटिल्य ने विद्वानों और बौद्धिक कार्यों में लगे हुए व्यक्तियों के जीवन-निर्वाह की व्यवस्था करने के लिये राज्य को उत्तरदायी माना है। उन्होंने राज्य से यह अपेक्षा की है कि वह ऐसे लोगों के भरण-पोषण की उपयुक्ता व्यवस्था करे जिनके पास जीवन-निर्वाह के साधन उपलब्ध नहीं हैं। कौटिल्य ने प्रजा के स्वास्थ्य की रक्षा के लिए राज्य से औषधालयों के संचालन, तथा सफाई की उपयुक्त व्यवस्था बनाये रखने की अपेक्षा की है। कौटिल्य ने पर्यावरण की रक्षा के लिए राज्य को वन उगाने, उद्यान विकसित करने तथा जलाश्यों की स्वच्छता की व्यवस्था करने का परामर्श दिया है। उद्यान व वनों के विस्तार में कौटिल्य ने जनता से सहयोग लिया जाना भी उचित माना है, कहा गया है कि वन एवं उद्यान लगाने के लिये यदि कोई व्यक्ति इच्छुक हो तो उसे राज्य द्वारा भूमि आवंटित की जानी चाहिये, तथा वृक्ष उपलब्ध कराये जाने चाहिए।

कौटिल्य ने जनता के आवागमन को सुविधाजनक बनाने के लिये सड़कों, जलमार्गों आदि का निर्माण तथा नदियों पर पुल बनवाना राज्य का दायित्व माना है। प्रजा के लिये आवसास की व्यवस्था करने को भी कौटिल्य ने राज्य का दायित्व माा है तथा कहा है कि राज्य शिक्षकों, राज्य-कर्मचारियों, चिकित्सकों तथा प्रजा के अन्य वर्गों को भूमि आंविटिक करनी चाहिए। कौटिल्य द्वारा प्रस्तुत राज्य की गतिविधियों की विस्तृत सूची से यह स्पष्ट है कि वह मनु की भाँति राज्य को प्रता के कल्याण के प्रति केवल सैद्धान्तिक रूप से ही निर्देश नहीं देता, अपितु शासक से यह अपेक्षा करता ळै कि वह विभिनन विभागों का गठन प्रजा के कल्याण की गतिविधियों को नियमित रूप से संचालित करे।

कौटिल्य ने अरस्तु की भाँति ही वितरणात्मक न्याय को राज्य का दायित्व बनाकर राज्य की लोक-कल्याणकारी प्रकृति को भली-भाँति स्पष्ट किया है। कौटिल्य के अनुसार अप्राप्त की प्राप्ति, प्राप्त का संरक्षण, संरक्षित का संवर्द्धन तथा संवद्धित का उचित प्रक्रिया से सुयोग्य व्यक्तियों में वितरण ही राज्य का प्रमुख कार्य है। कौटिल्य की स्पष्ट मान्यता है कि राज्य जनता में समृद्धि और कल्याण के प्रसार के अपने दायित्व की पूर्ति करने के पश्चात् ही उससे कर प्राप्त करने का अधिकारी होता है।

3. राज्य के आर्थिक दायित्व

कौटिल्य ने आर्थिक क्षेत्र में राज्य के अहस्तक्षेपवादी सिद्धान्त का समर्थन नहीं किया है। कौटिल्य ने राज्य से यह अपेक्षा वह अर्थव्यवस्था को इस प्रकार नियंत्रित और संचालित करे कि समाज में साधनों का अत्यधिक केन्द्रीकरण न हो और जनता

के सभी वर्गों के आर्थिक हित सुरक्षित रहे। कौटिल्य ने राज्य को विभिन्न व्यवसायों, और व्यावसायों में लगे हुए लोगों की गतिविधियों पर नियंत्रण करने, उत्पादित वस्तुओं का मूल्य निर्धारण करने, किसी विशेष वाणिज्य या व्यवसाय में किसी व्यापारी के एकाधिकार को समाप्त करने आदि के माध्यम से अर्थव्यवस्था प्रर प्रभावशाली नियंत्रण रखने का परामर्श दिया है। कौटिल्य ने राज्य से एक ऐसी वाणिज्यिक नीति अपनाने की अपेक्षा की है जिसके द्वारा राज्य में व्यापार और वाणिज्य का प्रसार हो, तथा जनता की आवश्यकता की वस्तुएँ प्रचुर मात्रा में उपलब्ध हो सकें, ताकि जनता को किसी भी वस्तु के अभाव में सामना न करना पड़े।

कौटिल्य ने राजा से ऐसी कर-व्यवस्था को अपनाने की अपेक्षा की है जिससे कि व्यापारियों में उत्पादन की प्रेरणा भी बनी रहे तथा वे अनुचित लाभ भी प्राप्त न कर सकें। इसी प्रकार कौटिल्य ने राजा को यह परामर्श दिया है कि वह समुचित उपायों के द्वारा यह निरन्तर देखता रहे कि व्यापारियों और व्यावसायियों द्वारा प्रजा का किसी भी प्रकार से शोषण नहीं किया जा सके।

कौटिल्य ने कृषि की उन्नति और कृषकों की दशा में सुधार को राज्य का दायित्व माना है। कौटिल्य के अनुसार राज्य को सिंचाई की समुचित व्यवस्था करनी चाहिए तथा कृषकों की आवश्यकता के अनुसार उन्हें पशु, बीज, धन, आदि की सहायता प्रदान करने के लिये प्रयत्न करना चाहिए।

कृषि भूमि पर स्वामित्व के सम्बन्ध में कौटिल्य का दृष्टिकोण प्रगतिशील है। कौटिल्य की मान्यता है कि कृषि भूमि पर स्वामित्व उस व्यक्ति का होना चाहिए हो स्वयं खेती करता है। कौटिल्य ने कहा है कि जो व्यक्ति स्वयं खेती न करे या अन्य किसी से खेती कराये, उससे राज्य को भूमि छीनकर ऐसे भूमि-हीनों में बाँट देनी चाहिए, जो स्वयं खेती कर सकते हों।

प्रशासनिक प्रणाली का निर्वाह

कौटिल्य की मान्यता है कि राज्य अपने व्यापक दायित्वों की पूर्ति तभी कर सकता है जबकि वह एक सक्षम प्रशासनिक प्रणली की स्थापना करे। कौटिल्य ने राज्य से, विवेकसम्मत और व्यावहारिक आधारों पर विभिन्न विभागों का संगठन करने, तथा उचित संख्या में सुयोग्य अधिकारियों व कर्मचारियों की नियुक्ति करने की अपेक्षा की है।

कौटिल्य का मत है कि समुचित नियंत्रण के बिना कर्मचारी व अधिकारी अपनी शक्तियों का दुरुपयोग कर सकते हैं और प्रजा को पीड़ित कर सकते हैं। इसलिए कौटिल्य ने राज्य को राजकीय कर्मचारियों पर भली-भाँति नियंत्रण रखने, तथा सुनिश्चित

करने के लिए उत्तरदायी माना है कि अधिकारियों व कर्मचारियों द्वारा प्रजा का शोषण नहीं किया जा सके। कौटिल्य ने पर राष्ट्र सम्बन्धों के कुशल संचालन को राज्य के प्रमुख दायित्वों में माना है। कौटिल्य के अनुसार यदि अन्तर्राज्यीय सम्बन्धों के संचालन में शासक कुशलता और दूरदर्शिता का परिचय नहीं देता तो राज्य की सुरक्षा के समक्ष गंभीर खतरे उपस्थिति होगें। कौटिल्य ने शासक को परामर्श दिया है क वह अन्तर्राज्य सम्बन्धों में युद्ध या शांति का निर्णय सदैव इस बात को ध्यान में रखते हुए करे कि प्रजा का कल्याण और उसकी सुरक्षा ही सर्वोपरि है। इसी कारण कौटिल्य ने राजा को परामर्श दिया है कि अनावश्यक युद्धों से बचने का प्रयत्न करें, क्योंकि में प्रजा को हानि की आशंका होती है। राज्य के कार्यक्षेत्र के सम्बन्ध में किये गये विवेचन से स्पष्ट है कि कौटिल्य का राज्य एक अहस्तक्षेपवादी राज्य नहीं है। कौटिल्य का राज्य अनिवार्य रूप से एक लोक कल्याणकारी राज्य है जो सैद्धान्तिक रूप से प्रजा के कल्याण के प्रति समपिर्तत है, तथा व्यावहारिक दृष्टि से वह ऐसी अनेक गतिविधियों को सम्पन्न करने के दायित्वों का निर्वाह करता है, जो प्रजा के नैतिक, आर्थिक व सामाजिक उत्थान से सम्बन्धित हैं।

❑❑❑

2

स्वामी विवेकानन्द

जन्म : 12 जनवरी, 1863 मृत्यु : 4 जुलाई, 1902 विश्वविख्यात ऋषि-मनीषी तथा भारत की संस्कृति के प्रमुख उन्नायक राजपूताना के अन्तर्गत खेतड़ी के महाराजा के अभिनन्दन-पत्र के उत्तर में (1815) में दिया गया स्वामी विवेकानन्द का भाषण, विषय था-''भारत का वैशिष्ट्य''''जब जब धर्म की अवनति होती है और अधर्म बढ़ता है, तब तब मैं पुनः धर्म की संस्थापना के लिए अवतीर्ण होता हूँ।'' हे राजन्, ये शब्द पवित्र गीताशास्त्र में उन्हीं सनातन भगवान के वाक्य हैं। यह वाक्य संसार में आध्यात्मिक शक्तिप्रवाह के सनातन उत्थान और पतन के नियमों का मूलमन्त्रस्वरूप है। ये परिवर्तन बारम्बार संसार में नये-नये तालों और छन्दों में प्रकाशित हो रहे हैं और यद्यपि अन्यान्य महान् परिवर्तनों की तरह उनके कार्यक्षेत्र में प्रत्येक क्षुद्र वस्तु के ऊपर उनका प्रभाव पड़ता है, फिर भी अनुकूल स्थान में ही उनकी कार्यशक्ति का प्रकाश अधिक पाया जाता है।

समष्टि रूप से जिस प्रकार संसार की आदिम अवस्था त्रिगुणों का साम्य-भाव है-इस साम्य-भाव की च्युति और उनको पुनः प्राप्त करने के लिए समुदय चेष्टा ही इस प्रकृति का विकास या ब्रह्माण्ड है; और जब तक यह साम्यावस्था पुनः न आ

जायेगी, तब तक इसी प्रकार चलता रहेगा-उसी प्रकार व्यष्टि रूप से देखने पर मालूम होता है कि इस पृथ्वी पर जब तक मनुष्यजाति वर्तमान रूप में रहेगी, तब तक विषमता और उसकी नित्य सहचरी-साम्यलाभ की चेष्टा दोनों ही साथ-साथ चलती रहेंगी। इसके फलस्वरूप संसार में सर्वत्र भिन्न-भिन्न जातियों में, उनके बाह्य आवरणों में, यहाँ तक कि प्रत्येक व्यक्ति में प्रबल विशेषत्व सृष्ट होता रहेगा, जिससे कि एक, दूसरे से पृथक् रूप में भली-भाँति जाना जा सकेगा।

अतएव निरपेक्ष भाव से, मानो तुला में तौलकर, सभी जातियों को समान शक्ति दी जाने पर भी, प्रत्येक जाति ही मानो किसी विशेष प्रकार के शक्ति संग्रह एवं उसके वितरण के उपयोगी एक-एक अद्भुत यन्त्रस्वरूप है, और उस जाति के पास अन्यान्य अनेक शक्तियों के रहने पर भी वही विशेष शक्ति उस जाति के विशेष लक्षण के रूप में उद्भासित होती है। मनुष्यप्रकृति के किसी विशेष भाव का विशेष विकास तथा उद्दीपन होने पर उसका प्रभाव अल्पाधिक मात्रा में सभी पर होता है, परन्तु जिस जाति का वह भाव विशेष लक्षण है एवं साधारणत: जिसे केन्द्र बनाकर वह उत्पन्न हुआ है, उसी जाति के अन्तस्तल को वह सबसे अधिक आलोड़ित कर देता है। इसी कारण धर्मजगत् में किसी आन्दोलन के उपस्थित होने पर, उसके फलस्वरूप, भारत में अवश्य ही अनेक प्रकार के महत्त्वपूर्ण परिवर्तन प्रकटित होंगे-उस भारतवर्ष में, जिसको केन्द्र बनाकर बारम्बार धर्म की तरंगें उत्थित हुई हैं, क्योंकि धर्म ही भारत का विशेषत्व है। प्रत्येक व्यक्ति केवल उसी वस्तु को सत्य समझता है, जो उसे उसके उद्देश्य की पूर्ति में सहायक होती है। सांसारिक भावापन्न व्यक्तियों के समक्ष वही वस्तु सत्य है, जिसके विनिमय में उन्हें अर्थ की प्राप्ति होती हो; और जिसके बदले में उन्हें धन लाभ नहीं होता, वह उनके लिए असत्य है। जिस व्यक्ति की आकांक्षा दूसरों पर प्रभुत्व स्थापित करने की है, उसके लिए तो सत्य वही है जिसके द्वारा उसकी यह आकांक्षा पूर्ण होती है, और शेष सब उसके लिए निरर्थक है। इसी प्रकार जो वस्तु किसी व्यक्ति की आकांक्षापूर्ति में सहायक नहीं होती, उस वस्तु में वह व्यक्ति किसी प्रकार का सत्य या अर्थ नहीं देख पाता। जिन व्यक्तियों का एकमात्र लक्ष्य अपने जीवन की समस्त शक्तियों के विनिमय में कांचन, नाम-यश या अन्य किसी प्रकार के भोगविलास का अर्जन करना है, जिनके समक्ष रणभूमिगामी सुसज्जित सेनादल ही शक्ति के विकास का एकमात्र प्रतीक है, जिनके निकट इन्द्रियसुख ही जीवन का एकमात्र सुख है- ऐसे लोगों के लिए भारत सर्वदा ही एक बड़े मरुस्थल के समान प्रतीत होगा, जहाँ की आँधी का एक झोंका ही उनकी कल्पित जीवन-विकास की धारणा के लिए मानो मृत्युस्वरूप है। किन्तु जिन व्यक्तियों की जीवन-तृष्णा इन्द्रिय-जगत् से सुदूर स्थित अमृतसरिता के दिव्य सलिल-पान से सम्पूर्णत: बुझ चुकी है, जिनकी आत्मा ने सर्प के केंचुल-त्याग की तरह काम, कांचन और यश-स्पृहा के त्रिविध

बन्धनों को दूर फेंक दिया है, जिनका मन शान्ति की अत्युच्च शिखा पर पहुँच गया है और जो वहाँ से इन्द्रियभोगों में आबद्ध तथा नीचजनोचित कलह, विषाद और द्वेष-हिंसा में रत व्यक्तियों को प्रेम तथा सहानुभूतिपूर्ण दृष्टि से देखते हैं, जिनके संचित पूर्व सत्कर्म के प्रभाव से आँखों के सामने से अज्ञान का आवरण लुप्त हो गया है, जिससे वे असार नाम-रूप को भेदकर प्रकृत सत्य का दर्शन करने में समर्थ हुए हैं, ऐसे व्यक्ति कहीं भी क्यों न रहे, आध्यात्मिकता की जननी एवं अनन्त खानि-स्वरूप भारतवर्ष उनके समक्ष भिन्न रूप में, अधिक महिमान्वित और उज्ज्वल भासित होगा। इस मायावी जगत् में जो एकमात्र प्रकृत सत्ता है, उसके अनुसन्धान में रत प्रत्येक व्यक्ति के लिए भारतवर्ष आशा की एक प्रज्जवलित शिखा है।

अधिकाँश मनुष्य शक्ति को उसी समय शक्ति समझते हैं, जब वह उनके अनुभव के योग्य होकर स्थूलाकार में उनके सामने प्रकट हो जाती है। उनकी दृष्टि में समरांगण में तलवारों की झनझनाहट आदि ही खूब स्पष्टतः प्रत्यक्ष शक्ति के विकास मालूम होते हैं और जो आँधी की भाँति सामने से चीजों को तोड़-मोड़कर उथल-पुथल पैदा न कर देती हो, वह उनकी दृष्टि में शक्ति का विकास नहीं है-वह तो मानो जीवन का परिचायक न होकर मृत्युस्वरूप है। इसीलिए शताब्दियों से विदेशियों द्वारा शासित एवं निश्चेष्ट, एकताहीन एवं देशभक्तिशून्य भारतवर्ष उनके निकट ऐसा प्रतीत होगा, मानो वह गलित अस्थि-चर्मों से ढँकी हुई भूमि मात्र हो।

ऐसा कहा जाता है-योग्यतम ही जीवन-संग्राम में विजयी होता है। तब फिर प्रश्न उठता है कि साधारण धारणानुसार यह जो जाति अन्य जातियों की अपेक्षा नितान्त अयोग्य है, दारुण जातीय दुर्भाग्यचक्र में फँस जाने पर भी उसके विनाश का कोई चिह्न दिखाई क्यों नहीं देता? तथाकथित वीर्यशाली और कर्मपरायण जातियों की वृद्धि-शक्ति जिस प्रकार एक ओर प्रतिदिन कम होती जा रही है, उसी प्रकार दूसरी ओर दुर्नीतिपरायण (?) हिन्दुओं की वृद्धि-शक्ति का विकास सर्वापेक्षा अधिक हो रहा है-यह किस प्रकार होता है? जो लोग एक पल में समस्त विश्व को रक्तरंजित कर सकते हैं, उनके लिए तारीफ की झड़ी लग सकती है; जो लोग कुछ लाख लोगों के सुख के लिए संसार के अधिकांश लोगों को भूखा मार सकते हैं, वे भी गौरवान्वित हो सकते हैं; किन्तु जो लोग अन्य लोगों का अन्न न छीनकर लाखों मनुष्यों को सुख और शान्ति प्रदान करते हैं, वे क्या किसी प्रकार का सम्मान प्राप्त करने योग्य नहीं हैं? शताब्दियों से दूसरों के ऊपर किसी भी प्रकार का अत्याचार न करके लाखों के भाग्य का संचालन करने वालों के कार्य में क्या किसी प्रकार की शक्ति का विकास प्रकट नहीं होता? सभी प्राचीन जातियों के ग्रन्थों में, उनके वीरों की गाथाओं में यह देखा जाता है कि उनका प्राण उनके शरीर के किसी विशेष छोटे से अंश में आबद्ध रहा था

और जब तक उनका वह अंश अस्पृष्ट रहा, तब तक वे अजेय रहे। इसी प्रकार प्रतीत होता है कि मानो प्रत्येक जाति में ही किसी विशेष स्थान में उसकी जीवनीशक्ति संचित रहती है; और जब तक वह स्थान अक्षुण्ण बना रहेगा, तब तक किसी प्रकार का दु:ख या विपत्ति उस जाति का विनाश नहीं कर सकती।

धर्म ही है भारत की यह जीवनशक्ति; और जब तक हिन्दू जाति अपने पूर्वजों से प्राप्त उत्तराधिकार को स्मरण रखेगी, तब तक संसार में ऐसी कोई भी शक्ति नहीं है जो उसका ध्वंस कर सके।

जो व्यक्ति हमेशा अपनी जाति के प्राचीन कार्य-कलापों की आलोचना करता है, आजकल सभी लोग उसकी निन्दा किया करते हैं। वे कहते हैं कि इस प्रकार निरन्तर अतीत की आलोचना करने के कारण ही हिन्दू जाति को नाना प्रकार के दु:ख और आपत्तियाँ भोगनी पड़ी हैं। किन्तु मेरी तो यह धारणा है कि इसका विपरीत ही सत्य है। जब तक हिन्दू जाति अपने अतीत के गौरव को, अपने अतीत के इतिहास को भूली हुई थी, तब तक वह संज्ञाहीन अवस्था में पड़ी रही और अब अतीत काल की जितनी आलोचना हो रही है, उतना ही चहुँ ओर पुनर्जीवन के लक्षण दिखायी दे रहे हैं। भविष्य को इसी अतीत के साँचे में ढालना होगा, अतीत ही भविष्य होगा।

अतएव हिन्दू लोग अतीत के इतिहास की जितनी ही आलोचना करेंगे, उनका भविष्य उतना ही उज्ज्वल होगा; और जो कोई इस अतीत के बारे में प्रत्येक व्यक्ति को विज्ञ करने की चेष्टा कर रहे हैं, वे ही स्वजाति के परम हितकारी हैं। भारत की अवनति इसलिए नहीं हुई कि हमारे पूर्वपुरुषों के नियम एवं आचार-व्यवहार खराब थे, वरन् उसकी अवनति का कारण यह था कि उन नियमों और आचार-व्यवहारों का न्यायत: जो परिणाम होना चाहिए था, उनमें उनको परिणत नहीं होने दिया गया।

भारतवर्ष का इतिहास पढ़ने वाला प्रत्येक विचारशील पाठक यह जानता है कि भारत के सामाजिक विधान प्रत्येक युग के साथ परिवर्तित हुए हैं। आरम्भ से ही ये नियम एक ऐसी विराट् योजना के पुंजीभूत रूप थे, जिसे क्रमश: भविष्य में फलीभूत होना था। प्राचीन भारत के ऋषिगण इतने दूरदर्शी थे कि उनकी ज्ञानराशि के महत्त्व को समझने में विश्व को अब भी सदियों तक प्रतीक्षा करनी पड़ेगी और उनके वंशधरों द्वारा इस महान् उद्देश्य को पूर्ण रूप से ग्रहण करने की यह अक्षमता ही भारत की अवनति का एकमात्र कारण है।

प्राचीन भारत सदियों तक ब्राह्मण और क्षत्रिय अपनी इन दो प्रधान जातियों की महत्त्वाकांक्षा की पूर्ति के लिये एक युद्धक्षेत्र रहा था। एक ओर ब्राह्मगण साधारण

प्रजा पर क्षत्रियों के अन्यायपूर्ण सामाजिक अत्याचार को निर्मूल करने में दृढ़-संकल्प हो डटे हुए थे-उस प्रजा को क्षत्रियगण अपने धर्म-संगत खाद्य के रूप में देखा करते थे - और दूसरी ओर, भारत की एकमात्र शक्ति- सम्पन्न क्षत्रिय जाति ने जनता को ब्राह्मणों के आध्यात्मिक अत्याचार से बचाने तथा निरन्तर बढ़ते हुए नये-नये क्रियाकाण्डरूप बन्धनों से उसको छुड़ाने के लिए कमर कसी थी। इसमें क्षत्रियों को कुछ परिमाण में सफलता भी मिली थी।

दोनों जातियों का यह संघर्ष अति प्राचीन काल से आरम्भ हुआ था। समस्त श्रुतियों में यह स्पष्ट रूप से प्रकट है। कुछ समय के लिए यह विरोध कम हो गया, जब क्षत्रियों तथा ज्ञानकाण्ड के नेता श्रीकृष्ण ने यह दिखला दिया कि दोनों विपक्षी दलों का मेल किस तरह हो सकता है। उसके परिणामस्वरूप निःसृत हुई गीता की शिक्षा, जो दर्शन, उदारता एवं धर्म का सारस्वरूप है। किन्तु संघर्ष का कारण तब भी विद्यमान था, अतः उसका परिणाम अनिवार्य था। निर्धन एवं अशिक्षित जनता पर प्रभुत्व स्थापित करने की महत्त्वाकांक्षा इन दोनों जातियों में वर्तमान थी, अतः पुनः घोर संघर्ष की उत्पत्ति हुई। हमें उस समय का जो कुछ थोड़ा-सा साहित्य उपलब्ध है, वह प्राचीन काल के उसी प्रबल संघर्ष की क्षीण प्रतिध्वनि मात्र है। किन्तु अन्त में क्षत्रियों की विजय हुई, ज्ञान की जीत हुई, स्वाधीनता की जीत हुई; कर्मकाण्ड की प्रधानता अब और न रह गयी तथा कर्मकाण्ड का अधिकांश हमेशा के लिए नष्ट हो गया।

यह वही क्रान्ति थी, जिसे हम बौद्ध सुधारवाद के नाम से अभिहित करते हैं। धर्म की ओर से देखने पर यह उत्थान कर्मकाण्ड के हाथों से मुक्ति का सूचक है, और राजनीति के दृष्टिकोण से यह क्षत्रियों के द्वारा ब्राह्मणों के प्राधान्य का विनाश सूचित करता है। यह एक विशेष रूप से ध्यान देने योग्यत बात है कि प्राचीन भारत में जिन दो सर्वश्रेष्ठ पुरुषों ने जन्म ग्रहण किया था, वे दोनों ही क्षत्रिय थे। वे कौन थे?-वे थे कृष्ण और बुद्ध। और यह उससे भी अधिक ध्यान देने योग्य बात है कि इन दोनों ही अवतारों ने लिंग और जातिभेद को न मानकर सबके लिए ज्ञान का द्वार उन्मुक्त कर दिया था।

बौद्ध धर्म में अद्भुत नैतिक बल विद्यमान रहने पर भी उसकी अधिकतर शक्ति ध्वंस-कार्य में ही नियोजित की जाने के कारण उसे अपनी जन्मभूभि में ही अपना विनाश देखना पड़ा एवं उसका जो कुछ शेष रहा, वह जिन कुसंस्कारों तथा क्रियाकाण्डों के निवारण के लिए नियोजित किया गया था, उनसे शतशः अधिक भयानक कुसंस्कारों और क्रियाकाण्डों में फँस गया। यद्यपि आंशिक रूप में वह वैदिक पशुबलि निवारण करने में सफल हुआ, पर उसने समस्त देश को मन्दिर, प्रतिमा, यन्त्र तथा साधुओं की अस्थियों से पूर्ण कर दिया। विशेषतः, उसके द्वारा आर्य, मंगोल एवं आदिवासियों

का जो एक विचित्र मिश्रण हुआ, उससे अज्ञात रूप से कितने ही वीभत्स वामाचार-सम्प्रदायों की सृष्टि हुई। मुख्यतया इसीलिए श्रीशंकराचार्य और उनके मतानुयायी संन्यासियों को उन महान् आचार्य बुद्ध के इस विकृत रूप में परिणत उपदेशों को भारत के बाहर निकाल देना पड़ा।

इस प्रकार मनुष्यदेहधारियों में सर्वश्रेष्ठ भगवान बुद्ध द्वारा परिचालित संजीवनी-शक्तिप्रवाह भी दुर्गन्धमय रोग-कीटाणुपूर्ण क्षुद्र गन्दे जलाशय में बदल गया और भारतवर्ष को भी अनेक शताब्दियों तक प्रतीक्षा करनी पड़ी, जब तक कि भगवान शंकर और उनके कुछ ही समय बाद रामानुज एवं मध्वाचार्य आविर्भूत नहीं हुए।

इस बीच में भारतवर्ष के इतिहास का एक नितान्त नया अध्याय आरम्भ हो गया था। प्राचीन ब्राह्मण और क्षत्रिय जातियाँ लुप्त हो गयी थीं। हिमालय तथा विन्ध्याचल की मध्यवर्ती वह आर्यभूमि, जिसने कृष्ण और बुद्ध को जन्म दिया था, जो महामना राजर्षियों तथा ब्रह्मर्षियों की क्रीड़ाभूमि रही थी, इस समय नीरव रही और भारत प्रायद्वीप के सबसे आखिरी छोर से, भाषा तथा रूप में सम्पूर्ण विभिन्न जातियों की ओर से एवं प्राचीन ब्राह्मणों के वंशज कहकर गौरवानुभव करने वाली पीढ़ियों से विकृत बौद्ध धर्म के विरुद्ध प्रतिक्रिया आरम्भ हो गयी।

आर्यावर्त के उन ब्राह्मणों और क्षत्रियों का क्या हुआ? उनका नाम हमेशा के लिए मिट गया, इधर-उधर ब्राह्मणत्व एवं क्षत्रियत्व पर अभिमान करने वाली केवल कुछ मिश्रित जातियाँ ही शेष रह गयीं और इन जातियों के इस प्रकार अहंकार तथा आत्मप्रशंसापूर्ण वाक्यों के कहने पर भी कि 'इस देश (ब्रह्मावर्त या ब्रह्मर्षि देश) में पैदा हुए ब्राह्मणों से ही संसार के सभी मनुष्य चरित्र-निर्माण की शिक्षा प्राप्त करेंगे,' इन लोगों को दीन वेष में दाक्षिणात्यों के पदप्रान्त में बैठकर विनयपूर्वक शिक्षा ग्रहण करनी पड़ी। इसका परिणाम हुआ भारत में वेदों का पुनरभ्युदय, वेदान्त का ऐसा प्रबल पुनरुत्थान, जैसा भारत ने और कभी नहीं देखा था; यहाँ तक कि गृहस्थाश्रमी भी आरण्यकों के अध्ययन में संलग्न हो गये।

बौद्ध धर्म के प्रचार में क्षत्रियगण ही वास्तव में नेता रहे थे तथा बड़ी संख्या में उन्होंने बौद्धधर्म स्वीकार किया था। सुधार तथा धर्म-परिवर्तन के उत्साह में संस्कृत भाषा लोगों द्वारा उपेक्षित होकर लोक-प्रचलित भाषाओं की चर्चा प्रबल रूप से शुरू हो गयी थी और अधिकांश क्षत्रिय वैदिक साहित्य एवं संस्कृत शिक्षा के क्षेत्र से बाहर हो गये थे। अतएव दाक्षिणात्यों से यह जो सुधार तरंग उत्थित हुई, उससे कुछ सीमा तक केवल ब्राह्मणों का ही उपकार हुआ, पर भारत की शेष कोटि-कोटि जनता के पैरों में उसने पहले से भी अधिक शृंखलाएँ डाल दीं।

क्षत्रियगण सदा से ही भारत का मेरुदण्ड रहे हैं, अतएव वे ही विज्ञान और स्वतन्त्रता के सनातन रक्षक हैं। देश से अन्धविश्वासों को हटा देने के लिए चिरकाल से ही उनकी वज्रवाणी प्रतिध्वनित हुई है और भारतवर्ष के इतिहास के आदि से अन्त तक ब्राह्मणों के अत्याचारों से साधारण जनता की रक्षा करने के लिए वे स्वयं एक अभेद्य दीवार की भाँति खड़े रहे हैं।

जब उनमें से अधिकांश घोर अज्ञानता में निमग्न हो गये और शेष थोड़ों ने जब मध्य एशिया की जंगली जातियों के साथ रोटी-बेटी का सम्बन्ध स्थापित कर भारत में पुरोहितों की शक्ति दृढ़ करने के लिए तलवार हाथ में ली, तब तो भारत के पाप का प्याला लबालब भर गया और भारतभूमि एकदम नीचे डूब गयी-और इससे इसका उद्धार उस समय तक नहीं होगा जब तक कि क्षत्रियगण स्वयं न जागेंगे तथा अपने को मुक्त कर शेष जातियों के पैरों से जंजीरों को न खोल देंगे। पुरोहित-प्रपंच ही भारत की अधोगति का मूल कारण है। मनुष्य अपने भाई को पतित बनाकर क्या स्वयं पतित होने से बच सकता है?

राजन्, स्मरण रखिये, आपके पूर्वजों द्वारा आविष्कृत सत्यों में सर्वश्रेष्ठ सत्य है- इस ब्रह्माण्ड का एकत्व। क्या कोई व्यक्ति स्वयं का किसी प्रकार अनिष्ट किये बिना दूसरों को हानि पहुँचा सकता है? ब्राह्मण और क्षत्रियों के ये ही अत्याचार चक्रवृद्धि ब्याज के नियमानुसार वृद्धिगत हो अब स्वयं उन्हीं के सिर पर पतित हुए हैं एवं यह हजारों वर्षों की पराधीनता और अवनति निश्चय ही उन्हीं के कर्मों के अनिवार्य फल का भोग है। आपके एक पूर्वज ने, जिन्हें लोग ईश्वर का अवतार समझते हैं, कहा था, ''इहैव तैर्जितः सर्गो येषां साम्ये स्थितं मनः'' अर्थात् ''जिनका मन साम्यभाव में अवस्थित है, उन्होंने जीवित दशा में ही संसार पर जय-लाभ कर लिया है।'' हम सभी का यही विश्वास है। तब क्या उनका यह वाक्य अर्थहीन प्रलाप के समान है? यदि नहीं है-और हम जानते हैं कि ऐसा नहीं है- तब तो समस्त सृष्ट जगत् के जन्म-लिंग-विरहित, यहाँ तक कि गुणनिर्विशेष इस सम्पूर्ण साम्य के विरुद्ध कोई भी चेष्टा भयंकर भ्रमपूर्ण है और जब तक मानव इस साम्य-ज्ञान को प्राप्त नहीं करता, तब तक वह कभी मुक्त नहीं हो सकता।

अतएव, हे राजन्, आप वेदान्त के उपदेशों का पालन कीजिये। किसी अमुक-तमुक भाष्यकार अथवा टीकाकार के अनुसार नहीं, वरन् उसी प्रकार, जिस प्रकार आपके अन्तर्यामी प्रभु आपको समझाते हैं। सर्वोपरि, सर्वभूतों में समस्त वस्तुओं में इस समज्ञान रूप महान् उपदेश का पालन कीजिये - सर्वभूतों में उसी एक भगवान को अवस्थित देखिये।

यही मुक्ति का पथ है; वैषम्य ही बन्धन का मार्ग है। कोई व्यक्ति या कोई जाति बाह्य-एकत्व-ज्ञान के बिना बाह्य स्वाधीनता प्राप्त नहीं कर सकती और मानसिक शक्तियों के एकत्व-ज्ञान के बिना मानसिक स्वाधीनता का लाभ भी उसे नहीं हो सकता।

अज्ञान, भेदबुद्धि एवं वासना, ये तीनों ही मानव-जाति के दु:ख के कारण हैं और उनमें एक के साथ दूसरे का अविच्छिन्न सम्बन्ध है। अपने आप को अन्य मनुष्यों की अपेक्षा, यहाँ तक कि पशु से भी श्रेष्ठ समझने का किसी को क्या अधिकार है? वास्तव में तो सर्वत्र एक ही वस्तु विराजमान है। ''त्वं स्त्री, त्वं पुमानसि, त्वं कुमार उत वा कुमारी'' - ''तुम स्त्री हो, तुम पुरुष हो, तुम कुमार हो एवं तुम्हीं कुमारी हो।''

बहुत-से लोग कहेंगे, ''इस प्रकार सोचना तो संन्यासी को ही शोभा देता है, उनके लिए ही यह ठीक है, किन्तु हम सब तो गृहस्थ हैं।'' अवश्य ही गृहस्थ को दूसरे अनेक कर्त्तव्यों का पालन करना पड़ता है, अत: वह इस साम्य-भाव में इतना स्थित नहीं रह सकता; परन्तु उन लोगों का आदर्श भी यही होना उचित है, क्योंकि इस समत्व-भाव को प्राप्त करना ही सभी समाजों का, समस्त जीवों का एवं समस्त प्रकृति का आदर्श है। पर अफसोस! लोग समझते हैं कि वैषम्य ही समता की प्राप्ति का मार्ग है, मानो अन्याय करते-करते वे न्याय के रास्ते पर आ पहुँचेंगे!

यह वैषम्य ही मनुष्य-प्रकृति की घोर दुर्बलता है, मनुष्यजाति के ऊपर अभिशापस्वरूप है तथा समस्त दु:ख-कष्टों का मूलस्वरूप है। यही भौतिक, मानसिक तथा आध्यात्मिक सर्वविध बन्धनों का मूल है।

''समं पश्यन् हि सर्वत्र समवस्थितमीश्वरम्।
न हिनस्त्यात्मनात्मानं तद्रो याति परां गतिम्॥''

-''ईश्वर को सर्वत्र समान रूप से अवस्थित देखकर वे आत्मा के द्वारा आत्मा की हिंसा नहीं करते, अतएव परमगति प्राप्त करते हैं।'' इसी एक श्लोक के द्वारा, थोड़े से शब्दों में मुक्ति का सार्वभौमिक उपाय बतलाया गया है। आप राजपूत लोग ही प्राचीन भारत के गौरव-स्वरूप रहे हैं। आप लोगों की अवनति के साथ ही जातीय अवनति आरम्भ हो गयी; और भारत का उत्थान केवल तभी हो सकता है, जब क्षत्रियों के वंशज ब्राह्मणों के वंशजों के साथ समवेत प्रयत्न में कटिबद्ध होंगे - लूटे हुए वैभव और शक्ति का बँटवारा करने के लिए नहीं, वरन् अज्ञानियों को ज्ञान प्रदान करने के लिए एवं पूर्वजों की पवित्र निवासभूमि की खोयी हुई महिमा के पुन:स्थापन के लिए।

कौन कह सकता है कि यह शुभ मुहूर्त नहीं है? फिर से कालचक्र घूमकर आ रहा है, एक बार फिर भारत से वही शक्ति प्रवाह नि:सृत हो रहा है, जो शीघ्र ही समस्त जगत् को प्लावित कर देगा। एक वाणी मुखरित हुई है, जिसकी प्रतिध्वनि

चारों ओर व्याप्त हो रही है एवं जो प्रतिदिन अधिकाधिक शक्ति संग्रह कर रही है और यह वाणी इसके पहले की सभी वाणियों की अपेक्षा अधिक शक्तिशाली है, क्योंकि वह अपने पूर्ववर्ती उन सभी वाणियों का समष्टिस्वरूप है। जो वाणी एक समय कलकल-निनादिनी सरस्वती के तीर पर ऋषियों के अन्तस्तल में प्रस्फुटित हुई थी, जिस वाणी ने रजतशुभ्रहिमाच्छादित गिरिराज हिमालय के शिखर-शिखर पर प्रतिध्वनित हो कृष्ण, बुद्ध और चैतन्यदेव में से होते हुए समतल प्रदेशों में अवरोहण कर समस्त देश को प्लावित कर दिया था, वही वाणी एक बार पुनः मुखरित हुई है। एक बार फिर से द्वार खुल गये हैं। आइये, हम सब आलोकराज्य में प्रवेश करें-द्वार एक बार पुनः उन्मुक्त हो गये हैं।

हे मेरे प्रिय राजन्, आप उसी जाति के वंशधर हैं, जो सनातन धर्म का जीवन्त आधार-स्तम्भस्वरूप है एवं जो उस सनातन धर्म की कर्त्तव्यबद्ध रक्षक और सहायक हैं; आप ही क्या इससे दूर रहेंगे? मैं जानता हूँ, यह कभी नहीं हो सकता। यह मेरी दृढ़ धारणा है कि आपका ही हाथ सर्वप्रथम फिर से धर्म की सहायता के लिए आगे बढ़ेगा। और जब भी, हे राजा अजितसिंह, मैं आपके बारे मैं सोचता हूँ, तब यह देखकर मुझे बड़ी प्रसन्नता होती है कि आपमें आपकी वंशगत सर्वपरिचित वैज्ञानिक शिक्षा के साथ ही सब मानवों के प्रति असीम प्रेमयुक्त ऐसे पवित्र चरित्र का सम्मिलन हुआ है, जिससे एक साधु भी गौरवान्वित हो सकता है; और जब ऐसे व्यक्ति ही सनातन धर्म के पुनर्गठन के इच्छुक हैं, तब मैं उसके महागौरवशाली पुनरुद्धार में विश्वास रखे बिना नहीं रह सकता। सर्वदा ही आप तथा आपके स्वजनों पर श्रीरामकृष्णदेव के आशीर्वाद की वर्षा हो और दूसरों के उपकारार्थ एवं सत्य-प्रचार के लिए आप दीर्घकाल तक जीवित रहें- यही विवेकानन्द की सदैव प्रार्थना है।

शिकागो विश्व-धर्म सम्मेलन में स्वामी विवेकानन्द का भाषण

अमेरिका निवासी भगिनी तथा भातृगण!

जिस सौहाद्‌ता और स्नेह के साथ आपने हम लोगों का स्वागत किया है, उसके फलस्वरूप मेरा हृदय अकथनीय हर्ष प्रफुल्लित हो रहा है। संसार के प्राचीन महर्षियों के नाम पर मैं आपको धन्यवाद देता हूँ तथा सब धर्मों को मातास्वरूप हिन्दू-धर्म एवं भिन्न-भिन्न सम्प्रदाय के लाखों-करोड़ों हिन्दुओं की ओर से भी धन्यवाद प्रकट करता हूँ। मैं उन सज्जनों के प्रति भी धन्यवाद ज्ञापित करता हूँ, जिन्होंने इस सभामंच पर से प्राच्य-प्रतिनिधियों के सम्बन्ध में आपको यह बतलाया है कि ये दूर देश वाले पुरुष सर्वत्र सहिष्णुता का भाव प्रसारित करने के निमित्त यश और गौरव के अधिकारी हो सकते हैं। मुझको ऐसे धर्मावलम्बी होने का गौरव है, जिसने संसार को 'सहिष्णुता' तथा 'सब धर्मों को मान्यता प्रदान' करने की शिक्षा दी है। हम लोग सब धर्मों के

प्रति केवल सहिष्णुता में ही विश्वास नहीं करते, वरन् समस्त धर्मों को सच्चा मानकर ग्रहण करते हैं। मुझे आपसी यह निवेदन करते गर्व होता है कि मैं ऐसे धर्म का अनुयायी हूँ, जिसकी पवित्र भाषा संस्कृत में अंग्रेजी शब्द Exclusion का कोई पर्यायवाची शब्द नहीं। मुझे एक ऐसे देश का व्यक्ति होने का अभिमान है, जिसने इस पृथ्वी की समस्त पीड़ित और शरणागत जातियों तथा विभिन्न धर्मों के बहिष्कृत मतावलम्बियों को आश्रय दिया है। मुझे यह बतलाते हुए गर्व होता है कि जिस वर्ष यहूदियों का पवित्र मन्दिर रोमन-जाति के अत्याचार से धूल में मिला दिया गया, उसी वर्ष कुछ अभिजात यहूदी आश्रय लेने दक्षिण भारत में आये और हमारी जाति ने उन्हें छाती से लगाकर शरण दी। ऐसे धर्म में जन्म लेने का मुझे अभिमान है, जिसने पारसी जाति की रक्षा की और उसका पालन अब तक कर रहा है। भाइयों, मैं आप लोगों को एक स्रोत के कुछ पद सुनाता हूँ, जिसे मैं अपने बचपन से गाता रहा हूँ और जिसे प्रतिदिन लाखों मनुष्य गाया करते हैं :

रुचीनां वैचित्र्यादृजुकुटिलनानापथजुषाम्।
नृणामेको गम्यस्त्वमसि पयसामर्णव इव॥

-शिवमहिम्न स्तोत्र

"जैसे विभिन्न नदियाँ भिन्न-भिन्न स्रोतों से निकलकर समुद्र में मिल जाती है, उसी प्रकार हे प्रभो! भिन्न-भिन्न रुचि के अनुसार विभिन्न टेढ़े-मेढ़े अथवा सीधे रास्ते से जाने वाले लोग अन्त में तुझमें ही आकर मिल जाते हैं।"

यह सभा, जो संसार को अब तक की सर्वश्रेष्ठ सभाओं में से एक है, जगत के लिए गीता के उस अद्‌भुत उपदेश की घोषणा एवं विज्ञापन हैं, जो हमें बतलाता है-

ये यथा मां प्रपद्यन्ते तांस्तथैव भजाम्यहम्।
मम वर्त्मानुवर्तन्ते मनुष्याः पार्थ सर्वशः॥

-गीता, 4/99

"जो कोई मेरी ओर आता है-चाहे किसी प्रकार से हो-मैं उसको प्राप्त होता हूँ लोग भिन्न-भिन्न मार्ग द्वारा प्रयत्न करते हुए अन्त में मेरी ही ओर आते हैं।"

साम्प्रदायिकता, संकीर्णता और इनसे उत्पन्न भयंकर धर्म-विषयक उन्मत्तता इस सुन्दर पृथ्वी पर बहुत समय तक राज्य कर चुके हैं। इनके घोर अत्याचार से पृथ्वी भर गयी, इन्होंने अनेक बार मानव-रक्त से धरणी को सींचा, सभ्यता नष्ट कर डाली तथा समस्त जातियों को हताश कर डाला। यदि यह सब न होता, तो मानव समाज आज की अवस्था से कहीं अधिक उन्नत हो गया होता। पर अब उनका भी समय

आ गया है, और मैं पूर्ण आशा करता हूँ कि जो घण्टे आज सुबह इस सभा के सम्मान के लिए बजाये गये हैं, वे समस्त कट्टरताओं, तलवार या लेखनी के बल पर किये जाने वाले समस्त अत्याचारों तथा एक ही लक्ष्य की ओर अग्रसर होने वाले मानवों की पारस्परिक कटुताओं के लिए मृत्यु-नाद ही सिद्ध होंगे।

1893 के विश्व धर्म-सम्मेलन (Parliament of Religion) में स्वामी विवेकानन्द ने स्वयं को 'समस्त वर्गों एवं सम्प्रदायों के करोड़ों हिन्दू जनता' के प्रतिनिधि के रूप में प्रस्तुत किया था। 11 सितम्बर के इस संबोधन में उन्होंने हिन्दू धर्म को 'धर्मों की जननी' (Mother of Religions) की संज्ञा भी प्रदान की। किन्तु व्यक्तिगत स्तर पर वे वेदान्ती हैं।

वेदान्त दर्शन (Vedantic Philosophy)

वेदान्त का शाब्दिक अर्थ होता है-वेदों का अन्त (End of Vedas)। सामान्यत: वेदान्त दर्शन को उपनिषदों से संबद्ध किया जाता है किन्तु विवेकानन्द सहित अधिकांश वेदान्तियों ने 'श्रीमद्भागवद्गीता' व बादरायण के 'ब्रह्म-सूत्र' को अपनी शिक्षाओं का आधार बनाया है[1]। भारत में वेदान्त दर्शन की तीन शाखाएँ प्रचलित हुई हैं-

1. अद्वैतवाद (Non-dualism)
2. विशिष्टाद्वैतवाद (Qualified Non-dualism)
3. द्वैतवाद (Dualism)

स्वामी विवेकानन्द के हृदय में अद्वैत वेदान्त के लिए अधिक सम्मान था लेकिन वे किसी मत विशेष से कठोरतापूर्वक बंधे रहने वाले व्यक्ति नहीं थे। उनके अनुसार भारत में विविध विचारों, स्वरूपों व रीति-रिवाजों पर आधारित अनेक धर्म हैं। लेकिन वेदान्त समस्त धर्मों का संश्लेषण (Sythesis) है। उन्होंने वेदान्त की व्यावहारिक व्याख्या करते हुए कहा कि वेदान्त स्वयं में अद्वैत, विशिष्टाद्वैत व द्वैत को, यहाँ तक कि बौद्ध व जैन धर्म को भी सम्मिलित करता है[1]। वेदान्तिक मानते हैं कि 'एकल, अखण्ड, अकथनीय, अनन्त व अनादि' 'ब्रह्म' ही अन्तिम सत्य है। वास्तविकता के रूप में दृष्टिगत होने वाला जगत् वस्तुतः असत्य एवं भ्रम हैं। शंकराचार्य ने इसे 'माया *(Maya)* कहा है।' 'जीव' भी नश्वर है परन्तु शरीर में अन्तर्निहित 'आत्मा' *(Atman)* उस एकल शाश्वत चेतना 'ब्रह्म' का अंश होने के कारण स्वयं भी अनादि व अनश्वर है और इस प्रकार 'ब्रह्म' व 'आत्मा' दोनों एक रूप हैं। आत्मा भी अनादि है, वह किसी पदार्थ से निर्मित नहीं है। निर्माण का अर्थ होता है-विभिन्न तत्वों का संयोग और इस संयोग का अर्थ है-भविष्य में वियोग[2]।'' किन्तु आत्मा अविनाशी है, कोई वस्तु या शक्ति इसको नष्ट नहीं कर सकती। यह एक ऐसा वृत्त है जिसकी परिधि

कहीं नहीं है। (A circle whose circumference is nowhere) यद्यपि इसका केन्द्र शरीर में स्थित है[3]। मृत्यु जीव की होती है, जीवात्मा की नहीं। जिस प्रकार पुराने वस्त्र का त्याग करके व्यक्ति नया वस्त्र धारण करता है, उसी प्रकार आत्मा एक शरीर का त्याग कर दूसरा शरीर धारण करती है[4]। इस प्रकार आत्मा के केन्द्र का परिवर्तन ही मृत्यु है। स्वयं आत्मा सनातन है।

पुनर्जन्म का चक्र (Cycle of Rebirth)

आत्मा की 'अमरता' और 'केन्द्र-परिवर्तन' के सिद्धान्त को स्वीकार करने का तात्पर्य यह भी है कि "स्वामी विवेकानन्द पुनर्जन्म की परम्परा में विश्वास करते हैं। पूरब के थामस एक्वीनास माने जाने वाले शंकराचार्य (788-820 ई.)[1] के अनुरूप स्वामी जी का भी मानना है कि व्यक्ति अपनी इच्छा के वशीभूत होकर कर्म *(Karma)* करते हैं और कर्मफल के अनुसार पुनर्जन्म के चक्र में पड़ते हैं। जीव के स्वार्थपूर्ण कर्म के कारण उसकी आत्मा जीवन-मरण के बन्धन में बंधी रहती है और उसकी मुक्ति नहीं होती है।

विवेकानन्द जी इस तथ्य को भली-भाँति समझते थे कि वैज्ञानिक दृष्टिकोण वाले पश्चिमी समाज के लिए 'पुनर्जन्म' सहज ही स्वीकार्य नहीं होगा, इसलिए उन्होंने इसे तार्किक आधार पर समझाने का प्रयत्न किया। उनके अनुसार विज्ञान यह मानता है कि प्रत्येक कार्य का एक निश्चित कारण होता है। व्यावहारिक स्तर पर देखा जाए तो दुनिया में कुछ लोग स्वस्थ, सम्पन्न, सुखी व प्रसन्न होते हैं जबकि दूसरे अस्वस्थ, निर्धन, दु:खी व निराश हैं। जीव-जीव में सुख-दु:ख का यह अन्तर क्यों है? यदि यह मान लिया जाए कि यह भेदभाव स्वयं ईश्वर करता है तो प्रश्न है कि वह ऐसा किस आधार पर करता है? क्योंकि ईश्वर तो दयालु व न्यायी है, वह किसी के साथ पक्षपात या अन्याय नहीं कर सकता। अत: स्पष्ट है कि इस जन्म से पूर्व ऐसे कारण होने ही चाहिए जिनके परिणामस्वरूप व्यक्ति इस जन्म में सुखी या दु:खी हैं। पूर्वजन्म का कर्मफल ही वह कारण है, जिसे भोगने के लिए पुनर्जन्म होता है[2]।

यहाँ एक महत्वपूर्ण सवाल यह उठता है कि यदि 'एक ही आत्मा' बार-बार नवीन शरीर को धारण करती रहती है तो **जीव या मनुष्य को अपने पूर्व जन्म की घटनाएँ याद क्यों नहीं रहती हैं?** यह प्रश्न स्वामी दयानन्द सरस्वती के समक्ष भी आया था। उनका कहना था कि "जीव अल्पज्ञ है, त्रिकालदर्शी नहीं, इसलिए उसे पूर्वजन्म व मृत्यु की बातों का स्मरण नहीं रहता।" इसके अतिरिक्त जीव "जिस मन से ज्ञान करता है वह भी एक समय में दो ज्ञान नहीं कर सकता।" वैसे "वर्तमान जगत् में विचित्र सुख-दु:ख की घटती-बढ़ती देखकर पूर्वजन्म का अनुमान किया जा सकता है[3]।" स्वामी विवेकानन्द का कहना है कि वर्तमान की अनेक बातों के समान

पूर्वजन्म की स्मृतियाँ भी व्यक्ति के अचेतन मन में संचित रहती हैं और प्रयत्न करने पर चेतन मन के धरातल पर आ सकती हैं वैसे ही जैसे भूली हुई कोई बात या घटना कोशिश करने पर याद आ जाती है। पुनः यदि पुनर्जन्म अस्वीकार कर दिया जाए तो ईश्वर अन्यायी प्रमाणित हो जाएगा क्योंकि तब यह मानना पड़ेगा कि वह व्यक्ति को कर्म के अनुसार नहीं बल्कि अपनी स्वेच्छा से सुख या दुःख प्रदान करता है। लेकिन ईश्वर को अन्यायी कौन कहेगा? वह तो विगत जन्म के कर्म (पुण्य-पाप) के अनुसार ही व्यक्ति को सुख व दुःख प्रदान कर न्याय करता है। अतः स्पष्ट है कि पुनर्जन्म की मान्यता आध्यात्मिक व वैज्ञानिक, दोनों ही दृष्टियों से सत्य है। अपने कर्म के अनुरूप व्यक्ति का पुनर्जन्म होता है और यह 'चक्र' तब तक चलता रहेगा जब तक कि व्यक्ति को मोक्ष न मिल जाए।

मोक्ष या मुक्ति (Moksha or Mukti)

लेकिन **मोक्ष या मुक्ति कैसे प्राप्त होगी?** अद्वैत वेदान्त के अनुसार व्यक्ति पुनर्जन्म के चक्र में इसलिए फंसे होते हैं क्योंकि वे अज्ञान *(Avidya)* के कारण यह विश्वास करने लगते हैं कि उनका अपना स्व (Self) है और दृश्यगत् जगत् सत्य है। अतः मुक्ति (Liberation) के लिए ज़रूरी है कि व्यक्ति ब्रह्म व आत्मा की एकरूपता का अनुभव कर इस सांसारिक अस्तित्व के भ्रम से मुक्त हो जाए। ज्ञान, ध्यान, भक्ति एवं प्रार्थना इसके साधन हैं।

इस बिन्दु पर **स्वामी विवेकानन्द परम्परागत वेदान्त में कुछ संशोधन करते हैं जिसके कारण उनके दर्शन को 'व्यावहारिक वेदान्त' (Practical Vedanta) का नाम दिया जाता है।** शंकराचार्य ने इस जगत् व जीव को माया मानकर पूर्ण परित्याग का समर्थन किया था क्योंकि यदि यह जगत् और इसके प्राणी भ्रम हैं, माया हैं तो इनसे किसी प्रकार का सम्बन्ध रखना स्वयं को 'माया' के जटिल बंधन में डालने एवं इस प्रकार 'मोक्ष' की संभावना को नष्ट करने के समान है। स्वामी योगानन्द जैसे गुरु भाइयों ने स्वामी विवेकानन्द से तर्क किया था कि मानव -कल्याण, गरीबों की सेवा, ग्रन्थों का अध्ययन, सार्वजनिक उपदेश व अन्य मानवतावादी कार्य श्री रामकृष्ण परमहंस की शिक्षाओं और स्वयं अद्वैत वेदान्त के अनुकूल नहीं है। 'एकान्त में प्रार्थना व ध्यान' (Prayer and Meditation in solitude) द्वारा ईश्वर भक्ति से ही मुक्ति सम्भव है[1]।

स्वामी विवेकानन्द 'परम ब्रह्म की प्राप्ति' व 'पीड़ित मानवता की सेवा' के मध्य एक संतुलन स्थापित करते हुए कहते हैं कि व्यक्ति की 'स्वयं की मुक्ति' का पथ 'मानवता की मुक्ति' के द्वार से संबद्ध है। दूसरों के कल्याण के प्रति नैतिक समर्पण (Moral Commitment) से ही 'मोक्ष' की प्राप्ति संभव है। यह विविधतापूर्ण जगत्

व इसके जीव 'ब्रह्म की ही अभिव्यक्ति' (Manifestation of the Brahman) हैं। इसलिए 'स्व-कल्याण' और 'पर-कल्याण' में कोई संघर्ष नहीं है। परिणामस्वरूप "जब कोई व्यक्ति किसी दूसरे की सेवा करता है तो वास्तव में वह स्वयं की सेवा करता है क्योंकि आवश्यक रूप से सभी एक हैं[1]।" उल्लेखनीय है कि विवेकानन्द व्यावहारिक वेदान्त के माध्यम से नैतिकता की एक मानवतावादी व्याख्या प्रस्तुत कर रहे हैं जो ब्रिटिश विचारक टी.एच. ग्रीन की याद दिलाता है। ग्रीन भी मानता था कि व्यक्ति को 'आत्मानुभूति' (Self-realization) की प्राप्ति तब तक नहीं हो सकती जब तक कि वह दूसरों के साथ इसमें सहभागी नहीं बनता है। मानवता की पूर्णता में सहयोग करने से ही व्यक्ति को आत्मसंतुष्टि मिलती है[2]। योगानन्द से स्वामी विवेकानन्द ने यह स्पष्ट किया कि वे देश के उद्धार के लिए, देशवासियों को अन्धकार तमस से निकालने व उन्हें 'मनुष्य' बनाकर उनके पैरों पर खड़ा करने के लिए हज़ारों बार नरक में जाने के लिए तैयार हैं। "मैं श्री रामकृष्ण परमहंस या अन्य किसी का अनुकर्ता नहीं हूँ, बल्कि सिर्फ उसका अनुयायी हूँ जो स्वयं की भक्ति व मुक्ति की चिन्ता किए बिना दूसरों की सेवा व सहायता करता है।" मानव सेवा ही ईश्वर की सेवा है, इसके माध्यम से ही 'ब्रह्म' से 'एकत्व' स्थापित किया जा सकता है। यही वास्तविक 'मुक्ति' है। स्वामी विवेकानन्द के अनुसार मनुष्य तीन गुणों से निर्मित होता है-पाशविक (Brutal), मानवीय (Human) और ईश्वरीय (Godly)। प्रत्येक व्यक्ति को अपनी पाशविक प्रकृति का दमन कर मानव बनने का प्रयत्न करना चाहिए[3]। धर्म वह विचार है जो पशु को मनुष्य और मनुष्य को ईश्वर के स्तर तक उन्नत कर रहा है[4]। व्यक्ति 'ईश्वरत्व' को तब प्राप्त करता है जब वह स्वार्थहीन होकर दूसरों की सेवा करता है। संक्षेप में, "वेदान्त का आदर्श व्यक्ति को उसके वास्तविक स्वरूप में जानना है और इसका यह संदेश है कि यदि तुम अपने बन्धुओं की पूजा नहीं कर सकते, जो ईश्वर की अभिव्यक्ति हैं, तो तुम उस ईश्वर की आराधना कैसे कर सकते हो जो कि अव्यक्त है?[5]" ईश्वर और शैतान (The Devil) में स्वार्थहीनता (Unselfishness) और स्वार्थपूर्णता (Selfishness) के अतिरिक्त अन्य कोई अन्तर नहीं है[6]। वास्तव में निःस्वार्थता ही ईश्वर है[7]।

हिन्दू धर्म (Hinduism)

स्वामी विवेकानन्द के अनुसार हिन्दू धर्म एक ऐसा धर्म है जो पूर्व ऐतिहासिक युग से विद्यमान है[1]। किन्तु इसकी महानता इसकी प्राचीनता में नहीं अपितु इसकी अतुलनीय उदारता में अन्तर्निहित है जिसने विश्व को सभी धर्मों के प्रति 'सहिष्णुता एवं सार्वभौम स्वीकृति' (Tolerance and Universal Acceptance) की शिक्षा दी है[2]। यह सहिष्णुता आन्तरिक व बाह्य दोनों ही क्षेत्रों में दृष्टिगत होती है। आन्तरिक दृष्टि से

"वेदान्त दर्शन के उच्च आध्यात्मिक भावों–विज्ञान के अत्याधुनिक आविष्कार जिसकी प्रतिध्वनि मात्र प्रतीत होते हैं–से लेकर इसके बहुरूपी पौराणिक कथाओं के साथ मूर्ति-पूजा के निम्न विचार, बौद्ध धर्म के अज्ञेयवाद (Agnosticism) और जैनों के अनीश्वरवाद (Atheism) तक, सभी (सम्प्रदायों) को हिन्दू धर्म में स्थान मिला हुआ है[3]।" बाह्य दृष्टि से हिन्दू धर्म ने विदेशी धर्मों के प्रति भी दयालुता व सहनशीलता का प्रदर्शन किया है। स्वामी विवेकानन्द को भारतवर्ष व हिन्दुत्व की इस महानता पर गर्व है। उन्होंने इसे स्वीकार करते हुए कहा है कि "मैं एक ऐसे धर्म का अनुकरणकर्ता हूँ जिसकी पवित्र भाषा संस्कृत में अंग्रेजी शब्द Exclusion[4] का कोई समानार्थी शब्द नहीं है। मुझे एक ऐसे देश का व्यक्ति होने का अभिमान है जिसने इस धरती के समस्त पीड़ित व शरणागत जातियों एवं विभिन्न धर्मों तथा वर्गों के बहिष्कृत मतावलम्बियों को आश्रय प्रदान किया है।" उदाहरण के लिए 'जिस वर्ष यहूदियों का पवित्र मंदिर रोमन जाति के द्वारा ध्वस्त कर दिया गया तब कुछ कुलीन यहूदी शरण लेने के लिए उसी वर्ष, दक्षिण भारत पधारे जिन्हें हमारी जाति ने हृदय से लगाकर शरण प्रदान किया।' 'हिन्दू धर्म ने पारसी धर्म के अनुयायियों की रक्षा की और अभी भी कर रहा है[5]।'

वास्तव में स्वामी विवेकानन्द को अपने गुरु की इस मान्यता में पूर्ण विश्वास था कि "**जितने मत होते हैं उतने ही पथ होते हैं**[6]"–अतः सभी धर्म वन्दनीय हैं क्योंकि विविध धर्म अपने-अपने अनुयायियों को वह साधन उपलब्ध कराते हैं जिसका अनुप्रयोग करके वे परम सत्य–ईश्वर–को प्राप्त करने का प्रयत्न करते हैं। आन्तरिक रूप से सभी धर्म समान हैं क्योंकि उनका लक्ष्य समान है–मुक्ति की प्राप्ति। "जिस प्रकार विभिन्न स्रोतों से निकलने वाली विविध नदियाँ अपनी जलराशि समुद्र में मिश्रित कर लेती हैं, वैसे ही हे प्रभो! व्यक्ति, विभिन्न प्रवृत्तियों के अनुसार जिन विभिन्न पथों को चुनते हैं, वे अलग-अलग प्रतीत हो सकते हैं, लेकिन टेढ़े-मेढ़े या सरल तरीके से अन्ततः 'तुझमें' ही मिल जाते हैं[1]।" यही 'एकत्व' है और यह एकत्व ही विभिन्न धर्मों के सह-अस्तित्व का आधार है। विज्ञान भी एकता की खोज के अतिरिक्त और कुछ नहीं है। जैसे ही विज्ञान पूर्ण एकता (Perfect Unity) तक पहुँच जाएगा वैसे ही यह आगे विकास करना रोक देगा क्योंकि वह अपने लक्ष्य (एकता) को प्राप्त कर लेगा, और धर्म का विज्ञान (Science of Religion)तब पूर्णता को प्राप्त करेगा जब वह इस 'ईश्वर' को खोज लेगा जो मृत्यु के ब्रह्माण्ड में एकमात्र 'जीवन' है, 'वहीं' इस सतत् परिवर्तनशील जगत् का स्थिर आधार (Constant Basis) है, वही एक मात्र 'आत्मा' है और अन्य आत्माएँ उसकी भ्रमात्मक अभिव्यक्तियाँ (Delusive Manifestations) हैं। इस प्रकार विविधरूपता व वैधता के माध्यम से अन्तिम एकता तक पहुँचा जाता है[2]।" अतः समस्त धर्मों एवं धार्मिक सम्प्रदायों को एक-दूसरे के

प्रति परम्परागत अलगाव, घृणा तथा संघर्ष की भावना का परित्याग कर देना चाहिए और यह नारा लगाना चाहिए कि 'संघर्ष नहीं सहयोग' 'विनाश नहीं, ग्रहण' 'मतभेद नहीं बल्कि समन्वय व शान्ति[3]।'

धर्म-परिवर्तन (Conversion)

चूँकि समस्त धर्म सार रूप में एक हैं और 'ईश्वर' की प्राप्ति ही सबका उद्देश्य है, अतः **स्वामी विवेकानन्द 'धर्म परिवर्तन' की आवश्यकता को अस्वीकार करते हैं।** उनके अनुसार ''ईसाई को हिन्दू या बौद्ध बनने की ज़रूरत नहीं है, और न ही एक हिन्दू या बौद्ध, ईसाई बने। प्रत्येक को दूसरों की मूल-भावना (Spirit) को आत्मसात् करना चाहिए, और, फिर भी, अपनी वैयक्तिकता (Individuality) को सुरक्षित रखते हुए अपने स्वयं के विकास के नियमों के अनुसार विकसित होना चाहिए। यदि धर्म-सम्मेलन ने विश्व को कुछ भी दिखलाया है तो वह यह कि–इसने विश्व के समक्ष यह प्रमाणित किया है कि शुद्धता, पवित्रता और दयालुता किसी धार्मिक संगठन की सम्पत्ति नहीं हैं और प्रत्येक धार्मिक व्यवस्था ने अत्यधिक उन्नत चरित्र वाले स्त्रियों व पुरुषों को उत्पन्न किया है।'' इस परिवेश में यदि कोई यह सोचता है कि केवल उसका धर्म विकसित हो या अन्य धर्म नष्ट हो जाएँ तो वह व्यक्ति दया का पात्र है, उसकी सोच दया की पात्र है।

सार्वभौम धर्म (Universal Religion)

हिन्दू धर्म की श्रेष्ठता का प्रतिपादन करने के बावजूद विवेकानन्द विभिन्न धर्मों के संकीर्ण दायरे से ऊपर उठकर सम्पूर्ण मानवता के लिए एक सार्वभौम धर्म की स्थापना का विचार प्रस्तुत करते हैं। उनके अनुसार ''यदि कभी सार्वभौम धर्म बना तो वह (धर्म) स्थान व समय की सीमा से मुक्त तथा ईश्वर के समान ही अनन्त होगा। उसका प्रकाश कृष्ण या ईसा के अनुयायियों तथा संतों व पापात्माओं पर समान रूप से पड़ेगा। वह ब्राह्मणों या बौद्धों या ईसाइयों या मुसलमानों का धर्म न होकर, इन सबका संयुक्त योग (Sum Total) होगा। यह ऐसा धर्म होगा जिसकी राजनीतिक व्यवस्था में दमन या असहिष्णुता के लिए कोई स्थान नहीं होगा। यह धर्म प्रत्येक पुरुष व स्त्री के देवत्व को स्वीकार करेगा, और उसका समस्त बल, मानवता को उसके वास्तविक दैवीय प्रकृति की अनुभूति में सहायता प्रदान करने पर केन्द्रित होगा।'' 'ऐसा धर्म प्रस्तुत प्रदान करने पर समस्त देश इसका पालन करेंगे।' 'धर्मान्धता का मुख्य स्रोत हमारे संकीर्ण धार्मिक दृष्टिकोण में निहित है। जिस प्रकार कुएँ का मेढ़क कुएँ को ही अखिल ब्रह्माण्ड समझता है, उसी प्रकार वर्तमान धर्मों की सोच हो गई है।' जबकि ब्रह्म अल्लाह, गॉड सब एक हैं[2]।

हिन्दू कौन हैं? (Who are Hindus?)

स्वामी विवेकानन्द के अनुसार प्राचीन काल में इस शब्द-हिन्दू का केवल इतना ही अर्थ था-सिन्धु तट के इस ओर निवास करने वाले लोग। भारत के आलोचकों के लिए हिन्दू शब्द कलंकित, पददलित, निकम्मी और धर्मभ्रष्ट जाति का प्रतीक है। लेकिन स्वामी विवेकानन्द के दृष्टिकोण में 'हिन्दू' नाम ऐसी प्रत्येक वस्तु का द्योतक है जो गरिमामय एवं आध्यात्मिक है। उनके शब्दों में "सम्पूर्ण विश्व हमारी मातृभूमि के महान ऋण का ऋणी है। एक-एक देश को लेने पर भी इस धरती पर ऐसी कोई दूसरी प्रजाति नहीं है जिसका विश्व पर इतना ऋण है जितना कि इस संयमी हिन्दू, सौम्य हिन्दू का[1]।" यह सौम्य हिन्दू (Mild Hindu) सदैव ही परमपिता ईश्वर की प्रिय संतान रहा है।

उन्होंने ऐतिहासिक दृष्टिकोण से भी हिन्दू जाति व उसकी सभ्यता की महानता को प्रतिपादित किया। उनके शब्दों में "जब ग्रीस (यूनान) का अस्तित्व नहीं था, जब रोम की कल्पना तक नहीं थी, जब आधुनिक यूरोपवासियों के पूर्वज जंगलों में रहते थे और अपने शरीर को नीले रंग से रंगा करते थे तब भी भारत में कर्म चेतना की व्याप्ति थी। उससे भी पहले, जिसका इतिहास के पास कोई लेखा-जोखा (Record) नहीं है, और जिस सुदूर अतीत के गहन अंधकार में झाँकने का साहस परम्पराएँ भी नहीं करतीं, उस समय से लेकर आज तक भारत में एक के बाद एक विचारों का आगमन हुआ लेकिन उसका प्रत्येक शब्द अपने पीछे आशीर्वाद (Blessing) और अपने आगे शान्ति (Peace) लेकर उच्चारित हुआ है। संसार की समस्त जातियों में केवल हम हिन्दू ही ऐसे हैं जिन्होंने दूसरों पर सैनिक विजय प्राप्त करने का रास्ता नहीं अपनाया और इसी कारण हम आशीर्वाद के पात्र रहे हैं[2]।"

हिन्दू धर्म की कमियाँ (Shortcoming of Hinduism)

इसका तात्पर्य यह नहीं है कि उन्हें हिन्दू धर्म की वर्तमान पतनशील अवस्था का अनुमान नहीं था। 1897 ई. में काश्मीर भ्रमण के दौरान उन्होंने दु:खित होकर कहा कि "वर्तमान समय के हिन्दू अपने पूर्वजों के आदर्शों से विचलित हो चुके हैं। लोग धर्म के नाम पर विभिन्न मिथ्या-मान्यताओं (Superstitions) से चिपक गए हैं।" उदाहरण के लिए "प्राचीन समय में लोग तब भी जाति से बहिष्कृत नहीं होते थे जब वे व्यभिचार (Adultery) जैसे वास्तविक पाप (Sin) करते थे, लेकिन आजकल भोजन के सामान्य नियमों का उल्लंघन करने पर भी व्यक्ति 'अछूत' बन जाता है।" इस प्रवृत्ति में बदलाव के लिए वे शिक्षित वर्ग को आगे आने का आह्वान करते हैं। उनके शब्दों में, "धर्म के नाम पर प्रचलित आचार-व्यवहार वास्तव में धर्म हैं... या नहीं, इसका परीक्षण करने का दायित्व आज के शिक्षित युवा वर्ग के कंधों पर है।

यदि हम पाते हैं कि परम्परागत आचार नियम समाज के विकास व समृद्धि के मार्ग में विघ्न उत्पन्न कर रहे हैं, यदि वे हमारे विशुद्ध ज्ञान की प्राप्ति में अवरोध के समान हैं, तो हम जितना शीघ्र उनका त्याग कर दें उतना ही अच्छा है[1]।'' इसी प्रकार 'शिक्षा-दीक्षा के अभाव में निम्न-जातीय लोग पुरोहित वर्ग के हृदयहीन कठोर व्यवहार से सनातन धर्म के प्रति न सिर्फ श्रद्धाहीन हो गए हैं अपितु हज़ारों व्यक्ति हिन्दू धर्म को ही अपराधी मानकर दूसरे धर्म को ग्रहण करने के लिए तैयार हैं। करोड़ों व्यक्ति नित्य-प्रति अज्ञान के अन्धकार में डूब रहे हैं-उनके हृदय में न आशा है, न विश्वास है और न ही नैतिक बल है[2]।''

मूर्ति-पूजा (Idolatory)

अन्य धर्मावलम्बियों-विशेषत: इस्लाम व ईसाई धर्म के समर्थकों द्वारा हिन्दू धर्म में स्वीकृत मूर्तिपूजा को अतार्किक व अधार्मिक कहकर आलोचना की जाती रही है। स्वयं स्वामी विवेकानन्द भी श्री रामकृष्ण परमहंस के सम्पर्क में आनें बाद भी काफी समय तक मूर्ति पूजा के विरोधी बने रहे लेकिन कालांतर में वे इसकी मनोवैज्ञानिक सार्थकता को स्वीकार करने लगे। उनका कहना है कि ''विभिन्न प्रकार की प्रार्थनाएँ व धार्मिक रीतियाँ 'मन के शुद्धीकरण' में सहायक होती हैं। इसी प्रकार मूर्ति या चित्र की पूजा 'आध्यात्मिक एकाग्रता' (Spiritual Concentration) में सहायता प्रदान करती है।'' इस संदर्भ में दयानन्द सरस्वती मूर्ति-पूजा को पूर्णत: निरर्थक मानते थे क्योंकि व्यक्ति मूर्ति को ही ईश्वर मानने लगते हैं और इस प्रकार ईश्वर से दूर हो जाते हैं। विवेकानन्द जी का कहना है कि पत्थर या धातु से बनी प्रतिमाएँ ईश्वर कीं विशेष गुणवाचक मूर्तियाँ हैं। उन्हें देखते ही भक्त के मन में उसी ईश्वर की बातें जाग्रत हो जाती हैं। भक्त मूर्ति के द्वारा भगवान की उपासना करते हैं धातु या पत्थर की नहीं! कभी किसी हिन्दू को यह कहते हुए नहीं सुना कि ''हे पत्थर! हे धातु! मैं तुम्हारी पूजा कर रहा हूँ, तुम मुझ पर प्रसन्न हो जाओ[3]।''

लेकिन निश्चित रूप से मूर्ति-पूजा स्वयं में साध्य न होकर एक साधन है[4] जो भक्त को ईश्वर की प्रत्यक्ष अनुभूति में सहायता करती है। जिस प्रकार मन्दिर, मस्जिद व गिरजाघर ईश्वरीय आवास के प्रतीक हैं, जिस प्रकार नीला आसमान या विस्तृत समुद्र अनन्तता (Infinity) का प्रतीक है, उसी प्रकार एक मूर्ति-पूजक के लिए मूर्तियाँ शुद्धता, पवित्रता, सत्य, ईश्वर की सर्वव्यापकता और उच्च विचारों की प्रतिबिम्ब हैं। अत: यदि कोई व्यक्ति किसी चित्र के माध्यम से अपने दैवीय प्रकृति की अनुभूति कर सकता है तो इसे 'पाप' की संज्ञा देना अनुचित है। यदि वह व्यक्ति 'इस स्तर[1]' से ऊपर उठने के बाद यह अनुभव करता है कि मूर्तिपूजा अनुचित या अनावश्यक है तब भी उस व्यक्ति की पूर्ववर्ती मूर्तिपूजा को पाप नहीं कहा जाना चाहिए क्योंकि

हिन्दुओं के लिए धर्म एक ऐसी यात्रा है जिसमें व्यक्ति त्रुटि (Error) से सत्य की तरफ नहीं अपितु सत्य से सत्य की तरफ व निम्नतर से उच्चतर सत्य की तरफ बढ़ता है। उन्होंने ईसाई आलोचकों से पूछा कि यदि ईश्वर सर्वव्यापी है तो वे चर्च में आराधना करने क्यों जाते हैं? 'क्रास' को इतना पवित्र, इतना सम्माननीय क्यों मानते हैं[2]?

वास्तविक धर्म शक्ति (Real Religion : Strength)

इस मन:स्थिति में वास्तविक धर्म किसे माना जाए? 1897 में अल्मोड़ा में जब अश्वनी कुमार दत्त ने स्वामी जी से यह प्रश्न किया कि आप किस मत विशेष (Particular Creed) को 'धर्म' के रूप में स्वीकार करते हैं, तब उन्होंने 'वेदान्त' का नाम लिया, किन्तु तत्काल यह भी कहा कि "मेरे धर्म का सारतत्व है–शक्ति। वह धर्म जो हृदय में 'शक्ति का संचार' नहीं करता, वह मेरे लिए धर्म नहीं है– चाहे वह उपनिषद हों, गीता हो या भागवत। शक्ति ही धर्म है और शक्ति से श्रेष्ठ कुछ भी नहीं है[3]।" एक स्थल पर इसी संवेदना को स्वर देते हुए उन्होंने घोषित किया कि शक्ति व पौरुष सद्गुण हैं, निर्बलता व कायरता पाप हैं[4]।

वेदान्त की विभिन्न शाखाओं में भी उन्होंने अद्वैतवाद को सर्वाधिक महत्व दिया क्योंकि जिस 'शक्ति, साहस व पौरुष' की आवश्यकता भारतीय समाज को थी वह अद्वैत दर्शन में निहित है। उन्होंने अपने इस झुकाव को स्वीकार करते हुए कहा कि मैंने इस शिकायत को सुना है कि मैं अद्वैतवाद की अत्यधिक शिक्षा देता रहा हूँ और द्वैतवाद की बहुत कम। मैं जानता हूँ कि द्वैतवादी धर्म में कैसी विशालता, प्रेम का सागर, अनन्तता, कैसा परम आनन्दायक आशीर्वाद तथा प्रसन्नता है। मैं यह सबकुछ जानता हूँ। लेकिन हमारे लिए यह समय रोने का नहीं है–यहाँ तक कि आनन्द में भी नहीं, हम पर्याप्त रो चुके हैं, अब हमारे पास कोमल बनने के लिए और समय नहीं है। हमारे साथ कोमलता इतने लम्बे समय से है कि हम रुई के ढेर (Masses of Cotton) में बदल गए हैं। आज हमारे देश को जिन वस्तुओं की आवश्यकता है, वे हैं–लोहे की माँसपेशियाँ, इस्पात की तंत्रिकाएँ, विशाल संकल्प (Gigantic Will) जिसका कोई प्रतिरोध न कर सके, जो अपना कार्य हर प्रकार से पूर्ण करे चाहे इसके लिए समुद्र के तल में जाकर मृत्यु का सामना ही क्यों न करना पड़े। यह है जिसकी हमें ज़रूरत है, और इसकी प्राप्ति हम तभी कर सकते हैं, इसे तभी स्थापित कर सकते हैं, और इसे तभी शक्तिशाली बना सकते हैं जब हम अद्वैत के आदर्श (Ideal of Advaita) का साक्षात्कार कर लें, सबकी एकता के आधार की अनुभूति कर लें[1]। अत: वास्तविक धर्म वही है जो 'शक्ति' की प्रेरणा देता है। भारत के लिए यह धर्म है–अद्वैतवादी वेदान्त।

सामाजिक चिन्तन (Social Thought)

स्वामी विवेकानन्द ने न सिर्फ पश्चिमी जगत् की दो बार यात्राएँ की अपितु शिकागो जाने से पूर्व व वहाँ से लौटने के उपरान्त भारत का भी व्यापक भ्रमण किया। उन्होंने पश्चिमी समाज के प्रगतिशील सामाजिक जीवन व आर्थिक समृद्धि की पृष्ठभूमि में जब अपने देश का मूल्यांकन किया तो इस निष्कर्ष पर पहुँचे कि यहाँ व्यापक सामाजिक सुधार की आवश्यकता है, वह भी अविलम्ब। भारतीय समाज के शिक्षित वर्ग में पश्चिम के तर्कहीन अनुकरण (नकल) तथा जनसाधारण में अशिक्षा, कुसंस्कार, अधार्मिकता, अलगाव, दरिद्रता, असमानता, स्त्री जाति की उपेक्षा और छुआछूत को देखकर उनका हृदय व्यथित हो उठा। वे भारत के पुनर्जीवन (Regeneration) के लिए व्यग्र हो उठे। किन्तु सर्वाधिक महत्वपूर्ण प्रश्न यह था कि इस पुनर्जीवन का तरीका क्या होगा?

भारत में सामाजिक सुधार का सवाल कोई नया नहीं था। इसमें एक वर्ग ऐसा था जो पश्चिम की भौतिकवादी, तार्किक एवं धर्मनिरपेक्ष दृष्टि को भारतीय सामाजिक सुधारों का आधार बनाना चाहता था। स्वामीजी भी पश्चिमी सभ्यता की सहायता का समर्थन करते हुए कहते हैं कि "हमारी वर्तमान आवश्यकता है–पश्चिमी विज्ञान की सहायता से आर्थिक व सामाजिक स्थिति को उन्नत बनाने की चेष्टा करना। (लेकिन) केवल यूरोपवासियों के द्वार पर खड़े होकर रुदन–क्रन्दन (रोना–चिल्लाना) करने और भिक्षा माँगने से उद्देश्य सिद्ध नहीं होगा। वे लोग हमें जिस प्रकार उन्नत वैज्ञानिक प्रणाली से कृषि, शिल्प आदि की शिक्षा देंगे उसके बदले में हमें भी कुछ देना होगा। भारत के पास इस समय एकमात्र आध्यात्मिक ज्ञान के अतिरिक्त और देने योग्य है क्या?"

पश्चिम का अनुकरण नहीं, सहायता

स्वामी विवेकानन्द पश्चिम से वैज्ञानिक व तकनीकी ज्ञान ही लेना चाहते हैं, वे भारतीय समाज को पश्चिमी समाज में बदलने के पूर्ण विरोधी हैं[1]। वे मानते हैं कि जातीय भाव व सभ्यता के प्रति विद्रोह करके, स्वधर्म व शिक्षा का त्याग करके, विदेशी धर्म व संस्कृति को अपनाकर भारत प्रगति नहीं कर सकता। "धर्म भारत की आत्मा है।" हिन्दुओं को अपने धर्म का परित्याग नहीं करना चाहिए अपितु धर्म को उसकी उचित सीमा में रखते हुए समाज को विकसित होने की स्वतंत्रता प्रदान करनी चाहिए...। भारत के समस्त समाज सुधारकों ने पुरोहितवाद के समस्त भय एवं पतन के लिए धर्म को उत्तरदायी मानकर एक गंभीर ग़लती की और एक अनाशवान संरचना (Indestructible Structure) को नष्ट करने के लिए आगे आए। किन्तु परिणाम क्या हुआ? असफलता! महात्मा बुद्ध से लेकर राममोहन राय ने यही गलती की। उन्होंने जाति को एक धार्मिक संस्थान मान लिया और जाति व धर्म, दोनों को ही नष्ट करने

का प्रयास करने लगे। दयानन्द सरस्वती के समान स्वामी विवेकानन्द भी भारतीय सामाजिक व्यवस्था की उन्नति विरोधी विसंगतियों को समाप्त करना चाहते हैं लेकिन पश्चिमी जगत् का अन्ध-अनुकरण (Blind-imitation) द्वारा नहीं बल्कि स्वयं भारत की प्राचीन गौरवमयी शक्तियों के आधार पर। भारत का विकास आन्तरिक शक्तियों से करना तथा समस्त बाहरी शक्तियों की उपेक्षा करना आवश्यक भी है और वांछनीय भी। उनका कहना है कि "भारत व यूरोप दोनों ही विकास की युवावस्था में हैं, दोनों ही अभी अपूर्ण हैं, अतः स्पष्टतः किसी को गलत कहना ठीक नहीं है। लेकिन यह सत्य है कि भारत को अपने 'स्वभाव' के अनुसार ही विकसित होना चाहिए। हम पाश्चात्य नहीं बन सकते, इसलिए पश्चिम का अनुकरण करना अर्थहीन है।" दोनों के मूल्यों व आदर्शों में मौलिक भेद है। एक तरफ अतिशय भौतिकवाद है, दूसरी तरफ युगों-युगों से प्रवाहित होने वाली आध्यात्मिकता। एक तरफ-नये फैशन में पढ़ी-लिखी लड़कियों की लज्जाहीन स्वतंत्रता है, दूसरी तरफ हैं, सीता व सावित्री। "एक तरफ है निजी-स्वार्थ पर आधारित पाश्चात्य समाज की स्वतंत्रता, दूसरी तरफ है-आर्य समाज का अतिआत्म-बलिदान। पश्चिम का उद्देश्य है व्यक्तिगत स्वतंत्रता, भाषा है धन निर्माण करने वाली शिक्षा, साधन है-राजनीति, भारत का उद्देश्य है मुक्ति, भाषा है-वेद, और साधन है-त्याग।" "नया भारत कह रहा है कि जब तक हम पश्चिम के विचारों भाषा, भोजन, वस्त्र व तरीकों को नहीं अपनाएँगें, तब तक हम पश्चिमी राष्ट्रों की तरह मज़बूत व शक्तिशाली नहीं हो सकते।" लेकिन प्राचीन भारत का कहना है कि "मूर्खों! दूसरों के विचारों की नकल करने से वे किसी के अपने विचार नहीं हो जाते। ज़ब तक इन्हें तुम खुद नहीं हासिल करोगे वे तुम्हारे नहीं होंगे। क्या शेर की खाल पहनने से गधा शेर बन जाता है?" अतः भारत के सामाजिक जीवन का पुनर्गठन मूलतः भारतीय आध्यात्मिक मूल्यों के आधार पर होना चाहिए। उनके शब्दों में, कोई भी व्यवस्था-चाहे वह आर्थिक हो या सामाजिक अथवा राजनीतिक, जो आध्यात्मिक धरातल पर आधारित नहीं है, वह मज़बूत व स्थायी नहीं होगी।"

इसका यह तात्पर्य भी नहीं है कि भारत में जो कुछ है वह अच्छा है। हमारी श्रेष्ठतम व्यवस्थाएँ भी आज अनेक त्रुटियों से परिपूर्ण हैं। इसमें सर्वाधिक उल्लेखनीय है-जाति व्यवस्था।

जाति-व्यवस्था (Caste-System)

भारत में सामाजिक संरचना का मूलाधार वैदिक वर्ण-व्यवस्था रही है। दयानन्द सरस्वती के समान ही स्वामी विवेकानन्द उस प्राचीन व्यवस्था के समर्थक हैं जिसमें व्यक्ति का वर्ण उसके गुण व कर्म के अनुसार निर्धारित होता था[4]। इस प्रकार प्राचीन

वर्ण व्यवस्था को गुणात्मक जाति व्यवस्था भी कहा जा सकता है जिसने चारों वर्णों में सामंजस्य व समरसता को बढ़ावा दिया था। उस समय यदि असाधारण प्रतिभा से सम्पन्न कोई व्यक्ति शूद्र वर्ण में होता था तो उसे सम्मान देकर उच्चवर्ण या शासक वर्ग में सम्मिलित कर लिया जाता था, इसी प्रकार ''उच्च वर्ण से त्याग दिए गए व्यक्तियों को शूद्र वर्ण का सदस्य बनना पड़ता था।''

किन्तु वर्तमान में परिस्थितियाँ पूरी तरह परिवर्तित हो गई हैं। वर्ण-व्यवस्था छुआछूत पर आधारित जाति-व्यवस्था में बदल गई है जहाँ कोई भी व्यक्ति, चाहे वह कितना ही बुद्धिमान या धनवान हो-अपने जाति या समुदाय को नहीं बदल सकता। विवेकानन्द के लिए सबसे दुःखद बात यह है कि कुछ धर्मग्रन्थ भी शूद्रों को वेद इत्यादि के अध्ययन से वंचित रखने का समर्थन करते हैं। इस निषेध से शूद्रगण 'वैदिक ज्ञान' से ही वंचित नहीं हुए हैं अपितु 'ज्ञान' मात्र से दूर होकर दासत्व की स्थिति में पहुँच गए हैं। हिन्दू समाज ने उन्हें ऐसा निकृष्ट जीव मान लिया है जिसके स्पर्श मात्र से उच्चवर्ण का व्यक्ति, उसकी कोई वस्तु या भोजन 'अपवित्र' हो जाता है। 'अस्पृश्यता' ही धर्म बन गई है-विशेष रूप से खान-पान में इसकी पराकाष्ठा नज़र आती है। स्वामी जी व्यंग्य से कहते हैं, ''लोग न तो हिन्दू हैं और न ही वैदान्तिक-वे मात्र 'न छूओ' वाद के समर्थक (Don't Touchists) हैं, रसोई घर उनका मन्दिर है और भोजन पकाने के बर्तन उनकी पूजा की वस्तुएँ हैं। यह स्थिति समाप्त होनी चाहिए।''

स्वामी विवेकानन्द का मानवतावादी हृदय-जो 'बहुजन हिताय, बहुजन सुखाय' के सिद्धान्त में विश्वास करता था-इस अस्पृश्यता से व्यथित था। उन्होंने उच्च-निम्न और ब्राह्मण-शूद्र के तथाकथित अन्तर को अस्वीकार करते हुए कहा है कि ''मैं सर्वत्र ब्रह्म को, यहाँ तक कि निम्नतम प्राणी (Meanest Creature) में भी 'उसी' की अभिव्यक्ति देखता हूँ। मेरे लिए कुछ भी उच्च या निम्न नहीं है[2]।'' स्वामी जी शूद्रों को वेद-अध्ययन या उपनयन संस्कार से दूर रखने की व्यवस्था को अतार्किक व धर्म-विरुद्ध मानते हैं। उनके शब्दों में, ''श्री रामकृष्ण के समस्त भक्तगण ब्राह्मण हैं।'' गुरु के निधन के उपरान्त आने वाली पहली जयन्ती के अवसर पर[2] उन्होंने पचास शूद्रवर्गीय सदस्यों के उपनयन को व्यावहारिक रूप प्रदान करते हुए घोषित किया कि ''इस पुण्य अवसर पर ''वे'' अपने अधिकार के अनुसार क्षत्रियत्व व वैश्वत्व को ग्रहण करें। समय पर इन्हें ब्राह्मण बना डालना होगा।''

किन्तु वर्तमान स्थिति के लिए पुरोहितवाद को उत्तरदायी मानकर ब्राह्मणों को शूद्र नहीं बनाना है। बल्कि प्रत्येक शूद्र को ही ब्राह्मण बनाना होगा। इसके लिए निम्न बातें सर्वाधिक महत्वपूर्ण हैं-

1. शिक्षा का प्रसार,
2. ग़रीबों की सेवा, व
3. निर्धनता का उन्मूलन।

स्वामी विवेकानन्द के अनुसार यह कार्य सरकार नहीं करेगी। इसकी अपेक्षा धनिक वर्ग से भी नहीं हैं कि वे निम्न जातियों व ग़रीबों के उद्धार के लिए कार्य करेंगे। "तथाकथित धनवानों पर तो बिल्कुल विश्वास मत करो, वे जीवित की अपेक्षा मरे हुए अधिक हैं।" आशा के केन्द्र हैं–संन्यासी व शिक्षित युवा वर्ग। उनका कहना है कि "शिक्षित युवा वर्ग गाँव-गाँव जाकर निम्न जातियों के व्यक्तियों को मानवीय समानता के उच्च आदर्शों का ज्ञान प्रदान करे।" उन्होंने आह्वान किया कि "सभी को जाकर समझा दो कि ब्राह्मणों के समान ही तुम्हारा भी धर्म में समान अधिकार है। 'चाण्डाल' तक को इस अग्निमंत्र से दीक्षित करो और सरल भाषा में उन्हें व्यापार, वाणिज्य, कृषि आदि गृहस्थ जीवन के अत्यावश्यक विषयों का उपदेश दो अन्यथा तुम्हारी पढ़ाई-लिखाई को धिक्कार है, और तुम्हारे वेद-वेदान्त पढ़ने को भी धिक्कार है।" भारतीय समाज की दूसरी प्रधान समस्या है–इसकी ग़रीबी। यह विकास की प्रमुख बाधा है। शिकागो जाते समय उन्होंने चीन की दयनीय दशा को देखकर कहा कि "सभ्यता की सीढ़ी पर अगर चीनी व भारतवासी एक कदम भी अग्रसर नहीं हो रहे हैं तो इसका एक कारण उनकी दरिद्रता ही है। एक सामान्य हिन्दू या चीनी के लिए उसके दैनिक जीवन की आवश्यकताएँ इतनी भयंकर (Hideous) हैं कि इसे कुछ और सोचने का अवसर ही नहीं मिल पाता।" जहाँ तक भारत का प्रश्न है–इसकी आर्थिक समस्या का समाधान पश्चिमी वैज्ञानिक तकनीकी द्वारा भारतीय कृषि के विकास में अन्तर्निहित है। यह कार्य भी शिक्षित युवा करेंगे।

इस दरिद्रता के उन्मूलन के बग़ैर भारत के पुनर्जीवन या पुनर्गठन की कल्पना करना निरर्थक है। "एक देश जहाँ लाखों व्यक्ति महुआ के पेड़ के फूल पर ज़िन्दा हैं, और एक लाख या दो लाख साधु तथा एक करोड़ या अधिक ब्राह्मण इन गरीबों का रक्त चूस रहे हैं–इनकी उन्नति का थोड़ा भी प्रयास किए बिना–यह देश है या नरक? यह धर्म है या शैतान का नृत्य? हमें ध्यान रखना होगा कि खाली पेट वाले व्यक्ति के लिए धर्म किसी काम का नहीं होता।" अतः ज़रुरत है राष्ट्र की भलाई के लिए इन ग़रीबों की दीन-हीन स्थिति का समापन करना।

"मैंने सम्पूर्ण भारत का पैदल भ्रमण किया है और अपने लोगों की अज्ञानता, दुःख व गन्दगी को प्रत्यक्षतः देखा है। इन निम्न परिस्थितियों को बदलने की उग्र इच्छा से मैं जल रहा हूँ। किसी को कर्म *(Karma)* की बात करने दो। यदि उनका

कर्म दुःख सहना था तो हमारा कर्म है उस दुःख को दूर करना। यदि तुम ईश्वर को प्राप्त करना चाहते हो तो मनुष्य की सेवा करो। नारायण *(Narayana)* तक पहुँचने के लिए तुम्हें दरिद्र नारायण (Daridra Narayan) की सेवा करनी होगी–भारत के लाखों भूखे व्यक्तियों की सेवा।'' उन्हें शिक्षित करने से पहले, ''उनके भूखे मुख में रोटी रखनी होगी।'' वे यह भी भूल चूके हैं कि वे मनुष्य हैं, जिसका परिणाम है–दासता।

हमें उन्हें 'मनुष्य' बनाना है, उनकी वैयक्तिकता (Individuality) वापस लानी है, उनकी खोई हुई निजता उन्हें देनी है।

महिलाओं की उन्नति (Elevation of Women)

स्वामी विवेकानन्द के सामाजिक दर्शन का एक अति महत्वपूर्ण पहलू 'स्त्री-मुक्ति' संबंधित उनके विचारों से संबद्ध है। 19वीं शताब्दी में भारतीय महिलाओं की स्थिति शूद्रों या दासों से किसी भी प्रकार अलग नहीं थी। यही कारण है कि राजा राममोहन राय व उनके बाद के समाज सुधारकों ने स्त्रियों की दशा सुधारने के लिए व्यापक सुधारों को प्रस्तावित किया।

स्वामीजी भी महिलाओं की दशा को उन्नत बनाना चाहते हैं। वे स्त्री को 'शक्ति' (Shakti-The Power) के रूप में स्वीकार करते हैं। ''शक्ति के बिना विश्व का पुनर्जीवन (Regeneration) संभव नहीं है। क्या कारण है कि हमारा देश विश्व में सर्वाधिक निर्बल व पिछड़ा हुआ है? क्योंकि यहाँ 'शक्ति' को असम्मान से ग्रहण किया जाता है...। मैंने अमेरिका व यूरोप में क्या पाया? 'शक्ति' की उपासना, ताक़त (Power) की आराधना। फिर भी वे इसकी पूजा ऐन्द्रिय-संतुष्टि (Sense-gratification) के माध्यम से करते हैं। तब कल्पना करो कि उन्हें कितनी अपार भलाई प्राप्त होगी जो 'उसकी' पूजा पूर्ण शुद्धता से, सात्विक चेतना *(Sattivika spirit)* से और 'उसे' अपनी माता मानते हुए करते हैं[3]।'' इसीलिए उन्होंने अपने शिष्यों व गुरु भाइयों को उपदेश दिया कि वे पूर्ण ब्रह्मचर्य का पालन करते हुए प्रत्येक स्त्री को माँ के रूप में देखें। क्षमता व गुण के दृष्टिकोण से भी वे स्त्रियों को पुरुषों से हीन नहीं मानते हैं। अपने समतावादी विचार के कारण ही उन्होंने 'महिला वैराग्य' (Women Monasticism) को व्यावहारिक रूप देने का प्रयास किया। उन्होंने कहा कि ''हमें स्त्रियों व पुरुषों, दोनों की ज़रूरत है। आत्मा में लिंग-भेद नहीं होता[1]।''

स्वामी विवेकानन्द ने धार्मिक ग्रन्थों द्वारा महिलाओं पर आरोपित समस्त निषेधों (प्रतिबन्धों) का विरोध किया। ''प्रत्येक व्यक्ति–उच्च व निम्न–के समान महिलाओं को भी प्राचीन आध्यात्मिक संस्कृति को ग्रहण करने, संस्कृत शिक्षा प्राप्त करने व ऋषियों

के समस्त आध्यात्मिक आदर्शों की व्यावहारिक अनुभूति करने का अधिकार है। लड़कियों को लड़कों के समान ही ध्यानपूर्वक शिक्षा व समर्थन मिलना चाहिए। स्वामी जी ने बाल-विवाह का भी विरोध किया है। यद्यपि उन्होंने लड़कियों के लिए न्यूनतम आयु का ज़िक्र नहीं किया तथापि वे अमेरिका के बारे में लिखते हैं कि "यहाँ कुछ ही स्त्रियाँ बीस या पच्चीस वर्ष की आयु के पूर्व विवाह करती हैं और वे आकाश के पक्षी की तरह स्वतंत्र हैं... और हम क्या कर रहे हैं? हम अपनी बच्चियों की शादी ग्यारह वर्ष से पूर्व नियमित रूप से करते चले आ रहे हैं ताकि वे पतित या अनैतिक न हो जाएँ[2]।" इसी स्थल पर उन्होंने मनु का उल्लेख करते हुए कहा है कि "जिस प्रकार लड़कों को तीस वर्ष तक ब्रह्मचर्य का पालन करते हुए शिक्षा प्राप्त करनी चाहिए उसी प्रकार लड़कियों को भी ब्रह्मचर्य का पालन करते हुए अपने माता-पिता से शिक्षा प्राप्त करनी चाहिए[3]।"

इससे स्पष्ट होता है कि वे पहले महिलाओं को शिक्षित करना चाहते हैं। फिर उनकी शादी की बात सोची जानी चाहिए। "शिक्षित महिलाएँ अपनी समस्याओं का स्वत: ही समाधान ढूँढ़ लेंगी[4]।" उन्होंने स्पष्ट रूप से कहा है कि "स्त्रियों की दशा में उन्नति किए बग़ैर भारत की उन्नति नहीं हो सकती। कोई भी पक्षी एक पंख से नहीं उड़ सकता।" फिर भी भारतीय महिलाओं को पश्चिमी स्वतन्त्रता ही चाहिए, उनके सामाजिक मूल्य नहीं। भारत में स्त्रियों की आदर्श सीता व सावित्री हैं।

❑❑❑

3

महात्मा गाँधी

जन्म : 2 अक्टूबर, 1869 मृत्यु : 30 जनवरी, 1948 राष्ट्रपिता के नाम से प्रसिद्ध, जिन्होंने भारत की आजादी में महत्त्वपूर्ण योगदान किया। महात्मा गाँधी द्वारा शराब बंदी पर दिया गया भाषण। शराबबन्दी की तारीफ तो हमेशा होती ही रही है। लेकिन सन् 1920 में उसे कांग्रेस के रचनात्मक कार्य का एक मुख्य अंग बनाया गया। इसलिए देश के किसी भी हिस्से में कांग्रेस के हाथ में सत्ता आते ही वह शराब वगैरह मादक वस्तुओं की पूरी बन्दी नहीं करती तो कैसे काम चलता? कांग्रेसी शासन के छह प्रान्तों में मंत्रियों को करीब ग्यारह करोड़ रुपये का घाटा सहने की हिम्मत करनी पड़ी है। परन्तु कार्य समिति ने अपने वचन की पूर्ति तथा शराब और अन्य नशीली चीजों के आदी बने हुए लोगों के नैतिक और भौतिक कल्याण की दृष्टि से यह खतरा भी उठने का साहस किया है।.......

मैं जानता हूँ कि बहुत से लोगों को यह सन्देह है कि शराब की पूरी बन्दी कैसे होगी? उनका खयाल है कि उनके लिए आय के लोभ को रोकना बड़ा कठिन होगा। उनकी दलील यह है कि नशेबाज लोग तो किसी भी प्रकार से शराब या मादक वस्तुएँ प्राप्त कर ही लेंगे और जब मंत्री लोग देखेंगे कि इस बन्दी के मानी तो केवल सरकारी

आय की कुरबानी ही है, इससे मादक वस्तुओं की खपत में, भले ही वह गैरकानूनी हो, कोई उल्लेखनीय कमी नहीं हुई है–तो वे फिर पाप की कमाई करने के मोह में फँस जायेंगे और वह हालत आज से भी बुरी होगी।.....

अब सवाल यह है कि शराब से होने वाली आय का घाटा, जो कुछ प्रान्तों में आय का एक-तिहाई हिस्सा है, किस प्रकार पूरा किया जाय? मैंने तो बगैर किसी हिचकिचाहट के यह सुझाया है कि हम शिक्षा पर किये जाने वाले खर्च में कमी कर दें, क्योंकि अकसर इसकी पूर्ति आबकारी की आय से ही की जाती है। मैं अब भी यह कहता हूँ कि शिक्षा स्वावलम्बी बनाई जा सकती है।......यह जरूर है कि यदि हम मान लें कि शिक्षा स्वावलम्बी हो सकती है, तो भी वह एक दिन में नहीं हो जायेगी। मौजूदा भार और जिम्मेदारियों को तो निबाहना ही होगा। इसलिए आय के नये साधन ढूँढ़ने होंगे। मृत्यु, तम्बाकू (जिसमें बीड़ी भी शामिल है) आदि पर कर लगाने की बात कुछ लोगों ने सुझाई है। अगर यह तत्काल असम्भव हो, या ऐसा समझा जाय, तो फिलहाल खर्च की पूर्ति के लिए थोड़ी मियाद वाले कर्ज निकाले जा सकते हैं। पर अगर यह भी सम्भव न हो, तो केन्द्रीय सरकार से प्रार्थना की जा सकती है कि वह अपने फौजी खर्च में कमी करके उस बचत में से हर प्रान्त को उसके अनुपात में सहायता दे और केन्द्रीय सरकार इस प्रार्थना को कभी अस्वीकार नहीं कर सकेगी, खास तौर पर जब प्रान्तीय सरकारें यह सिद्ध कर देंगी कि कम से कम उनकी आन्तरिक सुरक्षा और शान्ति के लिए उन्हें फौज की जरूरत नहीं है।

शराबबन्दी और बजट

हम देखते हैं कि मंत्री लोग शराबबन्दी का कार्यक्रम पूरे बनियेपन की भावना से बना रहे हैं। उससे होने वाले घाटे का उन्हें ध्यान रहता है। मुझे आश्चर्य होता है कि अगर सभी शराबी और अफीमची एकाएक शराब और अफीम का परित्याग कर दें, तो मंत्री क्या करेंगे? शायद यह उत्तर दिया जाय कि उस हालत में कुछ-न-कुछ प्रबन्ध तो वे करेंगे ही। लेकिन स्वेच्छापूर्वक वे ऐसा क्यों नहीं कर डालते? अच्छाई तो निस्सन्देह किसी काम को स्वेच्छापूर्वक करने में ही है, मजबूर होकर करने में नहीं। यह याद रखना चाहिये कि भूकम्प के कारण प्रान्त की सालाना आमदनी से अधिक नुकसान हो जाने पर भी बिहार सरकार का काम ठप नहीं हो गया था। और जब अकालों तथा बाढ़ों से लोगों की तबाही और बरबादी होने के कारण सरकारी आमदनी में कमी पड़ती है, तब हिन्दुस्तान भर की सरकारें क्या करती हैं? मैं तो यह मानता हूँ कि कांग्रेसी सरकारें आय के खातिर शराबबन्दी के काम में देरी करके अपनी प्रतिज्ञा को शब्दों में चाहे भंग न कर रही हों, परन्तु उसकी भावना को जरूर भंग कर रही है। नये कर लगाकर वे आय प्राप्त कर सकती हैं और इसके लिए उन्हें ईमानदारी

के साथ कोशिश भी करनी चाहिये। शराबखोरी शहरों में बहुत ज्यादा है, अतः इन क्षेत्रों में वे नये कर लगा सकती हैं। शराबबन्दी से उन लोगों को प्रत्यक्ष मदद मिलती है, जिनके कारखाने होते हैं और उनमें मजदूर काम करते हैं। ऐसे लोग यानी कारखानों के मालिक निश्चय ही शराबबन्दी से होने वाली आमदनी की कमी पूरी कर सकते हैं। अहमदाबाद में कुछ ही महीने शराबबन्दी का जो काम हुआ है, उससे मालिक-मजदूर दोनों को आर्थिक लाभ हुआ है। इसलिए कोई वजह नहीं कि इस बहुमूल्य सेवा के लिए मालिकों से पैसा क्यों न वसूल किया जाय? इसी तरह आमदनी के और भी अनेक साधन आसानी से ढूँढ़े जा सकते हैं।

मैंने तो यह सुझाने में भी कोई पसोपेश नहीं किया कि जहाँ अतिरिक्त आय की कोई अमली सूरत न हो, वहाँ भारत सरकार से सहायता या कम से कम बिना ब्याज कर्ज देने की माँग की जाय।

शराबबन्दी और अर्थमंत्री

मुम्बई में शराबबंदी होने से सरकार की आय बहुत घट जायेगी। लेकिन अर्थमंत्री को तो अपना आय-व्यय संतुलित करना ही होगा। इसके लिए उन्हें ओय के दूसरे जरिये खोजने पड़ेंगे और नये कर लगाने पड़ेंगे। अतः जिन्हें यह बोझ बरदाश्त करना बड़े, उन्हें इसकी शिकायत नहीं करनी चाहिये। यह सब कोई जानते हैं कि कर कितने ही उचित क्यों न हों, किन्तु कोई उन्हें पसन्द नहीं करता। पर मुझे मालूम हुआ है कि अर्थमंत्री ने इस सम्बन्ध की सभी उचित आपत्तियों का निराकरण कर दिया है अतः जिन लोगों पर यह बोझ पड़े, वे इस महान् प्रयोग में भागीदार होने का विशेष अधिकार प्राप्त करने का गर्व अनुभव क्यों न करें? अगर सभी नागरिकों के आनन्द के बीच शराबन्दी की शुरुआत हो, तो निश्चय ही वह दिन मुम्बई के लिए बड़े गौरव का होगा। याद रहे कि यह शराबबंदी दूसरों की लादी हुई नहीं है। इसका आरम्भ तो वे सरकारें कर रही हैं, जो जनता के प्रति जिम्मेदार हैं। 120 से ही हमारे राष्ट्रीय कार्यक्रम का यह एक अंग रहा है। इसलिए 20 वर्ष पहले राष्ट्र ने निश्चित रूप से जो इच्छा प्रकट की थी, उसकी ही अवसर मिलने पर यह पूर्ति हो रही है।

मंत्री और शराबबन्दी

मंत्रियों का कर्त्तव्य स्पष्ट है। उन्हें अपने कार्यक्रम पर अबाधित रूप से अमल करते चले जाना चाहिये, बशर्ते कि उनकी इसमें श्रद्धा हो। मद्य-निषेध कांग्रेस के कार्यक्रम का एक सबसे बड़ा नैतिक सुधार है। पहले की सरकारों ने भी इसका मौखिक समर्थन किया था, परन्तु गैर-जिम्मेदार होने के कारण न तो उनमें ऐसा करने का साहस था और न उनके भीतर उस पर अमल करने की प्रेरणा ही थी। वे उस आय को

छोड़ने के लिए तैयार नहीं थीं, जिसे वे बिना किसी प्रयास के प्राप्त कर सकती थीं। इसके कलंकित स्रोत की जाँच करने के लिए वे ठहर नहीं सकती थीं। कांग्रेसी सरकारों के पीछे लोकमत है। कार्यसमिति ने बहुत सोच-विचार के बाद शराबबन्दी के सम्बन्ध में अपना आदेश निकाला है। इस पर अमल करने का तरीका स्वाभाविक तौर पर मंत्रिमंडलों पर छोड़ दिया गया है। मुम्बई के मंत्री साहसपूर्वक पूरी सफलता की आशा से अपने कार्यक्रम को अमल में लाने का प्रयत्न कर रहे हैं। उनकी स्थिति बहुत कठिन है। किसी न किसी दिन उन्हें मुम्बई का प्रश्न हाथ में लेना ही था। तब भी मंत्रियों को उन्हीं निहित स्वार्थों की तरफ से, जिन्हें शराबबन्दी की नीति से सीधी हानि पहुँचने का डर था, होने वाले विरोध का सामना करना पड़ता, जैसा कि आज हो रहा है। कोई भी कांग्रेसजन मंत्रियों को परेशान नहीं कर सकता।

महात्मा गाँधी का अस्पृश्यता पर भाषण जो हरिजन, यंग इंडिया व मंगल प्रभात में 11 फरवरी, 1933 को व अन्य तिथियों में प्रकाशित हुआ।

अस्पृश्यता का अभिशाप

आजकल हिन्दू धर्म में जो अस्पृश्यता देखने में आती है, वह उसका एक अमिट कलंक है, मैं यह मानने से इनकार करता हूँ कि वह हमारे समाज में स्मरणातीत काल से चली आई है। मेरा खयाल है कि अस्पृश्यता की यह घृणित भावना हम लोगों में तब आई होगी, जब हम अपने पतन की चरम सीमा पर रहे होंगे और तब से यह बुराई हमारे साथ लग गई और आज भी लगी हुई है। मैं मानता हूँ कि यह एक भयंकर अभिशाप है और यह अभिशाप जब तक हमारे साथ रहेगा, तब तक मुझे लगता है कि इस पावन भूमि में हमें जब जो भी तकलीफ सहनी पड़े, वह हमारे इस अपराध का, जिसे हम आज भी कर रहे हैं, उचित दण्ड होगी।

मेरी राय में हिन्दू धर्म में दिखाई पड़ने वाला अस्पृश्यता का वर्तमान रूप ईश्वर और मनुष्य के खिलाफ किया गया भयंकर अपराध है और इसलिए वह एक ऐसा विष है जो धीरे-धीरे हिन्दू धर्म के प्राण को ही निःशेष किए दे रहा है। मेरी राय में शास्त्रों में, यदि हम सब शास्त्रों को मिलाकर पढ़ें तो इस बुराई का कहीं कोई समर्थन नहीं है। शास्त्रों में एक तरह की हितकारी अस्पृश्यता का विधान जरूर है, लेकिन उस तरह की अस्पृश्यता तो सब धर्मों में पाई जाती है। वह अस्पृश्यता तो स्वच्छता के नियम का एक अंग है। वह तो सदा रहेगी। लेकिन भारत में हम आज जैसी अस्पृश्यता देख रहे हैं, वह एक भयंकर चीज है और उसके हर एक प्रान्त में, यहाँ तक कि हर एक जिले में अलग-अलग कितने ही रूप हैं। उसने अस्पृश्यों और स्पृश्यों, दोनों को नीचे गिराया है। उसने लगभग चार करोड़ मनुष्यों का विकास रोक रखा है। उन्हें जीवन की सामान्य सुविधाएँ भी नहीं दी जातीं। इसलिए इस बुराई को जितनी

जल्दी निर्मूल कर दिया जाए, उतना ही हिन्दू धर्म, भारत और शायद समग्र मानव-जाति के लिए वह कल्याणकारी सिद्ध होगा।

यदि हम भारत की आबादी के पाँचवें हिस्से को स्थायी गुलामी की हालत में रखना चाहते हैं और उन्हें जान-बूझकर राष्ट्रीय संस्कृति के फलों से वंचित रखना चाहते हैं, तो स्वराज्य एक अर्थहीन शब्दमात्र होगा। आत्मशुद्धि के इस महान् आन्दोलन में हम भगवान की मदद की आकांक्षा रखते हैं, लेकिन उसकी प्रजा के सबसे ज्यादा सुपौत्र अंश को हम मानवता के अधिकारों से वंचित रखते हैं। यदि हम स्वयं मानवीय दया से शून्य हैं, तो उसके सिंहासन के निकट दूसरों की निष्ठुरता से मुक्ति पाने की याचना हम नहीं कर सकते।

इस बात से कभी किसी ने इनकार नहीं किया है कि अस्पृश्यता एक पुरानी प्रथा है। लेकिन यदि वह एक अनिष्ट वस्तु है, तो उसकी प्राचीनता के आधार पर उसका बचा व नहीं किया जा सकता। यदि अस्पृश्य लोग आर्यों के समाज के बाहर हैं, तो इसमें उस समाज की ही हानि है और यदि यह कहा जाए कि आर्यों ने अपनी प्रगति-यात्रा में किसी मंजिल पर किसी वर्ग विशेष को दण्ड के तौर पर समाज से बहिष्कृत कर दिया था, तो उनके पूर्वजों को किसी भी कारण से बहिष्कृत कर दिया था, तो उनके पूर्वजों को किसी भी कारण से दण्डित किया गया हो, परन्तु वह दण्ड उस वर्ग की सन्तान को देते रहने का कोई कारण नहीं हो सकता। अस्पृश्य लोग भी आपस में अस्पृश्यता का जो पालन करते हैं, उससे इतना ही सिद्ध होता है कि किसी अनिष्ट वस्तु को सीमित नहीं रखा जा सकता और उसका घातक प्रभाव सर्वत्र फैल जाता है। अस्पृश्यों में भी अस्पृश्यता का होना इस बात के लिए एक अतिरिक्त कारण है कि सुसंस्कृत हिन्दू समाज को इस अभिशाप से जल्दी से जल्दी मुक्त हो जाना चाहिए। यदि अस्पृश्यों को अस्पृश्य इसलिए माना जाता है कि वे जानवरों को मारते हैं और माँस, रक्त, हड्डियाँ और मैला आदि छूते हैं, तब तो हर एक नर्स और डॉक्टर को भी अस्पृश्य माना जाना चाहिए और इसी तरह मुसलमानों, ईसाइयों और तथा कथित ऊँचे वर्गों के इन हिन्दुओं को भी अस्पृश्य माना जाना चाहिए, जो आहार अथवा बलि के लिए जानवरों की हत्या करते हैं। कसाईखाने, शराब की दुकानें, वेश्यालय आदि बस्ती से अलग होते हैं या होने चाहिए, इसलिए अस्पृश्यों को भी समाज से दूर और अलग रखा जाना चाहिए-यह दलील अस्पृश्यता के खिलाफ लोगों के मन में चले आ रहे उत्कट पूर्वाग्रह को ही बनाती है। कसाईखाने और ताड़ी-शराब की दुकानें आदि जरूर बस्ती से दूर तथा अलग होते हैं और होने चाहिएँ, लेकिन कसाइयों और ताड़ी अथवा शराब के विक्रेताओं को शेष समाज से अलग नहीं रखा जाता। हम आन्तरिक प्रलोभनों तथा मोह में लिप्त हैं और अत्यन्त अस्पृश्य और पापपूर्ण विचारों के प्रवाह हमारे मन में चलते हैं और उसे कलुषित करते हैं। हमें समझना चाहिए कि

हमारी कसौटी हो रही हैं। ऐसी स्थिति में हम अभिमान के आदेश में अपने उन भाइयों के स्पर्श के प्रभाव के बारे में, जिन्हें हम अक्सर अज्ञानवश और ज्यादातर तो दुरभिमान के कारण अपने से नीचा समझते हैं, अत्युक्ति न करें, भगवान के दरबार में हमारी अच्छाई-बुराई का निर्णय इस बात से नहीं किया जाएगा कि हम क्या खाते-पीते रहे हैं या कि हमें किस-किस ने छुआ है; उसका निर्णय तो इस आधार पर किया जाएगा कि हमने किन-किन की सेवा की है और किस तरह की है यदि हमने एक भी दीन-दुःखी आदमी की सेवा की होगी, तो हमें भगवान की कृपा-दृष्टि प्राप्त होगी।.....अमुक वस्तुएँ न खाने की बात का उपयोग हम कपट-जाल, पाखण्ड और उससे भी अधिक पापपूर्ण कार्यों को छिपाने के लिए नहीं कर सकते। इस आशंका से कहीं उनका स्पर्श हमारी आध्यात्मिक उन्नति में बाधक न हो, हम किसी पतित अथवा गंदे रहन सहन वाले भाई-बहन की सेवा से इनकार नहीं कर सकते।

जिस समाज में भंगी का अलग पेशा माना गया है, वहाँ कोई बड़ा दोष पैठ गया है, ऐसा मुझे तो बरसों से लगता रहा है। इस जरूरी और तन्दुरुस्ती बढ़ाने वाले काम को सबसे नीच काम पहले-पहल किसने माना, इसका इतिहास हमारे पास नहीं है। जिसने भी माना, उसने हम-पर उपकार तो नहीं ही किया। हम सब भंगी हैं, यह भावना हमारे मन में बचपन से ही जम जानी चाहिए; और उसका सबसे आसान तरीका यह है कि जो समझ गए हैं वे जात-मेहनत का आरम्भ पाखाना-सफाई से करें। जो समझ-बूझकर ज्ञान-पूर्वक यह करेगा, वह उसी क्षण से धर्म को निराले ढंग से और सही तरीके से समझने लगेगा।

प्रारम्भ में अस्पृश्यता स्वच्छता के नियमों में से एक थी और भारत के बाहर दुनिया के कई हिस्सों में आज भी उसका यही रूप है। वह नियम यह कि चीज गंदी हो गई हो या आदमी किसी कारण गन्दा हो गया हो तो उसे छूना नहीं चाहिए, लेकिन ज्यों ही उसका गंदापन दूर हो जाए या कर दिया जाए त्यों ही उसे छू सकते हैं; इसलिए भंगी का काम करने वाले व्यक्ति-फिर चाहे वह भंगी हो जिसे कि उस काम का पैसा मिलता है या माँ हो जिसे अपने इस काम का कोई पैसा नहीं मिलता-तब तक गन्दे और अस्पृश्य माने जाएँगे जब तक वे नहा-धोकर इस गन्दगी को दूर नहीं कर देते। इसलिए भंगी हमेशा के लिए अस्पृश्य न माना जाए, बल्कि उसे हम अपना भाई मानें। वह समाज की एक ऐसी सेवा करता है, जिसमें उसका शरीर गन्दा हो जाता है; हमें चाहिए कि हम उसे इस गन्दगी को साफ करने का मौका दें, बल्कि उस कार्य में उसकी सहायता करें और फिर उसे समाज के किसी भी सदस्य की तरह स्वीकार करें।

महात्मा गांधी का साम्प्रदायिक एकता पर यंग इंडिया में प्रकाशित भाषण

साम्प्रदायिक एकता

कौमी या साम्प्रदायिक एकता की जरूरत को सब कोई मंजूर करते हैं। लेकिन सब लोगों को अभी यह बात जँची नहीं कि एकता का मतलब सिर्फ राजनीतिक एकता नहीं है। राजनीतिक एकता तो जोर-जबरदस्ती से भी लादी जा सकती है। मगर एकता के सच्चे मायने तो हैं वह दिली दोस्ती, जो किसी के तोड़े न टूटे। इस तरह की एकता पैदा करने के लिए सबसे पहली जरूरत इसी बात की है कि कांग्रेसजन, फिर वे किसी भी धर्म के मानने वाले हों, अपने को हिन्दू, मुसलमान, ईसाई, पारसी, यहूदी, वगैरह सभी कौमों के नुमाइन्दा समझें। हिन्दुस्तान के करोड़ों वाशिन्दों में से हर एक के साथ वे अपनेपन का, आत्मीयता का अनुभव करें; यानी वे उनके सुख-दुःख में अपने को उनका साथी समझें। इस तरह की आत्मीयता सिद्ध करने के लिए हर एक कांग्रेसी को चाहिए कि वह अपने धर्म से भिन्न धर्म का पालन करने वाले लोगों के साथ निजी दोस्ती कायम करे और अपने धर्म के लिए उसके मन में जैसा प्रेम हो, ठीक वैसा ही प्रेम वह दूसरे धर्म से भी करे। हिन्दू, मुसलमान, ईसाई, सिख, पारसी आदि को अपने मतभेद हिंसा का आश्रय लेकर और लड़ाई-झगड़ा करके नहीं निपटाने चाहिएँ।

हिन्दू और मुसलमान मुँह से तो कहते हैं कि धर्म में जबरदस्ती को कोई स्थान नहीं है। लेकिन यदि हिन्दू गाय को बचाने के लिए मुसलमान की हत्या करें, तो यह जबरदस्ती के सिवाय और क्या है? वह तो मुसलमान को बलात् हिन्दू बनाने जैसी ही बात है। और इसी तरह यदि मुसलमान जोर-जबरदस्ती से हिन्दुओं को मस्जिदों के सामने बाजा बजाने से रोकने की कोशिश करते हैं, तो यह भी जबरदस्ती के सिवाय ओर क्या है? धर्म तो इस बात में है कि आसपास चाहे जितना शोरगुल होता रहे, फिर भी हम अपनी प्रार्थना में तल्लीन रहें। यदि हम एक-दूसरे को अपनी धार्मिक इच्छाओं का सम्मान करने के लिए बाध्य करने की बेकार कोशिश करते रहे, तो भावी पीढ़ियाँ हमें धर्म के तत्व से बेखबर जंगली ही समझेंगी।

यदि अपने अन्तर का आदेश मानकर कोई आर्यसमाजी प्रचारक अपने धर्म का और मुसलमान प्रचारक अपने धर्म का उपदेश करता है और उनसे हिन्दू-मुस्लिम-एकता खतरे में पड़ जाती है, तो कहना चाहिए कि एकता बिलकुल ही ऊपरी है। ऐसी प्रचार-प्रवृत्तियों से हमें विचलित क्यों होना चाहिए? अलबत्ता ये प्रवृत्तियाँ सच्चाई से प्रेरित होनी चाहिएँ। यदि मलकाना जाति के लोग हिन्दू धर्म में वापस आना चाहें आ सकते हैं। लेकिन इस सिलसिले में ऐसे किसी प्रचार की अनुमति नहीं दी जा सकती, जिसमें दूसरे धर्मों को गालियाँ दी जाती हों। कारण, दूसरे धर्मों की निंदा में

परमत-सहिष्णुता के सिद्धान्त का भंग होता है। ऐसे प्रचार से निपटने का सबसे अच्छा उपाय यह है कि उसकी सार्वजनिक रीति से निन्दा की जाए। हर एक आन्दोलन सामाजिक प्रतिष्ठा का जामा पहनकर आगे आने की कोशिश करता है। यदि लोग उसके इस नकली आवरण को फाड़ दें, तो प्रतिष्ठा के अभाव में वह मर जाता है। अब हिन्दू-मुसलमानों के झगड़ों के दो न्यायी कारणों का क्या इलाज हो सकता है, इसकी जाँच करें। पहले गौवध को लीजिये। गौरक्षा को मैं हिन्दू धर्म का प्रधान अंग मानता हूँ। प्रधान इसलिये कि उच्च वर्गों और आम जनता, दोनों के लिए यह समान है। फिर भी इस बारे में हम जो केवल मुसलमानों पर ही रोष करते हैं, यह बात किसी भी तरह मेरी समझ में नहीं आती। अंग्रेजों के लिये रोज कितनी ही गायें कटती हैं। परन्तु इस बारे में तो हम कभी जबान तक भी शायद ही हिलाते होंगे। केवल जब कोई मुसलमान गाय की हत्या करता है, तभी हम क्रोध के मारे लाल-पीले हो जाते हैं। गाय के नाम से जितने झगड़े हुये हैं, उनमें से प्रत्येक में निरा पागलपन भरा शक्तिक्षय हुआ है। इससे कभी गाय नहीं बची। उलटे, मुसलमान ज्यादा जिद्दी बने हैं और इस कारण ज्यादा गायें कटने लगी हैं।

गौरक्षा का प्रारम्भ तो हमी को करना है। हिन्दुस्तान में ढोरों की जो दुर्दशा है, वैसी दुनिया के किसी भी दूसरे हिस्से में नहीं है। हिन्दू गाड़ीवान को थककर चूर हुए बैलों को लोहे की तेज आर वाली लकड़ी से निर्दयता के साथ हांकते देखकर मैं कई बार रोया हूँ। हमारे अधभूखे रहने वाले जानवर हमारी जीती-जागती बदनामी के प्रतीक हैं। हम हिन्दू गाय को बेचते हैं, इसलिये गायों की गर्दन कसाई की छुरी का शिकार होती है।

ऐसी हालत में एकमात्र सच्चा और शोभास्पद उपाय यही है कि मुसलमानों के दिल हम जीत लें और गाय का बचाव करना उनकी शराफत पर छोड़ दें। गौरक्षा-मंडलों को ढोरों को खिलाने-पिलाने, उन पर होने वाली निर्दयता को रोकने, गोचर भूमि के दिन-दिन होने वाले लोप को रोकने, पशुओं की नस्ल सुधारने, गरीब ग्वालों से उन्हें खरीद लेने और मौजूदा पिंजरापोलों को दूध की आदर्श स्वावलम्बी डेरियाँ बनाने की तरफ ध्यान देना चाहिये। ऊपर बताई हुई बातों में से एक के भी करने में हिन्दू चूकेंगे, तो वे ईश्वर और मनुष्य दोनों के सामने अपराधी ठहरेंगे। मुसलमानों के हाथ से होने वाले गौवध को वे रोक न सकें, तो इसमें उनके मत्थे पाप नहीं चढ़ता। लेकिन जब वे गाय को बचाने के लिये मुसलमानों के साथ झगड़ा करने लगते हैं, तब वे जरूर भारी पाप करते हैं। मस्जिदों के सामने बाजे बजने के सवाल पर-अब तो मन्दिरों के भीतर होने वाली आरती तक का भी विरोध किया जाता है-मैंने गम्भीरतापूर्वक सोचा है। जिस तरह हिन्दू गौवध से दुःखी होते हैं, उसी तरह मुसलमानों को मसजिदों के सामने बाजा बजने पर बुरा लगता है। लेकिन जिस तरह हिन्दू

मुसलमानों को गौवध न करने के लिये बाध्य नहीं कर सकते, उसी तरह मुसलमान भी हिन्दुओं को डरा-धमकाकर बाजा या आरती बन्द करने के लिये बाध्य नहीं कर सकते। उन्हें हिन्दुओं की सदिच्छा का विश्वास करना चाहिए। हिन्दू के नाते मैं हिन्दुओं को यह सलाह जरूर दूँगा कि वे सौदेबाजी की भावना रखे बिना अपने मुसलमान पड़ोसियों के भावों को समझें और जहाँ सम्भव हो, वहाँ उनका ख्याल रखें। मैंने सुना है कि कई जगह हिन्दू लोग जान-बूझकर और मुसलमानों का जी दुखाने के इरादे से ही आरती ठीक उस समय करते हैं, जबकि मुसलमानों की नमाज शुरू होती है। ग्रह एक हृदयहीन और शत्रुतापूर्ण कार्य है। मित्रता में मित्र के भावों का पूरा-पूरा खयाल रखा ही जाना चाहिये। इसमें तो कुछ सोच-विचार की भी बात नहीं है। लेकिन मुसलमानों को हिन्दुओं से डरा-धमकाकर बाजा बन्द करवाने की आशा नहीं रखी चाहिए। धमकियों अथवा वास्तविक हिंसा के आगे झुक जाना अपने आत्मसमान और धार्मिक विश्वासों का हनन है। लेकिन जो आदमी धमकियों के आगे नहीं झुकेगा, वह जिनसे प्रतिपक्षी को चिढ़ होती हो, ऐसे मौके हमेशा यथासम्भव कम करने की ओर सम्भव हो तो टालने की भी पूरी कोशिश करेगा।

मुझे इस बात का पूरा निश्चय है कि यदि नेता न लड़ना चाहें तो आम जनता को लड़ना पसन्द नहीं है। इसलिये यदि नेता लोग इस बात पर राजी हो जाएँ कि दूसरे सभ्य देशों की तरह हमारे देश में भी आपसी लड़ाई-झगड़ों का सार्वजनिक जीवन से पूरा उच्छेद कर दिया जाना चाहिए और वे जंगलीपन और अधार्मिकता के चिह्न माने जाने चाहियें, तो मुझे इसमें कोई सन्देह नहीं कि आम जनता शीघ्र ही उनका अनुकरण करेगी।

जब ब्रिटिश शासन नहीं था और अंग्रेज लोग यहाँ दिखाई नहीं पड़ते थे, तब क्या हिन्दू, मुसलमान और सिख हमेशा एक-दूसरे से लड़ते ही रहते थे? हिन्दू इतिहासकारों और मुसलमानो इतिहासकारों ने उदाहरण देकर यह सिद्ध किया है कि उस समय में हम बहुत हद तक हिल-मिलकर और शान्तिपूर्वक ही रहते थे और गाँवों में तो हिन्दू-मुसलमान आज भी नहीं लड़ते। उन दिनों वे बिलकुल ही नहीं लड़ते थे। महात्मा गाँधी भारतीयों के लिए अंग्रेजी (ब्रिटिश) शिक्षा को उचित नहीं मानते थे। उनके अनुसार, ''अंग्रेजी शिक्षा जिस ढंग से दी गई है उसने अंग्रेजी पढ़े-लिखे भारतीयों को नामर्द बना दिया है; उसने भारतीय विद्यार्थियों के दिमागों पर एक भारी बोझ डाल दिया है और हम लोगों को नकलची बना दिया है।'' उनका मानना था कि देशी भाषाओं को उचित स्थान दिलाने का काम बिल्कुल नहीं किया गया जो कि ब्रिटिश शासन के इतिहास का सबसे दुःखद अध्याय है। शिक्षा स्वाभाविक होनी चाहिए और यह तभी अधिक प्रभावी हो सकती है, जब देशी भाषा और वातावरण में दी जाए। पराधीन भारत जितने भी अंधविश्वासों से पीड़ित था, उनमें सबसे बड़ा

यह था कि स्वातन्त्र्य-परक विचारों को प्रेरित करने और वैचारिक सुस्पष्टता पैदा करने के लिए अंग्रेजी भाषा का ज्ञान आवश्यक है। गाँधीजी इसे मानने को तैयार नहीं थे और उनका कहना था कि पिछले अनेक वर्षों के दौरान देश के सामने शिक्षा की केवल एक पद्धति रही और अभिव्यक्ति का केवल एक माध्यम (अंग्रेजी) देश पर जबर्दस्ती लाद दिया गया। अंग्रेजों ने गलत धारणा के आधार पर एक ढाँचा खड़ा किया, जिसके फलस्वरूप भारत निर्धन हो गया और उसमें प्रतिरक्षा का सामर्थ्य एवं देश के बच्चों की जीवन-शक्ति पहले से कम हो गई। अंग्रेज सरकार के तन्त्र का सबसे दोषपूर्ण अंग उसकी शिक्षा पद्धति थी, जिसकी प्रवृत्ति भारतीयों को शरीर, मस्तिष्क और आत्मा से हीनतर बना देने की रही और इस कारण यह पद्धति पापमय वातावरण में ही पनपी।

गाँधीजी ने **यंग इण्डिया** में 5 अगस्त, 1921 को लिखा–

''पूर्ण सविनय अवज्ञा एक शान्त विद्रोह की दशा है– वह सभी सरकारी कानूनों को मानने से इन्कार करने की दशा है। यह निश्चय ही सशस्त्र विद्रोह से अधिक खतरनाक है, क्योंकि सत्याग्रहियों की घोर कष्ट सहन करने की तत्परता की दशा में इसका दमन सर्वथा असम्भव है। इसका आधार है यह पूर्ण आस्था कि हममें निर्दोष होने पर भी कष्ट सहन करने की पूर्ण क्षमता है। सत्याग्रही बिना शोर-गुल मचाए जेल जाता है तो वह अवश्य ही वातावरण को शान्त बनाता है। प्रतिरोध की अनुपस्थिति में अन्यायकारी अन्याय करते-करते थक जाता है। जब पीड़ित व्यक्ति कोई प्रतिरोध नहीं करता तो अन्यायकारी का सारा आनन्द चला जाता है। इतने बड़े पैमाने पर एक आन्दोलन चलाने से पहले कम-से-कम जनता के प्रतिनिधियों को सफल सविनय अवज्ञा की सब शर्तों का पूरा ज्ञान कर लेना आवश्यक है। जल्दी-से-जल्दी लाभ पहुँचाने वाली औषधियों में हमेशा ज्यादा-से-ज्यादा खतरा होता है और उनको बड़ी चतुराई से काम में लाना पड़ता है।

गाँधीजी द्वारा बम्बई में 18 जून, 1921 को दिया गया भाषण 19 जून, 1921 को **'बॉम्बे क्रानिकल'** में छपा, जिसमें उन्होंने कहा–

''असहयोग आन्दोलन एक आध्यात्मिक आन्दोलन है; यह हमारे जीवन की आध्यात्मिक अवस्था है। सभी धर्मों में यह बताया गया है कि हमें बुराई से दूर भागना चाहिए और उससे बिल्कुल दूर रहना चाहिए। मैं डायर को निभाने को तैयार हूँ, परन्तु डायरशाही को नहीं। ब्रिटिश शासन से सामान्य भारतीय समाज को कोई लाभ नहीं पहुँचा है, जिसका सबसे अच्छा प्रमाण हमें दादाभाई नौरोजी की लिखी पुस्तकों (पावर्टी एंड अन-ब्रिटिश रूल इन इण्डिया आदि) और गोखले की साक्षी से मिलता है। मणिपुर मामले में जब बातचीत की जा रही थी तो सर जॉन गर्स्ट ने ही कहा था कि समाज

के प्रमुखों को समाप्त कर देना ब्रिटिश सरकार की नीति है। मेरी आँखें इससे पहले नहीं खुलीं, यह मेरा दुर्भाग्य है। मेरा कहना यह है कि अंग्रेजी राज्य से कुछ लोगों को शायद लाभ पहुँचा हो, वहाँ बहुत बड़े जनसमुदाय को और अधिकांश जनता को आर्थिक या नैतिक अथवा शारीरिक दृष्टि से जरा भी लाभ नहीं पहुँचा है।''

असहयोग आन्दोलन की सफलता की चर्चा करते हुए गाँधीजी ने कहा– ''लोग इस आन्दोलन की जितनी सफलता की आशा कर रहे थे वह उससे अधिक सफल हुआ है। उससे लोगों के दिमागों में से अधिकारियों का और कष्टों का सब भय निकल गया है तथा देश के लिए त्याग और काम करने से वे अब बिल्कुल नहीं डरते।'' चरखे की उपयोगिता के सम्बन्ध में महात्मा गाँधी ने कहा :

''चरखे में मेरा अत्यधिक विश्वास है और मेरा खयाल है कि उसमें देश का हित करने की क्षमता बहुत है। खाद्य-समस्या के बाद जनसाधारण के सामने तन ढँकने की समस्या आती है। मैं चाहता हूँ कि प्रत्येक मनुष्य स्वतन्त्र हो और स्वयं का गुज़ारा अपनी ही मेहनत से करे। अमृतलाल ठक्कर ने 'सर्वेन्ट्स ऑफ़ इण्डिया' नामक पत्र में एक बहुत ही मनोरंजक लेख लिखा है, जिसमें उन्होंने बताया है कि काठियावाड़ में गरीब लोगों को चरखा कातने से कितनी मदद मिल रही है।''

शिक्षा के प्रश्न पर बोलते हुए गाँधीजी ने कहा :

''भारत में अनिवार्य शिक्षा की व्यवस्था करना लगभग असम्भव है, क्योंकि ऐसी शिक्षा पर भारी खर्च आता है; किन्तु यदि लोग चरखा चलाएँगे तो उनके लिए अपने बच्चों को शिक्षित करना सम्भव हो जाएगा। इस प्रकार चरखा उनके आर्थिक पुनरुत्थान, सम्पत्ति और स्वतन्त्रता का साधन बन जाएगा और सच तो यह है कि हमारा छुटकारा चरखा चलाने से ही होगा।'' इस प्रश्न पर कि हम खद्दर ही क्यों बनाएँ, जापान के करघों की तरह रेशमी और दूसरी उपयोगी वस्तुएँ क्यों नहीं? गाँधी जी ने कहा : ''जापान एक छोटा-सा देश है और भारत एक महाद्वीप है। हमें भारत की इस 30 करोड़ आबादी का खयाल रखना पड़ता है और इसलिए भारत के लोग ऐसी अत्यन्त सामान्य वस्तुएँ ही बना सकते हैं जिनका उपयोग देश के सभी लोग करते हैं। भारतीय चरखा चलाने के अभ्यस्त हैं और वे अपने घरों में आसानी से खादी तैयार कर सकते हैं। मैं यह नहीं कहना चाहता कि हमें सदा खद्दर का ही व्यवहार करना चाहिए। मुझे आशा है कि हम मलमल, जिसके लिए ढाका प्रसिद्ध था, और बारीक रेशमी कपड़ा भी बना सकेंगे। दुर्भाग्य से इस समय हमें बढ़िया किस्म का कपड़ा बनाने के लिए समस्त बारीक सूत बाहर से मँगाना पड़ता है। हम कुछ ही समय में बढ़िया सूत तैयार करने योग्य हो जाएँगे, परन्तु जब तक ऐसा नहीं होता, तब तक हमें खद्दर से ही सन्तोष करना होगा।''

महात्मा गाँधी का कथन था कि चरखे के प्रचार का अर्थ यह नहीं है कि समस्त परिवारों में चरखे को स्थान दिलाने के बाद हम अपने कर्त्तव्य से मुक्त हो गए। इसका सच्चा अर्थ तो यह है कि चरखा बराबर चलता रहे और परिवार के लोग खादी पहनने लगें। प्रत्येक चरखा कम-से-कम चार घंटे चलना चाहिए। हर गाँव में इसी प्रमाण में प्रति चरखे के हिसाब से सूत काता जाना चाहिए, तभी सच्चे अर्थों में चरखा चलने की बात कही जाएगी। यह जनता द्वारा आलस्य को छोड़ने की, प्रत्येक कार्यकर्ता द्वारा इस कार्य में योगदान देने की बात है। यह बात चरखा बना लेने से पूरी होने वाली नहीं है। जब नियमपूर्वक काम चलेगा, तभी स्वराज्य मिलेगा। गाँधीजी ने आत्म-निरीक्षण पर बल दिया।

17 नवम्बर, 1921 के 'यंग इण्डिया' में छपे अपने एक लेख में उन्होंने लिखा:

''मैं तो केवल एक सत्यान्वेषी हूँ। मेरा दावा है कि मैंने सत्य तक पहुँचने का एक रास्ता ढूँढ़ लिया है। मेरा यह दावा भी है कि मैं सत्य तक पहुँचने का अनवरत प्रयत्न कर रहा हूँ, लेकिन साथ ही मैं स्वीकार करता हूँ कि अब तक मुझे वह मिला नहीं है। पूर्ण सत्य को खोज निकालना तो स्वयं अपने-आप को पहचान लेना, अपने भवितव्य को समझ लेना है अर्थात् सर्वथा त्रुटिरहित बन जाना है। मैं अपनी त्रुटियों को जानता हूँ और इनका मुझे दुःख भी है। अपनी कमियों की इस जानकारी में ही मेरी पूरी शक्ति निहित है, क्योंकि चन्द मनुष्य ही ऐसे होते हैं जो अपनी मर्यादाओं से परिचित हों।

स्वराज्य का तात्पर्य सरकार को बदलना और उस पर जनता के वास्तविक नियन्त्रण की स्थापना है। परन्तु वह तो केवल उसके स्वरूप की बात हुई। लेकिन मैं जिस वास्तविक वस्तु के लिए प्रयासरत हूँ, वह तो यह है कि सरकार को बदलने के साधन को निश्चित रूप से स्वीकार किया जाए अर्थात् जनता का हृदय-परिवर्तन हो। इसके उपरान्त स्वराज्य का प्रतीक अर्थात् सत्ता-हस्तान्तरण उसी प्रकार अवश्यम्भावी है, जिस प्रकार सही ढंग से बोया गया बीज बढ़कर वृक्ष का रूप धारण कर लेता है।

24 नवम्बर, 1921 के 'यंग इण्डिया' में उन्होंने लिखा :

''स्वराज्य का अर्थ है- हर एक को आजादी हो, छोटे से छोटे लोग भी अपनी मर्जी के मुताबिक चलें और रहें, उनकी स्वाधीनता में बलपूर्वक कोई भी हस्तक्षेप न किया जाए। और यह अहिंसात्मक असहयोग स्वतन्त्र लोकमत तैयार करने एवं उसको प्रभावपूर्ण बनाने का ही उपाय है। यह स्पष्ट ही है कि जब देश में पूर्ण मत-स्वातन्त्र्य होगा, तब बहुमत के अनुसार ही काम चलेगा।''

खिलाफत आन्दोलन में अली-भाइयों पर महात्मा गाँधी के विचार 25 सितम्बर, 1921 के **नवजीवन पत्र** में प्रकट किए गए। गाँधीजी ने कहा- अली-भाई गिरफ़्तार कर लिए गए, इसे मैं उनकी जीत मानता हूँ और उनकी जीत हमारी जीत है, क्योंकि मैं यह मानता हूँ कि अब स्वराज्य के सूर्य की किरणें फूट चुकी हैं। जब बच्चा जन्म लेता है, तब माँ को घोर कष्ट होता है। पौ फटने से पहले अन्धेरा बढ़ जाता है। अली-भाइयों ने स्वराज्य की प्राप्ति के निमित्त यथाशक्ति प्रयत्न किया है। मेरा दृढ़ विश्वास है कि उनका बलिदान पवित्र है। उन्होंने अपनी अहिंसा की प्रतिज्ञा का पूरा पालन किया है। इसका अर्थ यह नहीं है कि उनके भाषण में तीखापन या कड़वापन नहीं होता था, किन्तु उन्होंने अपनी हिंसा की भावना पर अंकुश रखा। हिंसा की भावना पर अंकुश रखने का अर्थ सच्ची बात छिपाकर लोगों को शान्त रखना नहीं है; यह सरकार असह्य है, ऐसा ज्ञान होने पर भी अहिंसक बने रहना, यह हिंसा पर अंकुश रखने का सच्चा अर्थ है।

अली-भाइयों ने अहिंसा को समाजोपयोगी मानकर अपनायां है। वे मेरे जैसे लोगों के समान यह नहीं मानते कि अहिंसा सार्वकालिक धर्म है और हमें हर समय हर प्रसंग पर अहिंसक रहना चाहिए। वे मानते हैं कि इस समय और इस प्रसंग पर अहिंसा ही उनका परम धर्म है। उन्होंने दूसरे लोगों को भी यह बात स्वीकार करने के लिए प्रेरित किया है। उन्होंने अपनी अहिंसा की प्रतिज्ञा का पूर्ण पालन किया है, और इसलिए वे वीर हैं और निर्भय हैं। उनकी धर्म सेवा और लोक सेवा पर कोई भी शंका नहीं कर सकता। जहाँ निर्भयता, वीरता और सेवा का संगम होता है, वहाँ बलिदान की चरम सीमा होती है। बलिदान का परिणाम मनोवांछित फल देने वाला होता है। इस कारण मैं यह मानता हूँ कि अब हमारी जीत का, स्वराज्य पाने का और खिलाफत एवं पंजाब के मामलों में न्याय प्राप्त करने का समय आ गया है।

अली-भाइयों की रिहाई स्वराज्य मिलने पर स्वराज्य सभा के पहले अधिवेशन का पहला काम होगा। स्वदेशी को पूरी तरह अपनाने में ही स्वराज्य निहित है।

7 नवम्बर, 1921 को **हिन्दू** में गाँधीजी द्वारा 4 नवम्बर, 1921 को अखिल भारतीय काँग्रेस कमेटी की दिल्ली बैठक में दिया गया भाषण छपा, जिसमें गाँधीजी ने कहा था कि अगर सविनय अवज्ञा प्रारम्भ करनी हो तो काफी सोच-समझकर ही वैसा करें। हमें सरकार से किसी प्रकार की नरमी की आशा नहीं करनी चाहिए और न ऐसी आशा करने का हमें अधिकार ही है। हमारे साथ कितना ही बड़ा अन्याय किया जाए, हमें कितनी ही अधिक यातना दी जाए, हम उतना ही अधिक धैर्य और अडिग संकल्प दिखाएँगे और हमें उतनी ही जल्दी स्वराज्य मिलेगा।

महात्मा गाँधी ने कहा कि सविनय अवज्ञा ही सविनय क्रान्ति है, जिसका तात्पर्य है सरकार की सत्ता समाप्त करना। सविनय अवज्ञा सरकार तथा उसके कानूनों को खुली चुनौती है। यह एक बहुत बड़ा कदम है, जिसकी अद्भुत उपलब्धि देखकर सारी दुनिया की आँखें खुल जाएँगी। 10 नवम्बर, 1921 के 'नवजीवन' में उल्लेख था कि विनय का तकाजा है कि सजा का अनादर नहीं होना चाहिए, अनादर तो हुक्म का होता है। सविनय अवज्ञा की उत्पत्ति आत्मबल से होती है। अत्याचारी अपने शरीर-बल पर मुग्ध हो जगत् को अपने अधीन करने का प्रयत्न करता है। आत्मबली अपना शरीर अत्याचारी को सौंपकर आत्मा को स्वतन्त्र बनाता है, क्योंकि अत्याचारी आत्मा का स्पर्श तक भी नहीं कर सकता।

असहयोग का रहस्य-यंग इण्डिया 27.10.1921 के अनुसार-

इसमें कोई शक नहीं कि असहयोग एक ऐसी तालीम है जिससे लोकमत विकसित और एक स्पष्ट स्वरूप पाता जा रहा है। हिंसात्मक वातावरण में लोकमत का संगठन नहीं किया जा सकता। जो लोग अपने को शौकिया या मजबूरी से असहयोगी कहते हैं, सच्चे असहयोगी नहीं है। वे सहायक नहीं, उल्टे बाधक हैं। अगर लोगों पर हम अपनी इच्छा जबर्दस्ती थोपेंगे तो हमारा यह जुल्म इस नौकरशाही के अंगभूत मुट्ठी-भर अंग्रेजों के जुल्म से भी खराब होगा। अतएव हमें अपने आन्दोलन से हर किस्म के दबाव को बिलकुल निकाल देना चाहिए। अगर हम लोग केवल मुट्ठी-भर ही हों, परन्तु हों असहयोग के सिद्धान्त के पक्के पाबन्द, तो हमें विरोधी मत को अपने पक्ष में करते हुए चाहे प्राण गँवाने पड़ें, किन्तु हम फिर भी सचमुच अपने उद्देश्य की रक्षा कर सकेंगे और साथ ही उसके प्रतिनिधि कहे जा सकेंगे। लेकिन यदि हम लोगों को दबाव डालकर अपने दल में शामिल करेंगे तो हम ऐसा करके अपने उद्देश्य को भ्रष्ट करेंगे और ईश्वर से विमुख होंगे। और यदि हमें इसमें सफलता मिलती हुई दिखे तो वास्तव में हम एक अधिक बड़ी निरंकुश सत्ता की स्थापना में ही सफल होंगे। अगर हम असहिष्णुता दिखाकर दूसरों को अपना मत प्रकट न करने देंगे तो हम अपने उद्देश्य की पूर्ति में बाधा डालेंगे, क्योंकि उस अवस्था में हम यह कभी नहीं जान सकेंगे कि कौन हमारे साथ है और कौन खिलाफ है। इसलिए सफलता की सबसे अनिवार्य शर्त यही है कि हम लोगों को अपनी राय ज्यादा-से-ज्यादा आजादी से प्रकट करने के लिए उत्साहित करें। हमारा यह असहयोग निरंकुश शासन-प्रणाली का खुल्लमखुल्ला विरोध करता है। अतएव हम खास इसी लड़ाई में, जिसे हम मत-प्रकाशन की पाबन्दी के खिलाफ लड़ रहे हैं, खुद ही दूसरों की राय पर उस पाबन्दी को लगाने का अपराध न करें। इस प्रश्न पर कि देश में कितने ही लोग अर्द्धनग्न रह रहे हैं और अगले जाड़े के खयाल मात्र से थरथर काँप रहे हैं, तब क्या आप कपड़ों की होलियाँ जलाने में

(आध्यात्मिक अथवा अन्य प्रकार की) अच्छाई बताते हैं? महात्मा गाँधी का उत्तर था: "हाँ, बताता हूँ; क्योंकि मैं मानता हूँ कि उनकी अर्द्धनग्नता का कारण हम भारतीयों द्वारा जीवन के इस मूलभूत सिद्धान्त की अक्षम्य अवहेलना करना है कि 'जिस प्रकार हम अपने ही घर का पका खाना खाते हैं, उसी प्रकार हमें अपने ही हाथ के कते सूत का कपड़ा भी पहनना चाहिए।' यदि मैं उन्हें अपनी विदेशी उतारन दूँ तो इससे उनकी व्यथा की अवधि और भी बढ़ जाएगी। लेकिन इन होलियों से उत्पन्न होने वाली गर्मी अगले जाड़े तक ठहरेगी और अगर ये होलियाँ बराबर तब तक जलती ही रहीं जब तक कपड़े का अन्तिम टुकड़ा नहीं जल जाता, तो वह गर्मी चिरस्थायी हो जाएगी और हम देखेंगे कि आगे आने वाले हर जाड़े में यह देश क्रमशः अधिकाधिक शक्तिमान होता जाएगा।"

'यंग इण्डिया' में 3 नवम्बर, 1921 को एक पत्र के उत्तर में महात्मा गाँधी ने लिखा :

"हमारा यह अहिंसात्मक आन्दोलन कुल मिलाकर इतने शान्त और विनयपूर्ण ढंग से चल रहा कि ऐसा हो सकता है कि जो लोग इस सिद्धान्त में विश्वास नहीं रखते, वे उसी प्रणाली के अधीन अपने बच्चों को शिक्षा देते रहें जिस प्रणाली के खिलाफ हम लड़ाई कर रहे हैं। इस विनय से आन्दोलन को और भी अधिक बल मिल रहा है, जिसकी साक्षी भावी इतिहासकार कृतज्ञता के साथ देंगे। हमें उस शिक्षा-प्रणाली पर गर्व करने का कोई कारण दिखाई नहीं देता, जिस प्रणाली के अन्तर्गत शिक्षा का लाभ हमारी विशाल आबादी के सिर्फ मुट्ठी भर लोगों को ही मिल पाता है। हम अपनी बेहोशी में नहीं देख पा रहे हैं कि यह शिक्षा-प्रणाली हमारे देश पर कैसा विनाशकारी प्रभाव डाल रही है। अगर शिक्षा को सर्वव्यापी बनाना है, तो वर्तमान प्रणाली में आमूल परिवर्तन करना होगा। यह केवल असहयोग से ही सम्भव है। इससे अधिक किसी अन्य नरम उपचार से भारतीय जनता की अन्तरात्मा को जागृत नहीं किया जा सकता।"

'नवजीवन' 23 अक्टूबर, 1921 में गाँधीजी द्वारा 'गीता में चरखा' पर व्यक्त विचार :

"मैं तो 'गीता' में भी चरखा ही देखता हूँ। मैं यह भी जानता हूँ कि मैं उनका जो अर्थ करता हूँ, वह 'गीता' की टीकाओं में प्रत्यक्ष रूप से देखने में नहीं आता। तथापि यह अर्थ मैंने आज ही नहीं निकाला है, अपितु 1909 से मैं इसका यह अर्थ मानता आया हूँ। गीता के तीसरे अध्याय के कुछ श्लोकों का भावार्थ यह है कि जो यज्ञ किए बिना भोजन करता है, वह चोरी करता है। इसमें यदि यज्ञ के अर्थ को समझ लें तो मैंने जो अर्थ किया है उसे स्वीकार करने में कोई कठिनाई नहीं होगी।

"यज्ञ से वर्षा होती है।"[1] इसका सीधा-सादा अर्थ तो यह है कि यदि व्यक्ति श्रम करें तो पेड़ लगेगा और पेड़ वर्षा में सहायक होगा। लोककल्याण हेतु किया गया शारीरिक श्रम ही सच्चा यज्ञ है। पशुओं अथवा फलादि का भोग देकर किया गया यज्ञ शुद्ध यज्ञ नहीं है। सार्वजनिक शुद्ध यज्ञों में खेती एक है। अपनी मेहनत से उत्पन्न फसल में से किसान थोड़ा ही ग्रहण करता है। उसकी मुख्य मेहनत जाने-अनजाने लोकसंग्रह के लिए है। सब उतनी मेहनत नहीं कर सकते, लेकिन चरखा तो सब चला सकते हैं। श्री राय जैसे वैज्ञानिक ने भी अत्यन्त सरस शब्दों में यह बताया है कि चरखे के द्वारा भले ही व्यक्ति अपना भरण-पोषण न कर सके, परन्तु प्रजा का तो कर सकता है। और आज जबकि हिन्दुस्तान के नाश की घड़ी आ गई है, उस समय अगर कोई वस्तु इस स्थिति को सुधार सकती है तो वह केवल चरखा ही है और इसीलिए वह सच्चा यज्ञ है। 'ऐसे प्रवर्तित चक्र का जो अनुसरण नहीं करता वह व्यक्ति केवल अपने ही लिए, और इसलिए व्यर्थ, जीता है।'[2] यह चक्र वर्तमान युग में चरखा ही है।"

'यंग इण्डिया' 2 फरवरी, 1922 में महात्मा गाँधी के विचार थे :

"सर प्रफुल्लचन्द्र राय ने चरखे से सम्बन्धित तर्क-संगत प्रस्तावना लिखी है। मुझे इस बात में तनिक भी सन्देह नहीं कि रासायनिक गवेषणा और औद्योगिक संगठन के क्षेत्र में प्राप्त की गई उनकी आश्चर्यजनक उपलब्धियों की भाँति ही घरेलु पैमाने पर की जाने वाली कताई का उनका संगठन और भी कहीं अधिक महत्त्वपूर्ण और विस्मयकारी होगा। स्वदेशी का पूरा-पूरा औरं तात्कालिक प्रभाव देखने के लिए जरूरी है कि हम केवल देश-भर में बिखरे करोड़ों घरों में सूत और वस्त्र तैयार करना शुरू करें। स्वदेशी उनमें जितनी एकता पैदा करेगी उतनी दूसरी अन्य कोई वस्तु नहीं कर सकती।"

'हिन्दू' 2 फरवरी, 1922 में प्रकाशित 26 जनवरी, 1922 को सत्याग्रह आश्रम, अहमदाबाद में दिया गया महात्मा गाँधी का भाषण :

"हम या तो भारत के लिए स्वराज्य हासिल कर लेंगे या फिर संघर्ष में काम आ जाएँगे। भारत धीरे-धीरे एक पवित्र, बल्कि कहिए कि एक परम शुद्ध देश बनता जा रहा है। जब सत्य हमारे पक्ष में है तो फिर क्या पराजय कभी हो सकती है? इसमें तो तत्काल मुक्ति या मोक्ष मिलता है। सत्य के लिए प्रसन्नता के साथ अपना जीवन होम कीजिए। यदि कोई मुझसे पूछे कि ब्रह्म कहाँ है, कैसा है, तो मैं उसके प्रश्न को बदल कर पूछूँगा, सत्य कहाँ है, कैसा है? हर व्यक्ति को बड़े सवेरे उठकर कम-से-कम एक मिनट ईश्वर से प्रार्थना करनी चाहिए कि "हे सर्वशक्तिमान् प्रभु! मुझे अपने धर्म के लिए प्राणोत्सर्ग करने, समूचे संसार के लिए प्राणोत्सर्ग करने की

शक्ति प्रदान कर।'' मृत्यु में ही मुक्ति नहीं है, मुक्ति उसी मरण में है जिसका स्वेच्छा से सहर्ष वरण किया जाए। भगवान श्रीकृष्ण ने 'गीता' के दूसरे अध्याय में स्थित-प्रज्ञ के बारे में अर्जुन से क्या कहा था? उसे याद कीजिए और उसके अनुसार जीने की कोशिश कीजिए। जीने का सुख और आनन्द तभी है जब ईश्वर हमें अनेकानेक बाधाओं और अत्याचारों को सहन करते हुए अपनी इच्छा से प्रसन्नतापूर्वक मृत्यु का वरण करने की शक्ति दे। ईश्वर ने मुझे अपने देश और अपने धर्म के लिए प्राणोत्सर्ग करने की शक्ति दी है।

आत्मत्याग में एक प्रकार का सन्तोष होता है। प्रोफेसर टी.एल. वास्वाणी[1] ने अपनी एक पुस्तक में आत्मत्याग के बारे में लिखते हुए महाराणा प्रताप का उदाहरण पेश किया है। प्रताप का आत्मत्याग महान् था। चित्तौड़ के पतन के बाद उनका आत्मत्यागपूर्ण वचन यह था : "जब तक चित्तौड़ को स्वाधीनता नहीं मिलती तब तक हम कोई ऐशो-आराम नहीं करेंगे, हम धरती-माता की गोद में सोएँगे, कन्दमूल खाकर बसर करेंगे, हम अपने सभी सांसारिक सुखों का त्याग कर देंगे और पूर्ण आत्मत्याग का जीवन व्यतीत करेंगे।'' यही उनका संकल्प था, मैं महाराणा प्रतापसिंह को स्थित-प्रज्ञ मानता हूँ। हममें से प्रत्येक को आत्मत्यागपूर्ण जीवन व्यतीत करना और स्थित-प्रज्ञ बनना चाहिए।''

22 जनवरी, 1922 को 'नवजीवन' में गाँधीजी का यह वक्तव्य छपा :

''जिसमें विवेक और विस्तार है, उसे आसानी से शरीर-सुख नहीं मिल सकता। वह दूसरों के दुःख से दुःखी होता है और सूखता जाता है। उसके समीप किसी को दुःख होता है तो उसको वह नहीं देख सकता।

सत्ता और स्वराज्य में बहुत भेद है, यह हम समझ लें। सत्ता की लूट में मुझे विघ्न और विक्षेप होते दिखते हैं। उसमें मुझे हिंसा के लक्षण दिखाई देते हैं। स्वराज्य की लूट में तो शुद्ध स्पर्द्धा ही हो सकती है। स्वराज्य का अर्थ है हर एक का अपने ऊपर राज्य। इस लड़ाई में जो झुकता है और सहन करता है, वह प्रथम आता है। इसमें मर्यादा के पालन की अत्यन्त आवश्यकता है। जबकि सत्ता की लूट में तो सभी प्रथम रहना चाहते हैं, अतएव सभी लड़ते हैं। सत्तामूलक राज्य में जो प्रथम आ गया, वही प्रथम रहता है। स्वराज्य में जो पीछे आता है, वह प्रथम रहता है। इस प्रकार इन दोनों में उतना ही अन्तर है जितना हाथी और घोड़े में अथवा पूर्व और पश्चिम में। यदि हम इतना याद रखें कि हम स्वराज्य की लड़ाई लड़ रहे हैं तो हम सब मुश्किलों को पार कर जाएँगे।''

5 जनवरी, 1922 के 'यंग इण्डिया' पत्र में महात्मा गाँधी ने लिखा :

"काश! मैं प्रत्येक व्यक्ति को समझा सकता कि सविनय अवज्ञा प्रत्येक नागरिक का जन्मसिद्ध अधिकार है। अगर वह यह अधिकार छोड़ देगा तो मनुष्य ही नहीं रह पाएगा। सविनय अवज्ञा से कभी अराजकता नहीं पैदा हो सकती। हाँ, अपराधमूलक अवज्ञा से अराजकता पैदा हो सकती है। प्रत्येक राज्य ऐसी अपराधमूलक अवज्ञा को बलात् समाप्त करता है और यदि वह ऐसी नहीं करता तो स्वयं खत्म हो जाता है। लेकिन सविनय अवज्ञा को दबाना तो मनुष्य की अन्तरात्मा को कैद करने की कोशिश करने जैसा है। सविनय अवज्ञा से तो शक्ति और पवित्रता बढ़ती है। सत्याग्रही शस्त्रों का कभी उपयोग नहीं करता और इसीलिए वह उस राज्य के लिए सर्वथा हानिरहित होता है जो लोकमत की आवाज सुनने हेतु थोड़ा भी तैयार हो। इसके विपरीत वह स्वेच्छाचारी राज्य के लिए खतरनाक होता है, क्योंकि वह जिस उद्देश्य के लिए राज्य की अवज्ञा करता है, उस ओर जनता का ध्यान आकर्षित करता है और उस राज्य के विनाश का कारण बनता है। इसलिए उस राज्य में, जहाँ कोई कानून नहीं है या दूसरे शब्दों में, जो राज्य भ्रष्ट है, वहाँ सविनय अवज्ञा एक पवित्र कर्त्तव्य बन जाती है और जो नागरिक इस प्रकार के राज्य से लेन-देन का व्यवहार रखता है, वह उस राज्य के भ्रष्टाचार और ग़ैर-कानूनी हरकतों में साझीदार है।

यह जरूरी है कि जब सविनय अवज्ञा के अधिकार पर जोर दिया जाए तो उसके साथ ही सभी सम्भव प्रतिबन्ध लगाकर इस बात की व्यवस्था कर दी जानी चाहिए कि उसका समुचित उपयोग हो। इस बात की पूरी सावधानी रखी जानी चाहिए कि कहीं भी हिंसा न भड़क उठे और अराजकता न फैल जाए। असहयोग जब तक अहिंसात्मक रहता है, तब तक उसे बिना रुकावट चलने देना चाहिए।"

9 मार्च, 1922 को 'यंग इण्डिया' में गाँधीजी का वक्तव्य छपा :

"अहिंसा एक पूर्ण स्थिति है। सारी मनुष्य जाति इसी एक लक्ष्य की ओर स्वभावत: परन्तु अनजाने बढ़ रही है। मनुष्य जब अपने तक ही निर्दोषिता की साक्षात् मूर्ति बन जाता है, तब वह कोई दैवी पुरुष नहीं हो पाता, किन्तु उस अवस्था में वह सच्चा मनुष्य बनता है। आज की अवस्था में हम कुछ अंशों में मनुष्य और कुछ अंशों में पशु हैं। हम ढोंग रचते हैं कि प्रतिहिंसा मनुष्य की स्वाभाविक प्रवृत्ति है और हमारा इसके बिना काम नहीं चल सकता। परन्तु इसके विपरीत धर्मग्रन्थों में तो हम पाते हैं कि प्रतिहिंसा को कहीं भी अनिवार्य कर्त्तव्य नहीं माना गया है; उसके लिए केवल छूट भर दी गई है। अनिवार्य कर्त्तव्य तो संयम है। प्रतिहिंसा एक ऐसी प्रक्रिया है जिसमें न जाने कितने नियमों और उपनियमों का ध्यान रखना पड़ता है। और संयम तो हमारे जीवन की सहज-सरल गति है। बिना पूर्ण संयम के मनुष्य पूर्णावस्था को पहुँच ही नहीं सकता। इस प्रकार सहनशीलता-संयम ही मनुष्य जाति का विशेष धर्म

है। हमारी अहिंसा बलवान की अहिंसा भले ही न हो, किन्तु उसे सच्चे लोगों की अहिंसा जरूर होना चाहिए। अहिंसात्मक साधनों से स्वराज्य प्राप्त करने के दौरान अव्यवस्था और अराजकता को थोड़े समय के लिए भी कोई स्थान नहीं मिल सकता। अहिंसा के बल पर प्राप्त स्वराज्य तो एक उत्तरोत्तर शान्तिपूर्ण क्रान्ति होगी, ऐसी विकासशील क्रान्ति कि सत्ता चन्द लोगों के हाथों से निकलकर सहज ही जनता के प्रतिनिधियों के हाथों में इस तरह जा पहुँचेगी जैसे किसी सुपोषित वृक्ष की डाल से पूरी तरह पका हुआ फल टपक पड़ता है।"

3 अगस्त, 1924 के 'नवजीवन' में प्रकाशित अहमदाबाद में 1 अगस्त, 1924 को शिक्षा परिषद् में दिए गए गाँधीजी के भाषण के अंशों का सार :

"बच्चों पर पाठ्यपुस्तकों का बोझ नहीं होना चाहिए। मेरी 'बालपोथी' के मूल में जो विचार है, वह बहुत बड़ा है। शिक्षक को मौखिक शिक्षा देनी चाहिए। शिक्षा पुस्तकों और पाठ्यपुस्तकों द्वारा नहीं दी जा सकती। जिन देशों में ढेर की ढेर पाठ्यपुस्तकें होती हैं, उन देशों के बालकों के मन में जाने क्या-क्या कूड़ा भर जाता है। उनके दिमागों में शैतान घुस जाता है और उनकी विचारशक्ति नष्ट हो जाती है। शिक्षकों के लिए पुस्तकें लिखी जा सकती हैं, किन्तु यदि बालकों के लिए पुस्तकें लिखी जाएँगी तो शिक्षक यन्त्रवत् हो जाएँगे। इससे उनकी स्वतन्त्र शोध की बुद्धि और मौलिकता नष्ट हो जाएगी। मैं शिक्षकों की गति को रोकना नहीं चाहता, लेकिन इस सम्बन्ध में मेरे दृष्टिकोण को प्रकट करना चाहता हूँ।"

गाँधीजी ने 15 मई, 1924 को 'यंग इण्डिया' में एक प्रसंग में लिखा :

"मेरा यह सतत् अनुभव है कि भलाई से भलाई और बुराई से बुराई उत्पन्न होती है; इसलिए यदि बुराई का उत्तर बुराई से न दिया जाए तो वह निष्क्रिय हो जाती है और पोषण न पाकर अन्त में निर्जीव हो जाती है। प्राचीन काल के सन्त-महात्मा इस सत्य को जानते थे, इसीलिए वे बुराई का बदला बुराई से देने के बजाय जान-बूझकर भलाई से देते थे और इस प्रकार बुराई का नाश करते थे। फिर भी बुराई अभी तक चल ही रही है। कारण यह है कि बहुत लोगों ने अभी तक इस अन्वेषण से लाभ नहीं उठाया है, हालाँकि इसमें जो नियम अन्तर्निहित है वह वैज्ञानिक सूक्ष्मता के साथ सही काम करता है। बात यह है कि हम इतने आलसी हैं कि अपने सामने उपस्थित समस्याओं को इस नियम के अनुसार सुलझाने की कोशिश ही नहीं करते और इसलिए मान बैठते हैं कि इसके अनुसार आचरण करने की हममें क्षमता ही नहीं है। वास्तविकता यह है कि जिस क्षण इस नियम के सत्य की प्रतीति हो जाती है, उसी क्षण बदी का बदला नेकी से देना इतना आसान हो जाता है जितना आसान और कोई काम है ही नहीं। मनुष्य और पशु के बीच का भेद स्पष्ट करने वाला यही

एक बड़ा गुण है। प्रहार के बदले प्रहार न करना मनुष्यता का स्वाभाविकता नियम है। जब तक हमें इस सत्य की पूरी प्रतीति नहीं हो जाती और जब तक हम उसके अनुसार आचरण नहीं करते, तब तक हम शरीर से मनुष्य होते हुए भी वास्तव में मनुष्य नहीं है। इस नियम में अपवाद की कोई गुंजाइश नहीं है।''

9 दिसम्बर, 1924 के 'ट्रिब्यून' में प्रकाशित गाँधी जी द्वारा पंजाब कौमी विद्यापीठ में 6 दिसम्बर, 1924 को दिए गए दीक्षान्त भाषण का अंश :-

''मैं पिछले चालीस वर्षों से शिक्षा की चालू पद्धति के परिणामों पर दृष्टि रखता आया हूँ। एक समय था, जब मैं भी उस पर मुग्ध था और मैंने दक्षिण अफ्रीका के कई लोगों को बैरिस्टर बनाने में मदद दी थी। लेकिन मेरा भ्रम दूर हो गया। मैंने एक अमेरिकी लेखक की यह सम्मति पढ़ी है कि भविष्य उन देशों के ही हाथों में है, जिनकी सन्तान शारीरिक श्रम की महत्ता को समझेगी और उसे अपनी शैक्षणिक पद्धति का एक अंग बना लेगी।

टॉलस्टॉय ने इसे 'ब्रेड लेबर'- (रोटी का श्रम) कहा है। भगवद्गीता में भी कहा गया है कि जो मनुष्य आवश्यक दैनिक यज्ञ किए बिना खाता है, वह वास्तव में चोर है।[1] समाज की खातिर किया गया शारीरिक श्रम ही यह यज्ञ है।

आपको जो शिक्षा मिल रही है, वह सिर्फ दिमाग की शिक्षा है, हृदय की नहीं। हृदय की शिक्षा से तात्पर्य है ईश्वर की वास्तविक अनुभूति तथा उसके अतिरिक्त अन्य किसी के सामने भी भय से न झुकना। यदि कोई ऐसी सच्ची शिक्षा अर्थात् हृदय की शिक्षा एक बार प्राप्त कर ले तो उसके हृदय में किसी मनुष्य या शक्तिशाली सरकार का भी भय नहीं रह जाएगा, क्योंकि तब उसको अनुभूति हो जाएगी कि ईश्वर उसके साथ है। महाकवि तुलसीदास ने मुझे सीख दी है कि धर्म और अधर्म के बीच किसी भी तरह का सौहार्द्र, स्नेह या एका नहीं हो सका। इसलिए जब तक मेरा विश्वास है कि यह सरकार शैतानी सरकार है और यह कमज़ोर लोगों के अहंकारपूर्ण शोषण पर खड़ी है, तब तक इससे असहयोग करना मेरा कर्त्तव्य है और मैं इस मार्ग पर दृढ़ रहूँगा, चाहे मुझे इस पर अकेले ही चलना पड़े। यहाँ मैं यह बतला देना चाहता हूँ कि मैं अहिंसापूर्ण असहयोग करना चाहता हूँ, हिंसापूर्ण नहीं और मेरा असहयोग इस शासन-प्रणाली के विरुद्ध है, इस प्रणाली को चलाने वाले व्यक्तियों के विरुद्ध नहीं।'

7 दिसम्बर, 1924 के 'नवजीवन' में छपे गाँधीजी के वक्तव्य का अंश :

''राजनीतिक, सामाजिक और धार्मिक ये तीनों कोई अलग-अलग प्रवृत्तियाँ नहीं हैं, अपितु इन तीनों का परस्पर सम्बन्ध है। 'राजनीतिक' शब्द राजा और प्रजा के सम्बन्धों का सूचक है, 'सामाजिक' शब्द समाज की आन्तरिक व्यवस्था का सूचक

है और 'धार्मिक' शब्द व्यक्ति के कर्त्तव्य का सूचक है। किन्तु 'यथा पिण्डे तथा ब्रह्माण्डे' न्याय के अनुसार जो बात व्यक्ति के लिए ठीक है, वही समाज के लिए भी ठीक है। जहाँ न्याय नहीं है, वहाँ जय नहीं, क्षय है। भले ही उससे जय का आभास होता हो, लेकिन उसे मृगजल के समान समझना चाहिए। जैसा व्यक्ति होगा, वैसा ही समाज होगा। सबका मूल व्यक्ति है और व्यक्ति का अस्तित्व केवल सदाचरण पर निर्भर है।

21 दिसम्बर, 1924 के 'नवजीवन' में गाँधी जी के विचार थे :

''मुझे विद्यार्थियों के किए हुए त्याग पर अभिमान है। मैं जानता हूँ कि विद्यार्थियों ने देश की सेवा की है। मगर विद्यार्थियों ने बहुत कुछ किया है तो उससे करोड़ों गुना ज्यादा करना अभी उनके लिए शेष है। त्याग की कोई सीमा नहीं होती। जो ऐसा कहे कि इतना त्याग बहुत है, उसके बारे में यही कहना होगा कि उसे घमण्ड हो गया है और इसलिए उसका त्याग बेकार गया। स्वराज्य पूर्ण त्याग के उपरान्त आएगा। यही हमारी कसौटी है। जब तक स्वराज्य नहीं मिलता, तब तक त्याग अधूरा ही है।

जो त्याग दु:ख देता है, वह त्याग, त्याग नहीं है। जिस त्याग से मनुष्य का दिल हल्का होता है, शान्त होता है, आनन्दित होता है, वही सच्चा त्याग है। बुद्ध के लिए भोग-विलास दु:खदायी बन गया, इसलिए वे त्याग के मार्ग पर दृढ़ रहे।

सच्चा आन्दोलन विचार को बदलने वाला होता है। आचार विचार के पीछे आता ही है। किन्तु बिना विचार का आचार विचारशील लोगों को बोझ-सा लगता है, और विचारशून्य व्यक्तियों के लिए उसमें न कोई नफा है, न नुकसान। विचारशून्य लोग दूसरे की नकल करते हैं और आमतौर पर हम विचारशून्य होते हैं।

मुझे केवल अक्षर-ज्ञान से ही सन्तोष नहीं है। सरकारी विद्यालयों में केवल नौकरी का, गुमाश्तागिरी का उद्देश्य सामने रखकर हमें केवल पढ़ना-लिखना ही सिखाया जाता है। राष्ट्रीय पाठशालाओं का हेतु स्वराज्य, स्वतन्त्रता और स्वावलम्बन है, अत: विद्यार्थियों को अक्षर-ज्ञान के साथ-साथ हृदय-बल की और शारीरिक श्रम की तालीम भी दी जानी चाहिए। राष्ट्रीय पाठशालाओं में स्वराज्य के लिए पोषक बातें होनी चाहिए। राष्ट्रीय विद्यालयों में पढ़ाई-लिखाई को साक्ष्य समझने की बजाय उसे चरित्र-बल बढ़ाने का और स्वराज्य के कार्य का साधन समझना चाहिए। हृदय-बल प्राप्त करने की शिक्षा देने के लिए हृदय-बल से परिपूर्ण शिक्षक होने चाहिए और चूँकि चरखा स्वराज्य प्राप्त करने का एक जबर्दस्त साधन है, अतएव प्रत्येक राष्ट्रीय विद्यालय में चरखे का सम्मानपूर्ण स्थान होना अत्यावश्यक है।''

30 अप्रेल, 1925 के 'यंग इण्डिया' में एक पत्र के उत्तर में महात्मा गाँधी के विचार :

शत्रु की आत्मा का हित साधन करने का उपाय है, उसकी आत्मा को जागृत करना। उसका नाश तो होता ही नहीं; परन्तु उसको जागृत करने के योग्य उपायों का उस पर असर होता है। आत्मा की आत्मा पर प्रतिक्रिया अवश्य होती है। और चूँकि अहिंसा मुख्यत: आत्मा का ही गुण है, इसलिए आत्मा को जागृत करने का प्रभावकारी साधन केवल अहिंसा है। हमें यह बात याद रखी चाहिए कि हम अपने शत्रुओं को समाज के लिए जितना हानिकर समझते हैं, वे भी हमें समाज के लिए उतना ही हानिकर समझते हैं।

5 मार्च, 1925 को 'यंग इण्डिया' में प्रकाशित गाँधीजी की ईश्वर के सम्बन्ध में अवधारणा :

"हम सब ईश्वर की अलग-अलग व्याख्याएँ करते हैं। किन्तु इन अलग-अलग व्याख्याओं के मूल में भी एक किस्म का अभ्रान्त सादृश्य होगा, क्योंकि मूल तो सबका एक ही है। ईश्वर तो यह अनिर्वचनीय (ला-कलाम) वस्तु है कि जिसका हम सब अनुभव तो करते हैं, लेकिन हम जानते नहीं हैं। अंग्रेज चिन्तक और राजनीतिज्ञ ब्रेडलो (1833-1891) ने ईश्वर के उस स्वरूप के अस्तित्व से इन्कार किया था जिसे उन्होंने धर्मशास्त्रों में पढ़ा था। उस समय जो शास्त्रीय विचार प्रचलित थे, उसके तथा आचार और विचार के भयंकर भेद के खिलाफ उनका पाण्डित्यपूर्ण और तीव्र विरोध था। मेरा ईश्वर तो सत्य और प्रेम है। नीति और सदाचार ईश्वर है। निर्भयता ईश्वर है। ईश्वर जीवन और प्रकाश का मूल है और फिर भी इन सबसे परे है। ईश्वर अन्तरात्मा ही नहीं है, वह तो नास्तिकों की नास्तिकता भी है, क्योंकि वह अपने अमर्यादित प्रेम से उन्हें भी जिन्दा रहने देता है। वह हृदय को देखने वाला है। वह बुद्धि और वाणी से परे है। हम स्वयं जितना अपने को जानते हैं, उससे कहीं अधिक वह हमें और हमारे दिलों को जानता है। जैसा हम कहते हैं, वैसा ही वह हमें नहीं मानता, क्योंकि वह जानता है कि जो हम जबान से कहते हैं अक्सर वही हमारा भाव नहीं होता और कुछ ऐसा जान-बूझकर करते हैं तो कुछ अनजाने ही। ईश्वर उन लोगों के लिए एक व्यक्ति ही है जो उसे व्यक्ति-रूप में हाजिर देखना चाहते हैं। जो उसका स्पर्श करना चाहते हैं, उनके लिए वह साकार है और फिर भी हमसे परे है।"

23 जुलाई, 1925 को 'यंग इण्डिया' में प्रकाशित गाँधीजी द्वारा 18 जुलाई, 1925 को दिया गया भाषण :

"लॉर्ड बर्कनहेड[1] का ऐलान दो अर्थों में वंचना करने वाला है। उनके वादे भी केवल देखने में ही लुभावने हैं। यदि हम उन्हें ध्यान से देखें तो उनसे हम पर यह छाप पड़ती है कि उन वादों को करने वाला इस बात को जानता है कि उसे उनको पूरा करने की जरूरत कभी नहीं पड़ेगी। अच्छा, हम पहले उसी वादे को लें जो सबसे

अधिक प्रलोभनकारी है। व्यवहारतः उसका भाव यह है– 'आप अपना संविधान तैयार कर लें और हम उस पर विचार करेंगे।' क्या यह हमारा 35 साल का अनुभव नहीं है कि हमने अपने खयाल के मुताबिक बिल्कुल निर्दोष प्रार्थना-पत्र भेजे हैं और वे 'गौर से विचार करने के बाद' अस्वीकार कर दिए गए हैं? ऐसा अनुभव होने पर हमने 1920 में भिक्षा-नीति छोड़ दी और निश्चय किया कि हम अपने ही उद्योग पर निर्भर रहेंगे, भले ही उस प्रयत्न में हम नष्ट-भ्रष्ट ही क्यों न हो जाएँ। लॉर्ड बर्कनहेड हमसे 'मुंशीपन' नहीं चाहते। वे तो हमें 'तेगबहादुरी' दिखाने का न्यौता देते हैं। वे अच्छी तरह जानते हैं कि इस निमन्त्रण को कोई न तो स्वीकार करेगा और न ही कोई स्वीकार कर सकता है। इसका प्रमाण उस भाषण में ही मौजूद है। उनके सामने मुडीमैन समिति के अल्पमत अर्थात् डॉ. सप्रु और श्री जिन्ना की रिपोर्ट मौजूद थी। उन्हें तथा उनके साथी को जवाब यह मिला है कि उनमें इस काम की समझ नहीं है। क्या उस संविधान पर, जिसे पण्डित मोतीलाल नेहरू तैयार करें और परम माननीय श्रीनिवास शास्त्री और मियाँ फजली हुसैन[1] जैसे लोग पुष्ट करें, अधिक अनुकूल विचार किए जाने की सम्भावना है? क्या लॉर्ड बर्कनहेड का यह प्रस्ताव असावधान लोगों को फँसाने के लिए बिछाया गया जाल नहीं है? मनुष्य का जन्मसिद्ध अधिकार कभी अप्राप्य नहीं हो सकता और लोकमान्य[2] ने हमें बताया है कि स्वराज्य हमारा जन्मसिद्ध अधिकार है। स्वराज्य से तात्पर्य है– अपना शासन स्वयं करना। हम अंग्रेज और हिन्दुस्तानी, इस समय भारी दिमागी उलझन में फँसे हैं। लॉर्ड बर्कनहेड समझते हैं कि ब्रिटिश सरकार हम भारतीयों के सुख-सुविधा की न्यासी है, किन्तु हम मानते हैं कि उसने हमें अपने स्वार्थ के लिए गुलामी की जंजीरों में जकड़ रखा है। न्यासी अपने प्रतिपालित की आय का 75 फीसदी (प्रतिशत) मेहनताने में कदापि वसूल नहीं करता।

लॉर्ड बर्कनहेड कहते हैं कि भारत में 9 मजहब और 130 भाषाएँ हैं; वह एक राष्ट्र नहीं हो सकता। हमारा कहना है कि समस्त व्यावहारिक उद्देश्यों की पूर्ति की दृष्टि से और बाह्य आक्रमणों से रक्षा के मामले में हम जरूर एक राष्ट्र हैं। वे समझते हैं कि असहयोग एक भयंकर गलती थी। हममें से बहुसंख्यक लोग मानते हैं कि उसी ने सोते हुए राष्ट्र को घोर निद्रा से जगाया है और उसी की बदौलत राष्ट्र को अकूत बल मिला है। स्वराज्य दल उसी बल का अप्रत्यक्ष परिणाम है। हमारे अधिकांश झगड़ों के लिए मुख्यतः ब्रिटिश सरकार ही जिम्मेवार है। जब उनका हेतु अच्छा होगा या उनका हृदय-परिवर्तन होगा, हम उनके साथ सहयोग करेंगे।'' 9 मई, 1925 के 'अमृतबाजार पत्रिका' (अंग्रेजी) में प्रकाशित बुद्ध जयन्ती के अवसर पर कलकत्ता में 7 मई, 1925 को दिया गया गाँधीजी के भाषण[1] का अंशः

"मैं जितनी ही गहराई से हिन्दू धर्म का अध्ययन करता हूँ, उतना ही मेरा यह विश्वास दृढ़ होता जाता है कि हिन्दू धर्म विश्व के समान व्यापक है और संसार में जो-जो बातें अच्छी हैं, उन सबको वह अपने भीतर ग्रहण किए हुए है। मैं इस्लाम में भी वे ही बातें पाता हूँ तथा इस्लाम की खूबियों को समझ सकता हूँ और उसकी प्रशंसा के गीत गा सकता हूँ। वैसा ही भाव मैं अन्य धर्मों को मानने वालों के प्रति रखता हूँ। फिर भी मेरे अन्दर कोई कहता है कि मैं इन बहुत से धर्मों के प्रति जो इतना आदर-भाव रखता हूँ, वह मेरे हिन्दू होने का ही द्योतक है। इससे मेरे हिन्दुत्व में किंचित् भी कमी नहीं आती। करीब 40 या 38 वर्षों पहले की बात है, तब मैं किशोर था; इंग्लैण्ड गया था। मेरे हाथ में जो सबसे पहली धार्मिक पुस्तक रखी गई, वह थी 'लाइट ऑफ एशिया', जिसे मैं ध्यान से पढ़ गया।

एक-एक पृष्ठ करके मैं उसे ध्यान से पढ़ता गया। मैं वास्तव में साहित्य में कोई रुचि नहीं लेता था। परन्तु इस पुस्तक के प्रत्येक पृष्ठ से मुझे जो मिला उसके कारण और आगे पढ़ते जाने का लोभ मैं संवरण नहीं कर सका और पुस्तक समाप्त करते-करते उन उपदेशों पर मेरी श्रद्धा बड़ी गहरी जम गई। सर एडविन आर्नोल्ड ने उनको बड़े ही सुन्दर ढँग से सँजोया था।

बौद्ध आचार्यों तथा हिन्दू दार्शनिकों के समान मैं बौद्धधर्म और हिन्दू धर्म की मूलभूत शिक्षाओं और उपदेशों के बीच कोई भेद नहीं करता। मेरे विचार में, बुद्ध उस बड़े विकट युग के सुधारक थे और उन्होंने अपने जीवन में हिन्दू धर्म का ही अनुसरण किया था। तात्पर्य यह है कि वे गहरी निष्ठा वाले सुधारक थे और उन्होंने अपने आत्मिक विकास तथा अपनी शारीरिक मुक्ति के लिए जिस सुधार को अपरिहार्य समझा, उसे पूरा करने में किसी भी त्याग या कष्ट के सामने हार नहीं मानी। यद्यपि उस काल के पूर्व स्थापित कर्मकाण्डियों ने उनके सुधारों को ठुकराया, किन्तु जनता ने उन्हें अपने धर्म का सच्चा व्याख्याता स्वीकार किया। जनता दर्शन को कर्म में उतारने में विश्वास करती थी और उसकी व्यवहार बुद्धि बड़ी प्रबल थी। इसलिए जनता का ही एक व्यक्ति होने और उसके बीच रहने के कारण, मुझे भी लगा कि बौद्ध धर्म उस हिन्दू धर्म के अतिरिक्त और कुछ भी नहीं है जिसे जनता के हितों के अनुरूप ढाल दिया गया है। बौद्धिक अहं को त्यागकर ही हम बुद्ध के सरल उपदेशों को समझ सकते हैं, अन्यथा नहीं।

21 मई, 1925 के 'यंग इण्डिया' में गाँधीजी द्वारा दिए गए कुछ प्रश्नों के उत्तर

1. अहिंसा चित्त की एक वृत्ति भी है और तज्जनित चेष्टा भी। इसमें सन्देह नहीं कि वनस्पति में भी प्राण है; परन्तु वनस्पति का प्रयोग किए बिना हम रह नहीं सकते। वह जीव-नाश से कम तो किसी तरह नहीं है। अलबत्ता क्षम्य

माना जा सकता है।

2. ऐसे अवसरों पर भी जहाँ हिंसा की आवश्यकता सिद्ध होती हो, 'सिद्धान्त की दृष्टि से' हिंसा का समर्थन नहीं किया जा सकता। उसका बचाव केवल कार्य-साधकता की दृष्टि से ही किया जा सकता है।

3. हाँ, मैं किसी आदमी से बराबर यह कह सकता हूँ कि अमुक काम के लिए अपनी जान दे दो, जिस पर भी मैं हिंसा का दोषी न होऊँगा, क्योंकि अहिंसा का अर्थ है-औरों को चोट न पहुँचाना।

4. 'जो अपनी जान (प्राण) से मुहब्बत करेगा, वह उसे खोएगा। जो अपनी जान को गवाँएगा, वह उसे पाएगा।' आवश्यकता की बिनाह पर दूसरे की जान को कुर्बान करने का समर्थन नहीं किया जा सकता, क्योंकि आवश्यकता को साबित करना असम्भव है। हम खुद ही इसके काजी (न्यायाधीश) नहीं बन सकते। बल्कि वहाँ एकमात्र काजी वे होंगे जिनकी जान हम लेना चाहते हैं। हमारा निर्णय गलत भी हो सकता है। यह अहिंसा के पक्ष में एक अच्छा कारण है। मध्ययुग के ईसाई धर्माधीशों का अटल विश्वास था कि उनका कार्य धर्मसम्मत है; पर आज हम जानते हैं कि वे सरासर गलती पर थे।

5. कुर्बानी के मानी है, खुद कष्ट सहना, जिससे कि दूसरों का भला हो। हत्या के मानी है, दूसरे को तकलीफ देना- मार डालना, जिससे कि हत्यारे या जिसके लिए हत्या की गई है, उसे लाभ हो।

6. डॉक्टर द्वारा इलाज के लिए नश्तर लगाने को हिंसा कहना इस शब्द का दुरुपयोग है। हिंसा का अर्थ है किसी को बिना उसकी रजामंदी के या बिना उसे किसी तरह का लाभ पहुँचाए चोट पहुँचाना। मेरी बाबत तो चिकित्सक ने मेरे ही हित के लिए मेरी लिखित रजामंदी से मुझे कुछ समय के लिए पीड़ा पहुँचाई थी। किन्तु एक हिंसक व्यक्ति अपने शिकार को उसके भले के लिए नहीं, वरन् स्वयं के लाभ के लिए मारता है अथवा किसी कल्पित हित के लिए।

7. शारीरिक बल निस्सन्देह एक कारगर साधन है। निरंकुश शासकों ने जरूर ही हिंसा का दुरुपयोग किया है। परन्तु हिंसा की जो व्याख्या मैंने की है, उसमें तो उसके सदुपयोग की कल्पना भी नहीं की जा सकती।

8. मैं नहीं कह सकता कि पागलों और मुज़रिमों को, वे खतरनाक हों या मामूली, जेल में रखना अर्थात् सजा देना ठीक ही है। पागल तो अब भी इस तरह नहीं रखे जाते। परन्तु हम तेजी से उस समय के नजदीक पहुँच रहे हैं जबकि

मुज़रिमों को भी सजा देने के खयाल से नहीं, बल्कि उन्हें अन्त में सुधारने के लिए बन्दिश में, न कि जेल में रखा जाएगा। पर हाँ, मैं उस संघ में खुशी से शामिल होऊँगा, जो वायसराय या हर ऐसे असैनिक अंग्रेज अथवा हिन्दुस्तानी को, जो जानबूझकर या अनजाने ही आज भारत को निष्प्राण अथवा रक्तहीन बना रहे हैं, ऐसे जेलों में भेजने के लिए कायम होगा, जहाँ उनकी सुख-सुविधा का पूरा ध्यान रखा जाएगा पर शर्त यह है कि मेरे सामने ऐसी तजवीज पेश की जाए जो हर तरह व्यावहारिक हो। बेशक मैं ऐसे संघ में शरीक होने के लिए तैयार हूँ; लोग चाहे यह कहने लगें कि उन्हें इस प्रकार कारावास में रखना मेरी ही व्याख्या के अनुसार हिंसात्मक कार्य होगा।

9. कोई भी सिद्धान्त, यदि वह पूरी तौर से अच्छा, कल्याणप्रद न हो तो सिद्धान्त कहलाने योग्य नहीं है। मैं अहिंसा की दुहाई इसलिए देता हूँ कि मैं जानता हूँ कि अकेले उसी की बदौलत मानव जाति का सर्वश्रेष्ठ हित सधता है–परलोक में ही नहीं, इहलोक में भी। मैं हिंसा के सम्बन्ध में आपत्ति इसलिए करता हूँ कि उसके द्वारा हित होता हुआ दिखाई देता है। परन्तु वह अस्थायी होता है और उससे उत्पन्न होने वाली बुराई स्थायी होती है। मैं नहीं मानता कि एक-एक करके अंग्रेजों का खून कर देने से भारतवर्ष को किंचिन्मात्र भी लाभ पहुँच सकता है। यदि कोई तमाम अंग्रेजों को कल ही मार डाले तो भी करोड़ों लोग आज के समान ही दुःखी बने रहेंगे। मौजूदा हालत के लिए अंग्रेजों की बनिस्बत हमारी जिम्मेवारी अधिक है। यदि हम सिर्फ अच्छा-अच्छा करते रहें तो अंग्रेज बुरा करने में अशक्त हो जाएँगे। इसीलिए मैं आन्तरिक सुधार पर निरन्तर जोर देता रहता हूँ।

परन्तु क्रान्तिकारियों के समक्ष तो मैं अहिंसा को नैतिकता के सर्वोच्च आधार पर सर्वथा उचित सिद्ध करने की कोशिश नहीं करता, बल्कि कार्य-साधकता के आधार पर ही उचित ठहराता हूँ। मैं कहता हूँ कि क्रान्तिकारियों के तरीके भारतवर्ष में सफल नहीं हो सकते। यदि खुल्लमखुल्ला लड़ाई मुमकिन हो तो मैं शायद मान सकूँ कि हम हिंसा का पथ ग्रहण करें, जैसा कि दूसरे देशों ने किया है और कम से कम उन गुणों को ही प्राप्त करें जो रणक्षेत्र में वीरता दिखाने से उदय होते हैं। पर युद्ध के द्वारा भारत के स्वराज्य की प्राप्ति को हम, जहाँ तक नजर पहुँचती है, किसी समय भी असम्भव ही मानते हैं। युद्ध के द्वारा हमें चाहे अंग्रेजी शासनतन्त्र की जगह दूसरा तन्त्र मिल जाए, परन्तु वह जनता का स्वराज्य न होगा। स्वराज्य की तीर्थ-यात्रा परम दुर्गम एवं महान् कष्टप्रद चढ़ाई है। उसके लिए छोटी-से-छोटी तफसील

पर गौर करना होगा। उसके लिए बहुत बड़ी संगठन सम्बन्धी योग्यता की जरूरत है। उसके मानी है, देहातियों की सेवा करने के ही उद्देश्य से देहात में प्रवेश करना। दूसरे शब्दों में इसका अर्थ है, राष्ट्रीय शिक्षा, जनता की शिक्षा। इसका अर्थ है जनता के अन्दर राष्ट्रीय चेतना और जागृति उत्पन्न करना। यह स्थिति किसी जादूगर के आम के पेड़ की तरह अचानक उत्पन्न नहीं हो जाएगी। वह तो वट-वृक्ष के समान बहुत ही धीरे-धीरे, यहाँ तक कि उसका बढ़ना शायद दीख ही न पड़े, बढ़ेगी। यह करिश्मा खूनी क्रान्ति के द्वारा सम्भव नहीं। इस मामले में जल्दी से काम लेना निस्संदेह काम को बिगाड़ना है। चरखे की क्रान्ति ही, जहाँ तक कल्पना दौड़ती है, द्रुततम क्रान्ति है।

10. यह बात दुःखपूर्ण, पर सच है कि जहाँ स्वार्थ का सम्बन्ध आता है, लोग तर्क और युक्ति को ताक पर रख देते हैं। निरंकुश शासक निस्संदेह बड़े दुराग्रही होते हैं। अंग्रेज निरंकुश शासक को तो दुराग्रह का अवतार ही समझिए। पर वह सहस्त्रमुखी दानव है। वह दुर्दमनीय और अवश है। उसे उसी के शस्त्रों से नहीं मारा जा सकता; क्योंकि हमारे पास उसने ऐसा कोई शस्त्र रहने ही नहीं दिया है। मेरे पास एक ऐसा अस्त्र है जो उसके शस्त्रागार में ढाला नहीं जा सकता और जिसे वह चुरा भी नहीं सकता। उसने अब तक जितने शस्त्रास्त्र बनाए हैं, वह उनसे बढ़कर है। वह क्या है? वह है अहिंसा, और चरखा उसका प्रतीक है। अतः मैंने उसे देश के सम्मुख पूरे विश्वास के साथ प्रस्तुत किया है। श्रीकृष्ण जो कुछ करना चाहते थे उसमें, महाभारतकार कहते हैं, वे असफल हुए ही नहीं। वे सर्वशक्तिमान थे। 'महाभारत' मानव-आत्मा का इतिहास है, जिसमें ईश्वर श्रीकृष्ण के रूप में मुख्य पात्र-नायक हैं। उस महाकाव्य में ऐसी कितनी ही बातें हैं जो मेरी अल्पबुद्धि से परे हैं। उसमें कितनी बातें ऐसी हैं, जो स्पष्टतः क्षेपक है। वह रत्नों का खजाना नहीं, वरन् एक खान है जिसे खोदने की जरूरत है और जिसमें गहरे पैठने की आवश्यकता है। उसके बाद ही कंकड़-पत्थर निकालकर पृथक् कर देने पर हीरे हाथ आएँगे। इसलिए जो क्रान्ति का संकल्प ले चुके हैं या लेने जा रहे हैं अथवा उसकी धारा में कूदने को तत्पर हैं, मैं उन मित्रों से आग्रह करता हूँ कि वे अपने पैर धरती पर ही जमाए रखें और हिमालय के शिखरों पर उड़ानें न भरें, जहाँ कि 'महाभारत' के कवि अर्जुन तथा दूसरे वीरों को ले गए थे। मैं तो हर हालत में उस पर चढ़ने की कोशिश करने से भी इन्कार करूँगा। मेरे लिए भारतवर्ष का मैदान ही काफ़ी है। अच्छा तो मैदान में उतरकर, प्रश्नकर्ता इस बात को समझ लें

कि मैं अदालत इसलिए नहीं गया था कि न्यायाधीश को समझाऊँ कि मैं निर्दोष हूँ; बल्कि मैं गया था अपने को पूरा अपराधी कुबूल करने और अधिक-से-अधिक सजा माँगने के लिए, क्योंकि मैंने तो मनुष्यकृत कानून को जानबूझकर तोड़ा था। न्यायाधीश मुझे निरपराध नहीं मान सकता था और उसने मुझे वैसा माना भी नहीं। जेल जाने में कोई बड़ी कुर्बानी नहीं थी। सच्ची कुर्बानी इससे कहीं कठिन होती है। यह सज्जन अहिंसा के फलितार्थ को समझ लें। यह मतपरिवर्तन कराने की एक विधि है। मुझे इस बात पर यकीन हो चुका है और यह कहने के लिए क्षमा किया जाऊँ कि मेरी दृढ़ और अविचल अहिंसा की भावना ने जितने ज्यादा अंग्रेजों को अपने विचार का कायल किया है, उतने अंग्रेजों को मार डालने की सैकड़ों धमकियाँ और मार डालने की घटनाएँ कायल नहीं कर पाई हैं। मैं कहता हूँ कि जिस दिन भारत में आमतौर पर विवेकशील अहिंसा का पालन होने लगेगा, स्वराज्य हमसे दूर नहीं रह जाएगा।

28 जून, 1925 के 'नवजीवन' पत्र में छपे गाँधी जी द्वारा देशबन्धु के देहान्तोपरान्त व्यक्त विचार :

''जिस तरह लोकमान्य के देहावसान के समय बम्बई[1] शोक से पागल हो गई थी, उसी तरह देशबन्धु[2] के स्वर्गवास के समय कलकत्ता[3] शोक से पागल हो उठा था। एक भी जाति या प्रजाति ऐसी न थी जिसके लोग उनके प्रति आदरभाव दिखाने के लिए जमा न हुए हों। जब गाड़ी स्टेशन पर आई तो वहाँ एक अंगुल-भर भी जगह खाली नहीं थी। जैसे लोकमान्य को कन्धा देने के लिए लोग एक-दूसरे की स्पर्धा करते थे, वैसे ही वे इस समय भी अधीर थे। प्रेमपाश क्या नहीं कर सकता? लोगों ने उस दिन भूख-प्यास, सर्दी-गर्मी सबको भुला दिया था और कष्ट को सहने के लिए उनसे किसी को प्रार्थना नहीं करनी पड़ी थी। किसी छत्रपति के देहान्त के समय भी इस तरह जन-समुद्र नहीं उमड़ता। जिन्हें समाज संन्यासी मानता है, उनके देहान्त पर भी लोग ध्यान नहीं देते, अखबारों में लेख नहीं लिखते और उनके बारे में तार नहीं लिखते; परन्तु किस धर्म के अनुसार यहाँ छोटे-बड़े, स्त्री-पुरुष, राजा-रंक और हिन्दू-मुसलमान बिना बुलाए पलक मारते ही एकत्र हो गए? वह धर्म हैं राष्ट्रधर्म। जो मनुष्य इस धर्म का अवलम्बन करता है, आज लोग उसी को धर्मवान मानने को तैयार हैं और जो मनुष्य इसी एक धर्म का पालन करता है, वे उसके दोष भी भूल जाने के लिए तैयार हैं। इसमें एक रहस्य है। लोग ऐसा मूर्खतावश नहीं करते। निर्विकार तो एक ईश्वर है। मनुष्य-मात्र में दोष होना सम्भव है। पर मनुष्य भी यदि पूरी तरह स्व-धर्म का पालन करे तो उसके दोष छिप जाते हैं और अन्त में उनका क्षय हो जाता है। इस समय राष्ट्रधर्म ही धर्म हो गया है, क्योंकि उसके बिना अन्य धर्मों का

पालन ही असम्भव है। आज राजसत्ता ने सर्वत्र लोकजीवन के प्रत्येक अंग को आच्छादित कर लिया है। जहाँ राजसत्ता लोक सत्ता है, वहाँ लोग कुल मिलाकर सुखी हैं। जहाँ सत्ता प्रजा के प्रतिकूल है, वहाँ लोग दु:खी हैं, नि:सत्व हैं और धर्म के नाम पर अधर्म का आचरण करते हैं, क्योंकि भय के वश रहने वाला व्यक्ति धर्म का आचरण कर ही नहीं सकता। इस महाभय से मुक्त होना अर्थात् आत्मदर्शन करने का पहला पाठ सीखना है। राष्ट्रप्रेमी हमें क्या शिक्षा दे रहे हैं? आप लोग चक्रवर्ती से भी न डरें। मनुष्य का धर्म है कि वह ईश्वर के सिवा किसी से न डरे। उसे न तो पंचम जॉर्ज[4] डरा सकते हैं और न उनके प्रतिनिधि। लोकमान्य[5] ने राजदण्ड का भय सर्वथा त्याग दिया था। इस कारण क्या सामान्य जन और क्या पण्डित, सभी उन्हें पूजते थे, क्योंकि उनसे उन्हें बल मिलता था। देशबन्धु ने भी राजसत्ता का डर बिल्कुल छोड़ दिया था। उनके समीप वायसराय और दरबान दोनों एक-जैसे थे। उन्होंने अन्त: चक्षुओं से देख लिया था कि अन्तत: दोनों में कोई अन्तर नहीं है। जिस प्रकार वायसराय से डरना कायरता है, उसी प्रकार दरबान को डराना भी कायरता है। इसमें सूक्ष्म आत्मदर्शन आ जाता है। यही राष्ट्रधर्म है। इस कारण लोग जाने-अनजाने, अनिच्छा से भी, राष्ट्रधर्म के पालनकर्ताओं को भी पूजते हैं। लोकमान्य ब्राह्मण थे। उनका धर्मग्रन्थों का ज्ञान पण्डितों के लिए भी गर्वनाशक था। परन्तु उनकी पूजा की जाती थी, जिसका कारण उनका वह ज्ञान नहीं था। देशबन्धु ब्राह्मण नहीं थे। उनका जन्म वैद्य समाज में हुआ था। परन्तु लोगों को उनके वर्ण से कोई सरोकार न था। देशबन्धु को संस्कृत का ज्ञान नहीं था तथा उन्होंने धर्मग्रन्थों का अध्ययन भी नहीं किया था। उन्होंने सिर्फ राष्ट्र धर्म का पालन किया था। उन्होंने निर्भयता साधी थी, जिसके कारण उनके सम्मुख शास्त्रज्ञ भी झुकते थे। इसीलिए इस अविस्मरणीय दिन लोगों के साथ उन्होंने (शास्त्रज्ञों ने) भी अपने आँसू बहाए। राष्ट्रधर्म का अर्थ है- व्यापक प्रेम। वह विश्व-प्रेम नहीं है; परन्तु उसका एक बड़ा भाग है। राष्ट्रप्रेम विश्वप्रेम का विरोधी नहीं, बल्कि उसका नमूना है। राष्ट्रप्रेम अन्त में मनुष्य को अवश्य ही विश्व प्रेम के शिखर पर ले जाता है। इसलिए लोग राष्ट्रप्रेम की बलिहारी जाते हैं। लोग लोकमान्य और देशबन्धु जैसा बनना चाहते हैं, क्योंकि वे राष्ट्रप्रेम को समझते थे।''

9 जुलाई, 1925 के 'यंग इण्डिया' पत्र में गाँधीजी के विचार :

''मैं बिना किसी झिझक के कहता हूँ कि सिवा पारस्परिक त्याग के इस दु:खी देश के उद्धार की कोई आशा नहीं। हमें तुनकमिजाज नहीं बनना चाहिए और सूझ-बूझ को एकदम तिलांजलि नहीं देनी चाहिए। किसी के लिए त्याग करने का अर्थ उस पर अनुग्रह करना नहीं है। प्रेम-प्रदत्त न्याय का नाम त्याग और नियम-प्रदत्त न्याय का नाम दण्ड है। प्रेमी की दी हुई वस्तु न्याय की मर्यादा से बहुत आगे जाकर भी हमेशा जितना वह देना चाहता है, उससे कम होती है, क्योंकि वह और अधिक देने

के लिए इच्छुक रहता है तथा उसे इस बात का अफसोस होता रहता है कि उसके पास देने को और कुछ नहीं बचा। हिन्दू और मुसलमान, दोनों एक ही नाव में बैठे हुए हैं। दोनों की अधोगति हो रही है। असल में उनकी हालत प्रेमियों जैसी है- उन्हें उस हाल में आना होगा- वे चाहें या न चाहें। अतः मुसलमानों के प्रति हर एक हिन्दू का और हिन्दुओं के प्रति हर एक मुसलमान का व्यवहार सिर्फ न्याय की भावना से ही नहीं, बल्कि समर्पण और त्याग की भावना से प्रेरित होना चाहिए। वे दोनों एक-दूसरे के प्रति किए गए अपने-अपने कार्यों का बावन तोला पाव रत्ती हिसाब रखकर दूसरे से उदारता की अपेक्षा नहीं रख सकते। उन्हें हमेशा परस्पर सदा एक-दूसरे का ऋणी समझकर चलना होगा। प्रेम, सौहार्द्र एवं मातृभाव से काम लेना होगा।''

1 अगस्त, 1925 को 'स्टेट्समेन' पत्र को भेजे गए खत का अंश :

''मुझे सविनय अवज्ञा की और सहयोग की इच्छा में कोई विसंगति दिखाई नहीं देती। आपको याद होगा कि मैंने यूरोपीय संघ में यह बात एक पुरानी घटना के सिलसिले में कही थी। अन्याय का सविनय प्रतिकार मेरे नजदीक कोई नया सिद्धान्त या आचार-नियम नहीं है। इसमें मेरा विश्वास सदा से है और मैंने इस पर अपने जीवन में सदा आचरण किया है। देश को सत्याग्रह के लिए तैयार करने का अर्थ है, अहिंसा के हेतु तैयार करना। देश को अहिंसा के लिए तैयार करने का अर्थ है, उसे रचनात्मक कार्यार्थ संगठित करना; और रचनात्मक कार्य एवं चरखा दोनों मेरे लिए पर्यायवाची शब्द हैं। स्पष्ट ही आपका विचार यह जान पड़ता है कि मुझे असहयोग या सत्याग्रह करने पर पछतावा हुआ है। यह बात हरगिज नहीं है। मैं अब भी पक्का असहयोगी हूँ। यदि मैं भारत के शिक्षित वर्ग को अपने मत का बना सकूँ तो मैं आज ही पूरा असहयोग घोषित कर दूँ। परन्तु मैं ठहरा अमली आदमी। जो हकीक़त मेरी आँखों के सामने है, मैं उसे देखता हूँ। मैं अपने कुछ अत्यन्त आदरणीय साथियों को यह विश्वास कराने में सफल नहीं हो सका हूँ कि हमने 1920 में जिस प्रकार का असहयोग शुरू किया था उससे वर्तमान अवस्था में भी देश का हित-साधन हो सकता है। वह इसीलिए स्थगित है। परन्तु मैं आपसे यह हकीक़त नहीं छिपा सकता कि यदि मैं अपने उन साथियों को फिर से अपने विचार का कायल कर सकूँ तो मैं जरूर ही कांग्रेस से कहूँ कि वह पुनः लड़ाई का शंख फूँक दे।

स्वयं के कमज़ोर रहते हुए मैं खुद सरकार से स्वेच्छापूर्वक सहयोग का इच्छुक नहीं हूँ; वह तो गुलाम का सा सहयोग होगा। मैं अपनी कमजोरी तसलीम करता हूँ; इसलिए केवल सहयोग की इच्छा करके सन्तोष मान लेता हूँ और अपनी शक्ति बढ़ाकर उस इच्छा को पूर्ण करना चाहता हूँ। यदि मैं हिंसात्मक साधनों का कायल होता तो मैं उसे कभी नहीं छुपाता और उसका जो कुछ नतीजा होता, उसे भोग लेता। मैं देश

से पुकार-पुकारकर और असंदिग्ध भाषा में कह देता कि इस देश को तब तक आजादी नहीं मिल सकती अथवा उसके लिए सरकार से तब तक सम्मानपूर्वक सहयोग करने की कोई गुंजाइश नहीं है, जब तक वह अंग्रेजी संगीनों का मुकाबला अपनी संगीनों से करने के लिए तैयार नहीं होता। परन्तु बात यह है कि मैं तो संगीनों के सिद्धान्त में विश्वास ही नहीं करता। मैं तो यह भी मानता हूँ कि दुर्भाग्य से या सौभाग्य से, यह सिद्धान्त भारत में कदापि सफल नहीं हो सकता। अतएव इसके लिए एक दूसरे शस्त्र की आवश्यकता है, और वह है सविनय अवज्ञा।''

6 अगस्त 1925 के 'यंग इण्डिया' में प्रकाशित उस भाषण के अंश जो महात्मा गाँधी ने ईसाई धर्म प्रचारकों के सम्मुख 28 जुलाई, 1925 को दिया :

(यह भाषण कलकत्ता में ईसाई युवक-संघ (यंग मैन्स क्रिश्चियन एसोसिएशन) में मिशनरियों के सम्मुख दिया गया था)

मो.क. गाँधी

''शायद आप में से बहुत कम लोग जानते होंगे कि ईसाइयों से- तथाकथित ईसाइयों से नहीं, वरन् सच्चे ईसाइयों से मेरा सम्पर्क 1889 से ही रहा है। तब मैं नौजवान था और लन्दन में रहता था। जैसे-जैसे समय बीतता गया, इस सम्बन्ध में भी प्रगाढ़ता और परिपक्वता आती गई। दक्षिण अफ्रीका जाकर मैंने देखा कि मैं अत्यन्त प्रतिकूल परिवेश में पहुँच गया हूँ, किन्तु वहाँ भी मैंने सैकड़ों ईसाइयों को अपना मित्र बना लिया। वहाँ मैं दक्षिण अफ्रीका जनरल मिशन के निदेशक स्वर्गीय श्री स्पेन्सर वाटन के सम्पर्क में आया और बाद में रेवरेंड ए.मरे तथा अन्य कई ईसाइयों से भी मेरा परिचय हुआ।

इसलिए आज इतने सारे मिशनरियों से मेरा परिचय होना कोई नवीन बात नहीं है। मेरे जीवन में एक समय ऐसा भी आया जब मुझ पर एक बहुत ही सच्चे और घनिष्ठ मित्र ने नज़र गड़ा रखी थी (हँसी)। वे एक बहुत बड़े और नेक क्वेकर[1] थे। उनका खयाल यह था कि इतना भला आदमी ईसाई न हो, यह कैसे हो सकता है। लेकिन मुझे बड़े दुःख के साथ उन्हें निराश करना पड़ा। उन जैसे मित्रों को मेरा उत्तर यह है कि मेरे हृदय-तल से निकली यह प्रार्थना कि 'प्रभु, मुझे रास्ता दिखाओ और उस रास्ते पर चलने के लिए बुद्धि और साहस दो,' रोज ही मेरे कमरे के बन्द दरवाजे को पार कर उस सर्वशक्तिमान तक पहुँचती है।

अपने एक ऐसे ही मित्र से किए गए वादे के मुताबिक मैं देश के महानतम भारतीय ईसाइयों में से एक स्वर्गीय कालीचरण बनर्जी से मिला। यह सब मैं आपको यह बताने के लिए कह रहा हूँ कि सच्चा मार्ग ढूँढ़ने के लिए मैं कुछ उठा न रखूँ।

इसलिए स्वभावतः मैं उनके पास बिल्कुल खुला दिमाग लेकर और उनसे जो कुछ सीख सकूँ, ग्रहण कर सकूँ, उसे सीखने, ग्रहण करने की वृत्ति लेकर गया। और मैं उनसे मिला भी प्रभावकारी स्थिति में। मैंने देखा कि श्री बनर्जी और मुझमें बहुत कुछ समानता है। उनकी सादगी, विनय, हिम्मत एवं सत्यनिष्ठा–इन सभी वस्तुओं की मैंने सदा सराहना की है। मैं जब उनसे मिला तब उनकी पत्नी मृत्यु-शय्या पर पड़ी थीं। इससे अधिक मर्मस्पर्शी दृश्य की आप कल्पना भी नहीं कर सकते। यह सन् 1901 की बात है। मैंने श्री बनर्जी से कहा, 'मैं एक सत्यान्वेषी के रूप में आपके पास आया हूँ। मैंने अपने कुछ अत्यन्त प्रिय ईसाई मित्रों को यह वचन दिया था कि मैं सच्चे प्रकाश की खोज के प्रयत्न में कुछ भी उठा नहीं रखूँगा; मैं आपके पास अपने उस वचन को पूरा करने ही आया हूँ।' मैंने उनसे कहा कि मैंने अपने मित्रों को यह भरोसा दिलाया है कि यदि मैं उस प्रकाश को देख भर सका तो कोई भी सांसारिक लाभ मुझको उस प्रकाश से विलग नहीं रख सकता। मेरे और उनके मध्य जो थोड़ी-सी बातचीत हुई, उसका वर्णन करने में मैं आपका समय नहीं लूँगा। हमारे बीच बहुत ही अच्छी और सौम्य ढंग की बातचीत हुई। जब मैं वहाँ से चला तो मेरे मन में कोई दुःख, अवसाद या निराशा नहीं थी, लेकिन यह सोच कर मैं कुछ उदास हो गया कि श्री बनर्जी भी मेरा समाधान नहीं कर पाए। ईसाई धर्म को मेरे सामने जिस रूप में पेश किया गया, उसे हृदयंगम करने का मेरा यह अन्तिम सचेष्ट प्रयत्न था। उस रूप में आज मेरी स्थिति यह है कि यद्यपि मैं ईसाई धर्म की बहुत-कुछ बातों की सराहना करता हूँ, फिर भी मैं रूढ़िगत ईसाई धर्म से अपना तादात्म्य स्थापित करने में असमर्थ हूँ। मुझे आपसे पूरी नम्रता के साथ कहना होगा कि मैंने हिन्दू धर्म को जिस रूप में जाना है, उस रूप में वह मेरी आत्मा को पूरी शान्ति देता है और उससे मेरा समस्त अस्तित्व आप्लावित है तथा जो शान्ति मुझे 'भगवद्गीता' और 'उपनिषदों' से मिलती है, वह 'गिरि-प्रवचन' को पढ़कर भी नहीं मिलती। यह बात नहीं है कि मैं उसमें बताए गए आदर्श का मूल्य नहीं समझता बल्कि 'गिरि-प्रवचन' के कुछ मूल्यवान उपदेशों की मुझ पर गहरी छाप पड़ी है। किन्तु मुझे आपके सामने स्वीकार करना चाहिए कि जब मेरा मन शंकाओं तथा निराशाओं से घिर जाता है और जहाँ तक दृष्टि जाती है, मुझे प्रकाश की एक किरण भी दिखाई नहीं देती, तब मैं 'भगवद्गीता' की शरण लेता हूँ एवं उसमें मुझे कोई-न-कोई शान्तिदायक श्लोक मिल ही जाता है और तब दारुण दुःख के बीच भी मैं तत्काल मुस्कुरा उठता हूँ। मेरे जीवन में सांसारिक दुःख और शोक के न जाने कितने प्रसंग आए हैं, और यदि वे मुझ पर कोई खरोंच न छोड़ पाए तो इसका कारण 'भगवद्गीता' की शिक्षा ही है।

मैंने ये सब बातें आपसे इसलिए कही हैं कि आपको मेरी स्थिति बिल्कुल साफ-साफ मालूम हो जाए और तब यदि आप चाहें तो मैं आपसे निकटतर सम्पर्क स्थापित

कर सकूँ। मैं आपको यह भी बता दूँ कि मैं 'बाइबिल' और उसकी टीकाओं तथा अपने ईसाई-मित्रों द्वारा दी गई ईसाई धर्म की अन्य पुस्तकों को पढ़कर ही नहीं रुका बल्कि मैंने सोचा कि यदि मुझे तर्क एवं बुद्धि के द्वारा ही अपने मन का सन्तोष प्राप्त करना है तो मुझे अन्य धर्मों के ग्रन्थ भी पढ़ने चाहिए और तब कोई निर्णय करना चाहिए। तब मेरा ध्यान कुरान की तरफ गया। यहूदी धर्म में ईसाई धर्म से जितना कुछ अधिक है उसे भी मैं जहाँ तक समझ सकता था, मैंने समझने की कोशिश की। मैंने जरथुस्त्र के धर्म का भी अध्ययन किया और अन्त में मैं इस निष्कर्ष पर पहुँचा कि सभी धर्म ठीक हैं, किन्तु उनमें हर एक में कुछ न कुछ कमी है। यह स्वाभाविक भी है और अनिवार्य भी, क्योंकि उनकी उनकी व्याख्या हमने अपनी तुच्छ बुद्धि और कभी-कभी संकुचित हृदय के धरातल पर की है, और अक्सर तो हम उनका गलत अर्थ ही निकाल बैठे हैं। मुझे यह देखकर दुःख हुआ कि सभी धर्मों में कतिपय मूल बातों की विभिन्न बल्कि परस्पर विरोधी व्याख्याएँ की गई हैं। निदान मैंने अपने-आप से कहा, ना; यह सब मेरे लिए नहीं है। यदि मैं अपनी आत्मा को शान्ति देना चाहता हूँ तो मुझे अपना मार्ग स्वयं ही टटोल-टटोलकर खोज निकालना होगा। मुझे अपना ध्यान चुपचाप प्रभु पर केन्द्रित करना चाहिए और उसी से रास्ता दिखाने को कहना चाहिए। संस्कृत में एक सुन्दर श्लोक है जिसमें कहा गया है, 'ईश्वर मनुष्य की सहायता तभी करता है, जब वह सर्वथा असहाय और दीन हो जाता है।' आप में से कुछ लोग तमिल देश[1] के हैं। जब मैं तमिल सीख रहा था, तब मैंने डॉ. पोप की एक पुस्तक में एक तमिल कहावत देखी थी, जिसका तात्पर्य यह है कि 'ईश्वर असहायों का सहायक है।' मैंने अपने जीवन का यह समस्त अनुभव आपको बता दिया है, ताकि आप उस पर विचार करें। समस्त पूर्वाग्रहों को मन से दूर रखकर, सत्य की सतत् खोज करने के लिए मैंने इस देश (भारत) के एक सिरे से दूसरे सिरे तक की यात्रा की है; और मैं यह कह सकता हूँ कि गंगा, ब्रह्मपुत्र और यमुना के पवित्र जल से अभिसिंचित इस सुन्दर भूमि में रहने वाले लोग उच्च हैं, क्योंकि वे सत्य की खोज उतनी ही आकुलता से कर रहे हैं जितनी कि मैं और आप, बल्कि शायद और अधिक आकुलता से। यह मुझे फ्रेंच भाषा की एक पुस्तक की याद दिलाता है, जिसका अनुवाद एक फ्रांसीसी मित्र ने मेरे पढ़ने के लिए किया था। इस पुस्तक में ज्ञान की खोज में किए गए काल्पनिक अभियान का वर्णन है। इन यात्रियों का एक दल भारत में उतरता है और उसको एक परिया[1] की छोटी-सी कुटिया में सत्य और प्रभु का मूर्तिवन्त रूप देखने को मिलता है। मैं आपसे कहता हूँ कि अस्पृश्यों की बहुत-सी ऐसो झोपड़ियाँ हैं, जहाँ आपको निश्चय ही प्रभु के दर्शन होंगे। वे तर्क-वितर्क नहीं करते, बल्कि अपनी इस आस्था पर दृढ़ हैं कि ईश्वर है। वे सहायता के लिए उस पर निर्भर रहते हैं और उनको वह सहायता मिलती भी है।

मुझे प्राय: ऐसा लगा कि सत्यान्वेषी को चुप रहना चाहिए। मैं जानता हूँ कि मौन में कार्य साधना की अद्‌भुत क्षमता है। मैं दक्षिण अफ्रीका में ट्रेपिस्ट सम्प्रदाय के ईसाइयों के एक मठ में गया था। वह स्थान बहुत सुन्दर था। मठ के अधिकतर सदस्य मौन व्रत लिए हुए थे। जब मैंने वहाँ के प्रधान से पूछा कि इस मौन का हेतु क्या है तो उसने कहा कि इसका हेतु स्पष्ट है : 'हम मानव प्राणी दुर्बल होते हैं। हम प्राय: यह नहीं जानते कि हम क्या कह रहे हैं। यदि हम उस मूक और क्षीण स्वर को सुनना चाहते हैं, जो हमारे भीतर सदा उठता रहता है, तो स्वयं लगातार बोलते रहकर उसे नहीं सुना जा सकता।' उनकी सारगर्भित शिक्षा को मैंने समझ लिया। मैं मौनव्रत के रहस्य को जानता हूँ।

15 अगस्त, 1925 के 'अमृत बाज़ार पत्रिका' (अंग्रेजी) में प्रकाशित उस भाषण के अंश जो उन्होंने 4 अगस्त, 1925 को कलकत्ता में ईसाइयों की सभा में दिया :

"भ्रातृत्व का अर्थ ऐसे लोगों के प्रति हमदर्दी या प्रेम जाहिर करना अथवा मित्रता का हाथ बढ़ाना नहीं है, जो कि बदले में आपसे प्रेम करें। यह तो मोल-तोल करना है। भ्रातृत्व सौदेबाजी की वस्तु नहीं है। और मेरा दर्शन, मेरा धर्म मुझे सिखाता है कि भ्रातृत्व केवल मानव-जाति तक ही सीमित नहीं है अर्थात् यदि वास्तव में हमने भ्रातृत्व की भावना को हृदयंगम कर लिया है तो निम्न स्तर के प्राणी भी उसकी सीमा में आ जाते हैं। 30 या 35 वर्ष पूर्व इंग्लैण्ड में लोकोपकारक संस्थाओं द्वारा कुछ पत्रिकाएँ प्रकाशित की जाती थीं। मुझे याद है कि ऐसी एक परोपकारी संस्था की ओर से प्रकाशित होने वाली किसी एक पत्रिका में मैंने कुछ सुन्दर छन्द पढ़े थे। उनका शीर्षक शायद 'बैल मेरा भाई' (माई ब्रदर ऑक्स) था। उनमें लेखक आकर्षक ढंग से यह बताता है कि जो लोग साथी मानवों से प्यार करते हैं, उनके लिए अपने साथी प्राणियों से भी प्यार करना किस प्रकार एक आवश्यक कर्त्तव्य है। साथी प्राणियों से यानि मनुष्य से निम्न स्तर प्राणियों से। इस विचार ने मुझे अत्यन्त प्रभावित किया। उस समय मैंने हिन्दू धर्म के बारे में बहुत कम पढ़ा था। मैंने अपने आस-पास से, अपने माता-पिता से या दूसरे लोगों से जो तत्त्व हृदयंगम किये थे, उतना ही मैं उसके बारे में जानता था। किन्तु मैंने उन छन्दों में निहित सत्य के तत्त्व का अनुभव अवश्य किया। लेकिन मैं आज भ्रातृत्व के उस वृहत्तम स्वरूप पर नहीं बोलना चाहता। मैं अपने को केवल मानव-भ्रातृत्व तक ही सीमित रखूँगा। इस विषय की चर्चा मैंने यह समझाने के लिए की है कि यदि हम अपने दुश्मनों से भी प्रेम करने के लिए तैयार नहीं दस्ड्ड तो हमारा भ्रातृत्व एक उपहास की वस्तु ही है। दूसरे शब्दों में, जिसने भ्रातृत्व की भावना को हृदयंगम कर लिया, वह अपने बारे में किसी को यह कहने का मौका नहीं दे सकता कि उसका भी कोई शत्रु है। लोग भले ही ऐसा सोचें कि वे हमारे दुश्मन हैं, लेकिन

हमें उनके गुमान को अस्वीकार कर देना चाहिए। मैंने लोगों को यह गुमान करते सुना है। अतः मैं 'गुमान' शब्द का प्रयोग कर रहा हूँ। अब प्रश्न उठता है कि जो अपने को हमारा दुश्मन समझते हैं, उनसे प्रेम करना कैसे सम्भव है? मैं कहता हूँ, यह मनुष्य के लिए सर्वथा सम्भव है, हमने अपनी गरिमा को जाना नहीं है।

स्वर्गीय डॉ. एना किंग्सफोर्ड ने अपनी एक पुस्तक में एक बार लिखा था : "मैं पेरिस की सड़कों पर चलती हूँ तो मुझे ऐसा लगता है कि मैं अपने सामने मनुष्य रूप में विभिन्न प्रकार के शेर और साँप देख रही हूँ।" वह कहती हैं कि इन जानवरों का केवल शरीर ही मनुष्य का है, और कुछ नहीं। मनुष्य को अपनी सम्पूर्ण सम्भावनाओं की ऊँचाई तक उठने के लिए सर्वथा निर्भय होना आवश्यक है। ऐसा वह अपने को सिर से पाँव तक शस्त्र-सज्जित करके नहीं, बल्कि अपनी आन्तरिक शक्ति का विकास करके ही कर सकता है। क्षत्रिय वह है जो खतरे से सामना होने पर भाग खड़ा नहीं होता; वह नहीं जो प्रहार के बदले प्रहार करता है। 'महाभारत' में भी कहा गया है कि क्षमा वीर पुरुष का भूषण है। मैंने सुना है कि स्वर्गीय जनरल गॉर्डन की याद में जो प्रतिमा खड़ी की गई है उसमें मूर्तिकार ने उनके हाथ में तलवार नहीं, केवल एक छड़ी दी है। इसे एक सुन्दर कलाकृति माना जाता है। यदि मैं मूर्तिकार हुआ होता और मुझे इस मूर्ति के निर्माण का आदेश मिलता तो मैं जनरल गॉर्डन के हाथ में छड़ी भी नहीं देता। मैं उनकी ऐसी मूर्ति बनाता जिसमें वह अपने दोनों हाथ जोड़े, अपनी छाती आगे किए हुए सम्पूर्ण विनय के साथ दुनिया से यह कहते हुए दिखाई देते कि "यह रहा जनरल गॉर्डन। जो कोई भी अपना बरछा चलाना चाहे, आए और मुझ पर अपना बरछा चलाए। मैं सर्वथा अडिग भाव से, प्रतिकार में अपना हाथ उठाए बिना, उसे सहने के लिए तैयार हूँ।" सैनिक का मेरा यही आदर्श है और ऐसे सैनिक पृथ्वी पर उत्पन्न हुए हैं, जिए हैं। ईसाई-धर्म ने निस्संदेह ऐसे सैनिक पैदा किए हैं तथा इसी प्रकार हिन्दू एवं इस्लाम धर्मों ने भी इन्हें जन्म दिया है। मैं अभी आपसे व्यक्तियों के उदाहरणों की ही चर्चा कर रहा हूँ और जो बात व्यक्तियों के सम्बन्ध में सत्य है, वह राष्ट्र या व्यक्तियों के समूह के सम्बन्ध में भी सत्य हो सकती है। मैं यह स्वीकार करता हूँ कि ऐसा एकाएक नहीं हो सकता। यह तो एक सुदीर्घ विकास-प्रक्रिया के परिणामस्वरूप ही सम्भव हो सकता है। पीढ़ी-दर-पीढ़ी अनेकानेक महापुरुष हमारी आँखों के सामने अपने जीवन में इस सत्य को चरितार्थ करके दिखाएँगे तो उनका प्रभाव हम पर अवश्य पड़ेगा। क्वेकरों[1] का इतिहास ऐसा ही है। टॉलस्टॉय की कृति में वर्णित दुखोबर लोगों का भी इतिहास ऐसा ही है। मुझे नहीं मालूम कि कनाडा जाने के बाद से ये लोग अपने मूल संकल्प का कहाँ तक अनुसरण कर रहे हैं; लेकिन यह तो है ही कि उन्होंने एक समग्र समाज के रूप में अप्रतिरोध का जीवन व्यतीत करके दिखाया है। इसलिए मैं अनुभव करता हूँ कि जब तक हम अपने जीवन

में मानव-भ्रातृत्व के इस बुनियादी तथ्य द्वारा शासित नहीं होते, तब तक हम इस पवित्र शब्द की अवमानना ही करते रहेंगे।

इस समय मैं जिस दृष्टिकोण का खण्डन कर रहा हूँ, वह यह है कि मनुष्य एक वर्ग के रूप में कभी उस अवस्था तक नहीं पहुँच पाएगा, जब उसका काम प्रति-प्रहार के बिना चले। यूरोप के, बल्कि भारत के भी, कुछ अच्छे से अच्छे लेखकों का दृष्टिकोण यही है। किन्तु इस दृष्टिकोण से मेरा बुनियादी मतभेद है। मेरा कहना तो यह है कि जब तक मनुष्य को ऐसी शिक्षा नहीं दी जाती जिससे वह प्रति-प्रहार (बदले की कार्यवाही) करने से स्वयं को रोक सके, तब तक वह अपनी सम्पूर्ण सम्भावनाओं, अपनी समस्त गरिमा को चरितार्थ नहीं कर सकता। हम इसे पसन्द करें या न करें, हम बरबस उसी दिशा में जा रहे हैं। परन्तु अगर हम मजबूरन उस दृष्टिकोण को अपनाने के बजाय उसे खुशी से स्वीकार कर लें तो यह हमारे लिए श्रेय की बात होगी। और आज मैं आप लोगों से यही सौभाग्य, इस विचार को स्वेच्छा से व्यावहारिक रूप देने का सौभाग्य, प्राप्त करने का निवेदन करने आया हूँ। सच तो यह है कि मुझे ईसाई श्रोताओं के सामने इस विषय पर बोलने की आवश्यकता नहीं होनी चाहिए थी; क्योंकि जब मैं प्रति-प्रहार न करने की बात कहता हूँ तो कुछ भाई ऐसा कहने लगते हैं कि आप तो ईसाई हैं। उन्हें क्या पता कि इस बात के लिए मुझे हिन्दुओं और मुसलमानों की ही तरह ईसाइयों को भी समझाना पड़ रहा है। मुझे तो ऐसे ज्यादा ईसाइयों की जानकारी नहीं है जिन्होंने इस बात को अपने जीवन के एक स्थायी नियम के रूप में स्वीकार कर लिया हो। मैं जिन अच्छे-से-अच्छे ईसाइयों को जानता हूँ, उनमें से कुछ लोग यह स्वीकार नहीं करते कि ईसा-मसीह की यही शिक्षा है। परन्तु मैं तो मानता हूँ कि ईसा-मसीह की शिक्षा यही है। उनका कहना है कि यह सन्देश सारे संसार के लिए नहीं, सिर्फ उनके बारह शिष्यों के लिए था। अपनी बात के समर्थन में वे 'न्यू टेस्टामेन्ट' के कुछ अंशों को उद्धृत करते हैं। अहिंसा को अपने जीवन सिद्धान्त बनाने के विचार के विरोधियों का कहना है कि इससे तो हम केवल कायरों की जाति ही तैयार कर सकते हैं, और यदि भारत प्रति-प्रहार के त्याग का संदेश अपनाता है तो उसका विनाश निश्चित है। इसके विपरीत आपके सामने मैं जो बुनियादी दृष्टिकोण रख रहा हूँ, वह यह है कि यदि भारत इस दृष्टिकोण को नहीं अपनाता तो उसका और उसी के साथ संसार के समस्त राष्ट्रों का विनाश निश्चित है। भारत को एक महाद्वीप ही समझिए, और जब यह शक्ति के सिद्धान्त को अपना लेगा-जैसा कि लगता है, आज यूरोप ने कर रखा है- तो यह भी संसार के कमज़ोर राष्ट्रों का शोषक बन बैठेगा। फिर सोचिए कि दुनिया के लिए इसका क्या मतलब होगा।

मैं स्वयं को राष्ट्रवादी कहता हूँ और इसमें गर्व का अनुभव करता हूँ। मेरी राष्ट्रीयता की सीमा में सारी सृष्टि समाहित है। इसमें मानव से निम्नतर प्राणी भी शामिल हैं

और इसमें विश्व के सभी राष्ट्र भी सम्मिलित हैं। और यदि मैं सारे भारत को इस सन्देश के सत्य की प्रीति करा सकूँ तो भारत सारी दुनिया के लिए वैसा ही कुछ बनकर सामने आएगा जिसकी प्रतीक्षा दुनिया बड़ी आतुरता से कर रही है। मेरी राष्ट्रीयता में सारे संसार के कल्याण का विचार सम्मिलित है। मैं नहीं चाहता कि भारत दूसरे राष्ट्रों की भस्म-राशि पर खड़ा होकर अपना उत्थान ढूँढ़े। मैं नहीं चाहता कि भारत एक भी मनुष्य का शोषण करे। मैं भारत के शक्तिशाली होने की कामना इसलिए करता हूँ कि वह दूसरे राष्ट्रों को भी अपनी शक्ति से अनुप्राणित कर सके। आज संसार का और कोई राष्ट्र, यूरोप का एक भी राष्ट्र, ऐसा नहीं कर रहा है। वे दूसरे राष्ट्रों में शक्ति नहीं भरते। हमें उनसे कोई शक्ति प्राप्त नहीं हो रही है। वस्तु-स्थिति ही कुछ ऐसी है कि ऐसा करना उनके लिए असम्भव है; और यही कारण है कि मैंने यह अडिग स्थिति अपना रखी है कि जिस विधान, जिस रचना का आधार पशु-बल हो, उसमें मैं शरीक नहीं हो सकता।

(अमेरिका के) राष्ट्रपति विल्सन ने अपने सुन्दर चौदह-सूत्री सिद्धान्त की चर्चा करने के बाद क्या कहा था, आप जानते हैं? उन्होंने कहा था, "अगर आपस में शान्ति से रहने का हमारा यह प्रयास विफल होता है, तब तो अन्ततः हमें अपने शस्त्रास्त्रों का सहारा लेना ही पड़ेगा।" मैं इस बात को बिल्कुल उलटकर ऐसा कहना चाहता हूँ : "हमारे शस्त्रास्त्र विफल हो चुके हैं। अब हमें किसी नई वस्तु की खोज में लग जाना चाहिए और इस सिलसिले में हमें प्रेम एवं सत्यरूपी ईश्वर की शक्ति को आजमा कर देखना चाहिए।" उसे पा लेने के बाद हमें और किसी चीज की आवश्यकता नहीं रह जाएगी। भक्त प्रह्लाद की कथा है। हो सकता है, वह कपोलकल्पित कथा हो, लेकिन मेरे लिए वह ऐसी नहीं है। वह मुश्किल से 12 वर्ष का बालक था। उसके पिता ने उससे ईश्वर का नाम न लेने को कहा। प्रह्लाद ने कहा, "उसके बिना मैं नहीं रह सकता, वह मेरा जीवन है।" इस पर उसके पिता ने कहा, "दिखाओ मुझे कि तुम्हारा ईश्वर कहाँ है।" एक गरम लौह स्तम्भ की ओर इशारा करके उसने प्रह्लाद से कहा कि उसे गले लगाओ। और हाँ, उस स्तम्भ में ईश्वर था। श्रद्धा और भक्ति से भरे प्रह्लाद ने उसे गले लगाया और उसका बाल भी बाँका नहीं हुआ। यदि हम भ्रातृत्व को चरितार्थ करना चाहते हैं तो हममें प्रह्लाद का प्रेम, प्रह्लाद की आस्था और प्रह्लाद का सत्य होना चाहिए।"

महात्मा गाँधी द्वारा लिखि दक्षिण अफ्रीका (अफ्रीका) के सत्याग्रह का इतिहास राष्ट्रपिता गाँधी स्वयं में ऐसे व्यक्तित्व थे जिनका उदाहरण समकालीन विश्व में मिलना असम्भव नहीं तो कठिन अवश्य है। जब हमारी मातृभूमि को विदेशियों ने गुलामी की जंजीरों में जकड़ रखा था तब उनका जन्म इस धरा पर हुआ। जब वे बालक और युवा थे तब वे अन्य जनों के समान पाश्चात्य एवं आधुनिकीकरण के जाल में

फँस गए थे और अपनी भारतीय संस्कृति को भूलने लग गए थे। किन्तु उन्हें शीघ्र ही अपनी भूल का अहसास हुआ और अपने सही मार्ग को उन्होंने पहचाना।

महात्मा गाँधी का पूरा नाम मोहनदास करमचन्द गाँधी था जिनका जन्म 2 अक्टूबर, 1869 को गुजरात के पोरबन्दर नामक स्थान पर हुआ था। उनके पिता का नाम करमचन्द गाँधी था जो कबा गाँधी भी कहलाते थे। वे क्रमशः पोरबन्दर, राजकोट (काठियावाड़) तथा वाकानेर के दीवान रहे। जब मोहनदास जी तेरह वर्ष के थे, तब उनका विवाह कस्तूरबाई (कस्तूरबा) से हो गया। विवाह के 62 वर्ष पश्चात् 1944 ई. में पूना की ब्रिटिश जेल में कस्तूरबा का स्वर्गवास हो गया।

गाँधी जी का विश्वास था कि भारत की भावी राजनीतिक प्रगति हिन्दू-मुस्लिम एकता पर निर्भर करती है। वे इस एकता की स्थापना के लिए 1918 से बराबर प्रयत्नशील रहे, किन्तु उनके इन प्रयासों का कोई स्थायी असर नहीं हुआ। 1925 में गाँधी जी कुछ समय के लिए सक्रिय राजनीति से संन्यास लेकर ग्रामोत्थान के कार्य में लग गए तथा उन्होंने गाँवों में व्याप्त भयंकर निर्धनता को दूर करने के लिए चरखे पर सूत कातने का प्रचार किया। साथ ही समाज से अस्पृश्यता को मिटाने हेतु प्रयास किए। अपने इस कार्यक्रम को वे 'रचनात्मक कार्यक्रम' कहते थे। जब उन्होंने यह देखा कि देश की राजनीति को उनकी अत्यन्त आवश्यकता है तो 1927 ई. में वे पुनः इसमें सक्रिय हो गए। गाँधी जी का रचनात्मक कार्यक्रम महान् एवं आर्थिक तार्किक आधार लिए हुए था। उन्होंने 'चरखे' पर विशेष बल दिया। उनके द्वारा प्रतिपादित असहयोग आन्दोलन प्रगति पर था, देशवासियों को सर्वप्रथम उन्होंने ही बताया कि ब्रिटिश राज भारतीयों के सहयोग के कारण ही उन पर काबिज है अन्यथा कब का ही वह समाप्त हो जाता। चरखा इसी आन्दोलन का एक अवयव था जिससे खादी के अर्थशास्त्र का जन्म हुआ। खादी का एक नैतिक और सांस्कृतिक पहलू भी था। लोग इस तथ्य को अनुभव करते थे कि खादी पवित्रता एवं देशभक्ति की भावना को उजागर करती है। खादी धन का समान वितरण करने वाली तथा भारतीयों को उनकी संस्कृति की झलक दिखाने वाली थी। गाँधीजी शारीरिक बल की अपेक्षा चारित्रिक एवं नैतिक बल में आस्था रखते थे तथा सर्वव्यापक, सर्वशक्तिमान दैवी सत्ता में विश्वास रखते थे, जिसे वे ईश्वर कहते थे। उसी को वे सत्य एवं प्रेम का स्वरूप समझते थे। ऐसी सत्ता कोई शरीरधारी अथवा व्यक्ति नहीं अपितु कण-कण में व्याप्त अलौकिक सत्ता है। उनके अनुसार ईश्वर जीवन है, सत्य है, प्रकाश है, वह प्रेम है।

गाँधीजी ईश्वर में विश्वास की कसौटी श्रद्धा को मानते थे। उनके विचार में श्रद्धा मनुष्य के अन्दर बैठे ईश्वर के प्रति उसके जीते-जागते विश्वास का प्रतिरूप है। श्रद्धा के सहारे ही मनुष्य जीवन में ऊँची से ऊँची आध्यात्मिक अवस्था प्राप्त कर

सकता है। श्रद्धा ही उसके जीवन में सफलता का सबसे बड़ा संबल है और परीक्षा में सबसे बड़ा सहारा।

गाँधीजी का भारतीय नैतिक दर्शन में महत्त्वपूर्ण योगदान है। उन्होंने योगदर्शन के पाँच यमों– अहिंसा, सत्य, अस्तेय अपरिग्रह तथा ब्रह्मचर्य– के आधार पर अध्ययन किया जिन्हें जैन आचार्य 'पंचमहाव्रत' की संज्ञा देते हैं। इनके साथ ही गाँधीजी ने सर्व धर्मसमभाव, स्वदेशी, शारीरिक श्रम, अभय, अस्वाद तथा अस्पृश्यता निवारण जैसे सिद्धान्तों को भी आवश्यक व्रतों के रूप में स्वीकार किया।

गाँधीजी ने अहिंसा की जो व्याख्या की वह बहुत व्यापक, युक्तिसंगत और संतुलित है। उनके मतानुसार क्रोध, घृणा, ईर्ष्या, विद्वेष तथा स्वार्थ से प्रेरित होकर किसी प्राणी को अपने वचन तथा कर्म द्वारा किसी प्रकार का कष्ट न पहुँचाना और कष्ट पहुँचाने का विचार भी न करना अहिंसा है। अहिंसा के इस निषेधात्मक पक्ष के अतिरिक्त उन्होंने स्वीकारात्मक पक्ष भी रखा, जिसके अन्तर्गत सभी प्राणियों के प्रति प्रेम, दया, सहानुभूति आदि सद्भावनाएँ रखना एवं यथासम्भव उनकी सेवा तथा सहायता करना आता है। महात्मा गाँधी यह मानते थे कि अहिंसा का आधार मनुष्य का नैतिक एवं आध्यात्मिक बल है, उसकी विवशता या दुर्बलता नहीं। उनका मत था कि विवशता और दुर्बलता के कारण हिंसा से दूर रहना अथवा अन्याय सहन करते हुए प्रतिरोध न करना अहिंसा नहीं प्रत्युत् कायरता है जो हिंसा से भी निकृष्ट एवं निन्दनीय है। अतएव साहसी व्यक्ति ही अहिंसा का पालन करने योग्य है। अहिंसा न केवल मानव जीवन का बल्कि समस्त विश्व का आधारभूत नियम है। समस्त विश्व का अन्तिम सत्य अहिंसा है।

अहिंसा के समान सत्य को भी महात्मा गाँधी मनुष्य हेतु अनिवार्य नैतिक नियम के रूप में स्वीकार करते थे। सत्य की व्यापक परिभाषा करते हुए उन्होंने कहा है कि जो तथ्य जिस रूप में देखा, सुना, जाना या अनुभव किया गया हो उसे उसी रूप में, कोई परिवर्तन अथवा संशोधन किए बिना, व्यक्त करना ही सत्य है। सत्य सभी प्रकार के मिथ्या आचरण का निषेध करता है। इसी कारण वे सत्य को अत्यधिक महत्त्व देते थे और सदैव इसके अनुसार निष्ठापूर्वक आचरण करना अनिवार्य मानते थे। उनके समस्त राजनीतिक और सामाजिक कार्य मूलत: सत्य पर ही आधारित थे।

जीवन में सत्य का दृढ़तापूर्वक पालन करने के लिए गाँधीजी ने अनेक उपाय बताए। वे कहते थे कि सत्य का पूर्णरूपेण पालन करने के लिए मनुष्य को कम बोलना चाहिए और अतिशयोक्ति, पक्षपात, तथ्यों को छिपाने या परिवर्तित करने का कभी प्रयत्न नहीं करना चाहिए, क्योंकि ऐसा करना स्पष्टतया सत्य का उल्लंघन करना है।

उन्होंने सत्य और अहिंसा दोनों पर आधारित 'सत्याग्रह आन्दोलन' राजनीतिक तथा सामाजिक समस्याओं के समाधान हेतु प्रारम्भ किया। सत्याग्रह से तात्पर्य है सत्य के प्रति पूर्ण एवं निष्ठापूर्वक आग्रह। गाँधीजी यह मानते थे कि उनका आन्दोलन सत्य के प्रति निष्ठा अभिव्यक्त करता है एवं इसका प्रयोजन प्रतिरक्षी में सत्य के प्रति निष्ठा उत्पन्न करना है। सत्य और अहिंसा में अविच्छेद सम्बन्ध है। सत्याग्रह में हिंसा के लिए बिल्कुल भी स्थान नहीं है एवं इसको अहिंसात्मक ढंग से ही परिचालित होना चाहिए। गाँधी जी ने अस्तेय को अहिंसा और सत्य के सहायक व्रत के रूप में स्वीकार किया है और उक्त दोनों व्रतों के समान इसे भी व्यापक अर्थ प्रदान किया है। उनके अनुसार शारीरिक, मानसिक एवं वैचारिक, सभी प्रकार की चोरी से सदा दूर रहना ही अस्तेय है। अपरिग्रह के सम्बन्ध में उनका मत है कि इसका पालन करने के लिए केवल धन संचय न करना ही पर्याप्त नहीं है प्रत्युत् भविष्य के लिए किसी भी रूप में किसी प्रकार का संचय न करना और रक्षा न करना भी आवश्यक है। अनिवार्य आवश्यकता से अधिक किसी भी वस्तु को ग्रहण करना अपरिग्रह का उल्लंघन है। यदि सभी मनुष्य, विशेषत: धनवान व्यक्ति, वास्तव में अपरिग्रह का निष्ठापूर्वक पालन करें तो व्यक्ति और समाज दोनों के लिए सुख और शान्ति का मार्ग प्रशस्त हो सकता है। इसी सिद्धान्त पर बापू का न्यासधारिता का सिद्धान्त आधारित था। बापू के न्यासधारिता के सिद्धान्त के अनुसार सम्पत्ति का वास्तविक स्वामी समाज है, कोई व्यक्ति विशेष नहीं, क्योंकि सामाजिक व्यवस्था बने रहने से तथा सम्पूर्ण समाज के क्रियाकलापों से ही सम्पत्ति उत्पन्न होती है एवं उसमें वृद्धि होती है। अत: भूमिपति और पूँजीपति क्रमश: भूमि और पूँजी के वास्तविक स्वामी नहीं हैं। अतएव उन्हें स्वयं को सम्पत्ति का स्वामी न समझकर उसका केवल न्यासधारी समझना चाहिए। सम्पत्ति से उत्पन्न होने वाले धन का उतना ही भाग उन्हें ग्रहण करना चाहिए जितना उनकी मूलभूत आवश्यकताओं की पूर्ति के लिए पर्याप्त हो। शेष सभी धन उन्हें परिश्रम करने वाले किसानों, मजदूरों एवं कामगारों के लिए उपलब्ध करा देना चाहिए। यदि सम्पत्ति-स्वामी आवश्यकता से अधिक धन अपने लिए रखते हैं तो वे ठीक वैसा ही अपराध करते हैं जैसा कि न्यासधारी न्यास की सम्पत्ति हड़पने पर करते हैं।

महात्मा जी के द्वारा प्रतिपादित न्यासधारिता का उपर्युक्त सिद्धान्त कार्लमार्क्स के वर्ग-संघर्ष के सिद्धान्त से नितान्त भिन्न है। बापू के अनुसार समाज को शोषक एवं शोषित नामक दो वर्गों में विभाजित करना गलत है, क्योंकि सम्पूर्ण समाज के हित एक से ही होते हैं। अत: समस्त समाज के हितों की सिद्धि के लिए उसके सभी वर्गों में सहयोग होना वांछनीय है। समाज के विभिन्न वर्गों में सहयोग का आधार न्यासधारिता का सिद्धान्त ही हो सकता है।

ब्रह्मचर्य को भी गाँधीजी व्यापक अर्थों में लेते थे। इस सम्बन्ध में उनका कथन था कि "मन, वचन एवं कर्म से सभी समयों में तथा सभी स्थानों पर अपनी समस्त इन्द्रियों का पूर्ण संयम अथवा नियन्त्रण ही ब्रह्मचर्य है।" उनके अनुसार जो व्यक्ति अपनी सभी इन्द्रियों को संयमित किए बिना केवल एक इन्द्रिय को नियन्त्रित करने का प्रयत्न करता है, वह वास्तव में ब्रह्मचर्य का पूर्णरूपेण कभी पालन नहीं कर सकता। ब्रह्मचर्य का पालन करने के लिए मनुष्य को तामसिक भोजन, कामोत्तेजक वस्तुओं, दृश्यों, स्पर्श तथा गंध से यथासम्भव दूर रहने का प्रयत्न करना चाहिए। इसके अलावा वासनात्मक विचारों का परित्याग करके अपने मन में केवल पवित्र विचारों का विकास करना भी बहुत आवश्यक है। गाँधीजी के मतानुसार साधन एवं साध्य में अविच्छेद सम्बन्ध है। अपवित्र अथवा अनैतिक साधनों का प्रयोग करके पवित्र एवं शुभ लक्ष्यों की प्राप्ति असम्भव है। शुभ साध्य की प्राप्ति के लिए शुभ साधनों का ही प्रयोग किया जाना चाहिए। अशुभ साधनों का प्रयोग उनके द्वारा प्राप्य साध्य को कलुषित कर देता है। वर्तमान युग में मानव-जीवन की नवीन परिस्थितियों और आवश्यकताओं को दृष्टिगत रखकर महात्मा गाँधी ने जैन दर्शन और योगदर्शन द्वारा प्रतिपादित अहिंसा, सत्य आदि पाँच महत्त्वपूर्ण नैतिक नियमों की व्यापक व्याख्या की। उन्होंने यह प्रमाणित किया कि आधुनिक राजनीतिक, आर्थिक और सामाजिक व्यवस्था में भी ये नैतिक नियम मनुष्य के लिए उतने ही उपादेय तथा श्रेयस्कर हैं जितने वे प्राचीन काल में थे। इन नैतिक नियमों के साथ-साथ गाँधीजी ने मोक्ष की भी वर्तमान जीवन के अनुरूप व्याख्या की है। प्राचीन भारतीय दार्शनिकों की भाँति वे भी मोक्ष को मानव जीवन का अन्तिम ध्येय मानते हैं, किन्तु उनके अनुसार इसे प्राप्त करने के लिए संसार का परित्याग करके संन्यासी बनने की आवश्यकता नहीं है। वह संसार में रहते हुए अपने सामाजिक उत्तरदायित्वों की पूर्ति तथा दीन-दुखियों की सेवा करके मोक्ष प्राप्त कर सकता है। इस प्रकार बापू के विचार में संसार से पृथक् होकर केवल अपने कलाणार्थ एकान्त में साधना द्वारा नहीं, अपितु पीड़ित एवं अभावग्रस्त मनुष्यों की सेवार्थ नि:स्वार्थ एवं सतत् प्रयास से ही मोक्ष प्राप्त की जा सकती है।

राजनीतिक एवं दार्शनिक चिन्तक होने के साथ-साथ राष्ट्रपिता अपने व्यावहारिक जीवन में विनोदी स्वभाव के भी थे। वे सदैव स्वदेशी वस्तुओं के इस्तेमाल पर बल देते थे तथा समय के पाबन्द थे। वे अत्यन्त परिश्रमी थे तथा दिन में बहुत कम विश्राम करते थे। वे अत्यन्त क्षमाशील थे और सबसे पूर्ण स्वाधीता देने के पक्षपाती। उनकी पावन स्मृति में उन्हें बार-बार प्रणाम! गाँधीजी के पाँच व्रत : (1) चर्खा कातना (2) अस्पृश्यता निवारण, (3) मादक वस्तु निषेध, (4) हिन्दू-मुस्लिम एकता तथा (5) स्त्रियों के प्रति समानता का व्यवहार। इन व्रतों का भी अहिंसा द्वारा ही प्रचार एवं पालन करना था।

महात्मा गाँधी बीसवीं सदी के महानतम व्यक्तियों में से थे जिन्होंने सामाजिक, आर्थिक एवं राजनीतिक शक्तियों पर अपना प्रभाव छोड़ा। वे ऐसे क्रान्तिपुरुष थे जो न केवल अपने देश की स्वाधीनता के लिए लड़े वरन् विश्व के दूसरे भागों के लोगों की स्वतन्त्रता के प्रति भी सचेत थे। वे ऐसे पुरुष थे जिन्होंने अहिंसा, सत्याग्रह, अनशन, हड़ताल, असहयोग और सविनय अवज्ञा जैसी नवीन एवं मौलिक तकनीकियों द्वारा ब्रिटिश साम्राज्य की नींव को हिला दिया। गाँधी बहुमुखी प्रतिभा के धनी थे और मानव से सम्बन्धित अनेक समस्याओं का हल निकालने में उन्होंने अपने मस्तिष्क का उपयोग निर्बाध रूप से किया। उनके सामाजिक विचार भारतीय समाज के आधारभूत सुधारों में उनकी रुचि को प्रकट करते हैं। यद्यपि वे एक समय में एक कार्य में विश्वास करते थे, तथापि अपनी बुद्धिमता और विश्लेषणात्मक तर्कशक्ति के द्वारा उन्होंने अस्पृश्यता, जातिवाद इत्यादि आपत्तिजनक सामाजिक बुराइयों को दूर करने के उपाय प्रस्तुत किए। आर्थिक क्षेत्र में उनका विचार था कि आर्थिक गुलामी और पिछड़ेपन से मुक्ति तभी मिल सकती है जब गाँवों में रहने वाले लाखों लोगों का आर्थिक पुनरुत्थान हो। इस नीति के तहत उन्होंने ग्रामीण लघु एवं कुटीर उद्योगों के विकास पर बल दिया ताकि गाँवों के सीधे-सादे लोगों को फलदायक रोजगार प्राप्त हो सके। राजनीतिक दृष्टिकोण से उनका विचार था कि चूँकि राज्य व्यक्ति की मौखिक स्वतन्त्रता को दबाना चाहता है, अतएव यह दमन एवं शोषण का एक उपकरण है। व्यक्तिवादी विचारधारा के समर्थक होने के कारण उनका मानना था कि व्यक्ति को अपने व्यक्तित्व का विकास एवं अलंकरण सत्य और अहिंसा द्वारा करके इसका पोषण स्वतन्त्रता के वातावरण में करना चाहिए।

गाँधी जनता का उत्साहवर्धन करने वाले नेता थे और बिना किसी शक्ति और पद के उन्होंने लाखों-करोड़ों लोगों पर अपना प्रभाव छोड़ा। वे बहुमत द्वारा लोकतन्त्र के सिद्धान्त से प्रभावित न होकर अपने कार्यों को संख्या की बजाय नैतिकता की कसौटी पर कसते थे। महात्मा गाँधी उच्च व्यक्तित्व के धनी थे तथा सर्वोच्च मूल्यों में अपना योगदान देने वाले थे। ये सर्वोच्च मूल्य भारत में सभ्यता के उदय से चले आ रहे थे तथा बापू ने इन्हें महत्त्व प्रदान कर राष्ट्रीय आन्दोलन में आवश्यक तत्त्वों के रूप में कायम रखा। गाँधी असाधारण उत्साह, दृढ़निश्चय तथा स्थितप्रज्ञता के धनी थे। वे ऐसे मौलिक मस्तिष्क के स्वामी थे जिसके द्वारा उन्होंने मानवीय समस्याओं के सभी क्षेत्रों में अन्वेषण एवं विश्लेषण किया। उनके चुम्बकीय व्यक्तित्व के कारण विविध स्वभाव एवं विपरीत बौद्धिक सम्पन्नता वाले व्यक्तियों ने उनमें अपना विश्वास व्यक्त किया। यह आश्चर्यजनक नहीं है कि गाँधी ने विभिन्न विषयों और मुद्दों पर अपने विचार रखे जिनके द्वारा गाँधीवाद की संरचना विविध खण्डों में की गई। हालाँकि गाँधी ने कोई वाद या संगठित सिद्धान्त नहीं बनाया था, किन्तु उनके अनुयायी विचारकों

ने उनके विचारों को संगठित करके उन्हें गाँधीवाद का रूप प्रदान किया। गाँधी मात्र सैद्धान्तिक न होकर क्रियाशील पुरुष थे। उनकी कथनी और करनी में कोई अन्तर नहीं होता था। वे जो कहते थे, वैसा ही करते थे। इसी कारण उनके समय राष्ट्रीय आन्दोलन पर उनका प्रभाव इतना अधिक था कि 1919 से 1947 तक का युग गाँधी युग कहलाता है। राष्ट्रीय नेतृत्व को सँभालते हुए उन्होंने साम्राज्यवाद से लड़ने के लिए अपने से पूर्व होने वाले राष्ट्रीय नेताओं से भिन्न स्ट्रेटेजिज और टेक्टीक्स अपनाई। निस्संदेह वे भारतीय यथार्थता की अन्तर्दृष्टि रखते थे और आने वाले समय में राजनीतिक, आर्थिक और सामाजिक क्षेत्रों में उनकी जो गहरी पकड़ थी, उससे विदित होता है कि यह अन्तर्दृष्टि और अधिक पैनी हो गई थी। गाँधी जी के पास किसी सिद्धान्त या वाद के निर्माण के रूप में न तो समय था और न धैर्य। आज जो कुछ मौलिक रूप में हमें प्राप्त होता है, वह उनके भाषण, लेख, पत्रादि हैं जो सिद्धान्त न होकर गाँधीवाद के कच्चे माल के रूप में हैं। गाँधी की अधिकांश अवधारणाएँ जैसे- सत्य, अहिंसा, सत्याग्रह, असहयोग, न्यासधारिता, सर्वोदय, ग्राम-राज, रामराज इत्यादि अन्त:प्रज्ञा से जनित अवधारणाएँ हैं। यदि उन्होंने कुछ पाश्चात्य दार्शनिकों जैसे- क्राइस्ट, टॉलस्टॉय, रस्किन इत्यादि को अपनी व्यवस्था में स्थान दिया तो अन्त:प्रज्ञा की कसौटी पर कसकर तथा अपने दृष्टिकोण के अनुरूप बनाकर ही। गाँधी के विचारों के सन्दर्भ ढाँचे के केन्द्र में औपनिषदिक-गीता परम्परा से प्राप्त 'आत्मा' है जो अनिर्देशयम्, अपरोक्षम् है। गाँधी की क्रियाओं का महत्त्वपूर्ण केन्द्र-बिन्दु अहिंसा भी 'आत्मा' से ही नि:सृत हुआ है। उन्होंने आत्मशक्ति अर्थात् सत्याग्रह का प्रयोग किया तथा 'समान आत्मा' पर बल दिया जो आपस के विरोधियों को परस्पर स्नेह बन्धन में बाँधता है और स्थूलस्तर पर अन्तर्निभरता की व्यवस्था में सहयोग स्थापित करता है। यह धर्म है। इस व्यवस्था का नियन्त्रक 'ऋत' एवं कारकों की अन्तर्निभरता का पक्ष 'धर्म' दोनों आत्मा अर्थात् सत् के पक्ष हैं। चूँकि समाज अन्तर्निर्भर व्यवस्था में सहयोग का पक्षपाती है, अतएव जब एक वर्ग या व्यक्ति दूसरे वर्ग या व्यक्ति का शोषण करता है तो 'धर्म' की पुनर्स्थापना हेतु असहयोग ही उचित उपाय है। शुभ साध्य को प्राप्त करने के लिए साधन भी शुभ होना चाहिए। न केवल शुभ हो बल्कि अहिंसक भी होना चाहिए। जब सन्देह हो कि क्या शुभ है और क्या अशुभ, तब आन्तरिक आवाज अर्थात् अन्तर्मर्म को सुनना चाहिए जो कि अन्त:प्रज्ञा पद्धति के अन्तर्गत अन्तिम न्यायालय की अपील है। मनु ने भी कहा है कि वेद ही धर्म का मूल है और धर्म न्याय का आधार।

गाँधी का सबसे पृथक् और बहुमूल्य योगदान प्राकृतिक विधि का अन्त:प्रज्ञात्मक आधार है जिसने बीसवीं सदी के भारत की आवश्यकताओं को निषेधात्मक और सकारात्मक पक्षों के अनुरूप नवीनता प्रदान की। आततायियों का सामना करने के लिए निषेधात्मक उपायों में सत्याग्रह, असहयोग, सविनय अवज्ञा इत्यादि तथा

सकारात्मक उपायों में प्रेम एवं सद्भाव हैं जो छुआछूत एवं जातिप्रथा जैसे ऐतिहासिक एवं पारम्परिक बहिष्कृत करने वाले तरीकों से भिन्न एवं विपरीत हैं। गाँधी जी भगवद्गीता से अत्यधिक प्रभावित थे। इसके निष्काम कर्मयोग ने उन्हें जीवन भर संघर्ष करने के लिए प्रेरित किया। गीता उनके लिए आध्यात्मिक शब्दकोश के समान थी जो उनके संघर्ष में प्रत्येक समस्या के हल के लिए उनकी मार्गदर्शिका बन गई थी। गीता का ज्ञान प्राप्त करने के उपरान्त वे निरन्तर वैचारिक स्थितप्रज्ञता की ओर अग्रसर हुए। गीता का अध्ययन उनके लिए मात्र बौद्धिक व्यायाम नहीं था बल्कि इसकी शिक्षाओं के अनुरूप अपने जीवन को बनाने का उन्होंने स्वयं का ध्येय माना। उनके लिए यह व्यावहारिक निर्देश पुस्तिका के साथ-साथ शक्ति का स्रोत भी थी। गीता की मुख्य शिक्षा कर्मफलों का त्याग-परित्याग है जो गाँधी के अनुसार अहिंसा के बिना फलीभूत नहीं हो सकती। अहिंसा तृष्णाविहीनता का एक भाग है जो कर्मफल के त्याग हेतु अत्यावश्यक है। महात्मा गाँधी लोकतन्त्र के सिद्धान्त एवं व्यवहार में दृढ़ विश्वास रखते थे। उनका यह विश्वास उनकी स्वयं की लोकतान्त्रिक अवधारणा पर आधारित था जो पश्चिम के शास्त्रीय लोकतन्त्र से कुछ भिन्न था। समानता के प्रति उनका आजनित प्रेम, व्यक्तिगत स्वतन्त्रता क्रा समर्थन और मनुष्य के प्रति भाईचारे की भावना, जो लिंग, धर्म, भाषा, संस्कृति इत्यादि से परे थी, से उनकी लोकतन्त्र की अवधारणा के प्रति विश्वास का परीक्षण हो जाता है जो यह सिद्ध करता है कि वे सच्चे अर्थों में लोकतन्त्र के समर्थक थे।

गाँधी के आर्थिक विचार स्वराज, सर्वोदय व 'सत्य और अहिंसा' पर आधारित थे। इनमें से सर्वाधिक प्रभावशाली सिद्धान्त सर्वोदय अर्थात् सबका उत्थान था। इस सिद्धान्त का अभ्युदय तब हुआ जब उन्होंने रस्किन द्वारा लिखित पुस्तक 'अन टू दिस लास्ट' का अध्ययन गहनता के साथ किया, जिसमें निहित था कि व्यक्ति के भले से सबका भला होता है। बापू चाहते थे कि सामाजिक-आर्थिक सीढ़ी के अन्तिम सोपान अर्थात् निर्धनतम से भी निर्धन का भला होना चाहिए। इस सन्दर्भ में स्वराज के विचार से स्वदेशी एवं आत्मनिर्भरता की भावना का विकास हुआ। दक्षिण अफ्रीका में हिन्दुस्तानियों की सत्याग्रह की लड़ाई आठ बरस चली। बहुत समय से मेरी यह इच्छा थी कि इसका इतिहास मैं स्वयं लिखूँ। बड़े पैमाने पर राजनीतिक क्षेत्र में यह प्रयोग पहला ही था, अतः इस सत्याग्रह के सिद्धान्त का विकास किस तरह हुआ, यह जान सकना किसी भी समय आवश्यक माना जाएगा।

❑❑❑

4

पंडित जवाहर लाल नेहरु

जन्म : 14 नवम्बर, 1889 मृत्यु : 27 मई, 1964 भारत के प्रथम प्रधानमंत्री व गुटनिरपेक्ष आंदोलन के प्रमुख नेता। सबसे अहम बात यह है कि आप और मैं यानी हम सब सामुदायिक योजना के सवाल पर किस नज़रिये से गौर करते हैं। क्या यह हमारी बहुत-सी योजनाओं, बेशक अच्छी योजनाओं में से एक है, जिनके लिए हम दिन-भर काम करते हैं और बाकी किस्मत भरोसे छोड़ देते हैं या यह उससे कुछ ज्यादा है? क्या यह कोई ऐसी चीज़ है, जिसका आप प्रशासक, विकास-आयुक्त, केन्द्रीय समिति अथवा योजना आयोग वगैरह की हैसियत से ऊपर से संचालन करेंगे, या यह कोई ऐसी चीज है, जिसके ज़रिये आप हमारे लोगों में काम करने के लिए नीचे से ताकतों को उभार सकेंगे? जो ताकतें बिना तयशुदा मसविदों और बिना ठीक-ठीक तालमेल के उभरती हैं, उनके कभी अच्छे नतीजे आते हैं, तो कभी बुरे। ऊपर से अच्छी रहनुमाई हो और अच्छा संगठन हो, यह जाहिरा तौर पर जरूरी और अनिवार्य है, लेकिन अगर नीचे से ताकतें नहीं उभरती हैं तो अच्छी रहनुमाई और अच्छा संगठन बिल्कुल बेकार साबित हो सकते हैं। कभी-कभी मुझे शक होने लगता है और थोड़ा डर भी लगने लगता है, उस ऊपर की रहनुमाई से, जो हम हमेशा देते रहते हैं और इसमें मैं खुद शामिल हूँ। हममें मुल्क को, लोगों को और हर किसी को अच्छी सलाह

देते रहने की आदत पड़ गई है। मगर मेरा खुद का यह तर्जुबा है कि बहुत लोग ज़्यादा सलाह पसन्द नहीं करते। ये सलाहें चिढ़ पैदा कर देती हैं। हम दूसरों का भला करने के मकसद से सलाहें देते हैं, किन्तु उनसे किसी भी तरह यह मकसद पूरा नहीं होता। दूसरे शब्दों में, बुनियाद रखे बिना, नीचे की सीढ़ियों के साथ गहरा नाता कायम किये बिना, ऊपर से ज्यादा रहनुमाई देते रहने से तो हम बड़े नतीजे मुश्किल से ही हासिल कर सकेंगे। बेशक, कुछ-न-कुछ नतीजा तो हम हासिल करेंगे। इस तरह सवाल यह है कि इन दो चीजों को किस तरह मिलाया जाय?

जाहिर है कि हमको योजना बनानी होगी, उसको चलाना होगा, उसका संगठन करना होगा और उसमें ताल-मेल बैठाना होगा, मगर इससे भी ज्यादा जरूरी हमें ऐसे हालात पैदा करने हैं, जिनमें आपो-आप नीचे से विकास मुमकिन हो सके। मैं ताज्जुब करता हूँ कि क्या यह सामुदायिक विकास-योजना ऐसी योजना है, जो चोटी के और बाकी के दूसरे लोगों के बीच एकता कायम कर सकेगी? चोटी से मेरा यह मतलब नहीं है कि कुछ लोग बड़े हैं। मेरा मतलब मार्ग-दर्शकों और संगठन-कर्त्ताओं से है और बाकी के दूसरों से मेरा मतलब उन करोड़ों लोगों से है, जो इस काम में हिस्सा लेंगे। दरअसल अखीर में चोटियाँ और श्रेणियाँ कुछ नहीं होनी चाहिएँ। फिर भी मैं महसूस करता हूँ कि संगठन-सम्बन्धी नेतृत्व एक गेंद की तरह ऊपर से नीचे को नहीं फेंका जाना चाहिए। दूसरे शब्दों में, सामुदायिक परियोजनाओं के लिए भी जहाँ तक मुमकिन हो, पहल लोगों की ओर से आनी चाहिए, जिन पर कि उनका सबसे ज्यादा असर पड़ने वाला है।

अक्सर हम अपने कमरों में बैठ जाते हैं और जिसमें लोगों का भला समझते हैं, उसके मुताबिक हर बात का फैसला कर डालते हैं। मेरे खयाल से हमें लोगों को इन बातों के बारे में खुद सोचने का मौका देना चाहिए और वे इस तरह हमारे विचारों पर असर डालेंगे, जिस तरह कि हम उनके विचारों पर डालते हैं। इस तरह कहीं ज्यादा जानदार और अच्छे ताल-मेल वाली योजना बनती है, ऐसी योजना जिसमें गहरी साझेदारी की भावना होती है-यह साझेदारी की भावना काम को करने में नहीं, बल्कि काम खड़ा करने और उसके बारे में सोच-विचार करने में होती है। हममें या आपमें से जो लोग ज्यादा समझे-बूझे हैं, जिन्होंने इस मसले के बारे में ज्यादा गौर किया है और कुछ हद तक इस तरह के काम के लिए ज्यादा मौजूँ समझे जा सकते हैं, वे आपके या मेरे मुकाबले परियोजनाओं के बारे में सोचने और रहनुमाई करने के लिए ज्यादा हकदार हैं। साथ ही, यह भी उतना ही सच है कि जिन लोगों के लिए आप काम करते हैं और जिन्हें अखीर में खुद अपने लिए काम करना है, भले ही, वे ख़ास जानकार न हों, खुद जब तक उनके मन में उभार पैदा नहीं होगा, सोचने और काम करने की रचनात्मक भावना उनमें नहीं आयेगी, तब तक वे उस शक्ल में काम नहीं

करेंगे, जिसमें कि हम उन सबको काम करते हुए देखना चाहते हैं। मेरा प क्का खयाल है कि सामुदायिक परियोजनाएँ बहुत ज्यादा अहमियत रखती हैं, केवल इसलिए नहीं कि ऐसी हर परियोजना से जो कुछ माली तौर पर मिलता है, उसका हिसाब आप कागज पर लिख सकते हैं, जो मैं उम्मीद करता हूँ काफ़ी लम्बा-चौड़ा होगा, यानी यह पता चलेगा कि परियोजना के जरिये कितना ज़्यादा अनाज पैदा किया गया, मकान बने, स्कूल और दवाख़ाने खुले, अच्छी सड़कें, तालाब, कुएं आदि बनाये गए। आप ऐसी फ़ेहरिस्त बना सकते हैं और उसको देखकर खुशी होती है, मगर मेरा मन उससे भी आगे हर मर्द, औरत और बच्चे की ओर जाता है। मकान अच्छा हो सकता है, लेकिन अखीर में अहमियत उस मकान को बनाने वाले की है, मकान की या उस मकान में रहने वाले की नहीं। इसलिए मेरा मन उस बनाने वाले के बारे में सोचता है, हम भारत के तमाम लोगों को निर्माता बनाना चाहते हैं। ये सामुदायिक परियोजनाएँ बुनियादी अहमियत की मालूम होती हैं, सिर्फ़ इसीलिए नहीं कि इनसे माली तरक्की होगी, बल्कि उससे भी कहीं ज़्यादा इसलिए कि वे समाज और आदमी को बनाती हैं और आदमी को खुद अपने गाँव का और बड़े मानी में हिन्दुस्तान का बनाने वाला बनाती हैं। अब, आप किस तरह आगे बढ़ेंगे? कुदरतन गोल-मोल चर्चाओं और बहस-मुबाहसे के जरिये नहीं। हम बिना काफी गहरी चर्चा के ये योजनाएँ नहीं बना सकते और मुझे यह कहते हुए खुशी होती है कि पिछले दो-तीन महीनों में काफ़ी ऐसी चर्चाएँ हुई हैं और उनका कुछ नतीजा भी निकला है। मगर मुझे कुछ डर भी लगता है, जब मैं यह योजना-निर्माण और संगठन देखता हूँ कि कहीं हम इसे अपने काम का खास हिस्सा ही न समझने लगें। हम यह सोचने लग सकते हैं, जैसा कि हममें से बहुतों की आदत है कि बड़ी-बड़ी इमारतों और दफ्तरों में बैठने वाले हम ही लोग काम करते हैं। हम इस तरह की कोई बात नहीं कर रहे हैं। हम तो केवल बताते हैं कि काम को किस तरह करना चाहिए। काम तो दूसरे लोगों को ही करना होगा। किसी तरह से भी हो, आज काम करने वाले लोगों में आत्म-विश्वास नहीं है। इन कामों के लिए लोगों में पहल और उभार कैसे पैदा किया जाय? उनमें वह साझेदारी की भावना, वह उद्देश्यमूलक भावना और वह काम करने का उत्साह कैसे पैदा किया जाय?

जब मैं अपने मन में पैठता हूँ और पुरानी यादों को ताज़ा करने की कोशिश करता हूँ तो मुझे याद आता है कि हमने अपने निजी और राष्ट्रीय जीवन में कभी-कभी इसी तरह सोचा, महसूस किया और काम किया है। इस तरह की भावना ही आदमी के व्यक्तित्व को बढ़ाती है। हालाँकि यह हमारे देश में हुआ है, मगर मैं नहीं जानता कि हमारे जिंदा रहते-रहते ऐसा फिर होगा। हम अपने पुराने पैमाने पर नहीं पहुँच पा सकेंगे, क्योंकि हालत जुदा है। जो भी हो, मैं उस पीढ़ी का हूँ, जो कमोबेश

गुजरे जमाने से ताल्लुक रखती है और इसीलिए मैं दूसरों के लिए, नौजवान पीढ़ी के लिए, नहीं कह सकता, जिसे हमारी ही तरह महसूस करना चाहिए। हम वैसा महसूस करें या न करें, मुझे यह बिल्कुल साफ दिखाई देता है कि यदि हिन्दुस्तान को फिर से बनाने का बड़ा काम करना है तो हमारे लिए इस बारे में किताबों और आँकड़ों, निबन्धों और निर्देशों, योजनाओं और संगठनों के अलावा और भी बहुत-कुछ ज़रूरी है। काम करने के लिए गहरे जोश और बड़ी कोशिश के लिए मुल्क को उकसाने वाली भावना की ज़रूरत होगी। हाँ, तो सामुदायिक परियोजनाओं को उस नज़रिये से देखा जा सकता है? शायद मैं बहुत ऊँची बात आपके सामने रख रहा हूँ और बहुत ऊँची बात पेश करना खतरनाक होता है। कारण, उस हालत में आप पर उल्टा ही असर होगा।

मेरे खयाल में शायद ही ऐसा कोई मुल्क होगा-(मेरा मतलब दूसरे मुल्कों को बे-इज़्ज़त करने का नहीं है) जिसके सामने हिन्दुस्तान के जैसे ऊँचे आदर्श हों। और मैं यह भी कह दूँ कि शायद ही कोई ऐसा मुल्क होगा, जिसमें आदर्शों और व्यवहार के बीच इतनी चौड़ी खाई हो, जितनी हिन्दुस्तान में है। इसलिए बड़ी-बड़ी बातें करना और अपने लक्ष्य के आस-पास कहीं भी न पहुँच पाना, एक खतरनाक चीज़ है। फिर भी कभी-कभी आदमी को तारों की ओर देखना पड़ता है, भले ही वह उन तक न पहुँच पावे। अपने आदर्शों को सिर्फ़ इसलिए कि आपके खयाल से वे बहुत ऊँचे हैं, नीचा करना ठीक नहीं है, भले ही आप उन आदर्शों के बहुत पास न पहुँच सकें। हम सामुदायिक परियोजनाओं को अपने दफ्तरों के घेरे से कितना दूर ले जा सकते हैं और उन्हें ऐसे जानदार स्त्री-पुरुषों की योजनाएँ बना सकते हैं, जो कुछ अहम काम कर डालने के जोश से भरे और प्रेरित हों। यही सवाल है। हम सही और लाजमी तौर पर रुपये-पैसे और साधनों का हिसाब लगाते हैं। आदमी को यह करना पड़ता है, वह गैर-जिम्मेदारी से काम नहीं कर सकता। मगर मैं यह कहूँगा कि ये सब कम जरूरी चीजें हैं। खास अहमियत इनसे ताल्लुक रखने वाले आदमी की है-उस आदमी की, जिसे काम करना है, जिसे महसूस करना है और अपने सोचे हुए को अमली जामा पहनाना है। क्या आप उस तरह का इन्सान बनाने की कोशिश करेंगे? बेशक, इन्सान मौजूद हैं। आपको उसके दिल और दिमाग़ को छूना-भर है। आप यह काम सलाह देकर नहीं कर सकते। मेरी बात मान लीजिये, बहुत ज्यादा सलाह मत दीजिये, काम को खुद कीजिये। दूसरों को आप यही सलाह दे सकते हैं। आप ऐसा करें और दूसरे आपके पीछे चलें। आप ऐसा क्यों सोचते हैं कि आप विकास-आयुक्त हैं, इसलिए बड़े दफ्तर में बैठना और हुक्म जारी करना आपका काम है। मैं आदर के साथ यह कहने की इजाज़त चाहता हूँ कि अगर आप ऐसा सोचते हैं तो आप बेकार हैं। अच्छा होगा कि आप और कहीं चले जायें और कोई दूसरा काम

करें। इस बारे में हमें साफ होना चाहिए। कोई विकास-आयुक्त हो या प्रशासक, उसे हमेशा अपने दफ्तर में बैठे रहना और आदेश जारी नहीं करते रहना चाहिए। उसे कुदाली हाथ में लेनी चाहिए और खुदाई करनी चाहिए या और कुछ करना चाहिए। इस योजना से सम्बन्धित कोई भी आदमी, जो दफ्तरों में बैठा रहता है, मेरे खयाल से नालायक है। अगर आप खुद काम करेंगे तो दूसरों से भी करा सकेंगे। रहनुमाई करने और दूसरों से काम करने की अपील करने का यही एक तरीका है। हम लोग आलसी बनते जा रहे हैं, खासकर अपने हाथ-पाँव नहीं हिलाना चाहते और अक्सर दिमागी तौर पर भी सुस्त बन रहे हैं। हालाँकि हमारे मौजूदा काम से इस बात का कोई ताल्लुक नहीं है, फिर भी मुझे अफसोस के साथ कहना पड़ता है कि हमारे विश्वविद्यालयों का माप-दण्ड गिर रहा है और अगर इसे रोका न गया तो मैं नहीं जानता कि आगे चलकर हम कोई बड़ा काम कैसे कर पायेंगे, किन्तु यह दूसरा ही मसला है।

आप जहाँ भी हों, मैं उम्मीद करता हूँ कि आप हर रोज सुबह अपने काम की शुरुआत, यदि मुमकिन हो तो, सामुदायिक परियोजनाओं को पूरा करने के सिलसिले में थोड़े शारीरिक श्रम से करेंगे। आपको इस कोशिश में साझेदारी की भावना को बढ़ाना चाहिए। मैं नहीं चाहता कि हमारे विकास आयुक्तों या प्रशासकों ने अब तक योजनाओं पर रोशनी डालने वाले हैण्डबिल और छोटी-छोटी किताबें निकालने के सिलसिले में क्या किया है। मैंने यहाँ एक छोटी किताब देखी है, वह अंग्रेजी में है। वह काम-काजी और अच्छी है। मैं उम्मीद करता हूँ कि ऐसी किताबें हिन्दुस्तान की सभी भाषाओं में निकाली जायेंगी। मगर और भी बहुत-कुछ करना होगा। मैं चाहता हूँ कि यह विषय काम-काजी ढँग से नहीं, बल्कि इन्सानी तरीके से समझाया जाय, ताकि किसी तरह लोगों के दिमाग में समा जाय। मगर इससे भी जरूरी यह है कि विकास-आयुक्त लोगों के साथ इन्सानी तरीके से पेश आयें, उनके साथ दोस्ताना ढंग से बात करें, उनकी इच्छाओं की जानकारी लें और अपनी राय उन्हें बतायें कि यह उनका अपना काम है, उन पर थोपा नहीं गया है और न ऊपर से कुछ इनाम के तौर पर उन्हें दिया गया है। आप उन्हें बतायें कि यह एक सहकारी प्रयास की योजना है। उसके जरिये किस तरह उनका, उनके बच्चों और बच्चों के बच्चों का भला होगा। आप किसी-न-किसी तरह उनसे मेल-मिलाप करें, उनके दिल और दिमाग को छुयें और उन्हें अपने साथ काम करने के लिए बुलाया करें, अपने आदेश से नहीं, बल्कि अपने साथ काम करने के लिए बुलायें। इस तरह आप धीरे-धीरे एक तरह के भाईचारे का काम करने वालों की मण्डली बना लेंगे। मैं अपने देशवासियों के बारे में अपनी जानकारी की बुनियाद पर बोल रहा हूँ। मैं उनकी बुरी बातों की बुराई करने से नहीं डरता। मैंने अभी-अभी उन्हें सुस्त वगैरह कहा है। मगर मैं बिल्कुल ईमानदारी के साथ यह मानता हूँ कि हिन्दुस्तान के लोग बहुत अच्छे हैं और मौका मिलने पर वे

बड़े-बड़े काम कर सकते हैं। लोगों की इस बड़ी आबादी को किस तरह काम करने का मौका दिया जाय, यह मसला है। आप सबको एक साथ मौका नहीं दे सकते, भले ही आप उसकी कोई भी योजना क्यों न बनायें। बेशक, आपको योजना हर आदमी के लिए बनानी होगी। जो योजना सबके लिए नहीं होगी, वह सही योजना नहीं होगी। आपको यह लक्ष्य हमेशा अपने सामने रखना होगा और अपने आखिरी लक्ष्य की ओर अगला कदम उठाने का आधार तैयार करना होगा। इस तरह आप काम में ऐसी हरकत पैदा कर देंगे, जो अपने-आप बढ़ती और फैलती चली जायेगी। मान लीजिये, आप आज पचपन सामुदायिक परियोजनाओं की शुरुआत करते हैं और अगले साल आप सौ या उससे कम-ज्यादा परियोजनाओं को हाथ में लेने की योजना बनाते हैं और यह सिलसिला जारी रखते हैं। आप चाहते हैं कि यह संख्या बढ़ती चली जाय और अगले पाँच या छह सालों में पाँच-छह सौ और केन्द्र शुरू हो जायें।

यह अपने-आप में बहुत बड़ी बात होगी। मुमकिन है, वह हमारी आबादी के बहुत बड़े भाग को अपने दायरे में ले ले। मगर मैं इससे कुछ जुदा बात के बारे में सोच रहा था। एक इलाके के करीब सौ गाँवों के एक केन्द्र को ले लीजिये। आप वहाँ सघन रूप में जो कुछ करेंगे, उसका असर आस-पास के गाँवों पर पड़ेगा। अगर काम बहुत ज्यादा सरकारी ढँग से होगा तो ऊपरवाली बात नहीं होगी। जो कुछ आपके सामने फौरन नजर आता है, उससे आगे वह काम नहीं बढ़ेगा। यह काम बहुत तंग नहीं होना चाहिए, बल्कि उसके भीतर खुद बढ़ने के तत्व मौजूद होने चाहिए। यह तभी मुमकिन होगा, जब आप लोगों की सोचने की ताकत को जगा सकेंगे। तब उस काम का अपने-आप विकास होगा। हमेशा एक खतरा रहता है कि आदेश देकर और सत्ता के द्वारा हम योजना को सरकारी मशीनरी का एक भाग बनाकर कठोर बना देते हैं, लचीली नहीं। मैं खुद इसका अक्सर दोषी होता हूँ। सरकारी तंत्र मेरे खयाल से जरूरी हैं। उनसे जो भी भला होता हो, पर खुद चलने वाली और जानदार योजनाओं पर उनका बुरा असर होता है। इस तरीके से काम किया गया तो सामुदायिक परियोजनाएँ कभी फलेगी-फूलेंगी नहीं। आपको हमेशा आत्म-प्रेरणा का खयाल रखना होगा। इस तरह की परियोजना उस हद तक कामयाब या नाकामयाब होगी, जिस हद तक कि आप एक तयशुदा समय में नतीजा हासिल कर सकेंगे। बेशक, जब आप लोगों के पास जाते हैं तो कुछ अस्पष्टता होती है, मगर एक बात के बारे में तय होना चाहिए, वह यह कि कोई काम कितने समय में पूरा कर लिया जायेगा। अगर आप इस लक्ष्य को पूरा नहीं करते तो उस हद तक आप नाकामयाब रहेंगे। दरअसल, आपको कुछ सामुदायिक केन्द्र नहीं चलाना है, बल्कि आपको सबसे बड़े समुदाय के लिए काम करना है और वह समुदाय हिन्दुस्तान के लोगों का है, खास तौर पर वे लोग, जो दबे हुए हैं, बहिष्कृत हैं, पिछड़े हुए हैं। इस देश में पिछड़े हुए लोगों की संख्या बहुत

बड़ी है। परिगणित जाति और परिगणित आदिवासी-संस्थाओं के अलावा पिछड़ी जाति संघ नामक एक संस्था है। असल में आप निश्चयपूर्वक कह सकते हैं कि हिन्दुस्तान के 96 प्रतिशत लोग पिछड़े हैं। पिछड़े लोग बहुत अधिक हैं, मुट्ठी-भर लोगों के अलावा ज्यादातर लोग पिछड़े हैं। जो हो, हमें उन लोगों का खास विचार करना है जो ज़्यादा पिछड़े हैं, क्योंकि हमें धीमे-धीमे अवसरों की समानता और दूसरे लक्ष्य हासिल करने हैं। आज की दुनिया में आप ज्यादा समय ऊँचे वर्गों और नीचे की श्रेणियों के बीच मौजूदा चौड़ी खाई को बनी नहीं रहने दे सकते। बेशक, आप सब आदमियों को समान नहीं बना सकते। मगर हमें उनको कम-से-कम अवसर की समानता देनी होगी। इसलिए मैं उम्मीद करता हूँ कि ये सामुदायिक केन्द्र सिर्फ अच्छे और सबसे अधिक अनुकूल स्थानों को चुनकर उन्हें ही विकसित करने में मदद नहीं देंगे, बल्कि ऐसे स्थानों की समस्याओं को हल करने की भी कोशिश करेंगे, जो आर्थिक, सामाजिक और अन्य दृष्टियों से पिछड़े हैं और इस तरह जुदा-जुदा स्थानों और हिन्दुस्तान की हालत का खूब तजुर्बा हासिल करेंगे, ताकि पिछड़ेपन का यह बड़ा मसला सबसे अच्छे और सबसे जल्दी मुमकिन तरीके से हल हो सके।

स्वतन्त्रता प्राप्ति के पूर्व स्वतन्त्रता संग्राम के दौरान विदेशी मामलों का उल्लेख सर्वप्रथम 1923 में स्वराज्य पार्टी के चुनाव घोषणा पत्र में किया गया जिसमें एक एशियाई संघ की स्थापना की मांग की गई। परन्तु यह कोई गम्भीर अथवा महत्वपूर्ण विषय नहीं समझा गया । पं जवाहरलाल नेहरू के पहले किसी राष्ट्रीय नेता ने अन्तर्राष्ट्रीय मामलों की और ध्यान नहीं दिया। हां जब विदेशों में बसे भारतीयों के प्रति दुर्व्यहार या चीन और राष्ट्रीय नेताओं का ध्यान विदेशी मामलों के प्रति अवश्य आकर्षित होता था और भारतीय राष्ट्रीय कांग्रेस तथा कुछ अन्य राजनीतिक दल इस सम्बन्ध में प्रस्ताव पारित कर देते थे। कुछ अन्तर्राष्ट्रीय घटनाओं जैसे 19 वीं शताब्दी के अन्त में एबीसीनिया की इटली पर विजय 20 वीं शताब्दी के प्रारम्भ में जापान की रूस पर विजय बाल्कन युद्ध में मुसलमानों द्वारा चिकित्सा दल भेजना तथा प्रथम विश्व युद्ध के बाद उनका तथा कांग्रेस का खिलाफत के सम्बन्ध में आन्दोलन करना आदि ने राष्ट्रीय नेताओं तथा जनता को प्राभावित किया किन्तु अन्तर्राष्ट्रीयवाद जैसा तत्व भारतीय राजनीति में नेहरू के पहले तक प्रविष्ट नहीं हुआ था।

नेहरू को अन्तर्राष्ट्रीयवाद की और झुकाने वाले तत्व- जिन तत्वों ने नेहरू को अन्तर्राष्ट्रीय समस्याओं व घटनाओं में रूचि लेने को प्रेरित किया उनमें निम्नलिखित मुख्य हैं।

1. पाश्चात्य शिक्षा का प्रभाव- नेहरू की आरम्भिक शिक्षा अंग्रेज शिक्षकों द्वारा उनके इलाहाबाद स्थित निवास स्थान पर हुई है। उनके पिता पण्डित मोतीलाल

नेहरू गांधीजी के सम्पर्क में आने के पूर्व एक नामी व धनी बैरिस्टर थे तथा पश्चात्य सभ्यता व संस्कृति में पूर्णतया रंगे हुये थे। नेहरू की उच्च- शिक्षा इंगलैण्ड के प्रसिद्ध पब्लिक स्कूल ईटन हैरो तथा कैम्ब्रिज विश्वविद्यालय में हूई। बचपन और युवावस्था में पाश्चात्य शिक्षा प्राप्त करने के कारण नेहरू ने भारत के अतिरिक्त विदेशों की घटनाओं वे समस्याओं में रूचि लेना प्रारम्भ कर दिया।

2. अन्तर्राष्ट्रीयता घटनाओं का प्रभाव-जिन अन्तर्राष्ट्रीय समस्याओं व घटनाओं ने जवाहरलाल नेहरू को अन्तर्राष्ट्रीय दृष्टिकोण अपनाने को प्रेरित किया उनमें से कुछ निम्न प्रकार है।

1. रूप जापान युद्ध में एशियाई जापान की रूस जैसे विशाल यूरोपीय देश पर विजय।

2. सन यात सेन के नेतृत्व में चीन की क्रान्ति 1911-12।

3. अक्टूबर 1917 की रूसी क्रान्ति जो विश्व इतिहास को एक महान घटना।

4. एशिया एवं अफ्रीका में साम्राज्य व उपनिवेशवाद तथा भारत सहित पराधीन देशों का शोषण।

5. प्रथम विश्व युद्ध 1914-18 के बाद कमाल पाशा के नेतृत्व में टर्की में क्रान्ति तथा वहां की प्रगति।

पण्डित नेहरू ने इन घटनाओं का उन पर जो प्रभाव पडा उसकी विस्तृत चर्चा अपनी आत्मकथा तथा पुस्तक विश्व इतिहास की झलक में विस्तार से की है।

1947 के पूर्व नेहरू के विश्व दृष्टिकोण या अन्तर्राष्ट्रीयतवाद का विकास-स्वतन्त्रता प्राप्ति के पूर्व पं नेहरू 1925 के बाद एक राष्ट्रीय नेता के रूप में प्रतिष्ठित हो गये थे। उन्होंने कांग्रेस को अन्तर्राष्ट्रीय समस्याओं व घटनाओं में रूचि लेने के लिए प्रेरित किया। अब कांग्रेस अपनी वार्षिक बैठकों तथा अन्य अवसरों पर अन्तर्राष्ट्रीय दृष्टिकोण का विकास निम्नलिखित तत्तवों व उदाहरणों से स्पष्ट हो जाता है।

1. 1927 में ब्रुसेल्स बेल्जियम में उत्पीड़ित जातियों के सम्मेलन में पं नेहरू ने अखिल भारतीय राष्ट्रीय कांग्रेस के प्रतिनिधि के रूप में भाग लिया। यह सम्मेलन यूरोप के कुछ समाजवादियों व उदारवादियों के पहल पर सम्पन्न हुआ था जिसमें एशिया व अफ्रीका के पराधीन राष्ट्रों के अनेक प्रतिनिधियों ने भाग लिया। इस सम्मेलन में पं नेहरू इन लोगों के सम्पर्क में आये और स्वाधीनता प्राप्ति के उपायों के सम्बन्ध में विचार विमर्श किया।

2. पं नेहरू की पहल पर भारतीय राष्ट्रीय कांग्रेस ने चीन पर जापानी आक्रमण की कड़े शब्दों में निन्दा की तथा जापानी माल के बहिष्कार का आह्वान किया। देश भर में चीन दिवस मनाया गया और डॉ कोटनिस के नेतृत्व में चीन की सहायता के लिए एक चिकित्सा दल वहाँ भेजा। युद्ध के दौरान स्वयं नेहरू चीन भी गये।

3. पं नेहरू की पहल पर भारतीय राष्ट्रीय कांग्रेस ने एबीसीनिया पर इटली के आक्रमण और उस पर अधिकार करने की कड़े शब्दों में भर्त्सना की।

4. स्पेन के गृह युद्ध में पं नेहरू ने फासी विरोधी गुट का समर्थन किया और कृष्णामेनन के साथ स्वयं युद्ध मोर्चे पर गये।

5. पं नेहरू ने इटली आदि देशों में फासीवाद तथा जर्मनी में नाजीवाद की स्थापना की आलोचना करते हुए उन्हें विश्व शांति के लिए खतरा बतलाया।

6. नेहरू ने इंग्लैण्ड की तुष्टीकरण की नीति का विरोध किया। चेकोस्लोवाकिया पर जर्मनी के अधिकार की उनकी पहल पर कांग्रेस ने कड़ी आलोचना की।

7. पं नेहरू ने पराधीन राष्टों जैसे बर्मा म्यांमार लंका इण्डोनेशिया आदि स्वतन्त्रता के लिए संघर्षरत नेताओं से निरन्तर सम्पर्क रखा। मिस्त्र की विपक्ष पार्टी और उसके नेताओं से भी सम्पर्क रखा 1938 की कांग्रेस की वार्षिक बैठक में विपक्ष पार्टी का एक सद्भावना दल आया था।

8. 1946 में जब पं नेहरू अन्तरिम सरकार के उपाध्यक्ष थे उन्होंने डच सरकार से इण्डोनेशिया को स्वतन्त्रता देने के लिए कहा।

9. मार्च 1947 में पं नेहरू पर विश्व मामलों की भारतीय परिषद् ने नई दिल्ली में प्रथम एशियाई सम्मेलन आयोजित किया जिसमें एशिया 28 देशों के भाग लिया। एक लेखक के अनुसार यह एक ऐसा सम्मेलन एवं आधुनिक समय का ऐसा सीमा चिह्न था जिसने एशिया के भूत और भविष्य को निर्धारित कर दिया। सम्मेलन को सम्बोधित करते हुए पं नेहरू ने कहा था एशिया किसी भी रूप में दूसरे की कठपुतली बनने के लिए तैयार नहीं। इस सम्मेलन में समान हितों पर पारस्परिक सहयोग की और संकेत किया गया।

1947 के बाद नेहरू का विश्व दृष्टिकोण या अन्तर्राष्ट्रीयवाद–5 अगस्त 1947 को भारत स्वतन्त्र हुआ और पं जवाहरलाल नेहरू देश के प्रधानमंत्री बने और अपनी मृत्युपर्यन्त मई 1964 तक इस पद आसीन रहे। उन्होंने काफी समय तक विदेश विभाग अपने ही पास रखा। स्वतन्त्रता प्राप्ति के पश्चात पं नेहरू के अन्तर्राष्ट्रीय दृष्टिकोण के विकास तथा इसके क्रियान्वयन के निम्नलिखित उदाहरण हैं।

1. राष्ट्रकुल की सदस्यता-पं नेहरू की पहल पर भारत ने राष्ट्रकुल में रहने का निर्णय किया जिससे भारत राष्ट्रकुल के देशों के सम्पर्क में रहकर पारस्परिक सहयोग व सहायता द्वारा अपनी व अन्य देशों की उन्नति कर सके और विश्व शांति बनाये रखने में योगदान दे सके।

2. गुट निरपेक्ष वाद का प्रतिपादन-पं नेहरू ने अपनी विदेशे नीति का आधार गुट निरपेक्षता की नीति बनाया। यह विश्व की समस्याओं व घटनाओं से दूर रहने या तटस्थता की नीति नहीं है वरन् यह शक्ति गुटों से दूर रहकर प्रत्येक अन्तर्राष्ट्रीय समस्या पर स्वतन्त्र व निष्पक्ष रूप से अपना मत प्रकट करने की नीति है। गुट निरपेक्षता की निती ने एक आन्दोलन का रूप ले लिया और आज इसके 100 से अधिक सदस्य हैं। गुट निरपेक्ष आन्दोलन विश्व शांति बनाये रखने में काफी सहायक रहा है।

3. नेहरू के विश्व दृष्टिकोण का व्यावहारिक स्वरूप-अपने प्रधानमन्त्रित्व काल में पण्डित नेहरू ने अनेक ऐसे कदम उठायें जो उनके अन्तर्राष्ट्रीय दृष्टिकोण के परिचाचह हैं जैसे

1. जनवरी 1949 में पं नेहरू ने द्वितीय एशियाई सम्मेलन आयोजित किया जिसमें डच सरकार से इण्डोनेशिया में पुलिस कार्यवाही रोक देने तथा उसे स्वतन्त्रता देने के लिए कहा गया।

2. कोरिया युद्ध में भारत ने वहाँ शान्ति बनाये रखने के काफी प्रयास किये युद्धबन्दियों के वापसी के सम्बन्ध में जो आयोग गठित किया गया उसका अध्यक्ष भारत को बनाया गया युद्ध विराम के उल्लघन को रोकने के लिए भारत ने वहाँ कुछ सैनिक टुकड़ियाँ भी भेजीं।

3. 1956 में हंगरी में तथा 1968 में चेकोस्लोवाकिया में सोवियत हस्तक्षेप की भारत ने आलोचना की।

4. 1955 में पं नेहरू की पहल पर बाण्डुगं सम्मेलन आयोजित किया गया जिसमें एशिया और अफ्रीका के अधिकांश देशों ने भाग लिया। इस सम्मेलन में साम्यवादी चीन ने भी भाग लिया। सम्मेलन में पास्परिक सहयोग स्वाधीन आन्दोंलनों को समर्थन आदि के सम्बन्ध में निर्णय लिये गये।

5. पं नेहरू ने आरम्भ से ही संयुक्त राष्ट्र संघ और इसके विभिन्न अंगों में पूर्ण आस्था रखते हुए महत्वपूर्ण भूमिका निभाई यद्यपि कश्मीर प्रश्न पर संयुक्त राष्ट्र संघ के रवैये से उन्हें काफी निराशा हुई।

नेहरू के विश्व दृष्टिकोण या अन्तर्राष्ट्रीयवाद की समीक्षा-नेहरू के अन्तर्राष्ट्रीय दृष्टिकोण ने भारत को लाभान्वित किया या नहीं इस सम्बन्ध में देश विदेश के विद्वनों और राजनीतिज्ञों में काफी मतभेद हैं। यहां हम नेहरू के अन्तर्राष्ट्रीय दृष्टिकोण एंव इसके क्रियान्वयन के पक्ष व विपक्ष में दिये गये तर्को का विश्लेषण करेंगे।

नेहरू के विश्व दृष्टिकोण के पक्ष में तर्क-नेहरू के विश्व दृष्टिकोण व इसके क्रियान्वयन के पक्ष में निम्नलिखित तर्क दिये जाते हैं।

1. विश्व समर्थन की प्राप्ति- स्वतन्त्रता प्राप्ति के पूर्व पं नेहरू ने भारतीय राष्ट्रीय कांग्रेस तथा भारतीय जनता का ध्यान विश्व समस्याओं एवं घटनाओं की और आकर्षित किया। उन्होंने भारतीयों को कूप-मण्डूक न बनने का परामर्श दिया। नेहरू ने स्वतन्त्रता संग्राम के दौरान ही स्वतन्त्र भारत की भावी विदेश नीति का निर्धारण कर दिया था। पं नेहरू द्वारा अन्तर्राष्ट्रीय समस्याओं तथा पराधीन राष्ट्रों के स्वतन्त्रता संग्रामों को समर्थन देकर विश्व के उदारवादी व प्रगतिशील लोगों की भारत के स्वतन्त्रता संग्राम के प्रति समर्थन व सहानूभूति प्राप्त कर ली थी। अमेरिका चीन आदि में ही नही अपितू ब्रिटेन में भी अनेक राजनीतिज्ञों और बुद्धिजीवियों ने नेहरू के अन्तर्राष्ट्रीय दृष्टिकोण की सराहना की।

2. अन्तर्राष्ट्रीय क्षेत्र में सम्मान-स्वतन्त्रता प्राप्ति के पश्चात नेहरू को अपने विश्व दृष्टिकोण को व्याहारिक रूप देने का अवसर मिला। स्वतन्त्रता प्राप्ति के पूर्व ही वे एक महान विद्वान इतिहासकार स्वतन्त्रता सेनानी और शोषित व पीड़ित लोगों से सहानुभूति रखने वाले के रूप में विश्व में प्रख्यात हो चुके थे। पं नेहरू ने अपने विश्व दृष्टिकोण के क्रियान्वयन हेतु गुट निरपेक्षता पर अपनी विदेश नीति अधारित की और प्रत्येक अन्तर्राष्ट्रीय समस्याओं पर निष्पक्ष सकारात्मक और स्वतन्त्र रवैया अपना कर भारत को विश्व में सम्मानजनक स्थान प्राप्त करवाया। दोनों ही शक्ति गुट भारत का समर्थन प्राप्त करने के लिए लालायित रहने लगे। सयुक्त राष्ट्र संघ में तथा इसके बाहर भारत को तीसरे विश्व का नेता माना जाने लगा।

3. राष्ट्रीय हितों को हानि नहीं-पं नेहरू के विश्व दृष्टिकोण ने भारत के हितों को हानि नहीं पहुँचाई। उसे दोनों ही शक्ति गुटों से आर्थिक सामरिक तकनीकी आदि सहायता प्राप्त हुई पं नेहरू के विश्व दृष्टिकोण में युद्ध न कर शांतिपूर्ण ढंग से विवादों को निपटाने का तत्व भी सम्मिलित था किन्तु 1947 में पाकिस्तान तथा 1962 में चीन ने जब भारत पर आक्रमण किया तो भारत ने उनका सशस्त्र मुकाबला किया और 1962में अमेरिका तथा ब्रिटेन से भी सैन्य सामग्री आदि लेने में सकोंच नहीं किया। इसी प्रकार दिसम्बर 1961 में भारत ने पुलिस कार्यवाही कर गोवा को पूर्तगाल की दासता से मुक्ति दिलाई।

4. देश के गौरव में वृद्धि-पं नेहरू ने रंगभेद जाति भेद उपनिवेशवाद और सम्राज्यवाद का खुला विरोध कर तथा पराधीन राष्ट्रों के स्वतन्त्रता संग्रामों को समर्थन देकर पिछड़े व विकासशील देशों में भारत के गौरव को बढ़ाया।

5. अन्तर्राष्ट्रीय शांन्ति बनाये रखने में योग-भारत ने अन्तर्राष्ट्रीय तनावों को कम करने तथा संघर्षों को टालने के लिए महत्वपूर्ण कदम उठाये। नेहरूजी ने कहा था हमार काम पुलों को बनाना है तोड़ना नहीं। इस प्रकार पं नेहरू के नेतृत्व में भारत ने दो विरोधी गुटों में तनाव की स्थिति उत्पन्न होने पर सेतुबन्ध का कार्य किया।

2 नेहरू के विश्व दृष्टिकोण के विपक्ष में तर्क-

1. राष्ट्रीय हितों की हानि-कुछ आलोचकों के अनुसार पं नेहरू के विश्व दृष्टिकोण ने देश के हितों को हानि ही पहुँचायी है। उनका कहना है कि स्वतन्त्रता प्राप्ति के पश्चात भारत के सामने इतीन गम्भीर समस्याएँ थीं कि उसे अन्तर्राष्ट्रीय मामलों में रूचि लेने के बजाय देश की आन्तरिक समस्याओं के समाधान की और ही ध्यान देना चाहिये था जैसे पाकिस्तान से आये शरणार्थियों का पुर्नवास देश का आर्थिक विकास आदि।

2. व्यावहारिकता का अभाव- कुछ अन्य आलोचकों के मतानुसार पं नेहरू के विश्व दृष्टिकोण के क्रियान्वयन में व्यावहारिकता का अभाव रहा हैं। उदाहरणार्थ नेहरू जी ने कश्मीर का मामला संयुक्त राष्ट्रसंघ में भेजकर इस समस्या को जटिल बना दिया और अभी तक इसका समाधान नहीं हो सका है। इसी प्रकार साम्यवादी चीन पर अत्यधिक विश्वास कर नेहरू जी ने देश के हितों को हानि पहुँचाई और 1962 में चीन के अचानक आक्रमण से भारत की प्रतिष्ठा को गहरा आघात पहुँचा। आचार्य कृपलानी के अनुसार यदि भारत ने चीन की नीतियों को भली भाँति समझा होता तो भारत को चीन के हाथों परास्त नहीं होना पड़ता।

3. गुट निरपेक्षता की पक्षपात पूर्ण निति-पं नेहरू की गुट निरपेक्षता की नीति से भारत को लाभ होने के बजाय हानि ही हुई है। नेहरू काल में भारत का 90 प्रतिशत से ऊपर व्यापार पश्चिमी देशों से होता था और अमेरिका तथा अन्य पश्चिमी देशों से ही उसे अधिकांश आर्थिक व सामरिक सहायता मिलती रही। भारत ने अनेक बार संयुक्त राष्ट्रसंघ और उसके बाहर अमेरिकन विदेश नीतियों की कटु आलोचना की और सोवियत गुट का ही अधिकतर समर्थन किया। उदाहरणार्थ 1956 में जब सोवियत सेनओं ने हंगरी में हस्तक्षेप किया तो नेहरू जी ने काफी देर बाद तथा दबे स्वरों में सोवियत संघ की आलोचना की। इसी प्रकार नेहरू जी पश्चिमी जगत द्वारा निर्मित सीटो नाटो आदि संगठनों की तो कड़ी आलोचना की किन्तु रूस द्वारा निर्मित

वारसा सन्धि की बहुत कम आलोचना की। इस प्रकार कहा जाता है कि नेहरू जी गुट निरपेक्षता की नीति निष्पक्ष नहीं रही और भारत का झुकाव सोवियत संघ की और अधिक रहा।

4. ठोस मित्रों का अभाव-कुछ आलोचकों का मत है कि नेहरू जी की विदेश नीति इस प्रकार की रही कि अपात्तिकाल में भारत को विश्व राजनीति में ठोस मित्रों को प्राप्त करने में असफलता ही मिली। उदाहरणार्थ चीनी आक्रमण के समय इण्डोनेशिया मिस्त्र घाना आदि जैसे गुट निरपेक्ष राष्ट्रों जिनका भारत ने सदैव समर्थन किया था ने मौन रहना ही ठीक समझा। उस समय सोवियत संघ ने चीन को अपना भाई तथा भारत को अपना मित्र कहकर भारत की सलाह दी कि वह शान्तिपूर्ण ढंग से चीन के साथ अपने सीमा विवाद का हल करे उस समय अमेरिका और ब्रिटेन ने ही भारत को खुला व ठोस समर्थन दिया।

निष्कर्ष-पं नेहरू के विश्व दृष्टिकोण से उनको व्यक्तिगत ख्याति अर्जित करने में तो सहायता मिली साथ ही विश्व राजनीति में उसने भारत का गौरव भी बढ़ाया। पं नेहरू एक आदर्शवादी व मानवतावादी नेता थे जिन्होंने शोषण अन्याय और अत्याचार के विरूद्ध सदैव आवाज उठाई। उन्होंने पराधीन राष्ट्रों की स्वाधीनता प्राप्ति में बहुत येाग दिया। गुट निरपेक्षता की नीति अपनाते हुए उन्होंने भारत के राष्ट्रीय हितों की कभी भी उपेक्षा नहीं की। परन्तु साथ ही यह भी कहना पड़ेगा कि नेहरू जी के विश्व दृष्टिकोण में व्यावहारिकता के बजाय आदर्शवाद का भाग अधिक था। उन्होंने अनेक अन्तर्राष्ट्रीय विवादों जिनका भारत से कोई सीधा सम्बन्ध नहीं था में पड़कर भारत के प्रति पश्चिमी गुट की सहानुभूति खो दी दूसरी और सोवियत संघ की और अधिक झुकने से देश को कोई विशेष लाभ भी प्राप्त नहीं हुआ। अन्त में यह कहना तर्कसंगत होगा कि कुछ त्रुटियों के बावजूद पं नेहरू के विश्व दृष्टिकोण ने भारत को कुल मिलाकर लाभान्वित ही किया।

पं जवाहरलाल नेहरू के गुट-निरपेक्षता के बारे में विचार

किसी भी देश की विदेश नीति से अन्य देशों के सन्दर्भ में उसका मार्ग निर्धारित होता है। यह एक कार्यक्रम है और इसका उद्देश्य हैं शांतिपूर्ण या युद्धोत्तर उपयों द्वारा देश के लिए सर्वश्रेष्ठ सम्भाव्य स्थिति प्राप्त करना इसके उद्देश्य होते हैं प्राकृतिक अखण्डता की सुरक्षा राजनीतिक स्वतन्त्रता की रक्षा तथा लोगों के लिए समुचित जीवन स्तर की वृद्धि। स्वतन्त्रता प्राप्ति के बाद भारत की विदेश नीति स्वतन्त्र दृष्टिकोण और गुट निरपेक्षता की रही है। भारत की गुट निरपेक्षता की विदेश नीति के सम्बन्ध में पं जवाहर लाल नेहरू ने सितम्बर 1946 में ही कह दिया था भारत वैदेशिक सम्बन्धों के क्षेत्र में एक स्वतन्त्र नीति का अनुसरण करेगा और गुटों की खींचतान से दूर रहते

हुए विश्व के समस्त पराधीन देशों के लिए आत्मनिर्णय का अधिकार प्राप्त करने तथा जातीय भेद भाव की नीति का दृढ़तापूर्वक उन्मूलन करनें का प्रयास करेगा। साथ में वह विश्व के अन्य स्वतन्त्रता प्रेमी और शांतिप्रिय राष्ट्रों के साथ मिलकर अन्तर्राष्ट्रीय सहयोग और सद्भावनाओं के लिए निरन्तर प्रयत्नशील रहेगा। गुट निरपेक्ष अवधारणा के प्रतिपादन का श्रेय स्वतन्त्र भारत के प्रथम प्रधानमंत्री पं जवाहर लाल नेहरू को है। पं नेहरू के प्रयासों के फलस्वरूप एशिया अफ्रीका और लेटिन अमेरिका के नव स्वतन्त्र देश इस नीति की और आकर्षित हुए और इसका अनुसरण करने लगे। गुट निरपेक्षता की पृष्ठभूमि–द्वितीय विश्व युद्ध 1939–45 के पश्चात मित्र राष्ट्र संयुक्त राज्य अमेरिका ब्रिटेन फ्रंास चीन और सोवियत संघ दो गुटों में विभक्त हो गये। एक गुट का नेतृत्व अमेरिका ने करना शुरू कर दिया और दूसरे का रूस ने छोटे व नव स्वतन्त्र देश इस या उस गुट के साथ जुड़े रहे थे। इस स्थिति में पं नेहरू ने अनुभव किया कि यदि यही प्रक्रिया जारी रही तो नवस्वतन्त्र देशों के लिए अपनी स्वाधीनता बनाये रखना असम्भव हो जायेगा। अतः पं नेहरू की गुट निरपेक्षता की अवधारणा के पीछे यह मूल भावना थी कि साम्राज्यवाद व उपनिवेशवाद से मुक्ति पाने वाले राष्ट्रों को शक्ति गुटों से पृथक रख कर उनकी स्वतन्त्रता को सुरक्षित रखा जाए अफ्रीका व एशिया के देशों के एकता की सुदृढ़ बनाया जाए और अन्तर्राष्ट्रीय क्षेत्र में शान्ति के प्रयासों को सुदृढ़ किया जाए।

पं नेहरू ने भी अनुभव किया कि गुट निरपेक्षता की नीति ही भारत के राष्ट्रीय हितों की रक्षा कर सकती है। गुट निरपेक्षता भारत के लिए स्पष्टतः तर्कसंगत नीति थी। पं नेहरू ने गुट निरपेक्षता की नीति को ही भारत की विदेश नीति का आधार बनाया। सितम्बर 1946 में राष्ट्र के नाम एक प्रसारण में पं नेहरू ने कहा था जहाँ तक सम्भव है हमार प्रस्ताव एक गुटों से अपने को अलग रखना है। इसी के कारण दो विश्व युद्ध हुए और आगे भी यही विनाश का कारण बन सकता है।

गुट निरपेक्षता का आर्थ–गुट निरपेक्षता या असंलगता का अर्थ है विश्व के किसी भी गुट के साथ जुड़ा हुआ न होना अर्थात नाटो सीटो या वारसा जैसे सैनिक गठबन्धनों में शामिल न होना। यह ऐसी नीति है जो विश्व में स्वतन्त्र नीति का अनुसरण करती है और हम समस्या पर अपने विचारों को प्रकट करने और अपने दृष्टिकोण को अपनाने के लिए स्वतन्त्र समझती है। यह किन्हीं पूर्वाग्रहों के आधार पर कार्य नहीं करती। यह समस्याओं पर वस्तुनिष्ठ दृष्टिकोण अपनाती है व्यक्ति निष्ठ नहीं।

गुट निरपेक्ष नीति को विविध नामों से पुकारा जाता है इसे तटस्थता गत्यात्मक तटस्थता शांतिवाद तथा गुटबन्दियों से पृथक रहने की नीति दोहरे गठबन्धन की नीति सभी से संलग्रता की नीति आदि कहा जाता है। कुछ लेखकों ने इसे नीति के बजाय

दृष्टिकोण कहा है। पामर इसे व्यवहारवाद की संज्ञा देता है। क्या गुट निरपेक्षता तटस्थता है पं नेहरू ने गुट निरपेक्षता का अर्थ तटस्थता से कभी नहीं लिया । तटस्थता एक स्थैतिक औरा नकारात्मक विचार है जबकि गुट निरपेक्षता एक गतिशील और सकारात्मक विचार है। जहाँ तटस्थता अन्तर्राष्ट्रीय समस्याओं पर पृथक्ता व अलगाव का दृष्ट्रिकोण अपनाती है वहां गुट निरपेक्ष उन पर पृथक्ता का दृष्टिकोण नहीं अपनाती बल्कि स्वतन्त्र रूप से विचार करती है उनमें सहभागिता की भूमिका निभाती है और आवश्यक हो तो विरोधी गुटों में या युद्ध व संघर्ष में संलग्न पक्षकारों में मध्यस्थता का कार्य करती है। 1949 में अमेरिकन सीनेट में भाषण देते हुएं पं जवाहर लाल नेहरू ने कहा था जहाँ स्वतन्त्रता के लिए खतरा हो न्याय को धमकी दी जाती हो अथवा जहाँ आक्रमण होता हो वहाँ न तो हम तटस्थ रह सकते हैं और न तटस्थ रहेंगे। पं नेहरू के निकटतम सहयोगी कृष्णामेनन ने भी संयुक्त राष्ट्र संघ की महासभा में कहा था हम तटस्थ देश नहीं हैं हम युद्ध और शांति के सन्दर्भ में तटस्थ नहीं हैं। हम साम्राज्यवादियों अथवा अन्य देशों द्वारा अधिपत्य स्थापित करने के सन्दर्भ में भी तटस्थ नहीं है। हम नैतिक मूल्यों के सम्बन्ध में तटस्थ नहीं हैं। हम उन बड़ी आर्थिक एंव सामाजिक समस्याओं के सन्दर्भ में तटस्थ नहीं हैं जिनकी कभी भी उदय हो सकता है। हमारी स्थिति यह है कि हम शीत युद्ध के सन्दर्भ में गुट निरपेक्ष तथा अप्रतिबद्ध हैं।

इस प्रकार पं नेहरू की गुट निरपेक्षता की नीति तटस्थता व्यवहारवाद दोहरा गठबन्धन या सबसे संलग्नता की नीति नहीं है।

गुट निरपेक्षता का उद्देश्य –पं नेहरू ने समय समय पर गुट निरपेक्षता की नीति के उद्देश्यों पर प्रकाश डाला था जिनका सार निम्नलिखित है।

1. गुट निरपेक्षता की नीति का उद्देश्य नव-स्वतन्त्र देशों की स्वतन्त्रता की रक्षा करना है।

2. उनके आर्थिक और सामाजिक विकास में पारस्परिक सहयोग बढ़ाना है।

3. धनी और निर्धन देशों में भिन्नताओं को दूर करना है।

4. साम्राज्यवाद, उपनिवेशवाद, नव-उपनिवेशवाद, शोषण, रंगभेद, और जातिवाद के विरूद्ध संघर्ष करना है तथा।

5. युद्ध व युद्ध की सम्भावनाओं को रोकना है और शांति के प्रयासों को सुदृढ़ करना है।

मार्च 1947 में अन्तः एशियाई सम्बन्ध सम्मेलन में बोलते हुए पं नेहरू ने कहा था हम एशिया के देश एक अर्से तक पश्चिमी दरबारों और दूतावासों के फरियाद

करते रहे हैं। अब यह अतीत की चीज हो जानी चाहिए। हम उन सभी से सहयोग करना चाहते हैं जो हमसे सहयोग करना चाहें। हम दूसरों के हाथों में नहीं खेलना चाहते हैं। 1954 में भारत चीन वाणिज्य व्यापार समझौते की प्रस्तावना में जिन पाँच सिद्धान्तों का उल्लेख किया गया है और जो पंचशील के नाम प्रसिद्ध हैं उन्हें ही आगे चलकर गुट निरपेक्ष आन्दोलन के व्यावहारिक सिद्धान्तों के रूप में अपनाया गया। पंचशील के सिद्धान्त निम्नलिखित हैं।

1. सभी राष्ट्र एक दूसरे की प्रादेशिक अखण्डता और सम्प्रभुता का सम्मान करें।

2. कोई राज्य दूसरे पर आक्रमण न करे और दूसरों की राष्ट्रीय सीमाओं का अतिक्रमण न करें। किसी राज्य की सीमा को कोई दूसरा राज्य भंग न करे।

3. कोई राज्य दूसरे राज्य के आन्तरिक मामलों में हस्तक्षेप न करे।

4. प्रत्येक राज्य एक दूसरे के साथ समानता का व्यवहार करे तथा पारस्परिक हित में सहयोग प्रदान करें अर्थात सभी देश समान हैं न कोई बड़ा है और न कोई छोटा सबको इस सिद्धान्त पर आचरण करना चाहिए।

5. सभी राष्ट्र शान्ति पूर्ण सह अस्तित्व के सिद्धान्त में विश्वास करें तथा इसी सिद्धान्त के आधार पर एक-दूसरे के साथ शान्तिपूर्ण रहें तथा अपनी पृथक -पृथक सत्ता एवं स्वतन्त्रता बनाये रखें।

नेहरू के गुट निरपेक्षता की प्रगति-पं नेहरू ने गुट निरपेक्ष अवधारणा का प्रतिपादन ही नहीं किया और न इसे केवल भारत की वैदेशिक नीति का आधार बनाकर सन्तुष्ट रहे। नेहरू ने गुट निरपेक्षवाद को एक विश्व आन्दोलन का स्वरूप दिया। उपनिवेशवाद के चंगुल से मुक्त होने वाले अनेक नव स्वतन्त्र देशों ने शक्ति गुटों से पृथक रहने की नीति का समर्थन किया। इण्डोनेशिया बर्मा और श्रीलंका ने सबसे पहले इसका समर्थन किया। 1955 में जब बांडुंग में अफ्रेशियाई सम्मेलन के समय युगोस्लाविया के राष्ट्रपति मार्शल टीटो ने इसका समर्थन किया तो गुटनिरपेक्ष आन्दोलन को बड़ा बल मिला। 1956 में ब्रियोनी में नेहरू टीटो और मिस्त्र के राष्ट्रपति नासिर में वार्तालाप के बाद यह घोषणा की गई कि शान्ति की खोज विश्व को विभाजित करके नहीं हो सकती उसके लिए स्वतन्त्रता के आयामों का विस्तार करना होगा तथा एक देश के दूसरे देश पर आधिपत्य को समाप्त करना होगा। सितम्बर 1961 में बेलगाद में गुटनिरपेक्ष देशों के प्रथम शिखर सम्मेलन में 25 देशों ने पूर्ण सदस्य के रूप में भाग लिया। नेहरू की मृत्यु मई 1964 के बाद इस आन्दोलन ने बहुत प्रगति की। मार्च 1983 में नई दिल्ली में आयोजित शिखर सम्मेलन में 101 देशों ने पूर्ण सदस्य के तौर पर 26 देशों एवं अन्तर्राष्ट्रीय संगठनों जैसे फिलिस्तीनी मुक्ति संगठन दक्षिणी

पश्चिमी अफ्रीका जन संगठन आदि ने पर्यवेक्षक के तौर पर और कुछ अन्य देशों जैसे डोमिनिकान रिपब्लिक ने अतिथि के तौर पर भाग लिया। आज गुट निरपेक्ष आन्दोलन संयुक्त राष्ट्र संघ के दो तिहाई सदस्यों मानव जाति के तीन चौथाई भाग और सभी महाद्वीपों का प्रतिनिधित्व करता है।

गुट निरपेक्ष आन्दोलन की सदस्यता के लिए योग्यतायें-पं नेहरू द्वारा गुट निरपेक्ष आन्दोलन को तीसरा गुट कभी नहीं बतलाया गया। उन्हीं की पहल पर 1961 में बेलग्राद में सम्पन्न गुट निरपेक्ष देशों के प्रथम शिखर सम्मेलन में इस आन्दोकन की सदस्यता के लिए निम्नलिखित मानक या योग्यताओं निश्चित की गयीं

1. सम्बन्धित देश ने विविध राजनीतिक एवं सामाजिक व्यवस्थाओं और गुट निरपेक्ष के सम्बन्ध में राज्यों के सह अस्तित्व के आधार पर स्वतन्त्र नीति को अपनाया हो या इस प्रकार की नीति में अपनी प्रवृति को प्रदर्शित किया हो।

2. सम्बन्धित देश ने राष्ट्रीय स्वाधीनता के लिए चल रहे आन्दोलनों का समर्थन किया हो।

3. सम्बन्धित देश महाशक्तियों के संघर्ष के प्रसंग में निर्मित सैनिक सन्धियों का सदस्य न हो।

4. यदि सम्बन्धित देश ने किसी महाशक्ति के साथ द्वि-पक्षीय सैनिक समझौता किया हो या सम्बन्धित देश किसी क्षेत्रीय सुरक्षा का सदस्य हो तो वह समझौता या सन्धि महाशक्ति संघर्ष के प्रसंग में जानबूझकर निर्मित नहीं होनी चाहिए।

5. यदि किसी देश ने किसी विदेशी शक्ति को सैनिक अड्डों की सुविधा प्रदान की हो तो वह सुविधा महाशक्ति संघर्ष के प्रसंग में प्रदान की हुई नहीं होना चाहिए।

पं नेहरू को समाजवाद की और झुकाने वाले तत्व

पं नेहरू को समाजवाद की और झुकाने वाले तत्व निम्नलिखित थे-

1. 1917 की रूसी क्रांति-पं नेहरू को समाजवाद की और झुकाने में 1917 की रूसी क्रांति का बहुत महत्व था। अपनी पुस्तक विश्व इतिहास की झलक में पं नेहरू ने इस क्रांति को विश्व-इतिहास की एक महानतम घटना बतलाया है। 1917 में रूसी क्रांति की दसवीं वर्षगांठ के अवसर पर उन्होंने रूस की यात्रा कर वहाँ की स्थिति का अवलोकन किया है। वहाँ पूँजीवाद और सामन्तवाद के अन्त को देखकर उन्हें प्रसन्नता हुई बाद में जब रूस ने अपना योजनाबद्ध विकास प्रारम्भ किया तो पं नेहरू ने भी भारत में योजनाओं द्वारा आर्थिक विकास करने का निश्चय किया।

2. फेबियन वाद का प्रभाव-पं नेहरू पर ब्रिटेन के फेबियन आंदोलन का बहुत प्रभाव पड़ा। इसके अतिरिक्त जॉर्ज बर्नार्ड शॉ सिडनी व वेब पैट्रिस हैराल्ड लास्की एच जी वैल्स आदि की पुस्तकों वे लेखों का भी उन पर प्रभाव पड़ा। फेबियन आन्दोलन का उद्देश्य लोकतांत्रिक ढांचे में धीरे-धीरे समाजवाद स्थापित करना था।

3. पूँजीवाद के दोष-पं नेहरू पूँजीवाद के दोषों से भली परिचित थे। वे इसे निर्धनों का शोषण करने वाले समझते थे। 1930 के विश्वव्यापी आर्थिक संकट ने पूँजीवाद के दोषों को विश्व के सामने प्रकट कर दिया। पं नेहरू का मत था कि यदि भारत को आर्थिक प्रगति करनी है तथा निर्धन व पिछड़े वर्गों का उत्थान करना है। तो पूँजीवाद को धीरे-धीरे समाप्त करना अनिवार्य है।

4. नेहरू का मानतवावादी दृष्टिकोण-पं नेहरू मूल रूप से मानवतावादी थे। वे भारत के ही नहीं बल्कि विश्व के सभी लोगों को शोषण अन्याय और अत्याचार से मुक्ति दिलाने पक्ष में थे उन्होंने भारत की आर्थिक स्वतन्त्रता की प्राप्त नहीं करनी है बल्कि साथ ही आर्थिक प्रगति भी करनी है। उनका कहना था कि बिना आर्थिक स्वतन्त्रता के राजनीतिक स्वतन्त्रता अधूरी व निरर्थक रहेगी।

5. भारत की विशिष्ट परिस्थितियाँ- पं नेहरू ने अनुभव किया कि भारत में कुछ इस प्रकार की परिस्थितियाँ हैं जिनके कारण यहां न तो विरूद्ध पूँजीवाद और न ही विशुद्ध साम्यवाद के अन्तर्गत आर्थिक प्रगति की जा सकती है। देशो की विशाल हुई जसंख्या अशिक्षा रूढ़िवाद आधार भूत उद्योगों का अभाव कृषि का पिछड़ापन सामन्तवाद आदि कुछ ऐसे तत्व हैं जो देश की आर्थिक प्रगति में बाधक है। पं नेहरू साम्यवाद के गुणों से तो परिचित थे किन्तु उसके दोषों जैसे व्यक्तिगत स्वतन्त्रता का अभाव हिंसात्मक तरीकों से पूँजीवाद को समाप्त करना आदि से भी परिचित थे उसे भारत के लिए अनुपयुक्त समझते थे वैसे भी पं नेहरू लोकतांत्रिक ढांचे में ही देश की आर्थिक प्रगति करना चाहते थे।

अब नेहरू के सामने समस्या यह थी कि भारत के आर्थिक विकास को तीव्र गति के किस प्रकार सम्पन्न किया जाए।

6. योजनाबद्ध आर्थिक विचार- जैसा कि ऊपर कहा जा चुका है पं नेहरू रूस के योजनाबद्ध आर्थिक विकास से बहुत प्रभावित हुए थे। पूँजीवाद में योजना बद्ध विकास असम्भव है। पं नेहरू का अनुभव किया कि यदि भारत को अपना विकास तेजी से करना है तो उसे योजनाओं द्वारा की ऐसा करना होगा। आर्थिक नियोजन एवं समाजवाद साथ साथ चलते हैं। लुडविग वॉन माईजिग के शब्दों में नियोजन समाजवाद की एक नई किस्म है। इन दोनों में इतना घनिष्ठ सम्बन्ध है कि आर्थिक नियोजन के

अभाव में समाजवाद की कल्पना भी नहीं की जा सकती। समाजवाद का उद्‌देश्य आर्थिक एवं समाजवाद समानता लाना होता है। यह उद्‌देश्य आर्थिक नियोजन के माध्यम से ही प्राप्त किया जा सकता है।

पं नेहरू भारत की तीव्र आर्थिक विकास चाहते थे अत: उन्होंने योजनाबद्ध विकास को अपनाकर समाजवाद की और कदम बढ़ाया। वे जानते थे कि सैकड़ों वर्षो से गुलामी में जकड़े भारत का विकास पूँजीवाद के अन्तर्गत नहीं हो सकता जैसा कि अमेरिका इंगलैण्ड आदि में हुआ। नियोजित अर्थव्यवस्था कट्टर प्रतिस्पर्धा के दोषों से मुक्त होती है तथा सामाजिक तथा सन्तुलित क्षेत्रीय विकास साधनों का अनुकूलतम वितरण आर्थिक विषमताओं आदि इसके द्वार दूर हो सकती है।

नेहरू समाजवाद की ओर- पं नेहरू ने 1 अप्रेल 1951 से प्रथम पंचवर्षीय योजना प्रारम्भ की। कांग्रेस में 1954 में एक प्रस्ताव द्वारा भारत में समाजवादी समाज पंचवर्षीय योजना में आर्थिक विषमताओं दूर करने तथा आधारभूत उद्योगों की स्थापना का लक्ष्य रखा गया। नेहरूजी ने औद्योगीकरण की नीति निश्चित की जिससे पूँजीपति देश का शोषण न कर सकें। कुटीर एवं लघु उद्योगों तथा कृषि विकास की और पर्याप्त ध्यान दिया जाने लगा। सार्वजनिक क्षेत्र में अधिकाधिक उद्योगों की स्थापना की जाने लगी। परन्तु भारतीय परिस्थितियों को देखते हुए पूँजीवादी अथवा निजी क्षेत्र को भी साधारण जनता के हितों को ध्यान में रखते हुए प्रोत्साहित किया गया। इस प्रकार नेहरू ने भारत में मिश्रित अर्थव्यवस्था की नींव डाली। पं नेहरू जी की मृत्यु 1964 के बाद अन्य योजनाओं में उन्हीं का अनुसरण किया गया और देश में समाजवाद की स्थापना का स्पष्ट रूप से उल्लेख किया गया।

❑❑❑

5

भीमराव अम्बेडकर

भीमराव अम्बेडकर का जन्म 14 अप्रैल, 1891 को मध्य प्रदेश में इन्दौर के पास मऊ छावनी में हुआ था। उस समय वहाँ उनके पिता अंग्रेजी सेना में शिक्षक के रूप में 'सूबेदार' थे। वैसे उनका गाँव अम्बावाडे था जो महाराष्ट्र के रत्नागिरी जिले में है। उनके पिता का नाम 'रामजी सकपाल' और माता का नाम 'भीमाबाई' था। उनका धर्म 'हिन्दू' था तथा उनकी जाति 'महार' थी। भीमराव अम्बेडकर का बचपन में माता के नाम पर 'भीम' नाम रखा गया था तथा उपनाम 'सकपाल' था, परन्तु उनके एक शिक्षक, जिनका उपनाम 'अम्बेडकर' था, के दिल में भीम के लिए बहुत स्नेह तथा जगह थी और वह भीम को अपना बेटा मानते थे। अत: इस शिक्षक के स्नेह एवं ममता के फलस्वरूप भीम ने अपना उपनाम 'सकपाल' के स्थान पर 'अम्बेडकर' रख लिया। वैसे यह भी सच है कि इस शिक्षक ने खुद ही स्कूल के स्कॉलर रजिस्टर में भीम के उपनाम 'सकपाल' की जगह 'अम्बेडकर' लिख दिया था। इस प्रकार से 'डॉ. भीमराव रामजी अम्बेडकर' (डॉ. बी.आर. अम्बेडकर) में माता, पिता और शिक्षक का समावेश हो गया। भीम के पिता ने सेना से वर्ष 1893 में अवकाश ले लिया और महाराष्ट्र के दापोली गाँव में जा बसे। यहाँ पाँच वर्ष की अवस्था में भीम का प्राइमरी स्कूल में दाखिला वर्ष 1896 में करा दिया, परन्तु छोटी सी पेन्शन से परिवार का भरण-पोषण नहीं होने से उनके पिता ने सतारा में

आकर एक नौकरी कर ली। कुछ समय पश्चात उनका सम्पूर्ण परिवार सतारा में ही आकर रहने लग गया। भीम को यहाँ गवर्नमेन्ट मिडिल स्कूल में दाखिला दिलवाया गया। भीम की जब आयु लगभग पाँच वर्ष की थी, तब यहीं उनकी माता 'भीमाबाई' का अचानक बीमार हो जाने से वर्ष 1896 में देहान्त हो गया।

भीम की बुआ 'मीराबाई' सतारा आ गयी और उसने भीम का लालन-पालन किया। भीम के पिता ने भीम को पढ़ना, लिखना और गिनती सिखाने में कोई कसर नहीं छोड़ी। वे उन्हें महाभारत तथा रामायण के अंश, कबीर के भक्ति गीत तथा महाराष्ट्र के महान सन्तों की गाथाएँ सुनाया करते थे। भीम ने यहाँ से अपनी प्रारम्भिक शिक्षा वर्ष 1900 में पूरी कर ली।

भीम जब सात वर्ष के थे तो उनके पिता ने 'जीजाबाई' से वर्ष 1898 में पुनर्विवाह कर लिया। जाहिर है भीम को सौतेली माँ का आना अच्छा नहीं लगा और उन्होंने आत्मनिर्भर होने का निश्चय किया ताकि अपने रोजमर्रा के जीवन के लिए पिता के आगे हाथ नहीं फैलाना पड़े, अतः वे सूत के कारखाने में कोई छोटा-मोटा काम पकड़ने के चक्कर में मुम्बई के लिए रवाना हो गए। इस घटना के तुरंत बाद उनका सम्पूर्ण परिवार भी मुम्बई आ गया।

भीम का मुम्बई के मराठा हाई स्कूल में दाखिला वर्ष 1900 में करा दिया गया। यहाँ उनके हृदय में शिक्षा प्राप्त करने की इच्छा तीव्र होती गयी और उन्हें यह बढ़ावा अपने पिता से सबसे अधिक मिला। कुछ समय बाद इसी वर्ष भीम को यहाँ की सबसे अच्छी एलफिन्सटन हाई स्कूल में प्रवेश मिल गया। उनका गहरा लगाव संस्कृत सीखने में था, परन्तु उन्हें अपनी इच्छा के विरुद्ध फारसी भाषा सीखनी पड़ी। फिर भी उन्होंने मैट्रिक की परीक्षा वर्ष 1908 में उत्तीर्ण कर ली और फारसी में तो सर्वाधिक अंक प्राप्त किए। उन दिनों उनके समुदाय में ग्रामीण विद्यार्थी का स्कूली शिक्षा प्राप्त करना अकल्पनीय था, इसलिए समुदाय के लोगों ने उनकी सफलता पर उत्सव मनाया। उत्सव के समय उनकी मराठी के प्रसिद्ध विद्वान 'के.ए. केलुस्कर' से मुलाकात हुई। वे धीरे-धीरे भीम को इतना चाहने लगे कि उन्होंने भीम को न केवल अपने पास से सैंकड़ों पुस्तकें पढ़ने को दी, बल्कि अपनी लिखित पुस्तक *'भगवान बुद्ध का चरित्र'* भी उपहार में दी। इस पुस्तक ने भीम के मस्तिष्क को बहुत अधिक प्रभावित किया जिससे बाल्यकाल में ही उनका मानस बौद्ध धर्म को स्वीकार करने का बन गया। भीम जब लगभग पन्द्रह वर्ष के थे, तब उनका नौ वर्ष की बालिका 'रामी' से वर्ष 1906 में विवाह हो गया। विवाह के बाद 'रामी' का नया नाम 'रामाबाई' रखा गया। उनके दो पुत्र 'यशवंत' एवं 'राजरत्न' तथा एक पुत्री 'इंदु' पैदा हुई, परन्तु दुर्भाग्य से 'राजरत्न' एवं 'इंदु' की मृत्यु बचपन में ही हो गयी। भीम की ज्ञान प्राप्त करने की

तीव्र इच्छा को उनके कम उम्र में हुआ विवाह भी दबा नहीं सका, क्योंकि उनके पिता का हौसला उन्हें लगातार आगे पढ़ने के लिए प्रेरणा देता रहा।

भीम ने जैसे-तैसे मुम्बई के एलफिन्सटन कॉलेज में वर्ष 1908 में दाखिला लेकर वर्ष 1910 में इन्टर उत्तीर्ण कर लिया। इसके बाद उनकी आर्थिक स्थिति बिगड़ जाने से उनके पास आगे पढ़ाई करने का कोई जरिया नहीं रहा। उन दिनों बड़ौदा (गुजरात) के महाराजा सयाजीराव मेधावी विद्यार्थियों की पढ़ाई में मदद करना चाहते थे, इसलिए के.ए. केलुस्कर ने महाराजा से भीम की पढ़ाई के लिए बात की और महाराजा ने भीम की प्रतिभा को देखकर पच्चीस रुपये महीने की छात्रवृत्ति देना तय कर दिया। इसके बाद बिना किसी रुकावट के भीम ने अपनी पढ़ाई जारी रखी और उन्होंने वर्ष 1913 में बी.ए. उत्तीर्ण कर लिया।

भीम ने पिता की गरीबी के खिलाफ जीवन संग्राम में हिस्सा लेने की उम्मीद में बड़ौदा राज्य की सेवा में लैफ्टिनेन्ट का दायित्व वर्ष 1912 में सम्भाल लिया। उन्होंने कुछ दिनों तक तो यहाँ काम किया, लेकिन दुर्भाग्य ने उनको एक बार फिर हरा दिया और उन्हें मुम्बई लौटना पड़ा।

भीम को अपना लैफ्टिनेन्ट के पद का भार संभालने के मात्र पंद्रह दिनों के बाद ही उन्हें अपने बीमार पिता को संभालने मुम्बई आना पड़ा और वहाँ पहुँचने पर भीम ने अपने पिता को मृत्यु शैय्या पर जूझते पाया। अंत में उनके पिता रामजी सकपाल का देहान्त 2 फरवरी, 1913 को हो गया। इस प्रकार से उनके जीवन इतिहास में एक युग का अवसान हो गया।

भीम को बड़ौदा के महाराजा ने अध्ययन समाप्त होने के बाद से अगले दस वर्षों की अवधि तक बड़ौदा राज्य की नौकरी करने की शर्त पर एक बार फिर भीम को आगे अध्ययन करने के लिए जुलाई, 1913 में अमेरिका के न्यूयार्क में कोलम्बिया विश्वविद्यालय भेज दिया। उन्होंने वहां से वर्ष 1915 में *'एनशियन्ट इंडियन कॉमर्स'* थीसिस के साथ एम.ए. (अर्थशास्त्र) की उपाधि प्राप्त की। यहीं से उन्होंने *'दि नेशनल डिविडेन्ड ऑफ इंडिया : ए हिस्टोरिक एण्ड एनालेटिकल स्टडी'* पर वर्ष 1916 पीएच.डी. (अर्थशास्त्र) की उपाधि प्राप्त की। अब उनका नाम 'भीमराव अम्बेडकर' से 'डॉ. भीमराव अम्बेडकर' हो गया। डॉ. अम्बेडकर अमेरिका से जून, 1916 में लंदन चले गये। वहाँ अर्थशास्त्र के अध्ययन के लिए लंदन स्कूल ऑफ इकॉनामिक्स एण्ड पॉलिटिक्स एवं विधिशास्त्र के लिए लंदन ग्रेज इन में प्रवेश लिया। उनका लंदन में अध्ययन भी बड़ौदा के महाराजा द्वारा प्रदत्त छात्रवृत्ति से ही संभव हो पाया, लेकिन महाराजा के दीवान की बेरुखी के कारण उन्हें भारत आना पड़ा, परन्तु उनको आने से पहले उनके हितैषी प्रो. एडविन केनन से चार वर्षों में कभी भी पुनः लंदन आकर

आगे की पढ़ाई करने की इजाजत मिल गयी थी। डॉ. अम्बेडकर को अनुबंध के आधार पर सितम्बर, 1917 में बड़ौदा पहुँचने पर महाराजा का सैनिक सचिव नियुक्त किया गया। उन्होंने इतने ऊँचे पद पर होने के बावजूद भी उत्पीड़न के कारण नवम्बर, 1917 में यह नौकरी छोड़ दी और वे वापस मुम्बई आ गए।

डॉ. अम्बेडकर को मुम्बई पहुँचने पर मालूम पड़ा कि उनकी सौतेली मां 'जीजाबाई' की हालत बहुत खराब है। वह सीधे अपनी सौतेली माँ से मिलने गए। यहीं कुछ दिनों बाद उनकी सौतेली माँ का वर्ष 1917 में देहान्त हो गया।

डॉ. अम्बेडकर मुम्बई के सिडेनहैम कॉलेज ऑफ कॉमर्स एण्ड इकॉनोमिक्स में वर्ष 1918 में पॉलिटिकल इकॉनोमी के प्रोफेसर नियुक्त हो गये। इसी बीच वे कोल्हापुर (महाराष्ट्र) के महाराजा शाहू के संपर्क में आए जो काफी समय से जाति बंधन को तोड़ने एवं अछूतों को हर तरह से उभार कर उनकी सहायता करने की कोशिश कर रहे थे। इन महाराजा के आर्थिक सहयोग से उन्होंने वर्ष 1920 में मराठी भाषा में साप्ताहिक पत्र 'मूक नायक' का प्रकाशन शुरू किया। हालांकि स्वयं डॉ. अम्बेडकर इसके संपादक नहीं थे, लेकिन इसके माध्यम से अन्याय के विरुद्ध आवाज उठाने से यह उनकी जुबान बन गया था।

डॉ. अम्बेडकर बड़ौदा के महाराजा से छात्रवृत्ति एवं अपने फारसी मित्र नवल बथेना से 5,000 रुपये का ऋण लेकर आगे अध्ययन हेतु वर्ष 1920 में पुनः लंदन चले गए। वहाँ आर्थिक तंगी के कारण उनका नाश्ता और भोजन बहुत ही कम मात्रा में होता था तथा वे प्राय: पैदल ही चला करते थे, लेकिन उनकी ज्ञान के प्रति गहरी आस्था के कारण लंदन स्कूल ऑफ इकॉनोमिक्स एण्ड पॉलिटिक्स से वर्ष 1921 में *'प्राविन्शियल डिसेन्ट्रलाइजेशन ऑफ इम्पीरियल फाइनेन्स इन ब्रिटिश इण्डिया'* पर मास्टर ऑफ साइंस (अर्थशास्त्र), लंदन ग्रेज इन से वर्ष 1922 में बार-एट-लॉ और यूनिवर्सिटी ऑफ लंदन से वर्ष 1923 में 'दि प्राब्लम ऑफ रुपी' पर डॉक्टर ऑफ साइंस (अर्थशास्त्र) की उपाधियाँ मिलीं। उन्होंने लंदन प्रवास के दौरान ही जर्मनी के बॉन विश्वविद्यालय से संस्कृत का अध्ययन कर अपनी तीव्र इच्छा भी पूरी कर ली। डॉ. अम्बेडकर शिक्षा पूर्ण कर सक्रिय राजनीति में सम्मिलित हो जाने के विचार से अप्रैल, 1923 में भारत लौट आये। उन्होंने अपने फारसी मित्र नवल बथेना के एक बार फिर आर्थिक सहयोग से वकील के रूप में अपनी प्रैक्टिस शुरू कर दी। डॉ. अम्बेडकर ने अछूतों में जाग्रति लाने तथा उन्हें उनके सामाजिक अधिकारों के प्रति जागरुक बनाने के लिए वर्ष 1924 में 'बहिष्कृत हितकारिणी सभा' का गठन किया और अपने विचार अछूतों तक ठीक से पहुँचाने के लिए वर्ष 1927 में मराठी भाषा में पाक्षिक पत्र 'बहिष्कृत भारत' भी प्रारम्भ किया। एक बार तो उन्होंने इसके सम्पादकीय में यहाँ तक लिख

दिया था कि यदि लोकमान्य तिलक अछूत होते तो 'स्वराज्य हमारा जन्मसिद्ध अधिकार है' के स्थान पर वे यह नारा लगाते 'अस्पृश्यता नष्ट करना हमारा कर्तव्य है।'

डॉ. अम्बेडकर मुम्बई विधान परिषद के वर्ष 1927 में नामजद सदस्य बन गये। अब वे दलित वर्ग के दुख-दर्द आसानी से सरकार के सामने रख सकते थे, इसलिए उन्होंने वर्ष 1923 में विधान परिषद द्वारा पारित एस.के. बोले के प्रस्ताव, "अछूतों को उन सभी सार्वजनिक स्थलों, कुओं तथा धर्मशालाओं के प्रयोग की अनुमति होगी जिनका निर्माण तथा रखरखाव सरकारी धनराशि से किया जाता है। उन्हें स्कूल, न्यायालय, सरकारी कार्यालयों तथा दवाखानों के उपयोग की भी अनुमति होगी," जो अभी तक मात्र काग़ज़ों में ही था, की क्रियान्विति पर जोर दिया।

डॉ. अम्बेडकर ने कोलाबा जिले के महाद नगर निगम द्वारा निर्मित चावदार तालाब से अछूतों को पानी नहीं भरने देने के कारण महाद में 19 मार्च, 1927 को एक विशाल जनसभा का आयोजन किया और उनकी अगुवाई में जुलूस आगामी दिन तालाब के पास पहुँचा। डॉ. अम्बेडकर पहले व्यक्ति थे जिन्होंने 20 मार्च, 1927 को तालाब का पानी पिया। इसके बाद तो एक-एक अछूत ने भी तालाब का पानी पिया। इस घटना के बाद से लोगों ने डॉ. अम्बेडकर को प्यार और श्रद्धा से 'बाबा साहब' पुकारना प्रारम्भ कर दिया।

डॉ. अम्बेडकर ने चावदार तालाब के किनारे 24 दिसम्बर, 1927 को मनु की 'मनुस्मृति' जलाई, क्योंकि इसमें ब्राह्मण को सर्वोच्च और शूद्र को सबसे नीचा बताया गया है। इसमें यह भी वर्णित है कि ब्राह्मण का कार्य अध्ययन और शूद्र का कार्य गुलामी तथा अपमान सहन कर सेवा करना है, अतः उनके द्वारा 'मनुस्मृति' के स्थान पर नया धर्म ग्रन्थ लिखने की आवाज भी उठायी गई।

डॉ. अम्बेडकर ने नहीं चाहते हुए भी मुम्बई के गवर्नमेन्ट लॉ कॉलेज में कानून के प्रोफेसर की नौकरी वर्ष 1928 में ग्रहण कर ली, क्योंकि परिवार को चलाने के लिए उन्हें रुपयों-पैसों की जरूरत जो थी। वैसे उनकी वकालात तो काफी अच्छी चलती थी, परन्तु वे अछूतों के उद्धार के आगे उसमें वांछित समय नहीं दे पाते थे, इसलिए उन्होंने अपने परिवार के भरण-पोषण करने का मात्र यही जरिया अपनाया।

डॉ. अम्बेडकर ने नासिक (महाराष्ट्र) के काला राम मंदिर में प्रवेश का अभियान वर्ष 1930 में शुरू किया, क्योंकि उस समय अछूतों का मंदिरों में प्रवेश निषिद्ध था। अंत में यह तय हुआ कि यदि मंदिर में प्रवेश नहीं करने दिया जाय, तो अहिंसक सत्याग्रह का रास्ता अपनाया जाय। आखिर सत्याग्रह प्रारम्भ किया गया और इस सत्याग्रह को सफल बनाने में लगभग पन्द्रह हजार स्वयंसेवक साथ थे। स्वयंसेवकों का एक

किलोमीटर लम्बा जुलूस 2 मार्च, 1930 को निकला, परन्तु जुलूस सरकारी व्यवस्थाओं के कारण मंदिर में प्रवेश नहीं कर सका और संघर्ष जारी रहा। आखिर अछूतों के लिए मंदिरों में प्रवेश करने का कानून 2 अक्टूबर, 1935 को पारित हुआ।

डॉ. अम्बेडकर ब्रिटिश सरकार के निमंत्रण पर वर्ष 1930, 1931 एवं 1932 को गोल मेज सम्मेलनों में शामिल होने के लिए लंदन गए। उन्होंने तीसरे सम्मेलन में वहाँ यह कहकर "हमारे दु:खों का तब तक अन्त नहीं होगा, जब तक राजनीतिक सत्ता हमारे हाथों में नहीं आ जाती" अछूतों के लिए पृथक निर्वाचन का अधिकार प्राप्त कर लिया। इस अधिकार से हरिजन ईश्वर की संतान हिन्दुओं से अलग हो सकते थे, क्योंकि महात्मा गांधी वर्ण व्यवस्था को कायम रखते हुए छुआछूत तो मिटाना चाहते थे, जबकि डॉ. अम्बेडकर वर्ण व्यवस्था को भी समूल नष्ट करना चाहते थे।

डॉ. अम्बेडकर की वर्ण व्यवस्था को समूल नष्ट करने की नीति के विरुद्ध महात्मा गांधी ने आमरण अनशन वर्ष 1932 में प्रारम्भ कर दिया। इन्हीं दिनों उन्हें गिरफ्तार कर पूना की यरवदा जेल में भेज दिया। इसी बीच उनका स्वास्थ्य गिरने लग गया और वे करीब-करीब मृत्यु के द्वार पर थे, अत: डॉ. अम्बेडकर ने महात्मा गांधी की प्राण रक्षा के लिए व्यावहारिक दृष्टिकोण अपनाते हुए उनसे 25 सितम्बर, 1932 को बातचीत की। बातचीत के दौरान जब महात्मा गांधी ने डॉ. अम्बेडकर से यह कहा, "आप जन्म से अछूत हैं, मैंने स्वेच्छा से अछूत होना स्वीकार किया है," तो डॉ. अम्बेडकर द्रवित हो गए और उन्होंने अछूतों के लिए पृथक निर्वाचन पद्धति के बदले स्थानों का आरक्षण मंजूर कर लिया। इस पर चक्रवर्ती राजगोपालाचारी को इतनी प्रसन्नता हुई कि उन्होंने डॉ. अम्बेडकर के पेन से अपने पेन का आदान-प्रदान किया। भारतीय इतिहास में यह समझौता 'पूना समझौता' (पूना पैक्ट) के नाम से जाना जाता है।

डॉ. अम्बेडकर की पत्नी 'रामाबाई' का देहान्त 27 मई, 1935 को हो गया। इस साध्वी स्त्री ने डॉ. अम्बेडकर के अछूतोत्थान में लगे रहने के कारण सारे जीवन में एकांत, गरीबी और उपेक्षा को चुपचाप सहा था। इस घटना के थोड़े समय बाद ही डॉ. अम्बेडकर को मुम्बई के गवर्नमेन्ट लॉ कॉलेज के प्रिन्सिपल पद पर कार्य करने का आमंत्रण मिला जिसे उन्होंने 2 जून, 1935 को स्वीकार कर लिया। हालांकि वे शोक के दौर में थे, फिर भी उन्होंने न केवल पढ़ाना आरंभ कर दिया, बल्कि कॉलेज का प्रशासन भी संभाल लिया।

डॉ. अम्बेडकर ने दलित वर्गों के सम्मेलन, जो 13 अक्टूबर, 1935 को नासिक जिले के येवाला में हुआ और जिसमें करीब दस हजार से अधिक अछूत उपस्थित हुए, में अपने डेढ़ घंटे से अधिक के उत्तेजित भाषण में हिन्दुओं द्वारा अछूतों पर किये जा रहे अत्याचारों का बखान करते हुए कहा, 'धर्म आदमी के लिए है, न कि

आदमी धर्म के लिए।' उन्होंने हिन्दू धर्म को त्यागने का फैसला करते हुए यह भी कहा, यद्यपि मैं हिन्दू धर्म में पैदा हुआ हूँ, यह मेरा दुर्भाग्य है, लेकिन मैं प्रतिज्ञा करता हूँ कि हिन्दू धर्म में कदापि नहीं मरुँगा।'' उनकी इस घोषणा ने न केवल विभिन्न राजनीतिक दलों में खलबली मचा दी, बल्कि अनेक सामाजिक संस्थाओं तक को हिला दिया। मुसलमान, ईसाई, बौद्ध, सिख, फारसी, जैन आदि विभिन्न धर्मों के उच्च नेता उनसे अपना-अपना धर्म अंगीकार करने का अनुनय-विनय करने लगे। बाद में जब हिन्दू जाति के प्रतिनिधियों का एक दल उनसे मिला तो उन्होंने कहा, ''मैं पाँच साल तक रुकने के लिए तैयार हूँ और अगर इस दौरान हिन्दू अपने शब्दों से नहीं, कर्मों से यह विश्वास दिला दें कि उनका हृदय बदल गया है तो मैं पूरे मामले पर फिर से विचार करुँगा।''

डॉ. अम्बेडकर ने 'स्वतंत्र मजदूर दल' के नाम से नये राजनीतिक दल का अगस्त, 1936 में गठन किया, जिसके तहत उन्होंने मुम्बई विधानसभा का चुनाव वर्ष 1937 में लड़ा तथा वे भारी बहुमत से विधायक चुने गये। वे धीरे-धीरे समाज के कमजोर वर्गों के पक्के नेता बन गये।

डॉ. अम्बेडकर को अब गृह बनाने की चिन्ता सताने लगी, क्योंकि उनके पास अपनी पुस्तकों को संजो कर रखने के लिए कोई सुरक्षित स्थान नहीं था। वे गृह बनाने के लिए प्रशिक्षित शिल्पकारों की सलाह पर नहीं चले, बल्कि उन्होंने स्वयं ही गृह निर्माण विधा पर विविध पुस्तकें पढ़ कर अपने गृह का नक्शा तैयार किया। उनका गृह वर्ष 1937 में बन कर तैयार हुआ। उन्होंने अपने इस गृह का नाम गौतम बुद्ध के आवासीय महल के नाम पर 'राजगृह' रखा।

डॉ. अम्बेडकर द्वारा अपने गृह की ऊपरी मंजिल में पुस्तकालय की स्थापना की गयी। उनकी अध्ययन में गहरी रुचि थी। अध्ययन के लिए उनका प्रेरक वाक्य था-'कम खाओ, अधिक पढ़ो', इसलिए वे अपनी दैनिक आवश्यकताओं को त्याग कर पुस्तकें खरीदते थे। वे कहा करते थे, ''मेरे जैसे व्यक्ति को जिसे समाज ने बहिष्कृत किया उसे इन पुस्तकों ने अपने हृदय में स्थान दिया है।'' इस पुस्तकालय में देश-विदेश की लगभग 32,000 पुस्तकों का दुर्लभ संकलन था। पण्डित मदन मोहन मालवीय अपने बनारस हिन्दू विश्वविद्यालय के लिए इन पुस्तकों को खरीदना चाहते थे, किन्तु डॉ. अम्बेडकर ने पुस्तकें बेचने के लिए मना कर दिया। उनका यह पुस्तकालय देश के निजी पुस्तकालयों में सबसे अच्छा गिना जाता था। वे पढ़ने-लिखने के इतने दीवाने थे कि वे पुस्तकालय में ही रहते, वहीं खाते और सोते भी वहीं थे। वे पुस्तकों को अपना मित्र मानते थे। उन्होंने स्वयं ने भी अनेक पुस्तकों एवं आलेखों की रचना की थी।

डॉ. अम्बेडकर की गवर्नर जनरल ऑफ इण्डिया 'लार्ड लिनलिथगो' द्वारा कार्यकारिणी परिषद के सदस्य के रूप में 2 जुलाई, 1942 को नियुक्ति की गयी। इसके पश्चात् उन्हें श्रम मंत्री बनाया गया। उन्होंने अप्रैल, 1944 में एक ऐसे अधिनियम का प्रस्ताव रखा जिसमें कारखानों तथा औद्योगिक प्रतिष्ठानों में पूरे वर्ष काम करने वाले मजदूरों को सवेतन अवकाश प्रदान करने की व्यवस्था थी तथा उन्होंने फरवरी, 1946 में मजदूरों का दस घंटों की मजदूरी का समय घटा कर आठ घंटे कराने वाले विधेयक को भी पारित करा लिया। इस प्रकार उन्होंने भारतीय मजदूरों के जीवन में क्रांतिकारी सुधार किये, परन्तु उन्होंने कार्यकारिणी परिषद की सदस्यता से जुलाई, 1946 में त्याग पत्र दे दिया।

डॉ. अम्बेडकर ने मुम्बई में 'जनता शिक्षा समाज' नामक संस्था की स्थापना 8 जुलाई, 1945 को की तथा उसी के तहत 'सिद्धार्थ महाविद्यालय' भी 20 जून, 1946 को खोला। उन्होंने यह नाम इसलिए रखा, क्योंकि 'सिद्धार्थ' बुद्ध का पयार्यवाची शब्द है और वे चाहते थे कि यहाँ के विद्यार्थी एवं शिक्षक भगवान बुद्ध के उपदेशों पर चलें और उनके आदर्शों को जीवन में उतारें। उन्होंने महाराष्ट्र के औरंगाबाद में मिलिन्द महाविद्यालय की भी जून, 1950 में स्थापना की। इस महाविद्यालय का नाम ग्रीक राजा मिनानडर, जिसे बौद्ध साहित्य में 'मिलिन्द' के नाम से जाना जाता था, के नाम पर रखा गया जिसने भारत के उत्तर-पश्चिमी प्रान्तों पर शासन किया तथा वे बहुत बड़े विद्वान के रूप में भी ख्याति प्राप्त थे। उनका समस्त कार्य बौद्ध के उपदेशों पर आधारित था। धीरे-धीरे 'जनता शिक्षा समाज' ने महाराष्ट्र में कई स्थानों पर ऐसी अनेक संस्थाएँ खोलकर अपना जाल बिछा लिया।

डॉ. अम्बेडकर स्वतंत्र भारत के प्रथम केन्द्रीय मंत्रिमण्डल में 15 अगस्त, 1947 को विधि मंत्री बनाये गये, परन्तु मंत्रिमण्डल ने उनके द्वारा प्रस्तुत 'हिन्दू धर्म संहिता अधिनियम' पूर्णरूपेण पारित नहीं करने से उन्होंने 27 सितम्बर, 1951 को विधि मंत्री पद से त्याग पत्र दे दिया और विपक्ष के नेता बन गये।

डॉ. अम्बेडकर 'भारतीय संविधान प्रारूप समिति' के 29 अगस्त, 1947 को अध्यक्ष नियुक्त किए गए। उनकी अध्यक्षता में भारत का संविधान 2 वर्ष 11 महीने 18 दिन में बनकर तैयार हुआ जिसमें 22 भाग, 395 अनुच्छेद, 12 अनुसूचियाँ तथा 3 परिशिष्ट हैं। यह संविधान सभा द्वारा 26 नवम्बर, 1949 को अंगीकृत, अधिनियमित और आत्मसमर्पित किया गया, जो देश में 26 जनवरी, 1950 से लागू हुआ। उन्होंने इस संविधान में समाज के कमजोर वर्गों को पूर्ण न्याय प्रदान किया एवं उनसे छुआछूत बरतने वालों के लिए कड़े दण्ड की व्यवस्था की, इसलिए उन्हें 'भारत का आधुनिक मनु' भी कहा जाता है।

डॉ. अम्बेडकर स्वतंत्र भारत के संविधान की रचना का कार्य पूरा करने के बाद पूरी तरह थक गए थे, इसलिए वे स्वास्थ्य को रोगमुक्त करने के लिए मुम्बई आ गये। वे जब अस्पताल में स्वास्थ्य लाभ ले रहे थे, तब वहीं की 'डॉ. शारदा कबीर' से उनका परिचय हुआ। इसके बाद उन्होंने 'डॉ. शारदा कबीर' से 15 अप्रैल, 1948 को दिल्ली के सिविल विवाह अधिनियम के तहत द्वितीय विवाह कर लिया। 'डॉ. शारदा कबीर' विवाह के बाद 'डॉ. सविता अम्बेडकर' के नाम से जानी जाने लगीं।

डॉ. अम्बेडकर ने अपने द्वारा स्थापित ऑल इण्डिया शिडयूल्ड कास्ट फेडरेशन (1942) के तत्वावधान में वर्ष 1952 में मुम्बई से लोकसभा का चुनाव लड़ा। वे कांग्रेसी उम्मीदवार 'एन.एस. काजरोलकर' से पराजित हो गए, परन्तु वे इस पराजय से निराश नहीं हुए। वे मुम्बई के प्रतिनिधि के रूप में राज्य सभा के सदस्य मई, 1952 में चुन लिए गए।

डॉ. अम्बेडकर को भारत का संविधान निर्माण के बाद अमेरिका के कोलम्बिया विश्वविद्यालय द्वारा 'डॉक्टर ऑफ लॉ' की वर्ष 1952 तथा भारत के उस्मानिया विश्वविद्यालय द्वारा 'डॉक्टर ऑफ लिटरेचर' की वर्ष 1953 में मानद उपाधियाँ प्रदान की गयीं।

डॉ. अम्बेडकर ने 'भारतीय बौद्ध महासभा' की मई, 1955 में स्थापना की और उन्होंने महाराष्ट्र के जाने-माने शहर नागपुर, जो देश का बौद्ध धर्म का एक ऐतिहासिक केन्द्र था, में लगभग पाँच लाख दलितों सहित 14 अक्टूबर, 1956 को दशहरे के दिन बौद्ध धर्म की दीक्षा भी ली। यह विश्व इतिहास में अभूतपूर्व घटना है, क्योंकि एक साथ इतनी संख्या में व्यक्तियों ने कभी भी धर्म परिवर्तन नहीं किया। इस अवसर पर उन्होंने कहा, "बौद्ध धर्म का मौलिक सिद्धांत है-समानता। अरे भिक्षुओ! तुम अलग-अलग जाति के हो और विभिन्न देशों से आए हो। जिस तरह बड़ी नदियाँ विशाल सागर में गिरने पर अपनी पहचान खो देती हैं, उसी तरह मेरे भाइयो जब ये चार जातियाँ-क्षत्रिय, ब्राह्मण, वैश्य एवं शूद्र-भगवान बुद्ध द्वारा प्रस्तुत किए गए मत तथा अनुशासन को मानने लगती हैं तब वे अपनी जाति और श्रेणी के अलग-अलग नाम त्याग कर एक ही समाज के सदस्य बन जाती हैं। यही भगवान बुद्ध के शब्द हैं।" उन्होंने नेपाल के काठमाण्डू में चौथे विश्व बौद्ध सम्मेलन के अवसर पर 15 नवम्बर, 1956 को अपने विचार प्रकट करते हुए कहा, "बौद्ध धर्म विश्व का सबसे सर्वोत्तम धर्म है जिसे संसार अपना सकता है और जो जगत को विनाश और पतन से बचा सकता है।"

डॉ. अम्बेडकर ने अपने जीवन में प्राप्त ज्ञान, अनुभवों और शोध निष्कर्षों को Caste of India : Their Mechanism, Genisis and Development (1916), Small

Holdings in India and Their Remedies (1917), The Problem of Rupee (1923), The Evaluation of Provincial Finance British India (1925), Annihilation of Caste (1936), Federation Versus Freedom (1939), Ranade, Gandhi and Jinah (1943), Mr. Gandhi and Emancipation of the Untouchables (1943), Thoughts on Pakistan (1943), Communal Deadlock and a way to solve it (1945), What Congress and Gandhi have Done to the Untouchables? (1945), Pakistan or Partition of India (1945), Who were the Sudras? (1946), States and Minorities (1947), The Untouchables : Who are They and why They Become Untouchable (1947), History of Indian Currency and Banking-Volume I (1947), Maharashtra as a Linguistic State (1948), Rise and Fall of Hindu Women : Who is Responsible? (1951), The Untouchables : who and How (1948) और Thoughts on Linguistic States (1953) नामक पुस्तकों में वर्णित किया है। इनकी अंतिम पुस्तक *'Buddha and His Dhamma (1957)'* तो उनके मरणोपरान्त प्रकाशित हुई है। इन पुस्तकों के अलावा विभिन्न आयोगों के सामने किये गये निवेदनों और भाषणों के भी हजारों पृष्ठ मुद्रित हैं। उनकी waiting for visa, Philosophy of Hinduism, India and Prerequisities of communism, Revolution and counter Revolution in Ancient India, Buddha or Karl Marx, Riddles in Hinduism और Untouchables or the Children of India's Ghetto अप्रकाशित पुस्तकें हैं। उनके साहित्य ने अपने समय में काफी हलचल पैदा की थी, क्योंकि वह मौलिक एवं अलौकिक था। उनका साहित्य पढ़ने से उनके मानववादी दृष्टिकोण और उनकी अथाह जानकारी का पता चलता है। उनका साहित्य मराठी तथा हिन्दी में भी उपलब्ध हैं। महाराष्ट्र सरकार द्वारा प्रकाशित उनका साहित्य तो रियायती दर पर मिलता है।

डॉ. अम्बेडकर बौद्ध धर्म की दीक्षा लेने के बाद अधिक समय तक जीवित नहीं रहे। उन्होंने 26, अलीपुर रोड़, दिल्ली अपने निवास स्थान पर 6 दिसम्बर, 1956 को अपने प्राण त्याग दिए। उनके देहान्त का समाचार जंगल की आग की तरह पूरे देश में फैल गया। उनके अंतिम दर्शन के लिए हजारों नर-नारी दिल्ली और मुम्बई की ओर रवाना हो गए। उनका पार्थिव शरीर लेकर उनकी पत्नी (डॉ. सविता), पुत्र (यशंवतराव), निजी सचिव (नानकचंद रत्तू) आदि हवाई जहाज से अगले दिन मुम्बई पहुँचे। अर्थी के साथ लगभग तीन किलोमीटर लम्बी शव यात्रा निकली। उनकी देह को ट्रक पर फूलों से ढक कर रखा गया।

□□□

6

विनोबा भावे

जन्म : 1895 मृत्यु : 1982 भारत में सर्वोदय और भूदान आंदोलन के गाँधीजी के बाद प्रसिद्ध प्रवर्तक विनोबा भावे का भाषण (विषय–"पंचायत में पाँच गुण हों।") हर गाँव में ग्रामसभा बनेगी, जिसमें हर घर का एक-एक व्यक्ति सदस्य रहेगा। ग्रामसभा की तरफ से सर्वसम्मति से एक ग्राम-समिति या पंचायत चुनी जायेगी, जो सेवा करेगी। उसके हाथ में सेवक का ही अधिकार होगा, बाकी सारा अधिकार ग्रामसभा के हाथ में रहेगा, जिसमें छोटा-बड़ा कोई भेद ही नहीं रहेगा। पंचायत का अर्थ है–पाँच व्यक्तियों की समिति। उस पंचायत के सदस्य पाँच होने चाहिएँ : 1. प्रेम, 2. निर्भयता, 3. ज्ञान, 4. उद्योग और 5. स्वच्छता।

ग्राम-पंचायत के एक सदस्य का नाम होगा–प्रेम। सारे गाँव का एक परिवार बनाना है, सब लोगों में जमीन बाँटनी है। यह प्रेम-परिवार बनाने का सारा काम प्रेमरूपी सदस्य करेगा। आज गाँव में यह सदस्य नहीं है। प्रेम की जगह स्पर्धा है। यों आज गाँव में थोड़ा प्रेम तो है, लेकिन वह छोटे-से परिवार में कैद हो गया है। यह मेरा लड़का है, यह मेरी बीवी–बस, इतने ही में प्रेम खत्म हो गया। लेकिन इतने प्रेम से काम नहीं चलेगा। सारे गाँव को प्रेम-परिवार बनाना होगा।

ग्राम-पंचायत का दूसरा सदस्य होगा-निर्भयता। आज सर्वत्र भय छाया हुआ है। न गाँव में किसी का किसी पर विश्वास है, न प्रान्त में, न देश में, न दुनिया में। इस तरह आज अविश्वास पर ही दुनिया का सारा कारोबार चल रहा है। सारी दुनिया में शान्ति की स्थापना करने के लिए राष्ट्रसंघ नाम की एक बड़ी संस्था है। वहाँ सारे देशों के प्रतिनिधि आमने-सामने बैठते हैं और सोचते हैं कि दुनिया में शान्ति लेकिन वे एक-दूसरे पर अविश्वास रखते हैं। हर एक को दूसरे का भय मालूम पड़ता है। ग्राम-पंचायत में ऐसा नहीं होगा। उसका एक सदस्य ही है, निर्भयता। इसलिए भय का कोई कारण ही नहीं है।

ग्राम-पंचायत का तीसरा सदस्य होगा-ज्ञान। आज गाँव में कोई ज्ञान है ही नहीं। जो भी आदमी थोड़ा-सा ज्ञान पाता है, गाँव छोड़कर शहर भाग जाता है। सारा ज्ञान शहर के विश्वविद्यालयों में भरा पड़ा है। ज्ञान उसी को मिलता है, जो वहाँ जाकर पैसा पेश करता है। पहले ऐसी बात नहीं थी। सैकड़ों भक्त गाँव-गाँव घूमते थे और लोगों के पास ज्ञान बिछाते थे। पुराने जमाने में ज्ञान-प्रचार की ऐसी योजना थी। जब से विश्वविद्यालय बने हैं; सारा ज्ञान-प्रचार ठंडा पड़ गया। वे स्थावर होते हैं, लेकिन ज्ञान-विचार तो जंगम करते हैं। आज गाँव-गाँव में ज्ञान पहुँचाने की कोई योजना ही नहीं है। ग्राम-पंचायत का एक सदस्य ही होगा ज्ञान, जो सबके पास पहुँचेगा।

पंचायत का चौथा सदस्य होगा-उद्योग। आज गाँव में कोई उद्योग नहीं है। केवल खेती के आधार पर हिन्दुस्तान के देहातों का काम कैसे चलेगा? देहातों में खेती के साथ पूरक धन्धे भी होने चाहिएँ। गाँव-गाँव में ग्रामोद्योग खड़े करने की प्रतिज्ञा करनी चाहिए। कपड़ा हर एक को आवश्यकता की चीज है। हर एक को कम-से-कम 15 गज कपड़ा चाहिए। हजार आदमियों की आबादी वाले गाँव में 15,000 गज कपड़ा चाहिए। यह कपड़ा ग्राम-पंचायत को तैयार करना चाहिए।

पंचायत का पाँचवाँ सदस्य होगा-स्वच्छता। आदमियों की बस्ती स्वच्छ और निर्मल होनी चाहिए। जहाँ-तहाँ गन्दगी नहीं करनी चाहिए। शौच के लिए हम खुरपी लेकर खेत में जायँ और गढ़ा बनाकर उसमें शौच करें। बाद में उसे मिट्टी से ढँक दें। फिर न तो गन्दगी होगी और न मक्खियाँ ही बैठेंगी। आज होता यह है कि मक्खियाँ शौच पर बैठती हैं और वे ही आकर आपके भोजन पर बैठती हैं, जिससे बीमारियाँ फैलती हैं। इन बीमारियों से गाँव वालों को कौन छुड़ायेगा? क्या सरकारी डॉक्टर छुड़ायेंगे? नहीं। उनका सर्वोत्तम वैद्य होगा स्वच्छता। स्वच्छता हर बात की हो। पानी और घर की स्वच्छता, मल-मूत्र का ठीक विसर्जन तथा आँख, कान और सभी कपड़ों की स्वच्छता होनी चाहिए।

विनोबा भावे का भाषण–"गाँव की लक्ष्मी गाँव में रखो"

हमारा देश बहुत बड़ा है। इसमें सात लाख देहात हैं और शहर बहुत थोड़े हैं। अगर औसत निकाला जाय, तो दस में से एक आदमी शहर में रहता है और नौ देहात में। पैंतीस करोड़ लोगों में से ज्यादा-से-ज्यादा चार करोड़ शहरों में और इकतीस करोड़ देहात में रहते हैं। पहले ऐसा नहीं था। देहात मोहताज होकर शहरों का मुँह नहीं ताकते थे, लेकिन आज सारी स्थिति बदल गयी है।

किसान के दो ईश्वर

आज किसान के दो ईश्वर हो गये हैं। आज तक एक ही ईश्वर था। किसान आकाश की तरफ पानी बरसाने वाले ईश्वर की तरफ देखता था। लेकिन आज चीजों के भाव ठहराने वाले देवता की तरफ भी उसे देखना पड़ता है। इसी को 'आसमानी सुलतानी' कहते हैं। आसमान भी रक्षा करे और सुलतान भी हिफाजत करे। परमात्मा खूब फसल दे और शहर भरपूर भाव दे। इस तरह इन दो देवताओं–आकाश और अमेरिका–को किसान को पूजना पड़ता है। लेकिन ऐसे दो-दो भगवान काम नहीं आयेंगे। गाँधी कहते हैं, ऊपर वाले ईश्वर को बनाये रखो और इस दूसरे देवता को छोड़ो। एक ईश्वर पर्याप्त है।

इस दूसरे देवता, यानी शहरी भगवान की भक्ति से छुटकारा पाने का उपाय तुम लोगों को बतलाता हूँ। हमारे गाँवों की सारी लक्ष्मी उठकर शहरों में चली जाती है। अपने पीहर से चल बसती है। ग्राम-लक्ष्मी के पैर गाँव में नहीं ठहरते। वह शहर की तरफ दौड़ती है। पहाड़ पर पानी भरपूर बरसता है, लेकिन वहाँ कब ठहरता है? वह चारों तरफ भाग निकलता है। पहाड़ बेचारा कोरा-का-कोरा, नंग-धड़ंग, गंजा-बूचा, खड़ा-का-खड़ा रह जाता है। इसी तरह देहात की लक्ष्मी भी चारों दिशाओं में भाग खड़ी होती है। शहरों की तरफ बेतहाशा दौड़ती है। अगर हम उसे रोक सकें, तो हमारे गाँव सुखी होंगे।

लक्ष्मी के भागने के पाँच रास्ते

यह देहाती लक्ष्मी कौन-कौन-से रास्तों से भागती है? यह देखें। उन रास्तों को बन्द कर दें, तभी वह रुकी रहेगी। उसके भागने का पहला रास्ता है बाजार, दूसरा शादी-ब्याह, तीसरा साहूकार, चौथा सरकार और पाँचवाँ व्यसन। इन पाँचों रास्तों को बन्द करना शुरू कर दें। सबसे पहले शादी-ब्याह की बात लीजिये। आप लोग तो शादी-ब्याह में कोई कम पैसा खर्च नहीं करते। उसके लिए कर्ज भी करते हैं। लड़की बड़ी हो जाती है, अपने ससुराल में जाकर गृहस्थी करने लगती है; लेकिन शादी के ऋण से उसके माँ-बाप मुक्त नहीं होते। यह रास्ता कैसे रोका जाय, यह बताता हूँ।

आप कहेंगे, खर्च में कतर-ब्योंत करें, भोज न दें, समारोह की क्या जरूरत है, वगैरह-वगैरह। लेकिन यह ठीक नहीं। समारोह खूब करें। ठाठ-बाट में कमी न हो। लेकिन मैं अपनी पद्धति से कम खर्च में पहले से भी ज्यादा ठाठ-बाट आप लोगों को बता देता हूँ। लड़के-लड़की की शादी माँ-बाप ठीक करें। लेकिन वहीं उनका नाम खत्म हो जाय। शादी करना, समारोह करना आदि सारा काम गाँव का हो। माँ-बाप शादी में एक पाई भी खर्च न करें। जो करें, उनको जुर्माना हो, ऐसा कानून गाँववालों को बना देना चाहिए।

मान लीजिए, मेरे यहाँ शादी है। गाँव के हर आदमी को दो-दो, चार-चार आने-जो कुछ तय हुआ हो, मेरे पास लाकर देने चाहिए। समझ लें, सबने मिलकर मुझे भेंट दी। उससे मैं सारे गाँव का न्यौता कर सकूँगा। बगैर पैसा इकट्ठा किये और बगैर कर्ज किये शादी हो जायेगी। गाँव में हर साल बीस, पच्चीस या पचास शादियाँ होती होंगी। तो, मुझे दो आने के हिसाब से पचास दूने सौ आने, यानी मोटे तौर पर छह रुपये देने पड़ेंगे। हर एक जाति की शादियाँ की जायँ, तो इससे भी कम खर्च पड़ेगा। मेरे यहाँ दस साल में शादी का मौका आया। मुझे हर साल दो-तीन रुपये के हिसाब से दस वर्षों में तीस रुपये देने पड़े। अब मेरे यहाँ शादी का मौका आया, तो मुझ पर कोई खर्च नहीं पड़ेगा। मुझे लोग भेंट देंगे। सब गाँववाले जमा होंगे। बड़ा भारी समारोह होगा। फिर भी खर्च कितना पड़ेगा? दस वर्षों में तीस रुपये मैंने दिये हैं, वही। यानी मेरे यहाँ की शादी तीस रुपये में हो गयी और उसमें सारा गाँव, सारी जाति शामिल हुई। सभी भोज में सम्मिलित हुए। लड़के-लड़की को कितनी खुशी होगी? दुल्हा-दुल्हिन को सबके आशीर्वाद मिलेंगे। सबके आशीर्वाद पाने से और बड़ी खुशकिस्मती कौन-सी हो सकती है? शादी में लोगों को क्यों बुलाया जाता है? इसीलिए कि सबकी सदिच्छा, सबके आशीर्वाद मिलें। इन लड़के-लड़की की गृहस्थी के लिए सब अपनी शुभकामनाएँ और आशा व्यक्त करें। लड़के सिर्फ माँ-बाप के नहीं होते। वे सारे समाज के होते हैं। लड़के कोई अच्छा काम करेंगे, तो सारे गाँव का भला होगा। बुरा काम करेंगे, तो सारे गाँव का बुरा होगा।

सब लड़के समाज के

अगर कोई अपने पैसे से शादी करे, तो उसे पाप मानिए। गाँववाले उसे अपना अपमान समझें। लड़के जितने अपने माँ-बाप के हैं, उतने ही समाज के भी। माँ-बाप के मर जाने पर क्या वे घर पर फेंक दिये जाते हैं? गाँव उन्हें सम्भालता है, मदद करता है। वही शादी भी करेगा। आप इस रास्ते से जाकर देखिए, प्रयोग कीजिए कि साहूकार का ऋण कम होता है या नहीं, इस तरह आप का कर्ज घटेगा, झगड़े कम होंगे, सहयोग और आत्मीयता बढ़ेगी। दूसरा रास्ता बाजार का है। आप देहाती लोग

कपास बोते हैं, लेकिन वह सारा-का-सारा बेच देते हैं। फिर बुवाई के वक्त बिनौले शहर से मोल लाते हैं। कपास यहाँ पैदा करते हैं, पर उसे बाहर बेचकर बाहर से कपड़ा खरीद लाते हैं। गन्ना यहाँ पैदा करते हैं, पर उसे बेचकर शक्कर बाहर से लाते हैं। गाँव में मूँगफली, तिल्ली और अलसी होती है, लेकिन तेल शहर की तेल-मिल से लाते हैं। अब इतना ही बाकी रह गया है कि यहाँ से अनाज भेजकर रोटियाँ मुम्बई से मँगायें! आपको तो बैल भी बाहर से लाने पड़ते हैं। इस तरह सारी चीजें बाहर से लायेंगे, तो कैसे पार पायेंगे?

बाजार में क्यों जाना पड़ता है? जिन चीजों की जरूरत होती है, उन्हें भरसक गाँव में ही बनाने का निश्चय करें। स्वराज्य यानी स्वदेश का राज्य, अपने गाँव का राज्य। घर जाने पर आप लोग सोचें कि अपने गाँव में क्या-क्या बना सकते हैं? आपको कौन-कौन सी चीज चाहिए? खेती के लिए बढ़िया बैल चाहिए। उन्हें मोल कहाँ तक लेंगे? इसलिए गाँव में ही बढ़िया बैल पैदा करने होंगे। गायों का अच्छी तरह पालन करें। एक-दो बढ़िया साँड उसमें रखें। बाकी सबको बधिया कर दें। इससे गायों की नस्ल सुधरेगी। अच्छे बैल मिलेंगे। बैलों के लिए बागडोर, नथनी वगैरह चाहिए। गाँव में सन, पटुआ आदि से उसे वहीं बना लें। आपको कपड़े की जरूरत है, उसे भी वहीं बनाना चाहिए। गाँव में बुनकर न हो, तो दो लड़कों को सिखा लायें। हर एक को अपने घर में कातना चाहिए। उतना समय जरूर मिल जायेगा। मूँगफली गाँव में होती है। घानी शुरू करें, तो यहीं ताजा तेल मिल जायेगा। गन्ना गाँव में होता है। उसका गुड़ बनायें। शक्कर की बिल्कुल जरूरत नहीं। गुड़ गरम होता है, लेकिन पानी में मिलाने से ठंडा हो जाता है। गुड़ में स्वास्थ्य के लिए पोषक द्रव्य हैं, इसलिए गुड़ ही बनायें। खोई जलाने के काम आयेगी। गाँव के चमार से ही जूते बनवायें। इस तरह गाँव में ही सारी चीजें बननी चाहिएँ। पुराने जमाने में हमारे गाँव ऐसे ही स्वावलम्बी थे। उन्हें सच्चा स्वराज्य प्राप्त था।

हर चीज गाँव की

गाँव का ही अनाज, गाँव का ही कपड़ा, गाँव का ही गुड़, गाँव का ही तेल, गाँव के ही जूते, गाँव के ही डोर, गाँव के ही बैल, गाँव का ही घर का पिसा आटा-इस रवैये को अपनायें। फिर देखें, आपके गाँव कैसे लहलहाते हैं! आप कहेंगे, ''यह महँगा पड़ेगा।'' लेकिन यह केवल कल्पना है। मैं एक उदाहरण से समझाता हूँ। मान लें, आपके गाँव में एक रंगरेज, एक बुनकर, एक तेली और एक चमार है। आज चमार क्या करता है? वह कहता है, ''मैं तेली से तेल नहीं लूँगा, क्योंकि वह महँगा पड़ता है?'' तेली कहता है, ''गाँव के चमार का बनाया जूता महँगा पड़ता है, इसलिए मैं शहर का जूता खरीदूँगा। बुनकर कहता है, ''मैं गाँव का सूत नहीं लूँगा। पुतलीघर

(मिल) का अच्छा होता है।'' किसान कहता है, मैं बुनकर से कपड़ा नहीं लूँगा, मिल का लूँगा, क्योंकि वह सस्ता होता है।'' इस तरह आज हमने एक-दूसरे को मारने का धन्धा शुरू किया है। एक-दूसरे को निबाह लेना धर्म है। उसे छोड़कर हम एक-दूसरे को मटियामेट कर रहे हैं।

लेकिन जरा मजा देखिए। तेली चार आने ज्यादा देकर चमार से महँगा जूता खरीदता है। उसकी जेब से आज चार आने गये। आगे चलकर वह चमार तेली से चार आने ज्यादा देकर महँगा तेल खरीदता है। यानी उसके चार आने लौट आये, अर्थात् वह महँगा नहीं पड़ता। जहाँ पारस्परिक व्यवहार होता है, वहाँ 'महँगा' जैसा कोई शब्द ही नहीं रहता। गये हुए पैसे दूसरे रास्ते से लौट आते हैं। मैं उसकी महँगी चीज खरीदता हूँ और वह मेरी महँगी चीज खरीदता है, तो हिसाब बराबर हो जाता है। उसमें क्या बिगड़ता है? जुलाहे ने खादी बनायी और तेली ने वह खरीद ली। तेली के लिए खादी महँगी है और जुलाहे के लिए तेल। बात एक ही है। तेल में जो पैसे गये, वे खादी में वापस मिले और खादी में जो गये, वे तेल में मिल गये। 'इस हाथ देना, उस हाथ लेना', इस तरह का भाईचारे का, सहयोग का व्यवहार पहले होता था। लेकिन आज वह लोप हो गया है।

दूसरों का खयाल

देहात में प्रेम होता है, भाईचारा होता है। यदि देहात के लोग एक-दूसरे की जरूरतों का खयाल न करेंगे, तो वह देहात का नहीं रहेगा। वह शहर जैसा हो जायेगा। शहर में कोई किसी को नहीं पूछता। सभी अपने-अपने मतलब के लिए इकट्ठे होते हैं, जैसे गोबर का ढेर देखकर सैकड़ों कीड़े जमा हो जाते हैं। उस सड़ने वाले गोबर में सैकड़ों कीड़े बुलबुलाते हैं। वे कीड़े वहाँ क्यों इकट्ठे हुए? किसी कीड़े से पूछिए, ''यहाँ क्यों आया? तेरे कोई भाई-बहन यहाँ हैं?'' वह कहेगा, ''मैं गोबर खाने के लिए यहाँ आया हूँ और गोबर खाने में चूर हूँ। मुझे ज्यादा बोलने की फुरसत नहीं।'' कलाकन्द, गुड़ आदि पर मक्खियाँ बैठती हैं, तो क्या प्रेम के कारण? इसी तरह शहरों में मक्खियों के समान जो आदमी भिनभिनाते रहते हैं, चींटियों की तरह जिनका ताँता लगा रहता है, वह क्या प्रेम के लिए? शहर में स्वार्थ और लोभ है। गाँव प्रेम से बनता है। गाँव में आग लग जाय, तो सब लोग अपना-अपना काम छोड़कर दौड़ आयेंगे। घर में कोई बैठा थोड़े ही रहेगा? लेकिन मुम्बई में क्या दशा होगी? सब कोई कहेंगे, पानी का बम्बा जायेगा; मुझे अपना काम है। इसीलिए एक कवि ने कहा है : ''गाँवों को ईश्वर बनाता है और शहरों को मनुष्य।'' हमारे बाप-दादा गाँवों में रहते थे। आज तो हर कोई शहर में जाता है। वहाँ क्या धरा है? पीले पत्थर और धूल हैं। यथार्थ लक्ष्मी देहात में है। पेड़ों में फल लगते हैं। खेतों में गेहूँ होता है,

गन्ना होता है। यही सच्ची लक्ष्मी है। यह सच्ची लक्ष्मी बेचकर सफेद या पीले पत्थर मत लीजिए। आप शहर जाकर वहाँ से सस्ती चीजें लाते हैं। लेकिन सभी ऐसा करने लगें, तो देहात वीरान दिखाई देंगे। अगर देहातों को सुखी देखना है, तो शहर के बाजार को छोड़ दें, गाँव की चीजें खरीदें। जो चीज गाँव में बन ही नहीं सकती, उसे बाहर से लायें। उसमें भी अगर वह दूसरे गाँव में होती हों, तो वहाँ से लायें। मान लीजिए, यहाँ चूड़ियाँ नहीं होतीं, तो सोनगीर से लायें। यहाँ अच्छे लोटे नहीं बनते, तो सोनगीर से लें। यहाँ रँगरेज न हो, तो मालपुर से रँगाकर मँगायें। मालपुर का रँगरेज आपके यहाँ से गुड़ ले जायेगा और आप उसके यहाँ से कपड़े रँगवायेंगे। आपके गाँव में जो चीजें न बनती हों, उनके लिए दूसरे गाँव खोजें! शहर में कोई चीज खरीदने जायँ, तो पहले यह सवाल पूछें कि क्या यह चीज देहात में बनी है? हाथ की बनी है? पहले उन चीजों को पसन्द करें। जहाँ तक हो सके, यंत्रों से बना शहरी माल निषिद्ध मानें। आपकी ग्राम-पंचायतों को ये काम अपने जिम्मे लेने चाहिएँ।

ग्राम-पंचायतों का काम

गाँव के झगड़े-टंटे हल करने का काम पंचायतों का है ही, लेकिन गाँव से कौन-कौन-सी चीजें बाहर जाती हैं, कौन-कौन-सी आती हैं, इसका ध्यान भी पंचायत को रखना चाहिए। नाका बनाकर फेहरिस्त बनानी चाहिए। बाद में वे चीजें बाहर से क्यों आती हैं, इसकी जाँच-पड़ताल कर उन्हें गाँव में ही बनवाने की कोशिश करनी चाहिए। गाँव में बुनकर नहीं हैं, तो दूसरे गाँव में दो लड़के सीखने के लिए भेज दें। हर एक को यह संकल्प कर लेना चाहिए कि गाँव की ही चीज खरीदूँगा। जो चीज मेरे गाँव में न बनती हो, उसे वहीं बनवाने की कोशिश करूँगा। गाँव के नेताओं को इसकी तरफ ध्यान देना चाहिए। यह कैसे होगा, क्या होगा, यह न कहें। उठें और काम शुरू कर दें। फिर आप ही चीजों के दाम ठहरायेंगे। तेली तेल किस भाव बेचे, चमार जूता कितने में बना दे, बुनकर की बुनाई क्या हो, सब कुछ आप तय करेंगे। जब सभी एक-दूसरे की चीजें खरीदने लगेंगे, तो सब सस्ता ही सस्ता होगा। 'सस्ता' और 'महँगा' शब्द ही नहीं रहेंगे।

बतलाइये, आपके यहाँ क्या-क्या नहीं हो सकता? नमक नहीं हो सकता? ठीक, नमक लाइये बाजार से। मिट्टी का तेल भी ला सकते हैं। दरअसल मिट्टी के तेल की जरूरत नहीं होनी चाहिए। परन्तु उसके बिना काम ही न चलता हो, तो खरीदें। तीसरी चीज मसाले हैं। मिर्च तो यहाँ होती ही है। दरअसल तो मिर्च भी बन्द कर देनी चाहिए। मिर्च की शरीर को जरूरत नहीं है। हाँ, दियासलाई खरीदनी पड़ेगी और कुछ औजार खरीदने पड़ेंगे। दूसरा कोई चारा ही नहीं है। ये चीजें खरीदें। मिट्टी का तेल धीरे-धीरे कम करें। उसके बदले अण्डी का तेल काम में लायें।

परन्तु इसके सिवा बाकी सारी चीजें गाँव में ही बनायें। खादी गाँव में बननी चाहिए। खादी के कपड़े के लिए सूत के बटन भी यहीं बन सकते हैं। दूसरे बटनों की क्या जरूरत है? अगर छाती पर वे बटन न हों, तो क्या प्राण छटपटायेंगे? ऐसी बात नहीं है, तो फिर उन्हें फेंक दें। इस कंठी की क्या जरूरत है? उसके बिना चल नहीं सकता? ऐसी अनावश्यक चीजें गाँव में लायेंगे, तो ये कंठियाँ पैरों की जंजीर की तरह जकड़ेंगी या फाँसी की रस्सी की तरह गला घोंट देंगी। बाहर से ऐसी कंठियाँ लाकर अपने शरीर को न सजायें। भगवान् श्रीकृष्ण कैसे सजता था? वह क्या बाहर से कंठियाँ लाता था? वृन्दावन में मोरों के पंख जो गिर जाते थे, उन्हीं से वह अपना शरीर सजाता। क्या पागल था? मेरे गाँव में मोर हैं, उनके पंखों से मैं अपने शरीर को सजाऊँ, तो कोई हर्ज नहीं। इसमें उन मोरों की भी पूजा है, ऐसी भावना से वह मोर-मुकुट लगाता था और गले में क्या पहनता था? वनमाला मेरी यमुना के तीर के वे फूल अमीर-गरीब सबको मिलते हैं। वह स्वदेशी वनमाला, देहात की वनमाला गले में पहनता था और बजाता क्या था? मुरली। देहात के बाँस की बाँसुरी-वह अलगोजा। यही उसका वाद्य था।

भारतीय वाद्य : बाँसुरी

हमारे एक मित्र जर्मनी गये थे। वहाँ का एक प्रसंग सुना रहे थे : हम सब विद्यार्थी इकट्ठे हुए। फ्रांसीसी, जर्मन, अंग्रेज, जापानी, रूसी-सब एक साथ बैठे थे। सबने अपने-अपने देश के राष्ट्रीय वाद्य बजाकर दिखाये। फ्रांसीसियों ने वायोलिन बजाया, अंग्रेजों ने अपना वाद्य बजाया। मुझसे कहा गया, ''तुम हिन्दुस्तानी वाद्य सुनाओ।'' मैं चुपचाप बैठा रहा। वे मुझसे पूछने लगे, ''तुम्हारा भारतीय वाद्य कौन-सा है?'' मैं उन्हें बता नहीं सका।

मैंने तुरन्त अपने उस मित्र से कहा, ''अजी, हमारा राष्ट्रीय वाद्य बाँसुरी है। लाखों गाँवों में वह पायी जाती है। सीधी-सादी और मीठी। कृष्ण भगवान् ने उसे पुनीत किया है। एक बाँस की नली ले ली, उसमें छेद बना लिये, बस तैयार हो गया वाद्य!'' ऐसा वाद्य श्रीकृष्ण बजाता था। वह गोकुल का स्वदेशी देहाती वाद्य था।

अच्छा, श्रीकृष्ण खाता क्या था? बाहर की चीनी लाकर खाता था? नहीं, वह अपने गोकुल का मक्खन, मलाई खाता था। दूसरों को खाना सिखाता था। ग्वालिनें गोकुल की यह लक्ष्मी मथुरा ले जाती थीं। परन्तु गाँव की इस अन्नपूर्णा को कन्हैया बाहर नहीं जाने देता था। वह उसे लूटकर सबको बाँट देता। सारे गोकुल के बालक उसने हृष्ट-पुष्ट किये। जिन्होंने गोकुल पर चढ़ाई की, उनके दाँत अपने मित्रों की मदद से खट्टे कर दिये। गोकुल में रहकर भी वह क्या करता था? गायें चराता था। उसने दावानल निगल लिया, यानी क्या किया? देहातों को जलाने वाले लड़ाई-झगड़ों का

खात्मा कर दिया। सब लड़कों को इकट्ठा किया, प्रेम बढ़ाया। इस तरह यह श्रीकृष्ण गोपालकृष्ण है। वह आपके गाँव का आदर्श है। गोपालकृष्ण ने गाँवों का वैभव बढ़ाया, गाँवों की सेवा की, गाँवों पर प्रेम किया, गाँवों के पशु-पक्षी, गाँव की नदी, गाँव का गोवर्धन पर्वत-सब पर उसने प्रेम किया। गाँव ही उसका देवता रहा। आगे चलकर वह द्वारिकाधीश बना। फिर भी गोकुल में आता, गाय चराता, गोबर में हाथ डालता, गौशाला बुहारता, वनमाला पहनता, बंसी बजाता और लड़कों, गोप-बालों के साथ खेलता। 'ब्रजकिशोर' उसका प्यारा नाम था। 'गोपाल' उसका प्यारा नाम था। उसने गोकुल में असीम आनन्द और सुख छा दिया।

गोकुल का सुख असीम था। ऐसे गोकुल के अन्न के चार कणों के लिए देवता तरसते थे। प्रेममस्त गोपाल-बाल जब भोजन कर दही और 'गोपाल कलेवा' खाकर यमुना के जल में हाथ धोने जाते, तो देवता मछली बनकर वे जूठे अन्न-कण खाते। उनके स्वर्ग में क्या वह प्रेम था। उन्हें पैसे की कमी नहीं थी, लेकिन उनके पास प्रेम नहीं था। हमारे शहर आपके स्वर्ग हैं न? वहाँ प्रेम नहीं है। भोग है, पैसे हैं, पर आनन्द नहीं है। अपने गाँवों को गोकुल के समान बनायें। तब वे नगर के नगरसेठ आपके गाँव की नमक-रोटी के लिए लालायित हो दौड़ते आयेंगे। हमें देहातों को हरा-भरा गोकुल बनाना है-स्वावलम्बी, आरोग्यसम्पन्न, उद्योगशील और प्रेमल। ईख का कोल्हू चल रहा है, चरखा चल रहा है, धुनिया धुन रहा है, तेल का कोल्हू चूँ चर्र बोल रहा है, कुएँ पर मोट चल रही है, चमार जूता बना रहा है, गोपाल गायें चरा रहा है और बंसी बजा रहा है-ऐसा गाँव बनने दें। अपनी गलती से हमने गाँवों को मरघट बना दिया है। आइए, अब फिर उसे गोकुल बनायें।

हम कागज एरंडोल का खरीदें। दंत मंजन राख का बनायें। ब्रश दातौन के बनायें। विदेशी कागज की झंडियाँ और पताकाएँ हमें नहीं चाहिए। अपने गाँव के पेड़ों के पल्लव ग्राम-पल्लव लें। उनके तोरण और बन्दनवार बनायें। गाँव के बड़ों का अपमान क्यों करते हैं? बाहर से चीजें लाकर बन्दरवार लगायेंगे, तो गाँव के दरख्त रूठेंगे। वे समारोह में हाथ बँटाना चाहते हैं। उनके कोंपल लाइए। हमारे धार्मिक मंगल-उत्सवों के लिए क्या कागज के तोरण विहित हैं? आम के शुभ पल्लव और घड़ा चाहिए। कलश चाहिए। वह क्या टीन का होगा? वह पवित्र कलश मिट्टी का ही चाहिए। आपके गाँव के कुम्हार का बना चाहिए। देखिए, हमारे पूर्वजों ने गाँव की चीजों की कैसी महिमा बढ़ायी है! उसी दृष्टि को अपनायें। सारा नूर पलट जायेगा। इधर-उधर दूसरी ही दुनिया दिखाई देने लगेगी। समृद्धि और आनन्द लहलहाने लगेगा।

हमने ब्याह-शादी की बात का विचार किया। बाजार के सवाल का विचार किया। अब पहले व्यसनों की बात लेते हैं। अपने वश की बातें पहले ले लें। बाद में सरकार

और साहूकार की बात सोचेंगे। कोई दिनभर फू-फू बीड़ी फूँकते रहते हैं। कहते हैं, बीड़ियाँ तो घर की ही हैं, वे बाहर से नहीं आतीं। अरे भाई, जहर अगर घर का हो, तो क्या खा लोगे? घर का जहर खाकर पूरी सोलह आने स्वदेशी मृत्यु को स्वीकार करोगे? जहर चाहे घर का हो या बाहर का, त्याज्य ही है। इसी तरह सभी व्यसन बुरे हैं। उन सबको छोड़ना चाहिए। वे प्राणघातक हैं। शराब के बारे में कहें, तो पहले महाराष्ट्र में शराब नहीं थी। महाराष्ट्र का पहला गवर्नर एलफिंस्टन साहब था। उसने महाराष्ट्र का इतिहास लिखा है। उसमें वह कहता है, ''पेशवाओं के राज में शराब से आमदनी नहीं थी।'' लेकिन आज तो गाँव-गाँव में पियक्कड़ हैं। सरकार उलटे उन्हें सुभीता कर देती है। लेकिन सरकार सुविधा कर देती है। इसलिए क्या हम शराब पियें? हिन्दुस्तान में दो मुख्य धर्म हैं-हिन्दू और इस्लाम। दोनों धर्मों में शराब पीना महान् पाप माना गया है। इस्लाम में शराब हराम है। हिन्दू-धर्म में शराब की गिनती पंच महापातकों में होती है। शराब पीकर आखिर हम क्या साधते हैं? प्राणों का, कुटुम्ब का, धन का और इन सबसे प्रिय धर्म का--सभी का नाश होता है।

बीड़ी और शराब के बाद तीसरा व्यसन है, बात-बात में तकरार करना। कृष्ण ने झगड़े के दावानल निगल लिये। तकरार न करें। अगर झगड़ा ही हो जाय, तो गाँव के चार भले आदमी बैठकर उसका तस्फिया करें। अदालत की शरण न लें। अदालतें आपके गाँवों में ही चाहिएँ। जिस प्रकार और चीजें गाँव की ही हों, उसी प्रकार न्याय भी गाँव का ही हो। आपके खेतों में सब कुछ पैदा होता है, लेकिन न्याय आपके गाँव में न पैदा हो, तो कैसे काम चलेगा? गाँव का धान्य, गाँव का वस्त्र और गाँव का ही न्याय हो। बाहर की कचहरी, अदालतें किस काम की? चीजों के लिए जिस तरह हम परावलम्बी न होंगे, उसी तरह न्याय के लिए भी नहीं होंगे। प्रेम से रहें, दूसरे को थोड़ा-बहुत अधिक मिल जाय तो भी वह गाँव में ही रहेगा। लेकिन दूर चला जाने पर न हमें मिलेगा, न आपको, सारा भाड़ में जायेगा। गाँव में ही पंचों में परमेश्वर है। उसकी शरण लें। भोजन आदि बातों का ऊहापोह यहाँ नहीं करता। जीवन निर्मल और विचारमय बनायें। हर एक काम विवेक से करें।

चौथी बात साहूकार की है। आप ही अपने घर का कपास लोढ़कर बीज के लायक बिनौले सम्भालकर रख लें। घर में ही कपड़ा बना लें। मूँगफली, अलसी घर में रखकर गाँव के कोल्हू से तेल पेरवा लें। अदालत-इजलास में जाना बन्द कर दें। गाँव ही में सारे झगड़े तय करें और मेरे बतलाये ढंग से ब्याह-शादियाँ करें, तो साहूकार की जरूरत बहुत कम पड़ेगी। फिर भी सभी लोग साहूकार के पास से छुटकारा नहीं पायेंगे। कर्जदार फिर भी रहेंगे। लेकिन कर्ज की तादाद कम हो जायेगी। ग्राम-स्वराज्य में सबके हिसाब जाँचे जायेंगे। जिस साहूकार को मूलधन के बराबर ब्याज मिल चुका होगा, उसका कर्ज अदा हो चुका, ऐसा घोषित किया जायेगा। जिस साहूकार का मूलधन

भी न मिला होगा, सूद के रूप में भी न मिला हो, उससे समझौता करेंगे। इसी तरह के उपाय से वह सवाल हल करना होगा। तटस्थ पंच मुकर्रर कर तहकीकात के बाद जो उचित होगा, किया जायेगा। तब तक आज के बतलाये उपायों से काम लेना चाहिए और धीरे-धीरे साहूकार से दूर रहने की कोशिश करनी चाहिए। परन्तु कर्ज चुकाने के फेर में बाल-बच्चों की उपेक्षा न करें। बच्चों को दूध-घी दें। भरपूर भोजन दें। लड़के सारे समाज के हैं। हम अपने साहूकार से कहें कि मैं अपने बच्चों को थोड़ा दूध दूँ? उन्हें दूध की जरूरत है। बच्चे जितने मेरे हैं, उतने ही तुम्हारे भी। वे सारे देश के हैं। लड़कों को देने में आप साहूकार को ही देते हैं। भरपेट खायें, बाल-बच्चों को खिलायें। जरूरतें पूरी होने पर बकाया रहे, तो साहूकार को दें। कर्ज तो चुकाना ही है, पर खा-पीकर चुकाना है, भोग-विलास के बाद नहीं।

सरकार

इस तरह हमने गाँव की लक्ष्मी के बाहर जाने के चार दरवाजे बताये और उन्हें बन्द करने के उपायों की दिशाएँ भी बतायीं। अब पाँचवीं बात सरकार है। यह सरकार कैसे बन्द की जाय? आप अपनी चीजें अपने गाँव में बनाने लगें, तो सरकार अपने-आप सीधी हो जायेगी। सरकार यहाँ क्यों रहती है? विलायत का माल आसानी से तुम बेवकूफों के हाथ बिक सकता है। इसलिए कल बुद्धिमान बनकर अगर आप अपने गाँव स्वावलम्बी बनायेंगे, तो सरकार अपने-आप नरम हो जायेगी। जिस चीज की जरूरत हो, उसे गाँव में ही बनायें। जो इस गाँव में न बन सके, उसे दूसरे गाँव से लायें। शहर के कारखानों का बहिष्कार करें। विदेशी चीजों की तो बात ही कौन पूछता है? विदेशी और स्वदेशी कारखानों को आप अपने गाँव से जो खाद्य पहुँचाते हैं, वे बन्द करें। आपस में एकता करें। लड़ना-झगड़ना छोड़ दें। अगर लड़ें भी तो गाँव में ही फैसला करें। कचहरी-अदालतों का मुँह न देखने का संकल्प करें। गाँव की ही चीजें, गाँव का ही न्याय। अगर ऐसा करेंगे, तो एक पंथ दो काज होंगे। दरिद्रता का कष्ट दूर होगा और सरकार अन्तर्धान हो जायेगी।

पहले दूसरे कई राज्य हुए, तो भी देहात का यह वास्तविक स्वराज्य कभी नष्ट नहीं हुआ था। इसीलिए हमें राटियों के लाले नहीं पड़े। परन्तु अंग्रेजी राज्य में यह खादी का स्वराज्य, देहाती उद्योग-धन्धों का स्वराज्य नष्ट हो गया। इसीलिए देहात वीरान और डरावने दिखाई देने लगे। मेरे बतलाये उपायों से अपने गाँव स्वावलम्बी, उद्यमी, प्रेममय बनायें। इसी में सब कुछ है।

❑❑❑

7

जय प्रकाश नारायण

जन्म : 1902 मृत्यु : 1979 प्रसिद्ध स्वतंत्रता सेनानी व सर्वोदयी नेता अगस्त, 1863 में आयोजित विभिन्न राज्यों के मंत्रियों के सम्मेलन में ''पंचायती राज और लोकतंत्र'' विषय पर दिया गया भाषण हमारे सामने बुनियादी प्रश्न है कि लोकतन्त्र का अर्थ क्या है? कुछ राज्यों में पंचायती राज की संस्थाएँ, पूर्णतः नहीं तो अधिकांशतः, प्रत्यक्ष मतदान से चुनी जाती हैं। पता नहीं, यह पंचायती राज के स्वरूप के विषय में जो भ्रम है उसके कारण या किसी और कारण से होता है। पंचायती राज का अर्थ है पंचायती लोकतन्त्र। वह क्या संसदीय लोकतन्त्र जैसी वस्तु ही है? यदि दोनों में कोई भेद है तो वह क्या है? क्या हम समुदाय बनाने की ओर फिर समुदायों के समुदाय बनाने की कोशिश कर रहे हैं? क्या इन समुदायों के राजनीतिक व्यक्तित्व हैं? क्या उनकी अभिव्यक्ति उस सम्पूर्ण राजनीतिक ढाँचे में होने जा रही है जो अलग-अलग व्यक्तिगत मतदाताओं पर आधारित नहीं, समुदाय पर आधारित है? मैं समझता हूँ, पंचायती राज का लोकतन्त्र और संसदीय लोकतन्त्र दो भिन्न कल्पनाएँ हैं और दोनों को मिलाना उचित नहीं है। इस प्रक्रिया में यदि दोनों में स्पष्ट भेद नहीं किया जायेगा, तो दोनों की क्षति होगी। सामुदायिक विकास के सम्बन्ध में भी कुछ ऐसे सैद्धान्तिक

महत्त्व के प्रश्न हैं, जिन पर विचार करना आवश्यक है। सामुदायिक विकास का अर्थ क्या है? इसको उसके वास्तविक नाम से हम क्यों नहीं पुकारते हैं? क्या औद्योगिक विकास, शिक्षा, यातायात तथा विद्युतीकरण को ही सामुदायिक विकास कहा जाता है? यह सब विकास ही है; परन्तु सामुदायिक विकास का विशेष रूप से हम जो अर्थ लगाते हैं, वह आध्यात्मिक समुदाय का विकास है, एक ऐसे वातावरण का विकास है, जिसमें ग्रामीण समुदायों में रहने वाले परिवार एक साथ मिल-जुलकर सहकारी जीवन बिता सकें। इसका अर्थ है–सहकारी एवं सामूहिक प्रयास। वह इस कार्यक्रम का हृदय है। विगत कुछ वर्षों में यदि हमने इस सामूहिक एवं सहकारी प्रयास की भावना पैदा की होती, तो अच्छा होता। विद्यादान जैसी समस्याएँ तथा अन्य समस्याएँ बहुत पहले हल हो चुकी होतीं। जिस शक्ति से समाज चल रहा है, वह है हर अलग-अलग परिवार द्वारा स्वयं जीवित रहने के प्रयास की शक्ति। किसी अन्य संगठन या संस्था की अपेक्षा–चाहे वह संसद हो, पंचायत समिति हो या ग्राम-पंचायत हो–समाज के जीवन के लिए वह अधिक उत्तरदायी है।

इस देश में समुदाय-भावना तथा सहकारी एवं सामूहिक प्रयास का अभाव है। इसके सम्भवतः अनेक कारण हैं। वह कारण जाति-प्रथा या भूमिधारण की व्यवस्था हो सकती है। मेरी समझ से, सबसे मुख्य कारण है–दो सौ वर्षों का विदेशी शासन, जो राष्ट्रीय जीवन की बिलकुल जड़ तक–यानी गाँव तक–पहुँचा और जिसने जान-बूझकर ग्रामीण समुदाय को नष्ट किया। भारत को उसने पूरी तरह खण्ड-खण्ड कर दिया और उसको व्यक्तियों का असम्बद्ध ढेर बना डाला। प्रश्न यह है कि उसको पुनर्जीवित कैसे किया जायेगा? कोष देने मात्र से यह नहीं होगा, बल्कि सेवा से होगा, जिसके विषय में गाँधीजी ने सोचा था। वे अकेले व्यक्ति थे, जिन्होंने इस देश का वास्तविक रोग पहचाना था। जर्मनी और जापान जैसे देश युद्ध में अत्यन्त भयानक विनाश के बाद कुछ ही वर्षों में, जो हमारी स्वतन्त्रता के बाद की अवधि से दो ही वर्ष अधिक हैं, उठ खड़े हुए। यह इसलिए सम्भव हुआ कि हमारी स्थिति से भिन्न, उनका अस्तित्व सेन्द्रिय समुदाय के रूप में समाप्त नहीं हो गया था।

पंचायत परिषद्

जहाँ तक अखिल भारत पंचायत परिषद् तथा राज्य पंचायत परिषदों का सम्बन्ध है, सभी राज्य पंचायती राज की संस्थाओं के गैर-सरकारी गठन की आवश्यकता पर एकमत नहीं हैं। वस्तुतः, एक मुख्यमन्त्री ने तो कहा भी था कि पंचायती राज की संस्थाओं को वे स्वशासन की इकाई नहीं मानते। सिद्धान्त तो कुछ अन्य राज्यों में स्वीकार कर लिया गया है, परन्तु गैरसरकारी संगठनों की कल्पना हर राज्य में भिन्न है।

पंचायती राज की कल्पना में जो भेद है, वही राज्य-सरकारों के दृष्टिकोण-भेद की जड़ में है। पंचायती राज की संस्थाएँ राज्य-सरकार की बहुत ही उपयोगी एजेन्सियाँ मानी जा सकती हैं। वे संविधान की कल्पना के अनुसार स्वशासन की इकाइयाँ भी मानी जा सकती हैं। यह तर्कसंगत है कि यदि ग्राम-पंचायतें स्वशासन की इकाइयाँ हैं तो पंचायत समितियाँ और जिला परिषदें, जिनके पास अधिक साधन और वित्त हैं और करने के लिए अधिक कृत्य हैं, ग्राम-पंचायतों की अपेक्षा, स्वशासन की अधिक पूर्ण इकाइयाँ समझी जानी चाहिएँ। स्वर्गीय प्रधानमन्त्री पण्डित जवाहरलाल नेहरू अक्सर जनता पर विश्वास रखने की बात कहते थे। मैं नहीं जानता कि राज्य-सरकारें कहाँ तक जनता पर विश्वास करने के लिए तैयार हैं। यह केवल विश्वास का प्रश्न नहीं है, बल्कि यह समझने का भी है कि किस प्रकार एक स्वशासी लोक-समुदाय अपने कामकाज का संचालन करेगा। अखिल भारत पंचायत परिषद् द्वारा प्रकाशित एक पुस्तक के (जिसमें उसका संविधान भी शामिल है) प्राक्कथन में मैंने राज्य, प्रखण्ड एवं जिला स्तरों पर इन विधिक संस्थाओं के गैरसरकारी गठन का पक्ष प्रस्तुत करने का प्रयास किया है। मैं अनुभव करता हूँ कि राज्य स्तर एवं राष्ट्रीय स्तर पर ऐसे संगठन से राज्य-सरकार एवं केन्द्रीय सरकार को तथा पंचायती राज की संस्थाओं को सहायता मिलेगी। अखिल भारत पंचायत परिषद् एक गैर-राजनीतिक संस्था है। इसको चुनावों से, यहाँ तक कि पंचायती राज की संस्थाओं के चुनाव से भी, कोई मतलब नहीं है। यह एक संघीय संगठन है, जिससे राज्य पंचायत परिषदें सम्बद्ध हैं। अखिल भारत पंचायत परिषद् के संविधान को सरकार की पूर्ण स्वीकृति प्राप्त है। इस संविधान में राज्य पंचायत परिषदों के लिए नमूने की उपविधि भी दी हुई है।

मैं अत्यन्त गम्भीरतापूर्वक यह निवेदन करना चाहता हूँ कि पंचायत परिषद् के आन्दोलन और संगठन को राज्य एवं केन्द्रीय सरकारों के साथ सहयोग करने वाले संगठनों के रूप में देखा जाय। अभी तक राज्य सरकारों से उन्हें वह सहयोग नहीं मिला है जो मिलना चाहिए। कुछ मामलों में, मेरी व्यक्तिगत बातचीत के बावजूद राज्य पंचायत परिषदों के निर्माण में संतोषजनक परिणाम नहीं निकले हैं। जिनके हाथ में सत्ता है, उन्हें समझना चाहिए कि केवल राज्य के प्रयत्न से तथा पंचायती राज की संस्थाओं को मार्गदर्शन, साधन एवं सहायता देकर उन्हें हम वांछनीय रूप प्रदान नहीं कर सकते। यानी, वे अपने कामकाज, प्रशासन तथा विकास का दायित्व सँभाल सकें, यह सामर्थ्य उनमें पैदा करने के लिए यह काफी नहीं है। यह भी शंका की जाती है कि कहीं समानान्तर राज्य पंचायत परिषद् न बनने लगे। इसको रोका जा सकता है, यदि राज्य-सरकारें गैरसरकारी आन्दोलन के विकास में पहल करें।

पंचायत परिषद् और राजनीति

पंचायत परिषद् का राजनीतिक स्वरूप पंचायत समितियों तथा जिला परिषदों के राजनीतिक स्वरूप पर बहुत कुछ निर्भर करता है। मैंने हमेशा यह माना है कि जहाँ तक पंचायती राज की संस्थाओं का सम्बन्ध है, उनके सदस्य राजनीतिक दलों में सम्मिलित हो सकते हैं, परन्तु उन्हें अपने-आप को राजनीतिक संगठन के रूप में संगठित नहीं करना चाहिए। पंचायती राज की संस्थाएँ जिस स्तर पर काम करती हैं, वहाँ जो प्रश्न हैं, उनकी कोई राजनीतिक विचारधारा नहीं है। पंचायत परिषद् ऐसी निर्दलीय एवं गैर-राजनीतिक बुनियादों पर भी बनायी जा सकती है। यदि राज्य और केन्द्र, जिला परिषदों, पंचायत समितियों तथा ग्राम-पंचायतों को राजनीतिक तनाव से अथवा राज्यों के राजनीतिक वातावरण से मुक्त रखने के लिए तैयार हो जायें, तो सबसे अधिक प्रसन्नता मुझे ही होगी। परन्तु यह स्मरणीय है कि राजनीति का प्रवेश-किसी न किसी प्रकार सब जगह, यहाँ तक कि स्कूलों और कॉलेजों की प्रबन्ध-समितियों में भी, हो जाता है। अतः राज्य पंचायत परिषदों में राजनीतिक पक्षपात दीखे भी तो इस कारण उसका निर्माण न होने देना अनुचित है। हमने यह नियम रखा है कि जहाँ विधिक पंचायत संस्था है, वहाँ फिर पंचायत परिषद् नहीं हो सकती। अगर जिला परिषदें हैं तो केवल वही रहेंगी; राज्य पंचायत परिषद् की कोई जिला शाखा नहीं होगी। इन संस्थाओं में कोई प्रतियोगी भावना नहीं होनी चाहिए। केन्द्रीय सरकार का ही यह विचार था और हम उसे पूर्णरूपेण मान्य करते हैं।

प्रशिक्षण

केन्द्रीय मन्त्रिमण्डल की सहायता से अखिल भारत पंचायत परिषद् ने पंचायती राज के प्रशिक्षण के लिए जो केन्द्रीय संस्थान स्थापित किया है, उसका अनुभव यह है कि प्रशिक्षण के कार्यक्रम में कोई रुचि नहीं ली जाती है। यह संस्थान ऐसे प्रशिक्षकों के प्रशिक्षण के लिए है जो जिला पंचायत प्रशिक्षण-संस्थानों में वापस भेजे जायेंगे। उनमें से कोई तो जिला संस्थानों के प्राचार्य बनेंगे और कोई प्रवक्ता। इन प्रशिक्षणार्थियों का चयन सावधानी से नहीं किया जाता। कभी हमें ऐसे बिलकुल युवा लोग, 20-25 वर्ष के आयु वाले मिलते हैं जो अनुभवहीन होते हैं। हम लोगों ने बिहार के एक प्रशिक्षणार्थी दल को प्रशिक्षित किया और जब वे वापस गये तो राज्य-सरकार ने निश्चय कर लिया कि बिहार में कोई प्रशिक्षण-संस्थान स्थापित करने की आवश्यकता ही नहीं है। इस प्रकार उनके प्रशिक्षण पर किया गया खर्च व्यर्थ चला गया। राज्यों में जो प्रशिक्षण-संस्थान या विद्यालय खुले हैं, उनके प्रतिवेदनों से प्रकट होता है कि वहाँ प्रशिक्षणार्थियों की उपस्थिति बहुत कम रहती है। यहाँ के मन्त्रिमण्डल ने इन संस्थानों के संचालन का दायित्व गैरसरकारी स्वयंसेवी संस्थाओं को सौंपने की नीति अपनायी

और उसकी अनुशंसा भी की है। सिद्धान्ततः, मैं इससे पूर्ण सहमत हूँ। परन्तु स्वयंसेवी संस्थाओं की क्षमता पर भी ध्यान रखना चाहिए। इन संस्थानों को स्वयंसेवी एजेन्सियों के हाथ सौंपने की नीति का शब्दशः पालन न किया जाय। यदि कोई सक्षम एवं योग्य स्वयंसेवी एजेन्सी न हो तो सम्बन्धित राज्य का सामुदायिक-विकास मन्त्रालय उसका संचालन कर सकता है या जिला परिषद् को अथवा किसी दूसरी एजेन्सी को यह दायित्व समर्पित किया जा सकता है।

स्वयंसेवी संस्थाएँ

हम स्वयंसेवी संस्थाओं के विषय में बातें बहुत करते हैं, स्वयंसेवी संस्थाओं की कोई पूछ इस देश में नहीं है। उनके साथ वही व्यवहार होता है जो धनिक व्यक्ति अपने गरीब सम्बन्धियों के साथ करते हैं। विनोबा भावे जैसे कुछ व्यक्तियों को छोड़, सभी लोग जिनका महत्त्व है या जो सरकार में हैं, यह सोचते हैं कि सत्ता की कुर्सी पर बैठकर और वहाँ से ही जनता को हुक्म देकर वे इस देश की जड़वत् जनता को गतिशील बना सकेंगे। लेकिन अभी तक ग्रामीण समुदाय को गतिशील नहीं किया जा सका। कुछ अपवाद हो सकते हैं; परन्तु सामान्यतः सामुदायिक भावना का अभाव ही हम पाते हैं। एक प्रमुख समस्या यह है कि नीति के महत्त्वपूर्ण प्रश्नों पर राज्य और केन्द्रीय सरकारें एक विचार नहीं रखतीं। मिसाल के लिए, ग्रामीण औद्योगीकरण का ही सवाल लीजिये। इस प्रश्न पर योजना-आयोग में भी एक विचार नहीं है।

भूमि-सुधार

भूमि-सुधारों के प्रश्न का समुदाय की भावना से बहुत अधिक सम्बन्ध है। ऐसी भावना हो कैसे सकती है, जब गाँव परस्पर-विरोधी आर्थिक वर्गों में टूटा हुआ हो और जहाँ प्रत्येक वर्ग दूसरे वर्ग से, या कम-से-कम एक वर्ग दूसरे वर्ग से, दूर रहने की कोशिश करता है? इस क्षेत्र में कोई बुनियादी सुधार लाने में हम सफल नहीं हुए हैं। कुछ वर्ष पूर्व मैसूर में एक ग्रामदान-सम्मेलन (1957) हुआ था जिसमें कई प्रतिष्ठित लोग सम्मिलित हुए थे। उपस्थित लोगों में भारत के राष्ट्रपति, स्वर्गीय प्रधानमंत्री पण्डित नेहरू, स्वर्गीय पण्डित गोविन्दवल्लभ पन्त, श्री मोरारजी देसाई, श्री गुलजारी नंदा, श्री कामराज (मद्रास के तत्कालीन मुख्यमन्त्री), श्री यशवन्त राव चव्हाण, कांग्रेस के तत्कालीन अध्यक्ष श्री ढेबर, प्रसोपा के प्रतिनिधि श्री गंगाशरण सिंह तथा सर्व सेवा संघ के कुछ नेता थे। उस सम्मेलन में ग्रामदान के विषय में एक गम्भीर वक्तव्य स्वीकृत किया गया था। ग्रामदान कितना बड़ा नैतिक एवं सामाजिक-आर्थिक आन्दोलन है, यह प्रत्येक व्यक्ति ने वहाँ महसूस किया था। परन्तु उसके बाद जो अनुवर्ती काम होना चाहिए था, नहीं हुआ। मैं नहीं समझता कि लोकतान्त्रिक व्यवस्था में यह सम्भव है। देश में एक ऐसा वातावरण उपस्थित है जिसमें कोई बुनियादी परिवर्तन या भूमि-

सुधार हो सकता है। यह स्वेच्छया हो सकता है। आखिर, कोई 8000 ग्रामदानी गाँव तो हैं। उनमें से कुछ उदासीन हैं और कुछ अच्छे नहीं हैं, परन्तु कुछ अच्छे भी हैं। आज आवश्यकता है सेवा-भावना, या सामाजिक सेवा-भावना की, जिसके विषय में महात्मा गांधीजी ने सोचा था और जिसको संगठित करने के लिए उन्होंने भारतीय राष्ट्रीय कांग्रेस को लोकसेवक संघ में परिवर्तित करने का सुझाव दिया था। देश में इस सेवा शक्ति का अभाव ही हमारी वर्तमान अधोगति का मूल कारण है।

कोई देश केवल सरकारी प्रयासों से आगे नहीं बढ़ा है। हिटलर, स्टालिन या माओ के शासन में भी ऐसा नहीं हुआ है। जनता को गतिशील बनाना ही होता है। उनमें दायित्व की भावना होना आवश्यक है। अधिनायकवादी व्यवस्था में जनता को डण्डे से हाँका जाता है, भय से गतिशील किया जाता है। चाहे साधन और संगठन कुछ हों, केवल सरकारी प्रयासों से अभीष्ट लक्ष्य की प्राप्ति नहीं हो सकती। अगर आधे राज्यों के मुख्यमन्त्री तथा प्रत्येक राज्य के और केन्द्र के आधे अन्य मन्त्री प्रातःकाल उठकर गाँवों में जायँ, तो यह एक बड़ी बात होगी। यदि वे जायँ तो सेवा की भावना से जायँ, मंत्री और नेता के रूप में नहीं।

❑❑❑

8

बाल गंगाधर तिलक

तिलक का जन्म 23 जुलाई 1856 ई. को तत्कालीन बाम्बे प्रेसीडेन्सी के रत्नागिरि शहर में हुआ। चितपावन ब्राह्मणों का यह परिवार पेशवा शासन में रत्नागिरि शहर में हुआ। चितपावन ब्राह्मणों का यह परिवार पेशवा शासन में रत्नागिरि जिले के दापोली तालुका के चिखलगाँव में बस गया था। 1818 ई. में पेशवा-शासन की समाप्ति के समय इस परिवार के श्री केशवराव दाभोल के निकट अंजनवेल (Anjanwel) के मामलादार थे। उनके पुत्र श्री रामचन्द्र राव 1823 ई. में श्री गंगाधर पंत के पिता बने। शिक्षा शास्त्री श्री गंगाधर पंत व धर्म परायण पार्वती बाई की संतान के रूप में एक के बाद एक तीन कन्याओं ने जन्म लिया जिनका नाम काशी, अक्बु व अवदा रखा गया। पुत्र की प्राप्ति की लालसा में पार्वतीबाई ने रविवार का व्रत और सूर्य की आराधना प्रारम्भ की। ईश्वर के आशीर्वाद से चौथी संतान बालक हुआ जिसे स्नेहवश बाल कहा जाने लगा। इस बाल को बचपन में केशव नाम मिला किन्तु आगे चलकर यह बालक बलवन्त राव गंगाधर तिलक के नाम से प्रसिद्ध हुआ जिसे दुनिया आज लोकमान्य तिलक के रूप में जानती है।

तिलक का सामाजिक चिंतन
(Social Thought of Tilak)

तिलक के समय यह प्रश्न बहुत ही विवादित हो गया कि राजनीतिक और सामाजिक सुधारों में किसे वरीयता मिलनी चाहिए। एम. सी. रानाडे, आर. जी. भण्डारकर एवं जी.जी. आगरकर जैसे विचारकों का मत था कि सामाजिक सुधारों के बगैर राजनीतिक सुधार निरर्थक हैं। सर्वप्रथम भारतीय समाज विशेष रूप से हिन्दू समाज को पतनशील सामाजिक धार्मिक परम्पराओं के तर्कहीन बंधन से मुक्त करना हेगा। आगरकर का मानना था कि भारत तब तक उन्नति नहीं कर सकता जब तक कि वह जातिवाद व धार्मिक अन्धविश्वास से मुक्त नहीं हो जाता और तार्किकता पर आधारित सामाजिक व्यवस्था की स्थापना नहीं कर लेता।

तिलक का दृष्टिकोण उनके समकालीन सामाजिक सुधारकों से अलग है। यहाँ इस तथ्य को पुन: स्मरण करना प्रासंगिक होगा कि तिलक एक महान राष्ट्रवादी नेता की पहचान रखते हैं। उनके लिए राष्ट्र की मुक्ति का प्रश्न समाज के सुधार के सवाल से अधिक महत्वपूर्ण रहा है[1]। अत: उन्हें विश्वास है कि भारतीय समाज स्व शासन के अन्तर्गत अपनी धार्मिक व सामाजिक समस्याओं का स्वत: ही समाधार कर लेगा। तात्कालिक आवश्यकता राजनीतिक सुधार की है सामाजिक पुनर्निमाण की नहीं। उन्होंने आयरलैण्ड, श्रीलंका व बर्मा का उदाहरण देकर प्रमाणित किया कि सामाजिक सुधार से राजनीतिक सुधार नहीं होता, दोनों पृथक-पृथक हैं। अत: भारत में भी इसे अलग-अलग रखना होगा। यद्यपि के.टी. तेलंग सामाजिक सुधारों पर तिलक के दृष्टिकोण का पूर्ण समर्थन नहीं कहते थे तथापि उन्होंने भी शिवाजी व मराठों का उदाहरण देकर अप्रत्यक्ष रूप से तिलक की इस मान्यता का समर्थन किया कि राजनीतिक श्रेष्ठता के लिए सामाजिक पिछड़ापन को समाप्त करना कोई पूर्व शर्त नहीं है। यदि ऐसा होता तो मराठा शक्ति कभी भी उस उत्कर्ष को नहीं प्राप्त कर सकती थी जिसे उसने 18वीं शताब्दी में प्राप्त किया। इसका यह तात्पर्य नहीं है कि तिलक सामाजिक सुधारों का पूर्ण विरोध करते हैं। वास्तव में वे सुधार चाहते हैं लेकिन पश्चिमी जगत् के अन्धानुकरण एवं बिना सोच-विचार के तीव्र परिवर्तन को अस्वीकार करते हैं। तिलक के सामाजिक दर्शन को बेहतर ढंग से समझने के लिए कुछ प्रमुख सामाजिक मुद्दों पर उनके विचार एवं व्यवहार को समझना आवश्यक है।

वर्ण-व्यवस्था (The Varna System)

तिलक के समकालीन समाज सुधारों के प्रमुख प्रवक्ता रानाडे और आगरकर ने न्याय व समानता के विरोधी व्यवस्था के रूप में वर्ण व्यवस्था की आलोचना की।

आगरकर का मानना था कि भारतीय सभ्यता के प्रारम्भिक चरण में वर्ण व्यवस्था ने अपनी ऐतिहासिक भूमिका निभाते हुए सामाजिक स्थायित्व की स्थापना में महत्वपूर्ण योगदान दिया है तथापि वर्तमान परिस्थितियों में इसकी उपयोगिता समाप्त हो चुकी है। आगरकर के अनुसार वर्ण व्यवस्था सामाजिक प्रगति में बाधक है क्योंकि यह असमानता का पोषण करती है अतः इसका उन्मूलन होना चाहिए।

तिलक ने वर्ण व्यवस्था का समर्थन किया है। उनका कहना है कि भारतीय जीवन मूल्य पश्चिमी जीवन-दर्शन से अलग हैं। इसलिए भारतीय सामाजिक व्यवस्था को पाश्चात्य आधार प्रदान करना अनुचित है। उनके शब्दों में राव बहादुर रानाडे और अन्य हमारे समाज के आधार वर्ण व्यवस्था को बदल देना चाहते हैं, वे चाहते हैं कि पश्चिमी समाजों के आधार व्यक्तियों का चयन की स्वतन्त्रता (Free choice to individuals) को भारतीय समाज का आधार बनाया जाए। वे सोचते हैं कि यदि यह परिवर्तन नहीं किया गया तो 19वीं शताब्दी के संघर्ष में हम अधिक समय तक जीवित नहीं रह पाएगें। तिलक के अनुसार रानाडे व उनके समर्थकों का उपर्युक्त दृष्टिकोण उचित नहीं है क्योंकि जिस प्रकार भारतीय सामाजिक व्यवस्था के मूलाधार वर्ण व्यवस्था में कुछ कमियां है उसी प्रकार स्वयं पश्चिमी सामाजिक व्यवस्था भी विसंगतियों से परिपूर्ण है। उदाहरण के लिए-पश्चिमी समाजों में स्वीकृत स्वतन्त्र प्रतियोगिता ने भयंकर आर्थिक विषमता को उत्पन्न किया है जिसमें सम्पत्तिशाली वर्ग अत्यधिक धनवान और सम्पत्तिहीन वर्ग अत्यधिक निर्धन होता जाता है। व्यक्तिगत चयन की स्वाधीनता ने विवाद के नैतिक व आध्यात्मिक बंधन को समझौता बना दिया हैं, साथ ही वहाँ अविवाहित महिलाओं की संख्या में भी अपार वृद्धि हुई है।

इसके विपरीत, भारत में वर्ण व्यवस्था के कारण व्यक्तियों को अपनी इच्छानुसार व्यवसाय के चयन की छूट नहीं है। वे सामान्यतः अपने पारिवारिक पेशा को ही अपनाते हैं। फिर भी भारतीय वर्ण व्यवस्था पश्चिम की वर्ग संरचना (Class Structure of western society) से कम हानिकारक है। इस निष्कर्ष के पीछे कई आधार हैं-

1. निम्न जातियों को छोड़कर शेष जातियों में व्यवसाय के चयन की स्वतन्त्रता है।

2. वर्ण व्यवस्था का आधार स्थापित्व का सिद्धान्त है।

3. इसने व्यक्तियों के मध्य नैतिकता व आत्म सम्मान की भावना का संरक्षण किया है।

4. इसने औद्योगिक कलाओं के ज्ञान को संरक्षित किया है। इत्यादि।

तिलक के अनुसार आलोचकों को समझना चाहिए कि वर्ण व्यवस्था के कारण ही हम अपनी विशिष्टताओं को बनाए रखने में सफल रहे हैं, यद्यपि हम सदैव स्वतन्त्र नहीं रह सके तथापि हम हज़ारों वर्षों से कायम हैं। यदि हम इस विशिष्टता का त्याग कर देते हैं तो हम वह सब कुछ खों देंगे जिसका हमने संरक्षण कर रखा है और न तो हम इधर के होंगे और न हीं उधर के। यहाँ इस तथ्य को ध्यान में रखना जरूरी है कि तिलक वर्ण व्यवस्था जाति व्यवस्था का समर्थन धार्मिक आधार पर नहीं बल्कि इसकी सामाजिक व आर्थिक उपयोगिता के आधार पर कर रहे हैं। उनके अनुसार भारत में जाति का मध्य युगीन यूरोप के सामाजिक व व्यापारिक श्रेणियों के समकक्ष मानना चाहिए जो सदस्यों के मध्य पारस्परिक सहयोग को बढ़ावा देती है तथा आर्थिक विषमता की खाई को चौड़ा होने से रोकती हैं। अतः तिलक के अनुसार जाति को आर्य प्रजाति के सदस्यों के मध्य एक धर्म निरपेक्ष तथा सामाजिक संगठन के रूप में स्वीकार करना चाहिए जो यूरोप के मध्यकालीन श्रेणियों के समान वंशानुगत व्यवसाय का संरक्षण तथा पारस्परिक सहायता व सहयोग के उद्देश्यों को पूरा करती है।

जाति प्रभुत्व एवं मराठों का पतन

तिलक ने रानाडे की इस मान्यता का भी खण्डन किया कि मराठों का पतन जातीय कारणों से हुआ। रानाडे ने दावा किया कि सत्रहवीं शताब्दी के पूर्वार्द्ध तक भारत में प्रजातिय एवं जातीय विद्वेष अनुपस्थित था किन्तु इस शताब्दी के उतरार्द्ध में मराठों ने सैनिक संगठन में जातीय तत्वों को प्रभावी बनाने की प्रक्रिया प्रारम्भ की। विशेषतः बाजीराव द्वितीय के शासन काल में सेना के शीर्ष पद ब्राह्मणों को प्रदान किया जाने लगा। ब्राह्मणों को विशेष सुविधाएं व विशेषाधिकार मिले जबकि अन्य जातियों की उपेक्षा का सामना करना पड़ा। इससे जातीय ईर्ष्या में वृद्धि हुई और अन्ततः पेशवा शासन का पतन हो गया[1]।

तिलक मराठों के पतन के लिए जातीय भेदभाव को स्वीकार करने के लिए जातीय भेदभाव को स्वीकार करने के लिए तैयार नहीं है। उन्होंने प्रति प्रश्न किया कि ईस्लाम मुस्लिम धर्म में न तो जाति-व्यवस्था है और न हीं मुस्लिम शासकों ने जातीय प्रतिद्वंदिता को बढ़ावा दिया फिर भी मुगल साम्राज्य का पतन क्यों हुआ? तिलक के अनुसार मुगलों का विखण्डन इसलिए हुआ क्योंकि मुग़ल सरदार अपने व्यक्तिगत हितों की पूर्ति के लिए केन्द्रीय शासन से विद्रोह कर अलग होते हगए और साम्राज्य क्रमशः कमजोर होता गया। इसी प्रकार मराठा साम्राज्य का अन्त भी जातीय पक्षपात के कारण नहीं बल्कि इसलिए हुआ कि वे भी मुगलों के समान राष्ट्रीय हित के स्थान पर निजी स्वार्थों को अधिक महत्व देने लगे। दुर्भाग्य से ऐसे शासकों का अभाव होने लगा जो राज्य की विभिन्न शक्तियों को अपने नियन्त्रण में रख सकें। संक्षेप में, तिलक

जाति व्यवस्था को राजनीतिक, सामाजिक, आर्थिक या नैति किसी भी दृष्टि से हानिकारक संस्था नहीं मानते। जाति व्यवस्था नहीं, जातीय विद्वेष हानिप्रद होता है।

अस्पृश्यता (Untouchability)

निःसंदेह तिलक को हिन्दू धर्म एवं हिन्दू सामाजिक व्यवस्था में गहरी आस्था है इसीलिए वे रानाडे व आगरकर के पश्चिमी दृष्टिकोण का खण्डन करते हुए वर्ण व्यवस्था जाति व्यवस्था का समर्थन करते हैं। लेकिन जाति व्यवस्था का समर्थन करने के बावजूद वे अस्पृश्यता को अस्वीकार करते हैं। उनके अनुसार ईश्वर सबका है। ईश्वर की निगाहों में कलंक के लिए कोई स्थान नहीं है, फिर हम इसे क्यों स्वीकार करें? किसी व्यक्ति को अस्पृश्यता कहना ईश्वर के विरुद्ध एक पाप है... और यदि ईश्वर भी अस्पृश्यता को सहन करता है तो मैं उसे ईश्वर ही नहीं मानूंगा। उनके अनुसार अस्पृश्यता एक सामाजिक परम्परा है जिसे ब्राह्मणों ने प्रारम्भ किया था किन्तु अब समय आ गया है कि इस बुराई का उन्मूलन कर दिया जाए। उनके ही शब्दों में यह सिर्फ सामाजिक रीति का विषय है और सामाजिक रीति को बदलना चाहिए। पुराने दिनों में ब्राह्मणों की निरंकुशता ने इस परम्परा को निर्मित किया। मैं इससे इन्कार नहीं करता। यह एक रोग है और इसे आवश्यक रूप से हटाया जाना चाहिए। वास्तव में तिलक 20 वीं शताब्दी के राजनीतिक यथार्थ को बखूबी समझते हुए इस निष्कर्ष पर पहुँचे जाते हैं कि उनके भावी स्वराज को स्वप्न तब तक पूरा नहीं हो सकेगा जब तक कि हिन्दू मुस्लिम एकता के साथ-साथ हिन्दू समाज की विभिन्न जातियों विशेषतः ब्राह्मणों एवं गैर ब्राह्मणों के मध्य सहयोग स्थापित नहीं होता। इसीलिए अक्टूबर 1917 में पूना में गैर ब्राह्मणों के सम्मेलन में बोलते हुए उनहोंने इस बात पर बल दिया कि उनका स्वराज प्राचीन काल का स्वराज नहीं होगा बल्कि इसका स्वरूप पश्चिमी देशों के शासन जैसा होगा जिसमें जाति के आधार पर किसी के साथ भेदभाव नहीं होगा। जातीय मतभेद के कारण ही हम अंग्रेजों की आधीनता स्वीकार करने को विवश हुए। यदि हम इस मतभेद व अलगाव को समाप्त नहीं कर पाते तो स्वराज प्राप्त करने के बाद भी हम उन्नति नहीं कर पाएंगे।

फिर भी असपृश्यता संबंधित तिलक के व्याख्यान सिर्फ़ सैद्धान्तिक और मूलतः राजनीतिक उद्देश्यों की पूर्ति के साधन के रूप में ही ग्रहण किए जाने चाहिए क्योंकि व्यक्तिगत स्तर पर वे छुआछूत का निर्वहन करते रहे। इस अन्तर्विरोध का सबसे प्रबल उदाहरण उसी क्षण मिल गया जब अस्पृश्यता को ईश्वरीय अपराध घोषित करने के बावजूद जब वी.आर. शिंदे ने उस घोषणा पत्र पर, तिलक से हस्ताक्षर करने का निवेदन किया तब तिलक ने ऐसा करने से अस्वीकार कर दिया, जिसमें कहा गया था कि इस पर हस्ताक्षर करने वाले व्यक्ति अपने निजी जीवन में अस्पृश्यता का ध्यान नहीं

रखेंगे। राजनीतिक जीवन में अतिवादी माने जाने वाले तिलक सामाजिक क्षेत्र मे अनेक बार एक रूढ़िवादी हिन्दू या अनुदार हिन्दू के रूप में दृष्टिगत होते हैं।

जातीय प्रतिबद्धता का एक अन्य उदाहरण 1890 की चाय पार्टी से उठे विवाद के समय देखने को मिलती है। 4 अक्टूबर को गोपाल राव जोशी ने पूना के पंच हाउड मिशन में एक व्याख्यान माला का आयोजन किया। जाति व धर्म के बंधन को न मानने वाले अति प्रगतिशील गोपालराव जोशी ने तत्कालीन समाज सुधारकों के सिद्धान्त व व्यवहार के अन्तर्विरोध को दिखलाने के लिए ही यह आयोजन किया था। व्याख्यान के उपरान्त अचानक सहभागियों व प्रवक्ताओं के समक्ष जब चाय पहुँचाई गई तो स्थिति अत्यन्त विकट हो गई। समाज सुधारक के रूप में विख्यात रानाडे व गोपाल कृष्ण गोखले के साथ तिलक को भी ईसाई भोजनकक्ष में बनी चाय पीनी पडी। जिसे लेकर सम्पूर्ण पूना में कोहराम मच गया। मामला शंकराचार्य की अदालत में गया जहाँ रानाडे ने रूढ़िवादी हिन्दुओं के दबाव के समक्ष समर्पण करते हुए प्रायश्चित करने का संकल्प लिया जबकि तिलक पहले ही वाराणसी उ.प्र. जाकर, प्रायश्चित कर चुके थे। यद्यपि तिलक ने रुढ़िवादी हिन्दुओं के तर्कों का खण्डन किया और दावा किया कि उन्होंने जाति से बहिष्कृत होने जैसा कोई अपराध नहीं किया है[1]। तथापि उनके द्वारा प्रायश्चित करना इस तथ्य का प्रमाण है कि वे रुढ़िवादी मान्यताओं के दबाव को महसूस करते थे।

स्वीकृति आयु विधेयक (Age of Consent Bill)

पारसी कवि व समाज सुधारक बी.एम. मालबरी के प्रयासों के फलस्वरूप 9 जनवरी 1891 को तत्कालीन विधि सदस्य सर एण्ड स्कावल ने केन्द्रीय विधान परिषद में सम्मति स्वीकृति आयु विधेयक को प्रस्तुत किया जिसका मुख्य उद्देश्य बाल-विवाह को रोकना था। इसके लिए कन्या की न्यूनतम आयु 10 वर्ष से बढाकर 12 वर्ष करने का प्रस्ताव किया गया। इसके अतिरिक्त मालवरी प्रस्ताव में निम्नलिखित प्रावधान थे-

1. बारह वर्ष की आयु से कम स्त्री के साथ पति द्वारा संसर्ग कानूनी रूप से अपराध होगा।

2. बाल-विवाह की स्थिति में कन्या को यह अधिकार होगा कि व्यवस्क होने पर वह उस विवाह को अस्वीकार कर सके, बशर्ते वह ऐसा करना चाहती हो।

3. पति को दाम्पत्य अधिकारों के पुनः प्राप्ति के लिए वाद चलाने का अधिकार नहीं होना चाहिए।

4. एक विधवा को उसके पूर्व पति की सम्पत्ति में अधिकार होगा भले ही विधवा ने दूसरी शादी कर ली हो।

तिलक ने मालबरी के प्रस्तावों और शासन द्वारा इसे कानूनी स्वरूप प्रदान करने के प्रयासों का जोरदार विरोध किया। तिलक को इन प्रस्तावों की जानकारी सितम्बर 1890 में ही मिल गई थी और उन्होंने उस समय से ही अपने समाचार पत्रों से इसके विरुद्ध मोर्चा खोल दिया। उन्होंने 30 सितम्बर 1890 को केसरी में एक सम्पादकीय लिख कर लोगों को ऐसे प्रस्तावों को अस्वीकार करने का आह्वान किया।उनका विचार है कि शासन द्वारा लोगों के सामाजिक और धार्मिक मामलों में हस्तक्षेप करना भारतीय सामाजिक व्यवस्था के जड पर आघात करने के समान है। उन्होंने ब्रिटिश सरकार से लोकप्रिय जनमत के विरुद्ध किसी भी कानून को न बनाने का अनुरोध किया।

समाज सुधार (Social Reform)

इसका यह तात्पर्य नहीं है कि तिलक सामाजिक सुधार के पूर्ण विरोधी हैं। वे परिवर्तन को एक स्वाभाविक प्रक्रिया मानते हैं किन्तु चाहते हैं कि यह प्रक्रिया शान्तिपूर्ण ढंग से जनता की इच्छा को ध्यान में रखते हुए तथा धीरे-धीरे होनी चाहिए। उन्होंने सामाजिक सुधार की आवश्यकता पर बल देते हुए कहा है कि हम यह नहीं सोचते कि हिन्दू समाज की संरचना में किसी प्रकार का परिवर्तन नहीं होगा।

प्रत्येक व्यक्ति यह स्वीकार करेगा कि पूरब और पश्चिम, आध्यात्मवादी और भौतिकवादी एवं नियतिवाद और स्वतन्त्र इच्छा पर आधारित व्यवस्थाओं के सम्पर्क के साथ-प्राचीन सामाजिक व्यवस्था को निर्देशित करने वाले सिद्धान्तों में परिवर्तन होना चाहिए, और यह परिवर्तन अवश्य होगा। मुख्य विवाद इस बात पर है कि क्या पुरानी व्यवस्था को एक नई व्यवस्था द्वारा पूर्णत: बदल देना चाहिए या हमें कुछ वांक्षनीय परिवर्तनों के साथि पुरानी व्यवस्था को ही पुनर्जीवित करना चाहिए?... कोई भी व्यक्ति सुधारों का विरोध नहीं करता लेकिन सुधारों को लेकर जारी विवाद इस बात का प्रमाण है कि इसका मार्ग बिल्कुल अलग है।

जहाँ तक सामाजिक सुधार संबंधित मालबरी प्रस्तावों का सवाल है, तिलक ने उनका विरोध किया है किन्तु इसलिए नहीं कि वे सुधार विरोधी है अपितु इसलिए कि वे भारतीय सामाजिक जीवन में नौकरशाही के हस्तक्षेप का विरोध करते हैं। इसका स्पष्ट प्रमाण यह है कि उन्होंने स्वयं ही समाज सुधार एका एक कार्यक्रम प्रस्तावित किया जो इसक प्रकार है-

1. कन्या का विवाह 16 वर्ष की आयु के पूर्व और लड़के का विवाह 20 वर्ष की अवस्था से पहले नहीं होना चाहिए।

2. किसी भी पुरुष का विवाह 40 वर्ष की उम्र के बाद नहीं होना चाहिए।

3. 40 वर्ष की अवस्थ्ज्ञा के उपरान्त एक पुरुष को विवाह की अनुमति सिर्फ़ तभी मिलनी चाहिए जब वह किसी विधवा से शादी करे।

4. मद्य-पान पूर्णतः प्रतिबंधित हो।

5. दहेज प्रथा का उन्मूलन हो।

6. विधवाओं के बाल काटकर उनके रूप को विकृत करने की परम्परा बन्द हो, और

7. प्रत्येक सुधारक अपने मासिक आय का दशांश सार्वजनिक उद्देश्यों के लिए दान करें।

इससे स्पष्ट है कि तिलक सामाजिक सुधार के विरोधी नहीं हैं किन्तु यह तथ्य भी सही है कि सामाजिक सुधारों के प्रति उनका अपना एक विशिष्ट दृष्टिकोण है जो रानाडे, भण्डारकर, तेलंग व आगरकर के विचारों से भिन्नता रखता है। तिलक के समाज सुधार संबंधित दर्शन को इस प्रकार प्रस्तुत किया जा सकता है–

1. नौकरशाही का हस्तक्षेप न हो–तिलक की मान्यता है कि समाज सुधार स्वयं समाज के अन्दर से उठना चाहिए। शासन या नौकरशाही द्वारा इसमें हस्तक्षेप नहीं किया जाना चाहिए विशेषतः तब, जब शासनकर्त्ता विदेशी हों। उन्होंने सुधारकों पर व्यंग्य करते हुए कहा कि उन्हें सरकार से भोजन सन्ध्या आरती व स्नान संबंधित कानून बनाने का आग्रह भी करना चाहिए[1]। रानाडे का मानना था कि जब व्यक्ति उन विविध बुराइयों से पीड़ित होने लगते हैं जिनका समाधान समाज स्वयं नहीं कर पाता तो राज्य का कर्त्तव्य है कि वह ऐसी बुराइयों को नियन्त्रित करे। तिलक का कहना है कि कोई भी सुधार तभी स्वीकार्य हो सकता है जब वह नैतिक व लोकतान्त्रिक हो। इसके लिए दो बातों का होना आवश्यक है–

1. समाज में स्व-शासन हो

2. जनता सुधारों को स्वाभाविक ढंग से स्वीकार करे।

तिलक के अनुसार वर्तमान सुधारों को न तो लोकतान्त्रिक माना जा सकता है और न ही नैतिक, क्योंकि भारत में स्वशासन के स्थान पर विदेशी शासन है। साथ ही ब्रिटिश सरकार बाध्यकारी शक्ति के आधार पर कुछ गिने-चुने व्यक्तियों के विचारों को बहुसंख्यक जनता पर थोपने का प्रयास कर रही है। यह अनुचित है क्योंकि यह नैतिक नहीं है।

2. सुधार का तात्पर्य पश्चिम का अंधानुकरण नहीं है–तिलक का मानना है कि भारत के सामाजिक सुधार तथा समाज में प्रगतिशील मूल्यों को स्थापित करने

का अर्थ यह नहीं है कि भारतीय समाज का पश्चिमीकरण कर दिया। पश्चिमी शिक्षा प्राप्त करने वाले सामाजिक सुधारकों की सबसे बड़ी न्यूनता कभी यह है कि वे पश्चिमी जीवन मूल्यों व सामाजिक व्यवस्था को निर्विवाद रूप से श्रेष्ठ मानते हैं और इस क्रम में इस तथ्य को विस्मृत कर जाते हैं कि भारतीय सभ्यता व संस्कृति का एक दीर्घ व गौरवशाली इतिहास है, उसकी अपनी परम्पराएं, मूल्य और आदर्श हैं जो पश्चिम से अलग तो हैं किन्तु किसी भी दृष्टि से निम्न स्तरीय नहीं है। विवेकानन्द जी के समान वे भी दावा करते हैं कि हमारा वर्तमान पतन हिन्दू धर्म के कारण नहीं हुआ बल्कि इस कारण हुआ है कि हमने धर्म को पूरी तरह त्याग दिया है। हमारे पीछे धर्म एवं ज्ञान की एक परम्परा है जो दूसरों की परम्पराओं से उच्चतर है। यदि भारतीय समाज सुधारक इन परम्पराओं का परित्याग करके पश्चिमी जगत् के भौतिकवादी, तर्कवादी महत्वपूर्ण है कि मालबरी प्रस्तावों का विरोध करने के बावजूद तिलक ने अपनी कन्या का विवाह सोलह वर्ष की अवस्था के उपरान्त ही किया।

संक्षेप में तिलक के अनुसार समाज सुधार बलपूर्वक लागू नहीं होने चाहिए और साथ ही समस्त सुधार भारतीय धर्म व संस्कृति की दीर्घकालीन परम्पराओं को आघात पहुँचाए बगैर होने चाहिए। पतनशील सामाजिक धार्मिक रीति-रिवाजों का उनमूलन होना आवश्यक है किन्तु अपनी अस्मिता पहचान को मिटाकर पाश्चात्य सामाजिक संरचना को अपनाना भी ठीक नहीं है। इस प्राकर तिलक रूढ़िवादी हिन्दुओं और पाश्चात्य रंग से रंगे हुए सुधारकों दोनों को ही अति से बचने की सलाह देते हैं। स्वयं उनके ही शब्दों में जिस प्रकार रूढ़िवादी मान्यताएँ तथा उसके समर्थक विद्वान एकपक्षीय हैं उसी प्रकार नवीन अंग्रेजी शिक्षा प्राप्त सुधारक भी एकपक्षीय व दकियानूसी हैं। पुराने शास्त्री तथा पण्डित नवीन परिस्थितियों को नहीं जानते उसी प्रकार सुधारकों नवीन शिक्षित वर्ग भी हिन्दुत्व के परम्परागत दर्शन और परम्पराओं से अपरिमित है। इसलिए नवीन शिक्षित वर्ग को प्राचीन परम्पराओं एवं दर्शन का ज्ञान प्रदान किया जाना चाहिए, और पण्डितों व शास्त्रियों को नवीन परिवर्तित तथा परिवर्तनशल परिस्थितियों की जानकारी प्रदान की जानी चाहिए। सुधारों को स्वाभाविक बनाने का सर्वाधिक महत्वपूर्ण साधन है समाज में जागृति लाना, जो मूलतः शिक्षा के सार्वभोग प्रचार-प्रसार से ही संभव है।

1889 ई. में बम्बई के भारतीय राष्ट्रीय कांग्रेस के अधिवेशन के साथ ही तिलक का राजनीतिक जीवन प्रारम्भ होता है। पंजाब के लाला लाजपत राय तथा बंगाल के विपिन चन्द्र पाल व अरविन्द घोष के साथ मिलकर तिलक ने कांग्रेस के स्वरूप को बदलना प्रारम्भ कर दिया। वास्तव में राष्ट्रवादी दल के रूप में विख्यात इस समूह की सबसे बड़ी विशेषता यह रही कि इन्हें अंग्रेजों के वास्तविक प्रायोजन के संबंध में कोई आशंका नहीं थी कि अंग्रेज शासन भारतीयों के शोषण के लिए ही स्थापित

हुआ है और इसी उद्देश्य की पूर्ति के लिए कार्य भी करता है। उदारवादियों, विशेषतः दादाभाई नौरोजी, फिरोजशाह मेहता, गोपाल कृष्ण गोखले व दीनशा वाचा के दृष्टिकोण में ब्रिटिश शासन भारतीय जनता के लिए एक वरदान था। अंग्रेजी शिक्षा प्राप्त इस वर्ग का ब्रिटिश शासन के प्रति सम्पूर्ण मान्यता का प्रतीक बहुरुद्दीन तैयब जी का यह कथन है जिसमें उन्होंने सगर्व घोषित किया था कि साम्राज्ञी की करोड़ों प्रजा में भारतीय शिक्षित वर्ग से अधिक राजभक्त अन्य कोई नहीं है। तिलक और उनके समर्थक ब्रिटिश शासन को विदेशी शासन की संज्ञा देते हैं क्योंकि यह भारतीय प्रजा के हितों के लिए शासन नहीं करता बल्कि इसका अन्तिम उद्देश्य ब्रिटिश हितों को बढावा देना है। इसीलिए तिलक ने स्वराज के लिए संघर्ष करने का आह्वान किया। साथ ही वे इस बिन्दु पर भी एकमत हैं कि स्वराज की स्थापना प्रार्थना, प्रस्ताव एवं निवेदन मात्र से नहीं होने वाली, इसके लिए संघर्ष करना होगा। यद्यपि तिलक शान्तिपूर्ण व लोकतान्त्रिक संघर्ष की ही बात करते हैं लेकिन उन्होंने इस तथ्य की तरफ भी जनता का ध्यान आकृष्ट किया कि भारत में लोकतन्त्र या संवैधानिक शासन स्थापित ही नहीं है। यहाँ मात्र कानून हैं जिसे नौकरशाही लागू करती है। इस प्रकार तिलक प्रत्यक्षतः क्रान्ति की बात तो नहीं करते परन्तु उनके विचारों से जनता में शासन के प्रति असंतोष का अवश्य विकास हुआ। यही कारण है कि वैलेण्टाइन शिरोल ने अपनी पुस्तक (The Indian Unrest) 1910 में तिलक को भारतीय असंतोष का जनक कहा जिसके कुछ अन्य आपत्तिजनक आरोपों व प्रसंगों के आधार पर तिलक ने 1918 में इंग्लैण्ड जाकर वैलेण्टाइन शिरोल पर मानहानि का मुकदमा किया लेकिन ब्रिटिश न्यायधीशों के पक्षपातपूर्ण व्यवहार के कारण उन्हें न्याय नहीं मिल सका।

अपने आक्रामक तेवर के कारण तिलक को उग्रवादी आतिवादी राष्ट्रवाद का समर्थक कहा गया है। किन्तु यहाँ इस तथ्य को ध्यान में रखना जरूरी है कि माण्डले जेल से रिहा होने के उपरान्त तिलक ने उदारवादी और उग्रवादी राष्ट्रवादियों के मध्य अलगाव को समाप्त करने के लिए समझौता वादी रुख दृष्टिकोण अपनाया। अपने अनुभवों के आधार पर वे इस निष्कर्ष पर हपहुँचे कि स्वशासन की प्राप्ति के मार्ग में शक्तिशाली ब्रिटिश नौकरशाही सबसे मुख्य अवरोध है जिसका सामना करने के लिए हिन्दू मुस्लिम एकता के साथ कांग्रेस के दोनों घटकों उदारवादी व अग्रवादी का आपसी सवहयोग भी आवश्यक होगा। उनके शब्दों में प्राचीन दलीय मतभेदों को समाप्त करना होगा। हमें पत्तों को फिर से फेटकर नया समझौता करना चाहिए। हम लोगों को चाहिए कि मुस्लिम दल, श्रीमती एनीबेसेण्ट के अनुकरणकर्त्ताओं तथा हमारे राष्ट्रवादी दल को मिलाकर एक शक्ति का रूप दिया जाए जो शासन से स्वराज के मुद्दे पर संघर्ष करे। यदि हम ऐसा कर पाते हैं, तभी हम सफल होंगे। आगामी कांग्रेस अधिवेशन कलकता 1915 में उग्रवादी राष्ट्रवादी दल के प्रवेश को लेकर तिलक नें यह भी कहा कि मेरे

गिनती के दिन हैं। मैं बाहर कांग्रेस से रहकर भी एक या दो साल तक जीवित रहूंगा। लोग मेरे पीछे यह क्यों कहें कि मैं राष्ट्र में विभाजन का कारण था और मेरे बिना यह या वह प्राप्त किया जा सकता था? इसलिए एकता होने दो और मैं देखूंगा कि वे क्या प्राप्त करते हैं[2]। यद्यपि तिलक एकीकृत कांग्रेस को तत्कालीन राजनीतिक परिवेश की आवश्यकता मानते थे तथापि वे अपने स्वशासन के प्राप्ति के उद्देश्य के साथ कोई समझौता करने के लिए प्रस्तुत नहीं थे। परिणामगत: श्रीमती एनीबेसेण्ट, के प्रयत्नों तथा पण्डित मदनमोहन मालवीय व गोखले की सद्भावनाओं के बाद भी समझौता की प्रक्रिया खण्डित हो गई। इसका सबसे प्रधान कारण यह था कि जहाँ उदारवादी वर्ग राष्ट्रीय नेतृत्व 1906 के कांग्रेस के स्वशासन की माँग का समर्थन करते हुए भी ब्रिटिश शासन का सहयोग करना चाहता था, वहीं दूसरी तरफ तिलक चाहते थे कि स्वशासन प्राप्त तक सरकार के साथ सहयोग न किया जाए। वे प्रथम विश्वयुद्ध 1914-18 को इस दिशा में एक महत्वपूर्ण अवसर मानते थे जब ब्रिटिश शासन को दबाव में लाया जा सकता था क्योंकि उन्हें युद्ध के लिए बड़ी संख्या में सैनिकों की आवश्यकता थी। उदारवादियों व उग्रवादियों के मध्य समझौता न हो पाने का दूसरा प्रधान कारण यह था कि फिरोजशाह मेहता व गोखले को भय था कि यदि तिलक व उनके राष्ट्रवादी दल के समर्थकों को सशर्त प्रवेश कांग्रेस में नही दिया गया तो वे कांग्रेस पर आधिपत्य कायम कर लेंगे। जहाँ तक उदारवादी उग्रवादी समूह में मतभेद का प्रश्न है तिलक इसे बहुत अधिक महत्व नहीं देते। उनके शब्दों में, हमारी नीतियों के संदर्भ में दो नवीन शब्द अस्तित्व में आए हैं, और वे शब्द हैं-उदारवादी व उग्रवादी। ये शब्द समय के साथ एक विशेष संबंध रखते हैं और इसीलिए समय के साथ परिवर्तित हो जाएगें। जिस प्रकार बीते हुए कल के उग्रवादी आज के उदारवादी बन गए हैं, उसी प्रकार आज के उग्रवादी आने वाले कल के उदारवादी बन जाएंगे। इसी स्थल पर वे आगे यह भी कहते हैं कि प्रत्येक नया दल उग्रवादी के रूप में प्रारम्भ होता है और अन्त उदारवादी के रूप में करता है[2]। स्वयं तिलक को राजनीतिक जीवन उनके इस कथन का प्रमाण है। माण्डले जेल जाने से पूर्व 1908 और उससे मुक्त होने के बाद 1914 के दृष्टिकोण में मौलिक अन्तर देखा जा सकता है।

फिर भी, यह तथ्य भी उतना ही सत्य है कि तिलक के व्यावहारिक राजनीति और राजनीति चिन्तन का केन्द्र बिन्दु है-स्वराज। प्रश्न यह उठता है कि स्वराज से तिलक का तात्पर्य क्या है?

स्वराज की अवधारणा

यद्यपि भारतीय राष्ट्रीय कांग्रेस के अधिकांश भाग का नेतृत्व उदारवादियों ने किया है तथापि 20 वीं शताब्दी में तिलक का यह कथन राष्ट्रीय आन्दोलन का मूलमंत्र

बन गया कि स्वतन्त्रता स्वशासन हमारा जन्मसिद्ध अधिकार है और मैं इसे लेकर रहूंगा[1]। तिलक के अनुसार समस्त दर्शन और राजनीति नैतिकता का सार तत्व ब्रिटिश विचारक जान स्टुअर्ट मिल के इस कथन में अन्तर्निहित है कि किसी भी राष्ट को यह नैतिक अधिकार नहीं है कि वह किसी दूसरे राष्ट्र को दासता गुलामी में रखे। इसलिए भारतीयों को स्वाधीनता से वंचित रखना ब्रिटिश राजनय पर एक धब्बा है। उनके दृष्टिकोण में भारतीय समाज में स्वशासन की स्थापना न करने से इस सिद्धान्त की भी उपेक्षा होती है। जिसके अन्तर्गत यह स्वीकार किया जाता है कि जब जनता सुखी होती है तब प्रशासन मजबूत बनता है। अतः यदि जनसाधारण को सुखी बनाना है तब प्रशासन को सुदृढ बनाना होगा जिसके लिए जरूरी है कि प्रशासन को जनता की इच्छा के अनुरूप संचालित किया जाए[1]। दूसरे शब्दों में भारत में स्वशासन या स्वराज की स्थापना होनी चाहिए।

कांग्रेस का उदारवादी समूह ब्रिटिश शासन एवं प्रशासन में अपेक्षाकृत अधिक सहभागिता का माँगकर रहा था। वे चाहते थे कि भारत का शिक्षित वर्ग सरकार के तीनों अंग्रे कार्यपालिका, व्यवस्थापिका व न्यायपालिका में अपक्षपातपूर्ण प्रतिनिधित्व प्राप्त करे। उदारवादी सैनिक व नागरिक सेवा के उच्च वेतनमान वाले पदों पर भारतीयों को भी नियुक्ति प्रदान करने की माँगकर रहे थे। तिलक के अनुसार अधिक वेतन वाले पदों को प्राप्त करने का अर्थ स्वराज नहीं है[1]। फिर स्वराज क्या है? तिलके शब्दों में-लोगों का शासन नौकरशाही के स्थान पर जनता का शासन ही स्वराज है। इस स्थल पर इस तथ्य को स्पष्ट करना आवश्यक है कि तिलक कने राष्ट्रीय आन्दोलन के क्रम में स्वराज के लिए अन्य कई शब्दों का प्रयोग यिका है। उदाहरणार्थ-स्वराज, स्वराज्य स्व शासन और होमरुल। किन्तु इसका निहितार्थ सिर्फ यह है कि भारत का शासन भारतीयों को सौंप दिया जाए। तिलक के अनुसार होम रुल स्वशासन कांग्रेस के अब तक 1916 के समस्त मांगों का संश्लेषण है जिसका तात्पर्य इसके अतिरिक्त अन्य कुछ भी नहीं है कि उनके गृह देश का प्रबंध उनके भारतीयों हाथों में सुपूर्द कर दिया जाए।

सामान्यतः तिलक के स्वराज के संदर्भ में यह मतभेद पाया जाता है कि क्या वे स्वरा ज का अर्थ पूर्ण स्वाधीनता से लेते हैं? अथवा आन्तरिक स्वायत्यता से वस्तुतः इस मतभेद के लिए कोई जगह नहीं है। इसके दो कारण हैं-

1. तिलक ने अनेक स्थलों पर इस तथ्य को स्पष्ट किया है कि उनके स्वराज्य का तात्पर्य पूर्ण स्वतन्त्रता न होकर ब्रिटिश साम्राज्य के अन्तर्गत औपनिवेशिक स्वाधीनता या स्वशासन है। वे ब्रिटिश शासकों को यथावत रखते हुए ब्रिटिश प्रशासन में परिवर्तन चाहते हैं। उन्होंने स्थिति स्पष्ट करते हुए कहा कि मैं अंतिम रूप ये यह कहना चाहता

हूँ कि जिस प्रकार आयरलैण्ड के स्वशासन के समर्थक कर रहे हैं, उसी प्रहार हम भी भारत में प्रशासनिक व्यवस्था में सुधार का प्रयत्न कर रहे हैं, हम सरकार को उलटना नहीं चाहते। भारतीयों को ब्रिटिश सम्राट व ब्रिटिश संस्थाओं की आवश्यकता है।

2. जुलाई 1916 में बम्बई शासन ने तिलक पर ब्रिटिश शासन के विरुद्ध घृणा फैलाने का आरोप लगाया। बाद में यह विवाह उच्च न्यायालय में पहुँचा जहाँ तत्कालीन न्यायधीश मि. बैचलर ने जिला न्यायालय के दृष्टिकोण का खण्डन करते हुए कहा कि स्वराज्य से तिलक का तात्पर्य राजनीति सत्ता में हिस्सेदारी प्राप्त करने तथा देश के प्रशासन को जनता या भारतीय जनता के नियन्त्रण के अधीन लाने से था।

इस दृष्टिकोण का समर्थन करते हुए तिलक कहते हैं कि जिस प्रकार वेदान्त दर्शन में ब्रह्म का विचार है उसी प्रकार इंग्लैण्ड से शासन करने वाली ब्रिटिश सरकार भी एक अदृश्य शासन है। महान ब्रह्म आकार या गुणों से रहित है। माया या भ्रम के अधीन व हजिस दृश्य आकार को ग्रहण करता है उसमें आवश्यक रूप से परिवर्तन होता है। इस प्रकार अदृश्य शासन नहीं बदलता लेकिन दृश्य शासन में प्रत्येक क्षण परिवर्तन होते हैं[1]। तिलक के अनुसार स्वशासन का प्रश्न अदृश्य शासन को कायम रखते हुए, दृश्य शासन में परिवर्तन करने का प्रश्न है। यहाँ अदृश्य शासन से तात्पर्य है–ब्रिटिश सम्राट का शासन और दृश्य शासन का अंत है। भारत में कार्यरत ब्रिटिश प्रशासन, मूलतः नौकरशाही। तिलक का कहना है कि जिस प्रकार अन्य उपनिवेशों में सम्राट ने वहाँ के लोगों को आन्तरिक प्रशानसन को संचालित करने का अधिकार प्रादान किया है उसी प्रकार भारत में भारतीयों को भी राष्ट्रीय प्रशासन को संचालित करने की शक्ति दी जानी चाहिए। इससे ब्रिटिश सम्राट की स्थिति पर कोई प्रभाव नहीं पडेगा। स्वराज का मतलब सम्राट को हटाना और उसकी सत्ता को किसी अन्य के हाथों में सौपना नहीं है। इसका अर्थ है जनता के अधिकारों को उनके हाथों में देना[1]। किन्तु हमें इस बात का भी ध्यान रखना चाहिए कि तिलक के लिए स्वराज का प्रश्न मात्र एक कानूनी या राजनीतिक प्रश्न नहीं है। वे इसे एक नैतिक आवश्यकता भी मानते हैं। प्रत्येक व्यक्ति में परम ब्रह्म की चेतना का एक अंश विद्यमान है जो उसके लिए स्वाधीनता को स्वाभाविक बना देती है। अतः स्वशासन या स्वराज के अभाव में कोई भी व्यक्ति या समुदाय अपना स्वाभाविक विकास नहीं कर सकता क्योंकि स्वशासन के अभाव में विचार व कार्य की स्वतन्त्रका की वास्तविक उपलब्ध असंभव है। व्यक्ति अपनी वास्तविक प्रकृति की प्राप्ति तभी करता है जब वह नैतिक दृष्टि से स्वतंत्र आचरण करता है। यही स्वधर्म है, यही व्यक्ति के जीवन का लक्ष्य है। इसीलिए तिलक कहते हैं कि स्वराज्य या स्वशासन, स्वधर्म के लिए आवश्यक

है। व्यक्ति व समाज के समस्त विकास स्वराज पर ही निर्भर हैं। स्वराज के बिना कोई सामाजिक सुधार नहीं हो सकता, न कोई औद्योगिक प्रगति, न कोई उपयोगी शिक्षा और न ही राष्ट्रीय जीवन की पूर्णता। यही हम चाहते हैं और ईश्वर ने इसी उद्देश्य से मुझे इस संसार में भेजा है। तिलक ने भारतीय जनता की दयनीय स्थिति के लिए स्वराज के अभाव को ही उत्तरदायी घोषित किया। लोग विदेशी नौकरशाही पर इस सीमा तक निर्भर हो चुके हैं कि उनकी स्थिति दासों के समकक्ष हो गई है। इस चिन्ताजनक परिवेश को बदलना जरूरी है किन्तु यह तभी सम्भव है जब सम्राट की सरकार अन्य उपनिवेशों के समान ही, भारत को स्वशासन प्रदान करे।

जब तिलक से यह पूछा गया कि क्या इससे ब्रिटिश हितों पर आघात नहीं होगा? तब उनका जवाब था कि यदि आयरलैण्ड की जनता को स्वशासन प्रदान करने से ब्रिटिश हितों का नुकसान नहीं होता है या स्वयं ब्रिटिश जनता के स्वतन्त्रता का उपभोग करने से साम्राज्य के हितों पर नकारात्मक प्रभाव नहीं पड़ता है तो भारतीयों को स्वशासन प्रदान करने से सम्राट या साम्राज्य के हितों पर आघात कैसे होगा? पुनः भारत ब्रिटिश साम्राज्य का अंग है अतः ब्रिटिश साम्राज्य में भारतीय भी अंग्रेजों के समान ही सम्राट की प्रजा हैं। परिणामतः अंग्रेज व भारतीय प्रजा के अधिकारों में भेदभाव करना तार्किक दृष्टि से भी असंगत है। भारत को स्वराज अंग्रेज शासन प्रजातिवाद के सिद्धान्त के आधार पर भारत और अन्य उपनिवेशों पर अपने आधिपत्य को स्वाभाविक व औचित्यपूर्ण सिद्ध करता था। उनके दृष्टिकोण में श्वेत प्रजाति गुणात्मक दृष्टि से अन्य दोनों प्रजातियों पीली प्रजाति व काली प्रजाती से श्रेष्ठ है। भारतीय समाज, अफ्रीका के समाजों के समान काली प्रजाति में परिगणित किया जाता था। संक्षेप में, 1905 के बंगाल विभाजन के उपरान्त जब भारतीय राष्ट्रीय आन्दोलन में स्वराज की माँग तीव्र हो गई तब अंग्रेजों ने इस तर्क के आधार पर इस प्रस्ताव को अस्वीकार किया कि भारतीयों में स्वशासन की क्षमता ही नहीं है। तिलक ऐतिहासिक तथ्यों के आधार पर उस मान्यता का खण्डन करते हैं जो भारतीयों को शासन संचालन में अयोग्य मानती है। उनके अनुसार भारतीय इतिहास में अशोक, अकबर, गुप्त शासकों व राजपूतों के सक्षम व प्रभावशाली शासन इस तथ्य के प्रमाण हैं कि भारतीय प्रत्येक दृष्टि शारीरिक व बौद्धिक से शासन संचालित करने में समर्थ हैं[1]। उनके शब्दों में लोग पूछते हैं कि यदि स्वराज्य प्राप्त हो गया तो हम उसे कैसे चलाएंगें? किन्तु योग्यता तब आती है जब उसे प्रयुक्त करने का अवसर मिलता है। भारतीयों को वर्तमान ब्रिटिश शासन में अपनी क्षमता को प्रदर्शन करने के अवसर अत्यन्त सीमित हैं तथापि यदि उन्हें कभी अवसर प्राप्त हुआ है तो वे सदैव ही कुशलता के मापदण्ड पर खरे उतरे हैं। भारतीयों को अधिकार एवं उत्तरदायित्व मिलने पर वे भविष्य में भी अपनी योग्यता व दक्षता प्रमाणित करेंगे। इसीलिए वे कहते हैं कि सर्वप्रथम शक्ति की आवश्यकता है स्वराज

की जरूरत है। स्वराज की माँग को ठोस आधार प्रदान करने के लिए तिलक ने होमरुल लीग प्रारम्भ करने का निर्णय लिया। प्रो. जीवीपी प्रधान व ए. के. भागवत के अनुसार सर्वप्रथम 1999 ई. में बैरिस्टर जोसेफ बैपतिस्ता ने तिलक को आयरलैण्ड के आइरिस लीग की तरह भारत में भी होमरुल लीग स्थापित करने का परामर्श दिया था।

तिलक ने इसे अपरिपक्व विचार कहकर अस्वीकार कर दिया। बैपतिस्ता ने 1906 ई. में भी इस प्रस्ताव को दोहराया किन्तु तिलक ने माण्डले जेल से छूटने के बाद ही इस पर गंभीरतापूर्वक विचार किया और अन्ततः बेलगाँव में आयोजित 18वें प्रान्तीय सम्मेलन अप्रेल 1916 में होमरुल लीग की औपचारिक घोषणा से पूर्व तिलक ने केसरी में कई लेख प्राशित किए जिसके आधार पर उन्होंने भावी स्वराज या स्वशासन या होमरुल की रूपरेखा स्पष्ट करने का प्रयत्न किया। यहाँ इस तथ्य का उल्लेख करना भी प्रासंगिक होगा कि तिलक ने 1895 ई. में जब शिवाजी उत्सव मनाना प्रारम्भ किया, उस समय से ही वे स्वराज्य शब्द का प्रयोग करने लगे थे क्योंकि शिवाजी के शासन को स्वराज्य ही कहा जाता था। फिर भी कांग्रेस के मंच से इसकी सार्वजनिक घोषणा कलकत्ता के अधिवेशन में 1906 में–दादा भाई नौरोजी द्वारा की गई। इसी लिए तिलक कहते हैं कि स्वराज के विचार के जन्मदाता दादा भाई नौरोजी थे। संक्षेप में तिलक के स्वराज की अवधारणा को इस प्रकार व्यक्त कर सकते हैं–

स्वराज का स्वरूप

1. भारतीय स्वराज ब्रिटिश साम्राज्य के अन्तर्गत ही स्थापित किया जाएगा लेकिन भारत और ब्रिटेन के संबंधों का स्वरूप बदल जाएगा। अब तक भारत व ब्रिटेन का संबंध राज्यभक्त अनुचर और स्वामी का संबंध था। स्वशासन की स्थिति में भारत, ब्रिटेन के साथ राजभक्त मित्र के रूप में व्यवहार करेगा।

2. कुछ अतिमहत्वपूर्ण मुद्दों–रक्षा, विदेश संबंध इत्यादि के अतिरिक्त प्रान्तों को सुनिश्चित शक्तियाँ जाएंगी और उन्हें इस संदर्भ में पूर्ण स्वायत्ता के साथ कार्य करने की छूट प्रदान की जाएगी।

3. केन्द्रीय व प्रान्तीय अर्थात शासन के दोनों ही स्तरों पर कार्यपालिका व व्यवस्थापिका में निर्वाचित प्रतिनिधियों का बहुमत होना चाहिए। फिर भी स्वराज की मांग मूलतः प्रान्तीय शासन से संबंधित है–भारत शासन या स्थानीय ग्राम प्रशासन से नहीं।

4. स्वराज का अर्थ है–भारतीय आन्तरिक या ग्रह प्रशासन भारतीयों को सौंप दिया जाएगा अर्थात उन्हें अपने सिपाही, मामलातदार और जिला कलेक्टर नियुक्त करने तथा कर संग्रह एवं उसे व्यय करने का उत्तरदायित्व प्रात होगा।

केन्द्रीय विधान सभा भविष्य में भारत के संसद का रूप ग्रहण करेगी जिसे विधि निर्माण हेतु विधेयक प्रस्तुत करने, कार्यपालिका से प्रश्न पूछने तथा बजट को पारित करने का अधिकार होगा। यद्यपि तिलक ने स्वराज की स्थापना की कोई निश्चित समय सीमा तय नहीं किया तथापि उनका विचार था कि प्रथम युद्ध के समापन के उपरान्त भारतीय प्रशासन का पुर्नगठन किया जाना चाहिए। उन्होंने इस संदर्भ में अमेरीकी राष्ट्रपति वुडरो विल्सन के उस आह्वान का भी जिक्र किया जिसमें उपनिवेशों के संबंध में स्व निर्णय के सिद्धान्त को लागू करने की बात की थी। अन्त में एक अति महत्वपूर्ण प्रश्न पर विचार करना आवश्यक है कि क्या तिलक–जिन्हें उग्रवादी राष्ट्रवादी के रूप में जाना जाता है–का लक्ष्य आन्तरिक स्वायत्यता तक ही सीमित है? फिर वे उन लोगों से किस प्रकार अलग हैं जिन्हें उदारवादी राष्ट्रवादी की संज्ञा दी जाती है? निःसंदेह तिलक ने तत्कालीन परिस्थितियों के अन्तर्गत ब्रिटिश साम्राज्य के अधीन स्वशासन की माँग को ही आगे बढ़ाया तथापि उनका अन्तिम लक्ष्य भारत की पूर्ण स्वतन्त्रता के स्वप्न को साकार करना था। स्व शासन को इस दिशा में प्राथमिक चरण के रूप में देख जाना चाहिए। उन्होंने एक स्थल पर लिखा है कि हम स्वराज की माँग करते हैं क्योंकि यह हमारी भावी उन्नति का आधार है, शिखर नहीं। आदर्श स्वराज एक पूर्णतया लोकतान्त्रिक स्वराज होगा जिसमें प्रत्येक व्यक्ति आर्थिक, राजनीतिक व सामाजिक उन्नति के साथ आध्यात्मिक उन्नति की व्यावहारिक अनुभूति करेगा। इसलिए स्वराज प्रत्येक व्यक्ति का धर्म है। तथा इसकी प्राप्ति के लिए निःस्वार्थ होकर स्वयं को समर्पित कर देना ही गीता का कर्म योग है।

कार्यवाही के कार्यक्रम (Programme of Action)

तिलक के अनुसार राष्ट्रीय आन्दोलन का तात्कालीक लक्ष्य है–स्वराज। किन्तु साथ ही साथ वे यह भी कहते हैं कि राजनीतिक अधिकारों को कोमल व सरल तरीकों से प्राप्त नहीं किया जा सकता।...

राजनीतिक अधिकारों की प्राप्ति के लिए हमारे नेताओं को कारावास, निर्वासन व अन्य अत्याचारों के लिए तैयार रहना चाहिए।... जनता को भी स्वतन्त्रता की उपलब्धि हेतु प्रशिक्षित किया जाना चाहिए जिसका एक ही रास्ता है–जनता को इस संघर्ष में सहभागी बनाना। इसके तीन आधारभूत साधन हैं–बहिष्कार, स्वदेशी और राष्ट्रीय शिक्षा। बंगाल विभाजन अक्टूबर 1905 ई. में तिलक के सैद्धान्तिक मान्यताओं की व्यावहारिक सफलता से भारतीय राष्ट्रीय कांग्रेस के उदारवादी नेता भी प्रभावित हुए और 1906 ई. के कलकत्ता अधिवेशन में जिसकी अध्यक्षता दादाभाई नौरोजी 1825–1917 ई. ने की, बहिष्कार, स्वदेशी व राष्ट्रीय शिक्षा को अपनाने के प्रस्ताव को स्वीकार कर लिया गया।

1. बहिष्कार (Boycott)

श्री गोपाल कृष्ण गोखले व श्री फिरोजशाह मेहता 1845–1915 ई. इत्यादि उदारवादी नेता बहिष्कार को राष्ट्रीय आन्दोलन का साधन बनाने के विरोधी थे लेकिन तिलक के लिए यह एक बहुत ही प्रभावशाली राजनीतिक हथियार है जिसके द्वारा विदेशी राज के ऊपर दबाव बनाया जा सकता है। प्रारम्भ में बहिष्कार का स्वरूप पूर्णत: आर्थिक था जिसमें भारतीय जनता से यह आग्रह किया जाता था कि वे ब्रिटिश या विदेशी वस्तुओं का उपयोग करें। किन्तु तिलक ने शीघ्र ही इसे एक राजनीतिक शस्त्र बना दिया। वास्तव में उन्होंने यह अनुभव किया कि ब्रिटिश राज का अस्तित्व भारतीयों के सहयोग पर ही अवलम्बित है।

इसे स्पष्ट करते हुए वे कहते हैं कि आपका इसका आवश्यक रूप से अहसास होना चाहिए कि आप उस शक्ति के एक महान कारक हैं जिसके द्वारा भारत में प्रशासन संचालित होता है। आप स्वयं ही वह उपयोगी चिकनाई हैं जो इस दैत्याकार मशीन प्रशासन को सुचारु संचालन के योग्य बनाती हैं। यद्यपि आप पद दलित व उपेक्षित हैं, फिर भी आपको अपनी इस शक्ति के प्रति चैतन्य होना चाहिए कि आप प्रशासन को असंभव बना सकते हैं बशर्ते आप ऐसा करने के लिए तैयार हों। यह आप हैं जो रेल पथ और टेलीग्राफ तार का प्रबन्ध करते हैं, यह आप है जो राजस्वों का प्रबन्ध करते हैं, यह आप हैं जो राजस्वों का संग्रह व बन्दोबस्त करते हैं, वास्तव में यह आप ही हैं जो प्रशासन के लिए सब कुछ करते हैं यद्यपि कि एक अधीनस्थ स्थिति में रहकर।

तिलक को विश्वास है कि जहाँ एक तरफ विदेशी वस्तुओं के खरीद व उपभोग से जनता को अलग करके ब्रिटिश आर्थिक हितों को हानि पहुँचाई जा सकती है, वहीं दूसरी तरफ यदि बहिष्कार को राष्ट्रव्यापी बनाकर इसे राजनीतिक स्वरूप प्रदान कर दिया तो विदेशी हितों को संचालित करने वाली विदेशी नौकरशाही को दबाव में लाकर स्वशासन स्वराज की माँग को स्वीकार कराया जा सकता है। इसीलिए तिलक भारतीय जनता से इस विशिष्ट स्थिति का लाभ उठाने का आह्वान करते हुए कहते हैं कि यदि आप स्वतन्त्र होना चाहते हैं तो स्वतन्त्र हो सकते हैं, यदि आप ऐसा नहीं चाहते तो आपका स्थायी पतन हो जाएगा। आप में अनेक लीग हथियार प्रयोग करना पसंद नहीं करते, लेकिन यदि आप में सक्रिय प्रतिरोध की शक्ति नहीं है तो क्या आप में आत्मत्याग औरआत्मसंयम की यह शक्ति भी नहीं है कि आप विदेशी शासन को आप पर शासन करने में सहायता न दें? यही बहिष्कार है और जब हम यह कहते हैं कि बहिष्कार एक राजनीतिक हथियार है तो हमारा यही तात्पर्य होता है।

तिलक के चिन्तन में बहिष्कार की अवधारणा के अन्तर्गत निम्नलिखित कार्यक्रम सम्मिलित हैं–

1. समस्त ब्रिटिश उत्पादों का बहिष्कार करना वैसे ही जैसे अमेरीका ने स्वतन्त्रता के समय ब्रिटिश वस्तुओं का किया था।

2. राजस्व संग्रह करने में सहायता नहीं देना।

3. शान्ति स्थापित में सहयोग न करना।

4. भारतीय सीमााओं से बाहर होने वाले युद्धों में जन या धन से किसी प्रकार की सहायता न देना।

5. न्याय प्रशासन को संचालित करने में सहयोग प्रदान न करना एवं अपने स्वयं के न्यायालयों को स्थापित करना, तथा

6. समय आने पर कर अदा न करना।

तिलक ने विश्वासपूर्वक कहा कि यदि भारत के लोग सामूहिक व संगठित रूप से बहिष्कार का पालन कर सके तो उन्हें स्वराज निश्चित रूप से मिल सकता है। किन्तु इसके लिए जरूरी है कि महाराष्ट्र व पंजाब ही नहीं बल्कि सम्पूर्ण भारत इस आन्दोलन में बंगाल के लोगों व कांग्रेस का सहयोग करें।

इस संदर्भ में अन्तिम प्रश्न यह उठता है कि क्या बहिष्कार असंवैधानिक है? तिलक कहते हैं कि बहिष्कार वैसा गैर कानूनी साधन नहीं है। जैसा कि राजद्रोह होता है। हम यह नहीं कहते कि हमें शासकों के समक्ष अपनी समस्याओं को प्रस्तुत करने के संवैधानिक साधनों का परित्याग कर देना चाहिए किन्तु जब अपने अनुभवों से हमें लगने लगता है कि निवेदन का तरीका प्रभावी नहीं है तब हमें उसे बहिष्कार से स्थ्थानापन्न कर देना चाहिए और इस दो धारी हथियार से अपने उद्देश्यों की पूर्ति करनी चाहिए[1]। तिलक के अनुसार बहिष्कार भारतीयों के आर्थिक व राजनीतिक दोनों हितों को पूरा करेगा। स्वदेशी आन्दोलन बहिष्कार का तार्किक प्रतिफल है। प्रारम्भ में दोनों कार्यक्रम आर्थिक उद्देश्यों की पूर्ति के लिए ही थे किन्तु दोनों की प्रकृति एक दूसरे से पूर्णतः अलग है। जहाँ बहिष्कार ने भारतीयों को ब्रिटिश व विदेशी उत्पादों को क्रय करने से मना किया वहीं स्वदेशी ने अपने देश में निर्मित वस्तुओं को खरीदने व उसका प्रयोग करने का आग्रह किया। इस प्रकार बहिष्कार एक नकारात्मक साधन है जबकि स्वदेशी को सकारात्मक हथियार कहा जा कसता है। बंगाल सहित पूरे देश में विदेशी वस्तुओं–विशेषतः विदेशी वस्त्रों की होलिका जलाई गई। कुछ उदारवादी नेता बहिष्कार व स्वदेशी आन्दोलन को इस तर्क के आधार पर स्थगित करना चाहते

थे कि भारत में इतनी संख्या में देशी मिलें नहीं हैं कि वे जनता की आवश्यताओं को पूरा कर सकें। अतः पहले देशी कारखाने लगाएं जाएँ और फिर स्वदेशी आन्दोलन चलाया जाए। तिलक ने इसका खण्डन करते हुए कहा कि यह एक अज्ञानतापूर्ण तर्क है। यह कहना कि पर्याप्त मात्रा में स्वदेशी वस्तुओं का उत्पादन हो जाने के बाद ही लोगों को स्वदेशी अपनाना चाहिए, उतना ही मूर्खतापूर्ण है जितना कि किसी व्यक्ति से यह अपेक्षा करना कि वह पानी में उतरने से पहले ही तैरना सीख जाए। तिलक का कहना है कि देशी उत्पादन बढ़ाने के दो विकल्प हो सकते हैं–इसके लिए सरकार से पर्याप्त प्रोत्साहन मिले, अथवा जनता प्रोत्साहित करे। चूंकि वर्तमान 1905 परिस्थितियों में सरकार ऐसा नहीं करेगा इसलिए जनता को ही यह उत्तरदायित्व निभाना चाहिए। दूसरे शब्दों में जनता स्वदेशी आन्दोलन में विश्वास करे तभी देशी व्यापार व उद्योग विकसित हो पाएगें[1]।

तिलक ने स्वीकार किया कि तकनीकी पिछडेपन के कारण देशी वस्तुएं ब्रिटिश उत्पादों की तुलना में अनगढ व महँगी हो सकती हैं किन्तु स्वदेशी आन्दोलन मात्र आर्थिक दृष्टिकोण से नहीं अपितु आत्म विश्वास आत्म सहायता तथा आत्म सम्मान के नजरिए से देखा जाना चाहिए। उन्होंने स्पष्ट किया कि स्वदेशी कुछ त्याग का संकेत करता है। आत्म गौरव के प्रतीक स्वराज्य की प्राप्ति के लिए जनता को संकीर्ण आर्थिक हितों का बलिदान करना होगा। यदि इस समय यह बलिदान किया जाएगा तो निश्चित रूप से भविष्य में इसके महान परिणाम प्राप्त होंगे।

किन्तु बहिष्कार के समान ही स्वदेशी भी केवल आर्थिक कार्यक्रम तक सीमित नहीं रहा। स्वदेशी विदेशी प्रभाव से मुक्ति और अपने देश के प्रति प्रेम का प्रतीक बन गया। इसका स्वरूप आर्थिक से विस्तृत होकर राजनीतिक हो गया। प्रो. टी.एल. शे के शब्दों में स्वदेशी भारत में औद्योगिक विकास के लिए पहला महान उत्प्रेरक था। इससे स्थानीय भारतीय उत्पादन को स्वाभाविक विकास को उत्प्रेरणा मिली। लेकिन बहिष्कार के समान स्वदेशी भी अति शीघ्र सामान्य आर्थिक आत्म निर्भरता की तुलना में एक बड़ा व्यापार बन गया। तिलक इसे स्वीकार करते हुए कहते हैं कि स्वदेशी आन्दोलन औद्योगिक विकास के लिए जरूरी है, परन्तु इसका राजनीतिक महत्व इससे कहीं बहुत अधिक है और यह पहलू विशेषतः बंगाल में पूरी तरह स्पष्ट है। उन्होंने कहा कि ब्रिटिश शासन यह अनुभव करने लगा है कि स्वदेशी का यह नया हथियार एक दिन नौकरशाही को विजत कर लेगा[2]।

सम्भवतः स्वदेशी आन्दोलन का सर्वाधिक महत्वपूर्ण पक्ष न तो आर्थिक है और न ही राजनीतिक इसका सर्वाधिक उल्लेखनीय पहलू है–वैचारिक। तिलक चाहते हैं कि लोगों का बाहरी आवरण ही नहीं अपितु उनकी अन्तरात्मा भी स्वदेशी हो, वस्त्र

ही नहीं सोच भी भारतीय हो। इसीलिए वे कहते हैं कि हमारे शरीर के समान हमारे मस्तिष्क भी स्वदेशी होने चाहिए। हमारे हृदय में स्वदेशी विचारों का सतत शासन होना चाहिए।

तिलक के अनुसार स्वदेशी वह साधन है जो व्यक्तियों में सच्ची नैतिक स्वतन्त्रता की भावना उत्पन्न कर सकेगा क्योंकि इसका उद्देश्य विदेशी वस्तुओं के साथ-साथ विदेशी विचारों को भी विलोपित करना है।

3. राष्ट्रीय शिक्षा (National Education)

तिलक को भारत में राष्ट्रीय शिक्षा के विचार का प्रवर्तक कहा जा सकता है। उन्होंने इस तथ्य को स्पष्टत: देखा कि सामान्य जनता को राष्ट्रीय आन्दोलन से जोड़ने तथा ब्रिटिश प्रभुत्व के शान्तिपूर्ण विरोध के लिए एक ऐसी राजनीतिक शिक्षा की जरूरत है जो भारतीय जीवन पद्धति व सामाजिक आदर्शों के अनुरूप हो। इस दृष्टिकोण से तत्कालीन ब्रिटिश शिक्षा की उपयोगिता अत्यन्त सीमित थी क्योंकि यह शिक्षा भारतीयों में आत्म सम्मान या स्वाधीनता की चेतना को उत्पन्न करने के लिए नहीं अपितु ब्रिटिश शासनको स्थायित्व प्रदान करने में सहायक अनुवादकों व लिपिकों की प्राप्ति के लिए आवश्यक थी। तिलक ने अंग्रेजी शिक्षा प्रणाली के स्थान पर राष्ट्रीय शिक्षा की योजना को कार्यरूप प्रदान करने का निश्चित संकल्प लिया। सौभाग्य से उन्हें आगरकर व चिपलूणकर जैसे राष्ट्रीय मनोवृत्ति के धारक विद्वान साथियों का सहयोग भी मिला। न्यू इंग्लिश स्कूल, दकन एजूकेशन सोसाइटी और फर्ग्यूसन कॉलेज इसके साक्षी बने।

इस स्थल पर सर्वाधिक महत्वपूर्ण प्रश्न यह उठता है कि शिक्षा से क्या तात्पर्य है? तिलक के अनुसार पढ़ना व लिखना जान लेना ही शिक्षा नहीं है। यद्यपि शिक्षण प्रक्रिया में व्यक्ति लिखना पढ़ना आवश्यक रूप से सीखते हैं तथापि वास्तविक शिक्षा वह शिक्षा है जो छात्रों को अपने पूर्वजों के अनुभवों का ज्ञान प्रदान करती है। जहाँ तक राष्ट्रीय शिक्षा का प्रश्न है यह व्यक्तियों में राष्ट्रीय चेतना को उत्पन्न करने वाली शक्ति है। राष्ट्रीय चेतना का जन्म होने के लिए सर्वप्रथम यह जरूरी है कि लोग अपने देश एवं उसकी धर्म, संस्कृति व रीति-रिवाजों से परिचित हों। अत: जो शिक्षा आपको अपने राष्ट्र को जानने में सक्षम बनाती है, उसे ही राष्ट्रीय शिक्षा कहते हैं[1]। ब्रिटिश शिक्षा प्रणाली इस उद्देश्य की पूर्ति नहीं करती क्योंकि अंग्रेज हुकूमत के समान अंग्रेजी शिक्षा का अन्तर्निहित लक्ष्य ब्रिटिश साम्राज्य के हितों का संरक्षण करना है। ब्रिटिश शासन को क्लर्क चाहिए राष्ट्रभक्त नागरिक नहीं। इसलिए सरकार विद्यालयों से राष्ट्रीय भावना को उसी प्रकार बहिष्कृत किया गया है जिस प्रकार दुष्ट हिरण्यकश्यप ने प्रहलाद की शिक्षा से ईश्वर के नाम को बहिष्कृत किया था। वास्तव में तिलक को यह दृढ़ मान्यता है कि ब्रिटिश सरकार और भारतीय जनता के हितों में अन्तर्विरोध है। विदेशी

शासन जनता को दासता के बंधन में जकड़े रखना चाहता है इसलिए वह कोई ऐसी शिक्षा प्रदान नहीं करना चाहता जिससे भारतीयों में राष्ट्रीय जागृति का जन्म हो। इसीलिए तिलक का कहना है कि राष्ट्रीय चेतना के विकास के लिए वर्तमान शिक्षा प्रणाली के स्थान पर राष्ट्रीय शिक्षा की नवीन योजना को लागू करना होगा तभी स्वराज का स्वप्न साकार हो सकेगा। यहाँ इस तथ्य को विस्मृत नहीं किया जा रहा है कि स्वयं तिलक ने भी ब्रिटिश शिक्षा को ग्रहण किया था। वे इस बात को स्वीकार भी करते हैं कि प्रारम्भ में उन्ळें तत्कालीन शिक्षा प्रणाली पर गर्व था। किन्तु शीघ्र ही उन्हें इस शिक्षा प्रणाली की न्यूनताओं का अनुभव होने लगा। उन्होंने देखा कि सरकारी शिक्षा और सरकारी सहायता प्राप्त विद्यालय भारतीयों को उनके सुदीर्घ अतीत की गौरवशाली परम्पराओं तथा जीवन मूल्यों से पृथक कर रहे हैं जो भारत के भविष्य के लिए अत्यन्त हानिकारक प्रवृत्ति है। संक्षेप में, ब्रिटिश शिक्षा प्रणाली में निम्नलिखित कमियाँ हैं–

1. पश्चिमी शिक्षा प्रणाली से शिक्षा प्राप्त युवक न सिर्फ अपने इतिहास से बल्कि भारतीय सभ्यता की मूल्य व्यवस्था से भी अलग हो रहे हैं।

2. यह शिक्षा हमारे स्वाभाविक और समयानुरूप वैचारिक विकास के मार्ग की बाधक है। इसका कारण यह है कि अंग्रेजी एक कठिन भाषा है। हमें इसे सिर्फ इसलिए पढ़ना पड़ता है क्योंकि यह शासकों की भाषा है। यह हमारे ऊपर पूरी तरह एक भार ही है[1]। परिणामत: जो चीज छात्रों को 15 वर्ष की उम्र में सीख लेनी चाहिए वे उसे 35 वर्ष की अवस्था में सीखा पाते हैं।

3. तिलक के अनुसार यह शिक्षा प्रणाली स्वतन्त्र नहीं है। इसे विदेशी शासन द्वारा विदेशी हितों की रक्षा के लिए प्रदान किया जाता है जो हमारे पिछड़ेपन का एक प्रमुख कारण है। वे इस संदर्भ में भारत की तुलना जापान से करते हुए कहते हैं कि स्वतन्त्र शिक्षा व्यवस्था और तकनीकी प्रशिक्षण की सुविधाओं के कारण ही जापान आज प्रगति के क्षेत्र में आगे है। भारत में सर जगदीश चन्द्र बोस वनस्पति वैज्ञानिक और परान्जये शिक्षाविद् व फर्ग्युस कॉलेज के प्राचार्य को छोड़कर विज्ञान व शिक्षा के क्षेत्र में अन्य विशिष्ट विभूतियों की अनुपस्थिति हमारी वर्तमान शिक्षा प्रणाली की वास्तविक दशा का संकेतक है[1]।

4. ब्रिटिश शिक्षा प्रणाली की एक कमी यह भी है कि इसके अन्तर्गत हमें ऐसी शिक्षा प्राप्त नहीं होती जो हमारे अन्दर देश भक्ति की भावनाओं को प्रोत्साहित करे जैसा कि अमेरीका में होता है। वहाँ चौथी या पांचवीं कक्षा में ही स्वतन्त्रता की घोषणा को पढा दिया जाता है। इस प्रकार वे अपने बच्चों को प्रारम्भ से ही राजनीति से प्रशिक्षित करते हैं[2]। लेकिन ब्रिटिश शिक्षा व्यवस्थ्ज्ञा में इसका अभाव है।

5. वर्तमान शिक्षा प्रणाली में धार्मिक शिक्षा को उपेक्षित किया जाता है।

इस प्रकार तिलक ब्रिटिश शिक्षा प्रणाली की कटु आलोचना करते हैं किन्तु एक यथार्थवादी विचारक के रूप में वे इस प्रणाली का विकल्प भी प्रस्तुत करते हें जिसे वे राष्ट्रीय शिक्षा की संज्ञा देते हैं। अंग्रेजी शिक्षा व्यवस्था की न्यूनताओं के आलोक में उन्होंने राष्ट्रीय शिक्षा के संदर्भ में निम्न सुझाव प्रस्तुत किया है–

1. भारतीय छात्रों को ऐसी शिक्षा प्रदान की जाए जो मूल्यों पर आधारित हो। वे भारतीय सभ्यता व संस्कृति के उच्च आदर्शों के प्रति सम्मान प्रदर्शित करें।

2. तिलक अंग्रेजी भाषा की आवश्यकता व महत्ता को समझते हैं इसलिए वे इसे पूरी तरह प्रतिबंधित नहीं करना चाहते फिर भी वे चाहते हैं कि अंग्रेजी भाषा की अनिवार्यता समाप्त होनी चाहिए क्योंकि अपनी मातृभाषा में अध्ययन करने पर बालक शिक्षा को सहजता से ग्रहण करते हैं। उन्होंने अपना उदाहरण देते हुए कहा कि यदि मुझे मराठी में शिक्षा दी गई होती तो जो कुछ मैं 52 वर्ष की उम्र में जान सका उसे 25 वर्ष आयु में ही जान गया होता। अत: विदेशी भाषा के अध्ययन के दबाव को कम करना चाहिए एवं देशी भाषाओं के विकास को प्रोत्साहित किया जाना चाहिए।

3. विवेकानन्द के समान तिलक भी मानते हैं कि धर्म भारत की नींव है। धर्म से पृथक होकर भारतीय जीवन अपनी जड़ से अलग हो जाएगा, उसमें राष्ट्रीयता की भावना कमजोर होगी। उनहोंने प्रश्न किया कि यदि कोई व्यक्ति अपने धर्म के प्रति गर्व की अनुभूति नहीं करता तो वह अपने राष्ट्र की महानता पर किस प्रकार गर्व कर सकेगा? भारतीय शिक्षा प्रणाली में धार्मिक शिक्षा के अभाव के कारण ही ईसाई मिशनरीज को अपना प्रभाव बढ़ाने का अवसर मिल गया है। अत: राष्ट्रीय शिक्षा के अन्तर्गत विद्यार्थियों को आवश्यक रूप से धार्मिक शिक्षा प्रदान की जाएगी क्योंकि चरित्र निर्माण के लिए धर्म निरपेक्ष शिक्षा पर्याप्त नहीं है। धर्म हमे न सिर्फ बुराइयों से बचाता है अपितु ईश्वर के मसान महान बनने की प्रेरणा भी देता है। अत: धार्मिक शिक्षा जरूरी है। किन्तु तिलक भारतीय समाज की धार्मिक विविधता एवं धर्म के प्रति भारतीयों की संवेदनशीलता से पूरी तरह परिचित हैं अत: वे कहते हैं कि इन विद्यालयों में हिन्दुओं को हिन्दू धर्म और मुसलमानों को इस्लाम की शिक्षा दी जाएगी। साथ ही साथ उनहें क्षमाशीलता तथा अन्य धर्मों के मतभेदों को भूलने की शिक्षा भी प्रदान की जाएगी[1]।

4. तिलक मानते हैं कि पराधीन और स्वतंत्र राष्ट्रों में शिक्षा की भूमिका में अन्तर होता है। एक पराधीन समाज के रूप में भारत को ऐसी शिक्षा की आवश्यकता है जो भारतीय युवकों में अपनी मातृभूमि के प्रति समर्पण की भावना का विकास करे। साथ

ही वे अपने व अपने देश के कल्याण के बारे में भी जागरूक बने। दूसरे शब्दों में भारतीय छात्रों को राजनीतिक शिक्षा प्रदान करने की जरूरत है। इसके लिए पाठ्यक्रम में दादा भाई नौरोजी व प्रो. आर.सी. दत्त की पुस्तकों को समाहित किया जाएगा[2] और उन्हें बताया जाएगा कि किस प्रकार प्रति वर्ष तीस या चालीस करोड़ रुपया भारत से निकाल लिया जाता है जिसके बदले में उसे कुछ नहीं मिलता। इस प्रकार हम गरीबी की दयनीय अवस्था में पहुँच चुके हैं[1]।

5. तिलक यह भी चाहते हैं कि ब्रिटिश शिक्षा प्रणाली की उपयोगी विषयों जैसे विज्ञान व भारतीय धर्म एवं दर्शन की शिक्षा के साथ-साथ छात्रों को लघु व कुटीर उद्योग के दृष्टिकोण से लाभकारी तकनीकी शिक्षा भी प्रदान की जानी चाहिए। इस शिक्षा को उन्होंने अपने प्रयासों से एक सीसा फैक्टरी की स्थापना भी की[2]।

तिलक इस तथ्य से अवगत थे कि साम्राज्य के हितों की पूर्ति के लिए क्रियाशील ब्रिटिश सरकार राष्ट्रीय शिक्षा के उद्देश्यों को पूरा करने वाली संस्थाओं की स्थापना नहीं करेगी। इसलिए उन्होंने अपने स्तर पर धन-संग्रह करने और निजी विद्यालयों की स्थापना का सफल प्रयत्न किया। 1906 ई. में स्थापित महाराष्ट्र विद्या प्रसारक मण्डल ने राष्ट्रीय शिक्षा योजना के अन्तर्गत अपना पहला विद्यालय कोल्हापुर महाराष्ट्र में स्थापित किया[1]।

6. महिला शिक्षा (Wemen's Education)

अन्त में महिला शिक्षा पर तिलक के विचारों का अवलोकन करना भी अत्यनत आवश्यक है। एक समय तिलक के घनिष्ट मित्र रहे गणेश गोपाल आगरकर का विचार था कि परम्परागत दृष्टि से महिलाएं शिक्षा क्षेत्र में भेदभाव की शिकार रही हैं अत: उन्हें न सिर्फ पुरुषों के समान ही शिक्षा का अवसर मिलना चाहिए अपितु उनहें सहशिक्षा के अन्तर्गत उन्हीं विषयों का ज्ञान प्राप्त करना चाहिए जो पुरुष प्राप्त करते हैं। लेकिन तिलक महिला शिक्षा को सामाजिक संदर्भ में देखते हैं। अरस्तू के समान वे भी महिलाओं की मुख्य भूमिका परिवार में मानते हैं। इससे स्पष्ट है कि वे तत्कालीन सामाजिक परम्पराओं के अनुरूप ही महिला शिक्षा पर रूढ़िवादी विचार प्रकट करते हैं। संक्षेप में वे मानते हैं कि-

1. भारतीय लड़कियों की सामाजिक व सांस्कृतिक पृष्ठभूमि विदेशी लड़कियों से पृथक है अत: उनका पाठ्यक्रम भी अलग होना चाहिए।

2. लड़कियों को सर्वप्रथम अपने घर परिवार के उत्तरदायित्वों को संपादित करना चाहिए, विद्यालयी शिक्षा की प्राप्ति का प्रयत्न बाद में करना चाहिए।

3. तिलक लड़कियों के लिए पूरे दिन के स्कूल के स्थान पर आधे दिन के विद्यालय का समर्थन करते हैं, वह भी तब जब वे घरेलू कर्तव्यों को पूरा करने के बाद पढ़ना आवश्यक समझें।

4. परिवार के प्रति अपने मूल नैतिक दायित्वों की अवहेलना कर विदेशी नौकरशाही अधीन महिलाओं के लिपिक बनने का विचार अत्यन्त घृणित है।

5. महिला शिक्षा पर अत्यधिक धन व समय खर्च करने पर भी बहुत कम महिलाएं शिक्षा प्राप्त करेगी। अतः समाज के हित के लिए हमें महिला शिक्षा के स्थान पर जन शिक्षा को अधिक बढावा देना चाहिए।

6. सह शिक्षा के स्थान पर लड़कों व लड़कियों के विद्यालय अलग अलग होने चाहिए।

निश्चित रूप से महिला शिक्षा के संदर्भ में तिलक के विचार अपेक्षाकृत अनुदार वादी हैं। फिर भी उन्हें इस बात का श्रेय दिया जाता है कि उन्होंने राष्ट्रीय शिक्षा को संस्थागत आधार प्रदान किया। साथ ही केसरी तथा गणेश व शिवाजी उत्सवों के माध्यम से तिलक ने आम भारतीय को राजनीतिक व धार्मिक शिक्षा प्रदान करने का ऐतिहासिक काम किया।

उदारवादी पद्धति का विरोध

कांग्रेस से सम्बद्ध होने के बावजूद तिलक उदारवादी नेताओं की नीतियों व पद्धतियों से सर्दव ही असंतुष्ट रहे। यह असंतोष 1907 ई. में सूरत विच्छेद के रूप में सामने आया। वास्तव में तिलक को ब्रिटिश शासन के वास्तविक उद्देश्यों को लेकर कभी भी संशय नहीं रहा कि अंग्रेज भारतीयों का शोषण करने के लिए दमन के किसी भी सतर तक जा सकते हैं। अतः वर्ष में एक बार किसी स्थान पर एकत्रित होकर मेढ़क की भांति टर्राने से स्वराज की प्राप्ति नहीं हो सकती। ब्रिटिश शासन से अपनी माँगे स्वीकृत कराने हेतु दबाव बनाने की आवश्यकता है। प्रार्थना, प्रतिरोध और प्रतिनिधिमण्डल की राजनीतिक भिक्षावृत्ति नीति से कुछ भी प्राप्त नहीं होगा। इसके विपरीत गोखले व फिरोजशाह मेहता जैसे उदारवादियों को बहिष्कार, स्वदेशी, निष्क्रिय प्रतिरोध, हिंसात्मक साधन के समान लगते थे तथा इसीलिए वे बार बार संवैधानिक साधनों को अपरनाने पर बल देते थे ताकि ब्रिटिश शासन से सीधे टकराव से बचा जा सके। तिलक के अनुसार उदारवादी नेता संवैधानिक शब्द का उचित अर्थ ही नहीं जानते। एक ववास्तविक संविधान जहाँ एक तरपऊ शासन को सीमित करता है वहीं दूसरी तरफ जनता को अधिकार व स्वतन्त्रताएं प्रदान करता है। इस विशेष अर्थ में भारत में संविधान ही नहीं है अतः संवैधानिक साधनों की चर्चा करना

जनता में भ्रम उत्पन्न करना है। उनहोंने स्पष्ट किया है कि हम 1848 ई. के महारानी विक्टोरिया के घोषणा को एक अधिकार पत्र कहते हैं लेकिन यह एक गलत संज्ञा है। यह घोषणा एक चार्टर नहीं है क्योंकि यह किसी भी रूप में सरकार की शक्तियों को सीमित नहीं करती। इसलिए भारतीयों का कोई कार्य गैर कानूनी हो सकता है, असंवैधानिक नहीं।

यहाँ यह प्रश्न उठता है कि हमारा कौन सा कार्य गैर कानूनी कहलाएगा? तिलक के अनुसार जो कार्य इतिहास परम्परा व प्राकृतिक अधिकारों की अवधारणा के प्रतिकूल हैं उन कार्यो को कानूनी नहीं माना जा सकता। फिर भी पराधीन भारतीय तना इस बिन्दु पर विवश है क्योंकि उसके कार्यों को कानूनी या गैर कानूनी घोषित करने का अधिकार पूर्णतः ब्रिटिश शासन के पास है। भारतीयों को कानून निर्माण के अधिकार से वंचित रखा गया है अतः यह भी सम्भव है भारतीयों के जो कार्य इतिहास परम्पराओं व प्राकृतिक अधिकार के सिद्धान्तों के अनुकूल हों उन्हें भी सरकार द्वारा गैर कानूनी घोषित कर दिया जाए। इस प्रकार, तिलक के अनुसार, भारत के वर्तमान परिस्थितियों में संविधानिक शब्द का प्रयोग नहीं किया जाना चाहिए। यह शब्द ब्रिटिश राजनीति के संदर्भ में ही सार्थक है क्योंकि वहाँ की जनता को यह अधिकार है वह उस सरकार को बदल दे निर्वाचन द्वारा जो उनके हितों के विरुद्ध कार्य कर रही हो। भारत में नौकरशाही निरंकुश है जिसके विरुद्ध संवैधानिक पद्धतियों की असफलता स्वयं सिद्ध है। इस परिवेश में जनता क्या करे? यदि अलोकतान्त्रिक शासन के विरुद्ध संवैधानिक साधनों की सफलता संदिग्ध हो तो क्या जनता हिंसक उपायों का सहारा ले सकती है? तिलक का कहना है कि असली वस्तु हैं—न्याय व नैतिकता। यदि हमारे कार्य न्याय और नैतिकता के मापदण्डों पर खरा उतरते हैं तो हमें इस बात की चिन्ता नहीं करनी चाहिए कि वे कानूनी दृष्टि से सही है अथवा नहीं। कानूनी व नैतिकता के मध्य संघर्ष की स्थिति में हमें नैतिकता की रक्षा के लिए कुछ भी करने के लिए तत्पर रहना चाहिए। तिलक के शब्दों में मैं सशस्त्र विद्रोह को भी संवैधानिक मानता हूँ। एक मात्र समस्या यह है कि वर्तमान में यह संभव नहीं है। यदि कोई व्यक्ति मुझे आश्वस्त कर दे कि रुपये ममें आठ आना भी सशस्त्र विद्रोह सफल हो जाएगा तो मैं शेष आठ आना की सफलता के लिए ईश्वर पर विश्वास करते हुए विद्रोह का प्रारम्भ कर दूंगा। लेकिन वर्तमान में हम चार आना भी तैयार नहीं हैं और इसकी कोई निश्चितता भी नहीं है।

तिलक के हृदय में क्रान्तिकारियों के प्रति सहानुभूति सर्वविदित है। वे महात्मा गाँधी के पूर्ण अहिंसा में विश्वास नहीं करते। 1918 ई. में बम्बई में युद्ध सम्मेलन में गवर्नर लार्ड विंलिग्टन ने तिलक के आक्रामक दृष्टिकोण पर जब यह कहा कि इसका

अर्थ है कि आप किसी भी असंवैधानिक व क्रान्तिकारी साधनो के प्रयोग द्वारा ब्रिटिश शासन को उखाड़ देना चाहते हैं, तब तिलक ने उत्तर दिया कि हाँ श्रीमान, यदि मैं ऐसा कर सका तो करूँगा। लेकिन देश की वर्तमान परिस्थितियों में यह असंभव अव्यावहारिक यहाँ तक कि इस प्रकार आइरिस पद्धति का अनुकरण करना हमारे लिए आत्मघातक है। इसलिए मैं संवैधानिक तरीके से ऐसा करने का अधिकतम संभव प्रयत्न करूंगा परन्तु अपने उद्देश्यों की प्राप्ति के लिए प्रचण्डता व तीव्रता के साथ शासन से संघर्ष भी करता रहूंगा।

इस प्रकार स्पष्ट है कि तिलक हिंसक या क्रान्तिकारी साधनों को सैद्धान्तिक स्तर पर स्वीकार करते हैं लेकिन तत्कालीन समय व परिवेश को ध्यान में रखते हुए वे हिंसक क्रान्ति को अस्वीकार करते हैं, किन्तु वे यह भी चाहते हें कि प्रत्येक भारतीय न्याय की रक्षा तथा अन्याय के विरोध के लिए सदैव प्रस्तुत रहे चाहे इसका परिणाम कुछ भी हो। नैतिकता व न्याय के विरोधी कानूनों का विरोध करना प्रत्येक व्यक्ति का नैतिक कर्त्तव्य है।

इस विवेचना से यह तथ्य भी स्पष्ट हो जाता है कि तिलक के लिए साध्य स्वराज सर्वाधिक महत्वपूर्ण है वे साधन की पवित्रत को अधिक महत्व नहीं देते। साधन का संबंध परिस्थितियों से है। विशिष्ट परिस्थितियों में साधनों की शुद्धता का सिद्धान्त छोड़ा जा सकता। इसके विपरीत महात्मा गांधी व दूसरे उदारवादी मानते थे कि पवित्र साध्य की प्राप्ति का साधन भी पवित्र होना चाहिए चाहे परिस्थिति कैसी भी हो।

कांग्रेस लोकतानित्रक दल का घोषणा पत्र (Manifesto of Congress Democtatic Party)

यह सत्य है कि तिलक ने उदारवादियों की पद्धति का विरोध किया परन्तु इसका तात्पर्य यह नहीं है कि उन्हें उदार लोकतानित्रक मूल्यों में अविश्वास है। वास्तविकता यह है कि माण्डले जेल से रिहाई के उपरांत उनका दृष्टिकोण उतना आक्रामक नहीं रहा जितना बंगाल विभाजन के काल में दृष्टिगत होता है। 1919 ई. के भारतीय शासन अधिनियम को अपर्याप्त व असंतोषजनक घोषित करने के उपरान्त वे इसे अस्वीकार करने के पक्ष में नहीं थे और चाहते थे कि चुनावों में भाग लेकर विधानसभाओं में प्रवेश किया जाए जहां शासन की नीतियों का विरोध करने का प्रत्यक्ष अवसर प्राप्त होने की संभावना थी। इस उद्देश्य की पूर्ति के लिए ही उनहोंने 39 अप्रेल 1929 को नव गठित कांग्रेस लोकतान्त्रिक दल का घोषणा पत्र जारी किया।

तिलक ने घोषित किया कि उनका दल भारतीय राष्ट्रीय कांग्रेस का विरोधी नहीं है। उनके अनुसार कांग्रेस लोकतान्त्रिक दल, जैसा कि नाम से ही स्पष्ट है, एक ऐसा

दल है जो कांग्रेस और लोकतन्त्र में पूर्ण भक्ति की भावना से प्रेरित है। यह दल भारतीय समस्याओं के समाधान के लिए लोकतान्त्रिक सिद्धान्तों की शक्ति में आस्था रखता है। भारत शासन अधिनियम अर्थात मॉण्टेग्यू सुधार कानून 1919 के संदर्भ में घोषणापत्र में कहा गया कि अधिनियम में जितना कुछ मूल्यवान है यह दल उसे लागू करना चाहता है ताकि पूर्ण उत्तरदायी शासन की स्थापना क माँग को तीव्र किया जा सके। इस उद्देश्य की प्राप्ति के लिए यह दल बिना किसी हिचक के सहयोग अथवा संवैधानिक विरोध इसमें से जो भी जन इच्छा को पूरा करने में सर्वाधिक लाभदायक व उत्तम होगा, उसे स्वीकार करेगा[1]। इसके अतिरिक्त इस घोषणा पत्र में निम्नलिखित बाते कही गई हैं–

1. यह दल दृढतापूर्वक स्वीकार करता है कि भारत प्रतिनिधि शासन व उत्तरदायी शासन के लिए योग्य है।
2. आत्मनिर्णय के सिद्धान्त के आधार पर भारतीयों को अपने शासन का स्वरूप निश्चित करने तथा देश के लिए उचित संविधान का निर्माण करने का अनन्य अधिकार है।
3. जाति अथवा परम्परा पर आधारित समस्त नागरिक या सामाजिक अयोग्यताओं का उन्मूलन होना चाहिए।
4. लोकतान्त्रिक शासन की व्यावहारिक उपलब्धि व भारत की समस्याओं के समाधान हेतु शिक्षा और मताधिकार का विस्तार होना चाहिए
5. प्रत्येक व्यक्ति को धार्मिक स्वतन्त्रता प्राप्त हो तथा राज्य का कर्तव्य है कि वह इस अधिकार को सुरक्षा प्रदान करे।
6. इस दल को धार्मिक सहिष्णुता के सिद्धान्त में विश्वास है साथ ही दल की यह मान्यता भी है कि खिलाफत के प्रश्न का समाधान मुस्लिम विश्वासों, नियमों व कुरान के अनुरूप होना चाहिए।
7. दल का विश्वास है कि मानवता के और मानवीय भाईचारा के विकास के लिए ब्रिटिश राष्ट्रमण्डल के अन्तर्गत भारतीय संघ की स्थापना होनी चाहिए किन्तु इसके साथ ही भारत को स्वायत्यता भी मिलनी चाहिए।
8. विश्व शान्ति की स्थापना, राज्यों की एकता, राष्ट्रों व राष्ट्रीयताओं की स्वतन्त्रता व सम्मान को सुरक्षित करने के एक साधन के रूप में, कांग्रेस लोकतान्त्रिक दल, राष्ट्रसंघ का स्वागत करता है और

1. यह दल भारत में लोकतन्त्र व स्वशासन की स्थापना के लिए ब्रिटेन व राष्ट्र संघ के विभिन्न सदस्य देशों में गहन प्रचार अभियान चलाना चाहता है 20 अगस्त 1917 को तत्कालीन भारत सचिव माण्टेग्यू ने ब्रिटिश संसद में घोषित किया कि महामहिम सम्राट की सरकार की नीति... यह है कि भारत में शासन के प्रत्येक विभाग में भारतीयों का समपर्क उत्तरोत्तर बढ़े... जिससे भारत में उत्तरदायी शासन प्रणाली की स्थापना की जा सके। तिलक ने इस घोषणा के संदर्भ में ही 1917 के कलकत्ता अधिवेशन में उत्तरदायी शासन की सैद्धान्तिक व्याख्या की। उनका मानना है कि प्रजा के हितों के अनुरूप कार्य करने वाली सरकार ही अच्छी सरकार मानी जाती है किन्तु इसके लिए सरकार का उत्तरदायी होना नितान्त जरूरी है क्योंकि अनुत्तरदायी शासन जनता के हितों की उपेक्षा करता है।

किन्तु उत्तरदायी शासन का अर्थ क्या है? तिलक के अनुसार उत्तरदायी शासन के दो मुख्य लक्षण हैं–

1. कार्यपालिका का उत्तरदायी होना

2. व्यवस्थापिका का निर्वाचित होना

इस प्रकार उत्तरदायी सरकार वह सरकार है जहाँ कार्यपालिका पूर्णरूप से व्यवस्थापिका जिसे संसद या कोई अन्य नाम से पुकार सकते हैं–के प्रति उत्तरदायी हो तथा वह व्यवस्थापिका पूरी तरह निर्वाचित हो। भारतीय संदर्भो में इसका तात्पर्य यह भी है कि गवर्नर व उप गवर्नर भी व्यवस्थापिकाओं द्वारा निर्वाचित होने चाहिए। किन्तु जब तक सम्राट की सरकार इस व्यवस्था को लागू नहीं करती तब तक उसे भारत में यथाशीघ्र स्वराज की स्थापना कर देनी चाहिए जिसका अर्थ होगा गवर्नर व उप गवर्नर के पदों को छोड़कर प्रशासन के समस्त पदों को भारतीयों को सौंप दिया जाना चाहिए।

माण्टेग्यू घोषणा के अनुरूप दिसम्बर 1919 में भारत शासन अधिनियम ब्रिटिश संसद ने पारित कर दिया। इस अधिनियम में भारत के ब्रिटिश प्रान्तों में द्वैध शासन के माध्यम से उत्तरदायी शासन को स्थापित करने का प्रस्ताव था लेकिन सीमित मताधिकार, स्वराज की स्थापना के आश्वास के अभाव इत्यादि के कारण सी.आर.दास जैसे राष्ट्रवादी नेता इस अधिनियम को पूरी तरह अस्वीकार करने तथा ब्रिटिश शासन के साथ किसी भी प्रकार के सम्भावित सहयोग का पूर्ण विरोध कर रहे थे। तिलक भी इस अधिनियम से संतुष्ट नहीं दिखे तथा इसीलिए इसे सूर्य विहीन प्रातः का नाम दिया। फिर भी तिलक को लगा कि इस अधिनियम को भावी सुधारों के लिए एक प्रारम्भिक चरण के रूप में स्वीकार कर लिया जाना चाहिए। इसलिए उन्होंने 1919

के अमृतसर कांग्रेस अधिवेशन में शासन से सशर्त सहयोग का विचार प्रस्तुत किया जिसे संवादी सहयोग का नाम दिया जाता है। संवादी सहयोग की शब्दावली तिलक के सहयोगी जोसेफ बैपतिस्ता ने पढ़ा और तिलक ने इसे उत्साहपूर्वक ग्रहण कर लिया। उनका कहना है कि कोई भी सरकार को जो अपनी प्रजा पर अपनी इचछाओं को बलपूर्वक थोपती है, उसे जनता से उससे अधीक सहयोग की आशा नहीं करनी चाहिए जितना की वह स्वयं जनता के साथ करती है। इस प्रकार सहयोग एक सापेक्षिक तत्व है। जनता अपनी सरकार का तभी सहयोग करेगी जब सरकार का कार्य प्रजा के लिए हितकारी हो। तिलक शब्दों में जो वस्तुएं लोगों के कल्याण में सहायक होती हैं वे ही लोगों का सहयोग प्राप्त करने के योग्य है। यदि ब्रिटिश नौकरशाही जनता के साथ सहयोग नहीं करना चाहती है तब जनता भी उसके साथ सहयोग नहीं करेगी। ऐसी स्थिति में जनता के पास अन्य कोई विकल्प नहीं रहता कि वह नौकरशाही या शासन की उन समस्त नीतियों व कानूनों का विरोध करें जो उनके हितों के लिए हानिकारक हैं।

उपयोगितावाद का खण्डन

अपनी महान रचना गीता रहस्य में तिलक ने बेंथम के उपयोगितावादी सिद्धान्तों का खण्डन किया है। बेंथम 1748-1832 ई. ने प्रतिपादित किया था कि प्रकृति ने मानव जाति को दो सम्प्रभु शक्तियों सुख व दु:ख की आधीनता में रख छोड़ा है। चूंकि प्रत्येक व्यक्ति अधिक से अधिक सुख और कम से कम दु:ख की इच्छा रखता है अत: किसी भी कार्य की अच्छाई का मापदण्ड यह है कि वह अधिकतम व्यक्तियों के अधिकतम सुख की वृद्धि करे। तिलक कहते हैं कि अधिकतम व्यक्तियों के अधिकतम सुख का सिद्धान्त वहां तक तो उचित है जहाँ तक इसका उद्देश्य सर्वभूतहित अर्थात समस्त व्यक्तियों का हित है। प्राचीन भारतीय दार्शनिक परम्परा भी इसका समर्थन करती है। उदाहरण के लिए संत तुकाराम कहते हैं कि संत पुरुष विश्व के कल्याण के लिए ही जीवन धारण करते हैं। वे दूसरों की भलाई करने के लिए शारीरिक कष्ट भी सहते हैं। श्रीमद्‌भगवद्‌गीता में भी श्रीकृष्ण संत ज्ञानी की चर्चा करते हुए कहते हैं कि जो व्यक्ति दूसरों के कल्याण में लगा हुआ है वही योगी संत है। महाभारत में तो यहाँ तक कहा गया है धर्म के अनुसार सत्य वहीं है जिसमें सबके हित अन्तर्निहित है। इस बिन्दु पर भौतिक सुखवाद के समर्थकों और अतिभौतिकवादियों में कोई मतभेद नहीं है। किन्तु उपरोक्त समानता केवल बाहरी है। तात्विक रूप से उपयोगितावाद का नैतिकता का सिद्धान्त न सिर्फ अलग है। अपितु अस्वीकार्य भी है क्याकि इसमें सुख की भौतिकवादी व्याख्या की जाती है। संक्षेप में अधिकतम व्यक्तियों के अधिकतम मान्यता में निम्नलिखित कमियां हैं-

1. बेंथम ने संख पर बल दिया है। उसके अनुसार वही वस्तु या कार्य अच्छा है जो अधिकतम लोगों को सुख प्रदान करता है। तिलक के अनुसार संख्या का नैतिकता से कोई निश्चित संबंध नहीं है। उदाहरण के लिए महाभारत के युद्ध में पाण्डवों की सेना सात अक्षौहिणी (Akshaunis) और कौरवों की ग्यारह अक्षौहिणी थी। क्या इस स्थिति में यह कहा जा सकता कि कौरवों का पक्ष सही था क्योंकि यदि वे विजयी होते तो पाण्डव पक्ष की तुलना में अधिक व्यक्ति प्रसन्न सुखी होते एक उपयोगितावादी का उत्तर यही होगा किन्तु तिलक के अनुसार संख्या के आधार पर नैतिकता का निर्धारण करना पूर्णत: सदैव गलत होगा।

2. तिलके अनुसार दूसरी समस्या यह है अधिकतम सुख का निर्धारण कौन करे? कोई ऐसा सुनिश्चित बाह्य मापदण्ड नहीं है जिससे आधार पर यह निर्धारित किया जा सके कि अधिकतम लोगो का सुख किस में निहित हैं? उदाहरण के लिए सुकरात और ईसा मसीह अपने समाज में जो शिक्षाएँ दे रहे थे उसे तत्कालीन बहुसंख्यक समूह हानिकारक समझा और दोनों को मृत्युदण्ड दे दिया। किन्तु आज प्रमाणित हो चुका है कि सुकरात व ईसा के उपदेशों में ही समाज की भलाई है। अत: अधिकतम सुख को निर्धारित करने का अधिकार सामान्य व्यक्तियों को नहीं दिया जा सकता। तिलक के अनुसार सामान्य व्यक्तियों के पास इतनी बौद्धिक क्षमता नहीं होती कि वे असाधारण व कठिन परिस्थितियों में नैतिकता के प्रश्न का निर्धारण कर सकें। यह कार्य संतों व विद्वानों का है। यद्यपि यह संभव है कि वे जिस कार्य को सही मानते हें, बुरे कर्म करे वाले उसे अपने लिए असुखकर मानें लेकिन यदि उल्लुओं को प्रकाश पसन्द नहीं है तो इसमें दिन को अलाभदायक नहीं कहा जा सकता।

इसके अतिरिक्त बाह्य मापदण्डों का उपयोग सीमित है। उदाहरण के लिए एक घडी के अच्छा या बुरा होने का आधार यह हो सकता है कि वह समय सही दर्शाती है अथवा नहीं लेकिन मानव व्यवहार में इसे लागू करना खतरनाक है क्योंकि मनुष्य घड़ी या मशीन नहीं होते अत: मनुष्यों पर इस प्रकार का सामान्यीकारण लागू नहीं होता। उदाहरण के लिए सभी संत दुनिया के कल्याण के लिए कार्य करते हैं। किन्तु इस आधार पर यह नहीं कहा जा सकता कि दुनिया के कल्याण के लिए संघर्ष करने वाले सभी व्यक्ति संत होते है जबकि गलत समय बताने वाली समस्त घड़ियों को बुरा कहा जा सकता है।

3. तिलक ने उपयोगितावाद का विरोध इसलिए भी किया है क्योंकि यह कार्य के परिणाम को महत्व देता है, उद्देश्य या नीयत को नहीं। तिलक का कहना है कि नीयत को महत्व न मिलने से कर्त्ता के कार्य का उचित मूल्यांकन नहीं हो सकता। उदाहरणार्थ अमेरीका में एक ट्राम वे कम्पनी के निदेशक ने प्रशासनिक अनुमति में

अनावश्यक विलम्ब से बचने के लिए एक अधिकारी को घूस दिया। तिलक कहते हैं कि कानूनी रूप से निदेशक ने अपराध किया था लेकिन उसकी नीयत ही अच्छी थी क्योंकि वह अधिकतम लोगों को सुवधिा सुख प्रदान करने का प्रयत्न कर रहा था। न्याय के क्षेत्र में भी जान बूझकर और अनजाने में किए गए अपराध में अन्तर किया जाता है। अत: नैतिकता के निर्धारण में, उद्देश्य को ध्यान में रखना जरूरी है। केवल बाह्य कारकों को आधार बनाना अपर्याप्त है। इसे एक अन्य उदाहरण से भी स्पष्ट किया जा सकता है। एक भिक्षुक को एक गरीब व्यक्ति एक रुपया देता है जबकि एक अमीर व्यक्ति सौ रुपया, क्या अमीर व्यक्ति के कार्य को अधिक अच्छा माना जाए? नहीं, क्योंकि मात्रात्मक अन्तर होने के बावजूद दोनों कार्य समान रूप से अच्छे हें यदि दोनों की नीयत भिक्षुक की निस्वार्थ सहायता करना है तो इसके विपरीत यदि अमीर व्यक्ति ने अपना सम्मान बढ़ाने के लिए और गरीब व्यक्ति ने कर्त्तव्य मानते हुए सहायता की है तो गरीब व्यक्ति का दान ही सात्विक या श्रेष्ठ दान की श्रेणी में आएगा। भारतीय दार्शनिक परम्परा में स्वार्थपूर्ण कर्म की निंदा की गई है। जे. एस. मिल ने भी बेंथम के उपयोगितावाद की इस न्यूनता को महसूस किया और कहा कि किसी कार्य की नैतिकता पूरी तरह कर्त्ता के नीय उद्देश्य पर निर्भर करती है।

4. उपयोगितावादियों ने व्यक्ति को स्वार्थी मानने के बावजूद यह कहा कि प्रत्येक मनुष्य को सामान्यत: दूसरों के सुख के लिए भी प्रयास करना चाहिए। तिलक को आपत्ति इस बिन्दु पर है कि उपयोगितावाद यह स्पष्ट नहीं करता कि आखिर स्वहित पर पर हित में संघर्ष की स्थिति में व्यक्ति को पर हित का ध्यान क्यों रखना चाहिए? तिलक कहते हे कि यह कहना पर्याप्त नहीं है कि अधिकतम लोगों के अधिकतम सुख के लिए ऐसा करना जरूरी है। इसके विपरीत वास्तविकता यह हे कि स्वहित का परित्याग व्यक्ति उपयोगिता के आधार पर नहीं बल्कि अपनी प्रकृति कारण करता है। प्राणी मात्र में परोपकार की भावना अन्तर्निहित है। एकलिंगी जीव अपनी संतानों को जन्म देने के लिए अपने शरीर का विनाश कर लेते हैं। मनुष्यों तो सभी प्राणियों में सर्वश्रेष्ठ है अत: दूसरों की भलाई के लिए अपने स्वार्थ का त्याग करना उसकी प्रकृति हैं, उसका स्वभाव है। भारत में विश्व प्रेम के सिद्धान्त के रूप में स्वीकृत है[1]। मनुष्य की पूर्णता इसी में है कि वह मनुष्यता (Humanness) को अपना आदर्श बनाए।

5. बेंथम जैसे उपयोगितावाद सुखों में गुणात्मक अन्तर को अस्वीकार करते थे किन्तु तिलक ने जे.एस. मिल के समान बौद्धिक सुख को भौतिक सुख से श्रेष्ठ माना है उन्होंने कहा कि यदि पशुओं को उपलब्ध होने वाले समस्त संभावित सुखों को दिया जाए तब भी कोई व्यक्ति पशु बनने के लिए तैयार नहीं होगा। इसी प्रकार जो सुख एक व्यकित को किसी दार्शनिक समस्या पर चिन्तन करने से प्राप्त होता है वह

हजारों भौतिक सुखों से श्रेष्ठ है। मिल ने भी कहा है कि संतुष्ट सुअर की तुलना में असंतुष्ट सुकरात अधिक सुखी है। तिलक श्रीमदभगवतगीता का उल्लेख करते हुए कहते हैं कि किसी भी बाह्य, भौतिक या शारीरिक सुख की तुलना में आत्मा की प्रसन्नता सबसे बड़ा और स्थायी सुख है क्योंकि आत्मा को छोड़कर सब कुछ नश्वर है, नाशवान हैं। उपयोगितावाद बुद्धि व आत्मा की उपेक्षा करने के कारण विसंगतिपूर्ण हैं।

राष्ट्रवाद (Nationalism)

यह विवाद का विषय हो सकता है कि तिलक को अतिवादी माना जाए अथवा समझौतावादी किन्तु इस तथ्य में कोई संशय नहीं कि तिलक एक महान राष्ट्र भकत हैं तथा उनकी शिक्षाओं व कार्यों से भारत में राष्ट्रवाद की नींव मजबूत हुई। तिलक के अनुसार राष्ट्रवाद कोई स्थूल वस्तु न होकर एक ऐसी भावात्मक तत्व है जिसका आधार जनता की पारस्परिक एकजूटता तथा अपने देश के प्रति लगाव की भावना से निर्मित होता है। धार्मिक व सांस्कृतिक विरासत उस एकता की भावना को और अधिक मजबूती प्रदान करते हैं। तिलक ने महसूस किया कि भारतीय जनता में भावात्मक एकता का बंधन निष्क्रिय हो गया जिसके कारण में जाति व समुदाय के आधार पर विभक्त हैं और इस प्रकार देश में राष्ट्रवादी तत्वों को कमजोर कर रहे हैं। अत: जनता को जाग्रत करने की आवश्यकता है। उनमें आक्रोश तथा अपने देश की स्वतन्त्रता के प्रति आत्मत्याग की भावना को जन्म देना जरूरी है।

तिलक का राष्ट्रवाद इस दृष्टि से धार्मिक व पुनरुत्थानवादी है क्योंकि उन्होंने राष्ट्रीय भावना को बढ़ावा देने के लिए गणपति और शिवाजी उत्सवों को मनाने की परम्परा प्रारम्भ की। गणपति उत्सव मनाने की शुरूआत का निर्णय 1893 ई. में लिया गया जबकि शिवाजी उत्सव मनाने की परम्परा की नींव 1995 में रखी गई। तिलक मानते हैं कि राष्ट्रीय एकता की स्थापना के लिए इस प्रकार के त्यौहारों का मनाया जाना अत्यधिक महत्वपूर्ण होता है क्योंकि ऐसे अवसर पर लोग अपनी जाति को विस्मृत कर एक स्थ्ज्ञान पर सार्वजनिक पूजा के लिए एकत्रित होते हैं। चूंकि ये सभी व्यक्ति एक ही देवता की पूजा करते हैं इसलिए उनके हृदय में अपने साथियों के प्रति अपनापन व बंधुत्व की भावना का उद्भव होता है जो अन्तत: राष्ट्रीय एकता का रूप धारण कर लेता है। तिलक मानते हैं कि इस धार्मिक सांस्कृतिक एकता की प्राप्ति को राजनीतिक उद्देश्यों के इस्तेमाल करना सरल होता है। प्राचीन भारत के साथ-साथ प्राचीन यूनान व रोम में भी राष्ट्रीय एकता के लिए धार्मिक अनुष्ठानों व कार्यक्रमों का आयोजन करने की परम्परा रही है। उनके अनुसार धर्म में, एक शक्तिशाली मनोवैज्ञानिक आकर्षण होता है जिसे जाग्रत करके राष्ट्र प्रेम को जाग्रत किया जा सकता

है। इस प्रकार धर्म व राष्ट्रीयता एक दूसरे से अन्त: संबंधित हैं जो व्यक्ति अपने धर्म पर गर्व नहीं करता वह अपने राष्ट्र पर किस प्रकार गर्व कर सकता है? गणेश उत्सव राष्ट्रीय स्वाभिमान जाग्रत करने का धार्मिक माध्यम है।

तिलक मानते हैं कि भारत का शिक्षित वर्ग गणेश उत्सव का राजनीतिक उपभोग कर सकता है। उत्सव में सम्मिलित जन साधारण को गीतों व व्याख्यानों के माध्यम से शासन के अत्याचारी स्वरूप देश की वर्तमान पतनशील अवस्था और आर्थिक शोषण की जानकारी प्रदान की जा सकती है। शिक्षित वर्ग इन त्यौहारों में सक्रिय रूप से भागीदार बनकर सामान्य जनता को राष्ट्रीय आन्दोलन से जोड़ सकते हैं। यह एक ऐसा कार्य होगा जिसे कांग्रेस अब तक नहीं कर पाई है।

शिवाजी उत्सव मनाने की आवश्यकता का उल्लेख करते हुए तिलक कहते हैं कि मानवीय प्रकृति इस प्रकार निर्मित है कि हम त्यौहारों के बगैर नहीं रह सकते। दुर्भाग्यवश कांग्रेस के अतिरिक्त हमारे पास ऐसा एक भी राजनीतिक उत्सव नहीं है जिसके माध्यम से हम अपने वीर पुरुषों की स्मृतियों संजोए रख सकें। यही कारण है कि महाराष्ट्र में शिवाजी उत्सव को प्रारम्भ किया गया, इस आशा के साथ कि यह सम्पूर्ण भारत में फैल जाएगा। वीर-पूजा एक ऐसी भावना है जो मानव प्रकृति में बहुत गहरे बैठी हुई है और हमारी राजनीतिक अभिलाषा के उन समस्त शक्तियों की आवश्यकता है जो इस प्रकार के स्वदेशी वीर-पूजा से हमारे मस्तिष्क में उत्पन्न होती हैं। इस दृष्टिकोण से शिवाजी भारतीय इतिहास में पाए जाने वाले एकमात्र वीर हैं। उनका जन्म एक ऐसे समय पर हुआ जब पूरा देश बुरे शासन से मुक्ति चाहता था।

चूंकि शिवाजी का संघर्ष मुस्लिम शासकों मुगलों के विरुद्ध था इसलिए तिलक पर यह आरोप लगाया जाता है कि उन्होंने राष्ट्रवाद को हिन्दुत्व से जोड़कर हिन्दू मुस्लिम तनाव को बढावा दिया जिसके कारण कालान्तर में मुस्लिम साम्प्रदायिकता का विकास हुआ। सिर्फ शिवाजी द्वारा अफजल खां की हत्या को सही सिद्ध करने के कारण बल्कि गणेश पूजा के माध्यम से हिन्दुओं को संगठित करने के प्रयत्नों तिलक के प्रयासों को भी साम्प्रदायिक तनाव का कारण माना गया। पावेल प्राइस ने तो यहाँ तक कह दिया कि मुस्लिम लीग भारतीय राष्ट्रीय कांग्रेस का जवाब थी, और यह जरूरी भी थी क्योंकि तिलक असहिष्णुता से अलगाव की जिस भावना को बल मिला था उसे स्वशासन की संभावना ने और भी तीव्रता प्रदान कर दिया था[2]।

यह सत्य है कि गणपति उत्सव को पुन: प्रारम्भ करने के निर्णय की पृष्ठभूमि में बम्बई 1890 से 1894 के मध्य होने वाले साम्प्रदायिक दंगों की काली छाया विद्यमान थी लेकिन यह कहना सत्य नहीं है कि तिलक हिन्दू समुदाय को मुस्लिम वर्ग के विरुद्ध संगठित कर रहे थे। इसके विपरीत उन्होंने इस बात पर बल दिया कि दोनों

सम्प्रदायों को इस तथ्य पर बल दिया कि दोनों सम्प्रदायों को इस तथ्य का अहसास होना चाहिए कि इस प्रकार के दंगों से उनका कल्याण नहीं हो सकता। जहाँ तक शिवाजी महोत्सव की बात है, तिलक ने स्पष्ट किया कि शिवाजी को वे स्वराज्य के संस्थापक के रूप में देखते हैं। उनकी दृष्टि में शिवाजी एक ऐसी प्रेरणादायक शक्ति है जो लोगों को अपने राष्ट्र के प्रति कर्त्तव्य हेतु सजग करते हैं[1]। शिवाजी मुस्लिम विरोध के नहीं अपितु कुशासन की समाप्ति व स्वराज्य की स्थापना के प्रतीक हैं। हमें यह नहीं भूलना चाहिए कि 1916 में कांग्रेस व मुस्लिम लीग के मध्य लखनऊ समझौता तिलक के प्रयत्नों का ही परिणाम था जिसमें उन्होंने मुसलमानों के लिए भारात्मक प्रतिनिधित्व का भी समर्थन किया जिससे उनके अनेक साथी नाराज हो गए थे। तिलक ने स्पष्ट किया कि शक्तिशाली ब्रिटिश नौकरशाही से लड़ने के लिए उदारवादी अतिवादी एकता के साथ हिन्दू मुस्लिम एकता भी जरूरी है। मुस्लिम लीग के प्रति समर्पण के आरोप पर उन्होंने यहाँ तक कहा कि हमें इस बात की कोई चिन्ता नहीं होगी यदि स्वशासन केवल मुस्लिम समुदाय को ही प्रदान कर दिया जाता है[1]। क्या ऐसे व्यक्ति को हिन्दू मुस्लिम एकता का विरोधी कहा जा सकता है? यदि तिलक साम्प्रदायिक होते तो क्या मो. अली जिन्ना, हसरत मोहानी एम.ए. अन्सारी तथा शौकत अली उन्हें अपना राजनीतिक गुरु मानते? क्या यह सत्य नहीं है कि उन्होंने कांग्रेस लोकतान्त्रिकदल के घोषणा पत्र के माध्यम से खिलाफत के प्रश्न पर मुसलमान समुदाय की मांगों का समर्थन किया है? वस्तुत: तिलक ऐसे प्रथम जन नेता हैं जिन्हें प्रत्येक वर्ग व सम्प्रदाय का पूर्ण समर्थन मिला। तिलक सच्चे अर्थों में राष्ट्रवादी हैं। राष्ट्रीय स्वाभिमान की प्राप्ति के लिए ही उन्होंने ऐतिहासिक विभूतियों का सहारा लिया। उनके लिए अशोक व अकबर समान रूप से महान हैं।

तिलक का अपने अन्य समकालीन राजनीतिक विचारों से मौलिकता अंतर यह था कि उनके लिए राष्ट्रीयता केवल एक राजनीतिक कल्पना मात्र नहीं थी बल्कि एक ऐसी भावना थी जो उनके लिए समस्त जीवन को प्रभावित किए हुए थी। पश्चिमी सभ्यता तथा संस्कृति ने भारतीय नेताओं के मस्तिष्क पर अपनी प्रधानता की छाप लगा दी थी तिलक उस प्रधानता को समाप्त करके भारतीय धरोहर और अतीत में गौरव अनुभव कराना चाहते थे। वह पहले नेता थे। जिसने यह बताया कि अंग्रेजी आधिपत्य का मूल कारण नैतिक था न कि सैनिक। अंग्रेजी नैतिक उच्चता स्वीकार करके भारतवासी अंग्रेजी साम्राज्य के साथ सहयोग की नीति अपना लेते थे। तिलक का जीवन भर प्रयत्न अंग्रेजी नैतिक उच्चता को उच्चता के मंत्र जाल को तोड़ना रहा। इसी लक्ष्य को पूरा करने के लिए उन्होने अपने ही साधन तैयार किए जैसे केसरी, मराठा, न्यू इंगलिश स्कूल, डेकन एजुकेशन सोसायटी आदि। राष्ट्रीयता के प्रति ऐसा उत्साह उन्होने अपने अनुयाइयों मे भर दिया जैसा किसी अनुयाइयों में भर दिया जैसा किसी धर्म प्रचारकों में होता है।

अंग्रेजी चिंतन प्रणाली से मुक्ति प्राप्त करने के लिए भारतीय इतिहास से कुछ ऐसे नायकों का चयन भी आवश्यक था जो भारतीयों को प्रेरणा तथा उत्साह से भर सके। शिवाजी ऐसे नायक थे जिनके औरंगजेब के साथ संघर्ष को एक विदेशी सत्ता के विरुद्ध संघर्ष बताया जा सकता था। तिलक का उद्देश्य भारतीय इतिहास को सांप्रदायिक दृष्टि से देखना नहीं था। यह आपेक्ष लेखकों तथा प्रशासकों ने तिलक पर लगाया। बेलेंटाइन शिरोल, पोवेल प्राइस ने तिलक पर मुस्लिम विरोधी होने का आपेक्ष लगाया, इसके विपरीत मौलाना मोहम्मद अली, शौकत अली, जिन्ना जैसे सांप्रदायिक ने तिलक उन्हें राष्ट्रीयता समर्थक बताया है। तिलक का उद्देश्य महाराष्ट्र के लोगों को जागृत करनाा था और इस कार्य के लिए शिवाजी से अधिक अच्छा कोई नहीं हो सकता था। इसी प्रकार उन्होंने गणपति उत्सवों को राष्ट्रीयता जगाने में सहायक बनाया। गणपति उत्सव महाराष्ट्र में पहले से प्रचलित था। लेकिन तिलक ने उसको राजनीतिक उपयोग किया। उस अवसर पर राजनीतिक भाषण आदि का आयोजन करके उन लोगों को जो राजनीतिक सम्मेलनों से अलग रहते थे राजनीतिक शिक्षा प्रदान की। यह कार्य 1895 ई. में आरम्भ किया गया। तिलक के राजनीतिक चिंतन में भी एक विशेषता थी जो अन्य समकालीन विचारकों से भिन्न थी। वह भारतवासियों के लिए केवल प्रशासन से संबद्ध होने का अधिकार नहीं मांगते थे बल्कि यह भारत मे स्वराज्य एक अधिकार के रूप मे चाहते थे। अंगरेजों द्वारा सुविधाएँ दिए जाने की अपेक्षा वह अपने देशवासियों की ओर से अधिकारों को प्रस्तुत करना अधिक आवश्यक समझते थे। उनका इस सम्बन्ध में कहा गया वाक्य प्रसिद्ध है– 'स्वराज्य मेरा जन्म सिद्ध अधिकार है और मैं इसे लेकर रहूंगा।' तिलक के उपरोक्त कार्यों से अंगरेज से केवल कुछ सुविधाओं की याचना करते थे अत्यन्त चितित हुए।

जून, 1897 ई. में पूना में शिवाजी उत्सव कुछ दिनों पश्चात वहाँ के कलक्टर रेड और अन्य अंगरेज अधिकारी आयर्स्ट ठहराया। और उन्हें 18 महीने की कडी सजा दी। यद्यपि न्यायाधीश ने भी यह स्वीकार किया कि तिलक को कारावास दिए जाने से तिलक की वाणी का महत्त्व और भी अधिक हुआ। स्वतंत्रता तथा अधिकारियों की बात और अधिक लोकप्रिय हुई। तिलक ने अपने लेखों और भाषणों के प्रति अंगरेज सरकार से क्षमा याचना की। तिलक ने राष्ट्रीयता के लिए त्याग, बलिदान और कष्ट सहन करने के मार्ग को अधिक लोकप्रिय बनाया।

तिलक पर सांप्रदायिकता को प्रोत्साहन देने का आपेक्ष एक अन्य आधार पर भी लगाया जाता है कि उन्होंने गौरक्षिणी सभाओं को प्रोत्साहन दिया। शिरोल ने अपनी पुस्तक 'इंडियन अनरेस्ट' में यह आक्षेप तिलक पर लगाया। तिलक ने शिरोल पर मुकदमा चलाया और शिरोल समस्त सरकारी रिकार्ड की सहायता से भी यह सिद्ध नहीं कर सका कि तिलक ने 1893 ई. के हिंदू-मुस्लिम उपद्रवों में, उसके पूर्व अथवा उसके बाद में, किसी प्रकार से सांप्रदायिकता को प्रोत्साहन दिया।

1906-7 ई. में तिलक ने नए दल के निर्माण तथा गठन में बहुत अधिक सहायता दी। वास्तव में उन्होंने ही सबसे पहले अंगरेजी साम्राज्य के विरुद्ध शांतिपूर्ण प्रतिरोधक नीति अपनाने की बात कही। तिलक एक ऐसी राष्ट्रीयता को प्रोत्साहन देना चाहते थे जिनका लक्ष्य राजनीतिक था। वह स्वराज्य को भारतीय स्वतंत्रता के लिए आवश्यक समझते थे। 1908-1914 ई. तक तिलक कारावास में रहे। 1914-15 ई. में कुछ प्रयत्न कांग्रेस के दोनों दलों मे समझौते के हुए लेकिन कोई विशेष सफलता का विकास हुआ। मुसलमानों में तुर्की के प्रति अंगरेजी व्यवहार से असंतोष बढ़ा। अधिकांश प्रभावशाली मुस्लिम नेता भी जेल में थे। भारतीय सेना पर अंग्रेजी निर्भरता बढ़ रही थी और भारत का औद्यौगिक तथा मध्य शिक्षित वर्ग अंगरेजी साम्राज्यवादी नीतियों के दुष्परिणामों से दुखी था वे भी उग्र राष्ट्रीय आंदोलन आरंभ किया। होम रूल अर्थात स्वराज्य का अभिप्राय इस समय अंग्रेजी साम्राज्य को समाप्त करना नहीं था। इसका अर्थ था अंग्रेजी साम्राज्य के अधीन स्वायत्ता प्राप्त करना। इंग्लैंड के अधीन भारतीय राज्यों में थी। 1919 ई. मे तिलक ने पेरिस शांति सम्मेलन मे भारत के भाग लेने के अधिकार तथा विल्सन के आत्मनिर्णय के सिद्धान्त के आधार पर भारत के लिए भी इसी अधिकार की मांग प्रस्तुत की। वह खिलाफत आंदोलन के समर्थक थे। तिलक और ऐनिबेसेंट के होम रूल आंदोलन के अभिप्राय का अंतर दोनों के उस कार्य से स्पष्ट होगा जो 1918 ई. के बाद हट गई और उन्होंने किसी अन्य राजनीतिक रंगमंच से एकदम हट गई और किसी अन्य राजनीतिक आंदोलन में सक्रिय भाग नहीं लिया।

19वीं सदी के अंतिम दशक तथा 20वीं सदी के प्रथम दशकों मे भारतीय राजनीतिक त्रिमूर्ति- बाल, लाल, पाल- में बाल सबसे अधिक प्रभावशाली रहे। उनके प्रभाव का रहस्य यह था कि उन्होंने अपने आदर्शो को स्वयं साकार किया। उनमें अपने लक्ष्यों के प्रति संघर्ष करने का साहस था। उनके समकालीन अन्य महान नेता- रानाडे, गोखले, सुरेंद्रनाथ बनर्जी, अरविन्द्र, विपिचन्द्र पाल, लाला लाजपतराय आदि थे। तिलक उन परोक्ष या प्रत्यक्ष रूप से निर्भर रहते थे सुरेन्द्रनाथ बनर्जी और फिराजशाह मेहता पारिवारिक परिस्थितियों से विवश थे। अरविंद यद्यपि प्रभावशाली वक्ता थे लेकिन राजनीतिक जीवन के संघर्ष को सहन नही कर सकें। विपिनचंद्र पाल अधिक प्रभावशाली वक्ता थे लेकिन राजनीतिक अनुशासन से कम परिचित थे। लाजपतराय की दृष्टि स्पष्ट थी लेकिन उन्हें भी अधिकांश प्रचार कार्य भारत से बाहर जाकर ही करना पडा। तिलक ने अंगरेजों के विरुद्ध एक धर्म प्रचारक की भांति उत्साह से कार्य किया। उनके कार्यो का उनके जीवन काल में अंगरेजों ने जान-बूझकर गलत प्रस्तुत किया। वह उनकी देशभक्ति को राजद्रोह मानते थे। इसलिए उनके संबंध में बहुत सी गलत धारणाएँ फैलाते थे।

उग्र राष्ट्रवाद का विकास

19वीं सदी के अंतिम दशक में इंडियन नेशनल कांग्रेस की लोकप्रियता बहुत कम हो चुकी थी। इसका सामान्य जनता पर प्रभाव भी बहुत कम था। वर्ष मे एक बार केवल तीन दिन के लिए सम्मिलत होकर कुछ प्रस्तावों के पास कर देने से अधिक इसका कोई कार्य नहीं था। सरकार इसकी मांगों की अनदेखी करती थी लेकिन 1895-1905 ई. के दशक में कुछ घटनाएँ ऐसी हुई जिन्होने ने केवल कांग्रेस में एक नया जीवन डाल दिया बल्कि राष्ट्रीय आंदोलन मे अंग्रेज विरोधी भावनाओं को प्रोत्साहन दिया। यह प्रोत्साहन इतना अधिक हुआ कि कांग्रेस के दो दल हो गए। अंग्रेज लेखकों ने इस विकास को उग्र राष्ट्रीयता का विकास कहा है। इसमे निम्नलिखित तत्त्व सहायक हुए-

1. कांग्रेसी संवैधानिक आंदोलन की असफलता- सरकार से अधिकारी की मांग करने की कांग्रेसी नीति स्पष्ट रूप से असफल दिखाई पड़ी। 1892 ई. के सुधारों में कोई भी वह सिद्धान्त स्वीकार नही किया गया जिस पर कांग्रेस ने 1885 ई. से बल दिया था। केवल भारतीय सदस्यों की संख्या मात्र ही बढ़ाई गई थी। अंग्रेजी सरकार की साम्राज्यवादी नीतियों में कोई फेर बदल नही हुआ और न ही प्रजातीय विभेद नीति किसी प्रकार कम होती दिखाई दी। कांग्रेसी आंदोलन की लोकप्रियता भी कम थी लाला लाजपतराय के अनुसार कांग्रेसी नेताओं के कुछ राजनीतिक विचार मात्र थे। इस समय तक त्याग और बलिदान की कल्पना कांग्रेस के अधिकांश राजनीतिक नेतओं मे नहीं थी।

2. कंजरवेंटिव दल की अकुशल प्रशासनिक नीति- 1888 से 1905 ई. तक इंग्लैंड में कजरवेंटिक दल की सरकार सत्ताधिरी रही। इस अवधि ने गवर्नर जनरल तथा अंग्रेजी नौकरशाही ने भारतीय के प्रति अविश्वास तथा प्रजातीय विभेद नीति व्यापक रूप से लागू की। लोकसेवा आयोग की रिपोर्ट ने भारतीय क लिए आई.सी. एस. में समानता का तर्क स्वीकार नहीं किया और उनके लिए प्रोविंशयल सिविल सर्विस की स्थापना की। 1896-97 ई. के पश्चात कई ऐसी घटनाएँ हुई जिनसे प्रशासन का जनता के प्रति क्रूर तथा अमानवीय व्यवहार स्पष्ट हुआ। 1896-97 ई. में बंबई प्रांत में प्लेग के प्रकोप की रोकथाम के लिए अंगरेज अधिकारियों का भारतीय जीवन प्रणाली की आलोचना तथा लोगों को बलपूर्वक घरों से निकालकर बाहर करना, दो अंगरेज अधिकारियों की हत्या के लिए नाटू भाइयों को बिना मुकदमा चलाए जेल में बंद रखना तथा तिलक पर मुकदमा चलाकर उन्हें दंड देना इस बात के स्पष्ट उदाहरण थे कि अंगरेज भारतवासियों को प्रशासन के दोषों का ज्ञान उपलब्ध नहीं होने देना चाहते थे। 1899-1901 ई. के मध्य दो बार अकालग्रस्त क्षेत्रों के राहत कार्यो में अंगरेज अधिकारियों का औपचारिक दृष्टिकोण अत्यंत कठोर था। अंगरेज भक्त भारतवासियों का अंग्रेजी न्यायाप्रियता तथा ईमानदारी पर विश्वास डगमगाने लगा। प्रजातीय विभेद यहां तक बढ़ा कि रूड़की इंजीनियरिंग कालेज

में प्रवेश शुद्ध भारतीय के लिए मना कर दिया गया। कर्जन की प्रशासनिक नीतियों का परिणाम विस्फोटक हुआ। उच्च शिक्षा पर सरकारी नियंत्रण स्थापित करने, कलकत्ता कारपोरेशन पर सरकारी प्रभाव बढ़ाने, दिल्ली दरबार पर धन का अपव्यय और बंगाल का विभाजन आदि ऐसी घटनाएँ थी जिन्होनें अंग्रेजी प्रशासन की ईमानदारी और उनके भारतीय शुभाकांक्षी होने में अधिकांश शिक्षित वर्ग का विश्वास सामप्त कर दिया।

3. भारत की बढ़ती हुई आर्थिक दरिद्रता– 1870 ई. के पश्चात ही कुछ भारतीय नेताओं का अंगेरेजी साम्राज्य के आर्थिक परिणामों पर ध्यान आकर्षित होने लगा। धन निष्कासन और आर्थिक शोषण की अंग्रेजी नीति सदी के अंत तक अधिक नेता समझने लगे थे। भारतीय कुटीर उद्योगों क विनाश, कृषि पर राजस्व का अत्यधिक बोझ, कृषकों की निर्धनता और सरकार की भारतीयों के लिए नौकरी अथवा उद्योग वृद्धि के अवसर उपलब्ध न होने देना ऐसी समस्याएँ थी जिनसे यह स्पष्ट हो गया कि अंग्रेजी शासक केवल भारत से धन कूटकर ले जाने को अधिक महत्त्वपूर्ण मानते थे। 1860 ई. के पश्चात ही अकालों का प्रकोप बढ़ने लगा। दादाभाई नौराजी, रमेशचंद्रदत्त और विलियम डिगवी की पुस्तकों द्वारा अंग्रेजी नीति की वास्तविकता स्पष्ट हो रही थी। वास्तविक आर्थिक स्थिति भी इतनी खराब थी। भारतीयों को पूंजी संचय का अवसर ही उपलब्ध नहीं था। प्रभावशाली व्यापारिक प्रतिष्ठान भी अंगरेजों के नियंत्रण में अवश्य था लेकिन उसके विकास मार्ग में अंगरेजों ने आयात कर समाप्त करके विभिन्न कठिनाइयां खड़ी कर दी थीं। नए मध्यवर्ग के लिए उचित अवसर नहीं थे। सरकारी सेवाओं को मार्ग उनके लिए प्राय: बंद ही था। उस व्यापक आर्थिक कठिन परिस्थितियों में उग्र विचारों का विकास स्वाभाविक ही था।

इन उग्र विचारों के विकास में भारतीय व्यापारियों तथा उद्योगपतियों ने भी सहयोग दिया। इंग्लैंड में बने हुए कपड़े खुले आयात से और भारत मे कपड़ा उद्योग पर लगे उत्पादन कर से यहां औद्योगिक विकास बहुत कठिन हो गया था। कांग्रेस ने भी उद्योगों मे पूंजी लगाने के लिए भारतीय पूंजीपतियों को प्रोत्साहन दिया। 19वीं सदी के उत्तरार्ध मे जापान की आर्थिक प्रगति अत्यधिक प्रसंशनीय तथा अनुकरणीय थी। भारत मे यह प्रगति केवल इसलिए नहीं हो सकी थी कि यहां अंग्रेजी नीति का नियंत्रण अत्यधिक था।

4. पश्चिमी सर्वोच्चता की कल्पना का अंत– अंग्रेजी इतिहासकारों तथा प्रशासकों ने विभिन्न प्रकार से इस बात पर बल दिया कि भारतीय इतिहास में आक्रान्ता सदा ही सफल रहे। भारतीय पराजय के लिए यहां की सामाजिक, धार्मिक, राजनीतिक, सैनिक दुर्बलताओं पर बल दिया गया। साथ ही– जलवायु, जाति, आर्थिक तथा सामाजिक ढ़ाचे के आधार पर –विभिन्न प्रकार के मतों के प्रतिपादन से पश्चिमी देशों की तुलना में भारतीय हीनता पर ध्यान केद्रित करके पश्चिमी सर्वोच्चा की कल्पना व्यापक बनाई गई।

जिससे पश्चिमी साम्राज्य सुरक्षित रह सकें। 1896 ई. में एबीसीनिया द्वारा इटली को और 1904-05 ई. में जापान द्वारा रूस को पराजित कर दिए जाने के बाद पश्चिमी सर्वोच्चता की यह.कल्पना आरंभ हो गई। कुछ भारतीय नेताओं ने जापान की प्रगति का अध्ययन आरंभ किया। जब जापान जैसा छोटा पूर्वी देश रूस जैसे विशाल पश्चिमी देश को हरा सकता था तब भारत भी उन्हीं आधारों पर चलकर बड़ी सरलता से शक्तिशाली बन सकता था। इसलिए भारत की दुर्बलता वास्तविक नहीं थी।

5. बंगाल विभाजनः 1905- अंग्रेजी साम्राज्यवादी नीति के विरुद्ध असंतोष बंगाल विभाजन के पश्चात बड़ी सरलता से उग्ररूप धारण कर सका। 19वीं सदी के उत्तरार्ध में बंगाल भाषी क्षेत्र को मात्रभूमि मानने की कल्पना का विकास हुआ। कर्जन द्वारा किया गया बंगाल विभाजन प्रांतीय नेताओं को प्रशासनिक सीमाओं का फेर बदल ने होकर मातृभूमि का विभाजन प्रतीत हुआ। इसलिए विभाजन के विरुद्ध सामान्य बंगालियों की भावनाओं को उत्तेजित किया जा सका। बंगाल की नई पीढ़ी के कुछ युवक अंग्रेजी सत्ता के विरुद्ध सशस्त्र विद्रोह की भी योजना बनाने लगी। वहां के अधिकांश राजनीतिक नेता निश्चित रूप से प्रार्थना पत्र प्रस्तुत करने को पर्याप्त समझने लगे और उग्र आंदोलन का सूत्रपात हुआ।

6. हिंदू पुनरूत्थान तथा भारतीय महानता से प्रेरणा- राजनीतिक अधिकारों की मांग प्रस्तुत करने वाले अधिकांश नेता पश्चिमी दर्शन, साहित्य, राजनीतिक संस्थाओं की सर्वोच्चता सवे प्रभावित थे। इसलिए उनका अंग्रेजी साम्राज्य के प्रति दृष्टिकोण विनम्र तथा विनीत था। 19वीं सदी के अंतिम चतुर्थांश में प्राचीन भारतीय सांस्कृतिक महानता हिंदुओं की आध्यात्मिक तथा धार्मिक उपलब्धियों का ज्ञान भारतीय जनता में फैलाने लगा। दयानन्द्र सरस्वती, स्वामी विवेकानन्द, लोकमान्य तिलक, अरविंद घोष आदि ने इस भावना को लोकप्रिय बनाया। भारतीय महानता तथा आत्मस्वाभिमान से प्रेरित नेताओं ने अंगरेजों के प्रति अत्यधिक विनीत दृष्टिकोण न रखकर उग्र विचार पद्धति के विकास मे सहायता दी।

उग्र दल का विकास सूरत फूटः 1907

कांग्रेस मे उग्र विचारधारा के प्रमुख नेता बालगंगाधर तिलक, लाला लाजपतराय और विपिनचंद्र पाल थे। 1904 ई. तक उग्र और नरम दल सम्मिलित थे। 1905 ई. में कांग्रेस के बनारस अधिवेशन में सबसे पहली बार इन नेताओं ने अपने अनुयाइयों के साथ अलग बैठक की। बंगाल विभाजन अक्टूबर, 1905 ई. मे किया गया। फलस्वरूप कांग्रेस अधिवेशन मे सविनय प्रार्थना की पुरानी नीति से असंतुष्ट सदस्यों की संख्या बढ़ती दिखाई दी। स्वदेशी और बायकाट के प्रश्नों पर मतभेद स्पष्ट था। 1906 ई. में प्रिंस आफ वेल्स के भारत आगमन स्वागत के संबंधित प्रस्ताव कुछ सदस्यो की अनुपस्थिति मे ही

पास किया जा सका। तिलक चाहते थे कि सरकार के विरुद्ध शांतिपूर्ण प्रतिरोधक नीति के संबंध मे एक प्रस्ताव किया जाए लेकिन न हो सका। फलस्वरूप 1905 ई. की समाप्ति पर इन दो विभिन्न विचारधाराओं के अनुयाइयों में मनमुटाव बढ़ता दिखाई पड़ा। 1906 ई. में कलकत्ता कांग्रेस अधिवेशन उग्र पक्ष के लिए शक्ति परीक्षा स्थल बन गया। वे तिलक को कांग्रेस अध्यक्ष बनाना चाहते थे जिसे संवैधानिक नीति के समर्थक स्वीकार नहीं कर सकते थे। अंत मे वृद्ध दादाभाई नौराजी को अध्यक्ष बनाने पर दोनों सहमत हो गए। 1905 ई. में इंग्लैंड में लिबरल दल को निर्वाचन में बहुमत मिल जाने से संवैधानिक पक्ष को अपने कार्यक्रम के सफल होने की अंतिम आशा दिखाई पडी। 1906 ई. में बंगाल में स्वदेशी और बायकट (विदेशी कपडे का वहिष्कार) की नीति जोरों पर रही। कांग्रेस के कलकत्ता अधिवेशन (1906 ई.) में उग्र दल की समस्त नीति अत्यधिक बाद विवाद के पश्चात स्वीकृत हुई। 'स्वराज्य', 'स्वदेशी', 'बायकाट' और 'राष्ट्रीय शिक्षा' से संबंधित चार प्रस्ताव पास किए गए। संवैधानिक मत वाले लोग प्रस्ताव पास कर देना मात्र ही पर्याप्त समझते थे। वे इस दिशा में कोई अन्य कार्य नही करना चाहते थे। इसलिए उग्र पक्ष की नीति का अनुमोदन भी संतोषप्रद नही था दूसरी ओर मिंटो ने उग्र पक्ष को प्रभावशाली न बनने देने के लिए भावी सुधारों के विषय में 'संवैधानिक' पक्ष के नेताओं से विचारों विमर्श आरंभ किया। मोर्लो और गोखले मे एक प्रकार का समझौता इंग्लैंड मे चुका था। उग्र पक्ष का संवैधानिक पक्ष पर संदेह स्वाभाविक ही था इसलिए 1907 ई. में कांग्रेस संगठन पर दोनों पक्षों ने अपना प्रभुत्व स्थापित करने का प्रयत्न किया। संवैधानिक पक्ष ने 1906 ई. में पास किए जाए प्रस्तावों से पीछे हटना चाहा। इस प्रकार 1907 ई. में आयोजित कांग्रेस का सूरत अधिवेशन अत्यधिक महत्त्वपूर्ण सिद्ध हुआ।

सूरत में कांग्रेस फूट का मूल कारण यह था कि नरम दल के नेता 1906 ई. में पास किए गए प्रस्तावों को लागू नहीं करना चाहते थे। संभवतः इसके पीछे अंगरेज सरकार का हाथ था जिससे उग्र पक्ष कांग्रेस से अलग हो जाए। अधिवेशन आरंभ होन के पूर्व तिलक ने अलग संगठन बनाने का सुझाव अस्वीकृत कर दिया। वह 1906 ई. में पास किए हुए कार्यक्रम को लागू करना अथवा आगे बढ़ाना चाहते थे। 1907 ई. के लिए लाजपतराय के स्थान पर रासबिहारी घोष को अध्यक्ष बनाना ही चाहते थे। अधिवेशन आरंभ होने के पश्चात तिलक ने मंच पर आकर निर्वाचन के संबंध में कुछ आपत्तियाँ उठानी चाहीं लेकिन उन्हें बोलने की अनुमति नहीं दी गई। इस अवसर पर श्रोताओं में से किसी ने एक जूता सुरेन्द्रनाथ बनर्जी पर फेंका और फिर पंडाल मे अव्यवस्था फैल गई। कुर्सी और मेजों को एक दूसरे पर फेंका गया। कांग्रेस अधिवेशन स्थापित कर दिया गया। यह घटना 24 दिसम्बर, 1907 ई. की थी। इस घटना के बाद उग्र दल के अनुयाइयों को कांग्रेस से बाहर होना पडा। कांग्रेस नरम दल के हाथों में रही। सूरत फूट के लिए सामान्यतः उग्र दल के अनुयाइयों को दोषी ठहराया जाता है लेकिन वास्तव में ऐसा नहीं था। स्वयं रासबिहारी

घोष ने अपने अपठित अध्यक्षीय भाषण में उग्र के सदस्यों को कांग्रेस से बाहर जाने का परामर्श दिया था। उग्र विचारों वाले सदस्यों को कांग्रेस से निकल जाने पर विवश किया गया।

उग्र दल की कार्य पद्धति- उग्र दल का विकास उदारवाद के विरुद्ध हुआ। इसलिए उसका संवैधानिक प्रार्थना पत्रों की उपयोगिता में विश्वास नहीं था। वह अंग्रेजी साम्राज्य को नैतिकता अथवा न्याय पर आधारित नहीं समझता था इसलिए नैतिक तर्को का प्रयोग उसे प्रभावित करने में निरर्थक अथवा व्यर्थ था। संवैधानिक तथा नरम नीति के समर्थक उस समय अंग्रेजी साम्राज्य के बाहर भारत की कल्पना नहीं करते थे। उग्र दल के नेता समझते थे कि अंग्रेजी साम्राज्य से सहयोग नैतिक तथा आर्थिक दृष्टि से भारत के लिए हानिकारक था।

संवैधानिक दल की भांति वे अपने कार्य को वर्ष मे केवल तीन या चार दिनों तक ही सीमित नहीं रखना चाहते थे। उनक लक्ष्य वर्ष भर प्रभावशाली ढंग से आंदोलन करते रहना था। सामान्य जनता तथा समस्य राष्ट्र को प्रभावशाली आंदोलन से इस प्रकार गठित तथा जागृत किया जाए, उसमें स्वतंत्रता के प्रति ऐसी बलिदान की भावना पैदा की जाए कि शासकों को विवश होकर उसके समक्ष झुकना पडे। वे अहिंसात्मक प्रतिरोधक(सत्याग्रह) से उस नैतिक प्रभुत्व को तोड़ना चाहते थे जो अंगरेज साम्राज्यवादियों द्वारा भारतियों के ऊपर स्थापित किया हुआ था। वे स्वतंत्रता के प्रति गहरा लगाव पैदा करके देश के लिए त्याग तथा बलिदान की भावना जागृत करना चाहते थे उनको कार्यक्रम केवल सत्याग्रह तक ही सीमित नहीं था बल्कि रचनात्मक भी था। वे स्वदेशी (भारतीय वस्तुओं के प्रयोग) को प्रोत्साहन देना तथा विदेशी वस्तुओं का बायकट करना चाहते थे। वे सरकारी शिक्षा पद्धति का छोड़कर एक अगल राष्ट्रीय शिक्षा पद्धति की स्थापना करना चाहते थे और यदि संभव हो सके तो एक पृथक प्रशासन पद्धति भी स्थापित की जाए जिससे सरकार पर निर्भरता कम हो सके। उनकी यह पृथक योजना सरकार के विरुद्ध थी बल्कि सरकार के नियंत्रण से मुक्त थी यह मुक्ति ही सरकार के लिए असह्य थी। उग्र दल ने राष्ट्रीय संघर्ष के लिए एक नया लक्ष्य 'स्वराज्य' प्रदान किया।

स्वराज्य तथा स्वदेशी का अर्थ- यद्यपि 'स्वराज्य' शब्द का अंग्रेजी अनुवाद 'सेल्फ गवर्नमेंट' होता है लेकिन उग्र नेताओं (तिलक, अरविंद, विपिनचंद पाल आदि) ने स्वराज्य शब्द का प्रयोग एक विशिष्ट रूप मे किया है। 'स्वराज्य' एक वैदिक शब्द है। इससे एक ऐसी राजनीतिक व्यवस्था की कल्पना की गई है जिसमें जनता का सर्वांगीण विकास हो सकें। मूलत: इस शब्द में 'स्व' पर अधिक बल दिया गया है। और इसका अभिप्राय आत्मनियंत्रण, संयम, आत्मनिर्भरता से था। तिलक का कथन, 'स्वराज्य मेरा जन्मसिद्ध अधिकार है' की कल्पना अधिक व्यापक थी और उसमें नैतिक विकास की

भी आवश्यकता पर बल दिया गया था। नैतिक विकास भी राजनीतिक परतंत्रता की अवस्था में नहीं हो सकता था। पाश्चात्यकरण भी भारतीयों की स्वतंत्रता (स्वराज्य) में उतना ही बाधक था जितना राजनीतिक नियंत्रण। साधारण नियंत्रण। साधारण परिकल्पना में इसका अभिप्राय केवल राजनीतिक मुक्ति से हुआ। अरविंद ने स्वराज्य का अर्थ उसी प्रकार पूर्ण स्वतंत्रता बताया जिस प्रकार की इंग्लैंड में थी। प्रत्येक राष्ट्र को अपने आदर्शों और स्वभाव के अनुसार अपने जीवन को ढ़ालने का अधिकार होना चाहिए। किसी बाह्य सभ्यता के आधार पर भारतीय जीवन में परिवर्तन केवल देश की परतंत्रता का द्योतक है।

'स्वदेशी' की चर्चा 19वीं सवदी के अंतिम चतुर्थाश में भली-भांति आंरभ हुई। इस समय इसका अभिप्राय देश में बढ़ती हुई निर्धनता को रोकने के लिए देश मे बनी वस्तुओं के प्रयोग से था जिससे देश से धन निष्कासन कम हो और निर्धनता अधिक न बढ़े। 'स्वदेशी' एक आर्थिक परिकल्पना थी। बहुत से राजनीतिक विचारक इसमें दोष ढूंढ़ते थे। तथा इसे अव्यावहारिक भी कहते थे क्योंकि देश में बनी वस्तुएँ महँगी तथा घटिया होती थी, इसलिए सस्ती और अच्छी विदेशी वस्तुओं की अपेक्षा प्रयोग नही की जा सकती थीं। 20वीं सदी के प्रथम दशक में स्वदेशी का नारा एक राजनीतिक लक्ष्य की प्राप्ति के लिए दिया गया। बंगाल विभाजन के पश्चात इंग्लैंड के बने हुए कपड़ें का बहिष्कार करके लंकाशायर और मानचेस्टर के उद्योगपतियों पर दबाव डालकर विभाजन को समाप्त करवाने में सहायता करना इसका आंरभिक लक्ष्य था। शीघ्र ही स्वदेशी वस्तुओं का प्रयोग देशभक्ति के साथ जुड गया और स्वदेशी एक राजनीतिक आर्थिक ढाँचे की समर्थक बन गई। स्वदेशी का पूरक पक्ष बायकाट था जिससे विदेशी वस्तुओं का बहिष्कार किया जाता था।

क्रान्तिकारी तथा आतकंवादी विचारधारा- उग्र राष्ट्रवादियों में एक वर्ग ऐसा भी था जो बलपूर्वक अंग्रेजी साम्राज्य को समाप्त करना चाहता था इस वर्ग मे भिन्न-भिन्न विचारों वाले कई समूह सम्मिलित थे। यह वर्ग अंग्रेजी साम्राज्य को बल तथा धोखे पर आधारित समझता था इसलिए बलपूर्वक षड्यंत्र अथवा सशस्त्र विद्रोह से उसे समाप्त करना उचित मानता था। इस वर्ग कुछ अन्य क्रांतिकारी अंग्रेजी प्रशासन को हिंदू धर्म तथा भारतभूमि के विरुद्ध मानते थे। इन विचारकों के समर्थक बंगाल में अधिक थे और बंगाल विभाजन को अपनी मातृभूमि का विभाजन मानते थे। यह वर्ग अंगरेज अधिकारियो की हत्या तथा सरकारी खजाने की लूटमार को अपराध नहीं समझता था। एक अन्य वर्ग अंग्रेजी साम्राज्य का तख्ता ही पलट देना चाहता था। सेना में अंगरेज विरोधी प्रचार अथवा विद्रोह एवं संगठित प्रयत्नों द्वारा वे अपना लक्ष्य प्राप्त करना चाहते थे। कुछ लोग स्वतंत्रता प्रेम से इतना अधिक प्रभावित थे कि वे किसी प्रकार के प्रयत्नों को उचित मानते थे।

विभिन्न प्रांतों के क्रान्तिकारी आंदोलन- यह आंदोलन मुख्यत: तीन प्रातों में केंद्रित रहा- बंगाल, महाराष्ट्र तथा पंजाब। बंगाल में यह 1905 ई. के विभाजन के पश्चात आरंभ हुआ। वरींद्रकुमार घोष और भूपेंद्रदत्त ने 'युगांतर' पत्रिका की स्थापना की। यह पत्र सबसे अधिक क्रान्ति का प्रचारक था। इसी प्रकार की अन्य पत्रिका 'संध्या' व 'नवशक्ति' थीं। अरविंद ने जोशीले लेखों द्वारा राष्ट्रीय प्रयत्नों की अधिक प्रोत्साहन दिया। उनके लेख 'बंदे मातरम' मे प्रकाशित होते थे। उन्हें अलीपुर बम मुकदमें के संबंध मे बंदी बना लिया गया। बंदी बना लेने से उनके उग्र विचारों में कोई परिवर्तन नही आया। इतना अवश्य हुआ कि वह राजनीतिक से अलग हटकर धार्मिक और सांस्कृतिक एकता पर प्रचार करने लगे। बंगाल के बहुत से नवयुवक फ्रांस और रूस जाकर बम बनाने की विधि सीखने लगे। अक्तूबर, 1907 ई. बंगाल के गर्वनर की गाडी को बम से उडाने का असफल प्रयास किया गया। अलीपुर बम मुकदमें मे सरकारी प्रोसीक्यूटर और पुलिस के डिप्टी सुपरिटेंडेंट की हत्या कर दी गई। वरींद और उनके सहयोगियों का कार्य 'अनुशीलन' के द्वारा चलाया जाता रहा। 1907 से 1917 ई. तक 60 व्यक्तियों से अधिक की हत्या कर दी गई। 100 से अधिक राजनीतिक डकैतियों में सरकारी खजाने अथवा साम्राज्य समर्थक व्यक्तियों को लूटने के प्रयत्न किए गए। हथियारों और बमों को विदेशों से मंगवाया गया। इसी प्रकार की क्रान्तिकारी संस्थाएँ तथा घटनाएँ बिहार, उडीसा, पंजाब, महाराष्ट्र तथा भारत के अन्य भागों में भी हुई।

विदेशों मे क्रान्तिकारी आंदोलन- अंग्रेजी साम्राज्य के निरंकुश नियंत्रण से बचने के लिए क्रान्तिकारी को बहुत बार भारतीय स्वतंत्रता के लिए अपने प्रयत्नों का मुख्य कार्यालय अन्य देशों मे स्थापित करना पडा। सबसे पहले लंदन मे श्री श्यामजी कृष्ण वर्मा ने फरवरी, 1905 ई. में इण्डियन होम रूल सोसायटी की स्थापना की। उन्होंने साहसी भारतीय युवकों को आर्थिक सहायता देकर विदेशी मे भ्रमण तथा अनुभव अर्जित करने की प्रेरणा दी, हरदयाल, मदन लाल ढींगरा, विनायक दामोदर सवारकर आदि उनके सहयोगी बने। श्यामजी को अपना कार्यालय शीघ्र ही लंदन से हटाना पड़ा।

अमरीका मे गदर आंदोलन- 19वीं सदी के अन्तिम दशक मे पंजाब के किसान काफी संख्या मे संयुक्त राज्य अमरीका मे जाकर रहने लगे। वहाँ 2-3 डालर प्रतिदिन मजदूरी मिल जाती थी। भारतीय श्रमिक अपेक्षाकृत सस्ते होने के कारण अमरीकी उनकी सहायता से अमरीकी मजदूरी संगठनों के नियंत्रण से मुक्त हो जाते थे। किन्तु वे उसी कारण सामान्य अमरीकी दृष्टि से अपमानित समझे जाते थे। अमरीका मे रहने भारतीय स्वराज्य और स्वदेशी भावनाओं से परिचित थे। अमरीका में उन्हें प्रचार की स्वतंत्रता भी इसलिए अंग्रेजी अत्याचारों तथा निरंकुश नौकरशाही के विरुद्ध अमरीका में प्रचार आरम्भ हुआ। 1913 ई. में विभिन्न भारतीयों ने मिलकर सेन फ्रांसिसकों में 1 नवम्बर, 1913 ई. का गदर को पार्टी की स्थापना की और एक साप्ताहिक (बाद में मासिक) पत्रिका 'गदर'

का प्रकाशन आरम्भ किया। लाला हरदयाल इसके मुख्य कार्य संचालक थे। इस पत्रिका में अंग्रेजी अन्याय और अत्याचार का खुला वर्णन होता था। इससे एक ओर अंगरेजों के विरुद्ध प्रचार होता था। तथा दूसरी ओर भारतीय नागरिकों को स्वतंत्रता प्राप्त करने के लिए प्रेरणा मिलती थी। भारत मे अंगरेजी अत्याचारों का अन्तर्राष्ट्रीय प्रचार इसके माध्यम से हुआ।

प्रथम विश्वयुद्ध काल में क्रान्तिकारी गतिविधियाँ- क्रांतिकारी को प्रथम विश्वयुद्ध एक स्वर्ण अवसर प्रतीत हुआ। उन्हें जर्मनी (इंग्लैंड के शत्रु) से सहायता की आशा प्रतीत हुई। इंग्लैंड की कठिनाई से लाभ उठाने का भी यह अच्छा अवसर था। जर्मनी भी सहायता देने के लिए उत्सुक था क्योकि भारत के विद्रोह का इंग्लैंड की सैनिक शक्ति पर प्रभावं निश्चित ही था। उसका दृष्टिकोण भारतीय आंदोलन के प्रति सहानुभूति न होकर इंग्लैंड से शत्रुता का परिणाम था। जर्मनी में एक 'इंडियन इंडिपेंडेंस कमेटी' की स्थापना की गई। भारतीय क्रांतिकारियों को अस्त्र-शस्त्र पहुँचाना तथा आर्थिक सहायता देना इस संस्था का मुख्य कार्य था। अमरीका मे गदर पार्टी भी काफी प्रयत्नशील रहीं।

बंगाल विभाजन के 1911 ई. में रद्द कर दिए जाने के पश्चात वहाँ क्रांतिकारी घटनाएँ बहुत कम हो गई। तुर्की के युद्ध में अंगरेजों के विरुद्ध हो जाने तथा तुर्की के सुल्तान द्वारा खिलाफत की सुरक्षा के लिए मुसलमानों से सहासता की प्रार्थना करने पर तथा पंजाबियों के अमरीका से लौटने पर अंगरेज विरोधी भावनाएँ वहां अत्यधिक व्यापक हुई। मौलवी उबैदुल्ला सिंधी, मौलाना महमूद हसन का योगदान उल्लेखनीय था। उबैदुल्ला द्वारा कुछ पत्र महमूद हसन को लिखे गए। ये पत्र पीली सिल्क पर फारसी मे लिखे गए और पकडे जाने पर 'सिल्क पेपर्स षड्यंत्र' समाप्त हुआ। इसी प्रकार अमरीका से लौटे हुए पंजाबियों ने भी सशस्त्र विद्रोह की योजना बनाई लेकिन एक कार्यकर्त्ता ने गुप्त सूचना दे दी और वह षड्यंत्र अधूरा ही रह गया।

क्रांतिकारीयों की असफलता- सशस्त्र प्रयत्नों अथवा बलपूर्वक अंग्रेजी साम्राज्य को पलटने के भारतीय क्रान्तिकारियों के प्रयत्न सामान्यत: असफल रहे। इन प्रयत्नों की असफलता के कई कारण थे। भारतीय समुदाय के अत्यन्त छोटे वर्ग ने ही इस प्रकार के प्रयत्नों का समर्थन किया। अधिकांश प्रतिष्ठित व्यक्तियों ने इस प्रकार के प्रयत्नों को आलोचानात्मक दृष्टि से देखा। विभिन्न प्रांतों के क्रान्तिकारियों ने कोई संगठित प्रयत्न नहीं किए। सरकार ने दमनकारी नीति, खफिया विभाग तथा क्रान्तिकारियों मे से ही किसी एक की सहायता से विभिन्न प्रयत्नों को समय से पूर्व समाप्त कर दिया।

महत्त्व- अंगरेज इतिहासकारों, कांग्रेस समर्थकों तथा प्रतिष्ठित वर्गों की व्यापक आलोचना के कारण क्रान्तिकारियों के प्रयत्नों का महत्त्व ठीक तरह सवे नहीं आका जाता है। व्यक्तिगत प्रयत्नों की निरर्थकता, युवक वर्गों का भावनाओं से प्रेरित होना तथा सशस्त्र

विद्रोह का अनैतिक होना आदि तर्क प्रस्तुत करके इन क्रान्तिकारियों के योगदान को नगण्य बताया जाता है। इसमें संदेह नहीं कि क्रान्तिकारी अपने लक्ष्य को प्राप्त करने से असफल रहे, गांधीजी के नेतृत्व में अहिंसात्मक आंदोलन की कालांतर में सफलता से सशस्त्र प्रयत्नों की ओर अधिक आलोचना होती रही है, लेकिन कुछ तथ्य ध्यान में रखने चाहिए। 1906 ई. के पश्चात अंगरेज सरकार ने कांग्रेसी तथा अन्य नेताओं की बात को अपेक्षाकृत अधिक ध्यान से सुना, यह इसीलिए संभव हो सका क्योंकि अंग्रेजी सशस्त्र विद्रोह की भावना तथा आंदोलन की वृद्धि को रोकना चाहते थे। दूसरे राष्ट्रीय स्मृति मे शहीदों का स्थान उन लोगों को प्राप्त हुआ जिन्होनें अंगरेजों के विरुद्ध असफल सशस्त्र प्रयास किया। प्रसिद्ध भारतीय नेताओं - तिलक, अरविंद, लाजपतराय, अश्विनी कुमार दत्त- ने प्रत्यक्ष अथवा परोक्ष रूप से क्रान्तिकारियों का समर्थन किया। आयरलैंड, इटली, रूस मे व्यक्तिगत तथा समुदायिक सशस्त्र प्रयत्न विदेशी अथवा निरंकुश सत्त के विरुद्ध किए गए। क्रान्तिकारियों ने देश प्रेम के लिए त्याग और बलिदान का उज्ज्वल उदाहरण समस्त जनता के समक्ष प्रस्तुत किया। त्याग की यह भावना ही अन्ततः अहिंसात्मक आंदोलन की सफलता के लिए उत्तरदायी हुई। स्वयं इग्लैड मे भी सशस्त्र विद्रोह और गृहयुद्ध के पश्चात ही 1688 ई. की रक्तहीन क्रान्ति संभव हो सकी थी। 1832 ई. के सुधार अधिनियम के पूर्व भी इंग्लैंड मे विद्रोह की संभावना थी। इसलिए सशस्त्र प्रयत्नों को निष्फल कहना ठीक नहीं है। उग्र दल के तीन प्रमुख नेता थे जो लाल-बाल-पाल की त्रिमूर्ति से जाने जाते हैं। बालगंगाधर तिलक के संबंध मे हम पहले ही वर्णन कर चुके हैं। वह अपनी लोकप्रियता के कारण लोकमान्य कहलाए गए। दूसरे प्रमुख नेता लाला लाजपतराय बिपिनचंद्र पाल थे।

लाल लाजपतराय : 1865-1928- राष्ट्रीय आंदोलन मे पंजाब के सबसे प्रसिद्ध नेता लाजपताराय थे। उनका जन्म लुधियाना जिले मे जनवरी, 1865 ई. मे हुआ। 1886 ई. में उन्होंने कांग्रेस आरम्भ की और 1892 ई. मे वह लाहौर आ गए। 1888 ई. मे उन्होंने कांग्रेस मे भाग लेना आरम्भ किया। उन्होंने सर सैयद के कांगेस विरोध की आलोचना की और इसे उनके विचारों में अन्तर्विरोध बताया। 1899 ई. के पश्चात कांग्रेसी विचारधारा और कार्य पद्धति से लाला लाजपतराय को असन्तोष हुआ और उन्होंने इसकी आलोचना की। 1905 ई. मे कांग्रेस के शिष्टमंडल का सदस्य बनाकर उन्हें इंग्लैंड भेजा गया। 1905 ई. के वार्षिक अधिवेशन मे उन्होने कांग्रेस के दो दलों मे समझौता कराने का प्रयत्न किया लेकिन नरम दल के नेता सहमत नही हुए। 1907 ई. में उन्हें पंजाब मे असंतोष तो बढ़ाने के आरापों मे बंदी बना लिया गया। लेकिन शीघ्र ही सरकार ने उन्हे छोड दिया। 1914 ई. मे वह इंग्लैंड और अमरीका गए और वहां 'होम रूल' आंदोलन का प्रचार और समर्थन किया। सितम्बर, 1920 ई. में उन्होंने कांग्रेस के विशिष्ट अधिवेशन की अध्यक्षता की जिसमें असहयोग सम्बन्धी प्रस्ताव पास किया गया। लेकिन शीघ्र ही वह गांधीजी की

अहिंसात्मक कार्यपद्धति तथा राजनीतिक विचार प्रणाली से असहमत हो गए। 1925 ई. मे वह केंद्रीय विधान सभा मे स्वराज्य दल के उपनेता निर्वाचित हुए। बाद में उन्होने नेशनलिस्ट दल की स्थापना की। 30 अक्तूबर, 1928 ई. मे उनकी मृत्यु हो गई।

अपने राजनीतिक विचारों मे लाला लाजपतराय नई पीढ़ी का प्रतिनिधत्व करते थे। वह अंग्रेजी प्रशासन के आलोचक थे तथा कांग्रेस को अंग्रेजी साम्राज्य की सुरक्षा के लिए अंगरेजो द्वारा स्थापित की गई एक संस्था मानते थे। इसलिए वह भारतीय स्वतंत्रता प्राप्त कर सकने में उस संस्था को पूर्णरूप से अपर्याप्त मानते थे। उनका कथन था कि कांग्रेस की उत्पत्ति ही राष्ट्रीयता के समर्थकों की दृष्टि मे उसे निंदनींय बना देती है। 1916 ई. मे पहली बार उन्होंने 'यंग इंडिया' पुस्तक की रचना की जिसमें इंडियन नेशनल कांग्रेस को राष्ट्रीय आंदोलन का द्योतक नहीं बताया। कांग्रेस की जितनी आलोचना 1916 ई. मे लालापतराय ने की उससे अधिक सम्भव नहीं है। कांग्रेस आंदोलन मूलतः इसलिए असफल रहा क्योकि वह न तो जन आंदोलन था। और न लोगों का उसमे विश्वास था। 1905 ई. तक कांग्रेस की मांगों पर कोई ध्यान नही दिया गया। 1906 ई. में 'सेल्फ गवर्नमेट' का लक्ष्य अपनाने और देना आरम्भ किया जिससे वह दल जो सरकार सुविधाओं की याचका करता था। सरकार की ओर मिला रहे।

लाजपतराय राष्ट्रीय आंदोलन का जन आंदोलन बनाना चाहते थे इस कार्य के लिए कुछ राष्ट्रीय नायकों तथा शहीदों की आवश्यकता समझते थे। यद्यपि वह आर्य समाज से प्रभावित थे लेकिन वह हिंदुत्व को भारतीय राष्ट्रीयता मे मिला देना चाहते थे। वह सुविधाओं के स्थान पर अधिकार चाहते थे। इसलिए लोगों मे पद प्राप्त करने की लालसा के स्थान पर त्याग करने की भावना जागृत करना चाहते थे। लाजपतराय पहले नेता थे जो समाजवादी विचार से प्रभावित थे। 1920 ई. में इंडियन ट्रेड यूनियन कांग्रेस के पहले अध्यक्ष के रूप मे उन्होने इस बात का प्रयत्न किया कि भारतीय मजदूर संगठन का अन्तराष्ट्रीय मजदूर संघ के साथ संबद्ध कर दिया जाए। उनका अंगरेजी लिबरल दल पर विश्वास नहीं थी बल्कि वे लेबर दल पर अधिक विश्वास करते थे। उनका अंगरेजी साम्राज्य को विरोध कुछ अंशों मे इसलिए भी था कि वह अंगरेज पूंजीपतियों और साम्राज्यवादियों को विश्व शोषण के लिए उत्तरदायी मानते थे। रूसी साम्यवादियों की नीतियों के प्रति उनके मन मे कोई आकर्षण नहीं था। रूस में बोलशेविक क्रान्ति हो जाने से वह इस बात को अधिक आवश्यक मानते थे कि भारत मे निरंकुश प्रशासन के स्थान पर प्रजातंत्र स्थापित हो।

लाजपतराय आर्य समाज और हिंदू महासभा के एक प्रमुख नेता थे। सांप्रदायिक निर्वाचन-पद्धति को वह भारत के लिए हितकर नहीं मानते थे। हिंदू महासभा का अध्यक्षीय भाषण देते हुए वह हिदू और मुसलमानों मे सद्भावना को बढ़ावा चाहते थे।

वह उन कुछ नेताओं मे से थे जो त्याग तथा कष्ट सहन करने को राष्ट्रीय स्वतंत्रता के लिए आवश्यक मानते थे। वह अत्यन्त स्पष्ट वक्ता तथा राजनीतिक परिस्थितियों के कुशल पारखी थे तथा त्याग और बलिदान की मूर्ति थे। वह पहले नेता थे जिन्होनें समाजवाद, पूंजीवाद और श्रमिकों के संगठन की समस्याओं पर अपने विचार प्रकट किए। मरने से कुछ सप्ताह पूर्व ही हिंदू महासभा के अधिवेशन मे उन्होंने यह विचार व्यक्त किए थे कि भारत में हिंदू राज्य अथवा मुस्लिम राज्य का नारा लगाना शरारतपूर्ण कार्य है। देश मे प्रजातंत्र की स्थापना ही ठीक है, जिसमें हिंदू, मुसलमान तथा अन्य संप्रदायों के लोग भारतीयों की भांति न कि किसी धार्मिक सम्प्रदाय के सदस्य की भांति भाग लें।

विपिनचंद पाल 1885–1932

उग्र नेताओं की त्रिमूर्ति मे तीसरे नेता बिपिनचंद्र पाल थे। उनकी अत्यधिक लोकप्रियता बहुत थोड़े समय तक रही। 1904 ई. के पूर्व पाल एक उदारवादी नरम दल के सदस्य थे। लेकिन 1904–8 ई. के मध्य बंगाल में स्वदेशी आंदोलन क वह प्रमुख संचालन और बंगाल में उग्र विचारों के प्रमुख नेता थे। अगस्त 1908 ई. मे पाल इंग्लैंड गए और वहां से लौटने पर उनके विचारों मे परिवर्तन स्पष्ट दिखाई पड़ने लगा। जहां वह पहले 'स्वराज्य' के समर्थक थे। 1908 ई. के पश्चात वह अंगरेजी साम्राज्य मे रहकर ही भारत की कल्पना करने लगे। समय के व्यतीत होने के साथ–साथ वह नरम विचारों के होते गए। उन्हें 1906 मे अहिंसात्मक प्रतिरोध की नीति का संस्थापक कहा जाता है। लेकिन 1920 ई. में गांधीजी के असहयोग आंदोलन का वह समर्थन नही कर सके। पाल द्वारा अहिंसात्मक आंदोलन समर्थन अहिंसा के प्रति किसी आकर्षक के कारण नही था। वह नीति केवल भारतीय परिस्थितियों को देखकर ही उचित ठहराई गई थी। इसलिए वह गांधीजी के सैद्धांतिक रूप से अहिंसात्मक आंदोलन के साथ सहमत नहीं हो सके। 1906 ई. मे स्वदेशी, बायकट और राष्ट्रीय शिक्षा के संबंध मे पास किए गए प्रस्तावों में पाल का काफी योगदान रहा। लेकिन उनका राष्ट्रीय आंदोलन में प्रभाव बहुत घटता गया और अपने अंतिम दिनों में वह एक अत्यंत नरम विचारों के व्यक्ति बन गए।

बालक बलवंत राव के पिता 1866 ई. में सहायक उप शिक्षा निरीक्षक (Assistant Deputy Educational Inspector) के पद पर पूना स्थानान्तरित हुए जहाँ बलवंतराव को पूना मराठी स्कूल में प्रवेश मिला। तत्कालीन सामाजिक परम्पराओं के अनुरूप 15 वर्ष की अवस्था में 1871 ई. में–बलवंत राव का विवाह 11 वर्षीय कन्या तापी (Tapi) से हो गया। विवाह के उपरान्त तिलक परिवार ने बहु को एक नया नाम दिया–सत्यभामा (Satyabhama)। सत्यभामा अपने पति की तुलना में अधिक स्वस्थ दिखती थीं जिसके कारण बलवंत राव को दकन कॉलेज (Deccan College) में मित्रों के व्यंग्य का शिकार होना पड़ता था। शारीरिक निर्बलता को दूर करने के

लिए बलवंत राव ने व्यायाम पर अत्यधिक ध्यान देना प्रारम्भ किया। उन्हें आशातीत सफलता भी प्राप्त हुई किन्तु अपर्याप्त अध्ययन के कारण बी.ए. की प्रथम वर्ष की परीक्षा में असफल हो गए। यहाँ इस तथ्य का उल्लेख करना प्रासंगिक होगा कि दकन कॉलेज में प्रवेश से पूर्व ही बलवंतराव के माता-पिता का स्वर्गवास हो चुका था। उनके चाचा गोविन्दराव व चाची गोपिका बाई ने एक आदर्श संरक्षक की भूमिका निभाते हुए अपने भतीजे को पढ़ाई को जारी रखा। कॉलेज में तिलक एक शरारती व बलिष्ठ युवक के रूप में उभर कर सामने आए जो किसी से दब कर रहना नहीं जानता। इसी कारण मित्रों ने उन्हें ('The Devil') और ('Mr. Blunt') की संज्ञा प्रदान की जबकि उनके गणित के गुरु श्री के.वी. छात्रे उन्हें तिलक्या (Tilakya) के नाम से पुकारते थे। एक विद्यार्थी के रूप में बलवंत राव तिलक गंभीर, प्रतीभा सम्पन्न और मौलिक सोच रखने वाले युवा थे। उनकी स्मरण शक्ति अद्‌भुत थी तथा अत्यन्त आवश्यक होने पर ही क़ागज-कलम का प्रयोग करते थे। यहां तक कि जब वे ('New English School') में गणित के अध्यापक बने तब भी ब्लैक बोर्ड का प्रयोग नहीं करते थे। उन्होंने 1876 ई. में बी.ए. पास किया तथा 1880 ई. में विधि स्नातक बने।

1876 ई. में दकन कॉलेज में गोपाल गणेश आगरकर नामक छात्र ने प्रवेश लिया। तिलक के गणित व संस्कृत के विपरीत यह युवक तर्कशास्त्र और नैतिक दर्शन का चयन किया। स्पेन्सर जे.एस.मिल व काण्ट से अत्यधिक प्रभावित आगरकर को पश्चिम की वैज्ञानिक व धर्म निरपेक्ष जीवन दृष्टि अत्यन्त प्रभावित करती थी जबकि तिलक भारतीय धार्मिक परम्परा में अगाध विश्वास रखते थे जिसका स्पष्ट प्रभाव उनके चिंतन, खान-पान, रहन-सहन व परिधान कर देखा जा सकता था, तथापि तिलक व आगरकर की दोस्ती हुई और वैचारिक मतभेदों के बाद भी इस दोस्ती ने कुछ ऐतिहासिक घटनाओं को जन्म दिया। इस दोस्ती का ıअधार यह था कि दोनों मित्रों को पराधीनता से घृणा थी और वे सरकारी सेवा से अलग एक स्वतन्त्रत जीवन जीना चाहते थे- एक ऐसा जीवन जो देशवासियों की उन्नति व उद्धार में सहायक हो। इस कडी में जल्द ही एक नया नाम जुड गया-विष्णुशास्त्री चिपलूणकर।

विष्णुशास्त्री ने, जिनकी लेखनी चाबुक व तलवार की तरह चलती थी और जो स्वयं को मराठी भाषा के शिवा जी कहते थे, सरकारी शिक्षक की नौकरी से त्यागपत्र देकर बाल गंगाधर तिलक वामन शिवराम आप्टे, गणेश कृष्ण गार्डे, महादेव बी. नाम जोशी तथा जी.जी. आगरकर के साथ मिलकर 1 जनवरी 1880 को 35 विद्यार्थियों के साथ ('New English School') को प्रारम्भ किया। इन पाँचों अध्यापकों को स्नातक पाण्डव भी कहा जाता था। इनकी मेहनत ने परिणाम स्वरूप दिसम्बर 1880 तक छात्रों की संख्या 336 और 1882 ई. तक 501 हो गई। तिलक ने गणित व संस्कृत के

अध्यापन का कार्यभार संभाला। समर्पण, अनुशासन व राष्ट्रीयता के सिद्धान्तों पर आधारित इस स्कूल की प्रगति इतनी व्यापक थी कि सितम्बर 1882 में हण्टर समिति ने भी इसकी प्रशंसा करते हुए इसे एक अन्तर्राष्ट्रीय गुणवत्ता वाला विद्यालय कहा।

इस बीच जनवरी 1881 में दो साप्ताहिक पत्र निकालने का निर्णय लिया गया। 02 जनवरी को अंग्रेजी समाचार पत्र मराठा का प्रकाशन हुआ जिसके सम्पादक थे- तिलक। मराठी भाषा के पत्र केसरी को सम्पादित करने का उत्तरदायित्व आगरकर को मिला जिसका पहला अंक 4 जनवरी 1881 को प्रकाशित हुआ। कालान्तर में आगरकर से मतभेदों के चलते तिलक दकन एजूकेशन सोसाइटी से अलग हो गए और दोनों समाचार पत्रों का स्वतन्त्र स्वामित्व ग्रहण किया। इस सोसायटी की स्थापना 24 अक्टूबर 1884 को की गई थी, जिसके तत्वाधान में 2 जनवरी 1885 को (Fergusson College) स्थापित किया गया।

लेकिन (Deccan Education Society) की स्थापना के पूर्व एक महत्वपूर्ण घटना घटी जिसका उल्लेख करना आवश्यक है। तिलक को जानकारी मिली कि कोल्हापुर के दीवान राव बहादुर वी.एम. बार्वे षड्यन्त्र के द्वारा अल्प व्यस्क महाराजा शिवाजी को गद्दी से हटा देना चाहते हैं। आगरकर केसरी के माध्यम से व तिलक मराठा के माध्यम से दीवान के विरुद्ध नवम्बर 1881 से लेख लिख रहे थे। आरोपों से आहत बार्वे ने मुकदमा दायर कर दिया। यद्यपि तेलंग व मिस्टर ब्रेन्सन ने क्रमशः तिलक व आगरकर को अपराध मुक्त सिद्ध करने का भरपूर प्रयत्न प्रयत्न किया तथापि जुलाई 1882 में दोनों युवा सम्पादकों को चार-चार माह के कारावास की सजा हो गई। आगरकर के साथ तिलक 26 अक्टूबर 1882 को डोंगरी जेल से रिहा हुए। यह तिलक की जेल यात्रा थी जिसने उन्हें राजनीतिक दृष्टि से अत्यन्त महत्वपूर्ण बना दिया। उधर ए.ओ. ह्यूम के प्रयत्नों से भारतीय राष्ट्रीय कांग्रेस ने डब्ल्यू.सी. बनर्जी के नेतृत्व में 28 दिसम्बर 1885 को बम्बई में अपना प्रथम अधिवेशन प्रारम्भ किया। जी.जी् आगरकर व वी.एस. आप्टे इस अधिवेशन में शामिल हुए लेकिन तिलक पूना में फैले भयंकर कालरा के बीच जन सेवा में जुड़े रहे। कांग्रेस से उनका औपचारिक संबंध 1889 में स्थापित हुआ जब बम्बई अधिवेशन में वे न सिर्फ सम्मिलित हुए अपितु लाला लाजपत राय विपिन चन्द्र पाल के समर्थन से उन्होंने एक प्रस्ताव पेश किया जिसके अन्तर्गत यह मांग की गई थी कि केन्द्रीय का चुनाव प्रान्तीय समितियों द्वारा किया जाना चाहिए। प्रस्ताव अस्वीकृत हो गया किन्तु कांग्रेस में एक नये गुट के उभरने की नींव पड़ गई जिसमें तीन व्यक्ति प्रमुख थे- बाल, पाल व लाल। यह वर्ग कालान्तर में उग्रवादी दल के रूप में विख्यात हुआ जिसके लक्ष्य व साधन उदारवादी राष्ट्रवादियों से भिन्न व आक्रामक थे। इस मतभेद की अन्तिम परिणति 1907 ई. के सूरत विच्छेद के रूप

में हुई। तिलक केसरी और मराठा के माध्यम से मध्यमवर्ग में राष्ट्रवादी चेतना जाग्रत करने में पर्याप्त सफल हो रहे थे किन्तु सामान्य जनता उन्हें आन्दोलन से जोड़ना जरूरी थी। राष्ट्रीय आन्दोलन से अब भी अलग थी। इस उद्देश्य की पूर्ति के लिए उन्होंने 1893 और 1895 में क्रमश: गणपति उत्सव और शिवाजी उत्सव मनाने की शुरुआत की। गणपति उत्सव मराठा शासन में मनाया जाता था लेकिन अंग्रेजों के प्रभुत्व स्थापना के कारण बंद हो गया। इस प्रकार धार्मिक समारोह के माध्यम से एकता व सहयोग की स्थापना हेतु ही गणपति उत्सव को पुनर्जीवित किया गया। शिवा जी उत्सव पराधीनता के विरुद्ध संघर्ष का प्रतीक था। जनता ने दोनों ही उत्सवों में बढ़-चढ़ कर हिस्सा लिया। लेकिन जल्द ही 1897 ई. में–पूना में प्लेग की महामारी फैल गई। प्रशासन ने सेना के यूरोपियन सैनिकों को महामारी से निपटने का दायित्व सौप दिया जिसके द्वारा अमानवीय बर्बरता का प्रदर्शन हुआ। 27 जून 1897 को दामोदर चाफेकर ने प्लेग समिति के चेयरमैन मि.रैण्ड और सैन्य अधिकारी आर्यस्ट की हत्या कर दी। चूंकि 15 जून 1897 को तिलक ने शिवाजी द्वारा अफजल खाँ की हत्या का समर्थन किया था अत: उनहें उत्तेस्फेता फैलाने के जुर्म में 27 जुलाई को बम्बई में गिरफ्तार कर लिया गया तथा धारा 124-ए के अन्तर्गत 18 माह की सजा 6-3 के बहुमत से मिली। उधर दामोदर चाफेकर को 18 अप्रेल 1898 को फांसी दे दी गई।

16 अक्टूबर 1905 को बंगाल विभाजन ने ब्रिटिश शासन के प्रति उदारवादियों का मोहभंग कर दिया और तिलक ने स्वदेशी के नारे के द्वारा राष्ट्रीय आन्दोलन को सच्चे अर्थों में राष्ट्रीय बना दिया। 1908 के अप्रेल माह में धुलिया के बम्बई प्रान्तीय सम्मेलन में तिलक के स्वदेशी, बहिष्कार और राष्ट्रीय शिक्षा के प्रस्ताव को स्वीकार कर लिया। कहने की आवश्यकता नहीं है कि तिलक इस समय अपने प्रभाव के चरम बिन्दु पर विराजमान थे। वे बाल तिलक से तिलक महाराज हो चुके थे। उन्होंने उस प्रत्येक घटना व कार्य का समर्थन किया जो विदेशी सत्ता के अन्याय के विरुद्ध था। 2 मई 1908 के अकोला सम्मेलन में उन्होंने स्वतन्त्रता जन्म सिद्ध अधिकार है। की घोषणा की।

इससे दो दिन पूर्व 30 अप्रेल 1908 को बिहार के मुजफ्फरपुर में खुदीराम बोस और प्रफुल्ल चक्रवर्ती ने सेशन जज मि. किंग्सफोर्ड की कार पर बम फेंका। यद्यपि उस कार में किंग्सफोर्ड नहीं थे लेकिन इसमें केनेडी दम्पत्ति मारे गए। तिलक ने (Country's Misfortune) नामक लेख में हत्या को अफसोस जनक कहा किन्तु स्वयं सरकार की दमनकारी नीतियों को ही इसके लिए उत्तरदायी माना। बम्बई शासन ने एक बार पुन: तिलक को हत्याकाण्ड के उत्प्रेरक व सरकार के विरुद्ध घृणा फैलाने के आरोप में 8 जुलाई 1908 को गिरफ्तार कर लिया गया। कथित राजद्रोह के इस

मुकदमें में उच्च न्यायालय, बम्बई ने 7-2 के बहुमत से तिलक को छ: वर्षों के कठोर कारावास के लिए बर्मा के माण्डले जेल भेज दिया। यह वही जेल है जहाँ अन्तिम मुग़ल शासक बहादुर शाह द्वितीय को निर्वासित किया गया था। इस जेल से तिलक को 8 जून, 1914 को रिहा किया गया।

कारावास में ही तिलक ने अपनी प्रसिद्ध पुस्तक गीता रहस्य को पूर्ण किया था। गीता के कर्मवाद को जीवन का आधारभूत दर्शन मानने वाले तिलक एक बार पुन: सक्रिय हुए। अब उनका प्रभाव पहले से भी अधिक था और जहाँ तक सम्मान की बात है वे अपने राष्ट्र में उस समय सर्वाधिक सम्माननीय व्यक्ति थे। 1916 के लखनऊ कांग्रेस में सम्मिलित होने के लिए जब तिलक पंडाल पर पहुँचे तो सम्पूर्ण पण्डाल तिलक महाराज के आवाज़ से गूंजने लगा। उन्होंने स्वराज की घोषणा की ओर उसे व्यावहारिक आधार प्रदान करने हेतु श्रीमती एनीबेसेण्ट के साथ होमरूल आन्दोलन प्रारम्भ किया।

सन् 1916-17 होमरूल आन्दोलन के दृष्टिकोण से अत्यन्त महत्वपूर्ण थे। इस बीच जुलाई 1918 में मान्टैक्यू चैम्सफोर्ड रिपोर्ट पेश कर दी गई जिससे तिलक अत्यन्त निराश हुए। उन्होंने इस रिपोर्ट को एक सूर्यविहीन भोर का नाम दिया। फिर भी 1919 के भारत शासन अधिनियम के अन्तर्गत होने वाले चुनावों में सम्मिलित होने के लिए उन्होंने एक नये राजनीतिक दल की स्थापना की। काँग्रेस लोकतान्त्रिक दल।

रविवार, 1 अगस्त 1920 को लोकमान्य तिलक ने इस लोक का त्यागकर दिया। महात्मा गांधी लिखते हैं मनुष्यों के मध्य एक महामान गिर गया। शेर की आवाज शान्त हो गई। उनकी प्रमुख रचनाएँ गीता रहस्य ओरायन, आर्कटिक होम इन दे वेदाज तथा वेदांग ज्योतिष है।

❑❑❑

9

राजा राममोहन राय

यूरोप में मध्ययुग के समापन की प्रक्रिया वस्तुत: 1453 ई. में कांस्टेन्टिनोपोल के पतन के पश्चात् प्रारम्भ होती है जिसने फ्लोरेन्स (इटली) को आधार बनाकर पुनर्जागरण (Renaissance) को जन्म दिया। 1517 ई. में जर्मनी के मार्टिन लूथर ने ईसाई चर्च-संगठन में सुधार की माँग प्रस्तुत की जिससे धर्मसुधार (Reformation) का आगमन हुआ। इन दोनों प्रवृत्तियों ने मिलकर यूरोप को मध्यकालीन अन्धकार से बाहर निकाला।

भारत के संदर्भ में यही कार्य राजा राममोहन राय ने किया। वे जिस अवधि का प्रतिनिधित्व करते हैं वह भारतीय इतिहास का अन्धकारतम युग कहा जा सकता है। 1757 ई. के प्लासी युद्ध के बाद अंग्रेजों को न सिर्फ राजनीतिक प्रभुत्व की स्थापना का मार्ग हासिल हुआ अपितु भारतीय सामाजिक संरचना, नैतिक व धार्मिक मूल्यों तथा हिन्दू-मुस्लिम संस्कृतियों का सामना एक ऐसी सशक्त सभ्यता व संस्कृति से हुआ जिसने सम्पूर्ण भारतीय जनमानस को झकझोर कर रख दिया। हिन्दू-मुस्लिम राजनीतिक सत्ता व संस्कृति का द्विपक्षीय संघर्ष त्रिकोणात्मक संघर्ष बन गया जिसमें ईसाई संस्कृति अपने बौद्धिक व राजनीतिक शक्ति के साथ सम्मिलित हो गई। इस

अव्यवस्थित, अन्धकारपूर्ण और किंकर्तव्यविमूढ़ अवस्था में भारतीय समाज को विद्या, विवेक, स्वाभिमान और स्वतंत्रता की प्रकाश-ज्योति दिखलाने का काम जिस व्यक्ति ने किया उसी का नाम है-राजा राममोहन राय, जिन्हें 'आधुनिक भारत का पैगम्बर' (The Prophet of Modern India) कहा जाता है[1]।

प्रचलित मान्यता के अनुसार राममोहन राय का जन्म 22 मई, 1772 को बंगाल के हुगली ज़िले के राधानगर गाँव में एक धर्म प्रेमी ब्राह्मण रमाकांत राय के पुत्र के रूप में हुआ था[2]। उनके कट्टर हिन्दू परिवार में जहाँ पिताजी वैष्णव मत के अनुसरणकर्ता थे, वहीं माता जी (तारिणी देवी) शाक्त सम्प्रदाय में आस्था रखती थीं। अपनी प्रारम्भिक शिक्षा पूर्ण करने के बाद राममोहन राय अपने पिता के निर्देशानुसार पटना चले गए जहाँ उन्होंने अरबी व फ़ारसी भाषा का अध्ययन किया। उनके बहुआयामी व्यक्तित्व के निर्माण के दृष्टिकोण से इस घटना को वास्तविक प्रस्थान बिन्दु माना जा सकता है क्योंकि अब वे कुरान व सूफी चिन्तन के मूलग्रन्थों को बिना किसी माध्यम के पढ़ सकते थे। कालान्तर में उन्होंने इसी उद्देश्य से संस्कृत,[3] अंग्रेजी, ग्रीक तथा हिब्रू भाषाओं का ज्ञान भी प्राप्त किया और जिस प्रकार 20वीं शताब्दी में मैक्स वेबर (1864-1920) ने विश्व के प्रमुख धर्मों-हिन्दूधर्म, बौद्धधर्म, कन्फ्यूशियस धर्म, यहूदी धर्म, इस्लाम धर्म व ईसाई धर्म-का तुलनात्मक अध्ययन प्रस्तुत कर 'धर्म के समाजशास्त्र' को समझने का प्रयत्न किया, उसी प्रकार राममोहन राय ने भी विभिन्न भाषाओं के अध्ययन द्वारा विभिन्न धर्मों के आधारभूत तत्वों की खोज़ करने की कोशिश की एवं जिसके आधार पर उन्होंने 'एकेश्वरवाद का सिद्धान्त' प्रतिपादित किया।

1811 ई. में एक ऐसा घटनाक्रम उपस्थित हुआ जिसने उनके जीवन की दिशा ही बदल दी। जब राममोहन राय के बड़े भाई जगमोहन राय का निधन हुआ तब उन्होंने परिवार व समाज के द्वारा अपनी भाभी को सती (Sati) बनने के लिए बाध्य होते देखा। ''राममोहनराय ने अपने भाई की विधवा की उसके पति की चिता पर अनिच्छुक मौत (Unwilling Death) को देखा, इससे भावात्मक व बौद्धिक विद्रोह एक साथ उत्प्रेरित हुए और स्वयं को उन्होंने एक ऐसे पथ पर चलते हुए पाया जो इतना सूना (Lonely) था मानो किसी पराक्रमी चेतना ने उसे सदैव के लिए कुचल दिया हो।[1]''

राममोहन राय इस घटना से न सिर्फ द्रवित व दुःखित हुए अपितु इस निर्मम परम्परा के उन्मूलन हेतु हरसम्भव प्रयास करने का संकल्प भी लिया, जिसके कारण उन्हें पुरातनपंथी परिवार व समाज के व्यापक विरोध का सामना भी करना पड़ा। वास्तव में तार्किक दृष्टिकोण के चलते राममोहन राय का अपने पिता व परिवार से सम्बन्ध सदैव ही तनावपूर्ण रहा जिसके परिणामस्वरूप उन्होंने घर त्याग कर भ्रमण करना प्रारम्भ

किया। इसी क्रम में वे तिब्बत पहुँचे। वहाँ भी उन्होंने देखा कि बौद्ध धर्म के समर्थक मूर्तिपूजा में संलग्न हैं जबकि स्वयं महात्मा बुद्ध मूर्तिपूजा के विरोधी थे। पिता के देहावसान के उपरान्त राममोहन राय मुर्शिदाबाद लौट आए और 1803 से 1814 ई. तक ईस्ट इण्डिया कम्पनी के अधीन शिरिश्तेदार (दीवान) के पद पर कार्य करते रहे।

1815 ई. में कलकत्ता वापस आकर उन्होंने 'आत्मीय सभा' (Atmiya Sabha) का गठन किया, जिसका मूल उद्देश्य बंगाल के बुद्धिजीवी वर्ग को एक ऐसा 'प्लेटफार्म' प्रदान करना था जहाँ वे एकत्रित होकर धार्मिक, नैतिक व सामाजिक मुद्दों पर तार्किक ढंग से विचार-विमर्श कर सकें। कुरान, बाइबिल व सूफी विचारधारा के अध्ययन के बाद उन्हें एकेश्वरवाद में पूर्ण आस्था हो गई थी और इस आस्था के सुव्यवस्थित प्रचार-प्रसार के हेतु उन्होंने 1821 ई. में "The Calcutta Unitarian Association" की स्थापना की परन्तु निश्चित रूप से राजा राममोहन राय द्वारा स्थापित ब्रह्म समाज (Brahmo Samaj) सर्वाधिक सफल व सुविख्यात संस्था थी जिसकी स्थापना 28 अगस्त, 1828 को हुई थी[3]।

1829 ई. में सती प्रथा निषेध क़ानून पर भारतीय समाज में होने वाले विरोध के दबाव में न आने के लिए ब्रिटिश सांसदों को समझाना ज़रूरी था। इसी ध्येय से राममोहन राय ने लंदन के लिए प्रस्थान किया। यह यात्रा 1830 ई. में प्रारम्भ हुई[4]। लंदन में उनकी मुलाकात प्रसिद्ध उपयोगितावादी ब्रिटिश विचारक जेरमी बेन्थम (1748-1832) और इंग्लैण्ड में समाजवादी विचारों को लोकप्रिय बनाने वाले राबर्ट ओवन (1771-1853) से हुई। बेन्थम ने उन्हें 'अपार प्रशंसित तथा मानवता की सेवा में संलग्न परम प्रिय सहयोगी' कहकर सम्मान दिया और उनके अंग्रेजी भाषा के ज्ञान के सम्बन्ध में विचार व्यक्त किया कि ''राममोहन की भाषा इतनी पूर्णता प्राप्त है कि इसे सहज ही किसी अंग्रेज की रचना माना जा सकता है[2]।''

ब्रिटेन की यात्रा के इसी क्रम में राममोहन राय अन्ततः ब्रिस्टल (Bristol) पहुँचे, जहाँ वे मस्तिष्क नाड़ियों के सूजन (Meningitis) की बीमारी के शिकार हो गए और 'नवीन भारत के निर्माता' और 'भारतीय पुनर्जागरण के अग्रदूत' राजा रामामोहन राय 'बहादुर' का 27 सितम्बर, 1833 को असामयिक निधन हो गया। श्री द्वारकानाथ टैगोर ने 1843 ई. में राममोहन राय की समाधि को निर्मित कराया जिस पर लिखा हुआ है कि-'इस पत्थर के नीचे राजा रामामोहन राय के अवशेष हैं-(जो) एक पुण्यात्मा तथा ईश्वरत्व की एकता में विश्वास करने वाले एक दृढ़निश्चयी व्यक्ति थे, जिन्होंने एकमात्र 'दैवीय चेतना' की आराधना में, पूर्ण समर्पण के साथ अपने जीवन का उत्सर्ग कर दिया[3]।''

समाज सुधार एवं शिक्षा संबंधित विचार

(Idea About Social Reform and Education)

राजा राममोहन राय धार्मिक सुधारों के साथ-साथ सामाजिक सुधारों के भी प्रणेता हैं। उन्होंने वर्तमान सामाजिक व्यवस्था के स्थान पर किसी नवीन सामाजिक संरचना का आदर्श प्रस्तावित नहीं किया अपितु वे तत्कालीन समाज में प्रचलित बुराइयों को समाप्त कर उसे बौद्धिक, वैज्ञानिक व सबसे महत्वपूर्ण मानवतावादी आधार प्रदान करने के इच्छुक थे।

जाति-व्यवस्था का खण्डन

उनके विचारानुसार हिन्दू समाज में प्रचलित जाति-व्यवस्था सर्वाधिक अमानवीय परम्परा है[1]। उन्होंने वेदों के अनुशीलन के आधार पर यह प्रमाणित किया कि मूल वैदिक परम्परा में जाति व्यवस्था का अभाव था और जातीय आधार पर मनुष्यों को उच्च या निम्न मानने की अवधारणा किसी भी सच्चे धर्म का अंग नहीं हो सकती। पुरोहित वर्ग ने अपने निहित स्वार्थों के लिए जाति व्यवस्था को दैवीय स्वरूप प्रदान किया ताकि पवित्र ईश्वरीय व्यवस्था मानकर व्यक्ति इसका अनुसरण करते रहें और जातीय श्रेष्ठता की पद-सोपानात्मक व्यवस्था कायम रहे।

भारतीय चिन्तकों का एक वर्ग ऐसा था जो सामाजिक पिछड़ेपन को राजनीतिक पतन से अलग करके देखता था जबकि राममोहन राय का मानना है कि हमारी राजनीतिक कमज़ोरी का मूल कारण ही सामाजिक जीवन की अतार्किक जाति व्यवस्था है जिसने समाज-हिन्दू समाज-को अनेक जातीय स्तरों में विभक्त कर दिया है जिससे हिन्दू समाज की एकता का विखण्डन तथा साहस का अन्त हो गया। उन्होंने भारतीयों को जातीय संकीर्णताओं से ऊपर उठने तथा इस बुराई को दूर करने के लिए अन्तर्जातीय विवाहों को बढ़ावा देने का आह्वान किया। उन्होंने शैव सम्प्रदाय का उदाहरण देते हुए कहा कि शैव-विवाह की मान्यतानुसार विवाह हेतु वंश, उम्र या जाति कोई आधार नहीं होती। किसी भी रूप में जातीय निर्योग्यता का पालन एक सामाजिक कलंक है। श्रेष्ठता का संबंध गुणों से है, जन्म से नहीं।

किन्तु यदि हम राममोहन राय को स्त्री-मुक्ति का पैगम्बर कहें तो इसमें कोई अतिशयोक्ति नहीं होगी। जिस प्रकार एथेंस के परम्परागत समाज में प्लेटो ने महिला-पुरुष समानता का उद्घोष किया था उसी प्रकार राममोहन राय आधुनिक भारत के प्रथम विचारक हैं जिन्होंने शास्त्रीय आधार पर स्त्रियों को पुरुषों से निम्न मानने की परम्परा का खण्डन किया।

जाति-प्रथा का विरोध–

विशेषत: सतीप्रथा के उन्मूलन में उनकी ऐतिहासिक भूमिका सर्वाधिक वन्दनीय एवं उल्लेखनीय है। 19वीं शताब्दी के प्रारम्भिक दो दशकों में बंगाल के गवर्नर जनरल-लार्ड मिण्टो (1807-13), मार्क्यूज ऑफ हेस्टिंग्स (1813-23) तथा लार्ड एमहर्स्ट (1823-28) ने सती प्रथा को रोकने का विचार किया किन्तु 'उन्हें ऐसे किसी कानून के लागू हो जाने की व्यावहारिकता पर संदेह था। उन्हें इस बात का भी भय था कि इससे सेना के सिपाहियों में असंतोष उत्पन्न हो सकता है[1]। फिर भी, 5 दिसम्बर, 1812 ई. को शासन द्वारा एक प्रस्ताव पारित किया गया जिसका उद्देश्य अमानवीय सती-प्रथा को नियन्त्रित करना था। इस कानून के अनुसार सोलह वर्ष से कम उम्र की हिन्दू विधवा अथवा गर्भवती महिला का सती बनना अवैध घोषित किया गया। 16 वर्ष की उम्र से अधिक आयु वाली विधवा पूर्णत: स्वेच्छा से सती बन सकती थी। लेकिन ये प्रयत्न अप्रभावशाली प्रमाणित हुए क्योंकि जैसा कि तत्कालीन बंगाल के निचले क्षेत्र (Lower Bengal) के पुलिस अधीक्षक मि. एवर (Mr. Ewer) का कहना था कि "भूखे ब्राह्मणों और स्वार्थी संबंधियों की भीड़ से घिरी हुई विधवा" के लिए सती बनने या न बनने के प्रश्न पर विचार करने के लिए न तो समय होता था और न ही विरोध करने का साहस[1]।

इस परिवेश में राजा राममोहन राय सती-प्रथा के विरुद्ध संघर्ष करने के लिए दृढ़प्रतिज्ञ हुए। इस प्रथा के खिलाफ उन्होंने 1818 ई. में एक निबन्ध लिखकर इसे अमानवीय तथा अधार्मिक घोषित किया। अमानवीय इसलिए क्योंकि इसमें जीवित इंसान को उसकी इच्छा के विरुद्ध जलाया जाता है एवं अधार्मिक इसलिए क्योंकि वेद या उपनिषद से सती-प्रथा का समर्थन नहीं होता। उन्होंने सती प्रथा के समर्थकों के इस तर्क को अस्वीकार कर दिया कि सती प्रथा को हिन्दू धर्म के सिद्धान्तों द्वारा प्रोत्साहित व स्वीकृत (Recognised and encouraged by the doctrines of the Hindu religion) किया गया है। राममोहन राय के अनुसार सती-प्रथा आधारभूत हिन्दू धर्म ग्रन्थों द्वारा स्थापित या समर्थित न होकर परम्परा द्वारा विकसित है, जिसके पीछे मूल कारण महिलाओं की आर्थिक दृष्टि से दयनीय स्थिति थी। विधवाओं के प्रति समाज का अपमानजनक व्यवहार भी सती प्रथा के विकास का सहायक तत्व माना जाना चाहिए क्योंकि सामाजिक उपेक्षा की कटुता की उपस्थिति एवं आर्थिक आत्मनिर्भरता के अभाव में उसे अपना जीवन अन्धकारपूर्ण लगता था। उनके अनुसार, "पुरुष प्रधान समाज ने जानबूझ कर महिलाओं को शिक्षा तथा सम्पत्ति के अधिकारों से वंचित किया है। उदाहरण के लिए याज्ञवल्क्य बृहस्पति तथा नारद संहिताओं में स्त्री को अपने पिता व पति दोनों की ही सम्पत्ति में एक निश्चित हिस्सा प्रदान किया गया है[2]।"

यही कारण है कि यद्यपि राममोहन राय ने 1829 ई. में लागू सती-प्रथा निषेध क़ानून, जो लार्ड विलियम बेंटिक (1828-35) के शासन काल में लागू किया गया था, को 'अपरिपक्व' (Premature) कहने के बावजूद इंग्लैण्ड जाकर इस क़ानून का समर्थन किया क्योंकि स्वयं उनका विचार भी यही था कि सती प्रथा एक स्त्री के जीवन जीने के अधिकार का हनन करने के कारण, एक अमानवीय परम्परा है जिसे 'हत्या' के समतुल्य माना जाना चाहिए। इसलिए रामामोहन राय ने स्त्रियों को 'शिक्षा का अवसर' तथा 'संपत्ति में विधिक अधिकार' प्रदान करने की पुरज़ोर माँग की ताकि वे आत्मविश्वास व आत्मनिर्भरता से परिपूर्ण होकर अपने प्रति किए जाने वाले अन्याय एवं अत्याचार का विरोध करने में समर्थ हो सकें। उन्होंने कन्या -विक्रय तथा बहु-विवाह का भी तीव्र विरोध किया। याज्ञवल्क्य संहिता का उद्धरण देते हुए उन्होंने कहा कि एक हिन्दू पुरुष को, जिसकी स्त्री जीवित है, कुछ विशेष परिस्थितियों, जैसे संतानहीन रहना, असाध्य रोग से पीड़ित होने या मादक द्रव्यों के सेवन में ही पुनः विवाह की अनुमति दी गई है। अतः भोग विलास मात्र के लिए अनेक विवाह करना धार्मिक दृष्टि से असंगत तथा नैतिक दृष्टि से ग़लत है क्योंकि इससे महिलाओं की स्थिति और भी दयनीय बन जाती है।

शिक्षा

राममोहन राय ने अज्ञान को ही समस्त बुराइयों का जड़ माना। अतः यदि व्यावहारिक स्तर पर सामाजिक, धार्मिक अथवा राजनीतिक सुधारों को तार्किक आधार प्रदान करना है तो इसके लिए वर्तमान शिक्षा प्रणाली में व्यापक परिवर्तन अपरिहार्य है। अपने विशद अध्ययन व विश्लेषण के उपरान्त उन्हें पश्चिमी समाज की प्रगति का रहस्य मालूम हो गया जो उनकी आधुनिक शिक्षा व्यवस्था में अन्तर्निहित है।

उनके विचारानुसार रूढ़िवादिता, अबौद्धिक परम्पराओं, रहस्यों व चमत्कारों में अतार्किक आस्था इत्यादि से मुक्ति के लिए परम्परागत भारतीय शिक्षा पाठ्यक्रम में आधुनिक वैज्ञानिक व उदारवादी शिक्षा को सम्मिलित करना आवश्यक है। इसीलिए जब 1813 के चार्टर एक्ट में ब्रिटिश शासन ने संस्कृत शिक्षा को बढ़ावा देने का निश्चय किया तो राममोहन राय ने इसका विरोध करते हुए कहा कि "यदि ब्रिटिश संसद की इच्छा यह है कि भारत अन्धकार में रहे तो इसके लिए संस्कृत शिक्षा सर्वश्रेष्ठ है, किन्तु शासन का लक्ष्य भारतीयों को अच्छा बनाना है, अतः सरकार को एक उदारवादी शिक्षा का प्रचार-प्रसार करना चाहिए जिसमें गणित, रसायन विज्ञान, शरीर-रचना शास्त्र (Anatomy) तथा प्राकृतिक दर्शन (Natural Philosophy) तथा अन्य व्यावहारिक व लाभदायक विज्ञान समाहित हों, और निश्चित वेतन पर इन विषयों का अध्यापन करने वाले विद्वान भर्ती किए जाएँ एवं महाविद्यालय खोले जाएँ।[1]"

वास्तव में राजा राममोहन राय ने समय के बदलाव का पूर्व आकलन कर लिया था। भविष्य के द्रष्टा के रूप में उन्होंने अनुभव कर लिया कि भारत का उद्धार परम्परागत संस्कृत शिक्षा से नहीं अपितु पाश्चात्य वैज्ञानिक शिक्षा पद्धति से होगा। इसका यह अर्थ नहीं है कि वे प्राचीन हिन्दू साहित्य व दर्शन को अर्थहीन मानते थे। इसके विपरीत उन्हें अपने पूर्वजों की उपलब्धियों पर गर्व था। उनके शब्दों में, "यदि बुद्धिमता की रश्मि (Ray of Intillegence) से उनका (पश्चिमी विद्वानों) तात्पर्य यान्त्रिक कलाओं से है तो हक़ीकत में उनके प्रति आभार प्रकट करने को तैयार हूँ। लेकिन यदि वे विज्ञान, साहित्य और धर्म के क्षेत्र की बात करते हैं तो मैं किसी प्रकार से ऋणी नहीं हूँ।... विश्व मेरे पूर्वजों के प्रति उस ज्ञान के लिए अधिक आभारी है जो पूर्व (East) में प्रारम्भ हुआ और बुद्धि की देवी की अनुकम्पा से हमारे पास एक दार्शनिक एवं समृद्ध भाषा है जो हमें उन देशों से अलग कर देती है जो वैज्ञानिक तथा भावात्मक विचारों को अभिव्यक्त करने के लिए विदेशी भाषा की सहायता के बग़ैर अपना काम नहीं चला सकते।"

इसलिए उन्होंने जहाँ एक तरफ 1816 ई. में डेविड हेयर (David Hare) एवं अलेक्जेण्डर डफ (Alexander Duff) के साथ मिलकर कलकत्ता में हिन्दू कॉलेज को स्थापित किया वहीं दूसरी ओर वेदान्त कॉलेज की नींव भी रखी जिसमें पाश्चात्य विषयों के साथ भारतीय वेदान्त दर्शन की शिक्षा भी दी जाती थी। उन्होंने वेदों व उपनिषदों को बंगाली व अंग्रेजी भाषा में अनुवादित किया ताकि विद्वत वर्ग के साथ-साथ आम जनता भी इनका अध्ययन कर सके। 1835 ई. में मैकाले की सहायता से लार्ड विलियम बेंटिक ने भारत में जब अंग्रेजी शिक्षा को लागू किया उस समय राममोहन राय जीवित नहीं थे तथापि भारत में आधुनिक शिक्षा प्रणाली को लागू करने की आवश्यकता महसूस करने वाले वे पहले भारतीय थे। फलतः शिक्षा के क्षेत्र में भी उन्हें आधुनिक उदारवादी शिक्षा (भारत के संदर्भ में) का अग्रदूत माना जाना चाहिए।

राजा राममोहन राय को विश्वास था कि सामाजिक, धार्मिक व शैक्षिक क्षेत्रों को पुनर्संगठित करके राजनीतिक क्षेत्र में अपेक्षित परिवर्तन लाए जा सकते हैं। इसलिए उन्होंने स्वयं को विशेषतः ग़ैर राजनीतिक सुधारों के प्रति समर्पित रखा। फिर भी वे राष्ट्रीय व अन्तर्राष्ट्रीय राजनीति व राजनीतिक घटनाक्रमों के प्रति व्यापक सतर्क है और समय-समय पर राजनीतिक व संवैधानिक मुद्दों पर अपना विचार व्यक्त करते रहे। इस स्थल पर इस तथ्य को विस्मृत नहीं करना चाहिए कि यद्यपि वे हीगल व बेंथम के समकालीन थे तथापि उन्हें व्यवस्थित राजनीतिक चिन्तक नहीं कहा जा सकता। वस्तुतः वे एक सुधारक थे और ब्रिटिश शासन के अधीन भारतीय प्रशासन में कुछ ऐसे सुधार चाहते थे ताकि भारतीय समाज व नागरिक पश्चिमी लोकतान्त्रिक उदारवादी

परम्परा से लाभान्वित हो सकें। इस दृष्टिकोण से वे भारत में उदारवादी राष्ट्रवाद के प्रवर्तक थे जिसका अनुसरण भारतीय राष्ट्रीय कांग्रेस (1885 ई.) की प्रारम्भिक पीढ़ी गोपाल कृष्ण गोखले, दादा भाई नौरोजी, दीनशा वाचा इत्यादि ने किया।

अधिकार एवं स्वतंत्रता

एक उदारवादी चिन्तक के रूप में राममोहन राय को व्यक्तियों के नागरिक अधिकारों (Civil Rights) से विशेष लगाव है। उन्होंने इन अधिकारों का व्यवस्थित संपादन तो नहीं किया और न ही जॉन लॉक के समान प्राकृतिक अधिकारों (Natural Rights) की चर्चा की, तथापि ब्रिटिश शासन से वे जिन नागरिक अधिकारों की अपेक्षा रखते थे उसके आधार पर कहा जा सकता है कि जीवन, स्वतंत्रता व संपत्ति के अधिकारों को वे व्यक्तियों के लिए आवश्यक मानते हैं। इसके अतिरिक्त समझौते की स्वतंत्रता तथा 'भू-सम्पत्ति पर उत्तराधिकार' को भी उन्होंने मान्यता दी। वे यह भी चाहते हैं कि महिलाओं को उनके पिता व पति की भू-सम्पत्ति में हिस्सा मिले। वे एक आध्यात्मिक व्यक्ति थे और हिन्दू धर्म में प्रचलित कर्मकाण्डों व अबौद्धिक परम्पराओं के आलोचक होने के बावजूद आजीवन एक हिन्दू बने रहे। लेकिन एक विचारक के रूप में उन्होंने धार्मिक सहिष्णुता की उदारवादी मान्यता का समर्थन करते हुए इस बात पर बल दिया कि प्रत्येक व्यक्ति को उसकी आस्थानुसार किसी भी धर्म को मानने का अधिकार होना चाहिए तथा शासन को धर्म-निरपेक्ष दृष्टि अपनाते हुए अपने नागरिकों के साथ किसी भी क्षेत्र में किसी प्रकार का भेदभाव नहीं करना चाहिए। इसी प्रकार प्रत्येक व्यक्ति को शिक्षा व संपत्ति का अधिकार भी है। वे संपत्ति के वंशानुगत अधिकार के समर्थक हैं। इस बिन्दु पर सर्वाधिक महत्वपूर्ण बात यह है कि राजा राममोहन राय पुरुषों के समान ही महिलाओं के अधिकारों के भी समर्थक हैं। उन्होंने स्त्रियों की दयनीय स्थिति का मूल कारण अशिक्षा व संपत्ति अधिकार के अभाव को ही माना।

प्रेस की स्वतंत्रता

राजा राममोहन राय को आत्मा की रचनात्मकता से असीम लगाव है। ब्रह्म का अंश होने के कारण आत्मा स्वतंत्र एवं विवेकपूर्ण है। इसी तर्क के आधार पर व्यक्ति भी विवेकवान है, अत: व्यक्तियों को विचार व अभिव्यक्ति की स्वतंत्रता मिलनी चाहिए। चूँकि उस समय प्रेस विचारों की अभिव्यक्ति के सर्वाधिक सशक्त माध्यम थे, इसलिए राममोहन राय ने प्रेस की स्वतंत्रता का तीव्र समर्थन किया। राममोहन राय को विश्वास है कि इससे कोई हानि नहीं होती अपितु दोहरा लाभ अवश्य होता है–

1. व्यक्ति अपने विचार को अभिव्यक्ति प्रदान करते हैं,

2. सरकार को जनमत की जानकारी मिलती रहती है।

यही कारण है कि जब बंगाल के तत्कालीन गवर्नर जनरल जॉन एडम्स (John Adams) ने 1823 ई. में यह अध्यादेश जारी किया कि दैनिक या साप्ताहिक किसी भी प्रकार के समाचार पत्र या पत्रिकाओं के प्रकाशन के लिए सपरिषद् गवर्नर जनरल की पूर्व अनुमति (लाइसेंस) प्राप्त करना होगा, तब राममोहन राय ने इस अध्यादेश को कलकत्ता के सर्वोच्च न्यायालय में चुनौती दी। सर्वोच्च न्यायालय द्वारा याचिका अस्वीकार किए जाने के उपरान्त उन्होंने ब्रिटिश सम्राट जॉर्ज IV (1820-30 ई.) के समक्ष अपील प्रेषित की। इसके माध्यम से राममोहन राय ने तर्क दिया कि प्रेस की स्वाधीनता क्रान्ति का कारण नहीं बनती है। इसके विपरीत यह ऐतिहासिक सत्य है कि जहाँ जनमत को वास्तविकता से दूर रखने के प्रयासों के क्रम में प्रेस या विचाराभिव्यक्ति को सीमित या प्रतिबंधित किया गया है, वहीं क्रान्तियाँ भी हुई हैं। समाज का बुद्धिजीवी वर्ग शासन-कार्यों का मूल्यांकन करता है और उन्हीं अधिकारियों की आलोचना करता है जिन्होंने अपनी सत्ता का दुरुपयोग किया है। स्वयं राममोहन राय के ही शब्दों में-"स्वतंत्र प्रेस ने संसार के किसी भी हिस्से में क्रान्ति को कभी भी जन्म नहीं दिया है। इसका कारण यह है कि प्रेस के माध्यम से व्यक्ति स्थानीय अधिकारियों के आचरण से उत्पन्न होने वाली शिकायतों को उच्चतम शासन के समक्ष पेश कर सकते हैं और उन्हें (शिकायतों को) दूर करवा सकते हैं।" उनका मानना है कि जब लोग अपनी समस्याओं को उच्च अधिकारियों तक नहीं पहुँचा पाते और जब उनकी शिकायतों का निस्तारण नहीं हो पाता तब क्रान्ति, हिंसक प्रदर्शन व परिवर्तन की परिस्थितियाँ निर्मित होती हैं। संभव है कि शासन बलपूर्वक इन क्रांतियों को दबा दे फिर भी जनता के मन-मस्तिष्क में अन्तर्निहित असंतोष उन्हें 'सदैव विद्रोह हेतु' तत्पर बनाए रखता है। अत: यदि सरकार को इन विषम परिस्थितयों से बचना है तो उसे राज्य में प्रेस की स्वतंत्रता को स्वीकार करना होगा। इस प्रकार राजा राममोहन राय विचार व अभिव्यक्ति की स्वतंत्रता पर लगाए जाने वाले प्रतिबन्धों को अनुचित मानते थे[1]।

फिर भी, वे प्रेस की निरपेक्ष स्वतन्त्रता के समर्थक नहीं हैं। उनका मानना है कि संकटपूर्ण परिथितियों में सरकार समाचार पत्रों के प्रकाशन को नियन्त्रित कर सकती है, किन्तु सामान्य परिस्थितियों में प्रेस की स्वतन्त्रता पर प्रतिबंध आरोपित करना अनुचित है। उनके शब्दों में-"यह कहने की ज़रूरत नहीं है कि असाधारण संकट के वक्त जिन प्रतिबन्धों को आरोपित करने का अधिकार दिया जा सकता है, शान्तिकाल में उनके प्रयोग को कभी भी उचित नहीं माना जा सकता।" इस प्रकार असामान्य स्थितियों में किसी सांघातिक हानि से बचने के लिए विचार अभिव्यक्ति अथवा समाचार पत्रों

की स्वतंत्रता पर उचित प्रतिबन्ध लगाए जा सकते हैं लेकिन सामान्य अवस्था में प्रेस को स्वाधीन रखना चाहिए। यह शासकों व शासितों, दोनों के लिए लाभप्रद है।

राष्ट्र की स्वतंत्रता

व्यक्ति के लिए अधिकार एवं स्वतंत्रताओं की माँग करने वाले विचारक के लिए राष्ट्र की स्वाधीनता पर अपना मत व्यक्त करना स्वाभाविक ही था। सामान्य रूप से हम राममोहन राय को व्यक्तियों व राष्ट्रों की स्वाधीनता का समर्थन करते हुए पाते हैं। उदाहरण के लिए 1821 ई. में जब नेपल्स (इटली) में लोकतान्त्रिक आन्दोलन का दमन[1] तथा एक निरंकुश सरकार की स्थापना हुई तो उन्होंने इस घटनाक्रम को दुर्भाग्यपूर्ण घोषित करते हुए इस पर गहरी निराशा प्रकट की। लोकतान्त्रिक मूल्यों में उनकी आस्था का प्रमाण उस वक्त भी देखने को मिलता है जब 1823 ई. में उन्होंने अपने मित्रों को इस खुशी में कलकत्ता में सामूहिक रात्रि भोज पर आमंत्रित किया कि स्पेन के निरंकुश नियन्त्रण से दक्षिणी अमेरीकी उपनिवेश स्वतंत्र हो गए थे। ऐसी ही प्रसन्नता का इज़हार 1830 ई. में द्वितीय फ्रांसीसी क्रान्ति के समय देखने को मिलता है। 1827 ई. में तुर्की की नवारिनो युद्ध में पराजय से यूनान की स्वतंत्रता का मार्ग प्रशस्त होने तथा 1832 में इंग्लैण्ड में सुधार अधिनियम के पारित होने की घटनाओं का उन्होंने हृदय से स्वागत किया क्योंकि ये घटनाएँ स्वतंत्रता-प्रेमी व्यक्तियों की इच्छाओं एवं संघर्षों की सफलता की प्रतीक थीं।

इससे प्रमाणित होता है कि राममोहन राय सार्वभौम स्वतंत्रता के समर्थक हैं। नेपल्स में लोकतान्त्रिक शासन के पतन पर प्रतिक्रिया व्यक्त करते हुए उन्होंने कहा कि-"यूरोप के परवर्ती समाचारों से मेरा मन निराश है... मैं यह निष्कर्ष निकालने के लिए विवश हुआ हूँ कि मैं यूरोप तथा एशिया के राष्ट्रों में-विशेषतः यूरोप के उपनिवेशों में स्वतंत्रता के सार्वभौम पुनर्स्थापना को देखने के लिए जीवित नहीं रहूँगा। फिर भी स्वतन्त्रता के शत्रुओं तथा निरंकुशता के हिमायतियों (मित्रों) को अन्तिम सफलता न तो कभी मिली है और न ही मिलेगी[1]।" इससे स्पष्ट हो जाता है कि राजा राममोहन राय एशिया, दक्षिणी अमेरीका व यूरोप की राजनीतिक घटनाओं में व्यापक अभिरुचि रखते थे तथा उस प्रत्येक परिवर्तन का विरोध करते थे जिनसे स्वतंत्रता नागरिक अधिकारों व संवैधानिक परम्परा पर आघात पहुँचता हो।

एशिया व दक्षिणी अमरीका में यूरोपीय शक्तियों द्वारा स्थापित उपनिवेशों की स्वाधीनता की कामना व समर्थन करने वाले राजा राममोहन राय का भारत में ब्रिटिश शासन के प्रति दृष्टिकोण क्या था? यह प्रश्न अत्यन्त संवेदनशील है और इसी कारण व्यापक सतर्कता की माँग करता है। चिन्तन के प्रारम्भिक चरण में वे भारत में ब्रिटिश सत्ता की उपस्थिति की आलोचना करते थे लेकिन जैसे-जैसे पश्चिमी जगत् की वैज्ञानिक

सोच, धर्म-निरपेक्ष दृष्टि, आधुनिक शिक्षा व उदारवादी राजनीतिक मूल्यों से साक्षात्कार बढ़ता गया वैसे-वैसे ब्रिटिश शासन के प्रति उनका आक्रोश कम होता गया। इसका सबसे बड़ा कारण यह था कि वे पाश्चात्य धर्म व दर्शन के अध्ययन अवलोकन के उपरान्त इस निष्कर्ष पर पहुँचे कि उनकी प्रगति का मूल आधार उनकी बौद्धिक व तार्किक जीवनशैली है। यदि भारत को राजनीतिक क्षेत्र में उन्नति करनी है तो उसे सर्वप्रथम अपने सामाजिक व धार्मिक पिछड़ेपन को दूर करना होगा। किन्तु जिस हिन्दू समाज का पुरोहित वर्ग, जिसका शिक्षा व ज्ञान पर एकाधिकार था, स्वयं ही अबौद्धिक परम्पराओं को संरक्षण व प्रोत्साहन प्रदान कर रहा हो उससे आशा रखना निरर्थक था। दूसरी ओर ब्रिटिश शासक वर्ग अपनी उदारवादी शिक्षा व वैज्ञानिक दृष्टिकोण के साथ, शनैः शनैः ही सही, सामाजिक व धार्मिक कुरीतियों तथा अमानवीय परम्पराओं को दूर करने के लिए उत्सुकतापूर्वक खड़ा था।

इसी परिवेश में राजा राममोहन राय ने ब्रिटिश प्रभुत्व को ईश्वर द्वारा प्रदत्त एक सुअवसर के रूप में देखना प्रारम्भ किया। उन्होंने इसे स्वीकार करते हुए कहा कि ''हम अपनी गंभीर भक्ति भावना से अन्य वस्तुओं के साथ-साथ ईश्वर को भारत में अंग्रेजी शासन के वरदान के लिए प्रायः विनम्र धन्यवाद अर्पित किया करते हैं कि यह शासन आने वाली अनेक शताब्दियों तक अपना कृपापूर्ण कार्य करता रहे[1]।'' इस वाक्यांश में 'अनेक शताब्दियों' वाली शब्दावली भ्रामक है। इस शब्द खण्ड से तो यह अर्थ निकलता है कि राजा राममोहन राय भारत की स्थायी पराधीनता के समर्थक थे! जबकि वस्तुस्थिति इससे काफी अलग है।

वास्तव में वे इस तथ्य में विश्वास करते थे कि ब्रिटिश शासन भारत को मध्ययुगीन अज्ञान के अन्धकार से मुक्ति प्रदान कर इसे आधुनिकता के प्रकाश से आलोकित कर देगा। जब भारतीय समाज वैज्ञानिक जीवन दृष्टि को आत्मसात कर लेगा तब वह स्वतः ही राजनीतिक स्वतंत्रता की मशाल लेकर उठ खड़ा होगा। उसके बाद ब्रिटिश साम्राज्य की कोई आवश्यकता नहीं रहेगी। विपिन चन्द्र पाल के शब्दों में, ''जब ब्रिटिश जाति की संस्कृति और चरित्र से उनका गहरा परिचय हुआ तो उन्हें लगा कि अंग्रेज अधिक बुद्धिमान एवं आचरण में अधिक दृढ़ व आत्म संयमी हैं... और वे विश्वास करने लगे कि भले ही अंग्रेजी शासन विदेशी है लेकिन उसके अन्तर्गत देश के निवासियों की मुक्ति अधिक तीव्रता व निश्चितता से होगी। राजा राममोहन के अनुसार अंग्रेजी शासन के कुछ प्रशासनिक तरीके ऐसे अवश्य हैं जिन्हें प्रतिबंधित किया जाना चाहिए। लेकिन भारत की वर्तमान सामाजिक परिस्थितियाँ, जो अतार्किक एवं अमानवीय रीति-रिवाजों द्वारा पहचानी जाती हैं और शासकीय आदेशों को दूषित करती हैं, तुलनात्मक दृष्टि से उन प्रशासनिक तरीकों से अधिक खराब हैं।

इसलिए ब्रिटिश शासन का कायम रहना बुरा नहीं है किन्तु ऐसा अनन्तकाल तक न होकर एक अल्पकालिक अवधि तक ही होना चाहिए। ऐतिहासिक तथ्यों से प्रमाणित होता है कि वे चालीस वर्षों से आगे ब्रिटिश शासन नहीं चाहते थे। उन्हें यकीन था कि इन चार दशकों में ब्रिटिश साम्राज्य भारत में मानवतावादी कार्यों के सम्पादन, लोकतान्त्रिक मूल्यों के प्रसार तथा जनतान्त्रिक संस्थाओं की स्थापना का लक्ष्य पूर्ण कर लेगा[2]। इस संदर्भ में विपिन चन्द्र पाल का यह कहना उचित प्रतीत होता है कि "राजा राममोहन राय पहले व्यक्ति थे जिन्होंने भारत को राजनीतिक स्वतंत्रता का संदेश दिया। उन्हें इस बात का गहरा दु:ख था कि उनके देशवासी इस स्वाधीनता को खो चुके थे। उनके लिए यह असहनीय था कि कोई विदेशी जाति उनके देश पर प्रभुत्व स्थापित कर ले। इसीलिए बीस वर्ष की अल्पायु में ही वे देश छोड़कर तिब्बत की यात्रा पर निकल पड़े।[3]" अंग्रेजों के प्रति झुकाव तब हुआ जब वे अंग्रेजी भाषा सीखने के बाद अंग्रेजी संस्कृति व दर्शन से अवगत हुए।

फिर भी यह सत्य है कि उन्होंने अपने जीवन में कभी भी स्पष्ट रूप से भारत की स्वाधीनता की माँग नहीं की। लेकिन उस समय व परिस्थितियों को देखते हुए राजा राममोहन राय से इसकी अपेक्षा करना कि वे भारत की स्वतंत्रता की माँग करते एक बहुत बड़ा अन्याय होगा। वस्तुत: वे प्रथम भारतीय थे जिन्होंने देश की नैतिक और बौद्धिक स्वायत्तता के साथ राजनीतिक स्वतंत्रता का स्वप्न देखा। यह अलग बात है कि भारतीय राष्ट्रीय कांग्रेस के उदार राष्ट्रवादियों के समान वे सामाजिक, आर्थिक व राजनीतिक क्षेत्रों के सुधार पर ज्यादा बल देते थे ताकि भारतीयों को अधिकाधिक सुविधाएँ प्राप्त हो सकें और वे आधुनिक विश्व के साथ कदम से कदम मिलाकर चल सकें। राजा राममोहन राय भारत-ब्रिटिश सम्पर्क को एक अच्छाई के रूप में देखते थे और उनका विचार था कि यदि तार्किक दृष्टिकोण के धारक पढ़े-लिखे व चरित्रवान अंग्रेज अथवा यूरोपीय, जिनके पास पर्याप्त पूँजी भी हो, भारत में स्थायी रूप से बसते हैं तो इसमें कोई बुराई नहीं है क्योंकि इससे भारत शैक्षिक व आर्थिक दृष्टि से मजबूत बनेगा।

राज्य की सकारात्मक भूमिका

राजा राममोहन राय वैचारिक दृष्टि से एक उदारवादी चिन्तक हैं। उदारवाद में राज्य के कार्यों को लेकर दो प्रकार के मत विकसित हुए। एडम स्मिथ (1723-90), जेरमी बेन्थम (1748-1832) और हरबर्ट स्पेन्सर (1820-1903) जैसे विचारकों ने नकारात्मक उदारवाद (Negative Liberalism) का समर्थन करते हुए इस बात पर बल दिया कि राज्य को व्यक्तियों के मामलों में कम से कम हस्तक्षेप करना चाहिए।

यह तथ्य सर्वविदित है कि इंग्लैण्ड में उनकी मुलाकात जेरमी बेन्थम से हुई थी और दोनों एक दूसरे का सम्मान भी करते थे। बेन्थम का मानना था कि व्यक्ति स्वार्थी किन्तु विवेकवान होते हैं, अत: वे यह बात अच्छी तरह समझते हैं कि क्या उनके हित में है और क्या उनके हित में नहीं है? राज्य की भूमिका नकारात्मक है। इसका कर्तव्य यह सुनिश्चित करना है कि व्यक्ति अपने विवेकानुसार इच्छित कार्य को संपादित करने में किसी बाधा का सामना न करे। सामान्य स्थितियों में राज्य को व्यक्तियों के स्वतंत्र कार्य व्यापार में हस्तक्षेप नहीं करना चाहिए।' राजा राममोहन राय बेन्थम से प्रभावित होने के बावजूद राज्य के 'अहस्तक्षेप सिद्धान्त' का समर्थन नहीं करते। व्यक्तियों को प्रत्येक क्षेत्र में विवेकानुसार कार्य करने की स्वतंत्रता मिलनी चाहिए किन्तु टी.एच. ग्रीन (1836-82) के समान वे मानते थे कि राज्य को उन बुराइयों को दूर करने का उत्तरदायित्व निभाना चाहिए जो व्यक्तियों को वास्तविक स्वतंत्रता से वंचित करती हैं। उदाहरण के लिए भारतीय समाज अविद्या, अशिक्षा, अतार्किक कर्मकाण्ड व परम्पराओं में इतना डूबा हुआ है कि जब तक इन अवगुणों का उन्मूलन नहीं होगा तब तक सही अर्थों में धार्मिक, सामाजिक या राजनीतिक स्वतंत्रता असंभव है। उन्होंने शिक्षा, धर्म व समाज, न्याय, प्रशासन, प्रत्येक क्षेत्र में ब्रिटिश शासन के उचित व सकारात्मक हस्तक्षेप को आमंत्रित किया। इसी प्रकार वे व्यक्तिगत सम्पत्ति के अधिकार में विश्वास करते हैं किन्तु जमींदारों द्वारा निर्धन कृषकों के शोषण को रोकने के लिए वे शासन का हस्तक्षेप आवश्यक समझते हैं ताकि किसानों को उनके श्रम का उचित प्रतिफल हासिल हो सके। किन्तु भारतीय किसानों के प्रति उनकी चिन्ता के आधार पर उन्हें समाजवादी विचारक मान लेना भयंकर भूल होगी। वे निजी संपत्ति, संपत्ति के उत्तराधिकार, पूँजीपतियों एवं इस प्रकार पूँजीवाद के समर्थक हैं।

अन्तर्राष्ट्रीयतावाद

भारत के बहुदिशात्मक उत्थान व समृद्धि का स्वप्न देखने तथा अपने पूर्वजों के साहित्यिक सांस्कृतिक उपलब्धियों पर गर्व प्रदर्शित करने के उपरान्त भी राजा राममोहन राय प्रजातीय भेदभाव (Racial Discrimination) और उग्र राष्ट्रवाद की संकीर्ण मनोवृत्तियों से मुक्त हैं। वे राष्ट्रों की भौगोलिक सीमाओं का सम्मान करते हुए, चाहते थे कि प्रत्येक राष्ट्र को एक दूसरे के समतुल्य समझा जाए। जिस प्रकार सभी धर्म एक सार्वभौम मानव धर्म के अंश हैं उसी प्रकार समस्त राष्ट्रों को मानवता का एक अंग मानना चाहिए जो समान, स्वतंत्र किन्तु एक-दूसरे पर निर्भर हैं। उनके अनुसार सह-अस्तित्व का भाव ही समाज की प्रगति का मूलाधार है।

सर्वाधिक सुखद आश्चर्य उस वक्त होता है जब हम उन्हें एक ऐसी अन्तर्राष्ट्रीय संस्था के विकास (स्थापना) का विचार व्यक्त करते हुए पाते हैं जिसके माध्यम से

राष्ट्रों के मध्य उठने वाले विवादों का शान्तिपूर्ण समाधान किया जा सके[1]। इसके लिए उनका प्रस्ताव था कि विवाद की स्थिति में सभी सम्बद्ध राष्ट्र समान संख्या में अपने प्रतिनिधि नियुक्त करें और ये प्रतिनिधि आपस में विचार-विनिमय द्वारा उस समस्या का समाधान ढूँढ़ने का प्रयत्न करें। वे विभिन्न राष्ट्रों के मध्य पारस्परिक सम्पर्क को बढ़ाने के लिए पारगमन पत्र (Passport) की व्यवस्था को समाप्त कर देना चाहते थे। वास्तव में राजा राममोहन राय की सोच अपने युग से बहुत आगे थी। कवि रवीन्द्रनाथ टैगोर के शब्दों में, वे (राजा राममोहन राय) जानते थे कि मानव सभ्यता का आदर्श स्वतंत्रता के अलगाव में नहीं है बल्कि मनुष्यों तथा राष्ट्रों के परस्पर निर्भरता के भाईचारे में अन्तर्निहित है। उनकी कोशिश यह थी कि हम अपने सांस्कृतिक व्यक्तित्व को पूर्णरूपेण समझें और इस सभ्यता के अनूठे अस्तित्व को पहचानें, इसके साथ-साथ यह प्रयत्न भी करें कि हम अन्य सभ्यताओं की तरफ सहानुभूतिपूर्ण सहकारिता की भावना से अग्रसित हों।''

विधि व नैतिकता

उनके विधि संबंधित विचारों पर जॉन ऑस्टिन (John Austin) और जेरमी बेन्थम का प्रभाव परिलक्षित होता है। ऑस्टिन (1790-1859) के समान ही राजा राममोहन राय मानते थे कि क़ानून सम्प्रभु शक्ति के आदेश होते हैं। इस दृष्टिकोण से भारत में लागू होने वाले किसी भी क़ानून (विधि) को सिर्फ ''ससंसद-सम्राट (King in Parliament) ही अन्तिम रूप से घोषित कर सकता है क्योंकि वही सर्वोच्च है, गवर्नर-जनरल ब्रिटिश सम्राट के अधीन है, ऊपर नहीं।'' अत: उन्होंने इस तर्क का खण्डन किया कि गवर्नर जनरल को भारत के लिए क़ानून निर्मित करने का अधिकार है। लेकिन उनका मानना था कि संसद सम्राट को भी स्वेच्छारितापूर्ण ढंग से क़ानूनों का निर्माण नहीं करना चाहिए और भारतीय प्रजा पर लागू होने वाली किसी भी विधि को अन्तिम रूप प्रदान करने से पूर्व उस संबंध में भारत के आर्थिक व बौद्धिक दृष्टि से अभिजात्य वर्ग से विचार-विमर्श करना चाहिए।

निश्चित रूप से किसी भी समाज में प्रचलित रीति-रिवाज व परम्पराएं विधि के एक महत्वपूर्ण स्रोत के रूप में जानी जाती हैं लेकिन किसी परम्परा के लागू रहने का तात्पर्य यह नहीं है कि परम्पराओं या प्रथाओं (Traditions or Customs) में क़ानून से अधिक शक्ति होती है। ऑस्टिन व बेन्थम मानते थे कि कोई परम्परा उस समय तक ही जारी रह सकती हैं जब तक कि सम्प्रभु (या राज्य) उसे प्रतिबंधित नहीं कर देता। राममोहन राय भी मानते हैं कि सम्प्रभु किसी भी प्रथा को सीमित अथवा परिवर्तित कर सकता है लेकिन सामाजिक हित को ध्यान में रखते हुए ये परिवर्तन तर्कसंगत होने चाहिए। उन्होंने, बेन्थम के समान, विधियों के संहिताकरण (Codification of

Laws) पर भी व्यापक बल प्रदान किया क्योंकि संहिताकरण से क़ानूनों में स्पष्टता व सरलता लाई जा सकती है। इससे क़ानून आम जनता के लिए बोधगम्य बनते हैं जिससे कानूनों को लागू करना अपेक्षाकृत अधिक सहज हो जाता है। अतः दीवानी और फौज़दारी क़ानूनों (Civil and Criminal Laws) को संहिताबद्ध करना आवश्यक भी है और लाभदायक भी।

राममोहन राय ने विधि व नैतिकता में भेद किया है[1]। यह सत्य है कि क़ानून और नैतिकता दोनों ही व्यक्तियों के व्यवहार को निर्देशित व नियन्त्रित करते हैं लेकिन जहाँ क़ानूनों के पीछे राज्य की भौतिक शक्ति होती है वहीं दूसरी ओर नैतिकता की पृष्ठभूमि में सामाजिक दबाव क्रियाशील होता है। लेकिन मूल प्रश्न यह है कि अनैतिक और अवैध कार्यों के मध्य किन आधारों पर अन्तर किया जाए? क्योंकि कुछ कार्य क़ानूनी दृष्टि से वैध होते हुए भी नैतिक दृष्टिकोण से अनुचित हो सकते हैं। इसी प्रकार कुछ व्यवहार समाज में नैतिक मापदण्डों पर उचित माने जा सकते हैं किन्तु संभव है उन्हें क़ानून अवैध मानता हो। इसे एक उदाहरण से समझा जा सकता है– 1829 ई. से सती-प्रथा क़ानूनी रूप से अवैध हो गई किन्तु नैतिक दृष्टि से उसे उचित माना जाता रहा। राजा राममोहन राय का मानना था कि राज्य की सामान्य विधि (Common Law), वैधता तथा स्थापित परम्पराएं (Established Usages) नैतिकता की मापदण्ड हैं। सम्प्रभु आचरण के प्रचलित सिद्धान्तों में संशोधन कर सकता है परन्तु क़ानूनों को प्रभावकारी ढंग से कार्यान्वित करने के लिए ज़रूरी है कि विधि निर्माण के समय तार्किक नैतिक मान्यताओं की उपेक्षा न की जाए। इसके अतिरिक्त इस तथ्य को भी ध्यान में रखना आवश्यक है कि नैतिकता सापेक्ष होती है, निरपेक्ष (Absolute) नहीं, अतः एक आचरण विशेष एक समाज में उचित और दूसरे समाज में नैतिक दृष्टि से अनुचित माना जा सकता है।

न्यायिक प्रणाली में सुधार

राममोहन राय तत्कालीन न्यायिक व्यवस्था से संतुष्ट नहीं थे और इसमें व्यापक सुधारों की अपेक्षा रखते थे। इस संबंध में उनके विचार मूलतः उन प्रतिक्रियाओं के रूप में सामने आए जो ब्रिटिश शासन द्वारा न्यायिक प्रशासन में किए गए हस्तक्षेप के प्रतिफल थे। 1831 ई. में 'हाऊस ऑफ कॉमन्स' की प्रवर समिति (Select Commitee) के समक्ष प्रस्तुत प्रपत्र में कुछ अति महत्वपूर्ण सुझावों का समर्थन किया–

1. न्यायिक तथा प्रशासनिक कार्यों को एक दूसरे से पृथक कर दिया जाए,[3]

2. भारतीयों को उचित न्याय की प्राप्त हेतु न्यायालयों में भारतीय न्यायिक सहायक नियुक्त किए जाएँ,

3. न्यायालयों में विशिष्ट वर्ग की भाषा अंग्रेजी के स्थान पर सामान्य जनता के समझ में आने वाली भाषा (फारसी) का प्रयोग किया जाए,

4. क़ानूनों का संहिताकरण किया जाए,

5. किसी भी मुकदमे की सुनवाई व निर्णय न्यायाधीशों के समूह अर्थात् जूरी (Jury) द्वारा किया जाए,

6. प्राचीन भारतीय ग्राम पंचायतों को पुनः जीवित किया जाए, इत्यादि।

वे न्यायिक प्रशासन में प्रजातीय अथवा धार्मिक भेदभाव को न्याय के मूल सिद्धान्तों का निषेध मानते थे। यही कारण है कि उन्होंने 1826 ई. के भारतीय जूरी विधेयक का तीव्र विरोध किया। नवीन प्रावधानों के अनुसार–

1. हिन्दू और मुसलमान न्यायाधीश किसी ईसाई या यूरोपीय व्यक्ति के मुकदमें नहीं देख सकते।

2. भारतीय न्यायाधीश केवल छोटी जूरी में ही सम्मिलित हो सकते हैं, महाजूरी में नहीं,

3. यूरोपीय न्यायाधीश भारतीय या ग़ैर भारतीय, किसी भी, मुकदमे की सुनवाई कर सकते हैं।

ब्रिटिश पार्लियामेंट को प्रेषित याचिका में राजा राममोहन राय विधेयक की आलोचना करते हुए लिखते हैं कि "प्रसिद्ध जूरी विधेयक द्वारा देश की न्यायिक व्यवस्था में धार्मिक भेदभाव को स्थान देकर सामान्य देशवासियों में न सिर्फ असंतोष का आधार उत्पन्न किया है, अपितु राजनीतिक सिद्धान्तों से अवगत प्रत्येक व्यक्ति के हृदय में गम्भीर आशंका भी जाग गई है।" संक्षेप में, राजा राममोहन राय ने विधि व न्याय के क्षेत्र में किसी भी प्रकार के भेदभाव को पूरी तरह अस्वीकार कर दिया।

मूल्यांकन

अब तक के इतिहास में कोई भी विचारक या सुधारक ऐसा नहीं हुआ है जिसे आलोचकों की वक्र दृष्टि से मुक्ति मिल सकी हो। सम्भवतः अपूर्णता मनुष्य की सहोदर है, पूर्णता का दावा तो केवल ईश्वर कर सकता है। राजा राममोहन राय को भी व्यापक आलोचनाओं का सामना करना पड़ा। एक परम्परागत हिन्दू समाज में प्रचलित मान्यताओं को अबौद्धिक घोषित करने का साहस तो उन्होंने अवश्य किया किन्तु उन्हें यह अनुभव हुआ कि वे अधिकांश व्यक्तियों द्वारा त्याग दिए गए हैं, अकेला छोड़ दिए गए हैं। स्कॉटलैण्ड के दो या तीन मित्रों को छोड़कर कोई उनके साथ नहीं था। यही कारण

है कि राममोहन राय ने इन सहयोगियों व उनके राष्ट्र के प्रति सदैव आभार व्यक्त किया[1]। सती प्रथा, कर्मकाण्डों, बहुदेववाद, बहुविवाह, महिला अधिकार पर उनके विचारों को अभारतीय एवं अपारम्परिक मानकर घर, परिवार व समाज द्वारा विरोध किया गया।

मध्यमवर्गीय पूँजीपतियों व ज़मींदारों का समर्थन करके राममोहन राय ने भावी समाजवादी आलोचकों को अपनी आलोचना हेतु एक अन्तहीन मुद्दा प्रदान कर दिया। उदाहरण के लिए वरुणडे का कहना है कि ''राममोहन राय के राजनीतिक व आर्थिक विचारों की प्रशंसा उन्हीं लोगों द्वारा की जाती है जो भारतीय उदारवाद के इतिहास के पूजक हैं। तथापि यह संभव है कि हम उनके विचारों को उस ग़रीबी की समस्या के समाधान में भारतीय उदारवादी बुर्जुआ की असफलता के कठोर सन्दर्भ में रखकर देखें, जिसे साम्राज्यवाद ने उत्पन्न किया था और जिसे राममोहन राय दूर नहीं कर सके।'' यह सत्य है कि भारतीय हिन्दू समाज की अनेक मान्यताएँ तर्कहीन, असंगत व अमानवीय थीं जिसकी तुलना में पश्चिमी सभ्यता व संस्कृति की तार्किक जीवन दृष्टि को अपनाना गलत भी नहीं था। राजा राममोहन राय ने भारतीय संस्कृति और ब्रिटिश आचार-विचार का समन्वय करने का प्रयत्न किया। उदाहरण के लिए शिक्षा -क्षेत्र में प्राकृतिक विज्ञानों के साथ वेदान्त अध्ययन को सम्मिलित करना ऐसा ही प्रयत्न था। लेकिन **सुशोभन सरकार** जैसे आलोचक इसे बहुत अधिक महत्व नहीं देते। उनके अनुसार, ''वास्तविक सामंजस्य, दोनों विरोधियों (भारतीय व ब्रिटिश संस्कृति) से मिलकर निर्मित होने वाला एक तृतीय किन्तु अधिक अच्छा सामंजस्य होता, जो तुलनात्मक दृष्टि से दोनों संस्कृतियों से बेहतर हो। लेकिन हमारे पुनर्जागरण में तृतीय तथा अधिक ऊँचा सामंजस्य कहाँ है?''

राममोहन राय की आलोचना का एक आधार यूरोपीय लोगों के प्रति उनकी प्रशंसात्मक दृष्टि भी है। भारत में यूरोपीय लोगों को बसाने का समर्थन तथा ब्रिटिश सत्ता को लाभदायक घोषित करके, उन्होंने धुर राष्ट्रवादियों को असंतुष्ट किया। ऐसे आलोचक यह आरोप लगाते हैं कि राजा राममोहन राय ब्रिटिश सत्ता को अनन्तकाल तक कायम रखना चाहते थे। राष्ट्रवादी भावना के प्रबल प्रवाह में ये आलोचक यह तथ्य भी विस्मृत कर जाते हैं कि उनके अंग्रेज सचिव **आर्नोट** के अनुसार वे ब्रिटिश शासन को चार दशकों से अधिक कायम रखना नहीं चाहते थे। वस्तुत: इन आलोचनाओं के बावजूद राममोहन राय की ऐतिहासिक महत्ता अपनी जगह कायम है। उन्होंने दिशाहीन भारतीय समाज को एक नया रास्ता दिखलाया, अविद्या के अन्धकार से निकलकर ज्ञान के उज्ज्वल प्रकाश में आने का आह्वान किया और सबसे महत्वपूर्ण यह कि पुस्तकों, पम्फलेटों व समाचार पत्रों के माध्यम से सामाजिक, धार्मिक, आर्थिक

तथा राजनीतिक क्षेत्र में परिवर्तन हेतु वैचारिक विमर्श को प्रारम्भ किया। **एल्फिंस्टन** महोदय 1822 में पाते हैं कि "स्थानीय निवासियों, विशेषत: बंगाल में, आश्चर्यजनक उन्नति स्पष्ट रूप से दृष्टिगोचर होने लगी है। यहाँ एक बंगाली अख़बार है, जो समस्त विषयों पर विचार-विमर्श करता है, इसमें अंग्रेजी पाठक भी अभिरुचि रखते हैं, यद्यपि अनेक बार उन्हें यह गलत व बचकाना (Puerile) लगता है[1]।" एल्फिंस्टन का यह भी कहना है कि ईश्वरत्व के पक्ष में पुस्तकें लिखने तथा एक हिन्दू दृष्टि के धारक होने के बावजूद राजा राममोहन के प्रभाव में स्थानीय लोग शासन के स्वरूप और उसकी प्रक्रियाओं में अभिरुच्चि लेने लगे। इसके अतिरिक्त उनमें अपने देश के विज्ञान, धर्म व नैतिकता के क्षेत्र में सुधार की एक तीव्र चेतना भी जागृत हो गई थी। इसमें संदेह नहीं है कि वे पश्चिमी संस्कृति से प्रभावित थे तथापि उन्होंने हेनरी डेरोजियो (1809-31) व 'तरुण बंगाल' के समर्थकों के समान भारतीय धर्म व आचार शास्त्र की अवमानना नहीं की। 'तरुण बंगाली' तो प्रत्यक्षत: हिन्दू रीति-रिवाजों व मान्यताओं का मखौल उड़ाते थे। राममोहन राय भारतीय समाज व धर्म की केवल उन्हीं मान्यताओं का विरोध करते थे जो अबौद्धिक या अमानवीय थी। तरुण बंगालियों एवं राममोहन राय के अन्तर को दर्शाते हुए कविवर **रवीन्द्रनाथ टैगोर** कहते हैं कि "जब बंगाली विद्यार्थी हिन्दू कॉलेज से बाहर आते थे-नई अंग्रेजी शिक्षा में डूबे हुए-तब उनमें एक निश्चित प्रकार का उन्माद जन्म ले चुका होता था।... वे प्राचीन भारतीय हिन्दू समाज के गहरी चोट खाए हुए हृदय से टपकने वाले लहू (Blood) को लेते थे और उसे एक खिलौने के रूप में प्रयोग करते थे। उनके लिए हिन्दू समाज में कुछ भी अच्छा या पवित्र नहीं था। वे प्राचीन हिन्दू समाज के प्रति इतना भी सम्मान नहीं रखते थे कि वे सोचें कि समाज के यहाँ-वहाँ बिखरे अस्थि पंजर को चुनना चाहिए, उसका उचित ढंग से दाह संस्कार करना चाहिए और गंगा में उस राख को प्रवाहित करने के उपरान्त भारी हृदय से घर लौटना चाहिए।... लेकिन वह व्यक्ति जिसने सर्वप्रथम क्रान्तिकारी अग्नि (Revolutionary Fire) की प्रथम ज्वाला को बंगाली समाज में प्रज्वलित किया अर्थात् राममोहन राय, वे इस तरह से उन्मत्त नहीं थे। उन्होंने प्रत्येक वस्तु-अच्छी या बुरी-का धैर्यपूर्वक अवलोकन किया। उन्होंने तत्कालीन अन्धकारमय हिन्दू समाज को आलोकित (प्रकाशित) किया। किन्तु दाह क्रिया की सर्वभक्षी अग्नि शिखाओं को नहीं जलाया। यही राममोहन राय की महानता थी (He enlightened the dark Hindu Society of those days, but did not light the all consuming fires of cremation. That was the greatness of Rammohan Roy.)।

अन्तत: राममोहन राय के मूल्यांकन के प्रसंग में इस तथ्य को भी ध्यान में रखना चाहिए कि उनका युग एक संक्रमण काल का प्रतीक है जिसमें दो प्राचीन व्यवस्थाएँ (हिन्दू-मुस्लिम) ध्वस्त हो रही थीं लेकिन नवीन पाश्चात्य व्यवस्था (ब्रिटिश) अपनी

स्थापना के प्रारम्भिक चरण में थी। जीवन के प्रत्येक क्षेत्र–राजनीतिक, सांस्कृतिक, आर्थिक–में प्राचीन व मध्ययुगीन मूल्यों–आदर्शों को एक तर्कपूर्ण वैज्ञानिक सभ्यता चुनौती प्रस्तुत कर रही थी। सब कुछ अस्त–व्यस्त था। प्रत्येक दिशा में व्यापक पुनर्निर्माण अपेक्षित था। किन्तु तीन–तीन संस्कृतियों हिन्दू–मुस्लिम व ईसाई–की उपस्थिति में कोई सर्वमान्य सिद्धान्त दिखलाई नहीं दे रहा था। **प्रो. ब्रजेन्द्र** नाथ सील (Brajendra Nath Seal) के शब्दों में, "और प्रश्न यह था कि इन विषम, विरुद्ध व संघर्षशील शक्तियों के मध्य एकता के लिए, समरसता के संबंधों को कैसे तलाश किया जाए?... राजा समरसता व मिलन के बिन्दुओं की खोज के द्वारा आधुनिक भारत के जनक व कुलपुरुष बन गए एक संयुक्त राष्ट्रीयता व एक संश्लिष्ट सभ्यता के भारत के जनक और उन मिलन की रेखाओं द्वारा–जिसे उन्होंने सामने रखा–तथा अपने अनुभवों द्वारा उन्होंने जिस प्रकार का व्यक्तित्व विकसित किया,उससे उन्होंने मानवीय इतिहास के अन्तर्राष्ट्रीय संस्कृति और सभ्यता के मसलों (मुद्दों) के समाधान का रास्ता दिखलाया, और भावी सभ्यता के लिए एक आधारभूत आदर्श, एक अग्रदूत एवं एक पैगम्बर बने[1]।"

राजा राममोहन राय का युग तथा सामाजिक स्थिति

आधुनिक भारत के निर्माता राजा राममोहन राय का जन्म जिन परिस्थितियों में हुआ वह ऐसा समय था जिस समय चारों तरफ घोर अराजकता और राजनीतिक धार्मिक आर्थिक वैचारिक अस्थिरता थी। धार्मिक और सामाजिक स्तर पर संकीर्णता अध्ययन का ताण्डव नृत्य हो रहा था। मानवीय जीवन की स्थितियाँ जिस रूप में विद्यमान थी वे काल्पनिक और वैचारिक दृष्टि से परिपूरित थी। मानव का स्वरूपगत भाव भी विचारगत नहीं था। यद्यपि आज का भारत राममोहन के समय से दो सौ वर्ष आगे निकल चुका है। और राम मोहन के समय में जिस ओपनिवेशिक विदेशी साम्राज्य की स्थापना हुई थी उसमें भी देश को मुक्त हुए लगभग पचास वर्ष बीत चुके है। फिर देश की मूल समस्याएँ आज भी मुँहबाएं खड़ी हुई है।

सतियों की चिताए जलाई जा रही है और स्त्रियाँ आज भी धैर्य की माँग से उपजी आग में झोखी जा रही है। धर्म के नाम पर ढकोसला विभिचार और संकीर्णता का बोलबाला आज भी सर्वत्र परिलक्षित होता है। साम्प्रदायिकता की समस्या से हम अभी भी जूझ रहे हैं। राष्ट्रीय और अन्तर्राष्टीय स्तर पर समस्याओं के बीहड जंगल में पथ की खोज आज भी जारी है। ऐसी परिस्थिति में राममोहन का विचार दर्शन आज भी उतना प्रासंगिक है। जितना उनके जीवनकाल में रहा है। भारत के प्राचीन विचार और संस्कृति में जो कुछ अभिलाषित था उन सबकी राममोहनराय ने प्रशंसा की है। उनकी यह प्रशंसा इसलिए भी महत्त्वपूर्ण है कि यह गंभीर अध्ययन और आलोचनात्मक मूल्यांकन पर

आधारित है। हमारी परम्परा में जो कुछ महत्त्वपूर्ण था। वह सब वैचारिक दृष्टि से अनुकूलित था। उन्होंने अपने समय की इस परम्परागत हिन्दू मान्यता को निर्दयतापूर्वक उठाकर दूर फैंक दिया। कि धर्म शास्त्र कुछ इने गिने व्यक्तियों की गुप्त निधि है। वेदान्त और उपनिषदों की विचारधारा सांस्कृतिक दृष्टि से अनुकूलित और परिपूरित है। संसार में सर्वत्र स्वतंत्रता और लोकतंत्र के लिए संघर्ष के प्रति राममोहन की असीम सहानुभूति उनके विचारों में स्वत: सिद्ध होती है। जिस ढंग से उन्होंने फ्रांसीसी क्रान्ति स्पेन और पूर्तगाल में संवैधानिक सरकारों की स्थापना और स्पेन के प्रभुत्व के विरुद्ध दक्षिणी अमेरिकी औपनिवेशिक के विद्रोह का स्वागत किया था वह भी मानवीय और वैचारिक दृष्टि से अनुकूलित था। राजा राममोहन राय का व्यक्तित्व सामाजिक दृष्टि से अत्यन्त महत्त्वपूर्ण माना गया है। भारत में अंग्रेजी राज्य के प्रति घोर वितृष्णा रखते हुए भी पश्चिम के सम्पट से भारत को मिलने वाले अपरिमित लाभ और उनकी दृष्टि से ओझल नहीं हुए। यद्यपि भारत की सच्ची सांस्कृतिक धरोहर को बदनाम करने वालों को जिस दृष्टि से विरोध का सामना करना पड़ा। उसमें भी वे कभी नहीं चूके।

फिर भी पाश्चात्य विचारधारा और संस्कृति में जो कुछ श्रेष्ठ था उसके प्रति उनकी पूरी पूरी सहानूभूति थी। वास्तव में वे एशिया के ऐसे पहले व्यक्ति थे जिन्होंने समाज में नवोदित भावना का संचार किया। मानवीय दृष्टि की परम्परा में राजा राममोहन राय वैचारिक दृष्टि से परिपूरित थे। सभी में नवोदित मानव प्रेम भावना के प्रकाश से प्रकाशित भाव का विस्तार करने वाले राममोहन राय नव जागरण युग के प्रतिनिधित्व करने वाले प्रमुख आंदोलक थे। इस समय विभिन्न लोगों को अपनी नानाप्रकार की प्रवृत्ति समक्ष पक्षपात और विशेष स्वार्थो के कारण राममोहन राय का रूप भिन्न भिन्न रूपों में दिखाई पड़ने लगा। कुछ लोगों ने धर्म सुधार के रूप में उनकी भूमिका की प्रशंसा की है। तो कुछने विशेष रूप से समाज सुधार और नारी उद्धार के लिए संघर्ष करने वालों के रूप में उनका चित्रण किया है। अन्ध पक्षपात के कारण राजनैतिक दलों ने ऐतिहासिक तथा तथ्यात्मक रूपों की अनदेखी करने की कोशिश की है। मैं आपको बता देना चाहता हूँ कि राममोहन राय का व्यक्तित्व राजनैतिक आर्थिक वैचारिक और संवेधानिक प्रवृत्ति की प्रथम सीढ़ी थी। उनके महत्त्व को जानकर जानबूझ कर हटाने का विवेकशील इतिहासवेत्ताओं पर कोई प्रभाव नहीं पड़ा। कारण कि राजा राममोहन राय का विचार स्वयं को स्वार्थ हेतु बनावटी नहीं था। जहाँ तक स्पेयर ने लिखा है कि यह वही आधार था जिस पर बाद में महात्मा गाँधी ने अपना भव्य भवन खड़ा किया जनता की विस्मृति राममोहन राय की भूमिका तक ही सीमित नहीं है। आज की पीढ़ी तो यह भी भूल गई है कि उन्हें भारतीय प्रेस के संस्थापक आधुनिक बंगलागर्द के जन्मदाता और उन शिक्षा सुधारों के प्रवर्तक थे जिन्होंने भारतीय इतिहास की धारा को विशेष रूप से प्रभावित किया। इस सम्बन्ध में आर. वेंकटरमन का कहना है कि राममोहन राय अपने पूर्ववर्ती भारत के अन्य महान

नेताओं से बिल्कुल भिन्न थे। इनमें वैचारिक दृष्टि की व्यापकता सहानुभूति के विस्तार शक्ति की तेजस्विता क्रियाकलाप की विभिन्नता विभिन्न हितों के समन्वय और विचारों के सामंजस्य तथा सब प्रकार के प्रभावों को आत्मसात करने वाले जीवन को उनकी भवित परिपूर्णता के साथ समझने में राममोहन राय यदि समस्त मानव जाति के इतिहास में नहीं तो कम से कम भारत के इतिहास में अवश्य अद्धतीय रखती है। लोगों के मन में राममोहन राय के विषय में अधूरी भावना बन जाने के कारण शायद उनके हितों का अध्ययन और क्रियाकलापों के क्षेत्र में अकल्पनिय तथा विविध कार्यक्षेत्रों में उनकी अभूतपूर्व जीवन की कल्पना इतनी व्यापक थी कि उसकी तुलना नहीं की जा सकती है। यह भी सच है कि उनकी प्रत्येक उपलब्धि उनकी ख्याति को अमर बनाने के लिए पर्यात्त थी। परन्तु उनमें से किसी एक को चुनकर उस पर विशेष जोर देना वृक्षों की झुरमुट को वन समझने के समान होगा। रामामोहन राय की दृष्टि में स्वयं मनुष्य की महत्ता उसके कायार्रा से कहीं अधिक थी। उनके दृष्टिपथ पर एक ही वेगवान प्रयत्न में धुंधला अतित बाधता उन्मुलक वर्तमान संस्कृति और धार्मिक भेदभाव का टकराव परम्परा के दावे और परिवर्तन की अनिवार्यता अन्तरआत्मा की प्रेरणा और तर्क की आवाज उपस्थित हो जाती थी। राममोहन राय ने एक सामाजिक क्रान्ति का सूत्रपात किया। उन्होंने यह विश्वास किया कि धर्म और समाज सुधार की अनुपस्थिति में केवल राजनीतिक विकास का कोई मूल्य नहीं रहेगा। चाहे राजनैतिक स्तर पर हम मुक्त हो जायें। पर यदि समाज का सुधार और विकास नहीं होगा। और धार्मिक अंधविश्वासों और पाखण्डों से हम यदि ऊपर नहीं उठे तो हमारी राजनीति की सत्ता खोखली हो जायेगी। इसी दुरगामी विश्वास से प्रेरित होकर राजाराममोहन राय ने सामाजिक क्रान्ति का धार्मिक सामाजिक विकास का संघ फूंका। राममोहन राय ने राजनैतिक प्रगति और सामाजिक तथा धार्मिक सुधारों के बीच घनिष्ठ सम्बन्ध निश्चित करने की दूरदर्शिता दिखाई। और आगे चलकर ऐसी ही अनुभूति महात्मा गांधी को।

धार्मिक दृष्टिकोण

राजा राममोहन राय मानवतावाद के प्रतिमूर्ति थे इनमें विश्व भ्रातृत्व की भावना कूट कूट कर भरी हुई थी और धार्मिक मत मतान्तरों से ऊपर उठकर सार्वभौम के उपासक थे। और मोनियर विलियम्स के अनुसार सम्भवत: वह दुनिया के सबसे पहले व्यक्ति थे जिन्होंने पूरी गम्भीरता निष्ठा और लग्न से सम्पूर्ण धर्मो का तारण किया तथा उनमें निहित विकास को समझा। हिन्दू इस्लाम बौद्ध धर्म के और इसाई धर्म में उन्होंने एकता की खोज की और समन्वय का आदर्श रखा। वास्तव में राममोहन राय सम्पूर्ण जाति के आध्यात्मिक एकता और विश्वव्यापी धर्म के स्वप्न दृष्टा थे इनके वैचारिक स्वरूप पर डॉ. वर्मा ने इनके संदर्भ में मौलिक रूपक प्रस्तुत करते हुए अपना दृष्टिकोण प्रस्तुत किया है कि सार्वभौम अथवा विश्वव्यापी धर्म का विचार उनके चिन्तन का अंतिम साकार रूप नहीं

था। अंत में उन्होंने आध्यात्मिक संश्लेषण की एक आधारभूत योजना निरूपित की। और परमेश्वर की आराधना पर आधारित धार्मिक अनुभव की एकता पर बल दिया। इस प्रकार उन्होंने कबीर नानक दादू तुकाराम तथा अन्य संतों के सामाजिक एवं धार्मिक समन्वय की परम्पराओं को आगे बढ़ाया राजा राममोहन राय परम्परागत बंधनों और बाधाओं से मुक्ति के पोषक थे। सहयोग सहिष्णुता और भ्रातृत्व की भावना उनमें कूट कूट कर भरी हुई थी। उनकी मान्यता थी कि संपूर्ण मानव समाज एक ही विशाल परिवार है। और विभिन्न राष्ट्र तथा जातियों के लोग सिर्फ उनकी शाखाएँ है। उनका कहना था कि सभी देशों के समझदार लोग अनुभव करते है कि मानव समाज के बीच पारस्परिक आदान प्रदान को सहज बनाना चाहिए और उसे प्रोत्साहित करना चाहिए उनकी कामना थी कि मनुष्य को सहिष्णुता सहानुभूति तथा बुद्धि पर आधारित समाज का निर्माण करने के लिए स्वतंत्र छोड़ दिया जाये वस्तुतः राममोहन राय के धर्म का मूल उद्देश्य सभी धर्मो के शाश्वत तथा निहित तथ्यों को भूलकर एक सार्वभोमिक धार्मिक सहिष्णुता का परिवेश बनाना था। उन्हें इस उद्देश्य में सफलता मिली या नहीं यह विषय उतना विचारणीय नहीं जितना कि यह तथ्य कि अपने उद्देश्य की प्राप्ति में वे किस प्रक्रिया से गुजरे और यह प्रक्रिया तत्कालीन परिप्रेक्ष्य में कितनी प्रगतिशील थी। इतिहास के इस संक्रान्तिकाल में राममोहन राय के योगदान का बिल्कुल ही परस्पर विरोधी मूल्यांकन मिलता है। एक ओर पुराण पंथी हिन्दू उन्हें हिन्दू मानने से इंकार करने लगे तो ईसाईयों ने केवल मात्र इन फिगल या काफिर कहा राममोहन राय को वस्तुत उस काल और परिवेश पैदावार कहा जा सकता है। इसी से राममोहन राय के धार्मिक विचारों का विकास और हिन्दू धर्म को रूढिवादी संकीर्णता से उभारने में हमको विचार करना होगा। यद्यपि राममोहन राय तीन पठानों के विचार और अपने सिद्धान्तों पर पहुँचे थे। फिर भी उन्होंने मुख्य रूप से हिन्दू धर्म और संस्कारक के रूप में ही मुख्यतः माना जाता है सर्वविदित है कि भारतीय मानस में धम का क्या स्थान रहा है इस देश के सामाजिक ढांचे की नींव धर्म पर अड़ी है। राममोहन राय इस वस्तुस्थिति से पूरी तरह अवगत थे।

जूरी एक्ट के विरुद्ध उन्हेंाने अपनी अपील में लिखा था–

Religious Opininons Exercise a great influence over their the People's general and daily conduct. it is not merely a system of theories and opinions but is interwoven with the laws, the manners, the daily actions of every condition of human life.

धार्मिक सिद्धान्तों के लोगों के साधारण और दैनिक जीवन के आचार व्यवहार को काफी हद तक प्रभावित करते है। यह मात्र सिद्धान्त व्यवहार मात्र ही नहीं बल्कि देश के कानून, दैनिक आवश्यकता, कार्य कलाप और मानव जीवन के प्रत्येक पहलू के साथ

जूडे हुए होते है। राममोहन देश और समाज के विभिन्न पहलूओं के बारे में पूरी तरह सचेत थे। उनमें वैचारिक भावना समाज और देश के लिए भरी हुई थी। राममोहन देश और समाज के विभिन्न पहलूओं के बारे में जानते थे। उनके प्रारम्भिक जीवन की यह घटना बहुत ही महत्त्वपूर्ण थी उनका अपने माता पिता से प्रचलित धार्मिक रीति रिवाजों और मूर्ति पूजा के प्रश्नों को लेकर मतभेद पैदा हो गया। इन्हीं कारणों से बहुत ही छोटी उम्र में घर छोड़ देना पड़ा वस्तुत: यही से वह सत्य की खोज का रास्ता प्रारम्भ हुआ। घर छोड़कर वे इधर उधर भटकने लगे इसी दौरान वे तिब्बत की यात्रा पर भी गये। इन्हीं यात्राओं के दौरान उन्होंने हिन्दू बौद्ध धर्मो का अध्ययन किया इसके अतिरिक्त वे हिन्दू धर्म शास्त्रों के अध्ययन के लिए उन्होंने काशी में कई वर्षो तक निवास किया पटना प्रवास के दौरान जहां वे फारसी व अरबी के लिए गए उनका परिचय इस्लाम की बुद्धिवादी विचारधारा व सूफीवादी विचारधारा से हुआ। इसका प्रभाव उन पर जीवन भर रहा। आगे चलकर पश्चिमी सभ्यता और संस्कृति के सम्पर्क में आये और ईसाइ धर्म का भी उन्होंने गहराइ से अध्ययन किया। बाइबिल को समझने के लिए उन्होंने ग्रिक और हिन्दू भाषओां की शिक्षा प्राप्त की। राममोहन राय ने हिन्दू मुस्लिम और ईसाई तीनों के धर्मशास्त्रों ओर मानक ग्रंथों का श्रद्धापूर्वक अध्ययन किया। बौद्ध और जैन शास्त्रों का भी उन्हें ज्ञान प्राप्त था। इन धर्मशास्त्रों के ज्ञान के साथ वैज्ञानिक प्रयोगवाद के सम्पर्क में वे आये। यद्यपि राममोहन राय के पूर्व भी धार्मिक समन्वय एकेश्वर और धर्म की सार्वभौमिकता को प्रचारित किया लेकिन आधुनिक काल के प्रमुख धर्मो का उनके मूल भाषा में अध्ययन करके तुलनात्मक बौद्धिक विवेचन के माध्यम से सभी धर्मों के आधारभूत सिद्धान्तों तक पहुँचने की कोशिश की।

राममोहन का धार्मिक दृष्टिकोण और विवेचन दार्शनिक स्तर पर उनके बौद्धिक अनुसंधान का परिणाम था। किसी धर्म गुरु के साम्प्रदायिक विश्वास पर आधारित नहीं था। उन्होंने धर्म को चाहे हिन्दू धर्म हो या ईसाई विवेक और बुद्धि के द्वारा तर्कसंगत या युक्तिपूर्ण रति से समझने की चेष्टा की। इनके व्यक्तित्व का प्रारूपक मानव के विचारों से ओतप्रोत था। धर्म के मूल तत्वों और सिद्धान्तों के साथ प्रचलित धार्मिक आचार विचार के भेद को समझने और समझाने की कोशिश की। मैं तो यह कहूँगा कि 18वीं और 19वीं सदी के रीति रिवाजों पर आधारित हिन्दू धर्म को उसके मूल सिद्धान्तों पर वापस लाने की यह पहली चेष्टा थी। रामामोहन राय का विचार था कि यदि नींव पक्की नहीं तो इमारत कभी भी ढह सकती है। इन्होंने यह सामाजिक चेतावनी दी थी जो धर्म सुधार के रूप में सबसे बड़ी देन थी। राजा राम मोहन राय की धार्मिक एवं बौद्धिक प्रवृतियों का सबसे अधिक चित्रण उनकी प्रसिद्ध पुस्तक तुहफातुल मुहाविदीन में पाया जाता है। इस पुस्तक में धर्मों के स्वरूप को कलंकित करने वाले असत्य पर खेद प्रगट किया गया है तथा ईश्वर एक है और एक ही सत्ता है इस तथ्य पर अटूट विश्वास प्रगट किया गया है तथा

ईश्वर एक है और एक ही सत्ता है इस तथ्य पर अटूट विश्वास के सम्बन्ध में मानव जाति के विचार की एकता का प्रतिपादन किया गया है। मगर जब मनुष्य ने निर्गुण ब्रह्म को गुणों से सम्पृत किया गया उस समय मतभेद पैदा हो गया और उसी समय में साम्प्रदायिकता और धर्मान्धता की जड़ें प्रतिस्थापित हुईं। राजाराममोहन ने यहाँ स्पष्ट किया तथा जोरदार शब्दों शब्दों में कहा कि निर्लिप्त स्रष्टा की साम्याबुद्धि एवं औदार्य के विपरीत है। आश्चर्यजनक रूप से आधुनिक प्रतीत होने वाले स्वर में उन्होंने लिखा है कि-

मैंने संसार के सुदूरवर्ती भागों की यात्रा और मैं मैदानों एवं पहाड़ी का भ्रमण किया। मैंने सर्वत्र यही देखा कि एक ईश्वर ब्रह्म की सत्ता में, जो सृष्टि का रयचिता एवं निर्माता है, विश्वास करने में तो आमतौर से एकमत हैं, परन्तु उस ब्रह्म को गुण-विशिष्ट बनाने तथा धर्म के सिद्धान्तों और हलाल एवं हराम के उपदेशों वाले विविध मतों को मानने से एकमत नहीं है। इससे मैंने यह निष्कर्ष निकाला है कि एक अनादि और अनन्त सत्ता ब्रह्म की ओर झुकना मनुष्य की स्वाभाविक प्रवृति है और यह प्रवृति मनुष्य जाति के प्रत्येक सम्प्रदाय का कुछ विशेष गुणों से युक्त किसी विशेष ईश्वर या देवता तथा किसी विशेष प्रकार की पूजाविधि या भक्ति की ओर झुकाव एक ब्रह्म एवं अस्वाभाविक गुण है जो आदत और प्रशिक्षण से मनुष्य में आ जाता है। इन सम्प्रदायवादियों में से कुछ अपने पूर्वजों के कथन को सत्य मानकर मतभेद हो जाने पर अन्य मतावलम्बियों के मतों का खण्डन करने के लिए तैयार रहते हैं, जबकि वे पूर्वज कीअन्य लोगों की भाँति पाप और गलतियाँ करते थे। अत: ये सभी सम्प्रदायवादों या तो सच्चे हैं या झूठे। यदि सभी बच्चे हैं, तो परस्पर विरोधियों के एक होने का दोष आता है और यदि सभी झूठे हैं तो झूठ या तो किसी धर्म विशेष में आरोपित करना होगा या समान रूप से सभी धर्मों में। इस प्रकार मनुष्य अपनी स्वार्थ सिद्धि हेतु परम्परा और देवीय शक्ति में विश्वास का सहारा लेकर ऐतिहासिक धर्मों की सर्वव्यापकता को ही नष्ट नहीं करता, वह धर्माथ होकर अन्य मतावलम्बियों पर तरह-तरह के अत्याचार करने पर भी उतारू हो जाता है। धर्म के प्रति तार्किक दृष्टिकोण अपनाने के लिए एक जोशीली दलील पेश करते हुए, राजाराम मोहन ने लिखा है कि-वे लोग धन्य हैं जो स्वभाव और सतत् साहचर्य से व्यक्तियों में पैदा होने वाली स्थितियों तथा जातियों और व्यक्तियों में स्वाभाविक उत्कृष्ट उत्कण्ठाजन्य सहज गुणों के अन्तर को पहचानते हैं और विभिन्न व्यक्तियों द्वारा माने जाने वाले धर्म के विभिन्न सिद्धान्तों की सत्यता एवं असत्यता वस्तुनिष्ठ परीक्षा करने की यथासंभव कोशिश करते हैं, तथा उन स्थापनाओं की भी बारीकी से जाँच करते हैं, जो उन लोगों की स्थिति पर ध्यान दिए बिना जिनकी वे हैं, मान ली जाती हैं।

राजा राममोहन राय का विश्वास था कि आध्यात्मिक जटिलता के स्थान पर सहज, सुगम, सरल सिद्धान्तों का प्रतिपादन आवश्यक है कि वे सरलीकरण द्वारा विश्वास

को व्यावहारिक औचित्य देने के पक्ष में थे। वह पक्के एकेश्वरवादी थे, अतः त्रिदेव के ईसाई सिद्धान्त में उन्हें कोई आस्था न थी। हिन्दू धर्म ग्रन्थों के बाह्य ज्ञान और इस्लाम के एकेश्वरवाद के उनके विचारों को निर्धारित करनें महत्त्वपूर्ण भाग लिया था। उनकी पुस्तक तुहफल-उल-मुहाहिदीन में एकेश्वरवाद का बड़ा विद्वतापूर्ण समर्थन था। शुद्ध फारसी में लिखी गई तथा अरबी भाषा की भूमिका युक्त इस बात का प्रमाण है कि धर्मशास्त्र सम्बन्धी तथा तत्व मीमांसा के प्रश्नों पर राजा राममोहन राय ने पूर्ण अधिकार प्राप्त कर लिया था। सन् 1816 में उन्होंने वेदान्तसार प्रकाशित किया जिसमें प्रचलित बहुईश्वरवाद तथा कर्ममकाण्डग्रस्त धर्म के स्थान पर वेदान्तीय एकेश्वरवाद को अपनाने के लिए दलीलें दी थी। राजा राम मोहन राय किसी भी रूप में बहुदेववाद और मूर्तिपूजा के विरोधी थे। आत्मा की अमरता में उनका विश्वास था।

राजा राम मोहन राय नास्तिकता को प्रोत्साहन न देकर विश्वास के स्थान पर विवेकी सृजन के समर्थक थे। व्यक्ति की महत्ता में उन्हें असीम विश्वास था, अतः उनकी मान्यता थी कि धर्म और विश्वास को व्यक्ति पर हावी नहीं होने देना चाहिए। विवेपूर्ण चिन्तन उन्हें प्रिय था। साम्प्रदायिता और धार्मिक कट्टरता से वे ऊपर थे। उन्होंने स्वयं को एक ऐसे विश्व धर्म के प्रतिपादक के रूप में प्रस्तुत किया जो सम्प्रदाय और परम्परा के सारे कमजोर बन्धनों को अस्वीकार करता है। के.पी. करुणाकरण के अनुसार, राय के आध्यात्मिक और धार्मिक अध्ययन ने उन्हें नए धर्म में परिवर्तन नहीं किया बल्कि वह विश्व धर्म को मानने लगे थे तथा उनकी दृष्टि में विश्व की व्यापकता समाहित हो गई। अपने सामाजिक एवं राजनीतिक क्षेत्रों का मूल्यांकन इसी पृष्ठभूमि में किया जाना चाहिए। उनके वैचारिक आधारों की गरिमा यही है कि सर्वोत्तम की आकांक्षा में उन्होंने राष्ट्रीय प्रगति को प्राथमिकता दी परन्तु अपने राष्ट्रवाद में कोई संकीर्णता या पूर्वाग्रह नहीं आने दिया। राजा राममोहन राय सामाजिक प्रथाओं, धार्मिक क्रियाओं या विधानों आदि सभी को मानव कल्याण की अग्नि परीक्षा में खरा उतरना चाहिए, अन्यथा वे त्याज्य हैं। उस समय, जबकि धार्मिक या सामाजिक रीतियों के विषय में अविश्वास का क्षीण से क्षीण स्वर में बड़े से बड़ा अपराध माना जाता था, राजा राममोहन राय ने घोषणा की थी कि-मूर्तिपूजहा की हिन्दू प्रथा ने अन्य सभी प्रथाओं की तुलना में समाज में ढ़ाँचे को अधिक क्षति पहुँचाई है। मूर्तिपूजा के विभिन्न विधानों से जो असुविधाजनक अथवा हानिकारक रीतियाँ शुरू हो गई है उन पर निरन्तर विचार करने के बाद, में अपने देशवासियों को भ्रान्तियों के प्रति मुझे जो प्रेम है, उसने भी मुझे इसके लिए बाध्य किया है। इसके बावजूद राजा राममोहन राय धर्म के आध्यात्मिक पहलू के प्रति उस अतिशय पूर्वाग्रह से मुक्त थे, जिसने मार्टिन लूथर को कृषक युद्ध के अमानुषिक अत्याचारों को क्षमा करने के लिए प्रेरित कर दिया था। उनमें निर्भ्रान्त मानव-प्रेम भावना उनकी उस मार्मिक प्रार्थना में स्पष्ट झलकती है, जो ईसाई जनता से अपील (फर्स्ट अपील टू दि

क्रिश्चियन पब्लिक) के अन्त में दी। उन्होंने लिखा है कि, ईश्वर! तू धर्म को ऐसा बना दे कि यह मनुष्य और मनुष्य के बीच पारस्परिक भेदभाव और वैर विरोध को मिटाने तथा मानव जाति में शान्ति और एकता पैदा करने में समर्थ हो। भारत में प्राचीन विचार और संस्कृति में जो कुछ अविनाशी था, उस सबकी राजा राममोहन ने प्रशंसा की है। उनकी यह प्रशंसा इसलिए महत्त्वपूर्ण है कि यह गंभीर अध्ययन एवं आलोचनात्मक मूल्यांकन पर आधारित है। हमारी परम्परा में जो कुछ महत्त्वपूर्ण था उसका राममोहन आदर तो करते थे मगर दास कभी नहीं बने। उन्होंने अपने समय की परम्परागम हिन्दू मान्यता को निर्दयतापूर्वक उठाकर दूर फैंक दिया कि धर्मशास्त्र कुछ इने-गिने व्यक्तियों की निधि है। वेदान्त और उपनिषदों का बंगला और फ्रेंच जैसी जीवित भाषाओं में अनुवाद करके, उन्होंने हिन्दू धर्म-ग्रन्थों का सारतत्व अधिक से अधिक लोगों के सामने रख दिया। मैक्समूलर ने लिखा है कि-राममोहन राय पहले व्यक्ति थे, जिन्होंने पूर्व और पश्चिम में प्रवाहित जीवनधारा को पूर्णत: संयुक्त किया।

राममोहन के विचार में धर्म कोई ऐसा गुण नही जिसका केवल व्यक्ति के अपने मोक्ष से हो। वस्तुत: वह ऐसी शक्ति है जिसे समाज के उत्थान का प्रशंसनीय कार्य करना और मनुष्य के आत्मोद्वार में योग देना है। अत: यह अनिवार्य था कि वे सामाजिक रीतियों और संस्थाओं का उसी तन्मयता और सावधानी से अध्ययन अपने काल के समाज में नासूर के समान फैली हुई बुराइयों का पता लगाया और उन्हें उखाड़ फेंकने के लिए संघर्ष आरंभ किया। धर्म की विश्व व्यापकता में राममोहन के विश्वास की तर्कसंगत क्रमिक परिणति राज्य शासन विकध में उनके अन्तर्राष्ट्रीय विवाद आपसी बातचीत द्वारा तय किए जा सके।

राजनीतिक प्रवृत्तियाँ

राजा राममोहन राय, गोखले, तिलक, सुरेन्द्रनाथ बनर्जी आदि की तरह एक राजनीतिज्ञ नहीं थे, तथापि देश-विदेश की राजनीति में उनकी गहरी दिलचस्पी थी और उन्हें यूरोप की विशेष रूप से इंगलैण्ड की राजनीति का अच्छा ज्ञान था। भारत के राजनीतिक जागरण में उनका जो योगदान रहा उसे भुलाया नहीं जा सकता। भारत में सामाजिक एवं राजनीतिक चेतना जगाने के कारण ही उन्हें-नए भारत को संदेशवाहक कहा जाता है। सुरेन्द्र नाथ बनर्जी ने उन्हें-भारत में संवैधानिक आन्दोलन का जनक कहा था। राजा राम मोहन राय ने पूर्व सम्पूर्ण देश के अलावा कलकत्ता में भी कोई राजनीतिक जीवन नहीं था। जनता ने अपने परिवारों के अधिकारों के प्रति कोई विचार नहीं था और विदेशी हुकूमत के सामने अपनी शिकायतें रखने की बात कोई सोचता भी नहीं था। लेकिन ऐसे आरम्भिक काल में भी राजा राम मोहन राय ने आश्चर्यजनक रूप में ओजपूर्ण राजनीतिक विचार व्यक्त किए और अपने राजनीतिक आन्दोलन को वे शासन सत्ता के

केन्द्र तक ले गए। उन्होंने देश की राजनीति के विभिन्न पक्षों पर ध्यान दिया और समस्याओं के बुद्धिमत्तापूर्ण निदान प्रस्तुत किए। उन्हें चाहे अपने निदानों और सुझावों को क्रियान्वयन में सफलता प्राप्त न हो पर उस युग में अधिक महत्त्व तो इस बात का था कि एक भारतीय ने प्रशासकीय दोषों के प्रति अपनी और भारतीय जनता की चिन्ता अपने राजनीतिक प्रभुओं के समक्ष रख दी। राजा राममोहन राय ने समय समय पर जो राजनीतिक विचार प्रकट किए उनमें हमें उनके राजनीतिक चिन्तन का बोध होता है।

राजनैतिक स्तर पर राममोहन के समक्ष दो प्रमुख स्थितियाँ थी। एक ओर जहाँ मुगलों के पतन के साथ मध्ययुगीन शासन व्यवस्था पूरी तरह टूट चुकी थी और देश छोटे-छोटे स्वार्थों और रजवाड़ों में बँटा हुआ था, वहाँ दूसरी ओर देश में अंग्रेजी हुकुमत की नींव पड़ चुकी थी और नए शासक श्रेणी के साथ पश्चिमी ज्ञान-विज्ञान और आधुनिक अर्थव्यवस्था की नींच रखी जा सकती थी। देश की ऐसी राजनीतिक और सामाजिक परिस्थिति में राष्ट्रीयता की एक नयी परिभाषा स्थिरता देने और वैचारिक स्तर पर आधुनिकता के दरवाजे पर लाने में राममोहन ने जो कुछ भी किया वह ऐतिहासिक दृष्टि से बहुत ही महत्त्वपूर्ण था। उस समय तक भारत में राष्ट्रीय स्वाधीनता जैसी भावना का जन्म ही नहीं हुआ था। राजनीतिक या राष्ट्रनीति की ओर साधारण जनता की कोई रुचि नहीं थी। शिक्षित या सचेतन नागिरिकों की काई भी संस्था अभी तक संगठित नहीं थी। अराजकता के उस परिवेश में जनता केवल प्रशासनिक न्याय, धार्मिक स्वतंत्रता और सुरक्षा की आवश्यकता को महत्त्व देती थी। इधर अंग्रेजी शासन के प्रति आस्था की भावना बढ़ चली थी। कुछ लोक इस शासन को अराजकता और सामन्तवादी अत्याचारों से मुक्ति का रास्ता समझने लगे थे।राजा राम मोहनराय की राजनैतिक विचारधारा, उनके धार्मिक प्रवृत्ति में निहित, उपनिषदों में वर्णित मानव को शाश्वत और स्वच्छंद स्वरूप पर आधारित है। उनके धार्मिक सामाजिक, सुधारवाद और राजनैतिक आन्दोलनों के बीच गहरा सम्बन्ध रहा है। राजा राममोहन की राजनैतिक दूरदर्शिता इसी में थी कि उन्हें अंग्रेजी शासन की बुराइयों और पराधीनता के कष्टों को झेलते हुए भी देश के लिए एक योग्य प्रशासन की स्थापना के लिए तथा देश की आर्थिक और सामाजिक प्रगति के लिए कुछ वर्षों तक ब्रिटिश शासन और पराधीनता को स्वीकार करने में उन्हें कोई झिझक नहीं थी। कई आलोचकों ने राममोहन के इन विचारों को प्रतिक्रियावादी ठहराया है लेकिन ऐतिहासिक मूल्यांकन से स्पष्ट है कि राममोहन अपने समय के दूर भविष्य में देखने की क्षमता रखते थे। अंग्रेजी शासन के बुर्जुआ और बौद्धिक मध्यवित्त श्रेणी को जन्म दिया, जिसका सामाजिक और आर्थिक प्रगति में भारी योगदान था। इस श्रेणीक्षने देश के आधुनिकीकरण, औद्योगिकीरण, शिक्षा और संस्कृति के क्षेत्र में महत्त्वपूर्ण ऐतिहासिक भूमिका निभाई।

राजा राममोहन राय ने लॉक, ग्रोशस तथा टॉमस पेन की भाँति प्राकृतिक अधिकाऱों की पवित्रता को स्वीकार किया। उन्हें जीवंत स्वतंत्रता तथा सम्पत्ति धारण करने के प्राकृतिक अधिकारों में ही विश्वास नहीं था, अपितु व्यक्ति के नैतिक अधिकारों का भी समर्थन किया। किन्तु उन्होंने अपने प्राकृतिक अधिकारों के सिद्धान्त को प्रचलित भारतीय लोकसंग्रह के आदर्श के ढ़ाँचे के अन्तर्गत ही रखा। अत: अधिकारों और स्वतंत्रता के व्यक्तिवादी सिद्धान्त के समर्थक होते हुए भी उन्होंने आग्रह किया कि राज्य के समाज सुधार तथा शैक्षिक पुनर्निर्माण के लिए कानून बनाना चाहिए। इस प्रकार इन्होंने प्राकृतिक अधिकारों के साथ सामाजिक उपयोगिता तथा मानव कल्याण की धारणाओं का संयोग कर दिया। राम मोहनराय यह जानते थे कि धार्मिक और सामाजिक परिस्थितियों में जो सुधार वह करना चाहते हैं, उसका प्रभाव भारतीय राजनीतिक प्रगति पर अच्छा पड़ेगा। सन् 1828 ई. में उन्होंने लिखा कि- मुझे अफसोस है कि हिन्दुओं का वर्तमान धार्मिक सिद्धान्त राजनीतिक विकास को दृष्टि में रखकर नहीं बनाया गया। जातियों की विभिन्नताओं और उनके अनगिनत विभाजन ने उन्हें राजनीति से बिल्कुल अलग कर दिया है। धार्मिक विशेषताओं, उत्सवों, शुद्धिकरण के कानून ने इन्हें किसी भी साहसिक कार्य के अयोग्य बना दिया है। इसीलिए मैं सोचता हूँ कि उनके धर्म में कुछ परिवर्तन आवश्यक है, कम से कम राजनीतिक लाभ और सामाजिक चैन की दृष्टि से। अत: राममोहन ने धार्मिक सुधार और राजनीतिक तथा सामाजिक विकास के आन्तरिक सम्बन्ध को पहचान लिया था। जिस तरह पश्चिम की राजनीतिक विचारधारा को व्यावहारिक रूप में लाने में अरस्तू का नाम आगे आता है, ठीक उसी प्रकार भारत में राजनीतिक स्वतंत्रता के लिए जी जान से प्रयास करने वाले राजा राममोहन राय का नाम पहली अंगुली पर आता है, जिन्होंने आधुनिक भारत में राजनीतिक स्वतंत्रता के लिए प्रयत्न किया और सफलता पायी। जिस प्रकार उन्होंने सामाजिक और धार्मिक स्वाधीनता के लिए प्रयास किया था उसी तरह उन्होंने राजनीतिक स्वतंत्रता भी प्राप्त करने में कोई कौर कसर नही उठा रखी। जिस तरह पाश्चात्य राजनीतिक विचारधारा उच्च स्तरीय दार्शनिकों द्वारा प्राचीन काल में प्लेटो एवं अरस्तू तथा मध्यकालीन भारत में थामस एक्वीनाश और पटुआ के मार्सिलो और आधुनिक युग में हॉब्स, लॉक, काण्ट, हीगल, वेन्थम, ग्रीन एवं मार्क्स प्राप्त हुआ ठीक उसी प्रकार भारतीय राजनीति राजा राममोहन राय के कुशल नेतृत्व के द्वारा ही संभव हुयी। मध्यकालीन भारत में राजनीति का स्तर बहुत ही अच्छा था। मगर 18वीं शताब्दी के शंकराचार्य से लेकर विद्याभूषण ने राजनीतिक उतार-चढ़ाव में स्वयं की उत्सुकता से भाग लिया।

राम मोहन राय ने देश की राजनैतिक जीवन के प्राय: प्रत्येक क्षेत्र में अपनी छाप छोड़ी। न्यायालयों और दूसरे प्रशासनिक मुद्दोंपर सुधार के राममोहन राय के आन्दोलनों, कृषि और औद्योगिक मसलों पर उनकी पहल के बारे में काफी अध्ययन हो चुके हैं। इस

प्रकार देखा जाय तो आधुनिक भारत की राजनीति में राममोहन ही पहले युग के पुरुष थे जिन्होंने देश की राजनैतिक चेतना जागृत किया। राजा राममोहन राय प्रशासित समाज की आकांक्षाओं के प्रति जागरुक थे। अत: उनकी मान्यता थी कि न्याय की उपलब्धि में ही न्याय का औचित्य है। न्याय की उपलब्धि के लिए उनकी दृष्टि में न्यायिक संस्थाओं, न्यायिक संगठन और न्यायिक प्रक्रिया का जन-कल्याणकारी होना आवश्यक था। नि:सन्देह राजा राममोहन राय प्रथम भारतीय थे जिन्होंने शासन और न्याय विभागों को पृथक् करने की आवाज उठाई और ब्रिटिश संसद की विशिष्ट समिति के सामने महत्त्वपूर्ण मसविदे प्रस्तुत किए। भारत में राजस्व एवं न्यायिक व्यवस्था (इन एक्सपोजीशन ऑफ दि रेवेन्यू एण्ड ज्यूडिशियल सिस्टम ऑफ इण्डिया) नामक अपनी पुस्तिका में उन्होंने निर्भीकता से न्यायिक प्रशासन का मूल्यांकन किया और भारत में न्यायिक व्यवस्था, नागरिक अधिकारों, कानूनों आदि के सम्बन्ध में विभिन्न सुधारों का सुझाव दिया। बी.बी. मजूमदार के शब्दों में-जीवन और स्वतंत्रता को सुरक्षित रखने के लिए उन्होंने कानूनों को संहिताबद्ध करने, शक्ति पृथक्करण न्यायधीशों की ईमानदारी, कुशलता, स्वाधीनता, ज्यूरी प्रणाली तथा बन्दी प्रत्यक्षीकरण अधिनियम को अपनाने और अधिकारों के कानूनी उत्तरदायित्व की माँग की। उनका विचार था दीवानी और फौजदारी कानूनों को इस तरह संहिताबद्ध कर दिया जाय कि मुसलमानों व ईसाइयों की किसी भी प्रमाणिक पुस्तक का हवाला देकर व्यवस्था करने की आवश्यकता न रहे। शक्ति पृथक्करण उनके लिए अच्छे शासन का मूल सिद्धान्त था। .... कलेक्टर के पर के साथ प्रबन्धकारिणी और न्यायिक शक्ति के सम्मिश्रण का उन्होंने जोरदार विरोध किया। राजा राम मोहन राय के विचार से सारी जाति एक विराट् परिवार है, असंख्य राष्ट्र तथा उपजातियाँ केवल शाखाएँ हैं। अत: प्रत्येक देश में विदग्ध लोग यह महसूस करते हैं कि सारी विपदाओं को हटाते हुए प्रत्येक दिशाओं में मानवीय मेल-मिलाप को प्रोत्साहित करना तथा सरल बनाना होगा ताकि सारी मानव जाति की पारस्परिक सुविधाओं और आनन्द में वृद्धि हो। राजा राम मोहन को "राजनीतिक स्वाधीनता का संदेशवाहक" कहना चाहें तो अतिशयोक्तिपूर्ण हो तब भी इसमें संदेह नहीं कि उनका अपने देशवासियों की योग्यता, बुद्धि एवं सामर्थ्य के सम्बन्ध में यह दृढ़ विश्वास था कि वे उस ऊँचाई तक पहुँच सकते हैं, जहाँ तक अन्य कोई भी सभ्य राष्ट्र नहीं पहुँचा हो। विपिन चन्द्र पाल के शब्दों में- "व्यक्तिगत स्वाभिमान और राष्ट्रीय स्वाभिमान की दो ऐसी सर्वाधिक प्रबल शक्तियाँ थीं जो अन्य जातियों और सुसंस्कृतियों के लोगों के साथ राममोहन के सम्बन्धों का स्वप्न निर्धारित करती थी।"

आर्थिक विचारधाराएँ

राजा राममोहन राय ने आधुनिक युग की बातों या समस्याओं को महसूस किया और तरह के सुधारो की लड़ाई एवं संघर्ष के साथ-साथ राममोहन भारतीयों की आर्थिक

स्वाधीनता हेतु प्रयत्नशील रहे। उनका यह प्रयत्न असीमित रहा और इसीलिए राममोहन को ''फादर ऑफ दि प्रेजेन्ट इण्डियन रेनाइसेन्स'' कहा जाता है। सारे विषयों-धार्मिक, राजनैतिक, प्रेस एवं पत्रकारिता आदि की स्वतंत्रता एवं स्वाधीनता हेतु संघर्षरत राममोहन का एक मात्र उद्देश्य था कि भारतीय इन अधिकारों एवं स्वतंत्रता को प्राप्त कर लें। राजा राममोहन राय भारतीय लोगों के दयनीय आर्थिक पक्ष की मजबूती हेतु सतत् संघर्षरत रहें।

आर्थिक क्षेत्र में राम मोहन ने जिन पहलुओं पर मुख्य रूप से आन्दोलन चलाया था उनमें किसानों की आर्थिक स्थिति, राजस्व समस्या, ईस्ट इण्डिया कम्पनी के व्यावसायिक एकाधिकार का विरोध, फ्री ट्रेड या स्वतंत्र व्यापार की पैरवी, और अन्त में शिक्षित, धनी और चरित्रवान यूरोपीय नागरिकों के भारत में बसने का अधिकार देकर देश की आर्थिक उन्नति में सहयोग देना मुख्य है। 1832 में पार्लियामेन्टरी कमेटी के सामने अपनी गवाही में किसानों की अवस्था पर अपनी राय व्यक्त करते हुए उन्होंने कहा था-

"The condition of cultivators is very miserable. They are placed at the mercy of the Zamidar's avcrice and ambition ..... the landlords have met with indulgence from government in the assessment of their revenue while no part of its is extended towards the poor cultivators .."

यद्यपि राममोहन की आर्थिक विचारधारा के बारे में हमें कम्पनी के व्यापारिक एकाधिकार विरोधी आन्दोलन में उनकी भूमिका, नमक मजदूरों के शोषण के खिलाफ आन्दोलन और बाद में इंगलैण्ड प्रवास के दौरान पार्लियामेन्ट के सामने दी गयी गवाही और प्रकाशित लेखों से विवरण मिलता है, लेकिन देश की आर्थिक स्थिति और किसान समस्या के बारे में राममोहन बहुत पहले से ही सजग थे और काफी अरसे से इन विषयों पर सोच-विचार कर रहे थे। राममोहन राय एक लम्बे अरसे से भारत की आर्थिक समस्या पर गंभीरता से विचार कर रहे थे। दूसरे वे कर भार से पीड़ित और शोषित किसानों की दुर्शशा के प्रति विशेष सहानुभूतिशील थे जो हाउस ऑफ कामन्स के सामने दी गई गवाही से स्पष्ट होता है। वे किसानों की दुर्दशा पर दु:खी थे। इसी से उन्होंने जमींदारों के लगान बढ़ाने के अधिकार का सदा विरोध किया, साथ ही जमींदारों पर कर की दर में कमी करने की आवश्यकता पर जोर दिया क्योंकि इसी अनुपात में किसानों का बोझ भी कम हो सकता था। राम मोहन ने अधिक कर लगाने की नीति का विरोध करते हुए कुछ सुझाव दिए थे-

1. भोग विलास और अनावश्यक वस्तुओं पर अधिक कर लगाना।

2. राजस्व विभाग में प्रशासनिक खर्चे की कमी करना। हजार-डेढ़ हजार वेतन

के यूरोपीय कलक्टरों की जगह तीन-चार सौ रुपये के भारतीय कलक्टरों की नियुक्ति का सुझाव। लगान घटने से प्रजा संतुष्ट होगी और सरकारी प्रशासनिक निपुणता बढ़ेगी।

3. स्थाई विदेशी और देशी सेना के स्थान पर स्थानीय रक्षा-दल की स्थापना करने से प्रशासनिक व्यय में भारी कमी आएगी और जनसाधारण का सहयोग भी मिलेगा।

जिस चार्टर के अनुसार ईस्ट इण्डिया कम्पनी की स्थापना हुई थी उसी कानून के अनुसार कम्पनी को भारत में व्यापार करने का अधिकार मिला हुआ था। कोई भी यूरोपीय चाहे वह अंग्रेज ही क्यों न हो व्यापार या कृषि के उद्देश्य से भारत में बसने देने के अधिकार मिला हुआ था। कोई भी यूरोपीय चाहे वह अंग्रेज ही क्यों न हो व्यापार या कृषि के उद्देश्य से भारत में बसने देने के अधिकार का भार भी संपूर्ण रूप से कम्पनी पर ही था। जवाहरलाल नेहरू ने राममोहन के विषय में लिखा है-''वे विद्वान और अन्वेषक के अलावा और भी कुछ थे, वे मुख्यतः सुधारक थे।'' वास्तव में राष्ट्रीय जीवन का ऐसा कोई अंग नहीं था, जो राममोहन के आजीवन प्रयास से अछूता था अप्रभावित रहा हो। क्योंकि राममोहन ने अपने लिए जा कर्तव्य निर्धारित किया था वह अपने देशवासियों के सोचने की प्रक्रिया को नए साँचे में ढालना तथा जीवन विधि में परिवर्तन लाना था। बहुमुखी सुधारों के लिए संघर्ष करते हुए, अन्त में, राममोहन ने मध्ययुगीन रीतियों के विरुद्ध सतत् युद्ध छेड़ दिया था। राममोहन ने आर्थिक समस्याओं को, उन्हीं के मार्ग पर चलकर आर्थिक ढंग से तथा वित्तीय एवं राजनीतिक समस्याओं को राजनीतिक विज्ञान एवं शासन विधि के उच्चतम सिद्धान्तों से हल करने का प्रयास किया और इस प्रकार उन्होंने राष्ट्रीय जीवन के इन विभिन्न विभागों में सुन्दर संतुलन स्थापित किया।

राममोहन, जो एक दूरदर्शी वास्तविकतावादी थे, यह भली-भाँति जानते थे कि जरूशलम-पुराना या नया-हवा में खड़ा नहीं था। वे सांस्कृतिक पुनरुत्थान और आर्थिक उन्नति के पारस्परिक सम्बन्ध को स्पष्टतया समझते थे। यह बात प्रजा की दशा सुधारने के लिए प्रशासनिक सुधारों के वास्ते दिए गए उनके सुझावों से, ईस्ट इण्डिया कम्पनी के व्यापार सम्बन्धी एकाधिकार के विरोध में तथा मुक्त व्यापार और यूरोपियों को यहाँ बसाने के सिद्धान्त के समर्थन से स्पष्ट हो जाती है। यह ध्यान देने की बात है कि अंग्रेजों द्वारा भारतीय सम्पत्त की लूट के विषय में कांग्रेस पार्टी के मंच का मुख्य विषय बनने से एक शताब्दी पहले ही राममोहन इसकी ओर ध्यान आकर्षित कर चुके थे। जिस चार्टर एक्ट के अधीन ईस्ट इण्डिया कम्पनी बनी थी, उसने उसे भारत में व्यापार करने का एकाधिकार ही नहीं दिया था, अपितु यह अधिकार भी दिया था कि वह किसी भी ब्रिटिश नागरिक को व्यापार या कृषि व्यवसाय करने के लिए भारत आने से रोक दे। इन अधिकार शास्त्रों से सज्जित होकर कम्पनी ने नग्न अपहरण और दिन दहाड़े लूट की नीति अपना ली थी। भारत का निर्दयतापूर्वक शोषण करने के कम्पनी के कार्यक्रम के दो उद्देश्य थे-

एक तो, इंगलैण्ड के कारखानों को सस्ता कच्चा माल सप्लाई करने के लिए भारत को दृढ़तापूर्वक अपनी पकड़ में रखना, और दूसरा, इंगलैण्ड के कारखानों में बने तैयार माल के लिए भारत को गोदाम के रूप में इस्तेमाल करना और यहाँ पर उसे बेचना। इससे कम्पनी और उसके नौकर इतने मालामाल हो गए जिसकी उन्हें स्वप्न में भी कल्पना नहीं थीं। असीम धन-सम्पत्ति के लोभ ने बहुत से यूरोपीयों को कम्पनी के एकाधिकार को समाप्त करने तथा भारत में जमीन खरीदने या रखने के अधिकार के सम्बन्ध में यूरोपीयों पर लगाई गई पाबन्दी को हटाने के लिए आन्दोलन चलाने को प्रेरित कियां अठारहवीं शताब्दी के अंत में एकाधिकार और मुक्त व्यापार के विचार तक को ईस्ट इण्डिया कम्पनी के अधिकार ईश्वर का शाप समझते थे। जब मुक्त व्यापार की माँग बढ़ी तो उससे आतंकित होकर कम्पनी के अधिकारियों ने निदेशक मण्डल के कार्यालय को इस आशय की रिपोर्टों से भरना शुरू कर दिया यदि यूरोपियों को उनके सुरक्षित शिकारवाह में शिकार करने का अधिकार दिया गया तो कम्पनी का भाग्य अधर में लटक जाएगा।

फ्रांसीसी नाम के एक वरिष्ठ अधिकारी ने लिखा है कि-''यदि कानून द्वारा यूरोपीयों को कृषि का अधिकार दिया गया, तो अन्य सभी बातों के अलावा, यह निश्चय है कि कठिनाइयाँ पैदा हो जायेंगी, जिससे कम्पनी के राजस्व को धक्का पहुँचेगा।'' सन् 1788 ई०में स्वयं गवर्नर जनरल ने इस सम्बन्ध में निदेशक मण्डल को एक पत्र लिखा कि-''यदि प्रस्तावित योजना (मुक्त व्यापार) अपनाई गई तो असंख्य यूरोपीय, देश के भीतरी भागों में छा जाएँगे और स्वभावत: कम्पनी द्वारा छोड़े गए निर्माण केन्द्रों पर अधिकार कर लेंगे जिससे तुरंत घोर प्रतिस्पर्धा पैदा होगी, कीमते बढ़ेगी और घटिया माल बनेगा।'' राम मोहन ने नमक के व्यापार पर ईस्ट इण्डिया कम्पनी के नौकरों के एकाधिकारों का विरोध किया। वे इसकी साधारण कीमत के एक हजार प्रतिशत बढ़ाकर नमक बेचते थे। उन बेचारों की स्थिति गुलामों जैसी थी। नमक के उत्पादन के लिए सरकार एजेन्ट नियुक्त करती थी। इसके बाद नमक को कलकत्ता में एकमुश्त थोक में बेचा जाता था। सारे व्यापार पर कुछ भारतीय धनपशुओं का कब्जा था। वे इसे दबाकर रखते थे और मिलावट भी किया करते थे। कम्पनी ने विदेशी नमक के आयात पर कर की दर बहुत ज्यादा रखी थी। राम मोहन राय ने नमक के एकाधिकार के खिलाफ आवाज उठाई। क्योंकि सभी लोग नमक की कमी महसूस करते थे। इसलिए उन्होंने तर्क दिया था कि गर नमक की कीमत कम कर दी जाय तो इसका इस्तेमाल ज्यादा मात्रा में होगा। सस्ता और बढ़िया होने के कारण अंग्रेजी नमक के आयात की अनुमति देकर और मौलंगियों को कृषि के काम पर लगाया जाना चाहिए। उन्होंने कहा कि मिलावट का स्तर यह था कि मिट्टी और नमक में भेद कर पाना संभव नहीं था। संसदीय उच्च समिति ने भी राम मोहन राय के एकाधिकार विरोधी मत से सहमति प्रकट की। इस तरह उनका आन्दोलन सफल हुआ और ईस्ट इण्डिया कम्पनी का नमक-एकाधिकार खत्म हो गया।

राम मोहन राय पहले व्यक्ति थे जिन्होंने ब्रितानी शासकों द्वारा भारत की सम्पत्ति को बड़े ही साजिशाना ढंग से बाहर ले जाने के बारे में भारतीय जनता को आगाह किया। यह भारत के विजेताओं को भेंट के तौर पर समझा जा रहा था। ''भारत राजस्व व्यवस्था'' के सवालों का जवाब देते हुए राम मोहन ने कहा था कि अवकाश प्राप्त अंग्रेजी अफसर वर्ग देश की अपरिमित धन सम्पदा को विदेश ले जा रहा था। उन्होंने देश की इस लूट को साबित करने के लिए कुछ सूचिर्या तैयार की और कहा कि ईस्ट इण्डिया कम्पनी पहले महालेखापाल और बाद में महालेख रह चुके मेसर्स लायड एण्ड मेलबिल के हाउस ऑफ लाड्र्स की सिलेक्ट कमेटी के सामने 23 फरवरी, 1830 ई० को दिए गए बयान में बताया गया कि भारत से प्राप्त होने वाले राजस्व का लगभग 30 पौण्ड प्रतिवर्ष इंगलैण्ड में लग रहा था। इसमें ''बोर्ड ऑफ कन्ट्रोल'' और ''इण्डिया हाउस'' का खर्च, अनुपस्थिति भत्ता, यूरोप में स्थिति सरकारी और फौजी अफसरों को भारत में की गई सेवाओं के बदले में ब्याज सहित पेंशन आदि की रकम भी शामिल है और भारत में की गई सेवाओं के बदले में ब्याज सहित पेन्शन आदि की रकम भी शामिल है और भारत में क्षेत्रीय भण्डार के लिए भेजे जाने वाले चार लाख, तिरेपन हजार, पाऊच सौ अट्ठासी (4, 53, 588) पौण्ड की रकम इससे अलग है।

ईस्ट इण्डिया कम्पनी के बंगाल स्थित कुशल एवं वरिष्ठ अधिकारी ने अपनी पुस्तक ''आन कोलोनियल पालिसी ऐज अप्लीकेबुल टू दी गर्वमेन्ट ऑफ इण्डिया'' में बंगाल सरकार के बोर्ड ऑफ डाइरेक्टर्स के नाम लिखे गए पत्र दिनांक 28 जून 1810 को उद्घृत किया गया। निदेशकों का कहना था कि ''यह स्वीकार करना गलत नहीं कि व्यक्तिगत खातों के माध्यम से लन्दन भेजी जाने वाली रकम की दर लगभग 20 लाख पौण्ड प्रति वर्ष रही है। इस, तथा अन्य, प्रामाणिक दस्तावेजों के आधार पर अनुमान लगाया जा सकता है कि सार्वजनिक और व्यक्तिगत तौर पर भारत में 1765 ई० और 1820 ई० के बीच 10 करोड़ पौण्ड की भेंट ली गई थी।''

राममोहन राय के विचारों की पृष्ठभूमि

(Background of Rammohan Roy's Thought)

राजा राममोहन राय के धार्मिक, सामाजिक, आर्थिक और विशेष रूप से राजनीतिक विचारों को भली-भाँति समझने के लिए उनके चिन्तन की पृष्ठभूमि अर्थात् उन तत्वों का अन्वेषण करना आवश्यक है जिनका प्रत्यक्ष या अप्रत्यक्ष प्रभाव उन पर पड़ा था।

इस क्रम में सर्वप्रथम उल्लेख उस परिवेश का करना चाहिए जिसमें उनका जन्म व पालन-पोषण हुआ। रामामोहन राय के घर का वातावरण न सिर्फ धार्मिक था बल्कि यह आस्था के आधार पर वैष्णव व शाक्त में विभक्त भी था। यही स्थिति बंगाली

समाज की थी। यह समाज भी तर्कहीन धार्मिक परम्पराओं की जंजीरों में जकड़ा हुआ था और इसका प्रत्येक सदस्य अपने-अपने धर्म सम्प्रदायों व देवताओं से श्रेष्ठ सिद्ध करने का प्रयत्न कर रहा था। राजा राममोहन राय पर इसका नकारात्मक प्रभाव पड़ा। वे पूरी तन्मयता के साथ हिन्दू समाज की अबौद्धिक परम्पराओं तथा रीति-रिवाजों को ध्वस्त करने के लिए दृढ़ निश्चयी हुए। ईसाई, बौद्ध व जैन धर्म ने उन्हें उदारवादी-मानवतावादी बनाया।

लगभग 17 भाषाओं के ज्ञान के कारण राजा राममोहन राय विभिन्न धर्मों-हिन्दू, मुस्लिम, ईसाई व यहूदी-के आधारभूत धर्मग्रन्थों को पढ़ने में सफल हुए। अरबी-फ़ारसी भाषा के ज्ञाता होने के कारण ही वे मूल कुरान के साथ-साथ युक्लिड की ज्यामिति एवं अरस्तू के अरबी अनुवाद का अध्ययन करने में सफल हुए। इसके अतिरिक्त मुताजिलों, मुवाहिदियों व सूफी साहित्य की रचनाओं का गहन अध्ययन-मनन भी उन्होंने किया था। उनके एकेश्वरवाद पर कुरान व बाइबिल का प्रत्यक्ष प्रभाव देखा जा सकता है। इसी प्रकार मुताजिलों की तार्किकता से राममोहन राय काफी प्रभावित हुए थे किन्तु सबसे बड़ा प्रभाव अंग्रेजी साहित्य का पड़ा। 'कम्पनी' की सेवा में रहते हुए उन्होंने अपने अधिकारी जॉन डिग्वी से इस भाषा का ज्ञान प्राप्त कर जब ब्रिटिश व पश्चिमी साहित्य व दर्शन का अध्ययन किया तो स्वतन्त्रता, समानता व विवेकपूर्ण दृष्टिकोण से सम्पन्न एक नवीन दुनिया उनके आँखों के समक्ष खुल गई। इस नवीन ज्ञान के आलोक में भारतीय समाज का अज्ञान व पिछड़ापन और अधिक तीक्ष्णता के साथ उद्घाटित हुआ जिसे दूर करना ही राममोहन राय के जीवन का उद्देश्य (Mission) बन गया।

इंग्लैण्ड प्रवास के अन्तर्गत उनकी मुलाकात राबर्ट ओवन से भी हुई थी लेकिन ओवन का काल्पनिक समाजवाद राजा राममोहन राय को अपने आकर्षण में नहीं बाँध सका[1] किन्तु निश्चित रूप से वे जेरमी बेंथम के विचारों से प्रभावित हुए थे। प्रो. बी.बी. मजूमदार के अनुसार, 'राममोहन राय के चिन्तन में प्राकृतिक अधिकारों के समर्थन का अभाव तथा विधियों के संहिताकरण (Codification) की माँग की पृष्ठभूमि में बेंथम का प्रभाव' स्पष्टतः परिलक्षित होता है[2]।

भारत की स्वतन्त्रता की माँग न करने के बाद भी राममोहन राय ने निरंकुश शासन के स्थान पर संवैधानिक व लोकतान्त्रिक व्यवस्था का समर्थन किया जो इस बात का संकेत है कि उन्होंने किसी न किसी रूप में ब्लैकस्टोन, मांटेस्क्यू, ह्यूम व जॉन लॉक के विचारों का भी अध्ययन किया था। प्रो. वी.पी. वर्मा के अनुसार राजा राममोहन राय पर वाल्तेयर तथा वोल्नी का भी प्रभाव प्रकट हो होता है क्योंकि वाल्तेयर के समान ही उन्होंने व्यक्तियों को चार वर्गों में विभाजित किया है-

1. जो धोखा देते हैं,
2. जो धोखा खाते हैं,
3. जो धोखा देते हैं और धोखा खाते हैं,
4. जो न तो धोखा देते हैं और न ही धोखा खाते हैं[1]।

इसके अतिरिक्त प्रो. वर्मा का यह भी मानना है कि अन्धविश्वासों के अस्तित्व व कारणों की खोज में ऐतिहासिक तत्वों की अपेक्षा मनोवैज्ञानिक तत्वों को अधिक महत्व प्राप्त होना इस तथ्य का संकेत करता है कि उन पर लॉक तथा ह्यूम का प्रभाव था।

राममोहन राय के विचारों के व्यापक विश्लेषण हेतु उनकी अधोलिखित रचनाओं का अध्ययन अत्यन्त महत्वपूर्ण होगा–

1. तुहफत-उल-मुवाहिदीन (A Gift to the Monotheists)
2. The Abstracts of the Arguments Regarding the Burning of Widows Considered as Religious Rite.
3. The Modern Encroachment on the Ancient Right of Females According to Hindu Law of Inheritance (1882).
4. The Judicial and Revenue Systems of India (1832).
5. The Indian Peasantry.
6. Remarks on Settlement in India by Europeans (1813).
7. The Precepts of Jesus (1823).
8. Appeal to the Christian Public (1823).
9. The Ideal Humanity of Jesus (1823).
10. Right of Hindus over Ancestral Property According to the Law of Bengal.
11. Vedanta Sara (1816).
12. Trust Deed of the Sabha (1828)[1]

राममोहन राय के विचारों को प्रस्तुत करने से पूर्व उन वैचारिक चुनौतियों को

जानना महत्वपूर्ण होगा जिसका सामना भारतीय समाज कर रहा था और जिससे स्वयं राममोहन राय को जूझना था। 1818 ई. के चतुर्थ व अन्तिम आंग्ल–मराठा युद्ध के बाद ब्रिटिश सत्ता ने भारत के बड़े भू–भाग पर अपना प्रभुत्व स्थापित कर लिया। ये अंग्रेज अपने साथ ज्ञानोदय, प्रकृतिवाद और 19वीं शताब्दी के प्रत्यक्षवाद (Enlightenment, naturalism and ninteenth century's positivism) ले आए थे। मुग़लों की धर्म व संस्कृति अलग तो थी लेकिन उसने भारतीय हिन्दू समाज में नवीन चिन्तन को उद्वेलित नहीं किया, जबकि अंग्रेजों के सम्पर्क के उपरान्त भारतीय समाज को अपनी परम्परागत मान्यताओं के पुनर्निरीक्षण के लिए विवश होना पड़ा। ये चुनौतियाँ मूलतः तीन क्षेत्रों में थीं[2]–

1. एक चुनौती उस भारतीय नैतिक दृष्टिकोण व व्यवहारों की थी जिसमें जातीय–भेदभाव जैसी व्यवस्थाएँ प्रचलन में थीं। अंग्रेज स्वतंत्रता, समानता व व्यक्ति के अधिकारों की बात कर रहे थे।

2. दूसरी चुनौती हिन्दू धर्म को मिली। पश्चिमी विद्वानों को लगता था कि ईसाई धर्म के सरल व स्पष्ट स्वरूप के विपरीत हिन्दू धर्म कठिनता से समझ में आने वाले विश्वासों की एक अव्यवस्था (Barely intilligible chaos of beliefs) है।

3. भारतीयों को उस दार्शनिक व्यवस्था से भी चुनौती मिली जो वास्तविकता की व्याख्या प्राकृतिक या यथार्थवादी शब्दावली में (In naturalistic terms) करना चाहता था। उसे "चिन्तनात्मक अन्तःज्ञान या ज्ञान तक रहस्यात्मक पहुँच" के सहारे की ज़रूरत नहीं थी।

जहाँ तक भारतीय बुद्धिजीवी वर्ग का प्रश्न है, उनकी स्थिति अत्यधिक विचित्र थी। वे भारतीय सामाजिक व धार्मिक मापदण्डों, आदर्शों तथा मान्यताओं में परिवर्तन की आवश्यकता महसूस करते थे परन्तु परम्पराओं के बंधन से स्वयं भी पूरी तरह मुक्त नहीं थे, उन्हें पश्चिम की धर्मनिरपेक्ष दृष्टि आकर्षित करती थी लेकिन वे जिस परिवेश में रह रहे थे वह व्यापक रूप से धार्मिक था। इस स्थिति में ही राजा राममोहन राय का आगमन होता है जो ब्रिटिश चिन्तन की तार्किकता, ईसाई धर्म की नैतिक मान्यताएँ तथा ज्ञानोदय की प्रवृत्तियों से प्रभावित थे। उन्होंने परम्परागत भारतीय समाज को आधुनिक युग की मान्यताओं के अनुरूप बदलने का संकल्प लिया, किन्तु प्राचीन हिन्दू परम्परा की पूर्ण उपेक्षा द्वारा नहीं, अपितु प्राचीन व आधुनिक विश्वासों के तर्कपूर्ण सामंजस्य के माध्यम से। उन्होंने वेदों, बाइबिल, उपनिषदों, गीता व कुरान को अपने सुधारवादी प्रयत्नों का आधार बनाया।

राममोहन राय के धर्म सम्बन्धित विचार

(Rammohan Roy's Idea About Religion)

ईसाई धर्म व इस्लाम के दर्शन का साक्षात्कार करने के उपरान्त राजा राममोहन राय के लिए हिन्दुत्व की पुनर्व्याख्या करना आवश्यक प्रतीत होने लगा। बाल गंगाधर तिलक के विपरीत उनका विश्वास है कि भारतीय समाज में राजनीतिक जागृति उत्पन्न करने के लिए उन सामाजिक और धार्मिक कुरीतियों को समाप्त करना नितान्त आवश्यक है जो राजनीतिक सुधार को भी बाधित करती हैं। जड़ता को खत्म किए बगैर गतिशीलता असंभव है।

बहुदेववाद का खण्डन

इस दिशा में सर्वप्रथम उन्होंने हिंदू धर्म के बहुदेववाद अर्थात् 'अनेकीश्वरवाद' (Polytheism) का खण्डन किया। अपने अध्ययन व अनुभव के आधार पर वे इस निष्कर्ष पर पहुँचे कि हिन्दू समाज में स्वीकृत बहुदेववाद की मान्यता से न सिर्फ विभिन्न प्रकार की धार्मिक पद्धतियों व विविध अनुष्ठानों का विकास हुआ है अपितु साथ-साथ अनेक धार्मिक सम्प्रदायों में विभाजित होने के कारण हिन्दू समाज की 'एकता' भी ध्वस्त हो चुकी है। इस्लाम में 'तौहीद' (ईश्वर की एकता) की अवधारणा तथा ईसाई धर्म में एकमात्र ईश्वर की परिकल्पना ने राममोहन राय को एकेश्वरवाद की तरफ बढ़ने के लिए प्रोत्साहित किया। सूफी साहित्य में भी उन्हें एकेश्वरवाद के दर्शन हुए क्योंकि सूफी दर्शन मानता है कि "अल्लाह एक है, यह सृष्टि उसके द्वारा निर्मित है और उसी में निहित है।" राममोहन राय ने एकेश्वरवादी दर्शन (Monotheism)को फ़ारसी (Persian) में रचित पुस्तक-'तुलफत-उल-मुवाहिदीन' के माध्यम से प्रस्तुत किया[1]।

उन्होंने तथ्यात्मक ढंग से इस स्थापना को लोकप्रिय बनाने का प्रयास किया कि सभी धर्म एक विश्वव्यापी धर्म के अंग हैं व तात्विक दृष्टि से एक हैं। इस एकता का मूलाधार यह है कि ईश्वर एक और केवल एक है जिसे अलग-अलग धर्मों में पृथक-पृथक संज्ञाएँ (नाम) प्राप्त हैं। 'बौद्धिकता से रहित' धर्मों को छोड़कर प्राय: सभी धर्मों व समाजों में एक ईश्वर की मान्यता में विश्वास किया जाता है।

इस प्रकार राममोहन राय मानते है कि हिन्दू समाज द्वारा बहुदेववाद में विश्वास करना उस समाज व धर्म के 'अतार्किकता तथा अन्धविश्वास' से जुड़ जाने का प्रमाण है जिसके फलस्वरूप भारतीय समाज अनेक धार्मिक सम्प्रदायों में विभक्त हो चुका है, जबकि दुनिया के अन्य समाजों की स्थिति अलग है। वे कहते हैं-'मैंने विश्व के दूरस्थ भागों की यात्राएं की...। और मैंने पाया कि वहाँ के निवासियों में उस एक

ईश्वर के अस्तित्व में विश्वास के प्रति सामान्य सहमति है, जो इस जगत् के निर्माण का स्रोत तथा इसका शासनकर्ता है।'' ''मैं इस निष्कर्ष पर पहुँचा हूँ कि मनुष्यों में एक शाश्वत सत्ता के प्रति सामान्य झुकाव पाया जाता है और यह (निष्कर्ष) मानवता के समस्त व्यक्तियों पर समान रूप से लागू होता है[1]। अतः हिन्दू समाज को भी एकेश्वरवाद की मान्यताओं को स्वीकार कर लेना चाहिए।

इसका यह अर्थ नहीं है कि वे एकेश्वरवादी अवधारणा का प्रतिपादन केवल ईसाई धर्म के प्रभाव में कर रहे थे। वे बाइबिल पढ़ने से पूर्व कुरान व सूफी साहितय पढ़ चुके थे और 'तौहीद' अर्थात 'ईश्वर की एकता' एवं एक अल्लाह की धारणा से परिचित हो चुके थे[2]। वाराणसी से संस्कृत का ज्ञान प्राप्त करने के उपरान्त वे प्राचीन धर्म साहित्य व ग्रंथों का अवलोकन करने एवं इस्लाम व ईसाई धर्म से उसकी तुलना करने में सफल हुए। उन्होंने विशेषतः उपनिषदों तथा 'गीता' का अध्ययन किया। वेदान्त के माध्यम से भी वे एकेश्वरवाद पर विश्वास करने लगे। उनके अनुसार 'ब्रह्म' *(Brahman)* ही एकमात्र सत्य है। व्यक्ति की 'आत्मा' (Atman) इसी 'ब्रह्म' का एक अंश है अतः दोनों अलग-अलग दृष्टिगत होने पर भी एक हैं। ईश्वर शाश्वत, एकल तथा अकथनीय (Ineffable) है। अपने अज्ञान *(avidhya)* के कारण ही व्यक्ति ईश्वर के 'अभेदत्व' को समझ नहीं पाते[3]।

फिर भी यह निर्विवाद रूप से सत्य है कि ईसाई धर्म ग्रन्थों के अध्ययन के बाद उन्हें ईसा मसीह की शिक्षाओं तथा ईसाई नैतिकता से विशेष लगाव हो गया। स्वयं उनके ही शब्दों में, ''मेरी जानकारी में जितने भी धर्म सिद्धान्त हैं, उनमें से ईसा मसीह के सिद्धान्तों को मैंने नैतिकता के अधिक अनुरूप तथा बुद्धिजीवियों के अधिक अनुकूल पाया है।'' राममोहनराय ईसाई धर्म की निम्नलिखित मान्यताओं के पूर्ण समर्थक हैं–

1. मनुष्य को ईश्वर पर विश्वास–पूर्ण विश्वास–रखना चाहिए तथा उसकी पूजा सच्चे हृदय से करनी चाहिए।

2. प्रत्येक व्यक्ति से प्रेम करना चाहिए तथा सबको अपना भाई-बंधु मानकर उनके अपराधों को क्षमा कर देना चाहिए।

3. कर्म-काण्ड के स्थान पर पवित्र व सरल आचरण अपनाना चाहिए व नैतिकता का दृढ़ता से पालन करना चाहिए।

ईसाई धर्म के प्रति व्यापक आस्था रखने के बावजूद राममोहन राय न तो हिन्दू धर्म का उन्मूलन चाहते है और न ही हिन्दू समाज का ईसाईकरण ही उन्हें पसन्द हैं। वस्तुतः वे एक तार्किक व्यक्तित्व के स्वामी हैं और चाहते हैं कि हिन्दू धर्म की असंगत

व अतार्किक मान्यताएँ परिवर्तित होकर अपने शुद्ध व वास्तविक स्वरूप को ग्रहण करें। ईसाई धर्म को भी उन्होंने एक आलोचनात्मक दृष्टि से ही विश्लेषित किया। वे ईसा मसीह को दिव्य मानने से इंकार करते हैं। इसी प्रकार 'पिता, पुत्र व पवित्र चेतना' (Father, Son and Holy Ghost)[2] के 'त्रिमूर्ति' के सिद्धान्त को भी राजा राममोहन राय स्वीकार नहीं कर सके।

'एक' निराकार, शाश्वत व दयालु ईश्वर की विचारधारा के प्रचार-प्रसार हेतु सिर्फ सैद्धान्तिक तर्क ही नहीं अपितु व्यावहारिक प्रयत्न की भी आवश्यकता थी। इसके लिए राममोहन राय ने 1815 ई. आत्मीय सभा, 1821 ई. में कलकत्ता एकेश्वरवादी संघ तथा 1828 ई. में ब्रह्म समाज की स्थापना की। सौभाग्य से उन्हें विलियम गेट्स व विलियम एडम जैसे उदार व सहयोगी ईसाई मिशनरी भी मिले जिन्होंने भरपूर सहयोग प्रदान किया। मैक्समूलर के अनुसार विलियम एडम तो इतने प्रभावित थे कि वे स्वयं ही एकेश्वरवादी हो गए।[2]

बहुदेववाद का खण्डन करने के उपरान्त राममोहन राय ने मूर्तिपूजा (Idolatry) को अपनी आलोचना का केन्द्र बनाया। ऐसा नहीं है कि वे केवल हिन्दू धर्म में प्रचलित मूर्तिपूजा का विरोध करते हैं बल्कि वे सामान्य रूप से इस अवधारणा के ही विरोधी हैं कि मूर्तिपूजा धर्मानुकूल है। इसीलिए उन्होंने तिब्बत यात्रा के अन्तर्गत बौद्धों द्वारा किए जाने वाले बुद्ध की मूर्ति की आराधना को बौद्ध धर्म के प्रतिकूल बताकर आलोचना की क्योंकि महात्मा बुद्ध कर्मकाण्ड व मूर्तिपूजा के प्रबल विरोधी थे। जहाँ तक हिन्दू धर्म का प्रश्न है उसकी स्थिति तो और भी विचित्र थी क्योंकि बौद्ध धर्म तो बुद्ध की मूर्ति तक ही सीमित था जबकि हिन्दू धर्म में प्रत्येक देवता की मूर्तिपूजा की जाती है[3]। सामान्यतः मूर्तिपूजा के समर्थकों द्वारा इसके पक्ष में दो तर्क प्रस्तुत किए जाते थे-

1. अलग-अलग देवताओं की मूर्तियों का पूजन एकेश्वरवाद के प्रतिकूल नहीं है क्योंकि परम ब्रह्म एक है।

2. मूर्तिपूजा से कोई नुकसान नहीं है। मूर्ति ध्यान के केन्द्रण में सहायक होती है। राजा राममोहन राय का प्रत्युत्तर यह था कि आध्यात्मिक स्तर पर स्वीकृत 'ब्रह्म' की अवधारणा उस समय प्रभावहीन प्रमाणित होती है जब हम पाते हैं कि हिन्दुओं और उनके विभिन्न सम्प्रदायों के अपने पृथक देवी-देवता हैं जिनका अन्य देवताओं से स्वतंत्र अस्तित्व है। अतः इसे एकेश्वरवाद के अनुकूल सिद्ध नहीं किया जा सकता। उनके अनुसार मूर्तिपूजा न केवल एक ग़ैर वैदिक परम्परा है अपितु यह हानिकारक भी है क्योंकि यह विविध धार्मिक सम्प्रदायों व उनके समर्थकों में संघर्ष का कारण बनती है। राजा राममोहन राय के शब्दों में 'अनेकानेक सम्प्रदायों में विभाजित' ये

भक्तगण अपने मान्यताओं से इतनी दृढ़ता से सम्बद्ध होते हैं कि हरिद्वार जैसे पवित्र धार्मिक स्थलों पर भी ये अपनी वरीयताओं का परित्याग नहीं कर पाते और आमना-सामना होने पर संघर्ष व अपशब्दों का आदान-प्रदान करने लगते हैं। अपनी संस्था 'ब्रह्म समाज' के माध्यम से राममोहन राय ने मूर्तिपूजा के विरुद्ध आवाज़ उठाई और आजीवन इस बुराई के विरुद्ध संघर्ष करते रहे। उन्होंने अलग-अलग मूर्तियों की पूजा के स्थान पर ईसाई समाज में प्रचलित सामूहिक प्रार्थना की परम्परा को स्वीकार करने का आह्वान किया।

कर्मकाण्ड एवं पुरोहितवाद का खण्डन–

वास्तव में राममोहन राय का सम्पूर्ण प्रयास इस ध्येय से प्रेरित था कि हिन्दू समाज जीवन के अन्य क्षेत्रों के समान धार्मिक क्षेत्र में भी तार्किक दृष्टिकोण अपनाएं अन्यथा अन्धविश्वासों से मुक्ति सम्भव नहीं है। वे लोगों को नास्तिक बनाना अथवा धार्मिक परम्पराओं में उनकी आस्था को कमज़ोर करना नहीं चाहते किन्तु वे यह भी जानते हैं कि समय के प्रवाह के साथ हिन्दू धर्म में कुछ ऐसी अबौद्धिक परम्पराओं का समावेश हो गया है जिनके उन्मूलन के बिना वास्तविक 'आनन्द' की प्राप्ति नहीं हो सकती। इसके लिए आवश्यक है कि सही व ग़लत धार्मिक मान्यताओं के अन्तर को पहचाना जाए और सही परम्परा का पालन किया जाए, तभी व्यक्ति व समाज 'सुखी व प्रसन्न' रह सकेंगे। अत: धार्मिक मामलों में भी विवेक का प्रयोग ज़रूरी है और केवल उन्हीं परम्पराओं को अपनाना चाहिए जो तर्कपूर्ण हों तथा सच्चे धर्म की कसौटी पर खरी उतरती हों। राममोहन राय के शब्दों में, "उन व्यक्तियों का समाज सुखी होता है जो... किसी के भी प्रति पक्षपात रहित होकर, विभिन्न व्यक्तियों द्वारा स्वीकृत धर्म के विविध सिद्धान्तों की सत्यता एवं असत्यता के अन्वेषण के लिए अधिकतम संभव सीमा तक प्रयत्न करते हैं।[1]"

इस प्रकार आनन्द की प्राप्ति हेतु एक सच्चे आस्तिक को सच्चे धर्म की अनुपालना करनी चाहिए। इसके लिए उसके पास एक तर्कपूर्ण आलोचनात्मक दृष्टि होनी चाहिए ताकि वह उन आधारभूत मान्यताओं का भी सूक्ष्म निरीक्षण कर सके जो समाज में सर्वमान्य हैं क्योंकि संभव है कि सर्वमान्य धार्मिक परम्पराएँ भी तार्किक दृष्टि से असत्य हों। उनका यह विचार उन्हें ज्ञानोदय की मूल चेतना से जोड़ देता है।

अन्तत: राजा राममोहन राय के उस विचार को प्रस्तुत करना भी आवश्यक है जिसमें उन्होंने **पुरोहितवाद का खण्डन** किया है। इस बिन्दु पर उनके विचारों में धर्म-सुधार आन्दोलन (Reformation) की प्रतिध्वनि सुनाई देती है। मार्टिन लूथर ने चर्च व पादरी वर्ग का विरोध करते हुए प्रतिपादित किया था कि एक व्यक्ति बाइबिल द्वारा निर्देशित पथ का अनुसरण करते हुए स्वयं ही ईश्वर से सम्पर्क कर सकता है

एवं ईश्वर के कृपा (Grace of God) की प्राप्ति कर सकता है उसे चर्च या पोप के मध्यस्थता की ज़रूरत नहीं है। राममोहन राय भी इस बात का समर्थन करते हैं अर्थात् उनकी मान्यता है कि ईश्वर के आराधना की लिए मूर्ति या पुजारी की आवश्यकता नहीं है। ईश्वर दयालु है और वह व्यक्तियों से दयालुता, सादगी व सरलता की माँग करता है, कर्मकाण्ड, चमत्कार या हिंसा की नहीं।

राममोहन राय इस तथ्य से अत्यन्त क्षुब्ध तथा चिन्तित हैं कि हिन्दू समाज में कुछ व्यक्ति 'चमत्कारी' होने का दावा करके साधारण जनमानस की धार्मिक आस्थाओं का शोषण करते हैं। उन्होंने हिन्दू धर्म के अनुयायियों को सावधान करते हुए कहा कि स्वयं ईश्वर भी किसी असंभव वस्तु का निर्माण नहीं कर सकता और न ही अपनी अलौकिक शक्तियों के प्रदर्शन के लिए वह किसी व्यक्ति को माध्यम बनाता है। सम्पूर्ण घटनाएँ 'कार्य-कारण संबंध' की प्रतिफल होती हैं। यदि बौद्धिक दृष्टि से कारणों का समझा जाए तो कोई भी व्यक्ति इस निष्कर्ष पर पहुँच जाएगा कि चमत्कार (Miracle) या अप्राकृतिक घटनाएँ हमारे अज्ञान एवं अनुभवहीनता का परिणाम हैं। वास्तव में राममोहन राय हिन्दू समाज में जादू-टोना व तन्त्र-मन्त्र के प्रभाव को समाप्त करना चाहते हैं। व्यक्ति अपनी विभिन्न इच्छाओं की पूर्ति के लिए तथाकथित तान्त्रिकों व चमत्कारियों के पास जाते हैं और मूर्ख बनते हैं।

वे एक ऐसे धर्म का विकास चाहते थे जो उसके अनुकरणकर्ताओं को सम्पूर्ण संकीर्णताओं से मुक्ति प्रदान करे तथा जाति, धर्म, रंग व स्थान के भेदभाव से ऊपर उठकर व्यक्ति, एक-दूसरे के कल्याण व समृद्धि के लिए प्रयत्नशील हों, न कि निजी स्वार्थ के लिए। इसीलिए उन्हें सूफीमत की निम्नलिखित शिक्षाएँ बहुत आकर्षित करती थीं-इनका वे अक्सर उल्लेख करते थे-

1. ईश्वर दयालु एवं पितातुल्य है। तुम भी अपने मित्रों के प्रति दयालुता और शत्रुओं के प्रति सज्जनता का व्यवहार करो।

2. ईश्वर अल्लाह एक है और वही सत्य है।

3. सभी धर्म एक सत्य धर्म के अंश हैं।

4. मानवता की सेवा ही ईश्वर की सेवा है।

संक्षेप में, वे चाहते हैं कि हिन्दू धर्म में इस प्रकार सुधार किया जाए कि अन्य धर्मों के साथ इसका अन्तर्विरोध समाप्त हो जाए तथा यह धर्म सच्चे अर्थों में मानवतावादी धर्म का स्वरूप धारण कर सके।

❑❑❑

10

स्वामी दयानन्द सरस्वती

स्वामी दयानन्द सरस्वती, जिनका वास्तविक नाम मूलशंकर था, विख्यात विचारक कार्ल मार्क्स (1818–1883 ई.) के समकालीन थे। मार्क्स के लिए धर्म एक नशा है–एक ऐसा नशा जो व्यक्ति को वास्तविकता से दूर कर देता है। दयानन्द सरस्वती के लिए धर्म व्यक्ति व समाज का प्राणतत्व है जिससे पृथक होकर उनका जीवन तार–तार हो जाएगा। लेकिन यहाँ धर्म से तात्पर्य सच्चे धर्म से है, कर्मकाण्ड या अन्धविश्वास से नहीं; स्व–धर्म से है, विदेशी धर्म से नहीं।

सामाजिक एवं शैक्षिक दर्शन

(Social and Education Philosophy)

स्वामी दयानन्द और उनके द्वारा स्थापित संस्था–आर्य समाज–का एक महत्वपूर्ण लक्ष्य यह था कि तत्कालीन भारतीय सामाजिक व्यवस्था के अराजक स्वरूप को सुव्यवस्थित संरचना में परिवर्तित कर दें। एक बार पुन: वे वेदों की तरफ ही लौटते हैं किन्तु आर्ष साहित्य को आदर्श सामाजिक व्यवस्था का आधार बनाने के बावजूद उनका दृष्टिकोण अद्‌भुत रूप से आधुनिक है।

वर्णाश्रम का समर्थन

वे वर्णाश्रम धर्म का समर्थन करते हैं। दूसरे शब्दों में, वे चाहते हैं कि ब्रह्मचर्य, गृहस्थ, वानप्रस्थ एवं सन्यास की वैदिक परम्परा तथा ब्राह्मण, क्षत्रिय, वैश्य व शूद्र वर्णों की सामाजिक व्यवस्था पुनः सच्चे अर्थों में स्थापित हो। वर्ण व्यवस्था के समर्थक के रूप में कई लोग उन्हें प्रतिक्रियावादी या अनुदारवादी कहने की भूल कर सकते हैं परन्तु दयानन्द सरस्वती 19वीं शताब्दी में प्रचलित वर्ण व्यवस्था का समर्थन नहीं करते। वे जन्म पर आधारित वर्ण विभाजन को वेद–विरुद्ध मानकर अस्वीकार करते हैं। किसी व्यक्ति को इसलिए ब्राह्मण नहीं माना जा सकता कि उसके माता–पिता ब्राह्मण थे, बल्कि पूर्ण विद्या और उत्तम गुण–कर्म, स्वभाव से युक्त होने से उसे ब्राह्मण कहा जाएगा। इसी प्रकार जो व्यक्ति गुणहीन या मूर्ख है वह शूद्र कहलाता है, चाहे उसका जन्म किसी भी कुल में हुआ हो। 'आपस्तंब सूत्र' का प्रमाण देते हुए दयानन्द सरस्वती कहते हैं कि–"धर्माचरण से, निकृष्ट वर्ण भी अपने से उत्तम–उत्तम वर्ण को प्राप्त होता है और वह उसी वर्ण में गिना जाए जिसके योग्य हो।" इसी प्रकार "अधर्माचरण से, उत्तम वर्ण वाले मनुष्य अपने से नीचे–नीचे वाले वर्ण को प्राप्त होते हैं।" मनु ने भी कहा है कि "जो व्यक्ति शूद्र कुल में उत्पन्न होकर ब्राह्मण, क्षत्रिय और वैश्य के समान गुण, कर्म व स्वभाव वाला हो तो वह शूद्र ब्राह्मण, क्षत्रिय और वैश्य हो जाएँ।"

अस्पृश्यता का विरोध

स्वामी दयानन्द के अनुसार कोई अस्पृश्य नहीं होता क्योंकि चारों वर्ण परमात्मा की रचनाएँ हैं। अतः जातीय भेदभाव अर्थात् जन्माधारित श्रेष्ठता और निम्नता की वर्तमान अवधारणा असत्य व अन्याय की प्रतीक है। जैसा कि सर्वविदित है कि उत्तर–वैदिक काल से शूद्रों को वेदों के अध्ययन व श्रवण से दूर कर दिया गया था लेकिन दयानन्द सरस्वती शूद्र वर्ण के सदस्यों के अधिकार व समानता का समर्थन करते हुए कहते हैं कि "क्या परमेश्वर शूद्रों का भला करना नहीं चाहता? क्या ईश्वर पक्षपाती है जो वेदों का पढ़ने–सुनने से शूद्रों को निषेध करे और द्विजों (ब्राह्मण, क्षत्रिय, वैश्य) के लिए विधि करे? यदि परमेश्वर का यही अभिप्राय होता कि शूद्रादि वेदों का अध्ययन या श्रवण न करें तो उनके शरीर में बोलने और सुनने की इन्द्रियाँ (अर्थात् मुख व कान) क्यों प्रदान करता?" शूद्र वर्ण को अन्य वर्णों के समान स्वीकार करने का विचार उस युग के दृष्टिकोण से अत्यन्त क्रान्तिकारी था। **महात्मा गाँधी** भी इस संदर्भ में प्रशंसा करते हुए कहते हैं कि "स्वामी दयानन्द हमारे लिए जो समृद्ध विरासतें छोड़ गए हैं, उसमें से, अस्पृश्यता के विरुद्ध स्पष्ट घोषणा, निःसंदेह एक है।" स्वामी दयानन्द सरस्वती स्त्री–पुरुष समानता के प्रबल समर्थक हैं। जिस प्रकार प्लेटों ने एथेंस के पुरुष प्रधान समाज में स्त्रियों को पुरुषों के समान अधिकार व कर्तव्य प्रदान किए

जाने का समर्थन किया था, उसी प्रकार स्वामी दयानन्द भी नारी मुक्ति के महान प्रवर्तक के रूप में सामने आते हैं। उन्होंने पारिवारिक व सामाजिक दोनों ही स्तरों पर स्त्रियों को पुरुषों के समान अधिकार व अवसर प्रदान करने का समर्थन किया। तत्कालीन भारतीय समाज स्त्रियों को शिक्षा व वेद-अध्ययन से वंचित रखता था। दयानन्द का कहना है कि बालकों के समान ही बालिकाओं को भी अनिवार्य रूप से शिक्षा प्राप्त होनी चाहिए। उनके अनुसार, "यह शासक का कर्तव्य है कि वह प्रत्येक व्यक्ति के लिए अनिवार्य शिक्षा को सुनिश्चित करे तथा इसका उल्लंघन करने वाले माता-पिता को दण्डित करे।"

जहाँ तक स्त्रियों द्वारा वेद के अध्ययन पर प्रतिबंध का प्रश्न है, यह प्रतिबंध भी अनुचित है क्योंकि 'श्रोतसूत्रादि' में स्पष्टतः कहा गया है कि - "**इमं मन्त्रं पत्नी पठेत्** अर्थात् इस मंत्र को स्त्री (यज्ञ में) पढ़े। दयानन्द का कहना है कि इससे प्रमाणित होता है कि स्त्रियों को वेद पढ़ने का अधिकार है क्योंकि "यदि स्त्री वेदादि शास्त्रों का अध्ययन न की होगी तो यज्ञ में सस्वर मन्त्रों का उच्चारण और संस्कृत भाषण कैसे कर सकती है? शतपथ ब्राह्मण में यह स्पष्ट लिखा है कि भारतवर्ष की स्त्रियों में भूषणरूप गार्गी वेदादि शास्त्रों को पढ़कर पूर्ण विदुषी हुई थीं। वे सार्वजनिक जीवन में भी स्त्रियों को पुरुषों के समान मानते थे। स्त्रियाँ पुरुषों की भाँति अध्यापन, युद्ध, राजकार्य व न्यायाधीश का कार्य संपादित कर सकती हैं। इतिहास प्रमाण है कि कैकेयी ने दशरथ के साथ मिलकर अपने शत्रुओं से संग्राम किया था। इसी प्रकार गृह प्रबंध व पारिवारिक खर्च में उन्हें पूर्ण अधिकार होना चाहिए।

बाल-विवाह

दयानन्द सरस्वती बाल-विवाह का भी विरोध करते हैं। वे पराशर और काशीनाथ जैसे विद्वानों के इस तर्क को स्वीकार नहीं करते कि कन्याओं का विवाह आठवें, नवें या अधिकतम दसवें वर्ष में अवश्य कर देना चाहिए। दयानन्द के अनुसार विवाह के समय स्त्री की आयु कम से कम सोलह वर्ष और पुरुष की न्यूनतम पच्चीस वर्ष होनी चाहिए। उन्होंने अवस्था के अनुरूप विवाह को कई श्रेणियों में विभक्त किया है-

	स्त्री की उम्र	**पुरुष की उम्र**	**विवाह श्रेणी**
1.	16 वर्ष	25 वर्ष	निकृष्ट
2.	18-20 वर्ष	30-40 वर्ष	मध्यम
3.	24 वर्ष	48 वर्ष	उत्तम

इस संदर्भ में सर्वाधिक महत्वपूर्ण तथ्य उनकी यह अवधारणा है कि विवाह में माता-पिता की इच्छा से अधिक वरीयता लड़का-लड़की की सहमति को मिलना चाहिए। उनके शब्दों में, "लड़का-लड़की के अधीन विवाह होना उत्तम है। जो माता-पिता कभी विवाह का विचार करें तो भी विवाह लड़का-लड़की की प्रसन्नता के बिना नहीं होना चाहिए। विवाह में मुख्य प्रयोजन वर और कन्या का है, माता-पिता का नहीं, क्योंकि उनमें परस्पर प्रसन्नता रहने से सुख और विरोध होने पर उन्हीं को दुःख होता हैं।"

विधवा-विवाह

उनके युग में विधवा-विवाह एक नितान्त विवादित प्रश्न था। राममोहन राय ने विधवा-विवाह का शर्तहीन समर्थन किया था लेकिन स्वामी दयानन्द ने विधवा स्त्री को पूर्ण सम्मान प्रदान करने के बाद भी द्विजों (ब्राह्मण, क्षत्रिय व वैश्य) में विधवा-विवाह का निषेध किया है क्योंकि वैदिक नियमों के अनुसार "द्विजों में स्त्री और पुरुष का एक ही बार विवाह होना चाहिए, द्वितीय बार या अनेक बार नहीं[1]।" साथ ही कुमार और कुमारी का ही विवाह होना चाहिए। विधवा का कुमार पुरुष या सधवा (वह पुरुष जिसकी स्त्री का देहान्त हो चुका हो) का विवाह कुमारी कन्या से करना अन्याय अर्थात् अधर्म है। हाँ, द्विजी वर्णों के संतानहीन विधवा स्त्री या सधवा पुरुष परस्पर नियोग के माध्यम से संतान उत्पन्न कर सकते हैं। लेकिन शूद्र वर्ण में विधवा-विवाह संभव है। सामान्य रूप से दयानन्द सरस्वती निम्नलिखित कारणों से पुनर्विवाह का विरोध करते हैं-

1. स्त्री-पुरुष में प्रेम कम हो जाता है क्योंकि वे इच्छानुसार नया सम्बन्ध (विवाह) करने के लिए स्वतन्त्र हो सकते हैं।
2. दूसरे विवाह के पूर्व स्त्री अपने पहले पति या पति अपनी प्रथम स्त्री के धन को लेकर भागने का प्रयास करता है, जिससे संबंधित परिवारों में कलह (झगड़ा) होता है।
3. बहुत से भद्र (कुलीन) पुरुषों के कुल (वंश) का नाम व चिह्न नष्ट हो जाता है तथा उनकी सम्पत्ति (पदार्थ) भी छिन्न-भिन्न हो जाती है।
4. पतिव्रत व स्त्रीव्रत धर्म नष्ट हो जाता है।

शिक्षा

दयानन्द सरस्वती शिक्षा के क्षेत्र में भी सार्वभौम समानता के सिद्धान्त को स्थापित करना चाहते थे। उनके अनुसार समाज में "यह राज-नियम व जाति नियम

होना चाहिए कि पाँचवें अथवा आठवें वर्ष से आगे अपने लड़कों और लड़कियों को घर में न रखें, पाठशाला में अवश्य भेज दें। पाठशालाएँ ग्राम या शहर से एक योजन अर्थात् चार कोस दूर हों। जहाँ सबको एक समान वस्त्र, भोजन और आसन दिए जाएँ, चाहे वे राजकुमार हों या राजकुमारी, चाहे दरिद्र की संतान हों, सबको तपस्वी होना चाहिए। "साथ ही माता-पिता अपनी संतानों या संतान अपनी माता-पिता से न मिल सकें।" सभी वर्णों के बालक-बालिकाओं को ब्रह्मचर्य का पालन करते हुए अपने वर्ण व कर्म के अनुरूप आवश्यक समस्त विद्याओं की शिक्षा प्राप्त करनी चाहिए क्योंकि "जब सब वर्णों में विद्या व सुशिक्षा होती है तब कोई भी पाखण्ड रूप, अधर्मयुक्त, मिथ्या व्यवहार को नहीं चला सकता।" इस प्रकार दयानन्द सरस्वती ने शिक्षा-क्षेत्र में लिंग-भेद, जाति-भेद व सम्पत्ति भेद को पूर्णतः अस्वीकार कर दिया।

संक्षेप में दयानन्द चाहते हैं कि "प्रत्येक व्यक्ति अविद्या का नाश और विद्या की वृद्धि करे तथा इस विद्या का उपयोग इस प्रकार करे कि इससे न सिर्फ व्यक्ति का स्व-विकास हो अपितु सामान्य रूप से समस्त समाज की उन्नति हो।"

राजनीतिक चिन्तन
(Political Thought)

दयानन्द सरस्वती के राजनीतिक विचारों के विश्लेषण से पूर्व यह जानना ज़रूरी है कि वे उन अर्थों में मौलिक राजनीतिक चिन्तक नहीं हैं जिन अर्थों में उनके समकालीन प्रधां, बाकूनिन या कार्ल मार्क्स को स्वीकार किया जाता है। उन्होंने वेदों और मूलतः मनुस्मृति में वर्णित राजनीतिक व्यवस्था को श्रेष्ठ मानते हुए उसे पुनर्स्थापित करने का समर्थन किया। **सत्यार्थ प्रकाश के छठवें समुल्लास में जिन राजनीतिक विचारों को प्रस्तुत किया गया है वे अधिकांशतः मनु के राजनीतिक विचार ही हैं जिसमें उन्होंने चक्रवर्ती सम्राट का विचार अपनी तरफ से जोड़ दिया है।** उदाहरणार्थ-राजा के कर्तव्य, दिनचर्या, मन्त्रियों की नियुक्ति एवं योग्यता, युद्ध एवं युद्ध का संचालन, दण्ड व्यवस्था, कर व्यवस्था व न्याय पर दोनों समान विचार रखते हैं। **अतः यहाँ दयानन्द सरस्वती के केवल उन्हीं राजनीतिक मान्यताओं का उल्लेख किया जाएगा जो मनु के विचारों से पृथक है** क्योंकि 'मनु' के अध्याय में इनका विस्तृत वर्णन किया जा चुका है। फिर भी जैसा कि **प्रो. बिमान बिहारी मजूमदार** का मानना है-"आधुनिक समय में स्वामी दयानन्द ही सर्वप्रथम आर्यों की राजनीति का व्यापक चित्रण प्रस्तुत करते हैं। वेदों, ब्राह्मण ग्रन्थों, उपनिषदों और धर्मशास्त्रों से चयनित उद्धरणों के आधार पर वे भारत की प्राचीन राजनीतिक विचार शृंखला को पुनर्प्रकाशित करते हैं।"

दयानन्द सरस्वती से पहले राजा राममोहन राय ने वास्तविक धर्म के आधार को खोजने और उस आधार पर भारतीय सामाजिक व्यवस्था के विविध पक्षों को पुनर्गठित करने का प्रयत्न किया था। किन्तु भारतीय व पाश्चात्य जीवन मूल्यों के समन्वय का संतुलन उनके देहावसान के उपरान्त समाप्त होने लगा और केशवचन्द्र सेन के हाथों में ब्रह्म समाज मूलतः ईसाई मूल्यों का एकपक्षीय समर्थक बनकर रह गया। ऐसा लगता था जैसे भारत की कोई महत्वपूर्ण विरासत ही नहीं है, अतीत में ऐसा कुछ भी नहीं है जिस पर गर्व किया जा सके। उधर 1857 ई. के प्रथम स्वतंत्रता संग्राम की ज्वाला को अंग्रेजी बर्बरता ने शीघ्र ही बुझा दिया तथा देश पर शिकंजा पहले से भी कठोर कर दिया। यद्यपि शासन को उदारवादी स्वरूप प्रदान करने के लिए कम्पनी शासन का अन्त (1858 ई.) कर दिया गया और महारानी विक्टोरिया की घोषणा द्वारा ब्रिटिश व भारतीय प्रजा के साथ समान व्यवहार करने का वचन दिया गया तथापि व्यावहारिक स्तर पर अंग्रेजों का सर्वव्यापी शोषण व दमन चलता रहा। भारत सांस्कृतिक व राजनीतिक दृष्टि से सिर झुकाए खड़ा था–पूर्णतः पराभूत, सम्पूर्णतः पराधीन। इस असम्मानपूर्ण अन्धकारमय परिवेश में गुजरात के काठियावाड़ राज्य के टंकारा में एक समर्पित शैव मतावलम्बी ब्राह्मण और राजस्व अधिकारी **श्री करसन जी** एवं **अमृत बेन** के पुत्र के रूप में 15 सितम्बर, 1824 ई. को एक बालक का जन्म हुआ जिसका नाम मूलशंकर (Mulshankar) रखा गया किन्तु जिसे विश्व स्वामी दयानन्द के नाम से जानता है। मूलशंकर स्वभाव से ही जिज्ञासु था और प्रत्येक घटना को तार्किक दृष्टि से समझना चाहता था। उसकी ज़िन्दगी में निर्णायक मोड़ (Turning Point) 1838 ई. में शिवरात्रि के दिन आया जब उसने रात में अचानक एक नन्हे चूहे को, ब्रह्माण्ड के स्वामी एवं विनाशक समझे जाने वाले, भगवान शिव की मूर्ति पर उछलते-कूदते तथा पूजा-सामग्री को खाते हुए देखा। उसे लगा कि यह मूर्ति, यह शिवलिंग शक्तिहीन हैं जो एक चूहे का प्रतिरोध नहीं कर सकते। उसने अपने पिता को जगाया और शिव तथा शिवलिंग की असहाय स्थिति का रहस्य पूछा। पिता ने अपने सम्पूर्ण पौराणिक ज्ञान से पुत्र को समझाने का प्रयत्न किया लेकिन पुत्र संतुष्ट नहीं हुआ। हाँ, उसने एक सत्य जान लिया- मूर्ति पूजा अतार्किक है, पुराणों की सत्यता संदिग्ध है। यह रात्रि मूलशंकर के लिए **'बोध रात्रि'** बन गई। एक असत्य से तो मुक्ति मिली किन्तु वास्तविक प्रश्न अपनी जगह क़ायम रहा कि–पूर्ण और वास्तविक सत्य (Real Truth) क्या है?

जिस प्रकार सांसारिक वस्तुओं के प्रति उदासीन व सत्य के प्रति उत्सुक सिद्धार्थ (कालांतर में महात्मा बुद्ध) को उनके पिता शुद्धोधन ने विवाह के बन्धन में बांधने का प्रयत्न किया उसी प्रकार करसन जी ने भी मूलशंकर को गृहस्थ जीवन में प्रवेश लेने हेतु विवश करना चाहा लेकिन इस बिन्दु पर मूलशंकर तो सिद्धार्थ से भी

अधिक विद्रोही प्रमाणित हुआ। सिद्धार्थ ने यशोधरा से विवाह कर लिया तथा राहुल के पिता भी बने किन्तु मूलशंकर–एक जन्मना विद्रोही ने इस बंधन से बचने के लिए 1846 ई. में गृह–त्याग दिया सदैव–सदैव के लिए और भटकने लगे– ज्ञान की खोज में, सत्य की चाह में।

इसके लिए गुरु का मिलना बहुत ज़रूरी था। सर्वप्रथम उन्हें ब्रह्मचारी भगतराम (Bhagat Ram) मिले जिन्होंने मूलशंकर को एक नया नाम दिया–**शुद्ध चैतन्य**। लेकिन मूलशंकर संतुष्ट नहीं था। वह कुछ और चाहता था जो अधिक तार्किक हो, अधिक श्रेष्ठ हो। भटकते–भटकते वे महाराष्ट्र में **दण्डी स्वामी** अर्थात् स्वामी परमानंद सरस्वती से मिले और संन्यास धारण किया। संन्यास के उपरान्त वे स्वामी दयानन्द सरस्वती बन गए। आगामी पन्द्रह वर्षों तक वे भारत के विभिन्न भागों में घूमते रहे। उन्होंने पाया कि लोग कर्मकाण्ड व दिखावा को ही धर्म मान बैठे हैं। सच्चे धर्म का उन्हें न तो ज्ञान है और न ही अनुभव। दयानन्द के लिए आवश्यक हो गया कि वे भारतीय समाज पर आच्छादित इस असत्य, अन्धकार, अविद्या, अन्धविश्वास व कर्मकाण्डों के बादल को हटाकर धर्म के वास्तविक 'सार' को प्रकट करें ताकि भारत का और अधिक अध:पतन न हो सके। वे यह भी अच्छी तरह जानते थे कि भारत के पुनर्निमाण की शक्ति स्वयं भारत के अन्दर से लानी होगी, विदेशी साधन इसमें सहायक नहीं हो सकते। अत: दयानन्द का संघर्ष दोहरा था। एक तरफ उन्हें पश्चिमी या ग़ैर भारतीय प्रभाव से भारतीय समाज को बचाना था और दूसरी ओर भारतीय समाज में प्रचलित धार्मिक व सामाजिक अन्धविश्वासों का खण्डन करना था। इसके लिए उन्हें एक ऐसे ठोस स्रोत की आवश्यकता थी जिसे आधार बनाकर वे इस चुनौती भरे उत्तरदायित्व को पूर्णता प्रदान कर सकें। अन्तत: 1860 ई. में मथुरा के **स्वामी विरजानन्द** के चरणों में उन्हें वह स्रोत प्राप्त हुआ। यह स्रोत था–वैदिक ज्ञान। लगभग तीन वर्षों तक इस विद्वान गुरु के सान्निध्य में दयानन्द ने वेदों व उपनिषदों का गहन अध्ययन किया। 1863 ई. में मथुरा छोड़ते समय उन्होंने गुरु दक्षिणा में अपने गुरु को तीन वचन दिए–

1. समस्त विश्व में वेद ज्ञान का प्रचार करना।
2. साम्प्रदायिक आस्था तथा अनार्ष ग्रन्थों का प्रसार समाप्त करना।
3. आर्षज्ञान की दिव्य आभा को पुन: आलोकित करना[1]।

वैदिक धर्म व चिन्तन के प्रचार–प्रसार हेतु उन्होंने उत्तर भारत का गहन दौरा प्रारम्भ किया तथा समय–समय पर पुराणपंथी ब्राह्मणों एवं उनके अनुयायियों को उनके अज्ञान से मुक्त करने हेतु शास्त्रार्थ करते रहे। सर्वप्रथम उन्होंने 1867 ई. में हरिद्वार मेले में उपस्थित होकर मूर्ति पूजा व परम्परागत कर्मकाण्डों का विरोध किया। नवम्बर,

1869 ई. में उन्होंने काशी (वाराणसी, उत्तर प्रदेश) के पौराणिक पण्डितों को शास्त्रार्थ में चुनौती दी जिससे उनकी ख्याति देश भर में फैल गई क्योंकि काशी के पण्डित धर्म व ज्ञान के देवता माने जाते थे। 1872-73 ई. में दयानंद सरस्वती भारतीय पुनर्जागरण के केन्द्र कलकत्ता गए जहाँ उनकी मुलाकात 'आदि ब्रह्म समाज' के नेतृत्वकर्ता केशवचन्द्र सेन से हुई। दोनों एक साथ मिलकर कार्य करना चाहते थे परन्तु 'वेदों की निर्विवाद श्रेष्ठता' तथा 'जीव की मुक्ति व पुनर्आगमन' के सिद्धान्त पर दयानन्द समझौता नहीं कर सकते थे। परिणामतः मतभेद समाप्त नहीं किए जा सके। सम्भवतः ब्रह्म समाज से मोहभंग का सबसे प्रबल कारण यह था कि श्री केशवचन्द्र सेन पर ईसाइत कुछ अधिक ही प्रभावी हो गई थी जबकि दयानन्द भारतीय समाज के व्याधियों (रोगों) का इलाज भारतीय औषधियों के प्रयोग से ही करना चाहते थे। कलकत्ता प्रवास में उनका सामना बहुप्रतिष्ठित विद्वान **ताराचरण तर्करत्न** से भी हुआ जिन्हें उन्होंने शास्त्रार्थ में पराजित किया। वास्तव में जैसा कि **रोमां रोलां** का कथन है, "दयानन्द पर विजय पाना असम्भव था क्योंकि उनके पास वेदों व संस्कृत का अतुलनीय ज्ञान था और उनके शब्दों की ज्वलन्त प्रचण्डता उनके विरोधियों का अस्तित्व समाप्त कर देती थी। वे उन्हें एक बाढ़ मानते थे। शंकराचार्य के बाद उनके (दयानन्द) समान वेदवाद का पैगम्बर उत्पन्न नहीं हुआ।"

1876 ई. में उन्होंने दिल्ली में विद्वानों का एक सम्मेलन आयोजित किया जिसमें अन्य लोगों के साथ-साथ केशवचन्द्र सेन, सर सैयद अहमद ख़ान, नवीन चन्द्र राय तथा इन्द्रमणि भी सम्मिलित हुए। सम्मेलन के उपरान्त दयानन्द सरस्वती इस निष्कर्ष पर पहुँच गए कि उन्हें अपने बल पर ही अपने मिशन को पूरा करना होगा जिसके लिए एक संगठन का होना नितान्त आवश्यक है। 10 अप्रैल, 1875 ई. को बम्बई में **'आर्य समाज'** की नींव रखी गई जिसका लक्ष्य वर्तमान पतित सामाजिक व्यवस्था के स्थान पर वेदाधारित सामाजिक संरचना को स्थापित करना था। यद्यपि 1879 से 1881 तक दयानन्द 'थियोसोफिकल सोसायटी' से भी सहयोग करते रहे लेकिन कालान्तर में वे पूरी तरह अलग होकर आर्य समाज के माध्यम से भारतीय पुनर्जागरण का प्रयत्न करने लगे। यह मानी हुई बात है कि स्थापित व्यवस्था में चाहे कितनी भी कमियाँ क्यों न हो, परन्तु एक वर्ग विशेष का स्वार्थ पूरा होता रहता है और जब कोई व्यक्ति इस व्यवस्था को परिवर्तित करने का उपक्रम करता है तो ये स्वार्थी तत्व उसका विरोध करते हैं। दयानन्द भी इसके अपवाद नहीं थे। उत्तर-भारत, विशेषतः पंजाब, संयुक्त-प्रान्त (उ.प्र.) व राजपूताना (राजस्थान) में आर्य समाज की विलक्षण सफलता से तत्कालीन सामाजिक व धार्मिक व्यवस्था के समर्थक दयानन्द सरस्वती से घोर ईर्ष्या करने लगे। उन्हें अनेक बार मारने का प्रयत्न किया गया लेकिन वे बचते रहे। अन्ततः 30 अक्टूबर, 1883 ई. को अजमेर, (राजस्थान) में उनका स्वर्गवास हो

गया। यह मृत्यु स्वाभाविक नहीं थी क्योंकि उन्हें भोजन में ज़हर दिया गया था किन्तु भारत के इस महान ऋषि ने अपने प्राणहन्ता को क्षमा कर अपनी महानता को और अधिक आलोकित कर दिया। ठीक दीपावली के दिन भारतीय ज्ञान-अम्बर का दिव्य तारा बुझ गया, यह कहते हुए कि ''हे दयामय सर्वशक्तिमान परमेश्वर! तेरी यही इच्छा है... तेरी यही इच्छा है... तेरी इच्छा पूर्ण हो...'' स्वामी दयानन्द सरस्वती के विचार मूलतः वेदों पर आधारित हैं। उनके शब्दों में, ''चारों वेदों (विद्या, धर्मयुक्त, ईश्वरप्रणीत संहिता मन्त्रभाग) को निर्भ्रान्ति स्वतः प्रमाण मानता हूँ। वे स्वयं प्रमाण रूप हैं, जिन्हें प्रमाण होने के लिए किसी अन्य ग्रन्थ की आवश्यकता नहीं है। जैसे सूर्य या प्रदीप अपने स्वरूप के स्वतः प्रकाशक और पृथ्वी इत्यादि के भी प्रकाशक हैं, वैसे ही चारों वेद हैं।

ईश्वर, जीव एवं प्रकृति–

दयानन्द के धार्मिक मान्यताओं को समझने के लिए उनके द्वारा प्रतिपादित 'ईश्वर, जीव व प्रकृति' की अवधारणा को समझना ज़रूरी है। उनके अनुसार ईश्वर, जीव व प्रकृति, तीनों अनादि, अजन्मा और जगत् के कारण हैं। ये जगत् (सृष्टि) को जन्म देते हैं, लेकिन इन्हें कोई जन्म नहीं देता, ये जगत् के कारण हैं, किन्तु इनका कोई कारण नहीं है। फिर भी जीव ईश्वर से पृथक हैं और प्रकृति जीव व ईश्वर दोनों से अलग है। ''इस अनादि प्रकृति का भोग करते हुए अनादि जीव इसमें फंसता है, और परमात्मा न तो फँसता है, न तो भोग करता है।'' ईश्वर के विपरीत जीव न केवल राग-द्वेष, सुख-दुःख इत्यादि विकारों से युक्त है अपितु क्षमता व साधन की दृष्टि से भी सीमित है। अनन्त आनन्द के उपभोग करने की असीम सामर्थ्य, कर्म और साधन जीवों में नहीं है। फिर भी जीव से ही शरीर में गति है, जीवन है, प्राण है। जब जीव शरीर का त्याग कर देता है तो शरीर में कुछ शेष नहीं रहता-न प्राण, न जीवन, न गति। सत्व (शुद्ध), रजः (मध्य) और तमः (जड़ता)- तीन वस्तु मिलकर, जो एक संघात हैं, एक नई वस्तु बनाते हैं उसका नाम प्रकृति है। प्रकृति जगत् का उपादान कारण है। उपादान कारण उसे कहते हैं जिसके बिना कुछ निर्मित न हो सके। जैसे मिट्टी के बिना घड़ा नहीं बन सकता वैसे ही प्रकृति संसार को निर्मित करने की आवश्यक सामग्री है। ईश्वर इस जगत् का निमित्त कारण और जीव साधारण कारण है। जैसे कुम्हार (निमित्त) मिट्टी (उपादान) और चक्र (साधारण साधन) से घड़ा का निर्माण करता है, वैसे ही ईश्वर जीव व प्रकृति की सहायता से इस जगत् को निर्मित करता है। चूँकि ब्रह्म या परमात्मा या ईश्वर सत्य है, अतः उसके द्वारा रचित यह जगत् असत्य नहीं हो सकता। इसलिए वेदान्तियों का यह कथन अन्तर्विरोधी है कि-''ब्रह्म सत्यं जगन्मिथ्या जीवो ब्रह्मै व नापरः''

अर्थात् ब्रह्म सत्य है, जगत् मिथ्या है, और जीव ब्रह्म से अभिन्न है। इसी प्रकार यह जगत् स्वप्न भी नहीं है क्योंकि जाग्रत अवस्था में देखे गए सत्य पदार्थों का ज्ञान ही स्वप्न में प्रत्यक्ष दिखता है।

किन्तु सर्वाधिक महत्वपूर्ण प्रश्न यह है कि ब्रह्म का स्वरूप कैसा है? ईश्वर कौन है? कैसा है? क्योंकि इस प्रश्न के उत्तर के अभाव में दयानन्द सरस्वती के उन तर्कों को समझना कठिन होगा जिसके माध्यम से वे मूर्तिपूजा, बहुदेववाद और अवतारवाद का खण्डन करते हैं। इस संदर्भ में उनका कहना है कि "जो सच्चिदानन्दादि लक्षणयुक्त है, जिसके गुण, कर्म, स्वभाव पवित्र हैं, जो सर्वज्ञ, निराकार, सर्वव्यापक, अजन्मा, अनन्त, सर्वशक्तिमान, दयालु, न्यायकारी, सम्पूर्ण सृष्टि का कर्ता, धर्ता, हर्ता, सब जीवों को कर्मानुसार सत्य न्याय से फल देने वाला आदि लक्षणयुक्त है, उसी को परमेश्वर मानता हूँ। वेदों पर आधारित ईश्वर की इस अवधारणा के आधार पर ही स्वामी दयानन्द ने मूर्तिपूजा, अवतारवाद, बहुदेववाद जैसी अनेक मान्यताओं को वेदविरुद्ध घोषित करते हुए अस्वीकार कर दिया। दयानन्द का पहला विद्रोह ही मूर्तिपूजा के विरुद्ध था। बचपन में शिवरात्रि के दिन शिव लिंग पर तुच्छ चूहों के उत्पात से हत्प्रभ होकर जब उन्होंने अपने पिता से इस मूर्ति पूजा का औचित्य पूछा था तब उनके पिता ने पुराणों के आख्यान का उल्लेख करते हुए कहा था कि "अब कलियुग में उसे शिव के प्रत्यक्ष दर्शन नहीं होते, इसलिए पाषाण की मूर्ति बनाकर उसमें महादेव (शंकर जी) की भावना रखकर पूजा करने से कैलाशपति महादेव प्रसन्न हो जाते हैं।" वे उस समय इस तर्क से सहमत नहीं हुए और कालान्तर में भी इसे स्वीकार नहीं कर सके। सत्यार्थ प्रकाश में उन्होंने मूर्तिपूजा का तार्किक खण्डन किया। उनके अनुसार वेदों में कहीं भी मूर्तिपूजा का उल्लेख नहीं है। यह मूर्तिपूजा केवल पाखण्ड है और जैनियों द्वारा चलाई गई है[1]।" चूँकि यह वेद द्वारा समर्थित नहीं है, अतः अधर्म है। उन्होंने निम्नलिखित आधारों पर मूर्तिपूजा को अस्वीकार किया–

1. ईश्वर निराकार (जिसका आकार न हो) होता है। अतः आकारहीन परमात्मा की मूर्ति बनाई ही नहीं जा सकती।

2. यह कहना भी असत्य है कि मूर्ति में ईश्वर की भावना रखकर पूजा करने से ईश्वर प्राप्त होता है। क्या अग्नि में जल (पानी) की भावना रखने से अग्नि जल हो जाएगी? जो जैसा है उसे वैसा जानना ही ज्ञान है, और अन्यथा जानना अज्ञान है।

3. जब परमेश्वर सर्वव्यापक है तो किसी एक वस्तु (मूर्ति) में परमेश्वर की भावना करना और अन्यत्र न करना ऐसी बात है जैसे चक्रवर्ती राजा को सब राज्य की सत्ता से छुड़ाकर एक छोटी सी झोपड़ी का स्वामी मानना।

4. पृथ्वी, अग्नि, वायु, वनस्पति और पहाड़ आदि परमशेवर की अद्‌भुत रचनाएँ हैं। यदि इन्हें देखकर प्रभु का स्मरण नहीं होता तो यह कहना पूर्णत: अतार्किक है कि मूर्ति देखकर परमेश्वर का स्मरण हो जाएगा।

5. पुन:, अगर यह मान लिया जाए कि मूर्ति के समक्ष (प्रत्यक्ष) रहने से ही परमेश्वर का स्मरण होता है तब तार्किक दृष्टि से यह भी सत्य है कि जब मूर्ति समक्ष नहीं होगी तो ईश्वर का स्मरण नहीं होगा। ऐसी स्थिति में व्यक्ति कुकर्म में प्रवृत्त हो सकता है क्योंकि वह सोच लेगा कि मूर्ति से दूर रहने के कारण उसके 'कर्म' को ईश्वर नहीं देख सकता।

6. यह तर्क भी ग़लत है कि निराकार में मन स्थिर नहीं होता। ''वास्तविकता यह है कि साकार में ही मन स्थिर नहीं हो सकता क्योंकि उसको मन तुरन्त ग्रहण करके उसी के एक-एक अवयव में घूमता व दौड़ता जाता है।'' कहने का तात्पर्य यह कि व्यक्ति मूर्ति के माध्यम से निराकार ईश्वर में मन नहीं लगा पाता बल्कि मूर्ति के अंगों के रूप-दृश्य में उलझकर रह जाता है। यदि साकार में मन स्थिर होता तो सब जगत् का मन स्थिर हो जाता क्योंकि जगत् में मनुष्य, स्त्री, पुत्र, धन इत्यादि साकार में फँसा रहता है परन्तु किसी का मन स्थिर नहीं होता जब तक कि अपना मन निराकार में न लगाए। इसलिए मूर्ति पूजा अधर्म है।''

इस प्रकार स्वामी दयानन्द ने राजा राममोहन राय की परम्परा को आगे बढ़ाते हुए मूर्तिपूजा का ज़ोरदार खण्डन किया। वे जैन व वैष्णव सम्प्रदाय की मूर्तिपूजा को समानरूप से पाखण्ड की संज्ञा देते हैं। किन्तु इसका तात्पर्य यह नहीं है कि वे अन्य धर्मों या सम्प्रदायों की मूर्तिपूजा का समर्थन करते हैं। वास्तव में वे मूर्तिपूजा की अवधारणा के ही विरोधी हैं। उन्होंने राजनीतिक दृष्टि से भी मूर्तिपूजा को हानिकारक प्रमाणित किया है। मोहम्मद गज़नवी द्वारा सोमनाथ के मन्दिर को लूटे जाने की घटना का ज़िक्र करते हुए दयानन्द सरस्वती का कहना था कि मूर्तिपूजा के कारण ही एक आक्रान्ता को विजय तथा हमें पराजय मिली।

बहुदेववाद का खण्डन–

स्वामी दयानन्द ने बहुदेववाद का भी खण्डन किया। उनके पूर्व राजा राममोहन राय ने भी एकेश्वरवाद का प्रचार-प्रसार करने का प्रयत्न किया था, परन्तु इस प्रक्रिया में उनके मुख्य प्रेरणा स्रोत ईसाई धर्म और इस्लाम धर्म बने। दयानन्द सरस्वती ने वेदों के आधार पर बहुदेववाद को अस्वीकार किया। उनके शब्दों में, ''चारों वेदों में ऐसा कहीं नहीं लिखा है कि जिससे अनेक ईश्वर सिद्ध हों, किन्तु यह लिखा हुआ है कि ईश्वर एक है।'' उनका विचार था कि बहुदेववाद एक अवैदिक परम्परा है जिसे प्रचारित

करने में पुराणों ने सर्वाधिक प्रमुख भूमिका निभाई है। इसीलिए उन्होंने पुराणों की व्यापक आलोचना की है। सम्भवतः मैक्समूलर ने पुराणों के अवलोकन के आधार पर ही वैदिक देवतावाद का विचार प्रतिपादित किया था।

स्वामी दयानन्द के अनुसार वेदों में बहुदेववाद का अस्तित्व मानने वाले व्यक्तियों के निष्कर्षों का आधार 'त्रयस्त्रिंशत्त्रिंशता...' अर्थात् 'तीस देव' की परिकल्पना है जिसकी व्याख्या शतपथ ब्राह्मण में भी की गई है। परन्तु ये कथित विद्वान यह नहीं जानते कि वेदों में जो अनेक देवताओं का ज़िक्र है, उसका तात्पर्य क्या है? दयानन्द के अनुसार, "देवता दिव्य गुणों से युक्त होने के कारण कहलाते हैं, जैसे पृथ्वी, परन्तु इसे कहीं ईश्वर या उपासनीय नहीं माना है।" इसके विपरीत ऋग्वेद के एक मन्त्र में कहा गया है कि "जिसमें समस्त देवता स्थित हैं, वह जानने और उपासना करने योग्य ईश्वर है। "यह उनकी भूल है कि देवता शब्द से ईश्वर ग्रहण करते हैं।" वास्तव में जिन्हें तैंतीस देव कहा जाता है, वे वस्तुतः तैंतीस गुण हैं। ईश्वर सर्वगुण सम्पन्न है। इसीलिए "परमेश्वर देवों का देव अर्थात् महादेव कहलाता है।" क्योंकि वही इस जगत् का उत्पत्ति, स्थिति, प्रलयकर्ता, न्यायकर्ता और अधिष्ठाता है। वेदों और उपनिषदों में जिन विविध नामों का उल्लेख है, वे अलग-अलग ईश्वर न होकर परमेश्वर के ही विविध नाम हैं। जैसे–सबसे बड़ा होने के कारण ईश्वर को ब्रह्म कहा जाता है। स्वप्रकाश होने से 'अग्नि', विज्ञान स्वरूप होने से 'मनु', सबका पालन करने से 'प्रजापति', परम ऐश्वर्यवान होने से 'इन्द्र', सबका जीवन मूल होने से 'प्राण', और निरन्तर व्याप्त होने से परमेश्वर का नाम 'ब्रह्म' है।

इस प्रकार ईश्वर अनेक नहीं है, अपितु जितने उसके गुण हैं उतने ही उसके नाम हैं। किन्तु वेदों का सम्यक अध्ययन न करने वाले, वेदों में अनेक ईश्वर मानकर भ्रमजाल में गिरते हैं। अतः भारतीय समाज में प्रचलित अनेकेश्वरवाद की परम्परा वेदसंगत न होने के कारण अमान्य है, अबौद्धिक है।

अवतारवाद का खण्डन–

चूँकि परमेश्वर निराकार और अजन्मा है, इसलिए यह कहना कि ईश्वर का अवतार होता है, पूर्णतः अतार्किक है। दयानन्द सरस्वती के शब्दों में "परमात्मा कभी शरीर धारण नहीं करता, किन्तु निराकार होने से समस्त जगत् को सूक्ष्म कारणों से स्थूलाकार बना देता है।" "यदि परमात्मा साकार होता तो व्यापक नहीं हो सकता, जब व्यापक नहीं होता तो सर्वज्ञादि गुण भी ईश्वर में नहीं होते क्योंकि परिमित (सीमित) वस्तु के गुण, कर्म व स्वभाव भी परिमित रहते हैं तथा शीत, उष्ण, क्षुधा, तृषा, रोग, दोष, छेदन, भेदन आदि से रहित नहीं हो सकता। इससे यही निश्चित होता है कि ईश्वर निराकार (आकारशून्य) है।"

दयानन्द का तर्क है कि यदि हम ईश्वर के अवतार की मान्यता को स्वीकार करें तो हमें ईश्वर को जन्म लेने वाला मानना पड़ेगा। जबकि ईश्वर अजन्मा है–"अज एकेपात।" पुनः जो वस्तु जन्म लेती है उसका विनाश भी अनिवार्य रूप से होता है। अतः ईश्वर को भी नाशवान मानना पड़ेगा जो कि असम्भव है क्योंकि जो नाशवान है या मृत्यु को प्राप्त होता है वह परमेश्वर कैसे हो सकता है?

ईश्वर सर्वव्यापक और सर्वशक्तिशाली है, इसलिए उसे कंस या रावण को मारने के लिए भी अवतार (जन्म) लेने की आवश्यकता नहीं है। जो सत्ता समस्त जगत् को निर्मित कर सकती है, उसका विनाश कर सकती है, उस सत्ता को दुष्टों के संहार निमित्त जन्म लेने की जरूरत क्यों पड़ेगी? "जो व्यक्ति यह कहता है कि भक्तों का उद्धार करने के लिए (ईश्वर) जन्म लेता है तो यह भी सत्य नहीं है क्योंकि जो भक्तजन ईश्वर की आज्ञानुरूप चलते हैं उनका उद्धार करने का पूर्ण सामर्थ्य ईश्वर में है[4]।" संक्षेप में ईश्वर के समान न तो कोई है, और न ही कोई होगा।"

अतः श्रीकृष्ण, श्रीराम या ईसा ईश्वर के अवतार नहीं हैं। गीता में श्रीकृष्ण का यह कहना कि–"जब–जब धर्म की हानि होती है, तब–तब मैं शरीर धारण करता हूँ" एक वेद विरुद्ध कथन है, इसलिए इसे प्रमाण के रूप में स्वीकार नहीं कर सकते। श्रीकृष्ण अधिक से अधिक एक सत्पुरुष थे जिन्होंने परोपकार हेतु कार्य करने की बात की है, उन्हें ईश्वर नहीं माना जा सकता। युक्ति से भी ईश्वर का जन्म लेना सिद्ध नहीं होता। क्या ईश्वर गर्भ में व्याप्त नहीं था जो कहीं बाहर से आया? अतः परमेश्वर का आना–जाना, जीवन–मरण कभी सिद्ध नहीं हो सकता क्योंकि जो सर्वव्यापी है उसका जन्म होना तर्क विरुद्ध है।

दयानन्द ने पुराणों, जैन–बौद्ध ग्रंथों, बाइबिल व कुरान की असंगतियों की व्यापक विवेचना की। उन्होंने आदि ब्रह्म समाज के ईसाई मत के प्रति अति लगाव की भी कटु आलोचना की। वास्तव में जैसा कि **रोमां रोलां** का कहना है, "दयानन्द अपने देश के प्राचीन या आधुनिक किसी भी उस निवासी के प्रति दया की भावना नहीं रखते थे जिसने किसी न किसी रूप में उस भारत के हज़ार वर्ष के पतन में योगदान दिया था, जो (भारत) किसी समय विश्व का गुरु था।" उन्होंने भूत–प्रेत, पशुबलि, नर–बलि, तीर्थ–यात्रा, नाम स्मरण इत्यादि का भी खण्डन किया।

जिस प्रकार सांसारिक वस्तुओं के प्रति उदासीन व सत्य के प्रति उत्सुक सिद्धार्थ (कालांतर में महात्मा बुद्ध) को उनके पिता शुद्धोधन ने विवाह के बन्धन में बांधने का प्रयत्न किया उसी प्रकार करसन जी ने भी मूलशंकर को गृहस्थ जीवन में प्रवेश लेने हेतु विवश करना चाहा लेकिन इस बिन्दु पर मूलशंकर तो सिद्धार्थ से भी अधिक विद्रोही प्रमाणित हुआ। सिद्धार्थ ने यशोधरा से विवाह कर लिया तथा राहुल

के पिता भी बने किन्तु मूलशंकर–एक जन्मना विद्रोही ने इस बंधन से बचने के लिए 1846 ई. में गृह–त्याग दिया सदैव–सदैव के लिए और भटकने लगे– ज्ञान की खोज में, सत्य की चाह में।

इसके लिए गुरु का मिलना बहुत ज़रूरी था। सर्वप्रथम उन्हें ब्रह्मचारी भगतराम (Bhagat Ram) मिले जिन्होंने मूलशंकर को एक नया नाम दिया–**शुद्ध चैतन्य**। लेकिन मूलशंकर संतुष्ट नहीं था। वह कुछ और चाहता था जो अधिक तार्किक हो, अधिक श्रेष्ठ हो। भटकते–भटकते वे महाराष्ट्र में **दण्डी स्वामी** अर्थात् स्वामी परमानंद सरस्वती से मिले और संन्यास धारण किया। संन्यास के उपरान्त वे स्वामी दयानन्द सरस्वती बन गए। आगामी पन्द्रह वर्षों तक वे भारत के विभिन्न भागों में घूमते रहे। उन्होंने पाया कि लोग कर्मकाण्ड व दिखावा को ही धर्म मान बैठे हैं। सच्चे धर्म का उन्हें न तो ज्ञान है और न ही अनुभव। दयानन्द के लिए आवश्यक हो गया कि वे भारतीय समाज पर आच्छादित इस असत्य, अन्धकार, अविद्या, अन्धविश्वास व कर्मकाण्डों के बादल को हटाकर धर्म के वास्तविक 'सार' को प्रकट करें ताकि भारत का और अधिक अध:पतन न हो सके। वे यह भी अच्छी तरह जानते थे कि भारत के पुनर्निमाण की शक्ति स्वयं भारत के अन्दर से लानी होगी, विदेशी साधन इसमें सहायक नहीं हो सकते। अत: दयानन्द का संघर्ष दोहरा था। एक तरफ उन्हें पश्चिमी या ग़ैर भारतीय प्रभाव से भारतीय समाज को बचाना था और दूसरी ओर भारतीय समाज में प्रचलित धार्मिक व सामाजिक अन्धविश्वासों का खण्डन करना था। इसके लिए उन्हें एक ऐसे ठोस स्रोत की आवश्यकता थी जिसे आधार बनाकर वे इस चुनौती भरे उत्तरदायित्व को पूर्णता प्रदान कर सकें। अन्ततः 1860 ई. में मथुरा के **स्वामी विरजानन्द** के चरणों में उन्हें वह स्रोत प्राप्त हुआ। यह स्रोत था–वैदिक ज्ञान। लगभग तीन वर्षों तक इस विद्वान गुरु के सान्निध्य में दयानन्द ने वेदों व उपनिषदों का गहन अध्ययन किया। 1863 ई. में मथुरा छोड़ते समय उन्होंने गुरु दक्षिणा में अपने गुरु को तीन वचन दिए–

1. समस्त विश्व में वेद ज्ञान का प्रचार करना।
2. साम्प्रदायिक आस्था तथा अनार्ष ग्रन्थों का प्रसार समाप्त करना।
3. आर्षज्ञान की दिव्य आभा को पुनः आलोकित करना[1]।

वैदिक धर्म व चिन्तन के प्रचार–प्रसार हेतु उन्होंने उत्तर भारत का गहन दौरा प्रारम्भ किया तथा समय–समय पर पुराणपंथी ब्राह्मणों एवं उनके अनुयायियों को उनके अज्ञान से मुक्त करने हेतु शास्त्रार्थ करते रहे। सर्वप्रथम उन्होंने 1867 ई. में हरिद्वार मेले में उपस्थित होकर मूर्ति पूजा व परम्परागत कर्मकाण्डों का विरोध किया। नवम्बर, 1869 ई. में उन्होंने काशी (वाराणसी, उत्तर प्रदेश) के पौराणिक पण्डितों को शास्त्रार्थ

में चुनौती दी जिससे उनकी ख्याति देश भर में फैल गई क्योंकि काशी के पण्डित धर्म व ज्ञान के देवता माने जाते थे। 1872–73 ई. में दयानंद सरस्वती भारतीय पुनर्जागरण के केन्द्र कलकत्ता गए जहाँ उनकी मुलाकात 'आदि ब्रह्म समाज' के नेतृत्वकर्ता केशवचन्द्र सेन से हुई। दोनों एक साथ मिलकर कार्य करना चाहते थे परन्तु 'वेदों की निर्विवाद श्रेष्ठता' तथा 'जीव की मुक्ति व पुनर्आगमन' के सिद्धान्त पर दयानन्द समझौता नहीं कर सकते थे। परिणामत: मतभेद समाप्त नहीं किए जा सके। सम्भवत: ब्रह्म समाज से मोहभंग का सबसे प्रबल कारण यह था कि श्री केशवचन्द्र सेन पर ईसाइत कुछ अधिक ही प्रभावी हो गई थी जबकि दयानन्द भारतीय समाज के व्याधियों (रोगों) का इलाज भारतीय औषधियों के प्रयोग से ही करना चाहते थे। कलकत्ता प्रवास में उनका सामना बहुप्रतिष्ठित विद्वान **ताराचरण तर्करत्न** से भी हुआ जिन्हें उन्होंने शास्त्रार्थ में पराजित किया। वास्तव में जैसा कि **रोमां रोलां** का कथन है, "दयानन्द पर विजय पाना असम्भव था क्योंकि उनके पास वेदों व संस्कृत का अतुलनीय ज्ञान था और उनके शब्दों की ज्वलन्त प्रचण्डता उनके विरोधियों का अस्तित्व समाप्त कर देती थी। वे उन्हें एक बाढ़ मानते थे। शंकराचार्य के बाद उनके (दयानन्द) समान वेदवाद का पैगम्बर उत्पन्न नहीं हुआ।"

1876 ई. में उन्होंने दिल्ली में विद्वानों का एक सम्मेलन आयोजित किया जिसमें अन्य लोगों के साथ-साथ केशवचन्द्र सेन, सर सैयद अहमद ख़ान, नवीन चन्द्र राय तथा इन्द्रमणि भी सम्मिलित हुए। सम्मेलन के उपरान्त दयानन्द सरस्वती इस निष्कर्ष पर पहुँच गए कि उन्हें अपने बल पर ही अपने मिशन को पूरा करना होगा जिसके लिए एक संगठन का होना नितान्त आवश्यक है। 10 अप्रैल, 1875 ई. को बम्बई में **'आर्य समाज'** की नींव रखी गई जिसका लक्ष्य वर्तमान पतित सामाजिक व्यवस्था के स्थान पर वेदाधारित सामाजिक संरचना को स्थापित करना था। यद्यपि 1879 से 1881 तक दयानन्द 'थियोसोफिकल सोसायटी' से भी सहयोग करते रहे लेकिन कालान्तर में वे पूरी तरह अलग होकर आर्य समाज के माध्यम से भारतीय पुनर्जागरण का प्रयत्न करने लगे। यह मानी हुई बात है कि स्थापित व्यवस्था में चाहे कितनी भी कमियाँ क्यों न हो, परन्तु एक वर्ग विशेष का स्वार्थ पूरा होता रहता है और जब कोई व्यक्ति इस व्यवस्था को परिवर्तित करने का उपक्रम करता है तो ये स्वार्थी तत्व उसका विरोध करते हैं। दयानन्द भी इसके अपवाद नहीं थे। उत्तर-भारत, विशेषत: पंजाब, संयुक्त-प्रान्त (उ.प्र.) व राजपूताना (राजस्थान) में आर्य समाज की विलक्षण सफलता से तत्कालीन सामाजिक व धार्मिक व्यवस्था के समर्थक दयानन्द सरस्वती से घोर ईर्ष्या करने लगे। उन्हें अनेक बार मारने का प्रयत्न किया गया लेकिन वे बचते रहे। अन्तत: 30 अक्टूबर, 1883 ई. को अजमेर, (राजस्थान) में उनका स्वर्गवास हो गया। यह मृत्यु स्वाभाविक नहीं थी क्योंकि उन्हें भोजन में ज़हर दिया गया था किन्तु

भारत के इस महान ऋषि ने अपने प्राणहन्ता को क्षमा कर अपनी महानता को और अधिक आलोकित कर दिया। ठीक दीपावली के दिन भारतीय ज्ञान-अम्बर का दिव्य तारा बुझ गया, यह कहते हुए कि "हे दयामय सर्वशक्तिमान परमेश्वर! तेरी यही इच्छा है... तेरी यही इच्छा है... तेरी इच्छा पूर्ण हो..." स्वामी दयानन्द सरस्वती के विचार मूलतः वेदों पर आधारित हैं। उनके शब्दों में, "चारों वेदों (विद्या, धर्मयुक्त, ईश्वरप्रणीत संहिता मन्त्रभाग) को निर्भ्रान्ति स्वतः प्रमाण मानता हूँ। वे स्वयं प्रमाण रूप हैं, जिन्हें प्रमाण होने के लिए किसी अन्य ग्रन्थ की आवश्यकता नहीं है। जैसे सूर्य या प्रदीप अपने स्वरूप के स्वतः प्रकाशक और पृथ्वी इत्यादि के भी प्रकाशक हैं, वैसे ही चारों वेद हैं।

ईश्वर, जीव एवं प्रकृति–

दयानन्द के धार्मिक मान्यताओं को समझने के लिए उनके द्वारा प्रतिपादित 'ईश्वर, जीव व प्रकृति' की अवधारणा को समझना ज़रूरी है। उनके अनुसार ईश्वर, जीव व प्रकृति, तीनों अनादि, अजन्मा और जगत् के कारण हैं। ये जगत् (सृष्टि) को जन्म देते हैं, लेकिन इन्हें कोई जन्म नहीं देता, ये जगत् के कारण हैं, किन्तु इनका कोई कारण नहीं है। फिर भी जीव ईश्वर से पृथक हैं और प्रकृति जीव व ईश्वर दोनों से अलग है। "इस अनादि प्रकृति का भोग करते हुए अनादि जीव इसमें फंसता है, और परमात्मा न तो फँसता है, न तो भोग करता है।" ईश्वर के विपरीत जीव न केवल राग-द्वेष, सुख-दुःख इत्यादि विकारों से युक्त है अपितु क्षमता व साधन की दृष्टि से भी सीमित है। अनन्त आनन्द के उपभोग करने की असीम सामर्थ्य, कर्म और साधन जीवों में नहीं है। फिर भी जीव से ही शरीर में गति है, जीवन है, प्राण है। जब जीव शरीर का त्याग कर देता है तो शरीर में कुछ शेष नहीं रहता–न प्राण, न जीवन, न गति।

सत्व (शुद्ध), रजः (मध्य) और तमः (जड़ता)- तीन वस्तु मिलकर, जो एक संघात हैं, एक नई वस्तु बनाते हैं उसका नाम प्रकृति है। प्रकृति जगत् का उपादान कारण है। उपादान कारण उसे कहते हैं जिसके बिना कुछ निर्मित न हो सके। जैसे मिट्टी के बिना घड़ा नहीं बन सकता वैसे ही प्रकृति संसार को निर्मित करने की आवश्यक सामग्री है। ईश्वर इस जगत् का निमित्त कारण और जीव साधारण कारण है। जैसे कुम्हार (निमित्त) मिट्टी (उपादान) और चक्र (साधारण साधन) से घड़ा का निर्माण करता है, वैसे ही ईश्वर जीव व प्रकृति की सहायता से इस जगत् को निर्मित करता है। चूँकि ब्रह्म या परमात्मा या ईश्वर सत्य है, अतः उसके द्वारा रचित यह जगत् असत्य नहीं हो सकता। इसलिए वेदान्तियों का यह कथन अन्तर्विरोधी है कि-"ब्रह्म सत्यं जगन्मिथ्या जीवो ब्रह्मै व नापरः"

अर्थात् ब्रह्म सत्य है, जगत् मिथ्या है, और जीव ब्रह्म से अभिन्न है। इसी प्रकार यह जगत् स्वप्न भी नहीं हैं क्योंकि जाग्रत अवस्था में देखे गए सत्य पदार्थों का ज्ञान ही स्वप्न में प्रत्यक्ष दिखता है। किन्तु सर्वाधिक महत्वपूर्ण प्रश्न यह है कि ब्रह्म का स्वरूप कैसा है? ईश्वर कौन है? कैसा है? क्योंकि इस प्रश्न के उत्तर के अभाव में दयानन्द सरस्वती के उन तर्कों को समझना कठिन होगा जिसके माध्यम से वे मूर्तिपूजा, बहुदेववाद और अवतारवाद का खण्डन करते हैं। इस संदर्भ में उनका कहना है कि ''जो सच्चिद्दानन्दादि लक्षणयुक्त है, जिसके गुण, कर्म, स्वभाव पवित्र हैं, जो सर्वज्ञ, निराकार, सर्वव्यापक, अजन्मा, अनन्त, सर्वशक्तिमान, दयालु, न्यायकारी, सम्पूर्ण सृष्टि का कर्ता, धर्ता, हर्ता, सब जीवों को कर्मानुसार सत्य न्याय से फल देने वाला आदि लक्षणयुक्त है, उसी को परमेश्वर मानता हूँ। वेदों पर आधारित ईश्वर की इस अवधारणा के आधार पर ही स्वामी दयानन्द ने मूर्तिपूजा, अवतारवाद, बहुदेववाद जैसी अनेक मान्यताओं को वेदविरुद्ध घोषित करते हुए अस्वीकार कर दिया।

❑❑❑